泰安市地方税务志

1994—2014

泰安市地方税务志编纂委员会　编

方志出版社
Publishing House of Local Records

图书在版编目（CIP）数据

泰安市地方税务志：1994—2014/ 泰安市地方税务志编纂委员会编．—北京：方志出版社，2016.12

ISBN 978-7-5144-2317-4

Ⅰ．①泰… Ⅱ．①泰… Ⅲ．①地方税收—概况—泰安—1994—2014
Ⅳ．① F812.752.342

中国版本图书馆 CIP 数据核字（2016）第 320379 号

泰安市地方税务志（1994—2014）

编　　者：泰安市地方税务志编纂委员会
责任编辑：刘方圆

出 版 人：冀祥德
出 版 者：方志出版社
　　　　　地址　北京市朝阳区潘家园东里 9 号（国家方志馆 4 层）
　　　　　邮编　100021
　　　　　网址　http://www.fzph.org
发　　行：方志出版社发行中心
　　　　　电话（010）67110500
经　　销：各地新华书店
印　　刷：肥城新华印刷有限公司

开　　本：889×1194　　1/16
印　　张：47
字　　数：784 千字
版　　次：2016 年 12 月第 1 版　　2016 年 12 月第 1 次印刷
印　　数：001~500 册

ISBN 978-7-5144-2317-4　　定价：396.00 元

《泰安市地方税务志 1994—2014》

时任泰安市委书记张庆黎（右）到市地税局视察

2003 年 4 月，时任国家税务总局党组书记、局长谢旭人（右五）在时任省地税局党组书记、局长于布信（右二）陪同下，到泰安市地税局视察。

2014 年 4 月，时任国家税务总局党组副书记、副局长解学智（左三）在省地税局党组书记、局长张洪军（左六）陪同下，视察指导泰安地税工作。

2012 年 6 月，时任泰安市委副书记、市长王云鹏（右二）视察地税工作。

2000 年，时任省地税局党组书记、局长宋协秀（左二）到泰安地税调研111 指挥中心运行情况。

2008 年 2 月，时任省地税局党组书记、局长于希信（左三）在泰安市委常委、常务副市长王云鹏（左一）陪同下，到宁阳县调研重大建设项目税收管理工作。

2012 年 10 月，时任省地税局党组书记、局长宋文军（右二）到东平县地税局调研。

2014 年市地税局党组书记、局长郝玲（前排中）到开发区调研

泰安市地方税务局全体人员合影

泰安市地方税务局机关全体人员合影

泰安市地方税务局稽查局全体人员合影

泰安市地方税务局直属征收局全体人员合影

2016年1月15日，市地税局组织《泰安市地方税务志1994—2014》专家评审会（前排右起李秋芝、张鲁光、郝玲、王天宇、王云庆，后排右起韩健、周郢、王同宪、曹成义、高兴学、赵兵、王筱、曹丙珂）。

《泰安市地方税务志1994—2014》专家评审会现场

目 录

第二篇 地方税收

第三篇 税收征收管理

第四篇　税收法制

第五篇 税收服务

第六篇 信息化建设

第七篇 党建工作

第八篇 行政管理

第九篇 机构队伍

第十篇　基层地方税务局

人　物

附　录

编 后 记

序 言

《泰安市地方税务志 1994–2014》编印出版，这是泰安地税事业发展历程中的一件大事，也是全市地税系统机关文化建设上的一件喜事，可喜可贺！

展阅这幅历史画卷，从中能够真切地触摸到泰安地税事业发展进步的时代脉搏，能够深切地感受到泰安地税人开拓奋进、昂扬向上的精神风貌。随着全国财税体制改革的深入，1994 年 10 月 20 日，泰安市地方税务局正式挂牌成立。自此以后，泰安市地税局在市委、市政府和省地方税务局的坚强领导下，克服底子薄、基础差、任务重等各种困难和挑战，坚持以人为本、依法治税，大力实施征管改革、执法服务、队伍管理等一系列创新，开启了从无到有、从小到大、从弱到强的艰辛创业历程。1994–2014 这二十年间，全市地税收入总量节节攀升，累计组织各项收入 770.7 亿元，年均增长 20.6%，为全市经济社会健康发展提供了持久有力的财力支持，也从一个侧面反映出了改革开放以来泰安经济建设的沧桑巨变。

盛世修志，志载盛世。进入新世纪以来，全市地税系统大力实施人才兴税、科技兴税、管理兴税“三大战略”，积极构建“网上税务局”，税收工作科学化、精细化、规范化水平显著提升；大力推进征管手段、征管机制创新，在全省率先引入网络报税、纳税评估、综合治税等信息系统，全面应用金税三期工程，税收征管能力现代化水平显著提升；大力加强干部队伍建设，引入目标管理、ISO9000 质量管理等先进理念和方式，扎实推进干部人事制度改革，倡树正确用人导向，税务干部能力素质显著提升。特别是近年来，按照中央八项规定精神和省、市要求，大力实施“作风兴局”战略，着力建设活力地税、法治地税、创新地税、形象地税，在全省率先开展绩效管理试点，大胆探索国地税联合办税新模式，努力打造“泰山魂 · 地税情”文化品牌，涌现出一批创新成果，整体工作实现了新跨越、迈上了新台阶。对泰安市地税工作取得的优异成绩，市委、市政府给予充分肯定，广大人民群众和社会各界给予充分认可。

修志问道，以启未来。《泰安市地方税务志 1994–2014》是一代代泰安地税人心血与汗水、智慧与奉献的结晶，也是我市改革开放成果的缩影。当前，泰安正处在加快转型发展的关键时期，地税部门面临税制改革持续深化、管理服务持续提升的新形势新要求，担负的使命和任务更加艰巨而繁重。希望全市地税系统广大干部职工铭记历史、传承文化，不忘初心、继续前进，紧紧围绕加快实现税收现代化目标，以更加饱满的热情、更加昂扬的斗志、更加务实的工作，再接再厉、主动作为、开拓进取，全面推进“二次创业”，努力使各项工作在全省站排头、在全国争一流，不断开创地方税务工作新局面，更好发挥税收在经济社会发展中的基础性、支柱性和保障性作用，为推动全市经济社会持续健康发展做出新的更大贡献！

中共泰安市委书记 市人大常委会主任 王云鹏

2016 年 12 月 2 日

序二

盛世修志是中华民族的优良传统。《泰安市地方税务志 1994—2014》编竣付梓，是地税发展史上的大事、盛事，也是地税文化建设的又一新成果。

20 年过去，弹指一挥间。泰安地税自 1994 年成立到 2014 年，系统上下在省局党组和市委、市政府的坚强领导下，在市局历届班子的带领下，脚踏实地、艰苦创业，锐意改革、创新发展，牢牢把握组织收入中心，强化征管，挖潜增收，连年超额完成收入任务，2014 年实现各项收入 126.41 亿元，是 1994 年分设之初的 42.28 倍，为全市经济社会科学发展提供了强有力的财力支撑；牢牢把握信息技术引擎，大力实施“科学兴税”战略，把税收管理、行政管理等搬到网上，管理的规范化、科学化、精细化水平持续提升；牢牢把握征管改革主线，积极探索新型征管模式，先后实施市级数据集中、省级大集中，上线金税三期工程，构建税源专业化管理新格局，税收征管现代化能力持续增强；牢牢把握以法治税灵魂，全面推行税收执法责任制，研发应用税收政策法规库等一系列信息系统，高效落实政策，规范执法行为，维护纳税人合法权益；牢牢把握以人为本，强化“五小建设”，深入开展“六好基层单位”创建和新一轮基层建设，探索创新干部选任制度，大力推行竞争上岗、能级管理和聘任制，全面实施“作风兴局”战略，积极推进“五个一”工程，充分激发队伍活力，大幅提升队伍素质；牢牢把握党风廉政建设这个保障，严格落实党风廉政建设责任制，尤其党的十八大以来，不折不扣地执行中央八项规定，全面落实廉洁从税规定，实现了倾情带队与严查重管的紧密融合。多年来，市地税局先后荣获全国文明单位、全国精神文明建设先进单位、全国学习型组织创建优秀单位、富民兴鲁劳动奖状等荣誉称号。

鉴往而知今。2014 年初，面对新形势、新任务、新要求，新一届市局党组审时度势，提出全面实施“作风兴局”战略，把总结以往、汲取经验作为转作风、提质效、促跨越的重要内容，组织精干力量对过去 20 年的工作进行全面梳理，从组织收入、税收征管、执法服务、文化建设、行政管理等各个方面进行全方位审视、总结，运用历史唯物主义观点，客观地、实事求是地记载泰安地税的历史演变和发展过程。期间，编纂办公室工作人员充分利用市地税局档案室资料，并到市档案馆、统计局等相关单位查阅档案，走访市地税局老领导老同志，搜集各类资料 500 余万字。着眼打造志书精品目标，编纂办工作人员不断完善体例，优化结构，丰富内容，补充图片，六易其稿，于 2016 年初顺利通过专家评审。

《泰安市地方税务志1994—2014》全书共10篇43章187节，70余万字，体例完备，归属得当。全书有概述、大事记、组织收入、税收征管、执法服务以及机构演变等内容，承前启后，左右衔接，脉络清晰，图文并茂，翔实具体，是泰安地税20年整体工作的具体展示，是全市地税系统干部职工精神风貌的集中体现。我相信，税志的出版对广大地税工作者学习和研究泰安地税的发展历史，借鉴历史经验，把握地税发展轨迹，搞好当前和今后的地税工作具有十分重要的借鉴意义。同时，它也为各级领导了解和指导地税工作提供了一本有益的参考工具书。

当此举国上下深入学习党的十八大和十八届三中、四中、五中、六中全会精神之际，此书的出版，对于落实“四个全面”战略部署，对于系统上下总结既往、规谋未来具有重要作用。希望全市地税系统广大干部职工团结一致，求实创新，瞄准“全省站排头，全国争一流”长远目标，以更加昂扬的斗志、更加积极的精神投身税收现代化建设之中，为全面推进泰安地税“二次创业”作出新的更大贡献！

泰安市地方税务局党组书记、局长 郝玲

2016年10月28

凡 例

一、本志以马克思列宁主义、毛泽东思想、邓小平理论、“三个代表”重要思想、科学发展观为指导，坚持辩证唯物主义和历史唯物主义观点，运用现代科学理论和方法，全面真实地记述全市地方税务改革发展的历史沿革和总体情况，体现行业志、地方志特色，展示时代风貌。

二、断限：上限起于 1994 年 10 月，下限止于 2014 年 12 月。为完整体现泰安地税的发展状况与工作特色，部分篇章内容适当下延。

三、结构：采用篇章节目体，章下设无题序，有的节下设目、子目。全书共 10 篇。其中，第十篇基层地方税务局，除各县（市、区）地方税务局外，将承担征收职能的市地税局直属征收局纳入其中。

四、体裁：采用述、记、志、图、表、录等形式，以志体为主。卷首设概述和大事记，横排门类，纵述始末；末设附录。表、图随文穿插。

五、数字用法执行国家标准，使用法定计量单位。使用公元纪年。税收收入数据均以税收会计决算数据为准。

六、政区、机构及某些工作和活动称谓第一次出现用全称，并括注规范简称，重复出现时用简称。国家税务总局简称税务总局，山东省地方税务系统简称全省地税系统，山东省地方税务局简称省地税局，泰安市地方税务系统简称全市地税系统，泰安市地方税务局简称市地税局，县（市、区）地方税务局按行政区划简称某某县（市、区）地税局。

七、本志采用语体文，记述体。语言力求简洁、流畅，文风力求朴实、严谨。

八、本志人物分为简介、列表两部分。人物简介，主要收录 1994 年 10 月至 2014 年 12 月，现任或曾任副县级以上（含）领导职务者，市地税局主要负责人以任职先后为序、其它副处级及以上干部以出生年月为序；人物列表收录市地税局机关各单位、稽查局、直属征收局、县（市、区）地税局中层干部。

概　述

泰安市位于山东省中部，北以泰山与济南市为界，南与济宁市相连，西隔黄河与聊城市及河南省台前县相望，东与莱芜市、淄博市、临沂市相邻。东西长约176.6千米，南北宽约93.5千米，面积7762平方千米，占全省面积的4.94%。下辖泰山区、岱岳区、宁阳县、东平县，代省管理新泰、肥城两市。1994年末，全市总人口为527.06万人，2014年末为558.1万人。1994年，全市实现国内生产总值184.6亿元，完成中央及地方税收9.26亿元。2014年，实现国内生产总值3002.2亿元，完成中央及地方税收206.1亿元。

1993年12月15日，国务院颁布《关于实行分税制财政管理体制的决定》，按照事权与财权相结合的原则，将税种统一划分为中央税、地方税、中央地方共享税，分设国家税务局和地方税务局两套税务机构。1994年10月，泰安市地方税务局（以下简称市地税局）挂牌，正式对外办公，正处级单位，负责本市地方税、中央地方共享税的征收管理和行政执法工作，管理纳税人1.01万户。1998年10月，全省地税系统实行上级地方税务机关和同级政府双重领导，以上级地方税务机关垂直领导为主的管理体制，市地税局对各县（市、区）地税局的机构设置、干部管理、人员编制和经费等实行垂直管理。截至2014年底市地税局下辖市地税局泰山分局（以下简称泰山分局）、市地税局岱岳分局（以下简称岱岳分局）、新泰市地方税务局（以下简称新泰市地税局）、肥城市地方税务局（以下简称肥城市地税局）、宁阳县地方税务局（以下简称宁阳县地税局）、东平县地方税务局（以下简称东平县地税局）6个县级局，设有稽查局、直属征收局、高新技术产业开发区分局（以下简称高新区分局）、泰山风景名胜区分局（以下简称景区分局）4个直属单位、派出机构，有37个中心税务所。全市地税系统在职干部职工1298人，管辖单位纳税人3.28万、个体纳税人6.11万，比1994年增加8.38万，增长829.70%。

一、始终坚持组织收入中心

系统上下讲政治，顾大局，强化税收征管，加大预测分析调度，大力挖潜堵漏增收，连年超额完成组织收入任务。1994年，全市地税系统共组织各项收入2.99亿元。2001年，为适应企业所得税和个人所得税中央级参与分享体制改革需要，加大两个所得税征管和清缴力度，实现各项收入12.46亿元，总量首次超10亿元。2010年，实现各项收入58.93亿元，同比增长22.52%，增收10.83亿元，增量首次超10亿元。2012年，实现各项收入108.75亿元，同比增长19.6%，增收17.83亿元，总量首次超100亿元。2014年，面对经济下行，政策性减收，税源萎缩等严峻形势，牢牢把握收入主线，盘活存量，挖掘增量，全年组织各项收入126.41亿元，同比增长10.65%，增收12.17亿元。1994—2014年，全市累计组织各项地方税收收入770.67亿元，年均增长20.58%，为实现全市财政收支平衡、促进经济社会发展提供了强有力的财力保障。

二、始终坚持信息技术引领

把信息技术的推广应用，作为深化税收征管改革和提升行政管理效能的重要支撑，进而引领各项工作的改革创新。1995年，积极探索和试行取消“专管员管户”制度，逐步建立起以征收大厅为载体、以计算机为手段、以纳税人自行申报纳税为前提、以加大稽查力度、提高申报入库率为目的的新型征管模式。1996年，在各县（市、区）地税局直属分局和经济比较发达的基层分局普遍实行微机征税。2000年8月，市地税局党组确定全面实施人才兴税、科技兴税、管理兴税“三大战略”，以全面推行办公自动化为切入点，探索机关公务开支“4S”管理（4S即英文单词System（制度）、Service（服务）、Saving（节约）、Supervise(监督)），应用全市统一的税收征管系统，研发推广的纳税评估、综合治税、网络申报等管理信息系统，先后被评为山东省科技进步二等奖和泰安市科技进步二、三等奖。2006年，市地税局税收信息化建设被评为“山东省信息化建设示范工程”。2010年，以开展新一轮基层建设为主线，完成了泰安地税数据平台以及税收票证、政策评价反馈、财税库银税收收入电子缴库横向联网等软件系统的开发建设。2011年，形成了以专业管理层为中枢，以纳税评估为重心，分类、分级、分岗管理，全方位、一体化运作的管理框架，得到了国家税务总局（以下简称税务总局）和山东省地方税务局（以下简称省地税局）的充分肯定。2013年10月，全面推行金税三期工程，从税收业务到行政管理全部实现网上运行，规范化、科学化、精细化程度显著提升。

三、始终坚持深化征管改革

地税机构组建后，税种多、任务重、一线人员少、征管手段落后等问题突出，沿袭几十年的“专管员管户”征管模式面临挑战。对此，各级地税部门从改革中找出路，在创新中求突破。1995年，开始探索建立纳税人自行申报纳税制度和服务、监控、稽查、组织等体系，基本形成了征收、管理、稽查既相互分离又相互制约的征管格局。1996年底，全市基本完成以计算机管理为依托，征收、管理、稽查三分离征管模式为特征的城市征管现代化改革。1998年，探索在农村实行大厅集中征收和设点分散征收相结合，地税专业征管和农村综合治税相结合，计算机运作和手工操作相结合的征管路子。2000年，全市地税系统调整基层征收机构设置，完善集中征收、重点稽查、属地管理相结合的征管模式。2003年，在全市地税系统推行E税通网络报税、双委托、委托代征三种电子化申报征收方式改革和市级数据集中管理，地税征管由征收型向监控管理服务型转变，逐步建立起以政府领导、地税主管、部门配合、司法保障、社会参与、信息化支撑为主要内容的社会综合治税体系。2004年，推行以申报征收核算为内核，以税源监控和纳税服务为两翼，以决策支持系统为辅助，以全方位流程控制为保障的征管模式。2010年，调整优化机构、岗位的税源管理职责，实行按业务事项分岗管理的税源专业化管理。2011年，形成以专业管理层为中枢，以纳税评估为重心，分类、分级、分岗管理，全方位、一体化运作的税源专业化管理格局。

四、始终坚持执法与服务并重

坚持依法治税，把执法寓于管理服务之中，在执法中体现服务，在服务中规范执法，税收环境得到持续优化。一方面，不断强化依法治税。全面推行税收执法责任制，深化、拓展税收执法责任制监控考核体系，被省地税局纳入全省税收执法责任制自动监控考核系统业务需求。加强税收政策管理，研发税收政策法规库和税收政策执行情况评价反馈、减免税管理等信息系统，税收政策落实的实效性显著增强。强化税收执法资格管理，实行基层法制员制度，积极开展税收规范性文件清理。积极开展税务行政处罚、复议、应诉等各项工作，规范税务处罚自由裁量权，维护纳税人合法权益。另一方面，不断优化税收服务。创新服务平台，强化办税服务厅建设，税收征管模式由专管员上门收税转变为纳税人主动申报。1999年，全市地税系统各办税服务厅全面实现微机征收。大力实施“111”纳税服务工程，推广“一窗式”、“一站式”纳税服务，实施集中办公，在“大集中”系统虚拟办税服务厅，为纳税人便捷办税提供全方位服务。拓展服务渠道，开通特快通道、外部网站、12366纳税服务热线，建设网上综合服务平台，研发外部网站咨询督办系统，成立纳税人之家，多角度、多层次为纳税人提供政策支持和维权服务。2014年，按照“作风兴局”战略部署，全面开展“为经济发展献良策，为纳税业户办实事”活动，服务质效大幅提升。

五、始终坚持以人为本

全市地税系统始终把基层建设、班子队伍建设等放到重要位置，认真落实税务总局工作重心转移到基层、转移到征管的“两个转移”规定，积极开展小食堂、小花园、小菜地、小图书室、小澡堂等“五小建设”，深入推进“六好基层单位”创建和新一轮基层建设，基层工作、学习和生活环境显著改善。1995年，被评为全国税务系统首家全国职业道德建设先进单位。创新干部选任机制，自1997年始，副科级以上干部全部通过竞争上岗。2000年开始，大力实施“三大战略”，全面应用目标管理，在全国税务系统率先引入ISO9000质量管理体系，深入开展学习型组织建设。2001年对竞争上岗的副科级干部试行聘任制，2002年全面推开，对以往委任干部一律重新聘任，并大力推行双向选择和轮岗交流。积极开展能级管理，通过差别化管理，奖优罚劣，干部队伍活力得到充分激发。2013年12月，围绕转作风、提质效、再上新层次、再跨新台阶，全面实施“作风兴局”战略，大力倡导凭德才用干部，以实绩论升迁的用人导向，坚持年轻有为的打破常规用，业务过硬的创造条件用，业绩突出的不拘一格用，群众公认的坚决果断用。围绕深入开展党的群众路线教育实践活动，大力推进“五个一”工程，在全省率先试点并全面推行绩效管理，多项工作走在全省甚至全国前列。不断创新教育培训方式，队伍素质能力持续提升，至2014年底，全市地税系统在职干部职工大专以上学历人员1029人，占在职干部职工的93%，有注册税务师25人，税务师109人；注册会计师3人，会计师58人，105人入选省地税局骨干人才库。全市地税系统先后涌现出韩锦秀、李玉晓、张书义等一大批先进典型人物。2014年，“最美税务人”张书义被确定为山东省泰安市党的群众路线教育实践活动先进典型，被山东省委宣传部确定为重要宣传典型。

六、始终坚持狠抓党风廉政建设

全市地税系统始终加强党风廉政建设，通过正面教育、反面警示、算账对比等形式，筑牢拒腐防变思想防线。严格落实党风廉政建设责任制，开展制度化巡视检查，强化廉政教育，抓好政风行风建设，将税收执法权、行政管理权“两权”监督落到实处，确保了党纪政纪的贯彻执行，提升了地税形象。先后总结推广廉政风险防控等级管理、个体税收廉政防火墙、廉政风险防控平台试点、专兼职纪检监察员等经验做法，得到山东省纪委、省地税局党组的高度评价。党的十八大以来，严格执行中央八项规定，严格落实廉洁从税规定，构建预防、建设、纠治与考核评价相结合的“3+1”工作体系。在岱岳分局推行廉政保证金制度，得到中央领导的高度评价。

1994—2014年，全市地税系统始终

坚持两手抓、两手硬，一手抓组织收入、一手抓强化征管，一手抓夯实基础、一手抓创新管理，一手抓规范执法、一手抓优化服务，一手抓技术应用，一手抓人机结合，一手抓倾情带队、一手抓严查重管，各项工作不断取得新进步，实现新跨越。市地税局先后荣获全国文明单位、全国精神文明建设工作先进单位、全国学习型组织创建优秀单位、富民兴鲁劳动奖状等称号，市地税局妇委会荣获全国三八红旗集体称号，市地税局党组被表彰为山东地税系统党建工作先进集体，全市地税系统连续10年被评为全市“十大文明行业”。

大 事 记

1994 年

10 月 20 日 市地税局正式成立。徐兰云任中共泰安市财政局委员会副书记兼市地税局党组书记，孙立彦任市地税局党组成员。

10 月 21 日 泰安市人民政府任命孙立彦为市地税局副局长。

10 月 23 日 泰安市委组织部任命曹凯为市地税局党组成员。

11 月 7 日 市委副书记、市长张知平到市地税局视察工作。

11 月 11 日 省地税局党组成员、副局长宋文军一行代表省“大检办”到泰安视察财政、税务、物价检查工作。

11 月 22 日 省财政厅党组书记、副厅长谢大文到市地税局调研。

12 月 28 日 泰安市委组织部任命韩方庆为市地税局党组成员，杨武为市地税局直属分局局长。

12 月 31 日 市委副书记、市长张知平和副市长张振宗、市政府秘书长王庆泗带领有关部门负责人看望慰问工作在一线的地税系统干部职工。

是日 泰安市人民政府任命曹凯、韩方庆为市地税局副局长。

1995 年

1 月 1 日 与市财政局办理国营企业所得税移交工作，拟定泰安国营企业所得税的征收范围和收入计划。

2 月 25 日 全省地税系统流转税培训班结业典礼在泰安举行，省地税局党组成员、副局长王云芳，泰安市副市长张振宗出席仪式。

3 月 10 日 全市地税系统“巾帼明星”表彰会召开。市人大常委会副主任李秀兰、副市长于连荣、市政协副主席李凤明出席会议并颁奖。

是日 全市地税系统屠宰税代征工作现场会在东平县召开，东平县沙河站镇政府以及地税所作典型发言。

3 月 25 日 全市地税局长会议召开，传达省地税局分党组书记、局长张昭立在全省地税系统办公室主任会议上的讲话精神，安排部署 4 月份税收宣传月活动。

4 月 3 日 市人大常委会副主任胡化泉就税收宣传月活动发表电视讲话。

4 月 9 日 市地税局召开税收宣传月新闻发布会。市人大常委会副主任高庆臣、副市长张振宗、市政协副主席麦加滕出席活动。

4 月 13 日 全省所得税工作会议在泰安召开，省地税局党组成员、副局长宋文军，泰安市副市长张振宗出席会议。

4 月 26 日 全市地税系统岱下聚财能手表彰大会召开，市人大常委会副主任胡化泉、副市长张振宗出席会议并颁奖。

6 月 21 日 省财政厅常务副厅长、省地税局分党组书记、局长张昭立和省财政厅副厅长孙肇琨到市地税局指导工作，查看办公楼基建现场，看望一线干部职工。

6月28日 全市地税系统优秀共产党员表彰大会召开，市委副书记宋广吉，省地税局党组成员、副局长李德泉出席会议。

8月1日 市地税局举行办公楼开工奠基仪式，党组书记、局长徐兰云，党组成员、副局长孙立彦、曹凯、韩方庆，直属分局局长杨武等出席仪式。

9月2—3日 全市财税工作会议暨地税系统思想政治工作会议召开，市委书记张庆黎，市委副书记、市长张知平，副市长张振宗到会并讲话。

9月12日 市人民检察院驻市地税局税务检察室举行揭牌仪式，市检察院检察长苏秋宪出席仪式。

10月11—15日 全省税收计会改革、征管工作会议在泰安金山度假村召开，泰安市副市长张振宗出席会议并讲话，市地税局作典型发言。

1996年

1月16—19日 全省流转税工作资料普查会议在泰安召开，市地税局被评为全省流转税工作一等奖。

1月24—26日 全市地税工作会议召开，市委副书记、市长张知平，副市长张振宗出席会议并讲话。

3月5日 全市地税系统巾帼明星代表座谈会召开，市人大常委会副主任李秀兰、市政协副主席李凤明参加活动。

4月1日 市人大常委会副主任高庆臣发表电视讲话，拉开税收宣传月活动序幕。

5月17日 税务总局党组成员、纪检组长贺邦靖到市地税局视察工作。

6月29日 泰安市委组织部任命管溪池、杨武为市地税局党组成员，王春玲为市地税局稽查局局长。

7月3日 泰安市委任命刘文和为市地税局党组副书记。

7月10日 泰安市人民政府任命刘文和、管溪池为市地税局副局长。

7月27日 全市地税系统先进集体、先进个人表彰大会召开，市委副书记、副市长赵树丛，省地税局党组成员、副局长李德泉，市人大常委会副主任高庆臣，市政协副主席李凤明，市纪委副书记汪锡桐出席会议，赵树丛、李德泉分别讲话。

10月17—18日 全省地税系统地（市）局长学特色理论研讨会在泰安召开，省地税局分党组书记、局长张昭立，党组成员、副局长王云芳、李德泉及各地（市）局长、省地税局各处室负责人50人参加会议。泰安市委副书记、市长张知平，市委副书记、副市长赵树丛看望与会人员。

12月7日 税务总局党组成员、副局长程法光到泰安检查指导工作。

1997 年

1 月 12—13 日 税务总局党组成员、副局长杨崇春，山东省省长助理、税务总局人事司司长丹笑山在山东省国税局党组书记、局长崔俊慧，省地税局党组成员、副局长李德泉陪同下，到泰安检查指导工作。

3 月 26 日 市地税局机关迁至位于东岳大街东段、花园小区的新办公楼办公。

4 月 8 日 全市地税系统总结表彰大会召开，省地税局原党组成员、副局长王云芳，党组成员、副局长吕凤强，市委副书记、市长张知平，市人大常委会副主任高庆臣，市政协副主席王庆泗等出席会议。

5 月 28 日 全市税企共建“双文明”活动动员大会召开，市人大常委会副主任高庆臣、副市长仲崇高、市政协副主席王庆泗，市直 21 个企业主管部门领导及 92 户市属以上大中型企业负责人，共 300 人参加会议。

6 月 19 日 省地税局党组成员、副局长宋文军到泰安检查工作。

7 月 17 日 税务总局所得税司司长易运和到泰安考察调研。

9 月 1—3 日 全市财税工作会议暨地税系统两个转移会议召开，市委书记张庆黎，市委副书记、市长张知平到会并讲话。

11 月 4—7 日 全国税务系统党风廉政建设座谈会在泰安召开，税务总局纪检组副组长权兆运以及省地税局党组成员、副局长李德泉、吕凤强出席会议。

1998 年

1 月 1 日 全市地税系统超额完成 1997 年税收任务，省地税局分党组书记、局长张昭立发电致贺。

1 月 20—21 日 全市财税及地税工作会议召开，市委副书记、代市长赵树从，市委常委、副市长安海军到会讲话。

3 月 20 日 全市地税系统总结表彰大会召开，省地税局党组成员、副局长李德泉，市委常委、宣传部长李洪峰，市人大常委会副主任张振宗、副市长李金明、市政协副主席李凤明、市政府秘书长姜吉叩出席会议。

4 月 20 日 泰安市直税企共建文明暨依法纳税先进单位表彰大会召开，市委书记莫振奎，市委副书记、市长赵树从，市人大常委会主任张知平、市政协主席宋广吉，市纪委书记刘静海，市委宣传部长李洪峰，省地税局党组副书记、副局长宋文军出席会议，索道公司等 21 家单位获“双先”称号，财保公司等 50 个单位荣获依法纳税先进单位称号。

4 月 21 日 省地税局党组书记、局长宋协秀向泰安地税发贺信，转达山东省委书记吴官正、省长李春亭、副省长黄可华对地税工作的谢意。

9月17日 全市地方税务管理体制改革工作会议召开，市委常委、副市长安海军到会讲话，市政府秘书长姜吉叩及组织、人事、编办、监察、财政等部门负责同志参加。

9月26—28日 税务总局党组副书记、副局长卢仁法到泰安调研，省长助理丹笑山、省地税局党组书记、局长宋协秀陪同活动。

11月27—28日 中国国际税收研究会副会长王选汇、郭宏德、韩绍初、张富珍和著名财税专家王诚尧到泰安指导工作。

12月9—10日 省地税局党组书记、局长宋协秀到泰安调研，先后与市委书记莫振奎，市委副书记、市长赵树丛，市人大常委会主任张知平，市政协主席宋广吉，副市长李金明等市领导交流工作意见。

1999年

1月18日 在全市地税系统开展为期两个月的冬季整训。

2月7日 市地税局组织迎新春“贤内助”座谈会，市人大常委会副主任张振宗、市政协副主席李凤明、市人大常委会秘书长万承平参加活动。

3月16日 召开全市地税系统年度工作总结暨经验交流大会，省地税局党组副书记、副局长宋文军到会讲话。

4月23—24日 召开全市地税工作会议，传达省地税局党组书记、局长宋协秀在全省地税系统党风廉政建设工作会议和第一期县级局长培训班上的讲话精神。

4月28—29日 市地税局举办两期税源普查应用程序培训班。

5月14日 对所辖6个县（市、区）地税局的领导班子进行调整充实，调整19人，新进班子5人，转任非领导职务6人，交流任职8人。

5月29—30日 省地税局党组书记、局长宋协秀，党组成员、副局长吕凤强，办公室主任郭凤晓到泰安地税指导工作。

6月1日 新泰市地税局推行数字编码奖励举报人制度。

6月10日 在山东省财政学校举办全市地税系统首期分局局长（所长）培训班。

6月26日 市地税局举办新闻发布会，从7月1日起，与市委宣传部、市财政局、市电信局联合举办地税消费发票抽奖活动。

7月18日 省政协副主席刘洪仁率领80名省政协委员，在市政协主席宋广吉，副主席于连荣、汤贵仁陪同下，到肥城市视察基层地税机关工作。

8月4日 市地税局向人大代表、政协委员发出征求意见信，市政协主席宋广吉作出批示。

8月6日 市地税局召开“三讲”教育动员大会，党组书记、局长徐兰云作动员讲话，市委“三讲”教育联络组组长、市人大常委会副主任颜景蒲到会讲话。

8月6—7日 市地税局召开“半军事化管理”流动现场会。

8月11日 在市总工会、经贸委、文明办举办的表彰大会上，市地税局获十佳职业道德建设先进集体称号。

9月14日 省地税局党组成员、副局长李德泉到泰安地税检查指导“三讲”教育工作。

10月16日 市地税局举行第三季度地税消费发票“季季奖”和“幸运奖”仪式，省地税局党组成员、副局长吕凤强，市人大常委会副主任张振宗、市政协副主席战守嵘出席仪式。

2000年

1月16日 全市财税工作会议召开，市委副书记、市长鲍志强到会讲话。

3月10—12日 省地税局党组书记、局长宋协秀到泰安考察干部，与市五大班子、市委组织部领导交换意见。

3月28日 全市地税系统领导干部会议召开，省地税局党组书记、局长宋协秀宣布调整市地税局领导班子决定：郭凤晓任市地税局党组书记、局长；姚同喜任市地税局党组副书记、副局长；徐兰云任省地税局咨询委员会常委、市地税局调研员；刘文和任日照市地税局党组书记、局长。市委常委、组织部长张品一参加会议。

4月20日 泰安地税政府网站开通并正式运转。

4月21日 在全省首届地税知识和半军事化管理知识大赛中，市地税局在23个代表队中获第一名。

4月26日 泰安地税“111”指挥中心和7个县（市、区）地税局服务中心正式开展工作。

5月12日 全市地税局长会议召开，部署为期一个月的全市地税系统解放思想大讨论活动。

5月30—6月1日 全国资源税专题工作会议在泰安召开，税务总局地方税司司长马振迁，省地税局党组书记、局长宋协秀，党组成员、副局长李德泉出席会议，市委常委、常务副市长安海军看望与会代表。

6月1日 市地税局举行泰安地税政府上网工程新闻发布会。税务总局地方税司司长马振迁，省地税局党组成员、副局长李德泉，市人大常委会副主任王庆泗、副市长李惠东出席会议。

9月7—8日 全市地税工作会议召开，市地税局党组书记、局长郭凤晓作主题报告，就泰安地税三年发展作出规划，提出全面实施人才兴税、科技兴税、管理兴税“三大战略”。

10月13—14日 省地税局党组副书记、副局长宋文军到泰安进行税收执法情况专题调研。

2001 年

1 月 16 日 省地税局党组副书记、副局长宋文军到岱岳区地税局慰问，与市委副书记张树禹、副市长孙承志座谈交流情况。

2 月 19—28 日 市、县两级机关抽调 46 名干部参加省地税局组织的千名干部下基层活动，与省地税局督查组 4 人一起，组成 17 个工作组，到 50 个基层分局，督导“三个代表”学习教育活动。

7 月 18 日 泰安市国际税收研究会成立，市地税局原党组书记、局长徐兰云任会长，市地税局党组副书记、副局长姚同喜任副会长兼秘书长，张鲁光、吴江、李玉祥为副秘书长。

8 月 8 日 市地税局召开 ISO9000 质量认证文件发布会，在局机关试运行 ISO9000 质量管理体系。

8 月 23 日 市地税局举行省级文明单位揭牌仪式，市委副书记李洪峰，省地税局党组成员、副局长吕凤强，市人大常委会副主任姜吉叩，市政协副主席于连荣，市长助理伍舫出席仪式。

11 月 30 日 市地税局机关 ISO9000 质量管理体系接受 CQC（中国进出口质量认证中心）山东省评审中心认证评审，通过评审。

2002 年

1 月 16 日 市地税局举行荣获 ISO9000 证书颁证大会，省地税局党组书记、局长宋协秀，省进出口商品检验检疫局局长邢德茂，CQC 山东评审中心主任李成德，副市长林华勇等出席会议。

2 月 22 日 全市地税系统开始实施目标管理，市地税局党组书记、局长郭凤晓与各县（市、区）地税局一把手、市地税局机关各科室负责人签订年度工作目标责任书和党风廉政建设责任书。

9 月 12 日 由省委宣传部、省地税局组织的李玉国先进事迹报告会在泰安举行，市委副书记张树禹、市人大常委会副主任张显义等五大班子领导出席。

9 月 18—19 日 全省地税系统所得税工作座谈暨个人所得税代扣代缴系统交流会在泰安举行。

11 月 30 日 市地税局及所属 6 个县（市、区）地税局档案管理均达省一级标准。

12 月 13 日 税务总局人事司巡视员刘崇良与参加全国税务系统思想政治工作培训班的全体代表一行 80 余人，到肥城市地税局参观指导。

截至年底，全市地税系统均通过 ISO9000 质量管理体系认证，分别举行授牌仪式。

2003 年

1 月 20—21 日 省地税局党组成员、副局长吕凤强赴东平慰问基层分局

（所）干部职工。

4月18日 税务总局党组书记、局长谢旭人到泰安视察税收工作，省地税局党组书记、局长于希信，市委常委、常务副市长李同道陪同活动。

4月下旬起 全市地税系统广泛开展防治非典型性肺炎工作。

5月19日 省地税局党组副书记、副局长宋文军到泰安检查指导收入工作。

5月28日 税务总局总会计师宋兰到泰安调研，市委副书记、市长贾学英，省国税局党组书记、局长戴子均，省地税局党组书记、局长于希信等陪同。

6月15日 全市税收会计实现集中核算。

7月10—11日 全省地税系统信息化建设座谈会在泰安召开，省地税局党组成员、副局长吕凤强出席会议并讲话。

9月25—27日 省地税局助理巡视员葛庆昌到泰安调研基层建设工作。

10月21日 泰安地税发票“双奖”暨推行税控收款机新闻发布会在泰山大酒店举行，相关部门领导及新闻媒体共60人参加活动。

11月28日 省地税局党组书记、局长于希信到泰安调研，市地税局党组书记、局长郭凤晓汇报演示税收征纳方式改革、征管数据市级集中、综合治税管理信息系统以及办公系统软件应用等情况。

2004年

4月19—20日 市地税局党组书记、局长郭凤晓率征收管理、税收管理、信息中心、办公室等部门负责人赴广州、南京地税学习考察信息化建设与征管改革等工作。

4月26—27日 在全省地税系统党风廉政建设工作会议和全省地税局长会议上，市地税局作题为《关于构建纳税服务体系的探索》典型发言。

5月29日 省地税局党组书记、局长于希信，党组成员、办公室主任李功到泰安调研。

6月8日 省地税局党组成员、副局长吕凤强到泰安调研。

6月21日 市国税局、地税局第一次联席会议召开，研究国地税税务稽查联合办案实施意见、加强数据信息共享等相关议题。

7月6日 税务总局总经济师王力对《山东省泰安市地税局纳税评估信息化取得成效》信息，作出批示：“泰安地税运用信息化手段进行纳税评估的做法很有特点，建议办公厅登简报，以推动各地此项工作的开展。”

8月5—6日 全省地税系统《综合治税信息管理系统》推广使用培训班在泰安举行。

8月10—13日 市地税局党组理论学习中心组读书会召开，期间，与会人员赴青岛、潍坊、济南等地学习考察。

9月7—8日 在潍坊召开的全国税务系统所得税信息化管理工作座谈会上，市地税局党组书记、局长郭凤晓参加会议并作典型发言。

9月26—28日 在税务总局召开的全国部分省市纳税评估工作研讨会上，市地税局党组书记、局长郭凤晓介绍构建税源监控体系做法。

10月12—13日 在全国税务系统教育（人事）处长培训班上，市地税局党组书记、局长郭凤晓作题为《向学习型组织靠近》的经验介绍。

10月14—15日 全省地税系统市级集中处理工程总结会议在泰安召开，省地税局党组成员、副局长吕凤强出席会议并讲话。

10月21日 市地税局与国税局联合召开税改十周年成果汇报会，市委副书记、市长贾学英，市五大班子领导出席会议。

11月21—22日 省地税局党组书记、局长于希信率省地税局有关处室负责人、部分市地税局局长赴河南、重庆等地考察结束后，在泰安召开座谈会，研究2005年全省地税工作思路。

12月1日 市地税局在全省地税系统率先应用税务总局推广的税务稽查管理及查账系统。

12月26日 山东省科技厅组织知名专家对泰安市地税局纳税评估、综合治税、E税通网络申报等3个管理信息系统进行科技成果鉴定。市委副书记、市长贾学英，省地税局党组成员、副局长吕凤强等参加会议并致词。

12月31日 市地税局网上税务局项目被山东省信息化领导小组评定为山东省信息化建设示范工程。

2005年

1月6—8日 市地税局在全省地税系统2004年度目标考核中取得第二名，被表彰为优秀单位。

2月23日 市地税局召开深化学习型组织创建座谈会，上海明德学习型组织研究所常务副所长王永福教授应邀出席。

2月28日 省地税局党组书记、局长于希信，党组成员、办公室主任李功到泰安地税调研指导。

是月 市地税局先后被评为全省部门和行业作风建设示范窗口、泰安市行风建设十佳单位、泰安市十大文明行业。

3月17日 省地税局召开纳税服务年活动视频新闻发布会，市地税局党组书记、局长郭凤晓作题为《创新管理方式 打造服务型地税机关》的汇报演示。

4月14—16日 全省地税局长会议在泰安召开，与会人员参观肥城现场，市地税局党组书记、局长郭凤晓作关于纳税评估工作情况的汇报演示。

4月25日 省人大常委会副主任黄可华，省财政厅党组书记、厅长尹慧敏，省地税局党组书记、局长于希信等在市委书记、市人大常委会主任耿文清，市委副书记、市长贾学英陪同下，到市地税局视察指导信息化建设工作。

5月25—27日 全国税收征管工作专业会议在重庆市召开，市地税局党组成员、副局长张继颖作纳税评估典型发言并演示软件系统。

6月10—11日 在税务总局组织召开的思想政治工作座谈会上，市地税局党组书记、局长郭凤晓作题为《将思想政治工作落到实处》的交流发言。

6月13日 市地税局纳税评估、综合治税等2个管理信息系统分别被市政府授予2005年度泰安市科技进步二、三等奖。

7月19日 省总工会、省精神文明建设委员会等9家单位联合召开全省创建学习型组织、争做知识型职工活动现场推进会，市地税局被表彰为全省学习型组织标兵单位。市地税局党组成员、副局长郝玲作典型发言。

7月20日 省委宣传部副部长、省文明办主任李凤梧，省文明办副主任王红勇，在市委常委、宣传部长孙承志，宣传部副部长、市文明办主任姚霆等陪同下，到市地税局视察指导工作。

8月12—15日 在第八届现代应用文国际研讨会暨国际汉语应用写作学会成立大会上，市地税局党组书记、局长郭凤晓作题为《转变行政理念 立足机制创新 重在操作精细》的交流发言。

8月22日 税务总局党组成员、副局长许善达到省地税局调研，专题听取市地税局工作汇报。

9月14—16日 全省地税系统后勤管理工作现场观摩会在泰安召开，市地税局作经验介绍。

9月19日 市地税局党组书记、局长郭凤晓到税务总局专题汇报纳税评估工作情况，税务总局党组书记、局长谢旭人，党组成员、副局长王力听取汇报，并给予肯定。

9月21日 在全国税务系统企业所得税管理工作会议上，市地税局党组书记、局长郭凤晓演示汇报企业所得税管理工作经验。

9月28日 全省地税稽查工作暨精细化管理现场会在新泰市地税局召开，省地税局党组成员、副局长吕凤强出席会议并讲话。

11月20—23日 市地税局党组书记、局长郭凤晓应岳阳市地税局邀请，在岳阳地税论坛作题为《关于税收征管现代化的认识与探索》的讲座。

11月25—26日 在全国创建学习型组织经验交流会上，市地税局党组副书记、副局长姚同喜作题为《向学习型组织靠近》的交流发言。

12月15—16日 市地税局党组书记、局长郭凤晓应邀参加税务总局党校组织的兼职教师观摩教学和试讲交流活动，作题为《现代税收征管趋向》的讲座。

2006年

1月17日 省地税局党组成员、副局长赵洪波到岱岳分局满庄所走访慰问。

3月23日 在市政府召开的全市依法行政工作会议上，市地税局党组成员、副局长张继颖作典型经验介绍。

5月16日 在省政府信息化工作领导小组办公室、信息产业厅联合召开的视频会议上，市地税局被表彰为山东省信息化建设示范工程。

8月 省地税局党组研究决定，葛明跃任市地税局党组书记、局长；免去郭凤晓市地税局党组书记、局长职务，任省地税局党组成员、办公室主任。

9月12—13日 税务总局地方税司处长程大群到市地税局调研城建税征收管理工作。

11月30日 市地税局与市检察院、市国税局联合召开预防职务犯罪工作联席会议。

12月21日 市人大常委会副主任张显义带领驻泰全国、全省人大代表18人视察文明创建工作，市地税局党组书记、局长葛明跃汇报全市地税系统文明创建工作情况。

2007年

1月26日 全市地方税务工作会议召开，市委常委、常务副市长王云鹏，市人大常委会副主任王尹成、市政协副主席于连荣、市纪委副书记杨淑东参加会议，市委常委、副市长王云鹏讲话。

2月7日 省地税局党组书记、局长于希信到东平县地税局彭集分局走访慰问。

2月10—11日 全省地税系统营业税税收资料调查工作会议在泰安召开，市地税局党组成员、副局长郝玲出席会议。

2月22日 市地税局内部网站在全省首家成功移植到省地税局网站平台。

5月30日 省地税局党组成员、副局长吕凤强到泰安督导调研信息化建设应用年活动开展情况。

7月9日 全市地税系统被市文明委表彰为全市文明创建标兵行业。

8月1日 车船税由保险机构代收代缴工作在泰安启动运转。

9月11—12日 全省地税系统政策法规工作会议在泰安召开，省地税局党组副书记、副局长宋文军到会讲话，与会人员现场观看岱岳分局山口所税收执法责任制深化、拓展工作试点情况。

10月17日 市地税局档案管理通过省特级考核验收。

11月27日 市地税局选送的flash动漫作品《武大郎开店》，在税务总局举办的第三届全国税法flash动漫大赛中，获“好作品”奖。

12月18日 市委常委、常务副市长王云鹏到市地税局调研调整优化产业结构工作。

2008 年

1 月 6 日 省级“大集中”系统在泰安成功上线并正常运行。

3 月 17 日 省地税局党组书记、局长于希信在市委常委、常务副市长王云鹏陪同下，到宁阳县地税局调研质效年活动开展和重大建设项目税收管理工作进展情况。

7 月 28 日 市人大常委会副主任刘汉玲到市地税局调研。

10 月 7—8 日 全国部分省市房地产市场情况座谈会在泰安召开，税务总局财产行为税司司长陈杰、省地税局副巡视员杨殿国，与税务总局、省地税局相关处室负责人及全国十省（市）代表参加会议，副市长林华勇到会致辞。

12 月 26 日 省地税局在泰安召开推行税源管理新模式座谈会，省地税局党组成员、总经济师郭凤晓及 8 个市局的分管局长、征管科长共 20 人参加。

2009 年

1 月 7—9 日 在全省地方税务工作会议上，市地税局被评为全省地税系统 2008 年度目标管理考核暨质效年活动先进单位。

1 月 19 日 全市地方税务工作会议召开，市委常委、常务副市长王云鹏，市人大常委会副主任刘汉玲、市政协副主席张庆明等市五大班子领导到会。

2 月 25 日 全省地税系统网络教育应用座谈会在泰安召开。

4 月 13—14 日 在全省地税系统文明创建工作总结表彰大会上，市地税局作为唯一获全国文明单位和全国学习型组织优秀单位双荣誉称号的单位受到表彰。

6 月 2 日 宁阳县青年志愿者协会维护纳税人权益分会挂牌成立，市地税局党组书记、局长葛明跃出席揭牌仪式。

6 月 16 日 市地税局党组书记、局长葛明跃参加全国税务系统推进学习型机关建设专题研讨会，作题为《全面深化学习型组织创建 努力争创全国一流税务机关》的典型发言。

12 月 24 日 纳税人之家成立揭牌仪式暨维权服务座谈会召开，市地税局党组书记、局长葛明跃，市地税局党组副书记、副局长姚同喜，副调研员李西坤，团市委副书记孔凡洪、组宣部部长马俏，纳税人之家主任刘汝兴，会员代表及市地税局相关单位负责人共 42 人参加会议。

12 月 31 日 在全市财税金融工作座谈会上，市地税局党组书记、局长葛明跃就 2009 年度收入工作情况作简要发言，市委副书记、市长李洪峰对地税工作给予肯定。

2010年

1月7日 市人大常委会副主任刘汉玲到市地税局进行专题调研。

1月28日 省地税局副巡视员郭凤晓到岱岳分局道朗税务所走访慰问。

2月5日 全市地方税务工作会议召开，市委常委、常务副市长李琥，市人大常委会副主任刘汉玲、市政协副主席张庆明等出席会议。

4月28—30日 全省地税系统政策法规工作会议暨税务行政复议培训在泰安召开，税务总局政策法规司负责同志、省地税局副巡视员李亚以及政策法规处、营业税处等处室负责人参加会议。

6月24—25日 省地税局副巡视员郭凤晓到东平县地税局、肥城市地税局督导检查基层建设工作。

8月10日 市人大常委会副主任刘汉玲到市地税局调研。

9月2日 全市财税库银税收收入电子缴库横向联网系统上线运行。

9月14日 全省地税系统纪检监察工作座谈会（西片区）在泰安召开，省地税局党组成员、纪检组长王莉莉参加会议。

10月12日 全省地税系统登泰山友谊赛举行，省地税局党组副书记、副局长吕凤强，副市长徐恩虎，泰山景区管委会主任谭业刚出席开幕式、闭幕式。

12月30日 全省地税系统基层建设推进现场会第一站在泰山分局拉开帷幕，省地税局党组成员、副局长吕凤强、郭凤晓出席会议，副市长闫新建出席会议并致辞，市地税局党组书记、局长葛明跃作典型发言。

2011年

1月13日 市人大常委会副主任刘汉玲到市地税局调研。

1月18日 省地税局党组成员、副局长李功到东平县地税局州城分局、老湖分局，岱岳分局满庄税务所等基层单位走访慰问。

1月19日 全市地方税务工作会议召开，市委常委、常务副市长李琥，市人大常委会副主任刘汉玲，市政协副主席赵成道出席。

1月20日 市地税局机关向泰山区省庄镇德慧希望小学捐赠20台联想电脑，建立电脑室，被团市委命名为泰安地税青年文明号希望电脑室。

2月24日 在全市宣传思想工作暨文化产业振兴会议上，全市地税系统被表彰为泰安市创建文明行业标兵行业。

2月25日 在全国税务系统创建学习型组织研讨会上，市地税局党组书记、局长葛明跃作专题发言。

4月22日 省地税局摄影社年会暨聚焦基层齐鲁行采风活动启动仪式在肥城举行，省地税局党组成员、副局长郭凤晓参加仪式。

6月29日—7月1日 在省地税局

党组理论学习中心组读书会上，市地税局党组和新泰市地税局党组被表彰为全省地税系统党建工作先进单位。

7月15日 市人大常委会副主任刘汉玲到市地税局调研。

12月1—2日 省地税局党组成员、副局长郭凤晓到泰安督导检查工作。

2012年

1月6日 市地税局与市财政局、国税局、人民银行、经信委等部门联合举办“祥和之春”2012迎新春联欢会，市委常委、政法委书记辛显明，市人大常委会副主任刘汉玲、市政协副主席于连荣参加活动。

1月9日 市人大常委会副主任刘汉玲到市地税局调研。

1月16日 全市地方税务工作会议召开，市委常委、市政法委书记辛显明，市人大常委会副主任刘汉玲，市政协副主席于连荣出席会议。

是日 省地税局党组成员、副局长赵洪波到市地税局岱岳分局山口、满庄中心税务所走访慰问。

2月16日 全省地税系统税收征管改革暨税源专业化管理研讨会在肥城召开。

3月13日 在全市宣传思想文化工作暨精神文明建设表彰会议上，市地税系统被表彰为泰安市十大文明示范行业。

4月16日 省地税局党组研究决定，郝玲任市地税局党组副书记，姚同喜任聊城市地税局调研员，闫家胜、王同宪任市地税局副调研员。

5月2日 省地税局党组研究决定，朱海明任市地税局党组成员、副局长。

5月21日 中纪委第八纪检监察室副主任、挂职市委副书记丁毅到市地税局视察指导工作。

5月29日 省地税局党组成员、纪检组长王莉莉到肥城市地税局调研，参观肥城市地税局办税服务大厅、文化展室及桃园中心税务所。

6月5日 市委副书记、常务市长王云鹏到市地税局视察指导。

6月12—15日 全省地税系统廉政风险防控平台行政管理部分开发论证和需求评审工作会议在泰安召开。

8月10日 省人大常委会预算工委副主任李玉海，省地税局党组成员、副局长李功到泰安调研《山东省地方税收保障条例》贯彻落实情况。

10月24—26日 省地税局调研组就耕地占用税、契税、城镇土地使用税和资源税征管情况到新泰市地税局调研。

10月31日 省地税局党组书记、局长宋文军到东平县地税局调研。

11月9日 市文明创建检查组到市地税局检查指导。

11月30日—12月1日 省地税局党组成员、纪检组长王莉莉到泰安检查验收新一轮基层建设工作。

12月16日 由全市48个部门分管领导组成的全市文明行业观摩团到市地税局泰山分局检查。

2013年

1月28日 省地税局党组成员、副局长赵洪波到市地税局岱岳分局慰问。

1月29日 全市地方税务工作会议召开，市委常委、常务副市长辛显明，市人大常委会副主任刘汉玲，市政协副主席任先德，市纪委常务副书记、监察局局长杨淑东出席会议。

4月23日 市地税局组织驻泰各单位干部职工270人，观看以东营市地税局干部许中堂为原型拍摄的电影《红烛》。

6月25日 市地税局举办全市地税系统预防职务犯罪专题辅导讲座。

7月11日 在省地税局党组成员、纪检组长王莉莉带领下，省地税局党的群众路线教育实践活动调研组到市地税局督导调研。

8月1日 市人大常委会副主任刘汉玲到市地税局调研。

9月23日 省地税局党组成员、纪检组长王莉莉到新泰市地税局检查指导。

9月23—24日 全省地税系统党建工作第一协作片组会议在泰安召开，省地税局党组成员、纪检组长王莉莉到会讲话。

10月18日 全市地税系统加强专（兼）职纪检监察员建设工作现场会在新泰召开。

12月4日 全市地税系统领导干部会议召开，省地税局党组成员、副局长韩奎祥，市委常委、组织部部长陈平出席会议，市地税局党组书记、局长葛明跃转任日照市地税局调研员，市地税局党组副书记、副局长郝玲主持全面工作。

12月6日 召开全市地税局长会议，传达省地税局党组关于市地税局领导班子调整决定，安排年前重点工作，研究2014年工作思路。

12月10日 中央纪委预防腐败室正局级副主任古越仁、三处副处长曹春霞到岱岳分局调研廉政保证金办法开展情况。

12月16日 市地税局组织学习张书义先进事迹座谈会。

12月18日 市人大常委会副主任刘汉玲到市地税局调研。

12月20日 市地税局召开机关全体人员会议，党组副书记、副局长郝玲提出在系统上下坚持讲政治、讲学习、讲创新、讲实干、讲廉洁、讲正气“六讲”总要求。

2014年

1月21日 省地税局总会计师白洁到肥城市地税局、宁阳县地税局走访慰问。

2月13日 全市地方税务工作会议召开，市委常委、常务副市长辛显明，市人大常委会副主任刘汉玲，市政协副主席任先德，市财政局党组书记、局长李诚实出席会议。市委常委、常务副市长辛显明讲话。市地税局党组副书记、副局长郝玲作主题报告，提出在全市地税系统全面实施“作风兴局”战略，力争通过三至五年的努力，建成充满活力、执法规范、创新涌现、各界满意、站位提升的全新泰安地税，率先实现税收现代化。

2月17日 在泰安市派“第一书记”总结表彰会议上，作为唯一部门代表，市地税局党组副书记、副局长郝玲作经验介绍。

2月28日 市地税局召开党的群众路线教育实践动员大会，党组副书记、副局长郝玲作动员讲话，省地税局第二批教育实践活动第五督导组到会督导，督导组组长冯冬青讲话。

3月7日 全市地税系统庆“三八”巾帼建功表彰大会召开。

3月14日 省地税局第五督导组全体成员和市地税局110名党员，到徂徕山革命传统教育基地，向革命烈士纪念碑献花篮，重温入党誓词。

3月20日 全省地税系统先进人物典型事迹报告会以视频会议形式召开，主会场设在市地税局，肥城市地税局张书义的事迹第一个宣讲，省地税局党组成员、副局长郭凤晓出席会议并讲话。

4月2—3日 税务总局党组副书记、副局长解学智与人事司司长杨江龙、纳税服务司副司长韩国荣、税务总局第五巡回督导组组长桑珉一行，在省地税局党组书记、局长张洪军陪同下，到宁阳县地税局调研指导党的群众路线教育实践活动。

4月3日 省地税局党组书记、局长张洪军到市地税局调研指导，市委书记、市人大常委会主任李洪峰，市委副书记、市长王云鹏，市委常委、常务副市长辛显明陪同活动。

4月9—10日 省地税局党组成员、纪检组长王莉莉到第二批教育实践活动联系点—新泰市地税局调研。

4月9日 省地税局总经济师张荣琳到市地税局泰山分局调研，市地税局党组副书记、副局长郝玲，副调研员李西坤、王同宪陪同活动。

5月7日 省委第一巡回督导组在省国土资源厅党组成员、纪检组长袁如英，省地税局党组成员、副局长韩奎祥陪同下，到泰安调研座谈。

5月13日 市检察院职务犯罪预防局局长张玲为市地税局机关全体干部职工作题为《远离职务犯罪 珍惜幸福生活》的讲座。

5月16日 省地税局党组成员、副局长郭凤晓到市地税局泰山分局调研税收征管改革情况。

5月29日 市地税局机关举办党的

群众路线教育实践活动专题党课，党组副书记、副局长郝玲以《大力弘扬优良传统 认真践行群众路线 努力推动泰安地税事业在新起点上实现新跨越》为题上党课。

7月1日 泰安地税绩效管理信息系统上线运行。

7月2日 税务总局党组副书记、副局长解学智，人事司副司长郝军辉一行，到宁阳县地税局调研指导党的群众路线教育实践活动。

7月28日 税务总局党组副书记、副局长解学智对宁阳县国地税合作作出批示。

7月31日 省地税局党组书记、局长张洪军对泰安地税工作作出批示。

8月8日 全市地税政策法规库现场发布会暨全市执法督察工作调度会在东平召开。

9月19日 在市直机关践行群众路线争创服务品牌活动交流推进会上，市地税局作经验交流。

9月29日 全市地税系统便民办税春风行动暨为经济发展献良策 为纳税业户办实事活动现场观摩推进会在市地税局泰山分局召开。

11月24日 省委落实党风廉政建设责任制领导小组第十三组到省地税局检查工作，并召开由济南、淄博、泰安、德州等市地税局主要负责人参加的座谈会，党组副书记、副局长郝玲参加座谈并发言。

11月27日 省地税局党组成员、副局长郭凤晓听取市地税局党组副书记、副局长郝玲关于综合性文集《峥嵘税月》编纂情况的汇报，为文集作序。该书于2014年底，由山东大学出版社出版。

12月17日 省地税局党组研究决定，任命郝玲为市地税局党组书记、局长。

12月31日 省地税局党组研究决定，任命李达为市地税局党组成员、副局长，免去朱海明市地税局党组成员、副局长职务。

第一篇

税收制度

1993年12月，国务院决定，从1994年1月1日起，实施分税制财政管理体制。税种从原来的37种减少到25种，包括：增值税、消费税、营业税、关税、企业所得税、外商投资企业和外国企业所得税、个人所得税、资源税、城市维护建设税、房产税、城市房地产税、遗产税、印花税、证券交易税、城镇土地使用税、土地增值税、车船税、车船使用牌照税、耕地占用税、农业税、牧业税、契税、屠宰税、筵席税、固定资产投资方向调节税（以下简称固投税）。其中，关税由海关部门征收，耕地占用税、契税、农业税、牧业税由财政部门征收，遗产税、证券交易税未开征，屠宰税、筵席税下放地方管理。1994年4月，山东省决定征收屠宰税，筵席税未开征。泰安市地方税收由市地税部门负责征收管理，税种包括：营业税、企业所得税、个人所得税、印花税、房产税、城市房地产税、土地增值税、车船使用税、车船使用牌照税、屠宰税、城市维护建设税、固定资产投资方向调节税、资源税和城镇土地使用税。全市各级地税部门除负责地方税种的征收管理外，还承担国家和省政府确定的一些规费和附加的征管工作，包括国家确定的教育费附加和文化事业建设费，省政府确定的发展旅游事业费、水利基金建设专项资金、残疾人就业保障金（以下简称“残保金”）、地方教育附加。

2014年，全市各级地税部门负责征收管理的税种和规费包括：营业税、企业所得税、个人所得税、资源税、城市维护建设税、房产税、印花税、城镇土地使用税、土地增值税、车船税、耕地占用税、契税、教育费附加、地方教育附加、水利建设金、文化事业建设费、残疾人保障基金、价格调节基金、工会经费。

第一章　营业税

营业税作为中国流转税主体税种之一，于1984年开征。是年，为适应经济发展要求，改变税制过简状况，发挥不同税种特定作用，国家进行第二步利改税，颁布《中华人民共和国营业税条例（草案）》，将工商税中的商业和服务业等行业划分出来，单独征收营业税。1993年12月31日，国家重新修订、颁布《中华人民共和国营业税暂行条例》，由14个税目变为9个税目。2008年11月5日，国务院第34次常务会议修订通过，2009年1月1日起施行。

1994年，国地税机构分设后，营业税由国税、地税按征管范围分别征管。

市地税部门负责征收的营业税包括交通运输业、建筑业、金融保险业、邮电通信业、文化体育业、娱乐业、服务业、转让无形资产和销售不动产9个税目。1998年，根据省地税局规定，对歌厅、舞厅、卡拉OK歌舞厅、夜总会、练歌房、音乐茶座、高尔夫球、台球、保龄球、网球、乒乓球、壁球、滑（溜）冰、射击、狩猎、钓鱼、跑马、儿童游乐场、滑道、棋牌室、健身房、水上游乐场、电子游戏机、模拟电子游艺、动感电影以及其他未列举名称娱乐项目，按10%税率征收营业税。

2001年1月，对个人按市场价格出租居民住房，应缴纳营业税减按3%税率征收。5月1日，根据国务院规定，对夜总会、歌厅、舞厅、射击、狩猎、跑马、游戏、高尔夫球、保龄球、台球等娱乐行为营业税按20%税率执行。2002年，根据税务总局规定，对个人按市场价格出租居民住房，用于居住的，营业税按3%税率征收；用于生产经营的，仍按5%税率征收。

2003年，营业税起征点按期纳税的由月营业额300元提高到1000元；按次纳税的由每次（日）营业额50元提高到100元。1月1日，对单位和个人开办网吧取得的收入，按娱乐业税目征收营业税。山东省农村信用社从事金融业务所取得的收入按3%税率征收营业税。

表1—1—1　　2009年营业税税目税率表

税目	税率（%）
交通运输业	3
建筑业	3
金融保险业	5
邮电通信业	3
文化体育业	3
娱乐业	5～20
服务业	5
转让无形资产	5
销售不动产	5

2004年7月，对台球、保龄球减按5%税率征收营业税。2005年6月，调整个人住房转让营业税政策，由个人购买并居住超过一年的普通住宅免征营业税改为个人购买并居住超过两年的普通住宅免征营业税。

2006年1月，根据省地税局通知要求，对按次纳税的营业税起征点统一调整为5000元。5月1日起，境外企业向境内提供贷款业务，并从境内取得的利息收入，按规定缴纳营业税。6月1日，个人对外销售其购买不足5年的住房，全额征收营业税；个人对外销售其购买超过5年（含5年）的普通住房，符合规定条件的，免征营业税；个人对外销售其购买超过5年（含5年）的住房，不能提供属于普通住房证明材料或经审核不符合规定条件的，按其售房收入减去购买房屋价款后的余额征收营业税。

2007年，单位和个人受托种植植物、饲养动物的行为，按营业税服务业税目征收营业税。水利工程单位向用户收取水利工程水费，按服务业税目征收营业税。2008年，对单位和个人在旅游景区经营旅游游船、观光电梯、观光电车、景区环保客运车所取得的收入征收营业税。11月5日，国务院第34次常务会议修订通过《中华人民共和国营业税暂行条例》（简称《营业税暂行条例》），2009年1月1日起施行。

2009年，根据财政部、税务总局规定，个人对外销售其购买不足2年的非普通住房的，全额征收营业税；个人对外销售其购买超过2年（含2年）的非普通住房或者不足2年的普通住房的，按其销售收入减去购买房屋的价款后的差额征收营业税；个人对外销售其购买超过2年（含2年）的普通住房的，免征营业税。

2010年1月，按照《营业税暂行条例》规定，泰安市娱乐业执行20%税率。个人对外销售其购买不足5年的非普通住房的，全额征收营业税；个人对外销售其购买超过5年（含5年）的非普通住房或者不足5年的普通住房的，按照其销售收入减去购买房屋的价款后的差额征收营业税；个人对外销售其购买超过5年（含5年）的普通住房的，免征营业税。

2011年1月，与市财政局、工商局联合印发通知，委托工商行政管理部门依法代征部分房屋出租环节营业税。6月，按照省地税局暂行办法，对营业税实行差额征税管理。是年10月1日至2014年9月30日，对家政服务企业由员工制家政服务员提供家政服务取得的收入免征营业税。10月，根据省财政厅、省地税局要求，泰安市娱乐业营业税实行两档税率，其中高尔夫球娱乐业税率由20%调整为10%，其他娱乐业项目税率由20%调整为5%。11月1日，根据省财政厅、省国税局、省地税局通知，修改营业税起征点为，按期纳税的（不含房屋租赁），为月营业额20000元，

图 1–1–1　　1994–2014 年泰安市营业税收入柱状图

单位：万元

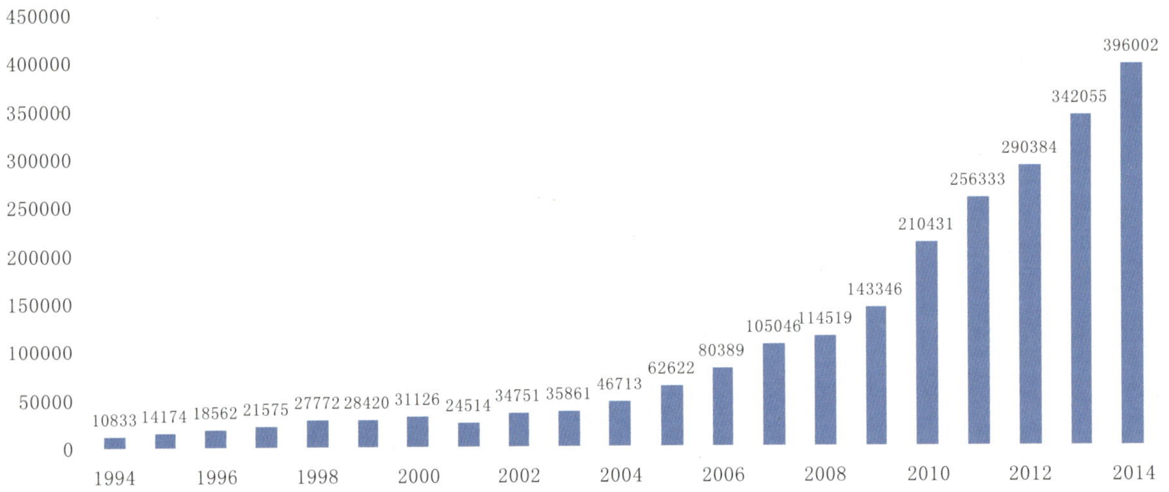

房屋租赁为月营业额 5000 元；按次纳税的，为每次（日）营业额 500 元。

2013 年 5 月 1 日，明确投资方与地方政府合作，投资政府土地改造项目（包括企业搬迁、危房拆除、土地平整等土地整理工作）的行为属于投资行为，取得的投资收益不征收营业税。规划设计单位、施工单位提供规划设计劳务和建筑业劳务取得的收入，征收营业税。5 月，省地税局印发通知，2009 年 1 月 1 日至 2015 年 12 月 31 日，对农村信用社及法人机构在县及县以下地区的农村合作银行和农村商业银行金融保险业收入减按 3% 的税率征收营业税。自 2009 年 1 月 1 日起，对法人机构在地级及地级以上市所辖城区的农村合作银行和农村商业银行的金融保险业收入按 5% 的税率征收营业税。8 月 1 日，交通运输业和部分现代服务业营业税改征增值税。对营业税纳税人中月销售额不超过 2 万元的企业或非企业性单位，暂免征收营业税。

2014 年 1 月 1 日起，全市铁路运输和邮政业营业税改征增值税。6 月 1 日，全市电信业营业税改征增值税。

至 2014 年 12 月 31 日，全市缴纳营业税的纳税人共 5.77 万户（包括自然人）。1994–2014 年，泰安市地税系统共征收营业税 229.54 亿元。

第二章 所得税

1994年工商税制改革，原国营企业所得税、集体企业所得税和私营企业所得税合并为统一的企业所得税，适用于内资企业；原对中国公民征收的个人收入调节税和城乡个体工商户所得税、对外籍人员征收的个人所得税合并为统一的个人所得税，适用于中国公民和外籍人员。

第一节 企业所得税

1993年12月15日，国务院决定，从1994年1月1日起改革地方财政包干体制，对省、自治区、直辖市以及计划单列市实行分税制财政管理体制，除地方银行和外资银行及非银行金融企业所得税以外的地方企业所缴纳的所得税，划归地税部门管理。

1994年1月1日，执行《中华人民共和国企业所得税暂行条例》和《中华人民共和国企业所得税暂行条例实施细则》，规定纳税人应纳税额，按应纳税所得额计算，税率为33%。与纳税人取得收入有关的成本、费用和损失，计算应纳税所得额时准予扣除。4月，贯彻执行财政部、税务总局《关于企业所得税若干优惠政策的通知》，自当年1月起，对第三产业企业（包括全民所有制工业企业转换经营机制兴办的第三产业企业），在一定期限内减征或者免征所得税。

1995年9月，执行省地税局电力企业所得税征收和管理范围：完全由地方投资兴办的电力企业，以实际独立经济核算的企业为所得税纳税人，其所得税由地税局征收管理。县供电局（不含区局）及其所办企业、电力部门兴办的集体企业所得税由地税局负责征收管理。1996年1月起，对未经批准实行工效挂钩或提成工资办法的企业，计税工资的人均月扣除最高限额由500元调整为550元。

组织全市企业所得税知识选拔考试

1997 年 1 月起，依法注册、登记的事业单位和社会团体，对其生产经营所得和其他所得，征收企业所得税。

1998 年 3 月到 2000 年 12 月，农村信用社年应纳税所得额在 3 万元（含 3 万元）以下的，减按 18% 的税率征收所得税；年应纳税所得额在 10 万元（含 10 万元）以下至 3 万元的，减按 27% 的税率征收所得税。7 月，对下岗职工自行组织从事生产经营的集体企业、单位，自开办之日起，经地税部门批准，免征所得税 3 年。免税期满后，又吸收下岗职工达到国家规定比例的，再给予 2 年减半征收企业所得税。9 月，对原煤炭工业部直属和直接管理的 94 户国有重点煤矿，以及原随煤矿一起上收为煤矿服务的地质勘探、煤矿设计、基建施工、机械制造、科研教育等企事业单位下放地方管理后，企业所得税由地税部门负责征收管理。1998 年 8 月 1 日起，下放煤炭企业应缴纳的企业所得税（含累计欠缴所得税）就地缴入地方金库。

1999 年 3 月，对国有、集体工业企业及国有、集体企业控股并从事工业生产经营的股份制企业、联营企业发生的技术开发费比上年实际增长 10%（含 10%）以上的，经审核批准，允许再按技术开发费实际发生额的 50%，抵扣当年度的应纳税所得额。4 月，对事业单位、社会团体和民办非企业单位取得的生产、经营所得和其他所得，征收企业所得税。5 月，对科研机构、高等学校的技术成果转让和培训、咨询、服务、承包所取得的技术性服务收入暂免征收企业所得税。10 月，将计税工资的人均月扣除限额由 550 元调整为 800 元。

2000 年 1 月 1 日起，对泰安市律师事务所实行核定应税所得率征收企业所得税，应税所得率 10%。对建立工会组织的企业、事业单位、社会团体，按每月全部职工工资总额的 2% 向工会拨交的经费，凭工会组织开具的《工会经费拨缴款专用收据》在税前扣除。对为安置随军家属就业而新开办的企业，自领取税务登记证之日起，3 年内免征企业所得税。对投资于符合国家产业政策的技术改造项目的企业，其项目所需国产设备投资的 40% 可从企业技术改造项目设备购置当年比前一年新增的企业所得税中抵免。执行税务总局《核定征收企业所得税暂行办法》，采取核定征收方式征收企业所得税。执行省地税局关于“齐鲁风采”电脑福利彩票税收政策规定，实行独立核算的各级福利彩票发行机构取得的有奖募捐发行收入，投注站和销售点取得的收入，征收企业所得税。执行税务总局《企业所得税税前扣除办法》，纳税人每一纳税年度的收入总额减去准予扣除项目后的余额为应纳税所得额。

2001 年，对从事生产、经营的广播电视事业单位以及非专门从事生产经营而有应税收入的广播电视事业单位，依法办理税务登记，生产、经营所得和其他所得缴纳企业所得税。1月1日起，制药、食品（包括保健品、饮料）、日化、家电、通信、软件开发、集成电路、房地产开发、体育文化和家具建材商城等行业的企业，每一纳税年度可在销售（营业）收入8%的比例内据实扣除广告支出，超过比例部分的广告支出可无限期向以后纳税年度结转。从事软件开发、集成电路制造及其他业务的高新技术企业，互联网站，从事高新技术创业投资的风险投资企业，自登记成立之日起5个纳税年度内，经主管税务机关审核，广告支出可据实扣除。执行税务总局关于企业支付给职工的一次性补偿金在企业所得税税前扣除问题的批复，企业对已达一定工作年限、一定年龄或接近退休年龄的职工内部退养支付的一次性生活补贴，以及企业支付给解除劳动合同职工的一次性补偿支出，原则上可以在企业所得税税前扣除。贯彻国务院关于所得税收入分享改革方案精神，2002年1月1日起实施所得税收入分享。除铁路运输、国家邮政、中国工商银行、中国农业银行、中国银行、中国建设银行、国家开发银行、中国农业发展银行、中国进出口银行以及海洋石油天然气企业缴纳的所得税继续作为中央收入外，其他企业所得税和个人所得税收入由中央与地方按比例分享。2002年所得税收入中央分享50%，地方分享50%；2003年所得税收入中央分享60%，地方分享40%。以2001年为基期，按改革方案确定的分享范围和比例计算，地方分享的所得税收入，如果小于地方实际所得税收入，差额部分由中央作为基数返还地方；如果大于地方实际所得税收入，差额部分由地方作为基数上解中央。

2002年，税务总局对所得税收入分享体制改革后税收征管范围进行调整：2001年12月31日前税务局、地税局征收管理的企业所得税、个人所得税（包括储蓄存款利息所得个人所得税），以及按现行规定征收管理的外商投资企业和外国企业所得税，仍由原征管机关征收管理。自2002年1月1日起，在各级工商行政管理部门办理设立（开业）登记的企业，其企业所得税由国税局负责征收管理。自2002年1月1日起，在其他行政管理部门新登记注册、领取许可证的事业单位、社会团体、律师事务所、医院、学校等缴纳企业所得税的其他组织，其企业所得税由国税局负责征收管理。2001年12月31日前已在工商行政管理部门和其他行政管理部门登记注册，但未进行税务登记的企事业单位及其他组织，在2002年1月1日后进行税务登记的，其企业所得税按原规定的征管范围，由国税局、地税局分别征收管理。执行财政部、国家税务总局有关税收政策，自2003年1月1日至2005年12月31日，对新办的服务型企业经审核，3年内免征企业所得税。对新办的商贸企业，经审核，3年内免征企业所得税。对现有的服务型企业（除广告业、桑拿、按摩、网吧、氧吧外）和现有的商贸企业（从事批发、批零兼营以及其他非零售业务的商贸企业除外）新增加的岗位，当年新招用下岗失业人员达到职工总数30%以上（含30%），并与其签订3年以上期限劳动合同的，经劳动保障部门认定，税务机关审核，3年内对年度应缴纳的企业所得税额减征30%。对国有大中型企业通过主辅分离和辅业改制分流安置本企业富余人员兴办的经济实体，符合条件的，经审核，3年内免征企业所得税。

2003年5月1日起，执行财政部、税务总局政策，为安置自主择业的军队转业干部就业而新开办的企业，安置自主择业的军队转业干部占企业总人数60%(含60%)以上的，经主管税务机关批准，自领取税务登记证之日起，3年内免征企业所得税。执行财政部、税务总局关于纳税人向防治非典型肺炎事业捐赠税前扣除政策，对企业、个人等社会力量向各级政府民政部门、卫生部门捐赠用于防治非典型肺炎的现金和实物，以及通过中国红十字会总会、中华慈善总会向防治非典型肺炎事业的捐赠，允许在缴纳所得税前全额扣除。自2003年1月1日起施行，疫情解除后，停止执行。11月，根据财政部、税务总局关于扩大企业技术开发费加计扣除政策适用范围规定，自当年1月1日起，盈利工业企业研究开发新产品、新技术、新工艺所实际发生的费用比上一年度实际发生额增长幅度在10%以上的（含10%），除按规定据实列支外，可再按当年实际发生额的50%抵扣企业当年应纳税所得额的规定。12月，省政府明确所得税收入分享比例，2004年及以后年份，一般企业所得税收入，中央分享60%，省级分享8%，市分享32%。

2004年1月，执行国家扶持城镇退役士兵自谋职业优惠政策，为安置自谋职业的城镇退役士兵就业而新办的服务型企业、商贸企业安置自谋职业的城镇退役士兵达到职工总数30%以上，经审核，3年内免征企业所得税。2月，执行国家教育税收政策，自当年1月1日起，对政府举办的高等、中等和初等学校（不含下属单位）举办进修班、培训班取得的收入，收入全部归学校所有的，免征企业所得税。对政府举办的职业学校设立的企业，对其从事营业税暂行条例“服务业”税目规定的服务项目取得的收入，免征企业所得税。纳税人通过中国境内非营利的社会团体、国家机关向教育事业的捐赠，准予企业所得税前全额扣除。3月，执行省地税局政策，地质勘查企事业单位进行技术转让，以及在技术转让过程中发生的与技术转让有关的技术咨询、技术服务、技术培训的所得，年净收入在30万元以下的，免征所得税；新办的劳动就业服务企业，当年安置城镇待业人员达到规定比例的，可在3年内减征或者免征所得税。劳动就业服务企业免税期满后，当年新安置待业人员占企业原从业人员总数30%以上的，经主管税务机关审核批准，可减半征收所得税二年；地质勘查事业单位从主管部门和上级单位取得的用于事业发展的专项补助收入，从其所属独立核算经营单位的税后利润中取得的收入，免征企业所得税。7月，执行税务总局货物运输业税收政策，按代开票纳税人管理的所有单位和个人，凡按规定应当征收营业税同时按开票金额3.3%预征所得税，预征所得税年终清算。实行核定征收企业所得税办法的，年终不进行所得税清算。8月，执行财政部、税务总局企业再就业专项补贴收入政策，对纳税人吸纳安置下岗失业人员再就业按《财政部、劳动保障部关于促进下岗失业人员再就业资金管理有关问题的通知》规定的范围、项目和标准取得的社会保险补贴和岗位补贴收入，免征企业所得税。

2005年3月，制药企业每一纳税年度可在销售（营业）收入25%比例内据实扣除广告费支出，超过比例部分的广告费支出可无限期向以后年度结转。同月，执行省地税局企业所得税政策，企业按照省政府规定的比例和标准缴纳的企业年金，按照国家和省政府规定的比例或标准缴纳的工伤保险费，可在税前扣除。根据《山东省职工住房货币化分配暂行办法》，企业按照市政府确定的范围和标准，发放给停止实物分房以前参加工作的、未享受过福利分房待遇的无房老职工的一次性住房补贴资金，在不少于3年期间内均匀扣除。煤炭生产企业根据原煤实际产量，按每吨8.5元提取的维简费，在国家规定的浮动范围内，提取的安全生产费用，可在企业所得税前扣除。11月，按省地税局规定，泰安市、各县（市、区）地税局直属分局管理的企业财产损失税前扣除的审批，由市、各县（市、区）地税局负责；因政府规划搬迁、征用等发生的财产损失由该级政府所在地税务机关的上一级税务机关审批；其他企业的财产损失税前扣除的审批，由市级地方税务机关确定，报省地税局备案。

2006年1月，执行财政部、税务总局享受企业所得税优惠政策的新办企业认定标准，按照国家法律、法规以及有关规定在工商行政主管部门办理设立登记，新注册成立的企业。3月，执行省地税局加强外来施工单位和房地产开发企业税收管理规定。外来企业的企业所得税，实行查帐征收；不符合查帐征收条件的纳税人，实行核定征收；对房地产开发企业按照税务总局《关于房地产开发业务征收企业所得税问题的通知》执行。省内跨市、县（市区）从事施工和房地产开发的企业，须到机构所在地主管税务机关开具《外出经营活动税收管理证明》，并到工程所在地地税机关办理报验登记，未开具《外出经营活动税收管理证明》的，工程所在地地税机关一律按规定征收企业所得税。7月，执行税务总局服装生产企业广告费支出企业所得税税前扣除标准，自2006年1月1日起，服装生产企业每一纳税年度符合规定条件的广告费支出，可在销售（营业）收入8%的比例内据实扣除，超过比例部分的广告费支出可无限期向以后年度结转。9月，执行财政部、税务总局企业所得税工资支出税前扣除政策：自2006年7月1日起，将企业工资支出的税前扣除限额调整为人均每月1600元。11月，执行财政部、税务总局企业支付学生实习报酬所得税政策，自2006年1月1日起，凡与中等职业学校和高等院校签订三年以上期限合作协议的企业，支付给学生实习期间的报酬，准予在计算缴纳企业所得税税前扣除。

2007年2月，执行财政部、税务总局宣传文化所得税优惠政策，自2006年1月1日起。对企事业单位、社会团体按照《捐赠法》的规定，通过中国境内非营利性的社会团体、国家机关向科普单位的捐赠，符合《中华人民共和国企业所得税暂行条例实施细则》相关规定的，在年度应纳税所得额的10%以内的部分，准予扣除。自2006年1月1日起至2010年12月31日，对企事业单位、社会团体等社会力量通过国家批准成立的非营利性的公益组织或国家机关对宣传文化事业的公益性捐赠，经税务机关审核后，纳税人缴纳企业所得税时，在其年度应纳税所得额10%以内的部分，可在计算应纳税所得额时予以扣除。7月，执行省经济贸易委员会、省国税局、省地税局落实企业技术创新若干配套政策，企业按当年实际发生的技术开发费用的150%抵扣当年应纳税所得额。9月，执行省地税局重点农产品加工骨干企业税收优惠政策，对确定为省级重点农产品加工骨干企业的，免征5年企业所得税。

2008年1月，执行《中华人民共和国企业所得税法》和《中华人民共和国企业所得税法实施条例》，企业所得税的税率为25%。对重点扶持和鼓励发展的产业和项目，给予企业所得税优惠。2月，执行省人民政府关于跨地区生产经营煤矿企业所得税纳税规定，各矿业（集团）公司或矿务局所属跨地区生产经营煤矿（井），2007年度及其以前年度应缴纳的企业所得税，按原征缴渠道缴纳，税务机关不重复征收。当年起，煤炭企业应缴纳的企业所得税，按照《中华人民共和国企业所得税法》和《中华人民共和国企业所得税法实施条例》及有关规定执行。执行财政部、税务总局关于软件生产企业、集成电路生产企业若干优惠政策。执行鼓励证券投资基金发展优惠政策，对证券投资基金从证券市场中取得的收入，对投资者从证券投资基金分配中取得的收入，对证券投资基金管理人运用基金买卖股票、债券的差价收入，暂不征收企业所得税。为保证部分行业、企业税收优惠政策执行的连续性，对有关就业再就业，奥运会和世博会，社会公益，债转股、清产核资、重组、改制、转制等企业改革，涉农和国家储备，其他单项优惠政策共6类定期企业所得税优惠政策，自2008年1月1日起，继续按原优惠政策规定的办法和时间执行到期。5月，按照税务总局规定，自当年1月1日起，停止执行企业购买国产设备投资抵免企业所得税的政策。9月，执行财政部、税务总局企业关联方利息支出税前扣除标准，企业实际支付给关联方的利息支出，不超过规定比例和税法及其实施条例有关规定计算的部分，准予扣除，超过的部分不得在发生当期和以后年度扣除。10月，执行税务总局代开货物运输业发票企业所得税新的预征率，2008年1月1日起，代开货物运输业发票的企业，按开票金额2.5%预征企业所得税。12月，执行国家税务总局新增企业所得税征管范围规定，2009年起新增企业所得税纳税人中，应缴纳增值税的企业，其企业所得税由国税局管理；应缴纳营业税的企业，其企业所得税由地税局管理。

2009年4月，执行财政部、税务总局安置政策，企业安置残疾人员的，在按照支付给残疾职工工资据实扣除基础上，在计算应纳税所得额时按照支付给残疾职工工资的100%加计扣除。6月，执行财政部、税务总局政策，自2008年1月1日起，为在本企业任职或受雇的全体员工支付的补充养老保险费、补充医疗保险费，分别在不超过职工工资总额5%标准内的部分，在计算应纳税所得额时准予扣除；超过的部分，不予扣除。7月，执行财政部、税务总局政策，2008年1月1日起至2010年12月31日，对化妆品制造、医药制造和饮料制造（不含酒类制造，下同）企业发生的广告费和业务宣传费支出，不超过当年销售（营业）收入30%的部分，准予扣除；超过部分，准予在以后纳税年度结转扣除。12月，执行财政部、税务总局政策，自2010年1月1日至2010年12月31日，对年应纳税所得额低于3万元（含3万元）的小型微利企业，其所得减按50%计入应纳税所得额，按20%的税率缴纳企业所得税。

2010年6月，执行省地税局、省国税局关于跨市经营建筑企业所得税征收管理规定。自当年1月1日起，实行总分机构体制的跨市（指设区的市，下同）经营建筑企业按照统一计算，两级预缴，汇总清算，分级管理的办法计算缴纳企业所得税。实行总分机构体制的跨市建筑企业所属二级或二级以下分支机构直接管理的项目经理部不就地预缴企业所得税，其经营收入、职工工资和资产总额应汇总到二级分支机构统一核算，由二级分支机构预缴企业所得税。建筑企业总机构直接管理的跨市设立的项目经理部，按项目实际经营收入的0.2%由总机构向项目所在地预分企业所得税，并由项目经理部向所在地主管税务机关申报预缴。建筑企业总机构应汇总计算企业应纳所得税。10月，执行税务总局查增应纳税所得额弥补以前年度亏损处理规定。

2011年1月，执行财政部、税务总局政策，自当年1月1日至2011年12月31日，对年应纳税所得额低于3万元（含3万元）的小型微利企业，其所得减按50%计入应纳税所得额，按20%的税率缴纳企业所得税。5月，执行税务总局规定，将煤矿企业实际发生的维检费支出和高危行业企业实际发生的安全生产费用支出，划分为收益性支出和资产性支出分别进行税务处理。8月，执行财政部、税务总局政策，对企业和个人取得的2009年、2010年和2011年发行的地方政府债券利息所得，免征企业所得税。10月，执行财政部、税务总局规定，企业从县级以上各级人民政府财政部门及其他部门取得的应计入收入总额的财政性资金，符合企业能够提供规定资金专项用途资金拨付文件等条件的，作为不征税收入，在计算应纳税所得额时从收入总额中减除。11月，执行财政部、税务总局政策，2012年1月1日至2015年12月31日，对年应纳税所得额低于6万元（含6万元）的小型微利企业，其所得减按50%计入应纳税所得额，按20%税率缴纳企业所得税。

2012年5月，执行财政部、税务总局政策，自2011年1月1日至2015年12月31日对化妆品制造与销售、医药制造和饮料制造（不含酒类制造，下同）企业发生的广告费和业务宣传费支出，不超过当年销售（营业）收入30%的部分，准予扣除；超过部分，准予在以后纳税年度结转扣除。烟草企业的烟草广告费和业务宣传费支出，一律不得在计算应纳税所得额时扣除。7月，向第十届中国艺术节捐赠的资金、物资支出，在计算企业应纳税所得额时按现行税收法律法规的有关规定予以税前扣除。

2013年1月1日起，企业依照规定的范围和标准为在职直接从事研发活动人员缴纳的基本养老保险费、基本医疗保险费、失业保险费、工伤保险费、生育保险费和住房公积金，专门用于研发活动的仪器、设备的运行维护、调整、检验、维修等费用，新药研制的临床试验费，研发成果的鉴定费用等，可纳入税前加计扣除的研究开发费用范围。

2014年1月，执行税务总局规定，对商业零售企业存货因自然灾害，仓储、运输失事，重大案件等非正常因素形成的损失，以专项申报形式进行企业所得税纳税申报。3月，执行税务总局规定，企业因国务院决定事项形成的资产损失，不再上报国家税务总局审核。自当年月1起至2016年12月，对年应纳税所得额低于10万元（含10万元）的小型微利企业，其所得减按50%计入应纳税所得额，按20%的税率缴纳企业所得税。同月，执行扩大小型微利企业减半征收企业所得税范围规定。11月，对生物药品制造业，专用设备制造业，铁路、船舶、航空航天和其他运输设备制造业，计算机、通信和其他电子设备制造业，仪器仪表制造业，信息传输、软件和信息技术服务业等行业企业，2014年1月1日后购进的固定资产（包括自行建造），允许进行加速折旧。企业在2014年1月1日后购进并专门用于研发活动的仪器、设备，单位价值不超过100万元的，可以一次性在计算应纳税所得额时扣除；单位价值超过100万元的，按税法规定加速折旧。企业持有的固定资产，单位价值不超过5000元的，可以一次性在计算应纳税所得额时扣除。企业在2013年12月31日前持有的单位价值不超过5000元的固定资产，其折余价值部分，2014年1月1日以后可以一次性在计算应纳税所得额时扣除。12月，执行财政部、税务总局非货币性资产投资企业所得税政策，自2014年1月1日起，居民企业以非货币性资产对外投资确认的非货币性资产转让所得，在不超过5年期限内，分期均匀计入相应年度的应纳税所得额，按规定计算缴纳企业所得税。

1994年–2014年，泰安市地税系统共组织企业所得税102.37亿元，年均增长14.69%。

第二节 个人所得税

1993年10月31日，第八届全国人民代表大会常务委员会第四次会议，将《中华人民共和国城乡个体工商户所得税暂行条例》和《中华人民共和国个人收入调节税暂行条例》并入改后的《中华人民共和国个人所得税法》中。1994年1月28日，国务院颁布《中华人民共和国个人所得税法实施条例》，将个人所得税、个人收入调节税、城乡个体工商户所得税统一为个人所得税，实行超额累进税率和比例税率两种，其中，工资、薪金所得适用5%～45%的9级超额累进税率；个体工商户的生产、经营所得和对企事业单位的承包经营、承租经营所得适用5%–35%的5级超额累进税率；稿酬所得适用20%的比例税率，并按应纳税额减征30%；劳务报酬所得适用20%的比例税率，一次收入畸高的，实行加成征收；特许权使用费所得，利息、股息、红利所息，财产租赁所得，财产转让所得，偶然所得和其它所得，适用20%的比例税率。

1994年4月，对独生子女补贴，执行公务员工资制度未纳入基本工资总额的补贴、津贴差额和家属成员的副食品补贴，托儿补助费，差旅费津贴、误餐补助等不属于工资、薪金性质的补贴、津贴或者不属于纳税人本人工资、薪金所得项目的收入，不征税。5月，对中国科学院院士每人每月200元的院士津贴，免征个人所得税。对个体工商户或个人专营种植业、养殖业、饲养业、捕捞业，其经营范围属于农业税（包括农业特产税）、牧业税征税范围并已征收

表 1—2—1　　个人所得税税率表一（工资、薪金所得适用）

级数	全月应纳税所得额	税率（%）
1	不超过 1500 元的	3
2	超过 1500 元至 4500 元的部分	10
3	超过 4500 元至 9000 元的部分	20
4	超过 9000 元至 35000 元的部分	25
5	超过 35000 元至 55000 元的部分	30
6	超过 55000 元至 80000 元的部分	35
7	超过 80000 元的部分	45

注：本表所称全月应纳税所得额是指依照《中华人民共和国个人所得法税》第六条的规定，以每月收入额减除费用３５００元以及附加减除费用后的余额。

表 1—2—2　　个人所得税税率表二
（个体工商户的生产、经营所得和对企事业单位的承包经营、承租经营所得适用）

级数	全年应纳税所得额	税率（%）
1	不超过 15000 元的	5
2	超过 15000 元至 30000 元的部分	10
3	超过 30000 元至 60000 元的部分	20
4	超过 60000 元至 100000 元的部分	30
5	超过 100000 元的部分	35

注：本表所称全年应纳税所得额是指依照《中华人民共和国个人所得法税》第六条的规定，以每一纳税年度的收入总额减除成本、费用以及损失后的余额。

农业税、牧业税的，不再征收个人所得税。7月，执行财政部、税务总局规定，在1994年和1995年，对股票转让所得暂不征收个人所得税。1996年2月，该项政策延长至1996年底；1998年3月，税务总局规定，自1997年1月1日起，对个人转让上市公司股票取得的所得继续暂免征收个人所得税。8月，对银行部门以超过国家利率和保值贴补率支付给储户的揽储奖金，征收个人所得税。9月，执行省地税局、省国税局联合印发的《山东省个人所得税代扣代缴暂行办法》和《山东省个人所得税自行申报纳税暂行办法》，完善代扣代缴和自行申报纳税制度。10月，对乡、镇以上人民政府或经县（含）以上人民政府主管部门批准成立的有机构、有章程的见义勇为基金会或者类似组织，奖励见义勇为者的奖金或奖品，经主管税务机关核准，免予征收个人所得税。10月1日起，执行公务员工资制度未纳入基本工资总额的补贴、津贴差额标准，按省地税局确定的每人80元／月执行。

1996年4月，执行税务总局关于机动出租车驾驶员税收征管规定。执行税务总局、文化部印发的《演出市场个人所得税征收管理暂行办法》。7月，执行税务总局规定，自1996年1月1日起，对试行年薪制的企业经营者取得的工资、薪金所得，实行按年计算、分月预缴的方式计征个人所得税。11月，对外商投资企业的董事担任直接管理职务取得的收入，按照工资、薪金所得征收个人所得税。12月，对在中国境内有住所的个人一次取得数月奖金或年终加薪、劳动分红，单独作为1个月的工资、薪金所得，计征个人所得税；退职人员取得应税的退职费收入，视为一次取得数月工资、薪金收入，并以原每月工资、薪金收入总额为标准，划分为若干月份的工资、薪金收入后，计征个人所得税。

1997年3月，对人寿保险业营销人员取得的佣金，扣除30%–40%费用后，按工资、薪金所得征收个人所得税。4月，对外籍个人以非现金形式或实报实销形式取得的住房补贴、伙食补贴和洗衣费，因到中国任职或离职以实报实销形式取得的搬迁费收入，取得的境内、外出差补贴、探亲费、语言培训费和子女教育费，免征个人所得税。8月，贯彻执行税务总局《个体工商户个人所得税计税办法》。

1998年1月，对企业和个人按照国家或地方政府规定的比例提取并在指定金融机构实际缴付的住房公积金、医疗保险金、基本养老保险金，免征个人所得税；对个人领取原缴存的住房公积金、医疗保险金、基本养老保险金，免征个人所得税。3月，将保险营销员计税扣除比例定为营销员每月收入的15%。4月，对个人购买体育彩票一次中奖不超过1万元的免征个人所得税。7月，对下岗职工从事个体经营因遭受自然灾害造成重大损失的，减征个人所得税；对下岗职工个人从事商业、工业及手工业、建筑安装业，月营业收入额不超过1000元的以及从事饮食业、服务业和修理业，月营业收入额不超过800元的，免征个人所得税；对下岗职工从事社区居民服务业的，3年内免征个人所得税。8月，对在中国境内有住所，并有来源于中国境外所得的个人纳税人，对其境外所得征收个人所得税。9月，对中国科学院资深院士、中国工程院资深院士每人每年1万元的资深院士津贴免征个人所得税。10月，对保险公司按投保金额，以银行同期存款利率支付给在保险期内未出险的人寿保险客户的利息，征收个人所得税。11月，对金融保险业、新闻出版单位、中介机构等单位以业务费、广告提成、同扣、办案提成、佣金等名目向本单位工作人员支付的收入，征收个人所得税；向非本单位工作人员支付的上述收入以及广告、发行、吸储报酬等，按次计征所得税。对出版社按国家规定送给作者的样书，不征收个人所得税；出版社以抵顶稿酬形式给作者的书刊，计征个人所得税。非银行金融机构以超过国家利率支付给储户的揽储奖金，比照银行部门规定，征收个人所得税。单位按照地方政府规定的比例，提取并向个人发放或向指定金融机构缴付的住房补贴，免征个人所得税。12月，对特聘教授获得“长江学者成就奖”的奖金，免征个人所得税。执行《山东省个人所得税减免税管理暂行办法》，实行减免税审批分级管理，减免额5万元（含）以下的，审批权限由市地税局确定；减免额5万元以上的，报省地税局审核批准。

1999年3月，对中国福利赈灾彩票中奖收入1万元（含）以下的，免征个人所得税。7月，对残疾、孤老人员和烈属的劳动所得，减免个人所得税。8月，对科研机构、高等学校转化化职务科技成果以股份或出资比例等股权形式给予科技人员的个人奖励，经主管税务机关审核，暂不征收个人所得税。对个人因任职单位缴纳有关保险费用而取得的无赔款优待收入，计征个人所得税。11月，对个人和个体工商户资助非关联的科研机构和高等学校研究开发经费，可在当年度应缴纳所得额中全额扣除。对股民个人从证券公司取得的回扣收入或交易手续费返还收入，征收个人所得税。12月，对个人在中国境内外商投资企业中任职受雇应取得的工资、薪金，由境外关联企业支付的，境内外商投资企业负责代扣代缴个人所得税。在中国境内没有机构、场所的外国企业，对其雇员所取得的由境外企业、总机构或关联企业支付的工资、薪金，由境内机构、场所负责代扣代缴个人所得税。

2000年3月，对个人在年终总结、庆典、业务往来等活动中，从其他单位和部门取得的现金、实物或有价证券，计征个人所得税。4月，对个人购买社会福利彩票一次中奖收入不超过1万元的，暂免征收个人所得税。5月，对职工个人以股份形式取得的拥有所有权的企业量化资产，缓征个人所得税。6月，对城镇企业事业单位及其职工个人按规定比例实际缴付的保险费，免征个人所得税。对国有企业职工与企业解除劳动合同取得的一次性补偿收入，在当地上年度企业职工年平均工资的3倍数额内的部分，免征个人所得税。8月，对1年内换购住房的纳税人，根据重新购房价值减免个人所得税。9月，执行财政部、税务总局通知，自当年1月1日起，对个人通过非营利性的社会团体和国家机关向公益性青少年活动场所的捐赠和向红十字事业的捐赠，缴纳个人所得税前准予扣除。11月，执行省地税局下岗职工从事社区居民服务业税收优惠政策。在2003年12月31日之前，对个人取得的经营所得和劳务报酬所得，3年内免征个人所得税。自2000年1月1日起，对个人独资企业和合伙企业投资者征收个人所得税。12月，执行个人独资企业和合伙企业投资者费用扣除标准每人每月800元，从业人员工资支出按照企业所得税计税工资标准，在税前扣除。自2000年1月1日起，对从事个体经营的随军家属，自取得税务登记证之日起，3年内免征个人所得税；个人通过非营利性的社会团体和政府部门向福利性、非营利性的老年机构的捐赠，在缴纳个人所得税前扣除。自2001年1月1日起，对个人出租房屋取得的所得，减按10%的税率征收个人所得税。

2001年4月，对个人向慈善机构、基金会等非营利性机构的公益、救济性捐赠，准予在缴纳个人所得税前全额扣除。执行省地税局规定，将律师分成收入的税前扣除标准确定为分成收入的30%。7月，执行税务总局规定，自2001年1月1日起至2003年12月31日止，对自谋职业的退役士兵从事社区居民服务业取得的经营所得和劳务报酬所得，3年内免征个人所得税。8月，确定高收入行业和高收入个人范围，完善收入申报试点，建立纳税人和扣缴义务人编码制度，实施高收入行业代扣代缴。9月，执行税务总局规定，自2001年10月1日起，对个人因与用人单位解除劳动关系取得的一次性补偿收入，在当地上年职上平均工资的3倍数额以内的部分，免征个人所得税；企业按照国家有关法律宣布破产，企业职工从该破产企业取得的一次性安置费收入，免征个人所得税。

2002年4月，执行省地税局规定，对申报应税所得明显异常且不能说明正常原因等外籍人员进行纳税约淡。7月，对个人取得的“双薪”单独作为一个月的工资、薪金所得征税。8月，执行省地税局规定，加强境外所得的个人所得税征收管理。

2003年4月，执行税务总局规定，自2003年1月1日至2005年12月31日，对下岗失业人员从事个体经营（建筑业、娱乐业以及广告业、桑拿、按摩、网吧、氧吧除外），3年内免征个人所得税。根据财政部、税务总局规定，自2003年5月1日起，对从事个体经营的军队转业干部，3年内免征个人所得税。5月，执行省财政厅、省国税局、省地税局联合下发《关于全力支持防治“非典”促进经济发展的若干财税政策的通知》，对出租汽车司机，降低个人所得税征收定额；对防治“非典”一线人员取得的特殊临时性补助免征个人所得税；对防治“非典”一线医务工作者和防疫工作者医务补贴，以及负责防止“非典”扩散检查任务的各类检查站、留验站工作人员，防治“非典”定点宾馆、饭店的工作人员等防治“非典”一线的所有工作人员，取得的特殊临时性工作补助，免征个人所得税；对单位发给个人的预防“非典”药品等实物免征个人所得税；对单位发给个人用于预防“非典”用途的药品、医疗用品和防护用品等实物（不包括现金），可不计入个人当月的工资、薪金所得，免征个人所得税；用于防治“非典”的捐赠允许在个人所得税前全额扣除。7月，对农村税费改革试点地区停止征收农业特产税，改为征收农业税后，对个体业户或个人取得的农业特产所得不再征收个人所得税。9月，执行税务总局规定，自2003年1月1日起，对纳税人向中华健康快车基金会、孙冶方经济科学基金会、中华慈善总会、中国法律援助基金会和中华见义勇为基金会的捐赠，准予在缴纳个人所得税前全额扣除。执行税务总局规定，自2004年1月1日起，纳税人代开货物运输业发票即时征收所得税的征收率定为3.3%。对在商品营销活动中，企业和单位对营销业绩突出人员以培训班、研讨会、工作考察等名义组织旅游活动，通过免收差旅费、旅游费对个人实行的营销业绩奖励（包括实物、有价证券），征收个人所得税。2月，执行财政部、税务总局规定，对个人由于禽类扑杀所取得的财政专项补助，免征个人所得税。对纳税人通过中国境内非营利的社会团体、国家机关向教育事业的捐赠，准予税前扣除。6月，对自谋职业的城镇退役士兵从事个体经营（建筑业、娱乐业以及广告业、桑拿、按摩、网吧、氧吧除外），3年内免征个人所得税。

2005年1月1日起，对行政机关、企事业单位等扣缴义务人向雇员发放的全年一次性奖金，单独作为一个月的工资、薪金所得，征收个人所得税。3月，执行省地税局公务通讯补贴个人所得税费用扣除标准，行政单位发放给个人的公务通讯补贴，每月不超过500元（含）部分，以及企事业单位自行制定标准发放给个人的公务通讯补贴，法人代表、总经理每月不超过500元（含）、其他人员每月不超过300元（含）的部分，在个人所得税前据实扣除。执行省地税局重点纳税人个人所得税征收管理暂行办法，对演职人员、教师、中介人员、经纪人、医生、技术管理人员、服务、私营企业主等重点纳税人实行跟踪管理。6月，根据财政部、税务总局规定，对个人投资者从上市公司取得的股息、红利所得，减按50%计入应纳税所得额；对个人为单位或他人提供担保获得的报酬，征收个人所得税；对股权分置改革中非流通股股东通过对价方式向流通股股东个人支付的股份、现金等收入，暂免征收个人所得税。9月，贯彻落实税务总局加强房地产税收管理要求，对个人房产交易实行先缴税后办证办法。12月，国务院修订《中华人民共和国个人所得税法实施条例》，自2006年1月1日起，工资、薪金所得费用扣除标准提高至1600元／月，年所得12万元以上的纳税人在年度终了后3个月内自行申报纳税，扣缴义务人按规定进行全员全额扣缴申报。

2006年1月，执行省地税局个体工商户业主的费用扣除标准和从业人员的工资扣除标准，自2006年1月1日起统一调整为每人每月960元。个体工商户业主费用按每月960元扣除；从业人员工资每月人均不超过960元的据实扣除，超过960元的，按960元扣除。3月，执行税务总局规定，对因公务用车制度改革以现金、报销等形式向职工个人支付的收入，征收个人所得税。4月，执行财政部、税务总局规定，自2006年1月1日起，对个体工商户业主、个人独资企业和合伙企业投资者的生产经营所得依法计征个人所得税时，个体工商户业主、个人独资企业和合伙企业投资者本人的费用扣除标准统一确定为19200元／年（1600元／月）。6月，执行财政部、税务总局规定，企事业单位按照国家或省（自治区、直辖市）政府规定的缴费比例或办法实际缴付的基本养老保险费、基本医疗保险费和失业保险费，免征个人所得税；个人按照国家或省（自治区、直辖市）政府规定的缴费比例或办法实际缴付的基本养老保险费、基本医疗保险费和失业保险费，允许在个人应纳税所得额中扣除。企事业单位和个人超过规定的比例和标准缴付的基本养老保险费、基本医疗保险费和失业保险费，超过部分并入个人当期的工资、薪金收入，计征个人所得税。个人实际领（支）取原提存的基本养老保险金、基本医疗保险金、失业保险金和住房公积金时，免征个人所得税。11月，贯彻税务总局个人所得税自行纳税申报试行办法。

2007年2月，执行财政部 、税务总局规定，国家机关、企事业单位及其他组织在住房制度改革期间，按照所在地县级以上人民政府规定的房改成本价格向职工出售公有住房，职工因支付的房改成本价格低于房屋建造成本价格或市场价格而取得的差价收益，免征个人所得税。6月，第十届全国人民代表大会常务委员会第二十八次会议对《中华人民共和国个人所得税法》作如下修改：

第十二条修改为："对储蓄存款利息所得开征、减征、停征个人所得税及其具体办法，由国务院规定。12月，第十届全国人民代表大会常务委员会第三十一次会议对《中华人民共和国个人所得税法》将第六条第一款第一项修改为："工资、薪金所得，以每月收入额减除费用二千元后的余额，为应纳税所得额。"对"个人所得税税率表一"的附注作相应修改，自2008年3月1日起施行。

2008年2月，国务院对《中华人民共和国个人所得税法实施条例》予以修改。6月，执行财政部 、税务总局规定，对个体工商户业主、个人独资企业和合伙企业投资者的生产经营所得计征个人所得税时，个体工商户业主、个人独资企业和合伙企业投资者本人的费用扣除标准统一确定为24000元／年（2000元／月）。个体工商户、个人独资企业和合伙企业向其从业人员实际支付的合理的工资、薪金支出，允许在税前据实扣除。个体工商户、个人独资企业和合伙企业拨缴的工会经费、发生的职工福利费、职工教育经费支出分别在工资薪金总额2%、14%、2.5%的标准内据实扣除。个体工商户、个人独资企业和合伙企业每一纳税年度发生的广告费和业务宣传费用不超过当年销售（营业）收入15%的部分，可据实扣除；超过部分，准予在以后纳税年度结转扣除。个体工商户、个人独资企业和合伙企业每一纳税年度发生的与其生产经营业务直接相关的业务招待费支出，按照发生额的60%扣除，但最高不得超过当年销售（营业）收入的5‰。9月，执行税务总局规定，个人通过网络收购玩家的虚拟货币，加价后向他人出售取得的收入，按照"财产转让所得"项目计算缴纳个人所得税。11月，对代开货运发票的个人所得税纳税人，按开票金额的2.5%预征个人所得税。

2009年5月，执行税务总局规定，房屋产权所有人将房屋产权无偿赠与配偶、父母、子女、祖父母、外祖父母、孙子女、外孙子女、兄弟姐妹，无偿赠与对其承担直接抚养或者赡养义务的抚养人或者赡养人，房屋产权所有人死亡，依法取得房屋产权的法定继承人、遗嘱继承人或者受遗赠人的，对当事双方不征收个人所得税。此外，房屋产权所有人将房屋产权无偿赠与他人的，受赠人因无偿受赠房屋取得的受赠所得，按20%税率征收个人所得税。7月，按照《山东省个人所得税减征管理暂行办法》，对残疾、孤老和烈属人员的劳动所得以及因严重自然灾害造成重大损失的，继续减征个人所得税。

2010年6月，执行省司法厅、省地税局规定，对律师事务所投资者个人所得税无法实行查账征收的，由纳税人申请并填写《个人独资、合伙企业个人所得税征收方式申请、鉴定表》，报市地税局批准后，采取核定征收方式。年经营收入不超过100万元（含100万元）

的部分按照4%的征收率预缴税款；年经营收入超过100万元至500万元（含500万元）的部分，按照5%的征收率预缴税款；年经营收入超过500万元的部分，按照6%的征收率预缴税款。11月，执行财政部、税务总局规定，对个人独资企业和合伙企业从事种植业、养殖业、饲养业和捕捞业投资所得暂不征收个人所得税。

2011年6月，执行财政部、税务总局规定。企业通过价格折扣、折让方式向个人销售商品（产品）和提供服务；企业在向个人销售商品（产品）和提供服务的同时给予赠品，如通信企业对个人购买手机赠话费、入网费，或者购话费赠手机等企业对累积消费达到一定额度的个人按消费积分反馈礼品，不征企业在业务宣传、广告等活动中，随机向本单位以外的个人赠送礼品，对个人取得的礼品所得，全额适用20%的税率缴纳个人所得税。企业在年会、座谈会、庆典以及其他活动中向本单位以外的个人赠送礼品，对个人取得的礼品所得，全额适用20%的税率缴纳个人所得税。企业对累积消费达到一定额度的顾客，给予额外抽奖机会，个人的获奖所得，全额适用20%的税率缴纳个人所得税。

2011年6月，第十一届全国人民代表大会常务委员会第二十一次会议对《中华人民共和国个人所得税法》对个人所得税适应税率等予以修改。

7月，国务院对《中华人民共和国个人所得税法实施条例》对减除费用等予以修改。2011年9月1日起施行。执行税务总局规定，对代开货运发票的个人所得税纳税人，统一按开票金额的1.5%预征个人所得税。执行财政部、税务总局规定，对个体工商户业主、个人独资企业和合伙企业自然人投资者的生产经营所得计征个人所得税时，个体工商户业主、个人独资企业和合伙企业自然人投资者本人的费用扣除标准统一确定为42000元/年（3500元/月）。

2012年5月，执行财政部 、税务总局规定，自2011年1月1日对工伤职工及其近亲属按规定取得的工伤保险待遇，免征个人所得税。9月，执行国家税务总局规定，证券经纪人从证券公司取得的佣金收入，缴纳个人所得税。

2013年5月，执行税务总局规定，1名或多名个人投资者以股权收购方式取得被收购企业100%股权，股权收购前，被收购企业原账面金额中的“资本公积、盈余公积、未分配利润”等盈余积累未转增股本，而在股权交易时将其一并计入股权转让价格并履行了所得税纳税义务。股权收购后，企业将原账面金额中的盈余积累向个人投资者（新股东，下同）转增股本，有关个人所得税问题区分以下情形处理：（一）新股东以不低于净资产价格收购股权的，企业原盈余积累已全部计入股权交易价格，新股东取得盈余积累转增股本的部分，不征收个人所得税。（二）新股东以低于净资产价格收购股权的，企业原盈余积累中，对于股权收购价格减去原股本的差额部分已经计入股权交易价格，新股东取得盈余积累转增股本的部分，不征收个人所得税；对于股权收购价格低于原所有者权益的差额部分未计入股权交易价格，新股东取得盈余积累转增股本的部分，应按照“利息、股息、红利所得”项目征收个人所得税。新股东以低于净资产价格收购企业股权后转增股本，应按照下列顺序进行，即：先转增应税的盈余积累部分，然后再转增免税的盈余积累部分。新股东将所持股权转让时，其财产原值为其收购企业股权实际支付的对价及相关税费。11 月，执行省财政厅 省地税局规定，对个人从农村信用社、农村合作银行取得的利息或股息、红利收入暂免征个人所得税。对个人从农村商业银行取得的利息或股息、红利红收征收个人所得税。

2014 年 4 月，执行税务总局规定。个体工商户、个人独资企业和合伙企业因在纳税年度中间开业、合并、注销及其他原因，导致该纳税年度的实际经营期不足 1 年的，以其实际经营期为 1 个纳税年度。投资者本人的费用扣除标准，应按照其实际经营月份数，以每月 3500 元的减除标准确定。8 月，执行财政部、税务总局规定，个人捐赠住房作为公共租赁住房，符合税收法律法规规定的，对其公益性捐赠支出未超过其申报的应纳税所得额 30% 的部分，准予从其应纳税所得额中扣除。对符合地方政府规定条件的低收入住房保障家庭从地方政府领取的住房租赁补贴，免征个人所得税。12 月，贯彻税务总局《股权转让所得个人所得税管理办法（试行）》、《个体工商户个人所得税计税办法》。1994–2014 年，泰安市地税系统共组织所得税 69.56 亿元，年均增长 33.08%。

第三章　涉外税收制度

1994 年 2 月，根据《关于外商投资企业和外国企业适用增值税、消费税、营业税等税收暂行条例有关问题的通知》规定，外商投资企业和外国企业除适用《中华人民共和国增值税暂行条例》《中华人民共和国消费税暂行条例》《中华人民共和国营业税暂行条例》外，适用政务院 1950 年发布的《契税暂行条例》《屠宰税暂行条例》、1951 年发布的《城市房地产税暂行条例》和《车船使用牌照税暂行条例》，国务院 1988 年发布的《中华人民共和国印花税暂行条例》、1993 年发布的《中华人民共和国资源税暂行条例》《中华人民共和国土地增值税暂行条例》。

根据《中华人民共和国车船税暂行条例》要求，车船税自2007年1自1日起施行，1951年政务院发布的《车船使用牌照税暂行条例》和1986年国务院发布的《中华人民共和国车船使用税暂行条例》废止。

国务院2006年12月31日，修订《中华人民共和国城镇土地使用税暂行条例》，2007年2月1日发布《中华人民共和国耕地占用税暂行条例》，适用范围均扩大到外商投资企业和外国企业。

2008年1月1日，《中华人民共和国企业所得税法》施行，内外资企业实行统一的企业所得税法。

2010年10月18日，国务院发布《国务院关于统一内外资企业和个人城市维护建设税和教育费附加制度的通知》，决定对外商投资企业、外国企业及外籍个人征收城市维护建设税和教育费附加，内外资企业税制实现统一。

第四章 财产行为税

财产行为税主要包括印花税、土地增值税、房产税、城市房地产税、车船使用税、车船使用牌照税、屠宰税、耕地占用税、契税。1994年国家工商税制改革，保留原已开征的印花税、房产税、城市房地产税、车船使用税、车船使用牌照税，将屠宰税、筵席税下放给地方，新开征土地增值税。省政府规定征收屠宰税，未开征筵席税。2011年，耕地占用税、契税由财政部门征收划归地税部门征收。

第一节 车船税、车船使用牌照税

一、车船税

1984年10月，国务院决定恢复对车船征税，由车船使用牌照税改名为车船使用税。1986年9月，国务院发布《中华人民共和国车船使用税暂行条例》，10月起在内资企业和个人中施行，对涉外企业和外籍人员仍施行车船使用牌照税。2002年8月1日，开展车船使用税代征工作，对受托人所属的员工、居民、村民等个人拥有的应税汽车、摩托车、拖拉机、农用运输车以及应纳车船使用税的其他车辆实施委托代征。

2004年，按照省地税局规定，对农用四轮运输车及四轮以上运输车，比照汽车有关规定征收车船使用税。2006年12月29日，国务院颁布《中华人民共和国车船税暂行条例》，2007年1月1日实施。1951年9月13日政务院发布的《车船使用牌照税暂行条例》和1986

年9月15日国务院发布的《中华人民共和国车船使用税暂行条例》同时废止。

2007年7月，执行省地税局省、省保监局印发的《山东省车船税代收代缴管理办法（试行）》，8月1日起由保险机构代收代缴车船税。2008年7月，在全市地税系统上线运行省地税局开发的车船税管理子系统。2010年6月，市地税局对自然人办理交强险机动车辆应缴纳的车船税全部由保险机构代收代缴。全市各级地税部门不再直接受理自然人车船税纳税申报。

表1—4—1　　车船税税率表

单位：万元

税目		计税单位	年税额	备注
乘用车〔按发动机汽缸容量（排气量）分档〕	1.0升（含）以下的	每辆	240	核定载客人数9人（含）以下
	1.0升以上至1.6升（含）的		360	
	1.6升以上至2.0升（含）的		420	
	2.0升以上至2.5升（含）的		900	
	2.5升以上至3.0升（含）的		1800	
	3.0升以上至4.0升（含）的		300	
	4.0升以上的		4500	
商用车	客车（核定载客人数9人以上，包括电车）	每辆	720（大型）	大型客车［核定载客人数20人（含）以上，包括电车］
			600（中型）	中型客车（核定载客人数9人以上，20人以下，包括电车）
	货车	整备质量每吨	72	包括半挂牵引车、三轮汽车和低速载货汽车等
挂车		整备质量每吨	36	
其他车辆	专用作业车	整备质量每吨	72	不包括拖拉机
	轮式专用机械车		72	
摩托车		每辆	60	

税目			计税单位	年税额	备注
船舶	机动船舶	净吨位小于或等于 200 吨	净吨位每吨	3	拖船、非机动驳船分别按照机动船舶税额的 50% 计算
		净吨位 201 吨至 2000 吨	净吨位每吨	4	
		净吨位 2001 吨至 10000 吨	净吨位每吨	5	
		净吨位 10001 吨及其以上	净吨位每吨	6	
	游艇	艇身长度不超过 10 米	艇身长度每米	600	
		艇身长度超过 10 米但不超过 18 米	艇身长度每米	900	
		艇身长度超过 18 米但不超过 30 米	艇身长度每米	1300	
		艇身长度超过 30 米	艇身长度每米	2000	
		辅助动力帆艇	艇身长度每米	600	

图 1-4-1　　1994—2014 年泰安市车船税收入完成情况

单位：万元

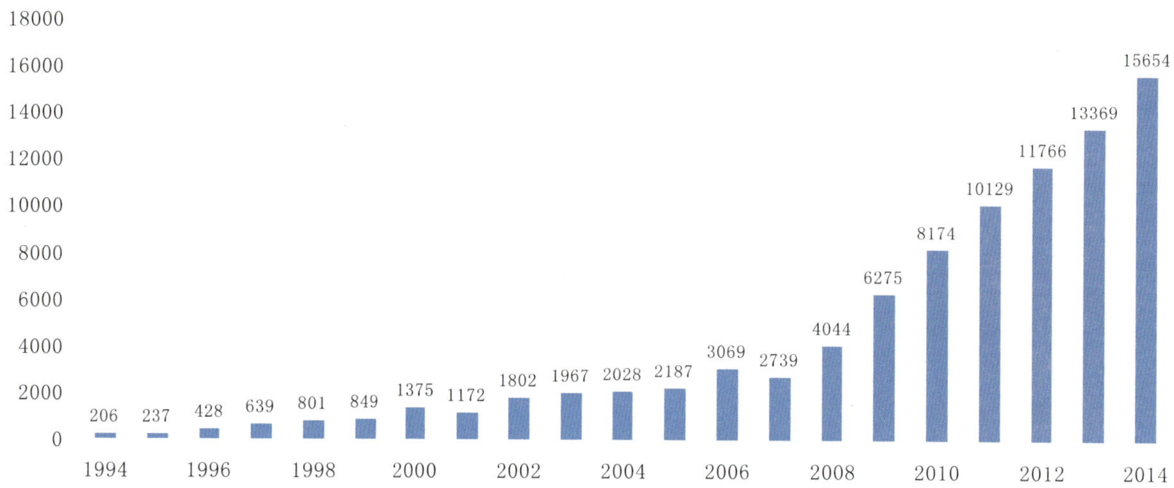

2011 年 2 月 25 日，第十一届全国人大常委会第十九次会议通过《中华人民共和国车船税法》，2012 年 1 月 1 日起施行。2012 年 1 月 1 日，根据财政部、税务总局、工业和信息化部关于节约能源使用新能源车船车船税政策的通知，自 1 月 1 日起，对节约能源的车船减半征收车船税；对使用新能源的车船，免征车船税。2013 年 9 月，执行税务总局规定，对境内单位和个人租入外国籍船舶的，不征收车船税。境内单位和个人将船舶出租到境外的，依法征收车船税。

1994—2014 年，泰安市地税系统共征收车船税 8.89 亿元，年均增长 26%。

二、车船使用牌照税

1950 年 1 月，政务院颁布《全国税政实施要则》，确定全国统一征收车船使用牌照税。是年 4 月，财政部颁发《车船使用牌照税暂行条例草案（试行）》。1951 年 9 月，政务院公布施行《车船使用牌照税暂行条例》。1973 年简化税制，把对国内企业征收的车船使用牌照税并入工商税中，车船使用牌照税只对个人和外国侨民继续征收。1986 年，国务院发布《中华人民共和国车船使用税暂行条例》，车船使用牌照税仅就外商投资企业、外国企业和外籍人员的车辆、船舶征税。

2006 年 12 月 29 日，国务院颁布《中华人民共和国车船税暂行条例》，并于 2007 年 1 月 1 日实施。原《车船使用牌照税暂行条例》同时废止。

第二节 印花税

印花税是以经济活动和经济交往中，书立、领受应税凭证的行为为征收对象征收的一种税，其它采用在应税凭证上粘贴印花税票的方法缴纳税款。

1950 年 1 月，政务院发布《全国税政实施要则》，明确印花税为全国统一开征的 14 个税种之一。1958 年简化税制时，将印花税并入工商统一税，印花税不再单独征收。1988 年 8 月，国务院公布《中华人民共和国印花税暂行条例》，10 月 1 日起恢复征收印花税。2002 年 10 月，市地税局制定印花税核定征收试行办法，对全市范围内符合条件的工业企业和商业企业核定征收购销合同印花税。

2004 年 7 月，市地税局印发印花税核定征收管理办法，增加和明确核定征收的认定、范围。2005 年 1 月，根据省地税局规定，修改泰安市印花税核定征收管理办法，将部分内容与省地税局管理办法统一，并对核定征收率作部分调整。2006 年 12 月，根据财政部、税务总局通知，对纳税人以电子形式签订的各类应税凭证按规定征收印花税。对土地使用权出让合同、土地使用权转让合同、商品房销售合同按照产权转移书据征收印花税。

2008 年 3 月，对个人出租、承租住房签订的租赁合同，免征印花税。8 月，根据省地税局通知，对装饰、装修合同

图 1—4—2　　1994—2014 年泰安市地税系统印花税完成情况

单位：万元

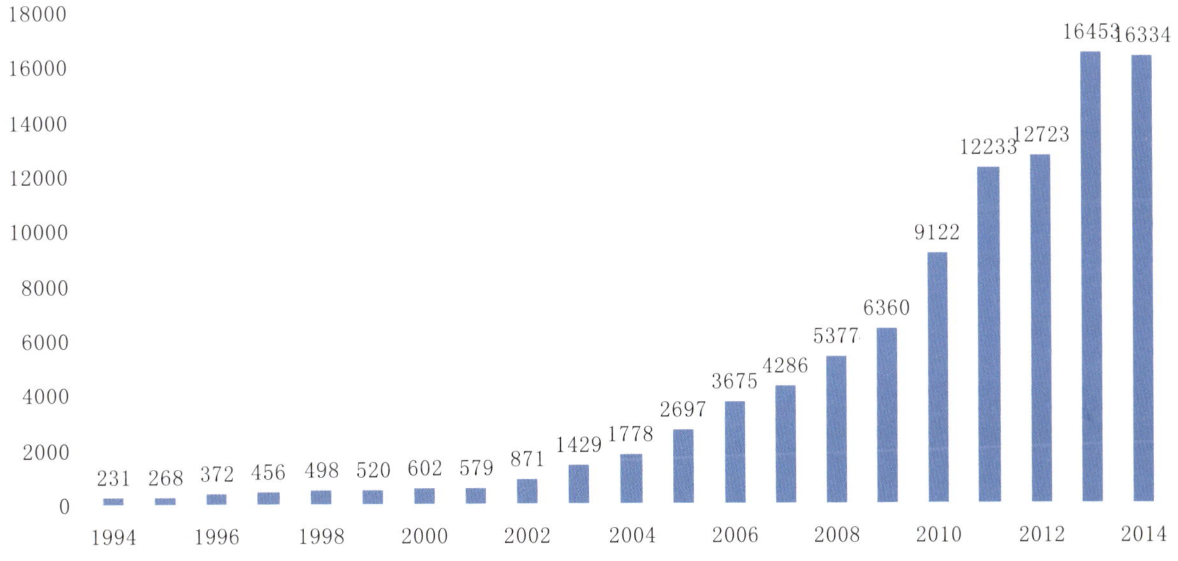

表 1—4—2 印花税税目税率表

税　目	征收范围	税　率	纳税义务人	说　明
购销合同	包括供应、预购、采购、购销结合及协作、调剂、补偿、易货等合同	按购销金额万分之三贴花	立合同人	
加工承揽合同	包括加工、定作、修缮、修理、印刷、广告、测绘、测试等合同	按加工或承揽收入万分之五贴花	立合同人	
建设工程勘察设计合同	包括勘察、设计合同	按收取费用万分之五贴花	立合同人	
建筑安装工程承包合同	包括建筑、安装工程承包合同	按承包金额万分之三贴花	立合同人	
财产租赁合同	包括租赁房屋、船舶、飞机、机动车辆、机械、器具、设备等	按租赁金额千分之一贴花。税额不足一元的按一元贴花	立合同人	
货物运输合同	包括民用航空、铁路运输、海上运输、内河运输、公路运输和联运合同	按运输费用万分之五贴花	立合同人	单据作为合同使用的，按合同贴花
仓储保管合同	包括仓储、保管合同	按仓储保管费用千分之一贴花	立合同人	仓单或栈单作为合同使用的，按合同贴花
借款合同	银行及其他金融组织和借款人（不包括银行同业拆借）所签订的借款合同	按借款金额万分之零点五贴花	立合同人	单据作为合同使用的，按合同贴花
财产保险合同	包括财产、责任、保证、信用等保险合同	按投保金额万分之零点三贴花	立合同人	单据作为合同使用的，按合同贴花
技术合同	包括技术开发、转让、咨询、服务等合同	按所载金额万分之三贴花	立合同人	
产权转移书据	包括财产所有权和版权、商标专用权、专利权、专有技术使用权等转移书据	按所载金额万分之五贴花	立据人	
营业账簿	生产经营用账册	记载资金的账簿，按固定资产原值与自有流动资金总额万分之五贴花。其他账簿按件贴花五元	立账簿人	
权利、许可证照	包括政府部门发给的房屋产权证、工商营业执照、商标注册证、专利证、土地使用证	按件贴花五元	领受人	

中国印花税票 CHINA
中国古代圣贤故事·老子出关
100元
中国古代圣贤故事·子贡劝农
50
中国古代圣贤故事·庄子梦蝶
10
中国古代圣贤故事·屈原天问
5元
中国古代圣贤故事·羲之爱鹅
2元
中国古代圣贤故事·太白仙游
1元
中国古代圣贤故事·仲淹悯渔
5角
中国古代圣贤故事·东坡赏砚
2角
中国古代圣贤故事·敦颐说莲
1角

印花税票（古代圣贤）

按照建筑安装工程承包合同，以承包金额的万分之三缴纳印花税。个人购买商品房，除按照财政部、税务总局关于廉租住房、经济适用住房和住房租赁有关税收政策的通知免征印花税外，个人购买商品房按产权转移书据缴纳印花税。11 月，对个人销售或购买住房免征印花税。

2010 年 1 月，在全市地税系统应用印花税核定征收管理软件。2011 年 1 月，与市财政局、工商局联合印发通知，委托工商行政管理部门代征部分房屋出租、股权转让环节印花税。是年 11 月 1 日－2014 年 10 月 30 日，对金融机构与小型、微型企业签订的借款合同免征印花税。2013 年 11 月，对财产所有人将房产、土地等财产赠给学校所立的书据，免征印花税。

1994—2014 年，泰安市地税系统共征收印花税 9.69 亿元，年均增长 25%。

第三节 资源税

1984 年 10 月 1 日，根据《中华人民共和国资源税条例草案》，对泰安境内的自然资源征税，征收范围为原油、天然气、煤炭 3 种，后扩大到铁矿石。1986 年 10 月 1 日，《中华人民共和国矿产资源法》施行，根据第五条：“国家对矿产资源施行有偿开采”规定，开采矿产资源，必须按照国家有关规定缴纳资源税和资源补偿费。

图 1—4—3 1994—2014 年泰安市地税系统资源税完成情况

单位：万元

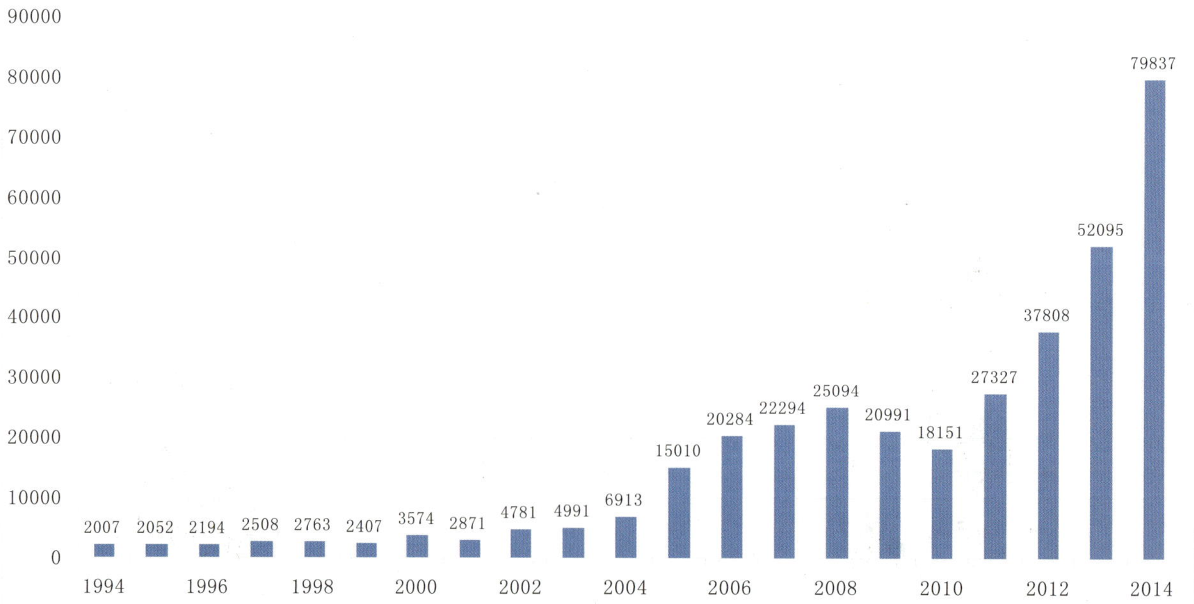

表 1-4-3　　资源税纳税人适用税率和税额标准表

资源名称	税率
原油	销售额的 6%
天然气	销售额的 6%
煤炭	税率为销售额的 4%，洗选煤折算率为 85%
其他非金属矿原矿：包括宝石、宝石级金刚石、玉石、膨润土、石墨、石英砂、萤石、重晶石、毒重石、蛭石、长石、沸石、滑石、白云石、硅灰石、凹凸棒石粘土、高岭土（瓷土）、耐火粘土、云母、大理石、花岗石（花岗岩或麻石）、石灰石、菱镁矿、磷铁矿、天然碱（碳酸钠石）、石膏、硅线石、工业用金刚石、石棉、硫铁矿（黄铁矿）、自然硫等	税额为 0.5 ~ 20 元 / 吨、立方米、千克、克拉
黑色金属矿原矿：包括铁矿石、锰矿石和铬矿石	税额为 2 ~ 30 元 / 吨
有色金属矿原矿：包括、铜矿石、铅锌矿、铝土矿、锡矿石、锑矿、镍矿石、黄金矿、钒矿石（含石煤钒）等	税额为 0.4 ~ 60 元 / 吨或立方米挖出量
固体盐	税率为 10 ~ 60 元 / 吨
液体盐（卤水）	税额为 2 ~ 10 元 / 吨
稀土、钨、钼	轻稀土税率为销售额的 7.5%，重稀土税率为销售额的 27%，钨税率为销售额的 6.5%，钼税率为销售额的 11%

1993 年 12 月，根据国务院发布的《中华人民共和国资源税暂行条例》及《中华人民共和国资源税暂行条例实施明细》，将盐税并到资源税中，资源税征收范围扩大为原油、天然气、煤炭、其他非金属矿原矿、黑色金属矿原矿、有色金属矿原矿和盐 7 种，不再按超额利润征税，而按矿产品销售量征税。

1999 年 8 月，根据省政府关于对天然矿泉水等矿产品征收资源税的通知，对在泰安市境内开采天然矿泉水、建筑用砂、其他粘土、其他建筑石料的单位和个人，分别按 3 元 / 吨、1 元 / 立方米、1 元 / 立方米、1 元 / 立方米征收资源税。

2000 年 12 月，根据省政府以及省财政厅、省地税局通知，对修、筑路、桥梁、大堤、水库等工程所用粘土征收资源税。实际执行中，对修、筑路、桥梁、大堤、水库等工程在施工地就地取土用于工程建设的，不征收资源税；对在施工地取土作他用或在施工地以外取土用于工程建设的，按规定征收资源税。

2003 年 7 月 1 日，根据省财政厅、省地税局调整石灰石、大理石和花岗石资源税适用税额的通知，泰安市境内石灰石资源税适用税额继续执行 2 元 / 吨，花岗石和大理石资源税适用税额由 3 元 / 立方米调整为 6 元 / 立方米。2005 年，推行以炸药源头控制山石资源开发的资源税征管模式。5月，对煤炭资源税适用税额统一提高至每吨3.6元。7月，对页岩按其他建筑石料1元／立方米的标准征收资源税。

2007年1月1日起，对地面抽采煤层气暂不征收资源税。2月1日起，财政部 税务总局下发关于调整盐资源税适用税额标准的通知，对北方海盐资源税暂减按每吨15元征收，南方海盐、湖盐、井矿盐资源税暂减按每吨10元征收，液体盐资源税暂减按每吨2元征收，通过提取地下天然卤水晒制的海盐和生产的井矿盐，其资源税适用税额标准暂维持不变，仍分别按每吨 20 元和 12 元征收。

2011年11月，执行《中华人民共和国资源税暂行条例》，原油、天然气资源税征收方式调整为从价定率征收。

2012年1月1日，执行省财政厅省地税局通知，对石灰石资源税适用税额调整为每吨3元。执行财政部、税务总局通知，调整锡矿石资源税适用税率标准，一等矿山每吨20元，二等矿山每吨18元，三等矿山每吨16吨，四等矿山每吨14元，五等矿山每吨12元。铁矿石资源税由减按规定税率的60%征收调整为减按规定税率的80%征收。

1994—2014年，泰安市地税系统共征收资源税35.6亿元，年均增长24%。

第四节 房产税、城市房地产税

一、房产税

1984年，国家进行工商税制改革，恢复对房产征税。国务院1986年9月15日颁布《中华人民共和国房产税暂行条例》，是年10月1日起施行。2001年1月1日，对个人居住用房出租仍用于居住的，减按4%税率征收房产税。2001年7月1日至2014年12月31日，对向居民供热而收取采暖费的供热企业，为居民供热所使用的厂房继续免征房产税。

2008年3月1日，对个人出租住房，不区分用途，减按4%的税率征收房产税；对企事业单位、社会团体以及其他组织按市场价格向个人出租用于居住的住房，减按4%的税率征收房产税。9月，执行财政部、税务总局规定，对加油站罩棚不征收房产税。12月31日，国务院废止《城市房地产税暂行条例》。

2009年1月，根据财政部、税务总局规定，对外商投资企业、外国企业和组织以及外籍个人（包括港澳台资企业和组织以及华侨、港澳台同胞，以下统称外资企业及外籍个人），依照《中华人民共和国房产税暂行条例》缴纳房产税。12月，根据财政部、税务总局规定，对无租使用其他单位房产的应税单位和个人，依照房产余值代缴房产税。产权

图 1—4—4　　1994—2014 年泰安市地税系统房产税完成情况

单位：万元

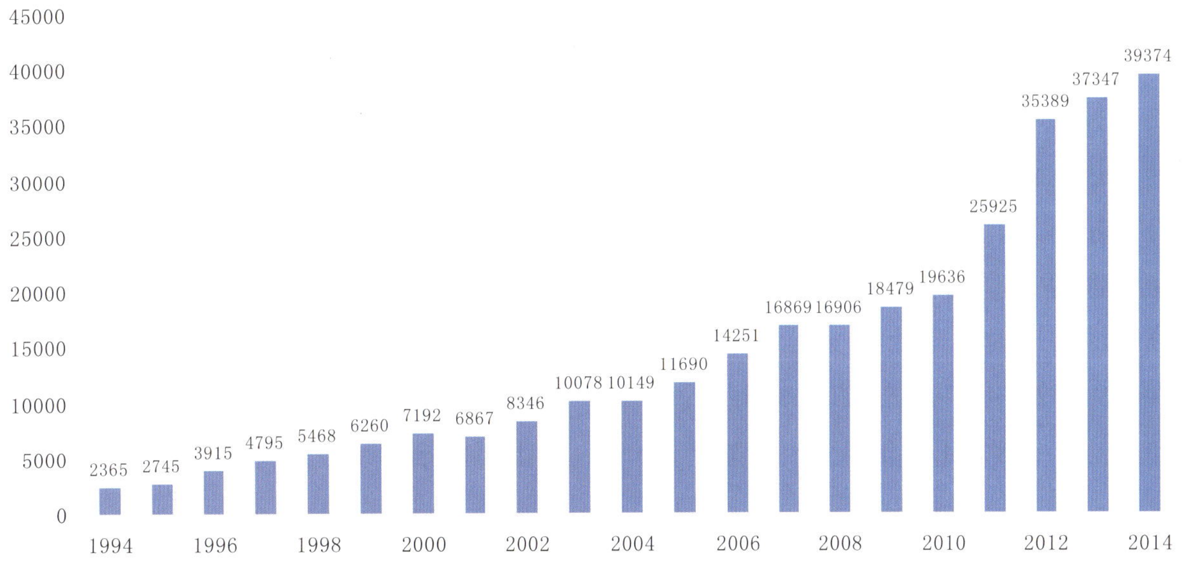

出典的房产，由承典人依照房产余值缴纳房产税。融资租赁的房产，由承租人自融资租赁合同约定开始日的次月起依照房产余值缴纳房产税。合同未约定开始日的，由承租人自合同签订的次月起依照房产余值缴纳房产税。

2011 年 1 月，对按照房产原值计税的房产，房产原值均应包含地价。宗地容积率低于 0.5 的，按房产建筑面积的 2 倍计算土地面积并据此确定计入房产原值的地价。与市财政局、市工商局联合印发通知，委托工商行政管理部门代征部分房屋出租的房产税。

2012 年 9 月，执行财政部、税务总局规定，对专门经营农产品的农产品批发市场、农贸市场使用的房产、土地，暂免征收房产税和城镇土地使用税。对同时经营其他产品的农产品批发市场和

表 1—4—4　　房产税税率表

计税依据	税率（%）
房产余值计算缴纳的	1.2
房产租金收入计算缴纳的	12

农贸市场使用的房产、土地，按其他产品与农产品交易场地面积的比例确定征免房产税和城镇土地使用税。

2013 年 10 月，根据省地税局规定，对房地产开发企业自用或出租建造的待出售的商品房，自用的按房屋原值、出租的应按租金收入计算缴纳房产税。宾馆、饭店、酒店、公寓、写字楼、培训中心、招待所、疗养院等单位出租客房或写字间等房产的，一律按其租金收入计算缴纳房产税。

1994—2014 年，泰安市地税系统共征收房产税 30.4 亿元，年均增长 16%。

二、城市房地产税

1951 年 8 月，政务院颁布《城市房地产税暂行条例》。1973 年，工商税制改革，把对企业征收的城市房地产税并入工商税，只对房产的个人、外商独资企业和房产管理部门继续征收城市房地产税。

1996 年 12 月，经请示税务总局、省地税局，市地税局明确对外商投资企业征收城市房地产税，保留城市房地产税税种名称，其征收范围、计税依据、计算方法等，按《中华人民共和国房产税暂行条例》和《山东省人民政府关于贯彻执行＜中华人民共和国房产税暂行条例＞施行细则》办理。2009 年 1 月 1 日，废止《城市房地产税暂行条例》。

第五节 城镇土地使用税

1988 年 9 月 27 日，国务院发布《中

图 1—4—5　　1994—2014 年泰安市地税系统城镇土地使用税完成情况

单位：万元

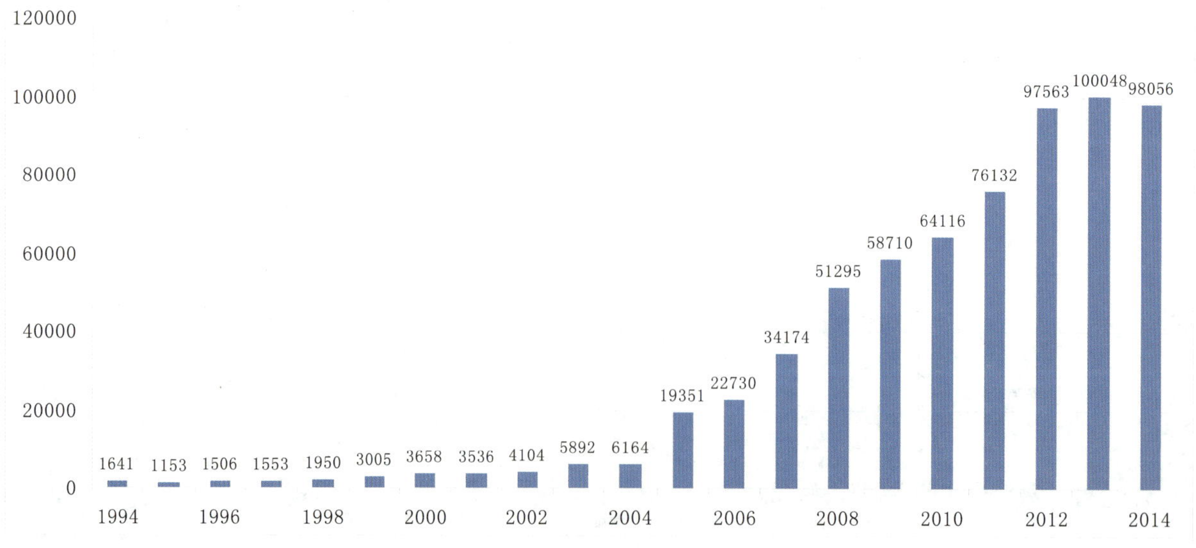

表 1—4—5　　泰安市城镇土地使用税土地等级一览表

<table>
<tr><th>单位名称</th><th colspan="2">范围名称</th><th>征税范围</th></tr>
<tr><td rowspan="3">市区</td><td colspan="2">一等</td><td>泰城新一轮城市规划区（东至省庄文化路，西至京福高速公路，南至京沪高速公路，北至环山路）、泰山景区（以勘界为准）以及市高新技术产业开发区（东至京沪铁路、西至拟建的京沪高速铁路，北至京沪高速公路，南至胜利水库南坝线以及北集坡镇所属东湖、泉河、东河湘、兴隆四个村）范围内的土地。</td></tr>
<tr><td colspan="2">二等</td><td>上述一等范围外的上高办事处、徐家楼办事处、大津口乡、省庄镇、邱家店镇所辖区域内的土地及岱岳区泰山青春创业园（东至京福高速公路，西至道朗大圈村，南至金牛山，北至泰肥铁路）和大汶口石膏工业园（东至胜利水库，西至满辛路，南至泰和石膏集团，北至市高新技术产业开发区）范围内的土地。</td></tr>
<tr><td colspan="2">三等</td><td>三等土地为上述一、二等土地之外的岱岳区所辖区域（包括北集坡镇）范围内的土地。</td></tr>
<tr><td rowspan="2">新泰市</td><td colspan="2">市区</td><td>东至莱新高速公路，西至牛石公路西 1 公里处，南至京沪高速公路南 1 公里处，北至莲花山，金斗山。</td></tr>
<tr><td colspan="2">建制镇</td><td>除市区征税的具体区域范围以外的各镇人民政府所辖的各行政村。</td></tr>
<tr><td rowspan="8">肥城市</td><td colspan="2">城区</td><td>东至潮汶公路以东 1500 米、西至新肥梁公路以西 1000 米，南至泰肥一级公路南沿，北至牛山森林公园北沿内的土地。</td></tr>
<tr><td colspan="2">建制镇</td><td>镇驻地规划区内的土地</td></tr>
<tr><td rowspan="6">工矿区</td><td>潮泉翦云山工矿区</td><td>东至岱岳区交界处，西至泉德路，南至老泰临路，北至潮泉镇与济南长清交界处。</td></tr>
<tr><td>王瓜店工业西区工矿区</td><td>东至肥梁公路以西 1000 米，西至桃源镇鲁里、湖屯镇陶阳，南至米山，北至牛山森林公园北沿。</td></tr>
<tr><td>安驾庄镇坡庄工矿区</td><td>东至红庙村，西至安夏路，南至李店村，北至收费站。</td></tr>
<tr><td>王庄镇闫屯工矿区</td><td>东至南尚东村 1000 米，西至太平村，南至五里屯村南 500 米，北至闫屯村村北 500 米。</td></tr>
<tr><td>湖屯工矿区</td><td>东至陶阳煤矿，西至小中泉村，南至湖屯镇驻地以南 3000 米，北至孚瑞达水泥有限公司。</td></tr>
<tr><td>中高余工矿区</td><td>东至湖屯镇界，西至石横镇行政边界，南至汇河（红庙村北），北至石横镇行政边界。</td></tr>
</table>

单位名称	范围名称		征税范围
肥城市	工矿区	孙伯工矿区	石材园区：东至琶山村、大石桥村东路，西至孙牛公路，南至大陆山南沿、庄头村南路以南 500 米，北至红山村。
		马埠工矿区	东至肖埠村，西至下江村，南至漕河，北至王边路。
		边院园区	东至韩庄头村，西至官庄村，南至南仇村，北至北湖村。
		过村园区	东至济河村，西至潮汶路，南至赵吕村，北至夏张界。
		东向园区	东至漕河，西至柳林村，南至漕浊河，北至周岗村。
		仪阳工矿区	东至小柱子，西至鹿家沟，南至棋石岭，北至泰肥一级路。
		王庄工矿区	东至东焦村、北上村，西至东孔、演南村，南至湖王路，北至花园、魏坊村北 500 米。
		安临站工矿区	东至东张村，西至黄土岭村，南至幺山村，北至邓庄村。

单位名称	范围名称		征税范围
宁阳县	城区		东至宁阳县石桥煤矿东墙，西至新绕城西路，南至新绕城南路，北至新绕城北路。
	建制镇	泗店镇	东至建设路南延伸段，西至赵王河东岸，南至镇外环路，北至肖村汽修厂北墙。
		东疏镇	东至原建筑公司东墙，西至双球防护用品有限公司西墙，南至鑫安煤矿南墙，北至沙沃村南东西路。
		伏山镇	东至东外环路（陈庙村委会），西至西外环路（陶邵村原敬老院），南至水泥厂路，北至紫阳路、兽医站路。
		城镇	东至东引汶干渠，西至西村地道井，南至南村扬水站，北至浸出油厂路。
		蒋集镇	东至友邦化工厂东墙，西至十六中西墙，南至马庄冷藏厂南墙，北至正大养殖场北墙。
		磁窑镇	东至华阳集团东墙，西至潮河水库西岸，南至老王庄河南岸，北至大汶河南岸。
		华丰镇	东至灵山煤矿东墙，西至蒙馆公路华丰收费站，南至泰隆软管厂南墙，北至造纸厂北墙。
		葛石镇	东至“三八桥”，西至宁阳县职教中心东校西墙，南至葛石村南外环路，北至官庄中心街。
	工矿区	西疏工矿区	东至中小路，南至祥隆化工有限公司西南北路，西至黄吴路，北至兴隆村北孟家路。
		鹤山工矿区	东至徐白路，南至崔罗路，西至邵庄桥，北至中皋桥。
		白马工矿区	东至信诚畜业东墙，南至西泉河，西至张行村南路，北至大汶河南岸。
		南驿工矿区	东至孔家村东生产路，南至东贤村西生产路，西至水泉村南生产路，北至大么庄村北生产路。

单位名称	范围名称	征税范围
	华丰工业园	东至北故城村东路，南至长白山路，西至石门寺山北侧，北至华丰镇造纸厂北墙。
	乡饮工矿区	东至崇化东村东生产路，南至西金马村西生产路，西至沈常路，北至宁磁南路。
	东庄工矿区	东至朝柴路东端，西至泰安宝旭商贸有限公司，南至凤仙山北侧，北至柴汶河。
东平县	城区	东平街道、州城街道、彭集街道。
	建制镇	接山镇、大羊镇、梯门镇、老湖镇、斑鸠店镇、银山镇、戴庙镇、新湖镇、沙河站镇。
	工矿区	旧县乡设有一个工矿区。

华人民共和国城镇土地使用税暂行条例》。1989年1月，执行山东省制定的实施《中华人民共和国城镇土地使用税暂行条例》办法。2004年1月，市政府明确城镇土地使用税征税土地等级、范围及税额标准。

各县（市、区）土地等级范围及税额标准：新泰市、肥城市、宁阳县、东平县城区内的土地均为一等征税土地。

2005年8月，安置盲、聋、哑及肢体残疾者“四残”人员占生产人员总数35%以上的福利生产企业，经县（市、区）地税机关批准，对其自用的房产和土地暂免征收房产税和城镇土地使用税；对其出租的房地产以及其他非自用的房产和土地，按照规定征收房产税和城镇土地使用税。

2007年11月，执行《国务院关于修改＜中华人民共和国城镇土地使用税暂行条例＞的决定》，将外商投资企业纳入城镇土地使用税的征收范围。

2007年9月，根据《山东省人民政府关于调整城镇土地使用税税额标准的通知》，规定泰安市区一级土地8元/平方米，二等土地6.4元/平方米，三等土地4元/平方米；新泰市一等土地6元/平方米，建制镇3.2元/平方米；肥城市一等土地6元/平方米，建制镇和工矿区3.2元/平方米；宁阳县一等土地4.8元/平方米，建制镇和工矿区

表 1-4-6　　泰安市土地使用税税额表

单位：元／平方米

土地级别 单位	一级土地	二级土地	三级土地	四级土地	五级土地	六级土地	七级土地	建制镇	工矿区
泰安市市区	14	12	8						
新泰市	10							5	
肥城市	10							5	5
宁阳县	8							4	4
东平县	8							4	4

2.4 元／平方米；东平县一等土地 4.8 元／平方米，建制镇和工矿区 2.4 元／平方米。

2008 年 12 月，对公园、名胜古迹内的索道公司经营用地，按规定缴纳城镇土地使用税。2009 年 1 月，市地税局与国土部门建立宗地信息采集工作机制。12 月，根据财政部、税务总局规定，对在城镇土地使用税征税范围内单独建造的地下建筑用地，按规定征收城镇土地使用税，其中，已取得地下土地使用权证的，按土地使用权证确认的土地面积计算应征税款；未取得地下土地使用权证或地下土地使用权证上未标明土地面积的，按地下建筑垂直投影面积计算应征税款。对其地下建筑用地暂按应征税款的 50%征收城镇土地使用税。

2011 年 7 月，根据省地税局城镇土地使用税宗地管理办法（试行），泰安作为 4 个先期试点单位，实行宗地管理模式。根据财政部、税务总局继续执行供热企业增值税、房产税城镇土地使用税优惠政策的通知，是年 7 月 1 日－2015 年 12 月 31 日，对居民供热而收取采暖费的供热企业，对居民供热所使用的土地继续免征城镇土地使用税。

2014 年 1 月 1 日到 2015 年 12 月 31 日，对已按规定免征城镇土地使用税的企业范围内荒山、林地、湖泊等占地，按应纳税额减半征收城镇土地使用税，2016 年 1 月 1 日起，全额征收城镇土地使用税。

1994—2014 年，泰安市地税系统共征收城镇土地使用税 65.63 亿元，年均增长 28%。

第六节　土地增值税

1993 年 12 月 13 日，国务院印发《中华人民共和国土地增值税暂行条例》，1994 年 1 月起对转让土地及地上建筑物的单位和个人征收土地增值税。1995 年

图 1-4-6　　1997—2014 年泰安市地税系统土地增值税完成情况

单位：万元

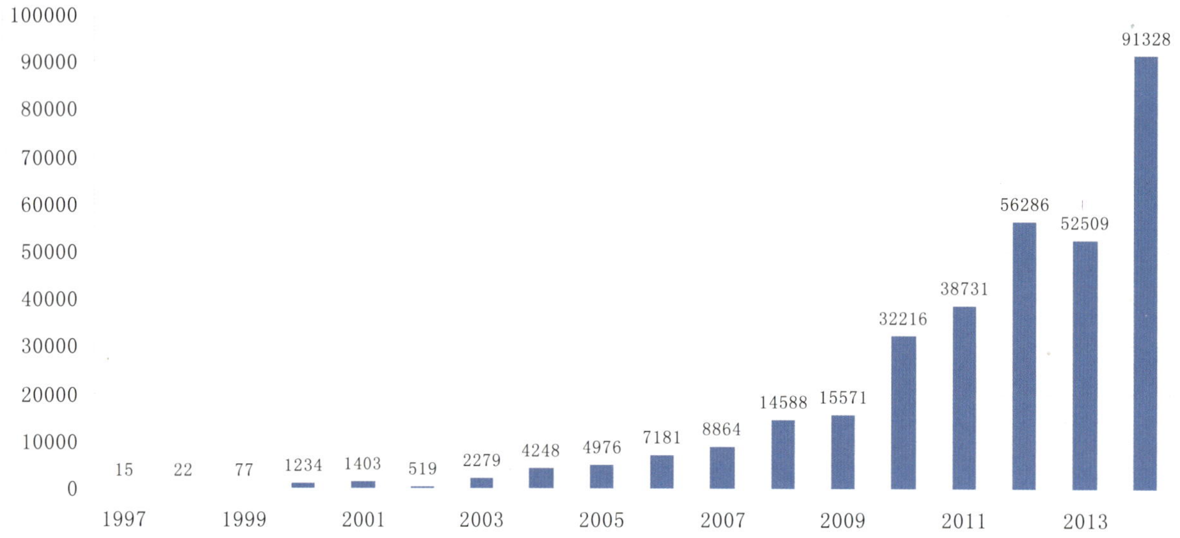

1 月，执行财政部、税务总局规定，对 1994 年 1 月 1 日前已签订的房地产转让合同，均免征土地增值税。1994 年 1 月 1 日以前已签订房地产开发合同或已立项，并已按规定投入资金进行开发，在 1994 年 1 月 1 日以后 5 年内首次转让房地产的，免征土地增值税。

1997 年 12 月，根据《山东省土地增值税征收管理暂行办法》，统一土地增值税征收管理标准。1998 年 8 月，根据《山东省土地增值税预征管理暂行办法》，规定在全市范围内单纯进行土地转让的房地产开发企业按照转让土地所取得收入的 3% 预征土地增值税，对转

表 1-4-7　　土地增值税四级超率累进税率表

级数	增值额与扣除项目金额的比例	税率（%）	速算扣除系数（%）
1	不超过 50% 的部分	30	0
2	超过 50% － 100% 的部分	40	5
3	超过 100% － 200% 的部分	50	15
4	超过 200% 的部分	60	35

让房地产的行为按照转让房地产所取得收入的2%预征土地增值税。

2008年1月，按照税务总局《土地增值税清算鉴证业务准则》要求，地税部门监督指导税务师事务所和注册税务师，开展土地增值税清算鉴证业务。7月，以全面清算强化土地增值税控管，探索形成范本指引、流程控制、整体联动、各税统管的土地增值税清算工作机制，推进房地产税收管理一体化，在全省作典型发言。

2012年5月，在全市范围内开展土地增值税清算专项检查，建立政府领导、地税主管、部门配合、中介参与、财政保障的土地增值税管理新模式。6月，执行省地税局《关于加强土地增值税核定征收管理的公告》，泰安市确定土地增值税核定征收率为：转让住房5%，转让非住房6%，单独转让土地使用权7%，有效期至2017年5月31日。

2013年12月，采用源头介入、过程控制、项目监督、自动清算、结果审核、后续管理的房地产企业税收管理方法，开发应用土地增值税清算管理系统，日常管理、清算管理和后续管理紧密相结合，全程监控项目实施，实现土地增值税闭环式管理。

1997—2014年，泰安市地税系统共征收土地增值税33.2亿元，年均增长151%。

第七节 耕地占用税

1987年4月，执行《中华人民共和国耕地占用税暂行条例》，对占用耕地建房或者从事其他非农业建设的单位和个人征收耕地占用税。2007年12月1日，国务院颁布《中华人民共和国耕地占用税暂行条例》，对耕地占用税条例进行全面修订，于2008年1月1日正式施行。2008年2月，财政部、税务总局颁布《中华人民共和国耕地占用税暂行条例实施

表1—4—8 各县（市、区）耕地占用税适用税额表

单位：元／平方米

地区	税额
泰山区、岱岳区	26
新泰市、肥城市	25
宁阳县、东平县	23
占用基本农田建房或者从事非农业建设的，适用税额在规定的税额基础上提高50%	

图 1-4-7　2011—2014 年泰安市地税系统耕地占用税完成情况

单位：万元

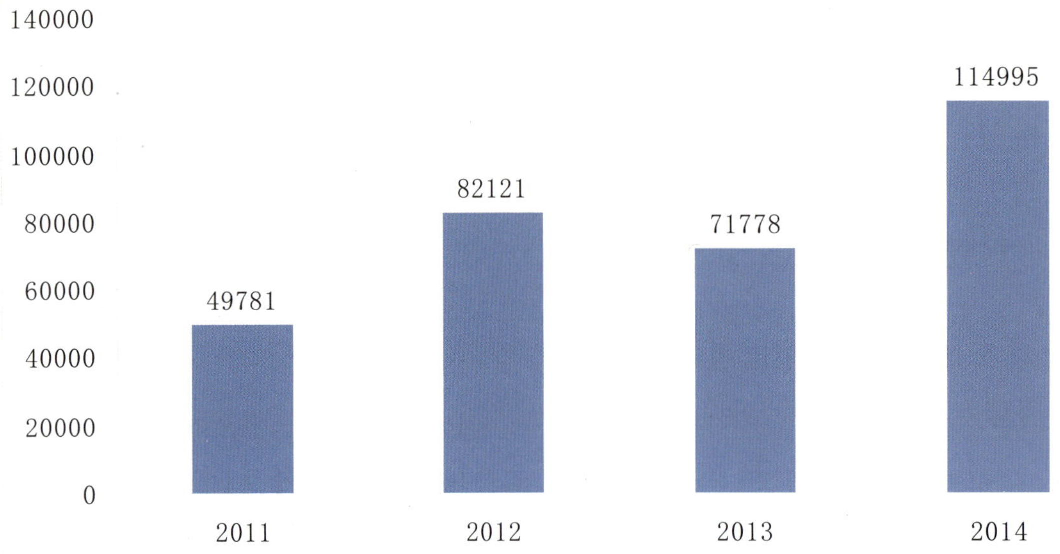

细则》。6 月，根据省政府规定，泰安各县（市、区）耕地占用税的适用税额，按照《山东省各县（市、区）耕地占用税适用税额表》执行。

2011 年 3 月 1 日，耕地占用税征管职能由财政部门划转至地税部门。耕地占用税减免，除由国务院或国土资源部批准占用耕地的由省级征收机关办理减免以外，均实行备案管理。

2014 年 3 月，根据财政部、税务总局规定，用于农业生产并已由相关行政主管部门发放使用权证的草地，以及用于种植芦苇并定期进行人工养护管理的苇田，属于耕地占用税的征税范围。对占用上述草地、苇田建房或从事非农业建设的单位和个人，征收耕地占用税。

2011—2014 年，泰安市地税系统共征收耕地占用税 31.87 亿元，年均增长 37%。

第八节　契税

1950 年 4 月 30 日，政务院颁布《契税暂行条例》。1954 年 8 月 30 日，省政府制订《山东省征收契税施行细则》。1997 年 7 月，国务院发布《中华人民共和国契税暂行条例》，10 月 1 日起施行。10 月，财政部印发《中华人民共和国契税暂行条例细则》。1998 年 7 月，执行《山东省契税征收规定》，契税税率为 3%。

2003 年 12 月，市政府印发《泰安市

图 1-4-8　　2011-2014 年泰安市地税系统契税完成情况

单位：万元

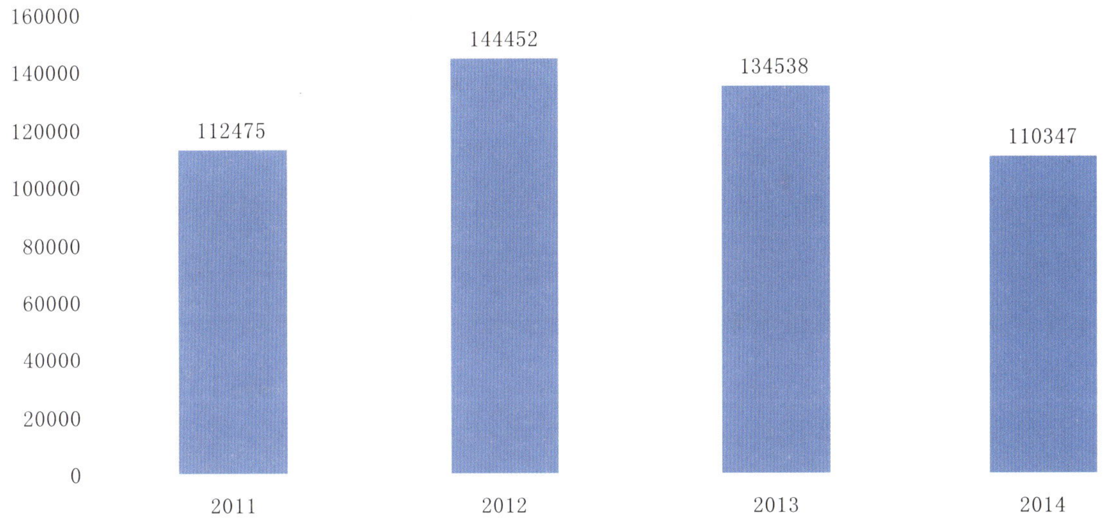

契税征收管理规定》。2004 年 8 月，税务总局印发《耕地占用税契税减免管理办法》，原财政部《关于耕地占用税减免的暂行规定》同时废止，对契税减免管理实行逐级备案制度。2005 年 12 月，泰安市规定普通住宅与豪华住宅的界定标准。全市普通住宅标准：同时满足住宅小区建筑容积率 1.0 以上、单套建筑面积 144 平方米以下、实际成交价格低于同级别土地上住房平均交易价格 1.2 倍以下。此外为豪华住宅。

2008 年 10 月，根据财政部、税务

表：1-4-9　　契税税率表

类型	税率（%）
家庭唯一 90 平方米以下住房	1
家庭唯一 90 平方米以上住房	1.5
家庭第二套改善性 90 平方米以下住房	1
家庭第二套改善性 90 平方米以上住房	2
国有土地使用权出让	4
非普通住房	3

总局规定，对个人首次购买90平方米及以下普通住房的，契税税率暂统一下调到1%。2010年9月29日，根据财政部、国家税务总局、住房和城乡建设部规定，对个人购买普通住房，且该住房属于家庭唯一住房的，减半征收契税。对个人购买90平方米及以下普通住房，且该住房属于家庭唯一住房的，减按1%税率征收契税。

2011年3月1日，契税征管职能由财政部门划转至地税部门。同日，全市第一张二手房交易契税税票开具，契税减免按照项目不同，分别实行报批减免和备案减免。实行报批减免税的，由主管地税机关受理减免税申请后，逐级上报有审批权限的税务机关进行审批。9月，根据财政部 国家税务总局通知，对婚姻关系存续期间，房屋、土地权属原归夫妻一方所有变更为夫妻双方共有的免征契税。12月，市政府召开房屋普查登记税收管理工作电视会议，部署应用房地产评估技术，加强存量房交易税收征管。

2012年7月，山东省存量房交易价格评估系统在泰安市正式上线运行。2013年4月，执行省政府《关于修订＜山东省契税征收规定＞的决定》，明确契税征收机关为土地、房屋所在地的地方税务机关。11—12月，启动存量房交易价格评估系统数据更新工作，更新数据于2014年1月1日正式启用。2014年1月，根据财政部、税务总局规定，对在婚姻关系存续期间，房屋土地权属原归夫妻一方所有，变更为夫妻双方共有或另一方所有的，或者房屋、土地权属原归夫妻双方共有，变更为其中一方所有的，或者房屋、土地权属原归夫妻双方共有双方约定、变更共有份额的，免征契税。

2011—2014年，泰安市地税系统共征收契税50.18亿元，年均增长1.3%。

第九节 烟叶税

1994年1月30日，国务院印发《关于对农业特产收入征收农业税的规定》，对烟叶在收购环节征收，税率为31%。1999年，根据市场调研分析，国务院决定将烟叶特产农业税的税率下调为20%。2004年6月，根据财政部、税务总局规定，从2004年起，除对烟叶暂保留征收农业特产农业税外，取消对其它农业特产品征收的农业特产农业税。2005年12月29日，十届全国人大常委会第十九次会议决定，《农业税条例》自2006年1月1日起废止。2006年4月28日，国务院公布《中华人民共和国烟叶税暂行条例》，自公布之日起施行。烟叶税实行比例税率，税率为20%。

第十节 屠宰税

1950年12月19日，政务院颁布《屠

图 1-4-9　　1994-2002 年泰安市地税系统屠宰税完成情况

单位：万元

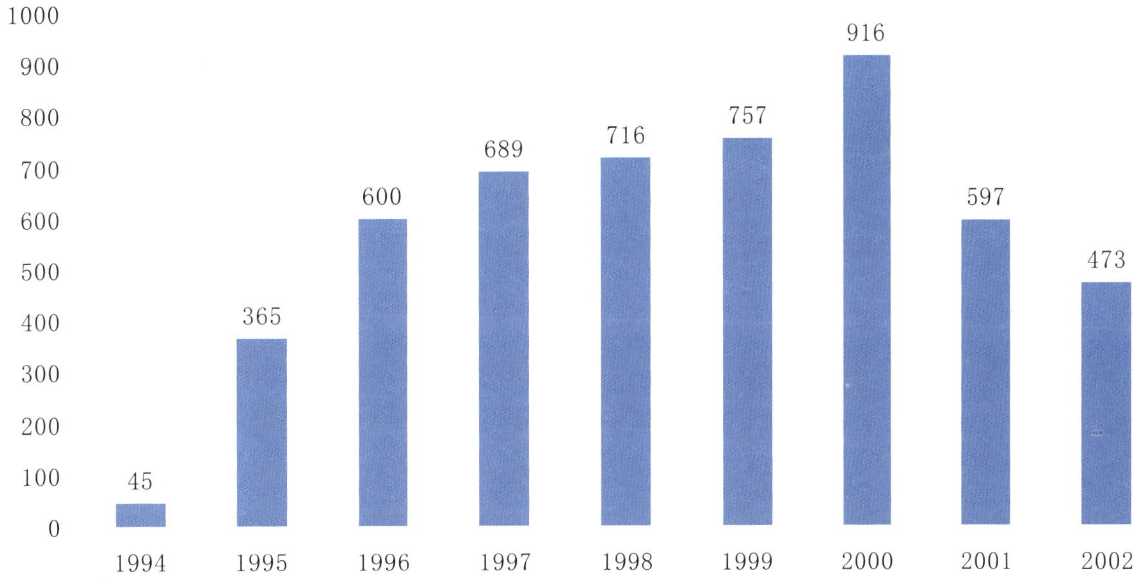

宰税暂行条例》，屠宰税作为独立税种开征。1985 年 8 月，为适应生猪购销价格放活后，经营渠道增多的新情况，财政部颁布关于改进屠宰税征税办法的若干规定，对屠宰税作适当调整。1994 年，国务院决定将屠宰税的管理权限下放地方。

1994 年 1 月，执行《山东省屠宰税征收办法》，屠宰税以应税牲畜的头数为计税依据，按头定额征收。生猪每头 10 元，牛、马、驴、骡每头 20 元，羊每头 2 元。1995 年 3 月，市地税局在东平县召开屠宰税代征工作现场会。2002 年 6 月，根据省政府农村税费改革试点通告，在全市范围内取消屠宰环节和收购环节征收的屠宰税。

1994-2002 年，泰安市地税系统共征收屠宰税 5158 万元，年均增长 96%。

第十一节　筵席税

1988 年 9 月 28 日，国务院发布《筵席税暂行条例》，决定开征筵席税。1994 年 1 月 1 日起，将筵席税下放省、直辖市、自治区人民政府管理，自行确定开征或停征，自行制定具体的征税办法。泰安市已停征该税种。

第五章　特定目的税

第一节 城市维护建设税

1985 年 2 月，国务院颁布《中华人民共和国城市维护建设税暂行条例》，对从事工商经营，缴纳增值税、消费税、营业税（简称“三税”）的单位和个人征收城市维护建设税，1 月 1 日起施行。3 月，纳税人所在地为工矿区的，根据行政区划分别按照 7%、5%、1% 的税率缴纳城市维护建设税。6 月，铁道部缴纳的城市维护建设税，税率为 5%。7 月，对于减免“三税”而发生的退税，同时退还已缴纳的城市维护建设税。对出口产品退还增值税、消费税的，不退还已缴纳的城市维护建设税。

2001 年 8 月，对泰安市的所属区（不包括县）和县级市所辖撤并后的所有建制乡镇，整个行政辖区按 7% 的税率征收城市维护建设税。对县所辖撤并后的所有建制镇，其整个行政辖区按 5% 的税率征收城市维护建设税。对县所辖撤并后的所有建制乡，整个行政辖区按 1% 的税率征收城市维护建设税。2005 年 5 月，对“三税”实行先征后返、先征后退、即征即退办法的，除另有规定外，对随“三税”附征的城市维护建设税，一律

图 1-5-1　　1994-2014 年泰安市地税系统城市维护建设税完成情况

单位：万元

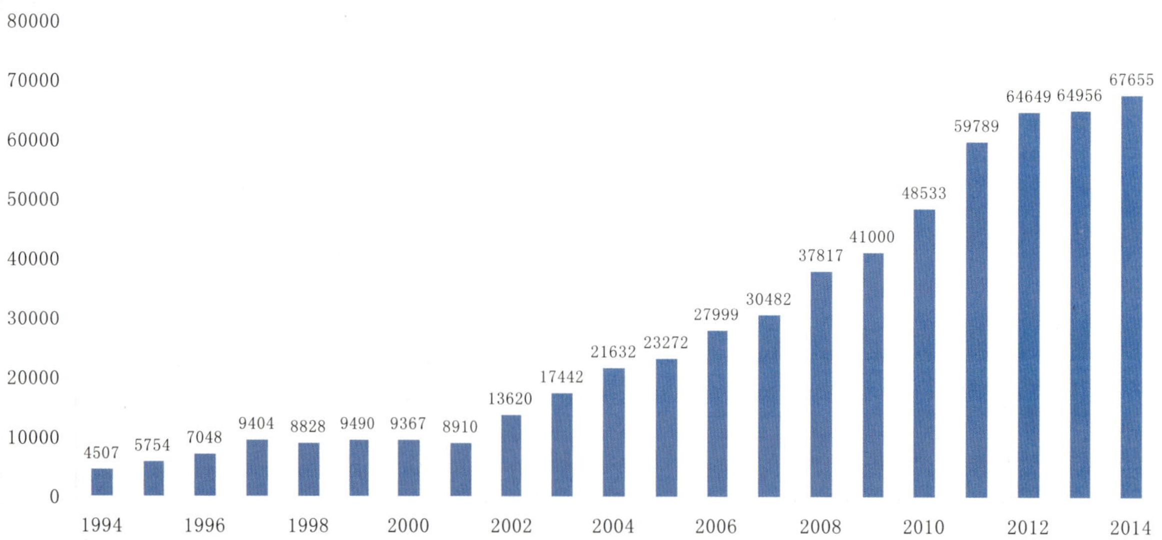

图 1-5-2　　1994-2005 年泰安市地税系统固定资产投资方向调节税完成情况

单位：万元

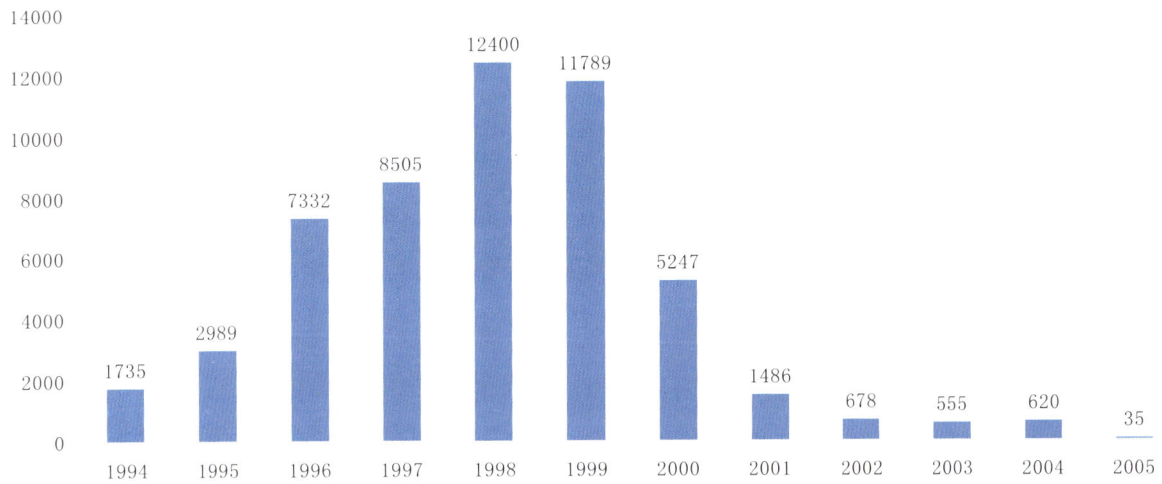

不予退（返）还。

2008 年 7 月，对安置残疾人就业的单位经审批即征即退增值税的不退还城市维护建设税，减征的营业税不征收城市维护建设税。2009 年 12 月，全市地税系统委托国税部门代征零散税收工作现场会在新泰市地税局召开。2010 年 12 月，明确外商投资企业、外国企业及外籍个人适用于《中华人民共和国城市维护建设税暂行条例》。2011 年 1 月，市地税局与市财政局、市工商局联合发文，委托工商行政管理部门代征部分房屋出租的城市维护建设税。

1994—2014 年，泰安市地税系统共征收城市维护建设税 58.22 亿元，年均增长 15%。

第二节　固定资产投资方向调节税

1991 年 4 月，国务院颁布《中华人民共和国固定资产投资方向调节税暂行条例》，自 1991 年起施行。规定在中华人民共和国境内进行固定资产投资的单位和个人，为固投税的纳税义务人。固投税根据国家产业政策和项目经济规模实行差别税率。按其单位工程分别确定使用的税率。2000 年 1 月 1 日起，新发生的投资额，暂停征收固投税。

2012 年 11 月，国务院印发《关于修改和废止部分行政法规的决定》，停止征收固投税。

1994—2005 年，泰安市地税系统共征收固投税 5.34 亿元，年均增

长 -0.7%。

市地税局除负责地方税种的征收管理外，还承担教育费附加、地方教育附加、文化事业建设费、水利建设基金、残疾人就业保障基金、价格调节基金、工会经费等规费及附加的征收管理。

第六章　税费及附加

第一节　教育费附加

1986 年 4 月 28 日，国务院颁布《征收教育费附加的暂行规定》，按照实际缴纳的“三税”的 1% 征收。1990 年 5 月，按照《国务院关于修改（征收教育费附加的暂行规定）的决定》，征收率 2%。1994 年，泰安市继续执行《征收教育费附加的暂行规定》，对外商投资企业和外国企业暂不征收教育费附加。

1994 年 2 月，国务院决定，自 1994 年 1 月起，教育费附加以各单位和个人实际缴纳的“三税”税额为计征依据，征收率为 3%，分别与“三税”同时缴纳。对从事 卷烟和烟叶生产的单位，减半征收。11 月，根据省地税局决定，对国有、集体商业企业批发肉、禽、蛋、水产品和蔬菜业务征收增值税后所增加的税款而附征的教育费附加，由财政返还给企业增值税时，不返还教育费附加。

图 1-6-1　　1994—2014 年泰安市教育费附加完成情况

单位：万元

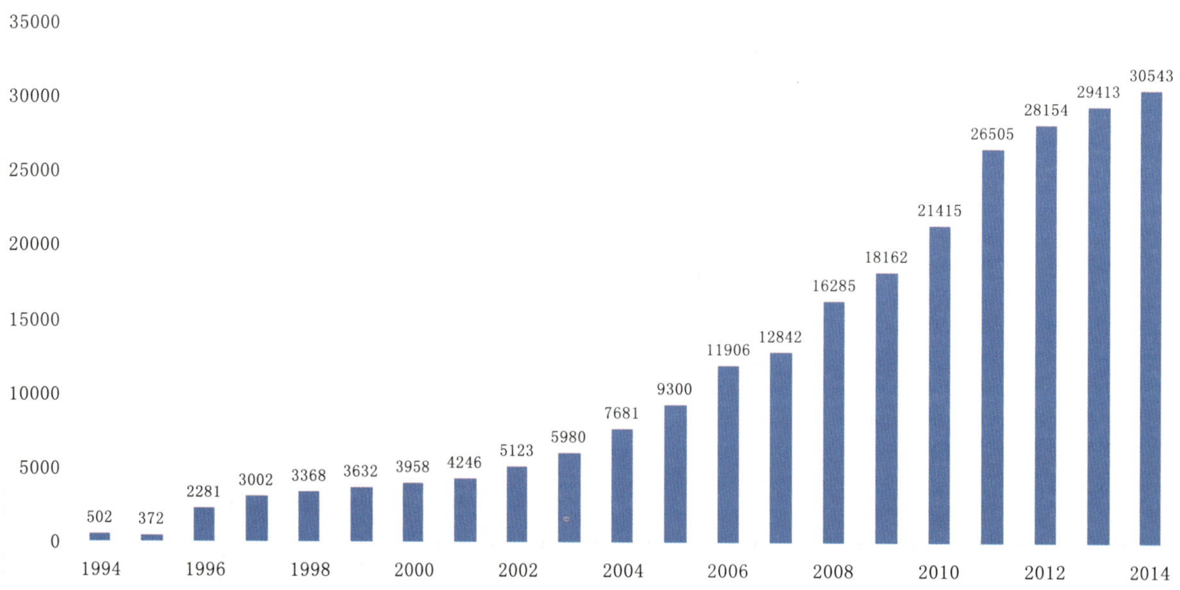

1996年，供货企业向出口企业和市县外贸企业销售出口产品时，以增值税当期销项税额抵扣进项税额后的余额，计算缴纳教育费附加。2005年，实行出口货物免抵退税的生产企业，以税务总局正式审核批准的当期免抵的增值税税额作为计征依据，计算缴纳教育费附加。对“三税”实行先征后返、先征后退、即征即退办法的，除另有规定外，对随“三税”附征的教育费附加，一律不予退（返）还。

2008年，根据省地税局规定，安置残疾人就业的单位经审批即征即退增值税的不退还教育费附加，减征的营业税不征收教育费附加。

2010年12月1日起，对外商投资企业、外国企业及外籍个人开始征收教育费附加。对国家重大水利工程建设基金免征教育费附加。

1994—2014年，泰安市地税系统共征收教育费附加24.47亿元，年均增长39%。

第二节 地方教育附加

根据《中华人民共和国教育法》及《财政部关于同意山东省征收地方教育附加的批复》，省政府确定，2005年1月起，在山东省范围内征收地方教育附加。按实际缴纳“三税”税额的2%征收，分别与“三税”同时缴纳。

自2010年12月起，执行省财政厅、省地税局、省教育厅、中国人民银行济南分行联合印发的《山东省地方教育附

图 1—6—2　　2005—2014年泰安市地税系统地方教育附加完成情况

单位：万元

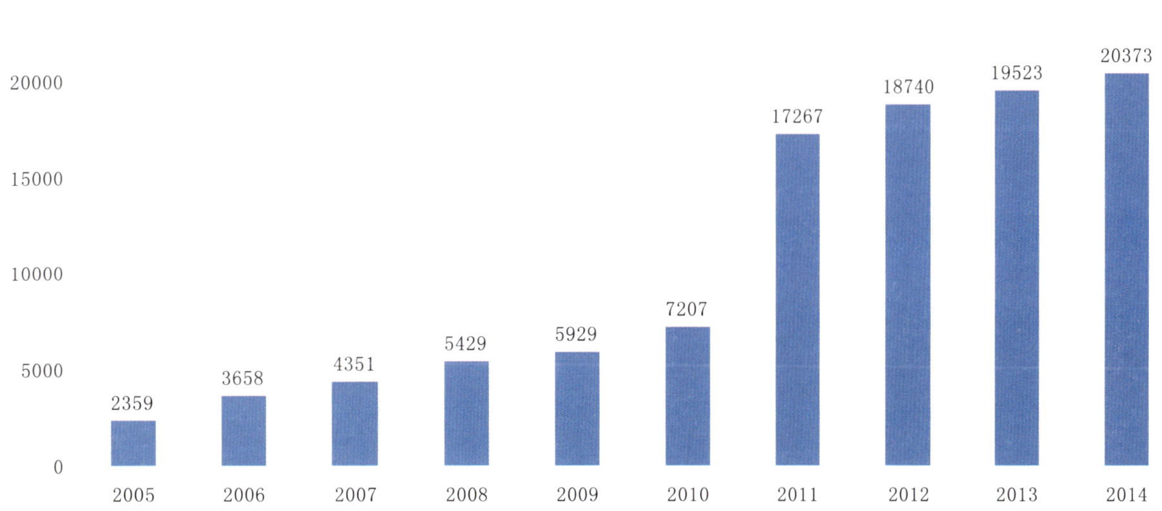

加征收使用管理办法》，在泰安市行政区域内，凡缴纳“三税”的单位和个人，按照实际缴纳“三税”税额的2%缴纳地方教育附加。任何单位不得擅自减征或免征地方教育附加。根据财政部、税务总局《关于对外资企业征收城市维护建设税和教育费附加有关问题的通知》规定，对外商投资企业、外国企业及外籍个人，征收地方教育附加。

2005—2014年，泰安市地税系统共征收地方教育附加10.48亿元，年均增长32%。

第三节 文化事业建设费

1997年6月，财政部、税务总局印发《文化事业建设费征收管理暂行办法》，对在中国境内依照《中华人民共和国营业税暂行条例》的规定缴纳娱乐业、广告业营业税的单位和个人，征收文化事业建设费，费率3%。9月，省地税局印发关于文化事业建设费征收管理有关问题的通知，自是年1月1日起计算征收文化事业建设费。

自2012年1月1日起，适用《文化事业建设费征收管理暂行办法》，缴纳文化事业建设费的提供广告服务的单位和个人，以及试点地区试点后成立的提供广告服务的单位和个人，纳入营改增试点范围后，缴纳文化事业建设费。缴纳文化事业建设费的单位和个人按照提供增值税应税服务取得的销售额和3%的费率计算应缴费额，由国家税务局在征收增值税时一并征收。

图1—6—3　2004—2014年泰安市地税系统文化事业建设费完成情况

单位：万元

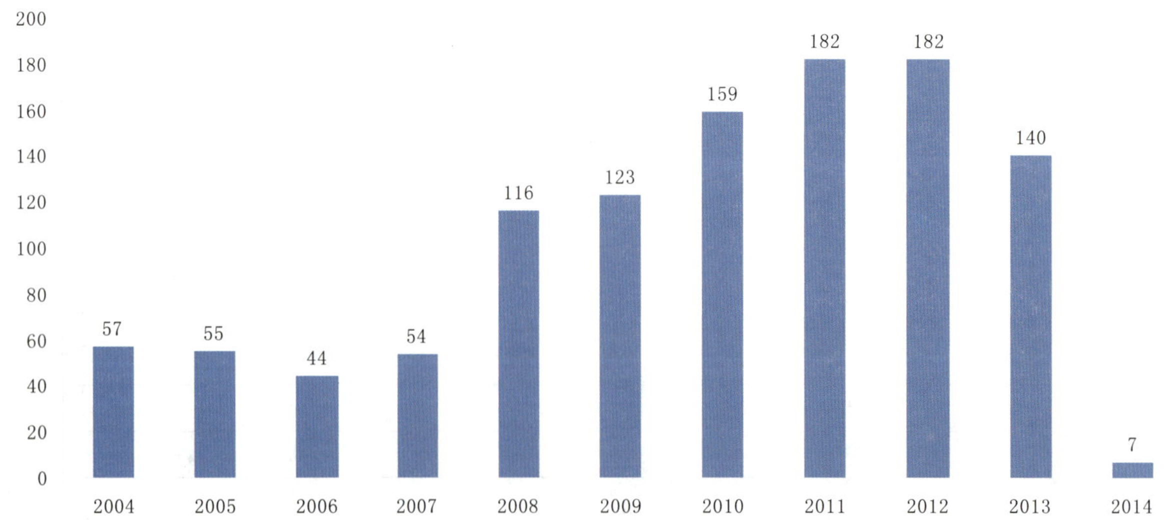

2004—2014 年，泰安市地税系统共征收文化事业建设费 1119 万元，年均增长 5%。

第四节 发展旅游事业费

1997 年 11 月，根据《山东省发展旅游事业费征收管理办法》，自 1998 年 1 月 1 日起，泰安市开征发展旅游事业费，各级旅游行政主管部门收取，地方税务部门负责代征。在泰安市行政区域内由有关部门批准的各类旅游、涉外宾馆（饭店），旅行社，旅游公司、旅游车船公司、旅游包机公司、旅游广告公司、旅游贸易公司、旅游管理公司、旅游娱乐场所，旅游定点单位，旅游景区和旅游度假区内的各类经营单位，实行售票的各类旅游景点，征收发展旅游事业费。发展旅游事业费采取比例加价方式。宾馆、饭店，旅行社等各类旅游企业，按其计税营业收入的 1% 征收，旅游景点（场所）、索道公司等按票价收入的 3% 征收。根据省财政厅、省物价局关于公布取消 74 项行政事业性收费项目的通知，自 2009 年 1 月起，在泰安市范围内统一取消发展旅游事业费这项事业性收费。

第五节 水利建设基金

2011 年 8 月，根据《山东省地方水利建设基金筹集和使用管理办法》，向缴纳“三税”的企事业单位和个体经营者征收的地方水利建设基金由地税部门代收，缴纳比例为 1%。

2010—2014 年，泰安市地税系统共代收水利建设基金 3.26 亿元，年均增

图 1—6—4 2010—2014 年泰安市地税系统代收水利建设基金情况

单位：万元

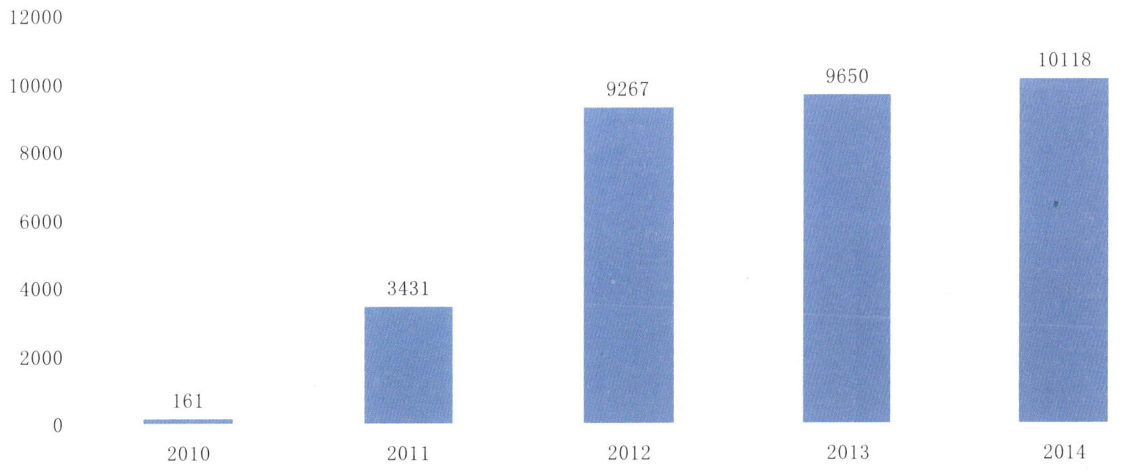

长552%。

第六节 残疾人就业保障基金

2004年6月，根据省政府办公厅《关于由地税部门代收残疾人就业保障金有关问题的通知》，1月起，泰安市残保金由各级地方税务机关代收。代收范围包括：泰安市行政区域内未安置或安置残疾人就业达不到规定比例在地方税务机关办理税务登记的各类企业及其他经济组织。

2008–2014年，泰安市地税系统共代收残保金1.05亿元，年均增长11%。

第七节 价格调节基金

2008年10月，《泰安市价格调节基金征收使用管理办法》经市政府批准，10月15日起施行。明确价格调节基金由物价部门委托地税部门代征，煤炭生产企业按煤炭销售量10元/吨缴纳，石膏生产企业按销售量1元/吨缴纳，铁矿石生产企业按销售量10元/吨缴纳，岩盐生产企业按销售量1元/吨缴纳，自然硫生产企业按销售量1元/吨缴纳。

2014年4月，市物价局根据《泰安市人民政府关于暂免煤炭企业价格调节基金的批复》，自2014年4月1日–2015年3月31日，免征煤炭企业价格调节基金。

图1–6–5　2008–2014年泰安市地税系统代收残疾人就业保障金情况

单位：万元

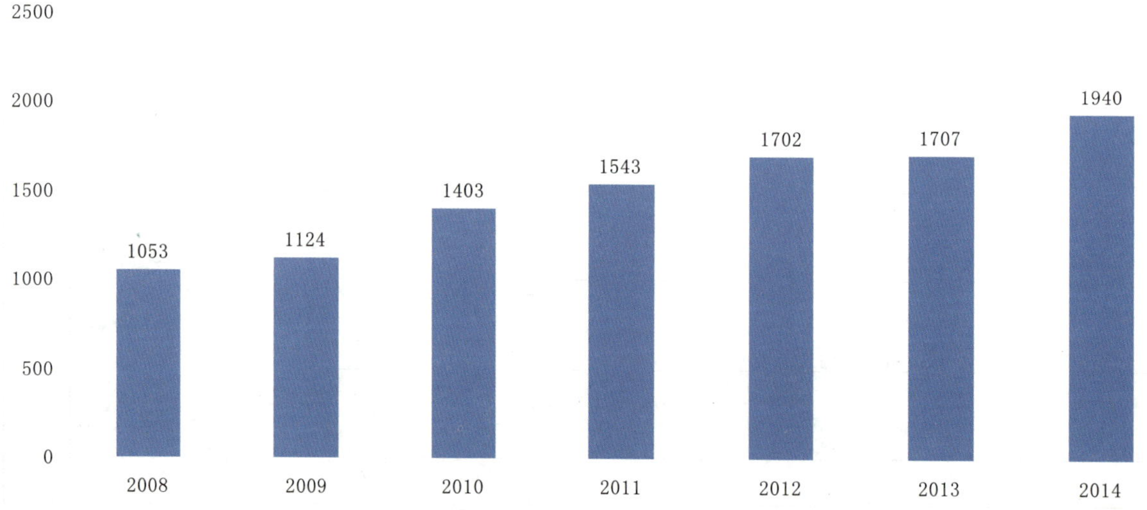

第八节 工会经费

2013年1月，根据省政府办公厅《关于工会经费（建会筹备金）由地税部门统一代收的通知》，泰安市行政区域内在地税部门进行纳税登记的企业、事业单位及其他组织应拨缴的工会经费（建会筹备金）统一由地税部门代收。缴费单位按照《中华人民共和国工会法》规定，每月按全部职工工资总额的2%计提工会经费，其中40%部分向地税部门缴纳；未建立工会组织的单位，按工资总额的2%向上级工会拨缴工会建会筹备金，并全额向地税部门缴纳。

2013—2014年，泰安市地税系统共代收工会经费3654万元，年均增长30%。

图1—6—6　2013—2014年泰安市地税系统代收工会经费

单位：万元

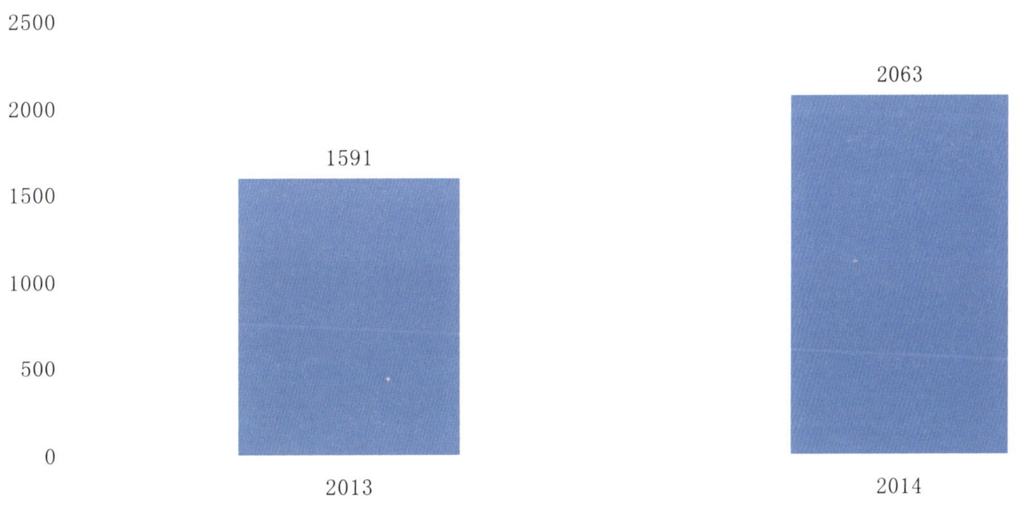

第二篇

地方税收

1994－2014年，地税收入由2.99亿元增加到126.41亿元，全市累计组织地税收入770.67亿元，年均增长20.58%。县（市、区）地方税收收入变化明显，1994年，3个县（市、区）地税局收入超5000万元，2014年，7个县（市、区）地税局收入超10亿元，其中新泰市地税局、肥城市地税局超20亿元。

图2—1　　1994－2014年地税收入完成情况

单位：万元

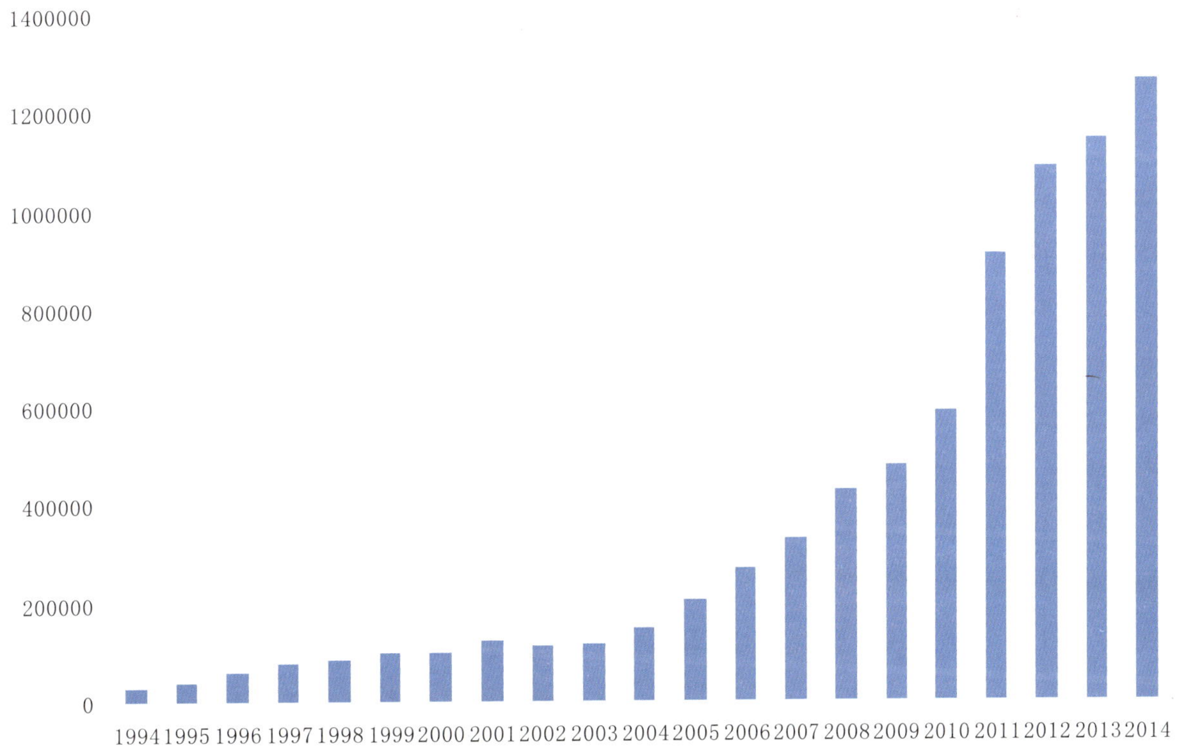

第一章 税收结构

税收结构分为企业类型、行业和税种三种。

企业类型。1994年，地方税收的所有制结构主要以国有和集体企业为主，国有企业占比大。随着国有集体企业改组改制完成，全市地方税收以股份有限公司为主，国有企业、集体企业、私营企业、外商投资企业和个体经营等多种所有制并存。

行业。1994年，主要以采掘业、制造业、建筑业为主。随着市场经济的发展，房地产业、金融保险业、批发零售业、交通运输业和其他现代服务业地方税收比重逐步提高。2014年，全市税源集中在制造业、房地产业、建筑业、采掘业和金融保险业、批发零售业等行业。

税种。1994年，以营业税、企业所得税和城建税为主。2014年，以营业税、个人所得税、企业所得税、土地使用税、土地增值税等为主。税收收入以市县级以下收入级次为主。

第一节　企业类型

1994年，全市地方税收按企业类型分为国有、集体、私营、个体和其他5种。其中，国有企业提供地税收入2.01亿元，占总收入66.7%；集体企业提供地税收入0.87亿元。两种经济成分提供地税收入占总收入95.42%，其他经济成分提供地税收入占总收入4.58%。

1995年，国有、集体企业提供地税收入占总收入93.84%。股份制企业地税收入由1994年1249万元增至2227万元，增长78.3%；个体经营地税收入由1994年91万元增至133万元，增长46.15%。

1996年，国有和集体企业地税收入占总收入90.85%，仍是地税收入的主要来源。个体经营地税收入2405万元，增长17倍；私营企业地税收入159万元，增长73%；涉外企业地税收入单独统计，入库480万元。

1997年，国有、集体企业地税收入列前两位，占总收入88.11%。股份制、个体经营地税收入对总收入的贡献率为10.5%。

1998年，国有、集体企业提供地税收入占总收入85.78%。股份制、个体经营地税收入占总收入12.56%。

1999年，国有、集体企业地税收入占总收入73.71%。国有企业地税收入增长3.56%，集体企业地税收入下降8.94%。股份制和个体经营地税收入占比较上年提高7.96个百分点，增长88.31%，其中个体经营税收收入超1亿元。私营企业地税收入占总收入4.09%，增长469.65%。

2000年，部分地方国有、集体企业改制为股份制企业，全市国有、集体企业地税收入占总收入70.82%。股份制企业、私营企业和个体经营地税收入占比分别为10.26%、6.28%和11.37%。

2001年，企业集中改制，国有企业地税收入占总收入38.5%，集体企业地税收入占总收入22.7%，股份制企业地税收入占总收入15%。私营企业和个体经营占总收入22.15%，私营企业税收收入超1亿元，增长112%。

2002年，国有企业地税收入占总收入36.49%，集体企业地税收入占总收入20.04%。在税收会计统计核算中首次出现有限责任公司，实现收入4500万元，占总收入3.87%，股份制企业和有限责任公司占总收入22.45%。

2003年，国有、集体企业改制基本完成。国有企业地税收入占总收入

32.35%。集体企业地税收入占总收入17.27%。股份制企业和有限责任公司地税收入合计占总收入32.63%。个体和私营企业地税收入占总收入15.86%。

2004年，国有企业地税收入占总收入26.98%，比上年减少5.37个百分点。集体企业地税收入占总收入13.3%，比上年减少3.97个百分点。股份制企业和有限责任公司地税收入占总收入42.67%，收入同比增长68.13%。私营企业地税收入同比下降15.78%。涉外企业地税收入同比增长65.94%。个体经营地税收入同比增长43.9%。

2005年，企业改制基本完成，各种所有制经济、各行业地税收入全面增长，股份制企业经济税收开始居主导地位。国有企业地税收入占总收入20.82%，同比增长5.35%。集体企业地税收入占总收入13.63%，同比增长39.94%。股份制企业地税收入占总收入占总收入44.15%，同比增长248.66%。私营企业、涉外企业和个体经营地税收入分别占总收入7.8%、5.07%和10.51%。

2006年，股份制企业地税收入13.12亿元，占总收入48.3%。国有、集体企业地税收入占总收入27.87%。私营、个体地税收入分别占总收入10.91%、10.03%。其它经济成分地税收入占总收入2.89%。

2007年，股份制企业地税收入占主导地位。国有企业地税收入占总收入14.94%，同比增长5%。集体企业地税收入占总收入10.62%，同比增长13.63%。股份制企业地税收入15.91亿元，占总收入48.16%，同比增长21.3%。私营企业地税收入占总收入12.57%，同比增长40.15%。个体经营地税收入3.13亿元，占总收入9.49%，同比增长15.12%。涉外企业地税收入同比增长43.98%。

2008年，非公有制地税收入占总收入80.61%。国有企业地税收入占总收入12.32%，同比增长6.99%。集体企业地税收入占总收入7.07%，同比下降13.62%。非公有制地税收入中，股份制企业地税收入21.26亿元，占总收入49.55%，同比增长33.57%。私营企业地税收入占总收入16.08%，同比增长66.05%。个体经营地税收入3.11亿元，占总收入7.26%，同比下降0.64%。涉外企业地税收入同比增长41.21%。

2009年，国有企业地税收入占总收入12.48%，同比增长13.64%。集体企业地税收入占总收入5.61%，同比下降10.89%。股份制企业地税收入24.33亿元，占总收入50.57%，同比增长14.43%。私营企业地税收入占总收入15.73%，同比增长9.7%。个体经营地税收入3.6亿元，占总收入7.57%，同比增长16.87%。涉外企业地税收入同比增长6.03%。

2010年，国有和集体企业地税收入占总收入17.01%，同比增长15.19%。股份制企业地税收入30.2亿元，占总

表 2—1—1　　1994—2014 年泰安市地税收入分企业类型情况

单位：万元

项目 年度	合计	国有企业	集体企业	股份合作企业	联营企业	有限责任公司	股份有限公司	私营企业	其他企业	港澳台投资企业	外商投资企业	个体经营
1994	30206	20148	8676		2		1249	24	16			91
1995	39831	24035	13343		1		2227	92	0			133
1996	58457	34609	18503		1		2300	159		319	161	2405
1997	73630	41102	23775		53		3522	421		520	23	4214
1998	85261	46899	26236		72		4463	705		218	421	6247
1999	98302	48568	23890	639	33		9171	4016		372	614	10999
2000	99201	46738	23519	1197	11		8988	6226		774	466	11282
2001	124591	47965	28284	7175	21		11514	13199		744	1292	14397
2002	114917	41930	23030	9957	19	4448	11398	8071	11	481	1968	13604
2003	116582	37717	20137	6441	27	6753	24852	8156	12	669	1486	10332
2004	150030	40483	19957	241	46	38020	25704	6869	266	1264	2312	14868
2005	204873	42648	27928	248	42		90211	15989	19	4116	2143	21529
2006	271585	44801	30877	1086	108		130105	29638	3	4748	2989	27230
2007	330457	49377	35087	2152	100		156989	41537	2728	5426	5714	31347
2008	428979	52830	30308	2777	49		209795	68972	17370	6593	9138	31147
2009	481011	60036	27007	3070	33		240158	75666	21961	6619	10060	36401
2010	589311	67091	33178	2701	30		299309	102124	20237	7998	11960	44683
2011	909304	86298	50418	5341	1436		449196	153677	54182	10128	20111	78517
2012	1087573	91207	79151	7710	3567		517560	184937	74088	9586	19368	100399
2013	1142459	83087	69800	8769	199		552302	198448	82909	10721	21147	115077
2014	1264144	81286	80767	9817	260		607221	237116	118591	11782	20300	97004

注：1994 年分企业类型统计报表含退库 284 万元。

收入51.25%，同比增长24.17%。私营企业地税收入占总收入17.33%，同比增长34.97%。个体经营地税收入4.47亿元，占总收入7.58%，同比增长22.75%。涉外企业地税收入同比增长19.66%。

2011年，国有和集体企业地税收入占总收入15.03%，同比增长36.35%。股份制企业地税收入45.45亿元，占总收入49.99%，同比增长60.08%。私营企业地税收入占总收入16.9%，同比增长50.48%。个体经营地税收入7.85亿元，占总收入8.63%，同比增长75.72%。涉外企业地税收入同比增长51.52%。

2012年，国有和集体企业地税收入占总收入15.67%，同比增长24.61%。股份制企业地税收入52.53亿元，占总收入48.3%，同比增长15.57%。私营企业地税收入占总收入17%，同比增长20.34%。个体经营地税收入10.04亿元，占总收入9.23%，同比增长20.34%。涉外企业地税收入同比下降4.25%。

2013年，国有和集体企业地税收入占总收入13.38%，同比下降10.26%。股份制企业地税收入56.11亿元，占总收入49.11%，同比增长6.82%。私营企业地税收入占总收入17.37%，同比增长7.31%。个体经营地税收入11.51亿元，占总收入10.07%，同比增长14.62%。涉外企业地税收入比上年增长10.06%。

2014年，国有和集体企业地税收入占总收入12.82%，同比增长6%。股份制企业地税收入61.7亿元，占总收入48.81%，同比增长9.98%。私营企业地税收入占总收入18.76%，同比增长19.49%。个体经营地税收入9.7亿元，占总收入7.67%，同比下降15.71%。涉外企业地税收入同比增长0.67%。

第二节　行业税收结构

1998年，地税部门开始分行业编报各项收入统计表。第一产业地税收入为零。第二产业地税收入4.44亿元，占总收入52.03%。第三产业地税收入4.09亿元，占总收入47.97%。从行业结构看，1998年制造业、采矿业、建筑业、金融业以及批发零售业占地税收入70%。其中制造业税收占总收入21.17%。

1999年，第一产业地税收入为零。第二产业地税收入5.84亿元，占总收入59.42%。第三产业地税收入4亿元，占总收入40.65%。从行业结构看，制造业、采矿业、建筑业、金融业以及批发零售业占总收入73.17%。其中，制造业占总收入26.29%，同比增长5.12%。

2000年，第一产业地税收入178万元。第二产业地税收入5.9亿元，占总收入59.55%，同比增长1.14%。第三产业地税收入3.99亿元，占总收入40.27%。从行业结构看，制造业、采矿业、建筑业、金融业以及批发零售业占总收入74.09%。其中，制造业占总收入19.82%。

2001年，第一产业地税收入128万元。第二产业地税收入7.84亿元，占总收入62.95%，同比增长32.77%。第三产业地税收入4.6亿元，占总收入36.94%，同比增长15.22%。从行业结构看，制造业、采矿业、建筑业、金融业以及批发零售业占总收入75.87%。其中制造业收入占总收入31.49%。受煤炭业专项检查影响，采矿业地税收入占总收入比重较上年提高7.31个百分点。

2002年，第一产业地税收入同比下降58.59%。第二产业地税收入6.7亿元，占总收入58.29%，同比下降7.76%。第三产业地税收入4.79亿元，占总收入41.66%，同比增长4.01%。从行业结构看，制造业、采矿业、建筑业占总收入54.84%。其中，制造业和采矿业占总收入43.78%。另外，交通运输业和金融业占总收入14.4%。

2003年，第一产业地税收入同比下降96.23%。第二产业地税收入6.72亿元，占总收入57.6%，同比增长0.24%。第三产业地税收入4.94亿元，占总收入42.4%，同比增长3.25%。从行业结构看，采矿业收入占总收入18.07%，较上年减少3.76个百分点；受固定资产投资拉动，建筑业税收收入占总收入14.14%，较上年提高3.08个百分点，增长29.67%。

2004年，第一产业地税收入7万元，同比增长250%。第二产业地税收入8.9亿元，占总收入59.38%，同比增长32.67%。第三产业地税收入6.09亿元，占总收入40.61%，同比增长23.27%。从行业结构看，采矿业、制造业和建筑业收入占总收入55.81%。

2005年，第一产业地税收入同比增长114.29%。第二产业地税收入12.8亿元，占总收入62.47%，同比增长43.66%。第三产业地税收入7.69亿元，占总收入37.52%，同比增长26.16%。第二产业中采矿业、制造业和建筑业收入占总收入59.19%。第三产业中批发零售业、金融业、租赁商务服务和房地产业收入均超1亿元，4个行业收入占总收入25.79%。

2006年，第一产业地税收入同比增长166.67%。第二产业地税收入16.82亿元，占总收入61.92%，同比增长31.39%。第三产业地税收入10.34亿元，占总收入38.07%，同比增长34.49%。第二产业中采矿业地税收入占总收入27.8%，制造业地税收入占总收入19.53%，建筑业地税收入占总收入12.05%，三个行业地税收入占总收入59.38%。

2007年，第一产业地税收入同比增长145%。第二产业地税收入19.1亿元，占总收入57.81%，同比增长13.6%。第三产业地税收入13.9亿元，占总收入

42.16%，同比增长34.77%，第二产业中采矿业地税收入占总收入22.5%，较上年减少5.3个百分点。制造业地税收入占总收入21.13%，建筑业地税收入占总收入11.35%，房地产业地税收入占总收入11.37%，4个行业地税收入占总收入66.35%。

2008年，第一产业地税收入同比增长186.73%。第二产业地税收入24.82亿元，占总收入57.87%，同比增长29.94%。第三产业地税收入18.05亿元，占总收入42.08%，同比增长29.53%。其中：制造业地税收入占总收入25.79%，采矿业地税收入占总收入20.73%，建筑业、房地产业和金融保险业地税收入占总收入25.77%，5个行业地税收入占总收入72.29%。

2009年，第一产业地税收入同比下降62.63%。第二产业地税收入27.19亿元，占总收入56.53%，同比增长9.54%。第三产业地税收入20.9亿元，占总收入43.45%，同比增长15.81%。其中：房地产业、金融保险业和批发零售业地税收入占总收入25.74%。

2010年，第一产业地税收入同比增长53.33%。第二产业地税收入31.6亿元，占总收入53.65%，同比增长16.27%，采矿业地税收入占比较上年减少4.84个百分点，下降9.05%，建筑业地税收入占总收入较上年提高4.42个百分点，收入增长79.38%。第三产业地税收入27.3亿元，占总收入46.33%，同比增长30.62%。

2011年，第一产业地税收入同比增长435.4%。第二产业地税收入47.45亿元，占总收入52.18%，同比增长50.08%。第三产业地税收入43.4亿元，占总收入47.73%，同比增长58.97%。

2012年，第一产业地税收入4642万元，同比增长438.52%。第二产业地税收入55.62亿元，占总收入51.14%，同比增长17.22%。第三产业地税收入52.67亿元，占总收入48.43%，同比增长 21.38%。

2013年，第一产业地税收入5225万元，同比增长12.56%。第二产业地税收入53.94亿元，占总收入47.21%，同比下降3.02%。第三产业地税收入59.78亿元，占总收入52.33%，同比增长 13.5%。第三产业地税收入占总收入超过二产占比。采矿业收入占总收入9.05%，房地产业收入占总收入20.85%。

2014年，第一产业地税收入1.16亿元，同比增长122.32%。第二产业地税收入58.11亿元，占总收入45.97%，同比增长7.74%。第三产业地税收入67.13亿元，占总收入53.11%，同比增长12.3%。制造业和房地产业收入分别占总收入19.33%、22.26%，建筑业收入占总收入17.67%。

表 2-1-2　　1998—2014 年泰安市地税收入分行业情况

单位：万元

年度	合计	第一产业	第二产业				
			小计	采矿业	制造业	电力、燃气及水的生产和供应业	建筑业
1998	85261		44364	10614	18051	5889	9810
1999	98302		58364	15104	25840	3645	13775
2000	99201	178	59074	11520	29585	4841	13128
2001	124591	128	78433	23572	39239	5907	10715
2002	114917	53	66990	25086	25229	3965	12710
2003	116582	2	67151	21065	25050	1554	16482
2004	150030	7	89090	29440	33200	5353	21097
2005	204873	15	127986	46456	46672	6726	28132
2006	271585	40	168163	75494	53040	6906	32723
2007	330457	98	191034	74344	69812	9375	37503
2008	428979	281	248234	88907	110623	14757	33947
2009	481011	105	271909	90217	120852	15123	45717
2010	589311	161	316148	82055	137447	14639	82007
2011	909304	862	474462	115576	227262	17879	113745
2012	1087573	4642	556177	125697	257792	22759	149929
2013	1142459	5225	539381	103437	263357	26815	145772
2014	1264144	11616	581135	86146	244401	27251	223337

年度	第三产业															
	小计	交通运输、仓储及邮政业	批发零售业	金融业	信息传输、软件和信息技术服务业	住宿和餐饮业	文化、体育和娱乐业	居民服务、修理和其他服务业	租赁和商务服务业	教育	卫生和社会工作	公共管理、社会保障和社会组织	房地产业	科学研究和技术服务	其他行业
1998	34362	5347	8973	12220									2159		5663
1999	29881	5463	7365	9937									2909		4207
2000	39949	6498	8809	10461			342			342	72	427	3735	55	2031
2001	46030	6317	13400	7598			440				93		3489	82	3341
2002	47874	7424		9126		8853				569	155		3805	109	4754
2003	49429	5065	7004	10220			464		8208				7063		3724
2004	60933	7333	9207	11837	4130	5697	843		9864				7955		4067
2005	76872	8253	12768	15754	4627	5661	902		11231	0	0	0	13104		4572
2006	103382	9973	15635	20014	5532	6694	979		13590	1761	0	0	25834	0	3370
2007	139325	11293	20378	26706	6776	7344	1352	2163	19070	1703	745	0	37587		4208
2008	180464	14289	24883	35140	7884	8244	1112	6863	26829	1806	1112	3956	41504		6842
2009	208997	15768	29410	43317	8885	9940	1211	11888	17294	1749	1612	10124	51097		6702
2010	273002	19197	36392	52086	10672	11008	1776	17031	10423	2589	2334	6487	97431		5576
2011	433980	23654	56394	64050	11967	16232	4344	23580	18524	2935	2986	9536	149944		49834
2012	526754	26253	67977	81629	13058	16870	8467	36177	18515	2320	2539	10527	169536		61272
2013	597846	23067	74083	99098	13816	17373	4017	42743	20847	2431	4238	6789	238228		44507
2014	671393	14162	72218	104412	10171	16359	3713	54258	22028	2459	4345	21461	281403	5913	58491

第三节　税种税收结构

1994年，地税部门管理12个税种，包括：营业税、企业所得税、个人所得税、城建税、资源税、房产税、印花税、城镇土地使用税、土地增值税、车船税、屠宰税和固投税。1994－2014年，营业税收入229.54亿元，年均增长19.71%，占总收入29.79%；企业所得税收入102.37亿元，年均增长14.69%，占总收入13.29%；个人所得税收入69.56亿元，年均增长33.08%，占总收入9.01%；城建税收入58.22亿元，年均增长14.5%，占总收入7.56%；土地使用税收入65.63亿元，年均增长22.69%，占总收入8.52%；房产和城市房地产税收入30.4亿元，年均增长15.1%，占总收入3.95%；资源税收入35.6亿元，年均增长20.22%，占总收入4.62%。

1994年，营业税、企业所得税、城建税和房产税收入2.33亿元，占总收入77.72%。其中，营业税收入1.08亿元，占总收入36.2%；企业所得税收入5553万元，占总收入18.56%；城建税收入4507万元，占总收入15.06%；房产税收入2365万元，占总收入7.9%。

1995年，营业税、企业所得税、城建税和固投税收入3.12亿元，占总收入79.39%。其中，营业税收入1.42亿元，占总收入36.07%；企业所得税收入8281万元，占总收入21.07%；城建税收入5754万元，占总收入14.64%；固投税收入2989万元，占总收入7.61%。

1996年，营业税、企业所得税、城建税和固投税收入4.65亿元，占总收入76.51%，企业所得税和个人所得税占总收入比重提高，个人所得税占总收入4.79%，较1994年提高3.85个百分点。其中，营业税收入1.86亿元，占总收入30.56%；企业所得税收入1.35亿元，占总收入22.27%；城建税收入7048万元，占总收入11.6%；固投税收入7332万元，占总收入12.07%。

1997年，营业税、企业所得税、城建税、固投税、房产税和个人所得税收入6.77亿元，占总收入88.35%。其中：营业税收入2.16亿元，占总收入28.15%；企业所得税收入1.95亿元，占总收入25.45%；城建税收入9404万元，占总收入12.27%；固投税收入8505万元，占总收入11.1%；房产税收入4795万元，占总收入6.26%；个人所得税收入3922万元，占总收入5.12%。

1998年，营业税、企业所得税、城建税、固投税、房产税和个人所得税收入7.5亿元，占总收入88.05%。其中：营业税收入2.78亿元，占总收入32.57%；企业所得税收入1.54亿元，占总收入18.11%；城建税收入8828万元，占总收入10.35%；固投税收入1.24亿元，占总收入14.54%；房产税收入5648万元，占总收入6.41%；个人所得税收入5163万元，占总收入6.06%。

1999年，营业税、企业所得税、城建税、固投税、房产税和个人所得税收入8.69亿元，占总收入88.49%。其中：营业税收入1.84亿元，占总收入28.91%；企业所得税收入2.48亿元，占总收入25.24%；城建税收入9490万元，占总收入9.65%；固投税收入1.18亿元，占总收入11.99%；房产税收入6260万元，占总收入6.37%；个人所得税收入6218万元，占总收入6.33%。

2000年，营业税、企业所得税、个人所得税、城建税、房产税成为主体税种，合计收入7.86亿元，占总收入79.2%。其中：营业税收入3.11亿元，占总收入31.38%；企业所得税收入2.5亿元，占总收入25.24%；个人所得税收入5849万元，占总收入5.9%；城建税收入9367万元，占总收入9.44%；房产税收入7192万元，占总收入7.25%；固投税收入5247万元，占总收入5.29%。

2001年，地税收入超10亿元。营业税、企业所得税、个人所得税、城建税、房产税收入10.86亿元，占总收入87.16%。其中：企业所得税收入5.52亿元，占总收入49.07%，同比增长120.05%；个人所得税收入1.31亿元，占总收入10.48%，同比增长123.17%；营业税收入2.45亿元，占总收入19.68%。

2002年，营业税、企业所得税、个人所得税、城建税、房产税收入9.64亿元，占总收入83.91%。其中：营业税收入3.48亿元，占总收入30.24%；城建税收入1.36亿元，占总收入11.85%；房产税收入8346万元，占总收入7.26%。

2003年，营业税、企业所得税、个人所得税、城建税、房产税收入9.34亿元，占总收入80.08%。其中：营业税收入3.59亿元，占总收入30.76%；企业所得税收入1.76亿元，占总收入15.03%，同比下降34.8%；个人所得税收入1.24亿元，占总收入10.65%，同比下降2.67%；城建税收入1.74亿元，占总收入14.96%，同比增长28.06%；房产税收入1.01亿元，占总收入8.64%，同比增长20.75%。

2004年，营业税、企业所得税、个人所得税和城建税4个主体税种收入11.04亿元，占总收入73.65%。其中：营业税收入4.67亿元，占总收入31.14%；企业所得税收入2.49亿元，占总收入16.61%；个人所得税收入1.72亿元，占总收入11.46%；城建税收入2.16亿元，占总收入14.42%；房产税收入1.01亿元，占总收入6.76%，较上年减少1.88个百分点。

2005年，营业税、企业所得税、个人所得税、城建税、土地使用税和资源税6个税种合计收入17.15亿元，占总收入83.72%。其中：营业税收入6.26亿元，占总收入30.57%，同比增长34.06%；企业所得税收入3.05亿元，占总收入14.88%，同比增长22.35%；个人所得税收入2.08亿元，占总收入10.14%，同比增长20.88%；城建税收入2.32亿元，占总收入11.36%，同比增长7.58%；土地使用税收入1.94亿元，占总收入9.45%，同比增长213.9%；资源税收入1.5亿元，占总收入7.33%，同比增长117%。

2006年，营业税、企业所得税、个人所得税、城建税、资源税和土地使用税税收收入22.78亿元，占总收入83.86%。其中：营业税收入8.04亿元，占总收入29.6%，同比增长28.37%；企业所得税收入4.81亿元，占总收入17.72%，同比增长57.9%；个人所得税收入2.82亿元，占总收入10.39%，同比增长35.81%；城建税收入2.8亿元，占总收入10.31%，同比增长20.31%；资源税收入2.03亿元，占总收入7.47%；土地使用税收入2.27亿元，占总收入8.37%。

2007年，营业税、企业所得税、个人所得税、城建税、资源税和土地使用税税收收入28.04亿元，占总收入84.86%。其中：营业税收入10.5亿元，占总收入31.79%，同比增长30.67%；企业所得税收入5.56亿元，占总收入16.83%，同比增长15.52%；个人所得税收入3.28亿元，占总收入9.93%，同比增长16.24%；城建税收入3.05亿元，占总收入9.22%，同比增长8.87%；资源税收入2.23亿元，占总收入6.75%；土地使用税收入3.42亿元，占总收入10.34%。

2008年，营业税、企业所得税、个人所得税、城建税、资源税和土地使用税税收收入36.51亿元，占总收入85.12%。其中：营业税收入11.45亿元，占总收入26.7%，同比增长9.02%；企业所得税收入8.25亿元，占总收入19.23%，同比增长48.39%；个人所得税收入5.39亿元，占总收入12.56%，同比增长64.29%；城建税收入3.78亿元，占总收入8.82%，同比增长24.06%；资源税收入2.51亿元，占总收入5.85%；土地使用税收入5.13亿元，占总收入11.96%，同比增长50.1%。

2009年，营业税、企业所得税、个人所得税、城建税和城镇土地使用税收入38.79亿元，占总收入80.62%。其中：营业税收入14.33亿元，占总收入29.8%，同比增长25.17%；企业所得税收入7.06亿元，占总收入14.67%，同比下降14.48%；个人所得税收入7.42亿元，占总收入15.43%，同比增长37.74%；城建税收入4.1亿元，占总收入8.52%，同比增长8.42%；土地使用税收入5.87亿元，占总收入12.21%，同比增长14.46%。

2010年，营业税、企业所得税、个人所得税、城建税、城镇土地使用税和土地增值税收入50.4亿元，占总收入85.57%。其中：营业税收入21.04亿元，占总收入35.71%，同比增长46.8%；企业所得税收入7.57亿元，占总收入12.85%，同比增长7.34%；个人所得税收入7.29亿元，占总收入12.38%，同比下降1.73%；城建税收入4.85亿元，占总收入8.24%，同比增长18.37%；土地使用税收入6.41亿元，占总收入10.88%，同比增长9.21%；土地增值税收入3.22亿元，占总收入5.47%，同比增长106.9%。

2011年，营业税、企业所得税、个人所得税、城建税、城镇土地使用税和契税收入69.62亿元，占总收入76.56%。其中：营业税收入25.63亿元，占总收入28.19%，同比增长21.81%；企业所得税收入10.59亿元，占总收入11.64%，同比增长39.77%；个人所得税收入8.56亿元，占总收入9.41%，同比增长17.35%；城建税收入5.98亿元，占总收入6.58%，同比增长23.19%；土地使用税收入7.61亿元，占总收入8.37%，增长18.74%；契税收入11.25亿元，占总收入12.37%。

2012年，营业税、企业所得税、个人所得税、城建税、城镇土地使用税和契税收入79.34亿元，占总收入72.96%。其中：营业税收入29.04亿元，占总收入26.7%，同比增长13.28%；企业所得税收入11.83亿元，占总收入10.88%，同比增长11.75%；个人所得税收入7.8亿元，占总收入7.17%，同比下降8.85%；城建税收入6.46亿元，占总收入5.94%，同比增长8.13%%；土地使用税收入9.76亿元，占总收入8.97%，增长28.15%；契税收入14.45亿元，占总收入13.28%。

第二章 地税收入

2013年，营业税、企业所得税、土地使用税和契税合计收入69亿元，占总收入60.41%。其中：营业税收入34.21亿元，占总收入29.94%，同比增长17.79%；企业所得税收入11.36亿元，占总收入9.94%，同比下降3.97%；土地使用税收入10亿元，占总收入8.76%，增长2.55%；契税收入13.45亿元，占总收入11.78%。

2014年，营业税、企业所得税、个人所得税、城镇土地使用税、耕地占用税、契税合计收入89.08亿元，占总收入74.16%。其中：营业税收入39.6亿元，占总收入31.33%，同比增长15.77%。企业所得税收入8.61亿元，占总收入6.81%，同比下降24.2%。个人所得税收入8.53亿元，占总收入6.75%，同比增长2.47%。土地使用税收入9.81亿元，占总收入7.76%，同比下降1.99%。耕地占用税收入11.5亿元，占总收入9.57%。契税收入11.5亿元，占总收入9.19%。

第一节 级次收入

一、中央级

2002年起，中央级参与企业所得税和个人所得税分享，地税部门收入中出现中央级收入。2002－2014年，累计中央级收入90.43亿元，年均增长15.3%。2002年中央级收入占地税总收入17.28%，2014年占地税总收入8.14%。

二、省级

1994－2001年，省级收入45.66亿元，年均增长15.3%。1994年省级收入占地税总收入15.41%，2012年占地税总收入7.32%。2013年起，山东省实行省以下财政体制改革，对原有省级收入下划市（县），省级收入以2012年为基数实行包干，每年由市（县）定额上解省财政。2013年后，地税部门征管数据库体现的省级收入仅为文化事业建设费和税务部门罚没收入。

三、市级及以下

1994—2014年，市级以下收入634.58亿元，年均增长21.08%。1994年，市级以下收入2.53亿元，占地税总收入84.59%。2014年，市级以下收入116.12亿元，占地税总收入91.86%。

第二节 年度收入

1994年10月，地税机构成立，组织地税收入2.99亿元。

1995年，组织各项地税收入3.93亿元，同比增长31.35%。

1996年，组织各项地税收入6.07亿元，同比增长54.52%。

1997年，组织各项地税收入7.67亿元，同比增长26.26%。

1998年，组织各项地税收入8.53亿元，同比增长11.17%。

1999年，组织各项地税收入9.82亿元，同比增长15.23%。

2000年，受固投税停征影响，组织各项地税收入9.92元，同比增长0.96%。

2001年，为适应企业所得税和个人所得税分享体制，加大企业所得税和个人所得税征收管理和清缴力度，两个所得税收入增幅较大，拉动整体地税收入明显增长。组织各项地税收入12.46亿元，同比增长25.61%。

2002年，按照中央、省对收入预算级次调整政策，营业税、企业所得税、个人所得税实行各级按比例分享，市级及以下收入总量占比有所下降。为消化上年一次性收入和所得税不可比减收因素影响，加大征管力度，对重点行业、重点税种专项检查。组织各项地税收入11.49亿元，同比下降7.76%。

2003年，受2001年高基数税收收

表 2-2-1　　1994—2014 年泰安市地税收入分项目情况

单位：万元

	合计	营业税	企业所得税	个人所得税	资源税	城市维护建设税	房产税	印花税	城镇土地使用税	土地增值税
1994	29922	10833	5553	281	2007	4507	2365	231	1641	
1995	39301	14174	8281	780	2052	5754	2745	268	1153	
1996	60738	18562	13529	2911	2194	7048	3915	372	1506	
1997	76638	21575	19508	3922	2508	9404	4795	456	1553	15
1998	85261	27772	15442	5163	2763	8828	5468	498	1950	22
1999	98302	28420	24814	6218	2407	9490	6260	520	3005	77
2000	99201	31126	25039	5849	3574	9367	7192	602	3658	1234
2001	124591	24514	55249	13053	2871	8910	6867	579	3536	1403
2002	114917	34751	26950	12762	4781	13620	8346	871	4104	519
2003	116582	35861	17561	12421	4991	17442	10078	1429	5892	2279
2004	150030	46713	24913	17191	6913	21632	10149	1778	6164	4248
2005	204873	62622	30481	20781	15010	23272	11690	2697	19351	4976
2006	271585	80389	48130	28222	20284	27999	14251	3675	22730	7181
2007	330457	105046	55602	32804	22294	30482	16869	4286	34174	8864
2008	428979	114519	82508	53894	25094	37817	16906	5377	51295	14588
2009	481011	143346	70560	74235	20991	41000	18479	6360	58710	15571
2010	589311	210431	75742	72949	18151	48533	19636	9122	64116	32216
2011	909304	256333	105863	85606	27327	59789	25925	12233	76132	38731
2012	1087573	290384	118301	78030	37808	64649	35389	12723	97563	56286
2013	1142459	342055	113599	83239	52095	64956	37347	16453	100048	52509
2014	1264144	396002	86119	85294	79837	67655	39374	16334	98056	91328

	车船使用税	耕地占用税	契税	屠宰税	固定资产投资方向调节税	教育费附加	地方教育附加	文化事业建设费	残疾人就业保障金收入	税务部门罚没收入	地方水利建设基金
1994	206			45	1735	502					
1995	237			365	2989	372					
1996	428			600	7332	2281					
1997	639			689	8505	3002					
1998	801			716	12400	3368					
1999	849			757	11789	3632					
2000	1375			916	5247	3958					
2001	1172			597	1486	4246					
2002	1802			473	678	5123					
2003	1967				555	5980					
2004	2028				620	7681		57		57	
2005	2187				35	9300	2359	55		57	
2006	3069					11906	3658	44		47	
2007	2739					12842	4351	54		50	
2008	4044					16285	5429	116	1053	54	
2009	6275					18162	5929	123	1124	146	
2010	8174					21415	7207	159	1403	57	161
2011	10129	49781	112475			26505	17267	182	1543	52	3431
2012	11766	82121	144452			28154	18740	182	1702	56	9267
2013	13369	71778	134538			29413	19523	140	1707	40	9650
2014	15654	114995	110347			30543	20373	7	1940	168	10118

表 2-2-2　　1994—2014 年泰安市地税收入分级次情况

单位：万元

	合计	中央级	小计	省级	市县级	市级	县级
1994	29922		29922	4611	25311		
1995	39302		39302	4655	34647	9527	25120
1996	60738		60738	4841	55897	15094	40803
1997	76638		76638	6841	69797	16841	52956
1998	85261		85261	5772	79489	19972	59517
1999	98302		98302	11851	86451	23042	63409
2000	99201		99201	5787	93414	26876	66538
2001	124591		124591	13564	111027	30760	80267
2002	114917	19857	95060	9783	85277	28133	57144
2003	116582	17989	98593	8703	89890	28799	61091
2004	150030	25262	124768	11450	113318	36283	77035
2005	204873	30759	174114	18194	155920	39166	116754
2006	271585	45809	225776	24252	201524	48624	152900
2007	330457	53043	277414	30481	246933	59406	187527
2008	428979	81841	347138	37811	309327	70270	239057
2009	481011	86877	394134	45774	348360	16591	331769
2010	589311	89215	500096	59373	440723	24247	416476
2011	909304	114882	794422	72887	721535	39095	682440
2012	1087573	117801	969772	79566	890206	41357	848849
2013	1142459	118103	1024356	264	1024092	57514	966578
2014	1264144	102847	1161297	105	1161192	51860	1109332

入影响，组织各项地税收入11.66亿元，同比增长1.45%。

2004年，组织各项地税收入15亿元，同比增长28.69%。

2005年，受土地使用税和资源税受单位税额调整影响，组织各项地税收入20.49亿元，同比增长36.56%。

2006年，组织各项地税收入27.16亿元，同比增长32.56%。

2007年，组织各项地税收入33.05亿元，同比增长21.68%。

2008年，组织各项地税收入42.9亿元，同比增长29.81%，增收9.85亿元。

2009年，受全球性金融危机影响，组织各项地税收入48.1亿元，同比增长12.13%。

2010年，组织各项地税收入58.93亿元，同比增长22.52%，增收10.83亿元。

2011年3月1日起，耕地占用税和契税税收收入由财政部门划归地税部门征收管理，实现收入16.23亿元。按照《山东省人民政府关于印发〈山东省地方水利建设基金筹集和使用管理办法〉的通知》，8月1日起，水利建设基金由地税部门征收，实现收入3.25亿元。是年，组织各项地税收入90.93亿元，同比增长54.3%，增收32亿元。

2012年，组织各项地税收入108.75亿元，同比增长19.6%，增收17.83亿元。

2013年，落实《山东省人民政府关于进一步深化省以下财政体制改革意见》，压缩非税收入，财政收入零增长，税收占财政收入比重提高，组织各项地税收入114.25亿元，同比增长5.05%。

2014年，组织各项地税收入126.41亿元，同比增长10.65%，增收12.17亿元。

第三节 县（市、区）收入

1994－1995年，市地税局辖直属分局、泰山分局、岱岳分局、新泰市地税局、肥城市地税局、宁阳县地税局、东平县地税局和开发区分局8个征收单位。市地税局直属分局、肥城市地税局、新泰市地税局3个征收单位收入总和分别占全市地税收入70%、65.59%。其中，市地税局直属分局两年税收收入分别为8463万元、9574万元，分别占全市地税收入28.28%和24.36%；肥城市地税局和新泰市地税局各占全市地税收入的21%左右。

1994－2014年，市地税局直属征收局实现收入102.11亿元，年均增长14.31%。随着市直企业改制、搬迁，以及市财政体制改革，市直企业逐渐划归泰山区、岱岳区、景区和开发区（简称泰城四区）管理，泰城四区招商引资企业归四区管理，市地税局直属征收局税源渐少。1994—2000年，占全市地税总收入比重逐年提高，2000年27.42%。

此后逐年萎缩，2014 年，占全市地税总收入 9.72%。

1994 – 2014 年，新泰市地税局实现收入 186.46 亿元，年均增长 20.77 %。期间，新泰市地税收入占全市总收入 20% – 30%。

1994 – 2014 年，肥城市地税局实现收入 151.06 亿元，年均增长 20.08 %。期间，肥城市地税收入占全市总收入 18%–21%。

市地税局直属征收局、新泰市地税局、肥城市地税局 3 个征收单位，随着市地税局直属征收局税收占比逐年下滑，3 单位对全市地税收入贡献率由 1994 年 70% 降至 2014 年 50.89%。

1994 – 2014 年，泰山分局实现收入 78.15 亿元，年均增长 24.89%，占全市地税总收入由 1994 年 5.88% 提高到 2014 年 11.87%。

1994 – 2014 年，岱岳分局实现收入63.08亿元，年均增长22.33 %。期间，占全市地税总收入 6% – 10%。

1994 – 2014 年，宁阳县地税局实现收入 59.19 亿元，年均增长 19.79%。其中，1994 – 2000 年，占全市地税总收入 9% – 10%；2014 年，占全市地税总收入 8.33%。

1994 – 2014 年，东平县地税局实现收入 56.93 亿元，年均增长 23.87%，占全市地税总收入 5% – 8.75%。

1994 – 2014 年，高新区分局实现收入 61.99 亿元，年均增长 29.4%。1994 年，占全市地税总收入 2.36%；2014 年，占全市地税总收入 9.66%。

2005 – 2014 年，景区分局实现收入 6.93 亿元，年均增长 26.48%。2005 年收入占全市总收入 0.99%。2014 年收入占全市总收入 1.19%。

1996 年，涉外征收分局成立，实现收入 332.5 万元，占全市地税总收入 0.55%。1996—2011 年，实现收入 4.61 亿元，年均增长 23.72%。2012 年，随着税收管理体制改革，涉外征收分局取消征收职能，改为内设科室。

第三章　税收会计管理

1994—2014 年，全市地税系统税收会计管理经历人工处理账务和计算机处理账务，基层分局（所）独立核算和县局集中核算两个时期，建立各种管理制度 16 项。

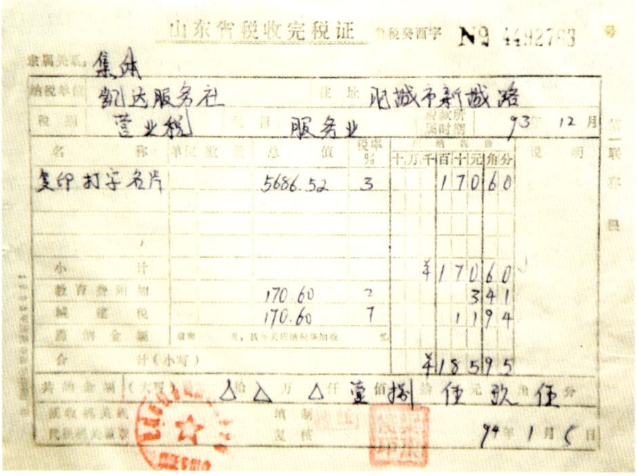

山东省税收完税证 NO 4492783

隶属关系：集体

纳税单位：凯达服务社　住址：肥城市新城路

税种：营业税　品目：服务业　所属时期：93 12

名称	总值	税率	金额
复印打字名片	5686.52	3	170.60
小计			¥170.60
教育费附加	170.60	2	3.41
城建税	170.60	7	11.94
合计			¥185.95

94 1 5

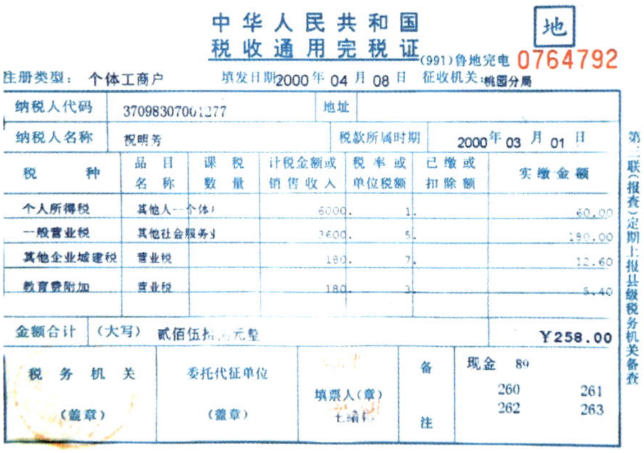

中华人民共和国
税收通用完税证
（991）鲁地完电 0764792　地

注册类型：个体工商户　填发日期 2000年04月08日　征收机关：桃园分局

纳税人代码	370983070001277	地址			
纳税人名称	祝明芳	税款所属时期	2000年03月01日		
税种	品目名称	课税数量	计税金额或销售收入	税率或单位税额	实缴金额
个人所得税	其他人—个体		6000.	1.	60.00
一般营业税	其他社会服务业		3600.	5.	180.00
其他企业城建税	营业税		180.	7.	12.60
教育费附加	营业税		180.	3.	5.40
金额合计（大写）	贰佰伍拾捌元整				¥258.00

税务机关（盖章）　委托代征单位（盖章）　填票人（章）　备注　现金 89 260 261 262 263

第二联（报查）定期上报县级税务机关备查

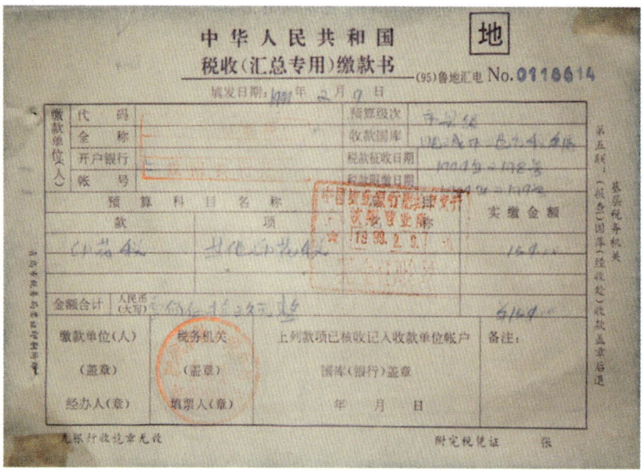

中华人民共和国
税收（汇总专用）缴款书　地
（95）鲁地汇电 No.0118614

缴款单位（人）：代码　全称　开户银行　帐号

预算级次　收款国库　税款征收日期　税款限缴日期

预算科目名称：款　项　实缴金额

金额合计

缴款单位（人）（盖章）　经办人（章）　税务机关（盖章）　填票人（章）　上列款项已核收记入收款单位帐户 国库（银行）盖章 年 月 日　备注：

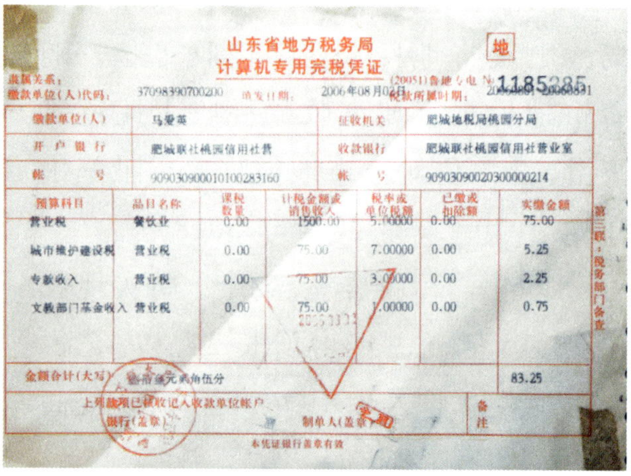

山东省地方税务局
计算机专用完税凭证　地
（2005I）鲁地专电 No 1185385

缴款单位(人)代码：370983907002000　填发日期：2006年08月02日

缴款单位(人)	马爱英	征收机关	肥城地税局桃园分局			
开户银行	肥城联社桃园信用社营	收款银行	肥城联社桃园信用社营业室			
帐号	909030900010100283160	帐号	90903090020300000214			
预算科目	品目名称	课税数量	计税金额或销售收入	税率或单位税额	已缴或扣除额	实缴金额
营业税	餐饮业	0.00	1500.00	5.00000	0.00	75.00
城市维护建设税	营业税	0.00	75.00	7.00000	0.00	5.25
专款收入	营业税	0.00	75.00	3.00000	0.00	2.25
文教部门基金收入	营业税	0.00	75.00	1.00000	0.00	0.75
金额合计（大写）						83.25

本凭证银行盖章有效

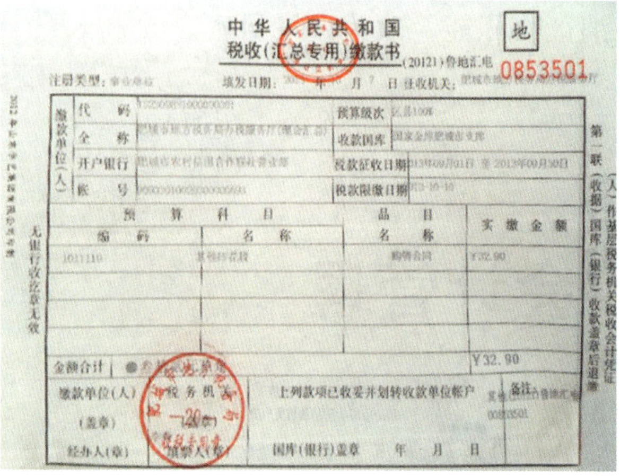

中华人民共和国
税收（汇总专用）缴款书　地
（2012）鲁地汇电 0853501

注册类型：　填发日期：　年　月　日　征收机关：

缴款单位（人）：代码　全称　开户银行　帐号

预算级次　收款国库　税款征收日期　税款限缴日期

预算科目编码	名称	品目名称	实缴金额
101110			¥32.90
金额合计			¥32.90

缴款单位（人）（盖章）　经办人（章）　税务机关　上列款项已收妥并划转收款单位帐户　国库（银行）盖章　年　月　日　备注：

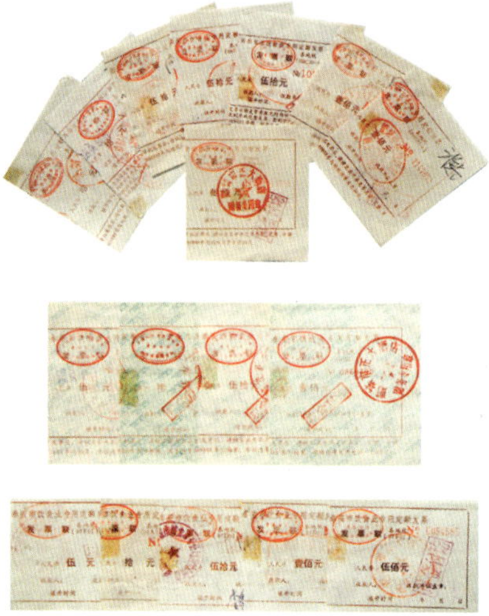

部分税收完税证和税收缴款书

表 2-3-1　　1994—2014 年泰安市地税收入占财政收入及 GDP 比重

单位：万元

项目	地税收入		财政收入		GDP	
	总量	增幅	总量	增幅	总量	增幅
1994	29922		52134		1567500	
1995	39302	31.35	70333	34.91	1970500	25.71
1996	60738	54.54	98568	40.14	2412500	22.43
1997	76638	26.18	126918	28.76	2913000	20.75
1998	85261	11.25	147213	15.99	3221400	10.59
1999	98302	15.3	169549	15.17	3563100	10.61
2000	99201	0.91	190690	12.47	3964000	11.25
2001	124591	25.59	230200	20.72	4480200	13.02
2002	114917	-7.76	237680	3.25	5152000	14.99
2003	116582	1.45	275900	16.08	6040700	17.25
2004	150030	28.69	312132	13.13	7321000	16.4
2005	204873	36.55	406281	30.16	8557000	17.2
2006	271585	32.56	516879	27.22	10122000	16.5
2007	330457	21.68	641950	24.2	12261000	16.1
2008	428979	29.81	764013	19.01	15133000	13.4
2009	481011	12.13	914354	19.68	17156600	13.6
2010	589311	22.52	1169489	27.9	20517000	13.7
2011	909304	54.3	1381000	18.09	23043000	11.5
2012	1087573	19.6	1588516	15.03	25470000	10.7
2013	1142459	5.05	1688000	6.26	27907000	10.6
2014	1264144	10.65	1873936	11.02	30022000	9.4

项目	地税／财政	地税／GDP	弹性系数	宏观税负	地方财政收入／GDP
1994	57.39	1.91		1.91	3.33
1995	55.88	1.99	1.22	1.99	3.57
1996	61.62	2.52	2.43	2.52	4.09
1997	60.38	2.63	1.26	2.63	4.36
1998	57.92	2.65	1.06	2.65	4.57
1999	57.98	2.76	1.44	2.76	4.76
2000	52.02	2.5	0.08	2.5	4.81
2001	54.12	2.78	1.97	2.78	5.14
2002	48.35	2.23	-0.52	2.23	4.61
2003	42.26	1.93	0.08	1.93	4.57
2004	48.07	2.05	1.75	2.05	4.26
2005	50.43	2.39	2.13	2.39	4.75
2006	52.54	2.68	1.97	2.68	5.11
2007	51.48	2.7	1.35	2.7	5.24
2008	56.15	2.83	2.22	2.83	5.05
2009	52.61	2.8	0.89	2.8	5.33
2010	50.39	2.87	1.64	2.87	5.7
2011	65.84	3.95	4.72	3.95	5.99
2012	68.46	4.27	1.83	4.27	6.24
2013	67.68	4.09	0.48	4.09	6.05
2014	67.46	4.21	1.13	4.21	6.2

第一节 税收票证

1994年，地税部门使用机构分设前市税务局的税票，右上角加盖地方税印章，与国税区别。1995年2月，启用税收缴款书、税收缴款书（微机用票）、固投税专用缴款书、税收（汇总专用）缴款书、税收（汇总专用）缴款书（微机用票）、税收完税证、屠宰税定额完税证、代扣代收税款凭证、税收罚款收据、税收收入退还书、固投税零税率凭证、纳税保证金收据、税票调换证、印花税票销售凭证。10月，启用扣缴税款通知书、扣缴税款通知书（微机用票）及固投税专用缴款书（微机用票）、税收完税证（微机用票）、税收收入退还书（微机用票）。

1996年1月，停用旧版票证、章戳，全部使用新版票证、章戳。新版票证包括：税收缴款书、微机用税收缴款书、固投税专用缴款书、税收汇总专用缴款书、微机用税收汇总专用缴款书、税收完税证、屠宰税定额完税证、代扣代收税款凭证、税收罚款收据、税收收入退还书、固投税零税率凭证、纳税保证金收据、税票调换证、印花税票销售凭证；

表 2–3–2　　1994—2014年泰安市分征收单位收入完成情况

单位：万元

	1994	1995	1996	1997	1998	1999	2000	2001	2002	2003
合计	29922	39301	60738	76638	85261	98302	99201	124591	114916	116586
直属征收局	8463	9574	14156	19120	20881	23499	27044	28652	23915	25880
泰山区	1760	2439	4053	6377	7785	8250	8760	9749	11158	11546
岱岳区	2181	3106	4562	5917	6349	6754	6608	9575	7772	7429
肥城	6289	7727	12066	15728	17321	17788	18510	24555	21884	21523
新泰	6330	8478	12943	16186	18012	25154	19884	25555	29151	28786
宁阳	2622	4017	5592	6528	7789	8826	9964	12259	10394	10389
东平	1572	2446	4569	5991	6146	6681	6649	7789	6640	5640
高新区	705	1514	2465	406	489	801	1204	5445	2979	4311
景区										
涉外分局			333	385	489	549	578	1012	1023	1082

	2004	2005	2006	2007	2008	2009	2010	2011	2012	2013	2014
合计	150030	204873	271585	330458	428979	481011	589311	909359	1087577	1142457	1264144
直属征收局	32155	35711	40131	46879	57417	64596	78851	96118	119025	126190	122843
泰山区	15166	19622	24036	28845	37963	43459	60645	93942	109803	126126	150041
岱岳区	9006	13756	17370	25137	32677	35142	46913	71550	89318	106882	122785
肥城	27473	38941	50233	62237	76199	89251	118722	191463	228435	219657	244605
新泰	36808	51763	81677	93363	110657	129257	142650	232802	263357	255948	275872
宁阳	12632	17707	22510	27402	30466	32473	44622	63529	78051	87081	97087
东平	7842	11301	14965	19507	25419	31638	39263	67165	84335	100053	113702
高新区	6895	11182	14890	20474	49632	43367	43996	75965	103890	107130	122148
景区		1818	2105	2856	3355	4209	6420	8725	11363	13390	15061
涉外分局	2053	3072	3668	3758	5194	7619	7229	8100			

新版章戳包括：征税专用章、退税专用章、印花税收讫专用章。1997年10月，启用税收定额完税证。税收定额完税证面额分为壹元、贰元、伍元、拾元、贰拾元、伍拾元6种。1998年2月，启用微机代扣代收税款凭证。1999年7月，启用新税收票证，旧版票证停用。新版税收票证包括：税收缴款书（微机、手工两种）、固投税专用缴款书（微机、手工两种）、税收汇总专用缴款书（微机、手工两种）、税收通用完税证（微机、手工两种）、税收定额完税证、税收转账专用完税证（微机、手工两种）、代扣代收税款凭证（微机、手工两种）、税收罚款收据（微机、手工两种）、当场处罚罚款收据、印花税票、税收收入退还书（微机、手工两种）、小额税款退税凭证（微机、手工两种）、固投税零税率凭证（微机、手工两种）、税票调换证（手工用票）、纳税保证金收据（微机、手工两种）、印花税票销售凭证（微机、手工两种）、车船使用税完税、免税凭证；新版章戳包括：征税专用章、退税专用章、印花税收讫专用章。2006年3月，在全市范围推广使用德州市地税局开发的单机版税收票证管理软件。9月，启用计算机专用完税证。2009年12月，计算机专用完税证停用。2010年1月，全省“大集中”票证管理系统上线运行。2013年10月，金税三期票

证管理系统上线，“大集中”税收票证管理系统停用。2014年1月，金税三期新票证管理系统上线，启用新版税收票证，旧版票证停用。新版税收票证包括：税收缴款书（银行经收专用）、税收缴款书（税务收现专用）、税收缴款书（代扣代收专用）、税收收入退还书、税收收入电子退还书、税收完税证明（表格式）、税收完税证明（文书式）、印花税票销售凭证（征退凭证）、印花税票销售凭证（证明凭证）、税务代保管资金专用收据、当场处罚罚款收据。

第二节　税收会计

一、税收会计核算

1995年前，税收会计只核算税款从征收到入库过程，不核算税款从申报到征收过程。1995-1996年，按照税务总局和省地税局总体部署，市地税局印发税收会计改革实施方案，在全市地税系统推行税收会计改革，扩大会计核算范围。将税收会计核算起点由征收环节改为申报环节，把应征税款、减免税款和欠缴税款纳入会计核算范围，对税金从应征到入库运动的全过程进行完整核算。按每个纳税户设置分户账进行明细核算，将收付记账法改为借贷记账法。2001年，修订欠缴税金核算办法。12月，根据《中华人民共和国税收征收管理法》、税务总局修订欠缴税金核算方法的通知和省地税局补充通知，市地税局对欠缴税金核算进行改革，将全部欠缴税金根据所属期限，以2001年5月1日为节点划分为前后两部分。2001年5月1日前发生的欠缴税款全部纳入呆账税金进行账外核算，并分关、停企业呆账税金、空壳企业呆账税金、政府政策性呆账税金、3年以上呆账税金和3年以内呆账税金等5种类型进行明细核算。将2001年5月1日后的欠缴税款按关、停企业欠税、空壳企业欠税、未到期应缴税款、缓征税款、本年新欠、往年新欠六类明细科目分类核注，反映其增减变动情况。

二、税收会计电算化及县以下税收会计集中核算

1994—2002年，税收收入会计核算以手工操作为主，手工编制会计报表和收入台账，基层分局（所）配备专职税收会计进行账薄凭证记载和管理。2002年，按照省地税局统一部署，在全市地税系统县级以下推行税收会计集中核算，通过计算机系统建立以县级为单位的综合数据库，将基层分局采集的纳税人电子信息纳入数据库进行管理，实现数据集中、分类加工、信息共享，规范税款征解、税票传递、税源监控。2003年3月，市地税局印发税收会计电算化及集中核算实施方案，全市地税系统推行税收会计电算化集中核算。5月，在宁阳县地税局召开税收会计电算化及县级税收会计集中核算工作经验推广现场会。10月，市地税局成为全省首家完成

税收会计电算化及县级税收会计集中核算工作单位，税收会计核算管理从手工记账核算转变为计算机记账核算，从基层分局（所）独立核算转变到县（市、区）地税局集中核算。

三、收入分级次变化

1994年，实行分税制财政体制。铁路、金融、保险等部门集中缴纳的营业税、城市维护建设税、企业所得税、中央企业所得税、海洋石油资源税、属中央级收入；石油、石化、电力、有色金属等中央四大部门缴纳的营业税，银行营业税（含省级非银行金融企业营业税），省级企业所得税，中央级省级企业缴纳的城镇土地使用税、印花税、石油资源税，属省级收入；除银行营业税和四大部门所属企业营业税以外的营业税，除铁路、金融、保险等部门集中缴纳的以外的城市维护建设税，市地级以下企业所得税，除中央级、省级企业缴纳的以外的城镇土地使用税，个人所得税，固投税，房产税，车船使用税，除中央级省级企业缴纳的以外的印花税，屠宰税，土地增值税，除石油资源税以外，属地市级收入。2002年1月起，实施所得税、营业税分享改革。企业所得税收入，2002年中央分享50%、省级分享10%、市级以下分享40%；2003年中央分享60%、省级分享8%、市级以下分享32%。个人所得税收入，2002年中央分享50%、市级以下分享50%；2003年中央分享60%、市级以下分享40%；2005年中央分享60%、省级分享15%，市级以下分享25%。营业税，2002年起，省级分享20%，市级以下分享80%。2013年1月起，省政府印发关于进一步深化省以下财政体制改革的意见，将省级分享的一般企业营业税、企业所得税和个人所得税全部下划市（县），作为市（县）财政收入。对省级下划的收入，以2012年决算数为基数，每年由市（县）定额上解省财政。营业税、企业所得税、个人所得税、资源税、房产税、城镇土地使用税、土地增值税、耕地占用税和契税收入，比核定的2012年收入基数增长部分，由省与市（县）按照15：85分成。其中，耕地占用税2013—2015年省级暂不分成。

第三篇

税收征收管理

1994年10月，市地税局、各县（市、区）地税局均成立征收管理科，负责税收征管工作。1995—2000年，全市地税系统积极推进税收征管改革，由税务专管员上门收税向纳税人自行申报纳税转变，由专管员管户向管事转变，由手工操作向人机结合转变，由分散征收管理向集约型税源专业化管理转变，建立纳税人自行申报纳税制度和服务体系、监控体系、稽查体系和组织体系。2001—2014年，实施科技加管理，推进信息管税以及风险管理，开展重点税源企业风险防控和个性化服务，集约管控税源，深化社会协助。

第一章　税收征管改革

1994年10月起，市地税局探索实践税收征管改革，变革征管理念、工作机制和流程，推进征管方式、征管信息化、税收管理员制度和国地税联合办税四项重点改革。

第一节 征管方式

1995年，印发泰安市税收征管改革实施意见，进行城市征管现代化改革，取消税务专管员管户制度，改分户专人管理为分组划片和统收统管统查，纳税申报、税务代理和税务机关征管相结合，建立征收大厅，推行计算机收税，实行纳税人自行申报缴纳制度，税务机关服务和社会中介机构服务相结合，人机结合开展稽查。10月，省地税局在泰安召开现场会，推广市地税局经验。年底，建设征收大厅6个，配备微机58台，15个征收单位采用微机开票。1996年，实施城市征管现代化改革，依托计算机管理，实现征收、管理、稽查间三分离。

1998年，按照属地管理原则设置征管机构，基层分局（所）内设征收大厅和专业管理部门，前台负责征收服务，后台负责征管和日常检查，按区域分工设立稽查局，负责专项和专案检查。推广应用省地税局税收管理信息系统，在税源集中的分局建立局域网，实行集中征收。调整征管力量，对重点税源实施重点控管，市地税局直属分局将年纳税10万元以上的152户企业划归管理五科集中管理。

2000年，调整基层征收机构设置，集中征收、重点稽查与属地管理相结合。全市地税系统设立98个办税服务厅，实现征收、管理、稽查分离。与市农业银行联合开发税款代收代缴系统，委托农行基层网点代收代缴定期定额“双定”个体业户税收。

2003年，在全市地税系统推行E税通网络报税、双委托、委托代征三种电子化申报征收方式改革，推行市级数据集中管理，税收征管由征收型向监控管理服务型转变。三种申报征收方式覆盖所有业户，其中网络报税3700户，双委托3.7万户，委托代征5200户。10月，实现全市数据集中。

2004年，推行以申报征收核算为内核，以税源监控和纳税服务为两翼，以决策支持系统为辅助，以全方位流程控制为保障的征管模式，完善申报征收体系，加大微机定税、网络报税、核定征收力度，解决零申报和申报不实等问题。2009年，根据省地税局部署，改革税源管理方式，市、县两级地税局设立税源管理办公室（科）。2010年，按照省地税局意见，推行集中办公下的税源专业化管理试点，按照纳税人特点和风险控制要求，对纳税人科学分类，实施以分规模和分行业为主导的分类管理。调整优化机构、岗位的税源管理职责，实行按业务事项分岗管理。2011年，根据税源管理与征收、服务、稽查业务配套调整的实际，配置工作流程，调整12大类不同岗位，虚拟省级“大集中”系统办税服务厅机构，形成以专业管理层为中枢，以纳税评估为重心，分类、分级、分岗管理，全方位、一体化运作的税源专业化管理格局。肥城市地税局税源专业化管理经验及行业评估模型，得到税务总局党组成员、副局长宋兰及征管和科技发展司司长李林军的肯定。

第二节　征管信息化

1995年，市地税局直属分局征收大厅试点安装使用基于C++语言开发的税收管理信息系统。1996年，该系统通过省地税局验收，在全市地税系统统一安装。1998年，全市所有办税服务厅均实现微机征收。年底，设置微机工作台（站）200个，统一窗口设置和办税流程。市地税局、县（市、区）地税局初步实现对骨干税源的微机监控。市地税局直属分局办税服务厅被省地税局确定为首批挂牌示范单位。2000年，肥城市地税局、泰山区地税局试点委托农行网点代收代缴税款，偏远纳税人可就近到中国农业银行网点缴税。2002年，制定全市委托银行代收代缴税款暂行办法和业务流程，推行定期定额户委托银行代收代缴税款，代收代缴户2.5万户，月代征税款667万元。2003年，推行E税通网络报税、双委托、委托代征三种电子化申报征收方式改革。10月，采取集群式服务器市级集中方式，实现市级数据集中。全市地税系统配置服务器76台，计算机1100台，人均1台，96%的人员获计算机应用初级证书，52%的人员获中级证书。2005年，升级E税通网上报税软件，加大中小企业核定征收力度，网络报税户7075户，核定征收中小企业2719户。研发一户式信息管理系统，成立决策支持系统业务需求小组，撰写包含综合查询、税收分析、宏观预测等24个模块业务需求，8月系统上线运行。省地税局一户式系统的综合查询、单户查询、统计分析等模块采用泰安地税的业务需求。2007年，筹备省级“大集中”征管系统上线，初始化维护数据20万条，审验税务登记基础数据、申报征收数据90万条，修正错误数据1.24万条，清理垃圾数据676条。迁移纳税人6.42万户，税种登记信息12万条。分4期培训师资力量、业务骨干240人次。完成数据补录和会计期初结转、初始化和全市10个单位的税收会计记账规则设置。2008年1月，省级“大集中”征管系统在泰安上线。2010年，根据省地税局上线税源专业化管理版的省级“大集中”系统要求，调整税收管理员12大类460个岗位，虚拟泰山分局、宁阳县地税局办税服务厅机构，迁移岱岳分局、东平县地税局、宁阳县地税局对基层分局整合后的纳税业户。10月，切换到税源专业化管理系统，当月处理各类业务9.39万项。2013年，根据税务总局、省地税局部署，成立金税三期工程试点工作领导小组，组织320人参与工程推进，初始化岗责1003个，录入库存发票572万份，各类票证98万份，迁移纳税人7.93万户，整改基础数据1.39万条。统一实行县（市、区）级集中征收和基层所分岗管事方式，依纳税人申请发起的涉税业务全部由办税服务厅受理，县（市、区）地税局科室实行实体化运作，具体办理纳税人涉税事项。10月，金税三期工程测试成功，次日上线运行。

组织E税通测试

第三节 税收管理员制度

1994年，实行一员进厂、各税统管、征管查集于一身的税务专管员制度。1995年，制定《泰安市税收征管改革实施意见》，部署在城市和县城进行城市征管现代化改革，试点取消税务专管员管户制度。1996年，全市地税系统税务专管员381人由管户向管事转变。2002年，在泰安市虹桥宾馆举办《中华人民共和国税收征管法实施细则》培训班，税收管理员110人参加培训。2004年，全市建立三级征管责任区，税务专管员转变为片管员，县（市、区）地税局为一级责任区，基层分局所为二级责任区，片管员为三级责任区。年底，设置一级责任区9个，二级责任区97个，三级责任区291个。2005年，根据税务总局规定，实行税收管理员制度，制定工作规范。完善征管责任区体系，落实征管责任制，实行定期巡查，清理漏管户2438户，增加税收470万元。2006年，制定税收管理员执法规范，明确税收管理员是基层税务机关及其税源管理部门中负责分片、分类管理税源，负有管户责任的工作人员。2008年，制定税收管理员纳税服务考核办法，建立适应全方位纳税服务标准的考核激励机制。2010年，推行集中办公下的税源专业化管理试点，在省级"大集中"系统中取消税收管理员管户，实行分规模和分行业为主导的分类管理与按业务事项分岗管理相结合的税源专业化管理模式。

第四节 国地税联合办税

2014年，按照税务总局便民办税春风行动要求，针对国地税信息沟通不及时、不全面，执法尺度不统一、征管资源分散现象，依托集中办公优势，在纳税服务、税源管理、税收执法等方面与市国税局开展合作。3月，宁阳县作为税务总局党的群众路线教育实践活动联系点，探索国地税基层一线联合办证、联合征管、联合巡查、联合宣传，融合基层一线税收管理。4月，税务总局党组副书记、副局长解学智到宁阳县指导党的群众路线教育实践活动，提出加大国地税联合力度的要求。市地税局在全市确立宁阳县、肥城市、泰山区3个试点单位，分别采取国税进驻、共同进驻、合建统管方式整合服务资源，在中心税务所层面采取合署办公、互设窗口、委托代征三种形式。在宁阳县探索国地税联合办税、联合执法和联合服务，整合国地税资源，建立政府主导的国地税联席会议，与县国税局达成15项合作业务。在肥城市协调市国税局整体入驻市地税局办税服务厅，所辖各基层国地税征收机构实行集中办公，联合办税，

2014年7月举办代开发票管理业务培训班。

一线国地税征收机构税收管理员实行联合集中办公、联合巡查检查、联合征收税款、联合办理涉税事项。在泰山分局以集中征收和集中办公为依托，与国税局配合，建立健全联席会议制度、税款委托代征制度和数据交换制度。5 月，肥城市安驾庄国税、地税中心所建立联合办税服务厅，合并对口岗位，实行合署办公、统一管理。7 月，税务总局党组副书记、副局长解学智对宁阳县国地税联合办税批示："宁阳县国税局、地税局结合开展'便民办税春风行动'，积极探索联合办税和联合执法，整合国地税资源，实现国地税全面合作，切实把联合办税打造成凝心工程、服务工程、惠民工程。希望宁阳县国税局、地税局，总结经验，发扬成绩，进一步落实好'三个服务'要求，为宁阳县经济社会发展做出新的贡献。"省地税局党组书记、局长张洪军批示："泰安市地税局并宁阳县地税局，请认真学习解学智副局长指示精神，切实将教育实践活动中查找出的问题整改到位，将'为民务实清廉'的要求落到实处。提升工作站位，优化服务举措，不负领导期望，以优异成绩交出一份合格的答卷。"8 月，税务总局党组书记、局长王军在《山东肥城市国地税多层次联合办税产生多重效应》上批示："请学智同志阅示。这方面的做法要多宣传，新制定中的《服务规范》要鼓励国、地税合作，提出一些明确要求。"税务总局党组副书记、副局长解学智批示："请按王局长批示抓好落实，这是三方收益的好事，也符合当前实际。"

2015 年 1 月，与市国税局联合召开全市国地税合作联席会议，对国地税合作的组织机构、方式方法、机制体制予以明确，在全市成立由国、地税局长为组长，办公室、税政法规、征收管理、稽查局、纳税服务、税源管理等相关部门负责人为成员的领导小组，指导协调联合办税工作。市地税局与市国税局联合印发文件，对国地税合作的指导思想、原则、内容、方式方法、机制等统一明确，达成 9 类 16 项国地税战略协作框架。6 月，省政府研究室派员到肥城市调研并形成领导专报。全市财税工作调度暨国地税工作现场会在肥城召开。7 月，省委副书记、省长郭树清对泰安国地税合作经验批示："国地税两个部门联合办税，好处甚多。泰安肥城的经验应在全省推广。部门信息共享也是喊了多年，进展缓慢的一个方面，是否考虑在基层选择试点，实现大的突破。"省委常委、常务副省长孙伟批示："财政、税务、发改、工商部门按照郭省长批示精神做好国地税合作工作。"9 月，全省国地税联合办税工作现场会在泰安召开，观摩肥城国地税联合办税专题片，参观肥城市地税局办税服务厅。

第二章　税收征管基础

市地税局组建以来，始终坚持把征管基础作为税收征管的重中之重，突出抓好数据质量管理、征管状况监控分析和征管基础资料管理，及时调整征管范围，随着计算机技术的应用，征管基础管理实现从人工监控、实地监控到计算机自动监控。

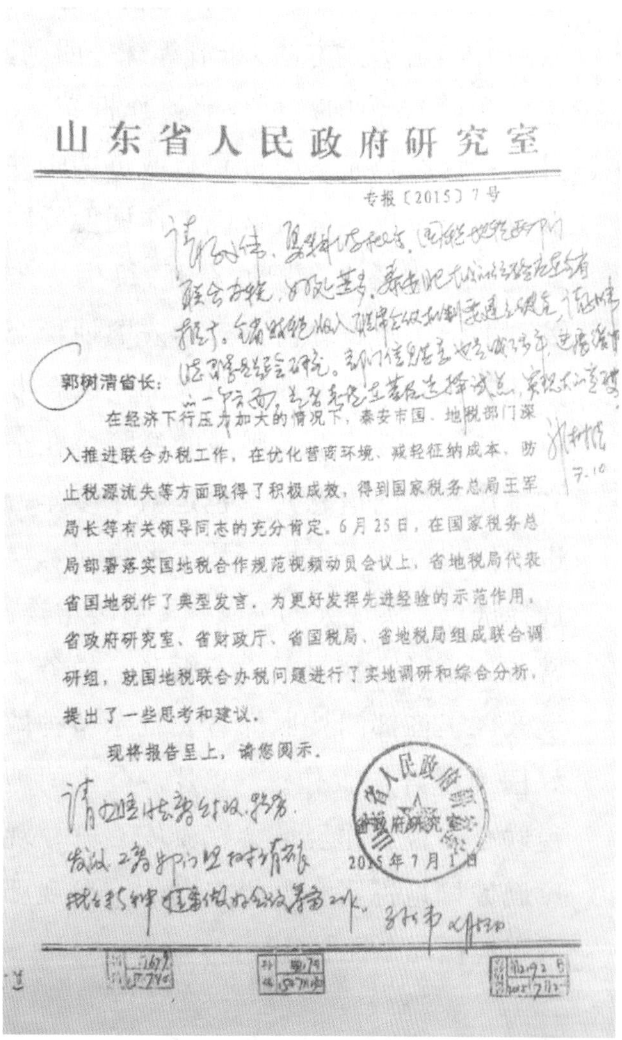
山东省人民政府研究室

专报〔2015〕7号

郭树清省长：

在经济下行压力加大的情况下，泰安市国、地税部门深入推进联合办税工作，在优化营商环境、减轻征纳成本、防止税源流失等方面取得了积极成效，得到国家税务总局王军局长等有关领导同志的充分肯定。6月25日，在国家税务总局部署落实国地税合作规范视频动员会议上，省地税局代表省国地税作了典型发言。为更好发挥先进经验的示范作用，省政府研究室、省财政厅、省国税局、省地税局组成联合调研组，就国地税联合办税问题进行了实地调研和综合分析，提出了一些思考和建议。

现将报告呈上，请您阅示。

2015年7月1日

2015年7月，省委副书记、省长郭树清对联合办税作出批示。

第一节　数据质量

1999年，按照税务总局通知，对全市地税系统税收征管质量进行考核。2000年，按照税务总局税收征管质量考核暂行办法，考核登记率、申报率、入库率、申报准确率、欠税增减率、滞纳金加收率和处罚率等征管“七率”。2002年，改革征管“七率”考核办法，手工考核与计算机自动考核相结合。2003年，全市所有登记户信息资料全部录入山东地税综合信息管理系统，实现税收征管数据市级集中。2004年，成立泰安市地税征管改革工作研究小组，构建以申报征收、税源监控、纳税服务为主体的现代税收管理框架。2005年，开展《中国人民共和国税收征收管理法》及《中国人民共和国税收征收管理法实施细则》贯彻落实情况专项检查，结合税收执法责任制软件上线，清理、补录基础数据。对税务登记基础信息、税种登记信息、纳税申报征收信息和企业财务报表逐户、逐条、逐项审核修正，规范开业登记基础信息4.6万条，税种核定信息4.3万条，附录信息3.3万条，财务报表1.1万份，清理垃圾数据6940条。2006年，制定税收业务数据管理办法，清理、补录数据，规范具体数据1876项，修正数据26万条，补录43万条。2007年，根据省地税局上线省级“大集中”征管系统决定，制定期初数据录入工作实施方案，审验数据90万条，修正错误数据1.24万条，清理垃圾数据676条。12月，并库税务登记类数据，迁移纳税人6.42万户，税种登记信息12万条。2008年，按照全省地税系统税收业务数据采集标准、省地税局税收电子数据管理办法（试行），完成2005—2007年度申报征收数据和财务报表数据迁移，迁移申报数据383.47万条，征收数据221.19万条，缴款书数据4885条，完税证数据220.47万条，提退数据430条；迁移资产负债表数据26.85万条，利润表数据26.89万条。2009年，利用省地税局数据质量监控平台，加强数据质量监控。制定市地税局补提类税金清查工作实施方案，对2006—2008年全市地税系统已经检查（自查）的773户纳税人进行清查，查出问题户13户，占总户数1.7%，补提类税金抵顶当期税款58.3万元，抵顶税款占查补税款0.42%，欠缴税款2037万元，全部清缴入库。2010年，印发市地税局税收数据质量责任追究办法和税收数据质量责任追究项目及标准，加强税收数据质量管理。2011年，修订税收数据质量责任追究项目及标准，在省地税局数据质量日常考核中，被评为优秀单位。2012年，实施税收数据质量监控考核定期通报制度，加强数据质量管理。2014年，委托东平县地税局研发数据质量监测系统，定期督导基层数据修改情况。制定数据清理整改具体措施，267户重点企业财务报表采集率达95%。

组织大集中师资培训

第二节 监控分析

2010年，税务总局在全国范围内征求税收征管状况监控分析指标，提出税收征管状况监控分析概念。5月，根据省地税局通知，制定工作计划和配档表、逐级落实责任人员，开展税收征管状况监控分析。2011年，举办全市地税系统首期税收征管状况监控分析培训班。7月，在市地税局党组理论学习中心组读书会上，就全市地税系统税收征管状况进行分析说明，对登记管理、申报征收、发票管理、个体税收等4个方面的征管工作进行点评。2012年，组织2011年度和2012年上半年全市地税系统税收征管状况分析，指导新泰市地税局建立税收征管质量月度考核点评制度。2014年，利用数据质量监测系统，开展征管状况分析，实现对征管基础数据、财务报表采集信息、税源登记类信息的日常监控、数据比对。

第三节　基础资料

1994年，适应机构分设和税制改革形势，实行征管基础资料档案化管理。1995年，市地税局印发征收管理工作目标考核管理办法和征管资料档案管理办法，规范纳税表格、征管文书等征管资料。4月，在肥城市地税局召开征管基础建设现场会，推广其征管资料档案规范化管理，纳税人资料一户一档的经验做法。1997年，编印个体业户建账知识手册，推行个体大户税收管理备案制度，按照经营规模实行分级备案，为个体业户建账，强化查账征收，为246户个体建账。1998年，全市地税系统统一账、证、表、册等征管文书，完善税务文书传递程序。2000年，在全市地税系统开展两次税收执法检查，整顿规范基层税收基础管理。2002年，建立税务登记、账簿管理、纳税申报、税款征收等制度，修订征收管理工作目标考核管理办法。2003年，实施税务总局《税收征管基本情况报告表》。2005年，根据全省地税系统税收征管资料和征管数据管理办法要求，按标准采集、规范各类征管资料和基础数据。2007年，按照《全省地税系统统一税收执法文书式样的通知》规定，明确征管机构和稽查机构相关职责划分，从制度上避免职责交叉、文书混用。2009年9月，制定加强税收征管若干具体措施分解表，将19项征管措施分解落实到责任科室。2014年10月，在肥城市地税局试点电子影像系统，采集纳税人税务登记、纳税申报资料等信息。

第四节　征管范围

2000年，市政府明确泰城范围内市直、开发区、泰山区、岱岳区财政收入征管范围，将泰城征管范围界定为：泰山区的岱庙办事处、财源办事处、泰前办事处、上高乡、徐家楼乡和岱岳区粥店办事处。泰城征管范围内企业及行政事业单位，按其行政隶属关系和财政预算级次划分财政收入征管范围，确定主管税务机关。泰山区、岱岳区在粥店办事处、省庄镇、邱家店镇辖区内的直属企业，由两区税务机关分别征收。企业改制（包括承包、转让、拍卖、兼并、租赁、股份制改制等）后，凡属于独立核算、单独纳税的，由改制前所属主管税务机关征管；不能进行独立核算、单独纳税的，由其核算主体企业所属主管税务机关征管。泰城范围内新设立的企业，由主要发起人、出资人所属主管税务机关征管。发起人、出资人不属于直属、泰山区、开发区和岱岳区税务机关征管范围的，属于市里引进的项目，由市税务机关征管；属于开发区引进并且生产经营场所在开发区的，由开发区税务机关征管；属于岱岳区引进并且生产经营场所在岱岳区的，由岱岳区税务机关征管；其他企业实行开发区、泰山区、岱岳区属地征收管理。2003 年，根据规定，凡利用闲置资产或原有设施引进市外投资项目，一律按照闲置资产或原有设施的产权单位（个人）原隶属级次确定税收征管权限。

2004 年，市委、市政府调整理顺泰山风景名胜区管理体制，将泰山区大津口乡机关和所属 7 个行政村、泰前办事处所属的艾洼、上梨园、泰前、迎胜 4 个行政村以及岱岳区粥店办事处所属的马套、曹家庄 2 个行政村的经济、行政、社会事务的领导及管理工作，交由泰山景区党工委、管委会统一管理。据此，市地税局对泰山分局、岱岳分局、景区分局的征管权限进行调整。是年，与市财政局联合发文，明确中国石油天然气股份有限公司山东泰安销售分公司集中缴纳地方各税有关问题，自当年 8 月 1 日起，中国石油天然气股份有限公司山东泰安销售分公司及其全市分支经营机构实现的城建税、教育费附加、房产税、土地使用税、个人所得税、印花税、车船使用税，由总机构统一向所在地主管税务机关汇总申报缴纳。2005 年，市政府办公室对泰安市城市各社区四至及所辖主要单位予以明确，对泰山区的岱庙街道、财源街道、泰前街道、徐家楼街道、上高街道和岱岳区的粥店街道、天平街道 75 个社区四至及所辖主要单位扩围并明确界定。市地税局据此重新划定征管范围。2009 年 1 月，市政府完善市以下财政管理体制，将原市直直接征管的税收、教育费附加收入和地方教育附加收入按属地管理原则下划到泰山区、岱岳区。与市财政局、市国税局、人民银行泰安市中心支行联合发文，明确市直企业下放后税收征管和缴库问题，将市地税局直属征收分局管理的市直企业分别划入泰山分局、岱岳分局、高新区分局、景区分局。中国电信股份有限公司泰安分公司在各县（市、区）的分支机构实现的营业税、城市维护建设税和教育费附加均由中国电信股份有限公司泰安分公司统一在市地税局直属征收分局缴纳。与市财政局、市国税局联合印发通知，规范部分企业纳税征管范围，将 1 户企业划入高新区，28 户企业划入泰山景区，7 户承租村集体资产企业上缴租赁费形成的税收划入泰山景区管理。2010 年，与市财政局、市国税局联合发文，明确泰安市区税收征收管理范围，

国地税未分设前的税务证

除市地税局国际税收管理分局管户范围外，自7月1日起，泰安市区（泰山区、岱岳区、高新区、泰山景区、旅游开发区）纳税业户税收征管实行属地管理。纳税业户以在工商部门注册的经营地点，向所在地税务部门申报纳税。2011年，与市财政局、市国税局联合发文，规范市区税收征管，明确规定泰城范围内的税收，实行属地征管，各区税收征管范围以行政区划和市政府批准的范围为准。新引进市外和新成立的工商业户，坐落在哪个区，就由哪个区征管。其中，岱岳区区划调整时，留在泰山区行政区划内的岱岳区现有企业税收，仍归岱岳区征管，市高新区东区企业税收归市高新区征管

第三章 税务登记

1994年10月，全市地税系统共管理纳税人1.01万户，其中地税单管2223户，国税、地税双管7865户。2014年底，共管辖单位纳税人3.28万户、个体纳税人6.11万户，比1994年增加8.37万户，增长829.87%。

第一节 开业登记

1995年，全市地税系统集中开展税务登记发证工作，全部采用微机打印，办理税务登记9141户，注册登记1362户。1996年，按照税务总局和省地税局统一部署，开展个体工商户的税务登记

发证工作，为2.27万户个体工商户核发地税版税务登记证件，清理漏征漏管3673户，查补税款79.4万元。2007年，与市国税局联合下发通知，规范国地税税务登记资料传递，联合办理税务登记1.59万件，未纳入地税管理的1180户补办税务登记，增加税款1400万元；385户个体工商业户纳入正常管理，增加税款70万元。2009年2月，根据省财政厅停止征收部分行政事业性收费的通知，全市地税系统停止收取税务登记证工本费。2011年1月，在省级“大集中”系统后台维护河道维护费、耕地占用税和契税，解决耕地占用税和契税的税务登记问题。按照清分规则和制度规定，定期督办税务登记联合办证，全市地税系统清分率和导库率均达100%。

第二节 验证换证

1997年，按照省地税局统一部署，启用税务登记验讫章，对内资企业和个体工商户进行税务登记验证，验证3.46万户，办理变更登记213户，注销登记206户，清理漏征漏管户636户，补税、罚款109万元。1998年，根据税务总局税务登记管理办法，办理税务登记验证3.7万户，变更登记181户，清理漏管户796户，补税、罚款31万元。2001年，办理税务登记验证3.58万户，占应验证户92%。2006年，完成税务登记证换证，实现国地税信息共享，清理漏管户1500户。2013年，配合金税三期工程上线，发布公告，在全市开展税务登记证件验证工作，对2.4万户纳税人组织验证，整改省级“大集中”系统数据2万条。

第四章 纳税申报

市地税局以信息网络为依托，以申报方式改革为突破口和切入点，改革征收管理方式，逐步形成纳税人直接申报、电子申报、邮寄申报与定期定额纳税人简易申报、简并征期等多种申报方式并存的纳税申报体系。

第一节 申报制度

1994年10月，全市地税系统对缴纳地方税收的纳税人进行征收管理。探索建立纳税人自行申报纳税制度，主管地税机关征收人员对纳税人报送的各类纸质纳税申报表、财务会计报表及相关涉税资料进行逻辑审核、税款征收。

1996年，在全省地税系统首家启用订本式综合纳税申报表。个体工商户实行定期定额申报纳税方式，部分零散税收实行委托代征申报解缴税款方式，部分外资企业实行邮寄申报纳税方式。1998年，对建筑行业的营业税，出租车行业的营业税、车船税、个人所得税，屠宰税等实行代扣代缴。全市代征单位315个，新增30个，代征税款7000万元。2001年，市地税局建立数据处理中心。试行企业办税员制度，全市9920人获办税员资格证书。市地税局直属分局选取20户大中型企业，试行网上报税。2003年，制定税收电子化申报征收管理办法，建立以电子申报为主体的多元化申报征收格局。对增值税一般纳税人和部分财务核算健全的3472户纳税人实行E税通网络报税，对不具备网上报税条件的5828户纳税人实行委托金融部门代征，对定期定额征收税款的3.97万户个体业户和部分小型企业实行“双委托”方式征收。全市地税系统一线征收人员由299人减少到46人，稽查人员由216人增加到367人，征、管、查人员比例由40：44：16变为6：60：34。全市申报征收网点由98个扩大到140个。2005年，与市国库、市国税局试行税库银联网，从征管软件直接生成会统报表。6月，对E税通网络报税纳税人报表的306个表内项目规定为必填项目，对81个表内项目逐项列明填列标准，增加各类报表逻辑审核功能。2006年，全市E税通网络报税纳税人8125户，达到企业纳税人72%，入库税收占全部税收91%。2010年，市地税局被省地税局确定为山东企业综合办税平台唯一试点单位。8月，肥城市地税局选取20户重点税源企业首批试点。10月，肥城市地税局、东平县地税局选取74户企业扩大试点。是年，94户试点企业申报税款1.36亿元，划款1.25亿元，成功率92.09%。9月，应用财税银库联网系统，全市税企银协议2.71万户转换为税库银三方协议。12月，上线省级“大集中”系统的市场类和非市场类的委托代征管理系统。2011年1月，上线省级“大集中”系统的企业所得税（省内跨市总分机构）预缴申报系统。5月，市地税局在肥城市地税局召开现场会，推广应用山东企业综合办税平台。10月，在全省地税系统推广应用培训工作会议上，肥城市地税局作题为《精心组织 积极试点 确保企业综合办税平台上线成功》的经验介绍。2014年，配合省地税局对升级改版的山东企业综合办税平台进行测试，组织培训全市927户纳税单位的办税人员。是年，山东企业综合办税平台在全市推广应用。

第二节 委托代征

1996年，根据加强依法行政、规范社会综合治税要求，全市建立各级协税护税组织185个，聘请办税护税员850

人，签订委托代征单位115个，代征代收各项税收675万元。1997年，根据市政府进一步加强社会综合治税工作通知，修订税收代收代缴管理办法，强化交通运输业、建筑业税收征管，签订委托代征单位459个。1999年，全市地税系统签订车船使用税《代征协议书》6000份，代征车船使用税120万元。2000年，与市农业银行（以下简称市农行）联合开发税款代收代缴系统，试点委托市农行基层网点代收代缴个体“双定”业户税款。2002年，实施全省地税系统双委托申报征收管理暂行办法，对104国道改造工程税收征管范围进行界定，与山东基建公司签订委托代征协议，扣缴税款429万元。在肥城市地税局、泰山分局试点基础上，在全市地税系统推行“双定”户委托银行代收代缴税款办法，全市35个基层分局1.83万户纳税人，实行委托银行代收代缴税款，月代征税款667万元。2003年，建立涵盖市、县、乡、村四级、37个部门、1756个协护单位、内外部人员3749人组成的社会综合治税网络系统。市、县（市、区）及86 个乡镇发文186 个。全市地税系统与所有协护单位签订委托代征协议书。采集信息11万条，其中涉税信息2.32万条，征收税款3077万元；代收代缴单位扩展到1387个，委托代征税款8788万元。2004年，按照省地税局委托代征税款管理办法，委托农村信用合作社（以下简称农信社）代征税款，与原委托代征单位重新签订委托代征税款协议。2008年，在肥城市地税局试点煤炭产量监控系统。2009年，在委托代收税款的基础上，扩大委托银行代收税款试点。市地税局直属征收分局与泰山区工商银行签订委托代收协议，代收402户纳税人税款2000万元。2010年，推行省地税局开发的市场和非市场单位的委托代征管理信息系统。2013年，实施税务总局委托代征管理办法，在新泰市地税局召开现场会，推广新泰市地税局减免税管理系统和泰山分局零散税源社区化管理经验。

第三节　定期定额征收

一、定额征收

1997年，市地税局制定全市个体税收征管暂行办法，推行税银一体化服务，推广肥城市地税局、宁阳县地税局个体税收征管经验，实现收入4023万元，同比增长50.2%。1998年，实行个体业户建账管理，范围从个体工商户扩大到农村种植、养殖户。年底，全市建账的个体、私营业户占个体、私营业户总户数21%，年增税款716万元。2000年，印发加强个体零散税收管理意见，改革个体业户和零散税源税务登记、申报纳税办法，改进登记、申报方式，合并申报、纳税资料，简化办税手续。2004年3月，执行省地税局个体工商业户税额核定暂行办法，改革个体定额业户管理方式，在全市推行微机定税。2005年，制定中小企业税款核定征收管理办法，对2719户账目不健全、财务核算不真实的中小型企业实行核定征收，核定面96％，年增加税收200万元。对3.46万户个体工商户开展微机定税，年增加税收490万元，平均税负由年420元提高到562元。2007年，执行税务总局《个体工商户税收定期定额征收管理办法》，推行中小企业核定征收办法，分行业、分地域、分规模进行纳税评审和税负测算，确定347个行业（产品）的定税参数、调整系数和定额标准，完成1844户中小企业税额核定，平均税负提高11％。2012年，根据调整营业税起征点政策规定，制定关于营业税起征点提高后进一步加强个体税收管理的意见。

二、定额核定

1996年，对个体工商户税收征管进行检查，针对发现问题，调整个体工商户税负及附征率。1998年，推行定期定额管理办法。9月，拉网式清理检查泰城范围内的个体工商户，对不同行业的326户个体工商户调查测算，清查增收1620万元，增长42％。1999年，对个体工商户重新核定、调整定额，重点调整城区和经济发达区域的共管户个人所得税，饮食业、建安业以及采矿业户的税负。入库个体工商户、私营企业税收1亿元，同比增长40％。其中，采矿业户月均纳税额由314元提高到503元，增长60％。2002年，对集贸市场内双定户进行定额调整，全市地税系统调整定额户数8337户，调高8296户，调低41户。集贸市场个体工商户年增收379万元。2004年，全市地税系统个体工商业户核定征收实行微机定税。3月，集中开展典型业户调查，确立微机定税系数和参数，抽调92人组成42个小组，对126个行业的1

举办发票“双奖”暨推行税控收款机新闻发布会

发票抽奖

万户个体工商户进行调查，在微机定税系统维护参数数据2万条。6月，开展微机定税系统软件应用培训，微机定税面60%。2006年，加强微机定税系统的信息采集、信息录入、定额审批等环节管理，微机定税面100%，确定双定户5018户，核定季度税额678万元；核定中小型企业2623户，税款500万元；企业所得税核定1619户，税款987万元。2007年，对月营业额4000–5000元的个体工商户实施动态监控，将相关参数系数录入临界起征点动态管理系统，对达到起征点的473户个体户恢复核定征收。全市微机定税3.28万户，其中达到起征点的5491户，季度核定税额725万元。2008年，全市地税系统微机定税3.95万户，其中达到起征点8112户。2009年，个体工商户微机定税覆盖126个行业，定税额同比增长18%。2011年，根据《中华人民共和国个人所得税法及其实施细则》，对纳税期限按季和按月的“双定”户个人所得税税负予以调整，个人所得税额以批处理方式导入省级“大集中”微机定税系统，定税额同比增长29.4%。2012年，简化办税程序，将微机定税系统纳税期限由按季核定调整为按月核定，定税额同比增长26%。2013年1月，将微机定税系统中定税信息的执行期调整为非必录项，微机定税5.48万户，达起征点业户1488户，定税额同比增长28%。2014年，对3.73万户个体工商户实施微机定税，定税1.15亿元，同比增长8.6%，增收915.6万元。

第四节 欠税清缴

1999年12月，市委副书记、市长鲍志强两次召集财政、地税、人民银行和各专业银行负责人会议，对生力源集团、鲁润公司、啤酒厂、泰建公司等因资金紧张造成欠税数额较大的企业，落实注入资金清缴欠税。2000年，启用企业欠税转移申请审批表，全市地税系统清理历年陈欠税款5800万元。2005年，执行山东省地方税务局欠税公告实施办法，清理欠税484万元。2007年，在全市地税系统开展欠税专项清理核查，摸清欠税成因、规模、构成和管理现状。2011年，强化欠税核查后续管理，清理欠缴税款纳税人177户，清缴欠税4313万元，其中新欠税款66万元。2014年，集中开展欠税专项核查，全市地税系统907户纳税人欠税7326万元，制定追缴计划，新欠发生率、陈欠清理率均明显下降。

第五章 税务发票

1993年12月，经国务院批准，财政部令第6号发布《中华人民共和国发票管理办法》。2010年12月，修订《中华人民共和国发票管理办法》。

第一节 管理制度

1995年，明确发票印制、领发、使用、违章处理等制度规定。启用新版发票，换发发票领购证1990份。1996年，制定个体饮食业推行定额发票管理办法，发售定额发票3103本，入库税款56万元。1999年7月，与市电信局协商开设发票查询登记专用电话，在全省率先开展地税消费发票抽奖活动，举行14期发票抽奖，《中国经济时报》和省、市新闻单位作跟踪报道。饮食业定额发票月均用量比上年增长3倍，票面金额增长4倍。2000年，将邮政业、电讯业、保险业等有关票据纳入地税发票管理范围。2002年，试行地税消费发票即开即奖办法，“刮刮乐”有奖发票使用量同比增长23%，增收营业税800万元。2003年，与市财政局、市国税局联合开展发票即开即兑奖励及违法违章行为举报奖励活动，发票用量同比增长29%。2004年，按省地税局要求，规范发票举报登记台账、发票举报案件交办单及交办单回执、地税发票违法案件举报奖励付款凭证、发票摇奖兑奖情况明细表。消费者主动索要发票数量增加41%，与发票有关营业税增加1500万元，同比增长31%。2005年，在全市地税系统推广应用货运发票代开比对系统。8月，停止发售百元版通用定额发票。2008年，结合省地税局新版发票管理系统上线，发布发票真伪识别及违章处罚的通告5000份，宣传新版发票。2010年，编印发票防伪快速识别知识读本，解读发票真伪甄别的简易方法、专业方法和具体识别图解。12月，上线运行行政事业收费系统，各单位发售发票工本费收入全部通过该系统上解。2011年2月，启用建筑、销售不动产行业代开专用发票。6月，按照省地税局要求，全面停止收取代开发票工本费。2012年1月—2014年12月，免征小微企业和符合小微企业标准的个体工商户发票工本费。实行发票印制计划月度管理，减少发票库存。在全市推广新泰市地税局税控机打发票摇奖经验做法。2013年1月，取消地方税务发票工本费。在泰山分局组织开展地税监制发票抽（摇）奖活动，在新泰市地税局开展“运营商＋服务商”模式的网络发票试点。2014年，执行省地税局《关于代开发票有关问题的通知》，组织代开发票管理业务培训，规范化开发票行为。

第二节 发票换版

1995年1月1日，制定市地税局发票印制、领发管理办法，使用全省统一启用的新版普通发票。新版发票套印带有“山东省地方税务局监制”和“** 市（地）地方税务局监制”字样的发票监制章。1996年10月，使用全省统一的水印纸发票，采用大红色荧光油墨套印发票监制章及发票号码。1997年1月，黄色底纹纸的旧版发票全部废止，启用水印纸版的山东省泰安市饮食业专用定额发票。12月31日，原饮食业专用发票作废。在泰安市交通部门、国有公路运输企业启用山东省公路运输专用运输发票（甲）（简称甲种货运发票）；除交通部门、国有公路运输企业以外的其他运输单位和个人启用山东省公路运输专用运输发票（乙）（简称乙种货运发票）。邮政电讯、铁路运输、工会技协等票据纳入地税发票管理。1998年1月，启用无碳压感的山东省泰安市宾馆业专用发票、山东省泰安市服务业通用发票和山东省泰安市娱乐业定额专用发票。1—6月，无碳压感专用发票和水印纸发票同时使用。7月，水印纸发票作废。2001年7月，启用新版山东省泰安市饮食业专用定额发票，在原专用水印纸基础上加印防伪底纹。底纹颜色为浅绿色，印有“泰安地税”及其汉语拼音第一个字母的大写“TADS”字样。7—9月，新版饮食业专用发票和旧版饮食业专用发票同时使用。10月，旧版发票废止使用。2002年5月，全市饮食业专用定额发票换版，推行“刮刮乐”即开即奖方式。5月1—31日，新版发票和旧版发票同时使用。6月，旧版发票废止。新版山东省泰安市饮食业专用定额发票使用专用水印纸印制。在发票联下方有消费者须知和刮奖区。奖项设置每百万份发票为一组，每组设置一等奖50个，每个奖人民币200元；二等奖100个，每个奖人民币100元；三等奖200个，每个奖人民币50元；四等奖300个，每个奖人民币20元；五等奖600个，每个奖人民币10元；六等奖2000个，每个奖人民币5元。“刮刮乐”即开即奖发票启用后，发票用量增加23%，年增加税收1056万元。2003年11月，更换新版数码防伪发票，新版发票和旧版发票交叉使用至12月底。2004年1月，旧版发票作废并收缴销毁。2005年7月，分批开展普通发票换码工作，发票代码由18位升为20位，对47种市级编码发票全部录入发票管理系统，对所有发票全程控管。根据省地税局安排，统一换发新版发票领购簿，启用房地产预收款收据、幼儿园发票和医疗卫生服务发票等。2006年9月，全市地税系统统一启用微机版房地产企业预收款收据。2007年4月，启用移动、联通、网通、电信、铁通、卫通等公司专用机打发票，发票联统一使用55克/平方米彩色+无色荧光纤维无碳复写纸印制。2010年，按照税务总局、省地税局要求，印发全市地税系统发票简并票种统一式样工作实施方案，将全市普通发票简并统一为机打发票、定额发票和公园景点类门票三大类。2011年4月，启用长轴40毫米、短轴30毫米、边宽1毫米的椭圆形发票专用章。2013年8月，交通运输业和部分现代服务业营业税改征增值税，停止交通运输业和部分现代服务业使用地税部门监制的普通发票。2014年1月，铁路运输和邮政业营业税改征增值税，1月—3月，铁路运输和邮政业可继续领用、开具地税部门监制的普通发票。4月1日起，一律改用国税部门监制的普通发票。6月1日，电信业营业税改征增值税，其中8月31日前电信业可继续领用、开具地税部门监制的普通发票。9月1日起一律改用国税部门监制的普通发票。

第三节 发票检查

1995年10月，开展营业税纳税人集中检查，检查纳税人1665户，检查面80%，查出问题户175户，违章发票1473份，处罚64户，补税并罚款763万元。1996年，开展饮食与旅游业和事业单位应税票据使用检查清理，检查2741户，问题户980户，查补税款105万元。1999年5月，开展所有用票单位和个人的清理检查，检查3291户，问题户616户，处罚287户，补税并罚款94万元。2003年3月，集中清理检查部分饮食、娱乐业户使用发票情况，检查业户126户，问题的75户，发现假发票429份，补税并罚款36万元。2005年，开展自开票纳税人专项检查，抽查35户自开票纳税人，占认定户数50%。配合市公安局破获3起贩买假发票案件，查封发票622本。2006年3月，开展部分货物运输业自开票纳税人税收管理情况专项检查，入库交通运输业营业税3695万元，同比增长20%，其中道路运输业营业税入库3528万元，同比增长19%，查处发票违法行为122起，罚款18万元。2007年，在泰城范围对应用未用发票、制售假发票、双定户税款核定情况以及餐饮、服务、娱乐行业等，集中开展为期3个月的发票专项整治，检查各类纳税人306户，问题户59户，占19.3%。纳税人主动补缴税款30万元，发票销售量同比f增加5%。2009年，按照省地税局收缴封存保险业专用发票存根要求，组织各县（市、区）地税局封存发票34.52万份，收缴27.82万份。先后两次对泰安市属财产保险企业发票进行抽查验收，核查发票392份，处理问题发票7份，开票金额85万元。处置疑点发票1份，开票金额43万元。各县（市、区）地税局取得52户投保人392份财产保险发票复印件，处理问题发票6份，开票差额123万元。在全市范围开展发票清理检查，检查使用地税发票纳税人2166户，检查发票26.39万份（其中：税控机打发票24.95万份，定额发票1.44万份），查出问题户201户，问题发票979份，查补税款379.26万元，罚款7.87万元；清理漏征漏管户276户。2012年，组织开展发票工本费核查，强化发票发售、收费票据开具、工本费收取、缴库等管理。2013年，查处12户发票举报案件，罚款8474元，奖励举报人奖金1540元。2014年，强化营改增后续管理，组织公路、内河运输业发票检查。

第四节 税控装置

2002年，在新泰市地税局进行饮食业税控收款机试点，安装148户，增加税收150万元。2003年8月，建立市级集中的税控管理系统，在服务业、娱乐业、文化体育业推行税控收款机。9月，在餐饮业推广使用税控收款机和数码防伪发票，营业税同比增长15%。2005年，在建筑业和娱乐业推广税控收款机561台。利用税控装置采集的数据，开展税款比对，跟踪监控纳税情况，调整定税额，增加税收630万元。2006年，加大税控收款机推广力度，新装税控机1089台，累计安装3200台。通过发票数据比对，增加税收1607万元。2008年，岱岳分局、宁阳县地税局争取财政支持，对安装税控装置的业户实行财政补贴，全市新上税控装置365台。2009年10月，联合财政、交通、质监等部门规范泰城客运出租车行业税收管理，争取财政资金180万元，对全市

组织税源专业化管理培训

1300 辆出租车免费安装税控计价器，发售出租车税控发票 5 万卷，征缴地方各税 70 万元，实现泰城出租车行业税收管理零的突破。2011 年，新装税控装置 1035 台。泰山分局、东平县地税局强化票表比对，增加税收 1180 万元。2014 年 5 月，按照省地税局要求，以肥城市地税局为试点单位，推行网开发票管理系统。8 月，在全市地税系统推广应用该系统，年底 826 户纳税人应用，开具发票 3.29 万份，金额 49.72 亿元。

第六章　税源管理

全市地税系统注重加强税源管理，坚持以社会综合治税为载体，强化部门协调配合，完善信息采集应用，形成以政府领导、地税主管、部门配合、司法保障、社会参与、信息化支撑为主要内容的社会综合治税体系。开展纳税评估和税收预警工作，做好重大建设项目控管，提升税收征管水平，减少税收风险。

第一节　社会综合治税

1995 年，东平县地税局沙河站地税所针对工商业基础薄弱、农村零散税收占比大的实际，探索政府管税、部门协税、群众护税、专业治税的乡村税收征管社会化路子。市地税局总结推广东平县地税局经验，在全市地税系统推广社会化办税，全市县乡村各级均建立协税护税组织，设立税收网长和代办员。3 月，全市地税系统在东平县召开农村零散税收征管现场会。省地税局推广东平县地税局做法，为全省地税系统推行城镇税收征管现代化、乡村税收征管社会化模式提供借鉴。1996 年，建立协税护税组织 185 个，聘请办税护税员 850 人，确定委托代征代扣单位 115 个，代征代收各项税收 675 万元。1997 年，加强协税护税人员管理，对全市已聘协税护税人员进行考核认定，建立各级协税护税组织 1883 个，聘请协税护税人员 3176 人。1998 年，在农村实行大厅集中征收和设点分散征收相结合，地税专业征管和农村综合治税相结合，计算机应用和手工操作相结合的征管路子。2003 年 7 月，根据市政府加强部门协作、控管地方税源的通知，按照泰安市地方税收综合治税工作考核暂行办法，成立综合治税工作领导小组及其办公室，市委副书记、市长贾学英为组长，市委常委、副市长李同道，市政府秘书长唐昭林，副秘书长樊玉信、韩立忠，财政局党组书记、局长任先德，地税局党组书记、局长郭凤晓为副组长，市计委、市建设局、市公安局等21个部门的主要负责人为领导小组成员，领导小组办公室设在市地税局，郭凤晓兼任办公室主任。市以下各级政府均成立以政府主要领导任组长、相关部门主要负责人为成员的社会综合治税领导小组。全市地税系统内部逐级建立综合治税办事机构，抽调业务骨干建立社会综合治税办公室，专职从事综合治税工作。与财政、国税、工商、房管等部门联合下发协税护税、信息传递的有关文件，建立工作联系制度。国资委、司法、外经等部门按地税局要求提供有关涉税信息，提供信息部门41个。10月，自行研发的综合治税管理信息系统上线运行。11月，省地税局党组书记、局长于希信到市地税局调研，听取汇报演示，给予充分肯定。年底，全市地税系统建立起纵贯市县乡村四级、横联各相关部门单位的社会综合治税网络，构建起符合ISO9000质量管理要求的业务流程、内部岗责体系和考核机制，形成政府领导、地税主管、部门配合、司法保障、社会参与、信息化支撑为主要内容的社会综合治税体系。2004年3月，全省地税系统综合治税座谈会在市地税局召开。5月，新版综合治税管理信息系统上线运

2004年组织召开全市地方税收综合治税座谈会

2010年8月6日，在全市财税工作会议上，对综合治税工作先进集体进行表彰。

行。6月，市地税局牵头召开由市国税局、市财政局、市交通局等22个综合治税成员单位参加的座谈会，就做好税源控管讨论协作配合注意事项。7月，印发充分利用综合治税管理信息系统加强综合治税工作的通知，对健全组织、明确职责、信息采集渠道、标准、时间和信息处理工作进行明确分工。试行综合治税数据管理办法，将综合治税信息分为户籍、税种、参考数据三大类，明确数据采集方式、范围和具体内容、标准，规定数据处理方式、要求及处理时限，对综合治税数据管理职责与考核作出规定。8月，全省地税系统推广使用培训班在泰安举行，市地税局研发的综合治税信息管理系统，被省地税局推广。12月，山东省科技厅组织由梁小民、方裕、蔡金荣、谭荣华、陈红、陈晓、樊丽明等7人组成的专家组对泰安地税综合治税管理信息系统进行科技成果鉴定。省地税局党组成员、副局长吕凤强参加会议。鉴定委员会认为，该系统处于国内领先水平，具有显著的推广应用价值。2005年6月，被市政府评为2005年度泰安市科技进步三等奖。7月，在全省地税系统纳税服务和综合治税工作现场会上，市地税局作题为《强化措施、狠抓落实、充分发挥好社会综合治税的功能作用》的典型发言。2006年9月，在全省纳税服务工作会议上，市地税局作题为《求真务实、开拓进取、实现社会综合治税新跨越》的经验交流。2007年5月，市政府调整完善社会综合治税管理机制，将原政府领导、地税主管调整为政府主导、财税共管，市政府成立综合治税领导小组，政府主要领导任组长，政府常务副职及财税、监察主要领导任副组长。办公室设在市财政局，由市财政局主要负责人任办公室主任，财政、地税、国税部门分管副职任副主任，抽调地税、财政、国税人员长期集中办公，具体业务由地税派驻人员主抓。全市7个（市、区）比照市直模式，将综合治税办公室设在财政部门，其中宁阳县将综合治税办公室设在县政府，由一名办公室副主任兼任综合治税常务副主任。2008年5月，研发应用泰安市涉税信息交换平台，供县（市、区）及市直50个部门报送涉税信息使用。2009年6月，市政府召开全市社会综合治税工作会议，对12个综合治税工作先进单位，22名综合治税先进个人予以表彰奖励。2010年12月，与市财政局、市工商局联合召开会议，委托工商行政管理部门依法代征部分房屋出租、股权转让等相关税收。2012年6月，在全省纳税服务工作会议上，市地税局作题为《依托信息管税、掌控分析信息、打造立体化专业化综合治税新格局》经验交流。2013年7月，在全省地税系统纳税服务工作会议上，泰山分局作题为《内外并举、注重实效、努力构建社会综合治税新格局》的典型发言。2014年11月，加强跨区域建设项目税收征管机制建设，岱岳分局以信息采集为基础，以落户登记为管控手段，以准予支付传递单为抓手，以分析比对发票查验为补充的经验做法得到省地税局肯定。

2003年7月－2014年12月，全市采集社会综合治税信息279.76万条，入库税款14.69亿元，新增8.3亿元，清理漏征漏管户546 户。

第二节 纳税评估

2003年起，市地税局开展纳税评估工作，成立专门机构，研发推广纳税评估管理信息系统，依托信息网络，采集、加工、增值涉税信息，透析纳税问题，计算机评估与人工评估、上级管理部门评估与具体主管部门（人员）评估、税务机关评估与纳税人自行评估、纳税评估与稽查检查、评估税收与权力责任监督相结合。2003—2014年，纳税评估3265户次，有问题的1064户，评估税款4.2亿元。

2003年10月，自行研发纳税评估管理信息系统。12月，在全省地税工作会议上演示该系统。2004年8月，系统上线运行。建立纳税评估岗责链条，设立评估主办、分析、审核审批和约谈核实4个岗，明确各岗位职责、工作标准和过错责任以及各环节间资料传递的步骤、时限和责任，根据纳税评估需要，规范统一岗位设置。2005年，制定纳税评估实地调查核实、评估税务约谈、纳税评估档案管理试行办法，规范税务约谈、实地调查、纳税评估资料归档等工作。4—5月，组织纳税评估业务需求研究，开发Java版的纳税评估管理系统，引进工作流机制，设定工作岗位，控制业务流程，完善指标体系及评估分析功能，东软公司派8名工程师在市地税局组织研发测试。6月，系统被市政府评为2005年度泰安市科技进步二等奖。7—10月，根据威海、东营两地和泰安测试结果，对软件修改测试，运行顺利。省地税局推广该系统。当年，对985户企业实施评估，核实未缴税款2321.6万元，查补入库税款、罚款、滞纳金837万元。先后两次在税务总局征管专业会议上演示汇报依托信息技术开展纳税评估做法，税务总局党组书记、局长谢旭人在全国税务系统企业所得税管理会议上给予高度评价。2006年4月，全省17地市全部上线展开工作。2007年9月，制定纳税评估复审试行办法，监督管理相关部门评估情况，评估复审情况纳入目标管理，实行责任追究。2009年，省地税局推行税源管理新模式，进行管理层专业化布局，新设税源管理部门，承担重点税源评估、整体税源掌控等职能，确立纳税评估在信息管税中的核心环节和税源管理中的主导地位。结合省地税局纳税评估管理办法，在肥城市地税局行业评估管理基础上，全面开展行业评估。分行业选取评估对象，运用第三方信息和纳税人动态生产经营信息，开展详细评估分析。落实评估税款催缴入库、征管措施和评估资料整理归档等工作，分类汇总分析问题，提炼风险特征指标，提出征管建议。完善评估模型案例体系，研究设计运用第三方信息模型案例，为基层评估工作提供工具。聘请扬州税务学院教授按会计科目进行项目评估，组织纳税评估实战演练。2011 年 3 月，在肥城市地税局召开纳税评估实战演练培训，扬州税务学院教授申山宏实战讲解。2012 年，委托肥城市地税局研发独立于省地税局评估系统的纳税评估案头审核系统，在案头审核环节对省地税局下发的评估任务进行分析，生成案头审核分析底稿，开展自主评估，解决县级税源管理部门因人手不足而无法开展案头审核，以及分局（所）约谈核实人员无从下手的问题。2 月，全市地税系统纳税评估业务培训在肥城市地税局举办，扬州税务学院教授申山宏结合汇算清缴工作，从指标评估和项目评估两个方面作《财务分析方法在纳税评估中的运用》专题讲座。对制造业、采矿业的两个企业进行现场评估，从案头审核、财务分析、约谈核查等方面予以讲解。2013 年 6 月，市地税局在肥城召开现场会，推广纳税评估案头审核系统。

第三节 重大建设项目税收

2008 年，根据省地税局规定，涉外管理部门承接重大建设项目税收管理职能，依托相关软件，排查信息和项目，扩大控管范围。2010 年 7 月，按照税务总局、省地税局部署，市地税局大企业服务与管理由国际税收管理局划归税源管理办公室，确定大企业标准，明确大企业名录，建立大企业税收专业化管理体制机制、业务体系，实行大企业扁平化管理、个性化服务和团队式管理。9 月，对税务总局定点联系企业建设银行泰安分行实地督导检查，催缴入库欠税 20.14 万元。以《源泉控管、环节控制、全面提高重大建设项目地方税收管理质效》为题在全省地税系统专业会议上作典型发言。2011 年，全市控管投资额 1000 万元以上的重大建设项目 366 个，其中，投资额在 1000 ~ 5000 万元的项目 144 个，5000 万元 ~ 1 亿元项目 77 个，投资额 1 亿元以上的项目 145 个。2008–2011 年，获取并传递、排查各类

召开全市重大建设项目地方税收管理工作现场会

信息3.5万条，全市重大建设项目实现税收34.43亿元。2012年3月，重大项目税收管理职能由税源管理办公室移交税收管理一科。2014年，配合税务总局对中国石油天然气集团公司等8户企业开展税收风险管理，进行评估辅导、自查、现场审计，搜集企业基础资料，组织自查和入库辅导，入库税款722万元。

第四节 税收预警

2008年12月，依托省地税局税收预警系统，对纳税人已经申报数据及时比对分析，发现纳税人申报中存在的纳税风险，提醒纳税人及时更正。2009-2014年8月，处理预警信息3.27万户项，调查核实1.18万户项需补缴税款，补税1.75亿元。2014年9月，税收预警系统暂停使用。

第七章 涉外税收与国际税收管理

1996年，国务院确定将外商投资企业、外国企业和外籍个人缴纳的营业税、个人所得税及其他地方税收交由地税局负责。1997年2月，涉外征收分局成立，科级建制，负责涉外税收的征收管理。2008年9月，更名为国际税务管理分局。2011年12月，改为国际税务科，转为市地税局机关内设科室。1996—2014年，全市实现涉外税收收入18.81亿元，年均增长25.37%。

第一节 涉外企业和外籍个人税收管理

一、涉外企业

1996年，对外商投资企业实行分类分级监控管理，年纳税额超100万元的为重点监控对象，强化通讯业、建筑业等重点税源企业收入分析调度。1997年，根据对外贸易经济合作部、国家工商行政管理局、税务总局等部委关于对外商投资企业实行联合年检的通知，市地税局对参检企业报送的年检报告、税务登记证、验资报告、审计报告等资料，逐项审核，严格把关。1999年4月，根据税务总局涉外税务审计规程，实行涉外税务审计。2003年，全市地税系统审计涉外企业10户，查补入库税款56万元，加收滞纳金3.8万元。2008年，全市地税系统审计企业67户，查补入库税款125.19万元，加收滞纳金14.41万元。2009年，外商投资企业重点纳税人的税务检查由市稽查局实施。2014年，根据商务部、财政部、税务总局等部委关于开展年度外商投资企业年度经营状况联合申报工作的通知，在全市开展外商投资企业年度经营状况联合申报工作，即联合年报。

二、外籍人员

2002年，按照省地税局部署，推行外籍人员个人所得税源泉控管、部门配合、约谈评估、核定征收办法。2005年，对纳入正常管理的外籍人员实施一人一档管理，纸质、电子档案共存。对所有外籍纳税人基本情况、收入来源、适用税收政策、申报纳税情况等税源信息，统一采集、整理、保管，专人负责档案管理，根据外籍人员增减情况、职务变动、居住时间、出入境时间、收入变化等及时更新。2006年，建立以企业为单位的一户一册档案管理，包括外籍人员个人所得税管理资料登记表、外籍人员基本情况及纳税情况登记表。按照税务总局个人所得税自行纳税申报办法，开展年度所得12万元以上外籍纳税人的自行申报。发放致纳税人的一封信、个人所得税自行纳税申报指南等宣传材料，摸清纳税人数量及分布情况，建立申报纳税人档案，对有疑点的纳税申报进行处理。2010年，依托外籍人员个人所得

表3-7-1　　1996—2014年泰安市地税系统涉外税收收入完成情况

单位：万元

年度	收入	年度	收入
1996	479	2005	6259
1997	444	2006	7737
1998	638	2007	11140
1999	986	2008	15639
2000	1240	2009	16621
2001	2036	2010	19862
2002	2449	2011	25535
2003	2155	2012	25442
2004	3576	2013	27789
———	———	2014	28048

表 3-7-2 1996—2011 年泰安市地税局涉外分局（国际分局）收入完成情况

单位：万元

年度	收入	年度	收入	年度	收入
1996	332.5	2002	1023	2008	5194
1997	385.3	2003	1082	2009	7618.8
1998	488.7	2004	2053	2010	7228.8
1999	549	2005	3072	2011	8100
2000	578	2006	3668	---	---
2001	1012.1	2007	3758	---	---

税管理系统，对外籍人员实行电子档案管理，将登记、申报、监控、分析系统纳入动态管理。通过信息采集、排查，驻泰外籍人员全部纳入管理。2010 年，纳入系统管理的外籍人员 67 人，申报个人所得税 252 万元。2011 年，纳入系统管理的外籍人员 122 人，申报个人所得税 617 万元。2012 年，纳入系统管理的外籍人员 131 人，申报个人所得税 448 万元。根据省地税局外籍人员个人所得税纳税约谈管理办法，开展外籍人员个人所得税纳税约谈，对日本、韩国、波兰、法国、菲律宾等国外籍人员 23 人次进行纳税约谈，补缴税款 34.7 万元。通过纳税约谈对日本籍高管 2 人的境外所得征缴个人所得税 32.14 万元。2013 年，纳入系统管理的外籍人员 87 人，申报个人所得税 370 万元。对日本、韩国、波兰、法国、菲律宾等国外籍人员 20 人次进行纳税约谈，补缴税款 8090 元。2014 年 6 月，

举办全市地税系统国际税收暨反避税业务培训班

省地税局推广岱岳分局依据常设机构判定、加强外籍人员个人所得税管理的经验。

第二节 非居民税收管理

2008年12月，根据税务总局调整新增企业所得税征管范围和明确非居民企业所得税征管范围的通知，明确全市地税部门非居民税收管理范围。2009年，建立非居民税源管理台账和管理档案。3月，征收入库《中华人民共和国企业所得税法》实施以来第一笔非居民企业所得税21.12万元。实行非居民企业业务合同备案预审制度，对企业涉税、境外售付汇以及合同金额变动等情况全面监控，开具服务贸易项下售付汇税务证明33份，非居民税收入库60万元。2010年，利用综合治税，获取非居民税收信息，征收非居民税款815万元，同比增长1267.8%，增收756万元。是年，对106户非居民企业法定扣缴单位进行专项清理检查，涉及54个国家和地区，入库税款、加收滞纳金423万元。2011年，通过对外支付证明管理，事前备案，事中审核，事后复核，强化非居民股权转让、股息利息、租金等重点事项税收管理，开具对外支付税务证明69份，征收税款1069万元，同比增长31.13%，增收254万元。2012年，落实居民企业税款扣缴制度，开具对外支付税务证明67份，付汇1.09亿元，扣缴非居民税收423.31万元。对金融机构开展海外代付涉税专项检查，并对以前年度实施延伸调查，补缴营业税65万元。2013年8月，开具服务贸易项下税务证明66份，扣缴非居民税收540万元，同比增长27.63%，增收117万元。9月，根据税务总局、国家外汇管理局关于服务贸易等项目对外支付税务备案有关问题的公告，对外付汇开具税务证明改为备案制。政策调整后，协调国税部门强化对外付汇备案资料传递，与外汇管理部门建立对外付汇税收管理备忘机制。对全市非居民税收管理特别是涉及现代服务业的非居民税收进行专项检查，入库各项税收、罚款、滞纳金237万元。2014年，在外汇管理部门配合下，获取2012年以来的对外付汇信息1385条。开展非居民税收专项清理，检查入库116万元。全年入库非居民税收369万元。

第三节 反避税

2003年，反避税工作逐步开展。2006年，确定反避税重点企业20户，重点检查企业15户，查补入库税款200万元。2009年，利用企业所得税征管范围调整契机，强化反避税工作，调整入库税款80万元。2010年，以关联企业之间关联交易申报、审核为切入点，强化转增股本环节个人所得税管理，征缴税款813万元。2011年4月，在全省地税系统反避税工作会议上，以《泰安市地税局对某公司转增股本反避税案例分析》为题作经验介绍。2012年，加强关联申报管理，指导分析审核企业关联业务申报信息，筛选避税嫌疑企业，187户企业进行关联业务申报，同比增加170户，重点税源企业关联申报率居全省第二。宁阳县地税局反避税与日常税收征管相结合，在日常监控中发现线索提前介入，堵漏增收，入库税款2092万元。11月，省政府《决策参阅》刊发其经验。2013年，按照税务总局特别纳税调整内部工作流程（试行），将反避税工作融入日常征管，抓住企业所得税汇算清缴和所得税申报等环节，规范关联业务申报，173户企业、33家企业集团完成关联业务申报，重点企业申报率89.19%。2014年，把寻找反避税线索融入纳税评估、报表审核、纳税辅导等日常税收征管，在企业集团“资金池”利用统借统还税收优惠政策规避营业税实践中取得成效。入库反避税税款3861万元，其中，企业自行纳税调整补缴税款1876万元，通过税务机关纳税调整补缴税款1985万元。

第四节 “走出去”企业管理服务

2010年，与商务部门协作，掌握“走出去”企业情况，建立一户式境外投资税收管理档案，其中，外派劳务型企业5家，对外承包型企业4家，生产贸易型企业24家。对全市33家“走出去”企业逐户走访、调研，宣传税收优惠政策、税收协定等。2012年，对全市境外上市企业涉税情况进行调查，突出上市基本情况、高层管理人员奖金、期权、外籍人员个人所得税等关键点，约谈了解企业相关人员，掌握2家上市企业情况。2014年，制定“走出去”企业税收服务与管理工作意见和办法，将全市境外投资企业（机构）名录、对外承包工程企业名录、外派劳务企业名单下发各县（市、区）地税局。到企业开展调研，发放调查问卷1538份，建立“走出去”企业档案。

第五节 情报交换

2005年，按照税务总局税收情报交换管理规程（试行）税收情报交换工作保密规则，收集、制作、报送美国、日本、韩国、加拿大、澳大利亚5国自动税收情报15份，核查美国税收情报39份。2010−2014年，按照国际税收情报交换工作规程要求，收集、制作、报送自动税收情报80份。

第四篇

税收法制

1994年10月，全市地税系统税收法制工作由征收管理科负责。2002年10月，成立政策法规科，作为税收法制工作专门机构。县（市、区）地税局相继成立法规征管科。11月，根据税务总局成立税务稽查机构，加快税收法治建设的要求，成立市地税局税务稽查局，突出税务稽查的地位和作用。1997年3月，根据市机构编制委员会批复同意，市地税局税务稽查局，副处级建制。1998年7月，更名为市地税局稽查局，为市地税局直属机构，内设综合科、选案科（举报中心）、检查一科、检查二科（电子查账科）、审理科、执行科6个科。负责贯彻落实税务稽查规章制度，实施辖区内地方税收稽查和专案稽查，税收举报案件受理、查处及转办工作。2006年10月，县（市、区）法规征管科调整为政策法规科。2011年12月，各县（市、区）地税局政策法规科更名为法规税政科，负责税收规范性文件管理、行政复议、处罚听证、行政诉讼和行政赔偿、执法资格证管理、办理人大建议、政协提案、牵头承办审计部门对全市地税系统的审计等工作。

第一章　税收执法管理

市地税局加强执法资格管理，为全市地税系统执法人员办理执法资格证书，加强基层法制力量建设，规范执法案卷管理，对税收执法中可能出现的问题及时预警预测，尽量避免执法问题的发生。

第一节　执法管理

一、执法资格管理

2002年11月，全市地税系统1010人参加省地税局组织的持证上岗考试，申领税收执法证件，成绩合格率99%。2007年11月，55人参加全国税务人员执法资格统一考试，均取得税收执法资格。2008年11月，8人参加全国税务人员执法资格统一考试，成绩合格率88%。2009年11月，5人参加全国税务人员执法资格统一考试，均取得税收执法资格。2011年，988人通过税务执法资格统一考试，取得税收执法资格证书。

二、依法行政管理

2000年4月，市地税局成立行政执法监督委员会。在全省地税系统法制考试中，市地税局获全省团体第四名。2008年，市地税局被评为全市依法行政先进集体。2009年，市地税局在全市行政执法评议考核中获得总分第三名，被评为市级依法行政优秀单位。市地税局稽查局选送的案卷《泰安市阿吉斯管线工程有限公司税务稽查案》，被评为市级行政执法十佳案卷。

三、基层税收法制员制度

2005年4月，在全市地税系统实行基层税收法制员制度，每个分局（所）配备1名税收法制员。印发全市地税系统税收法制员工作制度实施意见，明确基层税收法制员的工作职责和执法流程。配备99名税收法制员，负责所在单位税务行政处罚行为、税收保全和强制执行的审核把关、税收执法责任制开展等工作。2007年4月，根据各县（市、区）地税局机构、人员调整情况，调整基层税收法制员85人。

四、税收执法预警报告

2006年，开始实施税收执法苗头性、倾向性问题预警预测和定期报告制度，以应急处理预案形式明确应对税务执法案件的指导思想、职责分工、处置原则、处置程序等。2006–2014年，发布执法预警报告106期，处置苗头性执法事件6起。

第二节 税收执法责任制

全市地税系统推行税收执法责任制，层层签订《执法责任书》和《岗位定位书》，实行计算机自动监控考核并不断拓展深化。

2002年12月，市地税局印发税收执法责任制暂行办法。2003年10月，根据全面推行税收执法责任制工作的实施意见，以肥城市地税局和宁阳县地税局直属分局为试点单位，推行税收执法责任制。在全市地税系统税收执法岗位签订税务执法责任书2400份，明确执法责任。在肥城市地税局和宁阳县地税局召开税收执法责任制流动现场会，该经验做法在全省地税系统推广。2004年，各县（市、区）地税局参照省、市地税局规定以及宁阳县地税局、肥城市地税局做法，制定税收执法岗位职责、税收执法权及行使规范和工作规程、评议考核办法，全市地税系统执法人员全部签订执法岗位定位书和税收执法责任书，明确执法岗位和执法责任。9月，印发税收执法评议考核办法和税收执法过错责任追究暂行办法，配合执法责任制，

全市地税系统法治建设推进会组织与会人员现场参观

2003年10月，在肥城市召开全市地税系统税收执法责任制流动现场会。

定期对税务机关和税务人员的执法行为进行奖惩考评。

2005年，实行税收执法责任制计算机自动监控考核。成立全市地税系统税收执法责任制监督考核领导小组，各县（市、区）地税局成立相应领导小组。对全体执法人员分级分批培训，举办培训班32次，培训1820人次，模拟操作执法流程196项次，模拟下达各类执法文书638份。按照省地税局执法责任制岗责体系要求，对照税务信息监控系统，重新确定全市地税系统执法岗位，签订执法岗位定位书1620份。逐户逐项核对清理基础数据，重点核查影响会计报表和统计报表的9类数据。6月，税收执法责任制监控考核系统上线运行。9月，该系统成功切换，考核到每个执法岗位及每名执法人员。2006年，改进执法规范管理，软件考核责任过错数量由2005年10月的5546项、268人下降到2006年6月的50项、12人。

2007年，以岱岳分局为试点，深化、拓展税收执法责任制监控考核体系，执法责任制考核与征管质量考核、对实体法考核、人机考核、综合目标管理绩效考核、行政管理责任制考核相结合。考核指标体系分为管理服务、征收监控、税收检查、税收保全和强制执行、税收法制5部分，包括19类、59个指标、167 种执法行为。9月12日，全省地税系统政策法规工作会议在泰安召开，现场观看岱岳分局山口所税收执法责任制深化、拓展工作试点情况。该体系被纳入全省税收执法责任制自动监控考核系统业务需求。2008年，按照省地税局《在“大集中”条件下推行执法责任制及执法考核的实施意见》，组织各县（市、区）地税局重新设置岗位权限，将税收执法责任制落实到岗到人，开展税收执法自动监控考核系统培训。2010年，税收执法责任制监控考核对申辩调整前出现过错的行为进行规范，前移监控考核关口，变事后被动申辩调整为事前积极预防。1-11月，全市申辩调整前出现过错2065条，占上年同期2.33万条的8.84%；申辩调整后出现过错1条，占上年同期1619条的0.06%。

第二章　税收普法工作

市地税局全面开展普法工作，加强学习培训，提高普法质量和效果。宣传贯彻《山东省地方税收保障条例》，为地方税收工作保驾护航。

市地税局在青年路设立普法宣传站

第一节　税收普法

一、“三五”普法

1996—2000年，全市地税系统组织领导干部、法制工作人员、新进人员参加的法制培训班24期，参训1060人次。1998年11月，市地税局组织科级干部参加“三五”普法知识考试，副处级以上干部8人参加市直部门“三五”普法知识考试。

二、“四五”普法

2001 — 2005年，重点学习《中华人民共和国宪法》《中华人民共和国行政诉讼法》《中华人民共和国行政处罚法》《中华人民共和国行政复议法》《中华人民共和国国家赔偿法》《中华人民共和国税收征收管理法》《中华人民共和国行政许可法》《WTO法律知识读本》等法律、法规和普法丛书。邀请专家学者作专题辅导，举办依法行政、WTO与税收等专题讲座。2003年，组织各县（市、区）地税局分管局长、法规征管科长、基层分局（所）负责人共141人参加为期5天的全市法制业务培训。2006年7月，市地税局被市政府评为全市“四五”普法“三五”依法治市先进单位。

三、“五五”普法

2006－2010年，全市地税系统组织开展各类法制业务培训22期，参训1012人次。参加泰安市科级以上干部普法考试5次，系统所有科级干部参加了考试。2009年2月，市地税局被市政府评为全市依法行政先进集体。2011年12月，市地税局被市政府评为“五五”普法“四五”依法治市工作先进集体。

四、“六五”普法工作

2011－2015年，按照省地税局做好“六五”法制宣传教育工作意见及泰安市2012年普法依法治理工作要点，市地税局、县（市、区）地税局均成立“六五”普法工作领导小组，制定普法方案，突出宣传涉税法律法规以及《中华人民共和国刑法》《中华人民共和国行政复议法》《中华人民共和国行政诉讼法》《中华人民共和国国家赔偿法》等。以《中华人民共和国行政强制法》《山东省行政程序规定》等法律法规为重点，到机关、乡村、社区、学校、企事业单位进行普法，将普法工作开展情况列入年度考核，定期督导。2014年12月，市地税局首次组织86人参加全市科级以上干部网上普法考试，通过率100%。

第二节 宣传贯彻《山东省地方税收保障条例》

2003年11月，落实《山东省地方税收保障办法》。2010年3月31日，山东省第十一届人民代表大会常务委员会第十六次会议通过《山东省地方税收保障条例》（以下简称《保障条例》），为我国第一部省级地方税收法规，是年5月1日起施行。2011年，全市各级地税机关加强对党委政府、部门机构和全社会的宣传、宣讲。泰安市及其所辖6个县（市、区）成立综合治税机构，宁阳等地开始核定基本经费基数，协商增长机制和办法。2012年8月，省人大常委会预算工委副主任李玉海，省地税局党组成员、副局长李功到泰山分局调研《保障条例》落实情况。

第三章 税收政策管理

为便于政策查询、规范政策管理，建立税收政策法规库，研发税收政策执行情况评价反馈系统，加强税收政策执行情况的跟踪、评价和反馈。开发应用减免税管理信息系统，实现对减免税的网上审批、备案和统计查询。按照统一登记、统一编号、统一公布的“三统一”要求，开展税收规范性文件审核、会签、备案，及时清理，规范税收执法依据。

第一节 税收政策查询与评价反馈

一、建立税收政策法规库

2008年，市地税局指导东平县地税局在清理规范性文件基础上，建设地方税收法规库，导出省级以上有效文件2800余个、共550余万字，编写《现行有效政策法规汇编》1万套、9万册，在全省地税系统发行。2009年3月，省地税局办公室、法规处负责人到东平县地税局调研地方税收法规库建设情况，指导市地税局立足全省使用的角度，对地方税收法规库升级完善。6月，协助省地税局建设山东地税政策法规库，在省地税局内网主页上线运行。2013—2014年，联合东平县地税局对2008—2013年各级税收文件予以清理，立足全国地税机关征管的税种，建立泰安地税政策法规库，涉及有效文件5500余个，共计1000余万字，将失效或废止的文件全部录入并予标注，便于检索应用。2014年8月，在东平县地税局召开发布会，泰安地税政策法规库启用。

泰安市地税局参与编纂的法规汇编

二、建立税收政策评价反馈系统

2008年，按照税务总局开展税收政策执行情况反馈报告工作的通知和山东省税收政策执行情况评价反馈机制实施意见，市地税局和岱岳分局依托税收数据、统计指标、信息模型，以财政、国税、地税沟通协调为保障，建立制定、宣传、执行、分析、评价、反馈、调整的税收政策评价反馈体系。

经多次修改完善，自行研发的税收政策执行情况评价反馈系统在全市地税系统运行。6月，在全省地税系统政策法规视频会议上作题为《开拓创新 精细管理 建立税收政策执行情况评价反馈机制》的经验介绍。2009年7月，在岱岳分局召开现场会，推广应用税收政策评价反馈系统，被省地税局列入推广应用项目。2010年4月，省地税局在泰安召开税收政策评价反馈系统现场推广会，自8月始，全省地税系统展开房地产行业营业税政策执行情况评价反馈工作。2011年，在全市建立政策评价反馈工作整体运行机制，对服务业营业税政策执行情况进行评价反馈，为全市各级财政决策提供参考依据。

三、应用减免税管理信息系统

2011年，研发减免税管理信息系统，在新泰市地税局试运行。依据税务总局《税收减免管理办法（试行）》和有关税收优惠文件，对税收优惠审批、备案重新归类，确定24个审批减免项目和30个备案减免项目，完善税收优惠报批、备案操作规程，64户企业通过系统申请税收优惠。其中，福利企业减免土地使用税140.48万元、房产税21.61万元，研究开发费用加计扣除涉税金额7414.35万元，安置残疾人企业所得税加计扣除1054.23万元，购置安全设备抵免企业所得税531.47万元。2012年，修改减免税管理信息系统，按审批类和备案类分别规定减免税流程，按岗位分工办理减免税审批，将减免税资料全部录入系统，规范减免税档案管理，减免税审批和备案纳入税收执法责任追究范围。设置统计查询功能，按照管理权限查询减免税办理过程、结果。2013年5月，在新泰市地税局召开会议，在全市推广减免税管理信息系统以及零散税源社区化管理经验。

第二节 税收规范性文件管理

一、管理制度

2003年3月，市地税局印发税收规范性文件审核会签暂行办法，对全市地税系统制定发布的涉及征纳双方权利义务的税收规范性文件以及系统外制定的涉税文件审核把关并备案，建立税收规范性文件审查和备查备案制度。2006年3月，按照税务总局税收规范性文件管理办法（试行），完善税收规范性文件会签制度。2012年，按照《山东省行政程序规定》和省地税局税收规范性文件制定管理办法，制定税收规范性文件统一登记、统一编号和清理等制度，对系统内制发及外单位制定的涉税规范性文件审核把关。2003—2014年，起草税收规范性文件11份，审核会签文件75份。

二、文件清理

2007年10月，根据税务总局和省地税局要求，对1994年10月—2006年3月全市各级地税机关发布或与其他部门联合发布的税收规范性文件以及各级地税机关所在地的党委、人大、政府或其他部门制定发布的涉税文件予以清理。成立全市地税系统地方税收规范性文件清理工作领导小组，制定清理方案。2008 年 6 月，清理税收规范性文件 1105 个；8 月，对全文失效或废止的 233 个、部分失效或废止的 35 个文件，发布已失效或已废止的税收规范性文件目录，明文废止。2013 年 3 月，联合东平县地税局对 2008 年以来的各级地方税收规范性文件进行清理，历时 4 个月，清理鉴别各级各类文件 2200 余个，对有效性予以标注。

第四章　税务行政处罚与复议、诉讼

第一节　税务行政处罚

全市地税系统统一规范税务行政处罚自由裁量权，避免执法随意性。根据纳税人申请，组织首次税务行政处罚听证会。

一、规范行政处罚自由裁量权

2006 年 12 月，转发省地税局规范税务行政处罚自由裁量权实施试行办法及规范税务行政处罚自由裁量权参照执行标准，统一全市地税系统带有自由裁量幅度的处罚条款执行标准，一律按规定处罚。

2013 年 3 月，市地税局组织首次税务行政处罚听证会。

二、组织税务行政处罚听证

2013 年 3 月，应泰安某实业集团有限责任公司申请，对市稽查局下达的税务行政处罚决定书举行首次税务行政处罚听证会。听证主持人、税务机关和企业方代表和律师、书记员等共 15 人参加，企业和税务机关代表双方进行质证和辩论，市稽查局据此制作处罚决定书。听证会结束后，对照当前税务系统以及国内有关处罚听证的法律规定，经过系统总结提炼，撰写《关于完善税务行政处罚听证制度的思考》的论文，从理论和实务两方面提出改进税务行政处罚听证的意见建议。该论文在国家级学术期刊《中国财税前沿》(2013 年第 6 期)及税务总局《税收研究资料》（2014 年第 5 期）刊发。

第二节 税务行政复议、诉讼

全市地税系统加强行政复议、诉讼的组织机构建设，强化人员培训，根据实际情况修改执法文书，告知纳税人受理主体和时限的变动。

1995 年 1 月，成立税务行政复议委员会，市地税局党组书记、局长徐兰云任主任委员。复议委员会下设办公室，设在市地税局征收管理科，具体负责办理税务行政复议事务。根据省地税局要求，建立行政复议、应诉报告制度，按时向省地税局报送复议、应诉情况及报表。1997 年，因机构和人员变动，市地税局调整税务行政复议机构组成人员，复议委员会及其办公室职能不变。1999 年，按照税务总局《税务行政复议规则（试行）》，规范全市各级地税机关行政复议工作。2000 年 4 月，调整市地税局行政复议机构，市地税局党组书记、局长郭凤晓任行政复议委员会主任委员。2002 年 10 月，市地税局成立政策法规科，市地税局行政复议委员会办公室改设在政策法规科。2006 年 11 月，调整行政复议委员会及办公室组成人员，市地税局党组书记、局长葛明跃任行政复议委员会主任，复议委员会办公室仍设在政策法规科，职能、编制等无变化。2010 年 4 月，全省地税系统行政复议知识培训在泰安举行。2013 年，根据省政府关于同意泰安市及下辖县（市、区）人民政府集中行使行政复议职权的批复，泰安市市级行政复议职权由市政府集中行使，全市地税系统不再受理行政复议案件。2014 年 12 月，根据市政府法制办关于做好修改行政执法文书行政复议权利告知格式工作的通知，市地税局结合《中华人民共和国行政诉讼法》的修改，组织全市地税系统修改相关执法文书，告知纳税人行政复议受理单位以及提起行政诉讼期限的改变。

第五章 税务稽查

市地税局稽查局立足稽查职能，建立各项规章制度，规范稽查程序，推进税务稽查科学化、信息化建设，组织开展专项检查、专案检查，依法查处税收违法行为，保障税收收入，维护税收秩序。

第一节 专项检查

一、行业专项检查

1995年，对私人行医、建筑施工队承包人、机动出租车驾驶员等高收入行业和个人进行个人所得税专项检查。1997年3月，根据省地税局关于对人寿保险营销业务员佣金收入征收个人所得税问题的通知，经调查测算并与人保泰安分公司商定，营销人员取得的佣金，扣除30%-50%的费用后，按工资、薪金项目征收个人所得税，全市统一扣除35%费用后，按工资、薪金所得项目征收。7—9月，根据省地税局要求开展个人所得税专项检查，除省地税局确定的重点外，将煤炭、电力、金融、烟草、铁路等高收入行业的工薪收入，个体户生产经营所得，从股份制企业取得的股息红利所得，承包承租者经营所得纳入检查重点，检查应税收入所属时间从1996年1月到1997年6月。全市地税系统496人组成158个检查小组，检查1127个企事业单位，查补入库个人所得税477万元。1999年，将个人所得税专项检查融入日常检查中，1—9月，检查入库个人所得税462万元，涉及纳税人2.9万人次。对建委、交通、卫生、教育4个系统实施专项检查，查补个人所得税83万元，涉及纳税人1.5万人次。全市地税稽查系统组织3次专项检查，涉及金融、交通、邮政、电信、保险、卫生、建筑等12个行业。4-5月，对建委、卫生、交通运输3个系统所属纳税单位开展专项检查，查补税款242.80万元。5月，按照省地税局通知，全市地税稽查系统集中时间、人员，对金融、各类事务所开展专项检查。9月，按照省地税局部署，对建筑、房地产、金融、邮政、电信、石化等行业进行检查，检查纳税人373户，组织入库税款1864.39万元，罚款279.40万元。2000年，把行政事业单位、社会团体、金融、保险、饮食服务等行业作为执法重点，对市直应税收费项目进行清理检查，检查行政事业单位、社会团

开展严格细致的执法服务

体350个，追缴入库税款及附加728万元。7－12月，全市地税稽查系统对服务行业开展普查，重点检查个体私营业户，检查360户，查补税款112万元。2001年，组织两次行业专项检查，涉及金融保险、房地产开发、租赁等9个行业。对房屋租赁业的检查，侧重于城镇街道私人房屋租赁，集中清理欠税308户，查补入库税款670万元，罚款120万元。7月，集中开展金融、电力、中介服务机构等高收入行业企业所得税和个人所得税的检查。企业所得税重点检查少计收入、多列费用等问题。个人所得税重点检查未按规定代扣代缴、少提少缴、以发放实物代替奖金等问题。追缴入库税款1009.99万元，罚款289.81万元。2004年，行业检查范围确定为货物运输、医药生产及购销、房地产、餐饮娱乐、电力、金融等行业。成立由稽查、征管、税政、政工、监察等部门负责人为成员的专项检查领导小组，下设专项检查办公室。检查纳税单位1154户，查补入库税款4173万元。2005年，召开重点行业、重点税源企业专项检查新闻发布会，相关企业法人、财务负责人参加，成立由公安、国税等部门参与的专项检查协调小组。查补入库各项收入4001万元。2007年，对建材、奇石、石材批发市场、砂场等进行专项整治。2008年，对房地产业、建筑业、金融保险证券业、行政事业单位、餐饮行业等进行重点检查，检查纳税户349户，问题户302户。查补税款2330万元，罚款603万元。税款滞纳金加收率、偷税处罚率均达100%，入库率98.68%。2009年，根据省地税局部署，对银行、保险、电力、石化、通信等行业开展税收五清查。检查纳税户922户，其中查有问题775户。自查入库税款6545万元，查补税款4210万元、滞纳金362万元、罚款1312万元。2010年，行业专项检查重点为房地产开发、建筑安装、药品经销、交通运输、盈利性医疗卫生及教育机构。检查纳税户337户，问题户308户，选案准确率91.39%。自查入库税款8234万元，查补税款2350万元、滞纳金273万元、罚款1272万元。滞纳金加收率100%、偷税处罚率、入

到企业实地了解其经营状况

库率均达100%。2011年，开展以缴纳营业税为主的资本交易项目、广告业、房地产业、建筑安装业以及高收入者个人所得税项目等为主要内容的税收专项检查，共查补收入1.6亿元。对交通运输、煤炭采掘行业代开发票行为进行税收专项整治。2013年，开展金融保险业专项检查，整合城区各单位稽查力量，引入中介机构，按照一级稽查模式，统一选案、专业稽查、集中审理、分级入库，查补税款、滞纳金1.96亿元。2014年，以房地产开发、建筑安装企业、制造业、地方股份制商业银行、高污染高耗能企业、驾校、中介机构、高收入群体个人所得税及部分重点税源为主开展专项检查。检查172户，查补各项收入2.1亿元。

二、重点税源专项检查

2002年3月，按照查重点、查大户、查举报、查薄弱的稽查方向，在烟草、电信、索道、建筑安装、电力、餐饮、交通、石油、部队、行政机关等行业部门中选取重点税源企业实施检查。8月，调整检查方向，重点查处县市区重点户、难缠户、钉子户，检查重点税源企业18户，查补各项税款895.10万元，加收滞纳金33.40万元，罚款96.50万元。2006年，抽调全市地税系统稽查业务骨干40人组成检查组，开展市属及以下地方重点煤炭和小型煤炭生产、经销、运输重点税源企业的专项检查，入库税款、滞纳金、罚款576万元。9—11月，抽调业务骨干31人组成检查组，集中开展房地产开发、建筑安装、餐饮、娱乐业等专项检查，检查纳税人105户，查补入库税款828万元。2007年，对城区范围内的食品制药、房地产、建筑安装、饮食服务、煤炭运销、高收入等151户企业实施专项检查，整合泰城城区稽查力量，实施分级分类稽查，查补税款、滞纳金、罚款2931万元。2012年，按照一级稽查模式组织开展城区重点税源企业专项检查，首次引入中介机构配合检查。采取统一选案、专业检查、集中审理、分级入库方式，将选案权、审理权集中到市级。查补入库税款5105万元，同比增长217%，增收3495万元，查结率、入库率、处罚率均达100%，查补100万元以上重大案件4宗。2013年，自查重点税源企业329户，重点检查223户，查补税款、罚款、滞纳金1.40亿元。2014年，自查重点税源企业104户，重点检查37户，查补税款、罚款、滞纳金3444.42万元。

三、打击发票违法犯罪

2005年，重点对货物运输业发票使用及税收管理情况进行检查整治，摸清自开票纳税人、代开票纳税人的基本情况，对通用发票以及行业性发票领、发、存等管理情况进行统计。2006年，与国税、公安召开联席会议，共同开展打击制售、取得和使用假发票专项整治活动。为公安部门提供案件线索4件次，组织案情通报2次。查处违法取得和使用假发票12件次，罚款5300元。2008年3

月，与市公安局、国税局联合召开打击制售假发票和非法代开发票专项整治工作会议。6月，联合开展打击制售假发票和非法代开发票专项活动，查处40户，罚款4万元。2009年，开展打击制售假发票和非法代开发票专项整治，查处21户，罚款60万元。2010年，与市公安局、市国税局联合开展打击制售假发票和非法代开发票专项整治行动，对假发票典型案例在电视、广播、网站等多种媒体曝光。配合公安经侦部门，破获18起非法制造、出售假发票案，抓获犯罪嫌疑人26名，捣毁印制窝点3处、储藏窝点38处，缴获各类假发票金额390.14万元。2011年，开展对房地产、建筑安装、交通运输、餐饮娱乐等行业和假发票买方市场检查，检查发票使用和代开发票企业228户，查处违法企业65户，查获非法发票3758份，涉及金额141.81万元，查补入库税款、滞纳金、罚款29.06万元。协助公安经侦部门打掉违法犯罪团伙3个，查获假发票12.59万份。2012年，与国税、公安、工商、通信管理等部门配合，打击制售假发票犯罪团伙、捣毁制假贩假窝点。加大对重点行业、重点企业发票使用情况的检查，做到查账必查票、查案必查票、查税必查票，检查企业30户，涉及非法发票1.5万份，涉及金额35.4万元。2013年，开展对金融、保险、电信、电力、房地产、建筑安装、营利性教育培训等行业发票使用情况的检查，检查企业78户，查处违法发票630份，涉及金额226.44万元，查补税款17.79万元，加收滞纳金3.13万元，罚款24.99万元。2014年4月，协同公安、国税等部门开展打击涉税发票违法犯罪宣传活动，向群众征集案源线索。通过办税服务厅、有关报刊网站，普及发票相关法律知识、发票防伪知识及识别发票真伪的方法，鼓励消费者主动索取发票。检查企业132户，查处违法发票1.97万份，涉及金额1.25亿元，查补税款2010万元，罚款1081万元，加收滞纳金260万元。

泰安地税1111指挥中心

第二节　专案检查

1999年，全市地税稽查系统完善举报工作制度，受理群众举报84件，查补入库税款 86.62 万元。2000 年，“111”服务工程全面开通后，受理举报案件 81 起，其中“111”指挥（服务）中心转办的案件占 51.8%，查结 81 起，查补入库税款 78.60 万元，罚款 15.20 万元。2001 年，受理举报案件 52 起，入库税款、罚款 113.45 万元。其中，省地税局转办的某钢管厂举报案件，查补入库税款 79.4 万元。2002 年，执行《税务违法案件举报管理办法》，受理举报案件 29 起，查处 12 起，转办 17 起，查补入库税款、罚款 22.70 万元，查处情况及时向举报人反馈。2004 年，受理群众举报案 117 件（份），其中发票举报 112 份。查处、转办查处 117 件（份），查补税款、罚款 7.60 万元。按照省地税局“7.16 专案”调查意见和市政府会议精神，抽调业务骨干对山东某企业在泰安市的 13 家代理商及涉及消费储值非法经营活动的 54 户单位和个人进行专案检查。9 月，按照市政府紧急会议部署，开展打击取缔消费储值行动，对 54 户单位和个人的涉税问题彻底检查。对 17 户单位采取冻结银行账户，冻结资金 162 万元。2005 年，受理群众举报 69 件，其中发票举报 55 份，查处、转办查处 61 件，查补入库税款、滞纳金、罚款 158.70 万元。根据税务总局关于增值税专用发票和其他抵扣凭证审核检查有关问题的通知，对外地国税稽查局异地货物运输发票进行协查，协查 316 份，分别给予函复。加强与国税部门的协调配合，联合对北京某网络科技有限公司税案进行调查。2007 年，受理举报案件 24 起，查结 22 起，查补入库税款 7.80 万元，罚款 2.50 万元，兑现奖励 1.10 万元。受理外地协查 49 件，转办 38 件，寄送反馈单 44 份。2010 年，受理举报案件 17 起，其中省地税局交办 5 起。查补税款、滞纳金、罚款 44 万元。2011 年，规范举报案件的受理、审批、查办、资料管理、情况反馈、举报奖励、信息保密等工作。受理、查处举报案件 24 件，受理协查 23 件。2014 年，受理举报案件 20 起，查补入库各项收入 70 万元。

第三节 清理检查

1995 年，以国地税共管户为重点，对全市缴纳地方税的纳税人集中检查，摸清地税管理户数和地方税源底数。1996 年，开展交通运输业税收检查，检查 633 户，查补税款 158 万元。1997 年 3 月，抽调 68 人对泰城范围内的纳税人集中清理检查，检查 4909 户，清理漏征漏管户 1639 户。1998 年 7 月，对全市地方税源情况和纳税户控管情况清理检查，清理漏管户 3476 户，补税、罚款 116 万元。2000 年，对娱乐业、服务业和有应税收入的行政事业单位开展专项清理，建立税源户籍档案和税源征管台账，清理漏征漏管户 3995 户，补税、罚款 120 万元。2001 年，对达到起征点的 1.43 万户临时经营业户、各类小摊点，免费办理税收管理卡，全面纳入管理。2002年，结合工商登记验证工作，开展未办税务登记业户清查。全市地税系统办理税务登记6.83万户，比上年增加1731户。对泰城范围内有异议的58户纳税人进行调查，依法调整征管范围。4月，在宁阳县召开全市整顿规范税收秩序暨征管改革现场会。全市检查纳税人1.74万户，其中，已纳入管理的1.62万户，清理漏征漏管1279户，补缴税款66.92万元，加收滞纳金、罚款16.2万元。2003年，对全市工商登记与税务登记户数进行调查核实，清理漏登漏管户5234户。2009年，比对国税、地税登记信息，核实差异信息，补办漏管户登记信息266条，处理虚假注销登记信息42条，清理查无下落登记信息4049条。2011年，在泰城范围内开展为期两个月的漏征漏管户专项清查，清理漏征漏管236户，清理临时征收户2668户，增加税收138.3万元。2012年，开展为期两个月的临时征收户和非正常户专项检查，临时征收户17.26万户，入库税款占税收总额10%，同比下降22%。全市非正常户6375户，同比下降3%。

第五篇

税收服务

1996年7月，在全国税收征管改革工作会议上，提出纳税服务概念。2001年，《中华人民共和国税收征收管理法》首次以法律形式将纳税服务确定为税务部门的法定职责。2004年，市地税局纳税服务中心成立，负责管理、组织、协调、监督系统纳税服务工作。探索服务通道的多元化，服务形式的规范化，申报方式的多样化，缴税方式简便化和咨询方式市场化，为纳税人提供全方位服务。1994－2014年，r按照税务总局确定的主题，逐年开展税收宣传月活动，宣传税法，组织培训，提高社会税收遵从。

第一章 纳税服务

1994年起，纳税服务工作以纳税人合法需求为导向，拓宽纳税服务渠道，整合、优化办税服务厅，多渠道开展税收咨询、辅导及宣传，建立纳税人维权组织、开通“12366”纳税服务热线并逐步升级等，全方位满足纳税人办税需求。

第一节 办税服务厅

1995年，市地税局在直属分局以及各基层分局、所普遍建立征收服务大厅，负责税务登记、发票发售、开具税收票证等。1996年，市地税局直属分局开展税务代理服务，为纳税人代办税务登记、发票领购、纳税申报等税收业务，并增加办税服务窗口，税收征管模式由专管员上门收税转变为纳税人上门申报。各县（市、区）地税局均设立征收服务厅，82个征收分局（所）实现柜台征收。1997年，市地税局直属分局征收大厅由原租赁地迁入东岳大街新落成的办公楼一楼，设有办税区、纳税人休息区及办税自助服务区。1998年，按照省地税局要求，开展创建标准化办税服务厅评选活动，征收大厅更名为办税服务厅。年底，市地税局直属分局被评为山东省地税系统标准化办税服务厅示范单位。1999年，市地税局基层办税服务厅全面实现微机征收。县（市、区）地税局按照省级标准建立办税服务厅，市地税局60%的办税服务厅获市级以上文明单位称号。2000年，在泰安市开展“111”纳税服务工程，集热线咨询、举报受理、上门服务、网络交流于一体，市、县两级地税局均设立指挥中心。3月，泰安地税“111”指挥中心和各县（市、区）地税局服务中心正式开展工作。2001年，网络报税、电话报税、网上稽查在泰安市推广应用。推广委托银行网点代收代缴税款办法；建成泰安市电子申报中心并投入使用。8月，在市地税局直属分局进行电子申报纳税试点，城区大中型企业电子申报纳税及中小业户电话申报纳税试点初见成效。2002年，规范“111”服务工程，利用“111”服务电话开展咨询发布和受理投诉举报，“111”服务电话号码统一为160011。2003年，全面应用网络报税、电话报税、税控收款机、网上稽查、会计电算化、网上税务局等方式，基层分局推行委托银行代收代缴税款办法，覆盖1.83万户，月代征税款667万元。2004年4月，印发关于设立市县地税局纳税服务中心的通知，成立市地税局纳税服务中心。11月，印发关于泰安市地税系统纳税服务机构设置有关问题的通知，各县（市、区）地税局纳税服务中心成立。12月，根据全市地税系统纳税服务中心岗位职责要求，对服务窗口场所设置、岗位、职责等作出明确规定。2005年，制定泰安市纳税服务中心服务窗口规范意见，统一悬挂文明口号、工作规程图、岗位职责、工作制度、文明用语，对各项涉税事宜进行流程再造，重组岗位工作职责，简化涉税审批等办理程序和手续。2006年，根据省地税局试行纳税服务工作规范要求，筹划服务场所整体布局、服务区域划分、人员配置、服务设施等，统一受理，内部流转，限时办结，窗口出件。整合登记、发票、涉税咨询、涉税审核审批等6大项24小

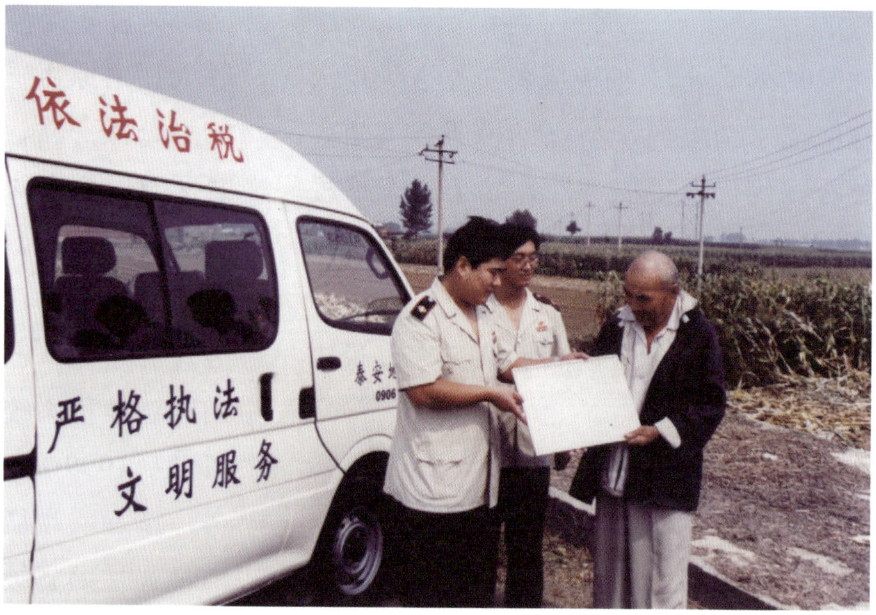

地税服务深入田间地头

项工作，明确工作流程、限办时间、标准、追究、档案管理等具体要求。6月，根据市地税局直属征收分局、泰山分局纳税服务大厅工作流量，制定初步的纳税服务场所的整体布局、服务区域划分、人员配置、服务设施安排等。10月，针对代开发票纳税人开具发票税银往返不便问题，与农村信用联社协商，在肥城市地税局、新泰市地税局、泰山分局等纳税服务场所开通地税代征窗口，使代开发票纳税人缴税开票同窗办理。2007年，根据泰安市纳税服务大厅设置方案，明确各办税服务厅功能设置，以泰山分局纳税服务中心为试点，整合登记、发票、涉税咨询、投诉举报、涉税审核审批、宣传培训等服务岗位的工作流程，规定限办时间、标准、追究、档案管理等内容。8月，按照省地税局推行一站式纳税服务要求，召开座谈会，明确一站式服务方向。2008年1月，全市地税系统办税服务厅省级”大集中”系统软件上线运行。1月6日，新泰市饮食服务公司李氏餐厅在青云办税服务厅成功打印税票，新泰市广大电力工程有限公司网上申报并扣款成功，标志着省级“大集中”系统成功上线并正常运行。3月，根据

2010年9月1—2日，泰安市地税局财税库银税收收入电子缴库横向联网系统上线运行。图为泰安市生力源股份有限公司在市地税局直属分局办税服务厅开出第一张税收电子转账完税凭证。

省地税局评选山东地税“征纳共盈”纳税服务品牌创建先进单位要求，开展品牌创建活动。4月，在县（市、区）地税局纳税服务场所对外窗口安装纳税服务质量评价器23台。12月，宁阳县地税局纳税服务中心被省地税局评为“征纳共盈”纳税服务品牌创建先进单位。2009年，按照省地税局推行“一站式”纳税服务实施意见，制定纳税服务场所整体布局、服务区域划分、人员配置、服务设施等具体方案，整合登记、发票、涉税咨询、投诉举报、涉税审核审批、宣传培训等服务岗位的工作流程，规定限办时间、标准、追究、档案管理等具体要求。全市地税系统8个服务大厅，全面实行首问责任制、承诺服务制和一次告知制。2010年，根据省地税局办税服务厅管理要求，规范办税服务厅建设，整合登记、发票、涉税咨询等6个大项53个小项的工作流程、限办时间、考核等要求，合理设置岗位职责，全市地税系统建成服务大厅9个。3月，开展服务之星评选，在泰安市3人以上（含3人）的办税服务厅，每月按照一定比例评选服务之星，评选服务之星1100人次。2011年7月，召开纳税服务工作会议，规范全市地税系统办税服务厅建设工作。11月，根据市地税局加强办税服务厅应急处理实施意见要求，在办税服务厅安装视频监控系统，监控、记录办税

2012年7月，全市地税系统规范办税服务厅建设现场观摩会议在肥城市召开。

服务厅场景。12月，在肥城市地税局和宁阳县地税局召开全市地税系统规范办税服务厅建设现场观摩会。2012年，整合、规范县（市、区）地税局办税服务厅，纳税服务中心与城区办税服务厅整合，人员、业务由纳税服务中心统一管理。县（市、区）地税局在“大集中”系统虚拟办税服务厅，在县（市、区）范围内实现集中征收、县域同城通办。县（市、区）地税局城区区域内建立一个服务大厅，原基层分局（所）设服务点，实现同城通办，集中征收，征收与管理分离。7月，召开办税服务厅现场观摩会议，印发全市地税系统办税服务厅整合规范建设验收标准，从大厅建设、制度、工作人员行为、应急处理、绩效考核五个方面予以规范，建立健全办税服务厅首问责任、限时办结、导税服务、预约服务、提醒服务、延时服务、承诺服务等各项制度。2013年，按照《山东省办税服务厅管理规范》，在泰安市统一内外标识、功能设置、基本设施、岗位职责、业务流程、管理制度、工作考核等。9月，在新泰市地税局召开泰安市地税系统办税服务基础管理观摩会议，讨论通过《泰安市纳税服务明星管理办法》。2014年，根据省地税局建立办税服务事项梳理及规范机制意见要求，推行扁平化管理，在城区局将全部业务科室集中到办税服务厅，审批事项前移，现场审核、审批。在大厅设置前导服务台，对进入大厅的纳税人，前导人员主动询问纳税人需办理的业务，重点进行涉税业务辅导、所需材料一次性审核告知、协助外网办税等3项日常服务。对于零申报授权、外经证明核销、三方协议验证等简单业务直接办理。结合政策法规库，对办税程序、手续进行全面梳理，减少资料种类超过50%，逐步取消纸质资料报送，各地税窗口实现房屋交易的营业税、契税减免、征收业务的即时办结，实现服务全面提速。在办税服务厅登记、申报、审批、政策优惠等四方面推行免填单业务。

第二节　纳税服务渠道

2004年，市地税局制定纳税服务特快通道管理办法，按行业类型，明确信箱排列方式，填制电子信箱地址4036个，注册国际域名。职能科室整理需发送的税收政策法规，由纳税服务中心负责群发或点发至企业。10月，开展征求纳税服务需求、意见和建议活动，通过《泰安日报》、市地税局政府网站等渠道，征求纳税人和社会各界对纳税服务的需求、意见和建议，收回意见表3.1万份。10月，在全省地税局长会议上，市地税局作题为《构建现代服务体系、全面提高征纳质效》的典型发言。12月，开通泰安地税政府网站，注册域名www.sdta-l-tax.gov.cn，作为对外宣传、服务的重要窗口。2005年，利用特快通道，向4000多户企业发送税收政策法规

6.2万余条（次）。4月，自主开发外部网站咨询督办系统，通过系统全年收到纳税人咨询187条，回复率100%。5月，制定发票举报案件快速查处管理暂行办法，在全省地税系统首家建立发票举报案件快速反应机制。接到发票举报案件99起，兑付举报奖金8000元。印制纳税服务征询意见卡1万份，对辖区内企业定期回访，建立联系点230个，按季组织人员到服务联系点了解情况、查找问题。市地税局上报省地税局26个优秀建议和优秀服务事项。其中，10条获山东省“百佳”纳税服务事项和纳税服务建议，数量居全省第一位。2006年，开展纳税服务质效回访活动，建立联系点230个，征询纳税人意见建议，发放服务质效调查表2000份，回收1578份，召开税企恳谈会7次，走访22家企业和35户个体业户。特快通道新增企业邮箱423户，向6145户企业发送税收政策法规11万条（次）。4月，市地税局开展纳税服务志愿者活动，成立服务队92个，接受涉税咨询1.5万人次，发放税收宣传资料3万份；15个分会的104名纳税服务志愿者成为注册会员。5月，在全省地税系统纳税服务业务考试中，4名参考选手平均成绩列第一名。6月，在全省地税系统纳税服务演讲比赛中，吕军获一等奖。7月，针对代开发票纳税人税银往返问题，与农村信用联社协商，

2009年9月，召开全市地税系统维权服务工作现场会。

在肥城市地税局、新泰市地税局、泰山分局等纳税服务场所开通地方税代征窗口，实现税银同台办公，被评为全省地税系统优秀纳税服务中心。2007年，召开税企恳谈会6次，走访泰安红楼百货等23家企业和38户个体工商业户。5月，根据省地税局要求，与团市委联合印发《关于成立泰安市青年志愿者协会纳税服务分会的通知》，制定纳税服务分会章程，印发服务分会手册，召开成立大会，开展志愿者活动。招募纳税服务志愿者1108人，成立87个分会。5－9月，集中开展服务经济建设建言献策活动，收集建议205条，被市（县）、乡镇党委政府采纳116条。6月，建设纳税呼叫服务系统，对服务定制模块作出维护标准和完成时限，定制服务单16.99万条，其中语音方式9.19万条，短信方式7.33万条，电子邮件方式4761条。10月，在市地税局直属征收分局及县（市、区）地税局纳税服务大厅发放纳税服务质效情况调查表，纳税人满意率95%。2008年，开展“征纳共盈”服务品牌创建活动，将活动公告在网站、报刊刊登，发放纳税服务需求调查表5100份，通过电话、信息、网站、电子邮箱、信函、上门等方式征集纳税服务宣传用语508条，并予评比表彰。5月，泰安市、岱岳区青年志愿者协会纳税服务分会同时被共青团市委授予泰山红叶优秀志愿者协会荣誉称号。泰安市纳税服务志愿者协会下设80个分会，纳税服务志愿者213人。按照省地税局要求，组织编写纳税服务行为规范和咨询手册。印制保权益、要发票、中大奖发票宣传画，在纳税服务场所及纳税人单位发放、张贴520张。2009年2月，开展优化纳税服务、促进企业发展活动，到316家企业调查，发放征求意见信2200件，组织657户纳税人代表召开座谈会22场次。6月，宁阳县青年志愿者协会维护纳税人权益分会挂牌成立，为山东省第一家纳税人维权组织。8月，开展至诚维权“征纳共盈”纳税服

组织金税三期系统登记师资培训班

务品牌创建活动。12月，与团市委联合举办纳税人之家成立揭牌仪式暨维权服务座谈会，建立纳税人维权组织8家，其中在青年志愿者协会下建立纳税人之家6家，成立维护纳税人权益分会2家；发展维权人员716人，其中地税人员66人。2010年，市、县两级纳税人维权组织举办培训班21期、印发宣传资料1.23万册，网发新政策1.85万次，通过邮箱、电话和上门接访等方式，解答纳税人咨询1.08万人次。纳税人维权组织共调处税收争议12起，避免纳税人损失81万元。4月，全市地税系统开展第一个地税局长服务日。市县两级地税局全年开展服务日活动81次，解决涉税问题268个。5月，在全省地税系统纳税服务培训会议暨全省地税系统纳税服务工作上，市地税局作题为《健全组织、完善措施、切实维护纳税人合法权益》的经验介绍，与会人员到泰山分局办税服务厅现场观摩。8月，市地税局纳税人税法培训中心成立。是年，举办各类税法培训班48期，培训2880人次。10月，按照省国税局、省地税局《纳税信用等级评定管理试行办法》，对1.7万户企业进行信用等级评定，评审出纳税信用A级企业105户，B级企业13872户，C级企业2638户，D级企业406户。2011年，开展擦亮窗口、服务纳税人活动，强化基层办税服务厅创先争优和优

2008年4月，组织召开泰安市地税局“让纳税人说说心里话”座谈会。

市地税局组织集中服务企业发展座谈会

化办税服务，形成一次性告知、一窗式受理、一站式服务格局。2月，开展集中服务企业发展活动，召开专题座谈会，市地税局机关科室联合走访企业，实地调研，组织培训，处理税收问题23个，发放公告、条例、税收优惠政策等宣传资料1070份。印制纳税人权利与义务公告1万份，发放宣传资料1万册，通过网络发送新政策10万次，印制纳税服务一次性告知单2万份。设立VIP绿色特快窗口，通过外部网站提供网上税法宣传、政策咨询、办税服务、资料下载等服务。肥城市地税局建立纳税人之家网上服务平台，新泰市地税局建立纳税人QQ群。4月，落实省地税局要求，注册税务师行业的行政监管工作由市地税局征管科转入纳税服务中心，通过地税系统报批的税务师事务所7个、从业人员100余人，经联合年检，全部合格。重新推荐5人担任第三届省注税协会理事。9月，泰安市公共服务中心地税窗口工作由市地税局纳税服务中心管理，规范窗口设置，集中管理人员，实现一窗多能。2012年，建设泰安地税网上综合服务平台，受理咨询126件，转办54件。6月，在全省地税系统纳税服务工作会议上，肥城市地税局作题为《规范建设、优化配置、打造纳税服务新格局》的典型发言。8月，全市地税系统纳税服务工作暨办税服务厅规范化建设现场会在泰山分局召开，实地观摩办税服务厅规范化建设现场，观看宣传专题片。2013年，举办金税三期系统应用培训班36期，培训办税服务厅窗口人员和基层单位业务骨干2800人次。7月，在省地税局纳税服务工作会议上，市地税局作题为《完善机制、强化监管、积极引导涉税中介参与税收管理服务》的典型发言。9月，印发《关于进一步加强市公共行政服务中心地税窗口人员管理的通知》，规范二手房交易工作。10月，建立地税窗口税收管理服务联席会议制度，成立由市地税局征管和科技发展科、政策法规科、收入规划核算科、纳税服务中心参加的联席会议小组，解决突发性、临时性及历史遗留问题。2014年，开展为经济发展献良策、为纳税业户办实事活动，为纳税人办理实事1072项。3月，围绕税务总局便民办税春风行动要求，撰写调研报告38篇，建言献策898条，167个经济发展良策被纳入地方党委政府决策。6月，市地税局《服务发展献良策、提速减负办实事、全力解决为民务实“最后一公里问题”》经验被省地税局转发。新华社《内参选编》、山东省人民政府研究室《决策参考－调研成果专报》、省委全面深化改革领导小组办公室《改革工作简报》、新华社济南分社《山东参考——新华高管信息专题》、泰安市委《领导参阅》等先后报道市地税局经验。

第三节 12366纳税服务热线

2004年8月，市地税局12366纳税服务热线上线运行。热线由人工、自动两部分、四个层面和举报、业务查询等11个模块构成，所有咨询、举报电话全程录音。全年接听咨询电话2448人(次)，回复率100%，纳税人满意率99%。12月，印发12366服务热线管理办法，税务总局、省地税局转发泰安经验。2005年4月，12366热线从市地税局切换到省地税局统一平台。5月，制定12366服务热线综合分析制度，明确涉税事项处理办法，维护个性化数据库、问题库421条信息。9月，转发《山东地税12366纳税服务系统管理规范(试行)》。12月，转发《山东省地税系统纳税服务

泰安地税12366热线宣传画

涉税事项处理暂行办法》，规范服务涉税事项的具体流程。全年接听咨询电话4348人（次），回复率98%，纳税人满意率99%，受理发票举报案件89起，转交有关单位查处。2006年，根据省地税局12366纳税服务系统座席人员星级管理办法（试行）规定，实行服务热线座席人员星级管理，每月整理咨询热点、难点问题，形成分析报告，更新知识库。6月，与市政府便民电话“12345”链接。2007年，按照省地税局要求，按月分析12366热线运行情况，形成分析报告，整理咨询热点难点问题，更新知识库内容。在工作间内张贴泰安地税12366服务热线系统流程图、服务人员工作手册和文明用语等管理制度，接听电话2030个，纳税人满意率100%。受理涉税举报案件120件，其中现场举报5件，查处罚款入库2.05万元。2008年1月，在泰安市便民服务电话工作表彰大会上，市地税局被评为先进单位。全年泰安市12366纳税服务热线受理咨询类问题5172件、举报416件、投诉119件。按服务方式通过自动语音接听4099件、人工座席接听1608件，比上年增长41.6%。受理涉税举报案件80件，其中现场举报12件，查处罚款入库5000余元。市政府便民电话转办49件，举报人满意率100%。2009年，根据省地税局《纳税人涉税保密信息管理暂行办法》，对涉税保密信息管理情况进行自查。2010年，根据省地税局开展全省纳税服务明星评选活动要求，在12366热线座席人员及办税服务厅人员中开展“纳税服务明星”评选，评选出服务明星20人。2011年，市地税局12366纳税服务热线受理咨询、举报、投诉电话7677个，同比增加3367件，增长78.12%。全年受理市政府便民电话转办的45件承办单，举报人满意率100%，被评为年度市政府便民服务电话工作先进单位。2012年，12366热线人工受话量1.02万件，同比增长33%，超过同期正常纳税户数6%，纳税人满意率100%。2013年，12366热线人工受话量9987件，纳税人满意率100%。受理纳税人发票案件82件。2014年，泰安地税12366纳税服务热线成为集沟通、宣传、提醒、查询、投诉、维权等多种服务于一体的涉税综合服务平台。

第二章　税收宣传

1992年开始，税务总局决定每年4月集中开展税收宣传，称为税收宣传月，由税务总局制定指导思想、宣传主题，各地税务局结合实际开展税收活动。

1994 年 10 月，市地税机构成立后，税收宣传工作由市、县（市、区）地税局办公室负责。2002 年 9 月，根据省地税局要求，宣传工作由政治工作科负责，县（市、区）地税局由办公室负责。2012 年，政治工作科更名为基层工作科，并调整相应职能，税收宣传由基层工作科负责。税收宣传主要包括每年 4 月份的全国税收宣传月活动、全系统的日常宣传和专项宣传活动等。

与市国税局联合组织第 19 个税收宣传月启动仪式

第一节　税收宣传月

一、市地税局

1994 – 2014 年，围绕税务总局确定的税收宣传月主题，每年 4 月开展街头宣传、知识竞赛、征文比赛、在线访谈等活动，召开举办业务培训、税企恳谈会等形式将最新税收政策发送给纳税人。

市领导参加税收宣传活动

二、县（市、区）基地税局

（一）泰山分局

1994 – 2014 年，围绕税收宣传月主题，通过街头宣传、知识竞赛、在线访谈、召开税企座谈会、举办业务培训、上门帮扶等，多种形式开展税收宣传。发放宣传材料 32 万份，举办税收业务培训班 43 次，提供税收业务咨询 3.2 万人次，解答税收难题 9600 次。1995 年，在泰安市电视台东岳潮举办专题节目，被市地税局评为优秀税收宣传项目。1997 年，组织税收与文明征文比赛。1998 年，组织税收宣传“六进”活动，被市地税局评为优秀宣传项目。2000 年，与泰山区电视台联合推出税收知识有奖竞答活动。2003 年，组织东岳庙会送税法、税法套餐进小康村活动，被市

表 5-2-1　　1994 — 2014 年全市地税系统税收宣传月活动情况

年度	主题	内容	荣誉
1994	税收与改革	1994 年 10，市地税局成立。	
1995	税收与法治	1、4 月 3 日，市人大常委会副主任胡化泉在市电视台发表税收宣传月动员讲话。 2、4 月 9 日，开展税收宣传突击日活动。	市地税局被省地税局评为先进集体
1996	税收征管与市场经济	1、4 月 1 日，市人大常委会副主任高庆臣发表电视讲话。 2、4 月 13 日，举行税收宣传月突击宣传日活动，在总参接待站召开新闻发布会。 3、组织税务干部到光明机器厂、泰师附小、泰安二中宣传税法。 4、召开个体工商业地方税收宣传工作座谈会。	
1997	税收与文明	1、4 月 1 日，市人大常委会副主任高庆臣在电视台发表税收宣传月动员讲话。 2、4 月 12 日，驻泰地税机关开展税收集中宣传日活动，地税干部上街设立咨询台、出动宣传车，宣传税收知识。	
1998	税收征管与依法治国	4 月 11 日，驻泰税务机关组织集中宣传日活动。	

年度	主题	内容	荣誉
1999	依法治税强国富民	1、市委书记莫振奎，市委副书记、市长鲍志强，市政协主席宋广吉，市人大常委会副主任张振宗采取题词、发表署名文章、发表电视讲话等形式，参与税收宣传活动。 2、市政协副主席于连荣带领9位市人大代表、市政协委员视察基层地税工作。 3、举办桃花为媒传税法、税收知识进万家、青年税收宣传志愿者、税法送上神童山等活动。	
2000	税收与未来	启动集执法服务、宣传、监督为一体的“111”服务热线	
2001	税收与公民	围绕“税收与公民”主题，利用“111”服务热线、地税信息网站和新闻媒体开展税收宣传月活动。	
2002	诚信纳税利国利民	开展税收宣传进车站、超市、学校系列活动。	
2003	依法诚信纳税 共建小康社会	与国税局联合开展“东岳庙会送税法”、“税法套餐送进小康村”系列活动。	
2004	依法诚信纳税 共建小康社会	4月3日，在市政广场举行税收宣传月启动仪式，市人大常委会副主任滕先森、副市长白玉翠、市政协副主席于连荣等出席活动，市国、地税班子成员、纳税人代表和税务干部共计500余人参加活动。	
2005	依法诚信纳税 共建小康社会	4月2日，与市国税局在泰山天地广场联合举办税收宣传月启动仪式。市人大常委会副主任高玉章，市政协副主席于连荣，市纪委副书记孟兆营，市文明办、纠风办等部门负责人出席仪式，纳税人代表和市国税局、地税局领导班子成员以及税务干部职工300余人参加活动。	

年度	主题	内容	荣誉
2006	依法诚信纳税 共建小康社会	1、3月31日，与市国税局在金山度假村联合举办税收宣传月新闻发布会暨启动仪式。 2、4月21日，邀请20户知名企业负责人及财务人员，召开税企恳谈共建和谐座谈会。	
2007	依法诚信纳税 共建小康社会	4月18日，召开情系纳税人、和谐促发展座谈会。	市地税局被评为全省地税系统税收宣传月活动先进单位
2008	税收·发展·民生	1、4月22日，召开让纳税人说说心里话座谈会。 2、开展税法宣传进高校系列活动。	“税法宣传进高校”系列宣传活动被评为全国税收宣传月活动优秀项目；市地税局被评为山东省地税系统税收宣传月活动先进单位
2009	税收·发展·民生	开展税企心连心、手牵手、共度难关谋发展系列宣传活动。	
2010	税收·发展·民生	4月1日，与市国税局联合在金山度假村举行泰安市第19个税收宣传月暨“泰山之春－税企手拉手”活动启动仪式。	
2011	税收·发展·民生	4月2日，与市国税局联合在东平举行泰安市第20个税收宣传月活动启动仪式，与市国税局联合发布2010年泰安市纳税30强企业名单和税收宣传月活动方案，演员代表陈建飞向泰安市纳税人发出税收遵从倡议。	市地税局被评为全省地税系统税收宣传月活动先进单位
2012	税收·发展·民生	3月30日，与市国税局联合举行“税收·发展·民生”在线访谈活动，市地税局党组书记、局长葛明跃作客东方泰山网，与网民实时在线交流。	

年度	主题	内容	荣誉
2013	税收·发展·民生	在泰安地税系统组织开展“泰山魂　地税情”系列宣传活动。	市地税局被评为全省地税系统税收宣传月活动先进单位
2014	税收·发展·民生	开展便民办税春风行动、群众路线教育实践活动、税企共促发展3个专题宣传、税收政策解读辅导、先进典型宣传等系列活动。	

地税局评为优秀税收宣传项目。2004年，组织千人万户送税法活动。2005年，组织汉明堂文化艺术节上传税法活动，被市地税局评为优秀税收宣传项目。2006年，组织志愿者服务队送税法、送服务活动，被省地税局评为优秀创新项目，被市地税局评为优秀税收宣传项目，泰山分局被评为税收宣传月先进单位。2007年，组织依法诚信纳税、共建小康社会万人签名活动。2008年，组织泰山先锋我先行、我送税法进成家系列活动。2010年，组织以大泰山为载体，以大旅游为媒介，做大做强税收宣传活动。2011年，与泰山区委宣传部联合开展讲文明树新风、共建和谐促发展、保障税收惠民生泰山文明使者志愿服务行动。2012年，组织深入大园区、服务大项目活动，被市地税局评为优秀税收宣传项目。2013年，组织税收与未来关怀儿童系列宣传活动，被市

市领导参加税法宣传

签名传税法

地税局评为税收宣传优秀项目。2014年，组织税法进万家活动。

（二）岱岳分局

1994年，利用广播、电视、报刊、杂志等，宣传地税部门的工作任务、职责范围、地位作用及地方税收政策法规等内容。1995年，利用郊区电视台、广播电台进行宣传，在泰安火车站、汽车站、企业、学校集中宣传。1997年，印发地方税务公告，开展税法下乡村、进课堂、进企业以及税企共建文明年等宣传活动。2000年，开展税收与强国富民、与新世纪、与WTO、与中西部开发、与科教兴国关系等系列宣传。2001年，利用省地税局《地方税务》杂志、地税“111”服务热线、地税信息网站和新闻媒体，宣传《中华人民共和国税收征收管理法》。2002—2004年，组织小分队开展税收宣传。2005年，联合岱岳区委宣传部、岱岳区文明办在泰安银座商城广场举行百万诚信纳税宣传袋进万家活动，投放100万个印有税收宣传月主题和“12366”纳税服务的购物袋。2006年，在市电视台举办今日说税—共说诚信纳税电视专题访谈节目，地税干部职工及纳税人代表80人参加节目。2007年，举办纪念《税收征管法》颁布实施15周年暨情系纳税人、和谐促发展座谈会。2008年，与夏张镇党委、镇政府联合开展千年御道、万亩梨园、情系税收宣传活动。2009年，税收宣传岱岳行系列活动被市地税局评为税收宣传月优秀宣传项目。2010年，组织200人次走街串巷进行税收宣传，与泰安日报社签订税收宣传协议书，山东电视台地税时空栏目对基层建设、集中办公、税源专业化管理等工作进行报道。2011年，开展上下联动、税企联动、城乡联动、内外联动宣传活动，在《泰安日报》发表宣传稿件32篇。2012年，围绕新一轮基层建设、愿景建设、关爱活动、文化建设和税收宣传月5个方面，举行税法宣传，悬挂宣传标语，发放税法宣传明白纸，提供现场咨询，向群众宣传普及税收知识。岱岳分局被评为全省地税系统税收宣传月先进单位。2013年，发放税收宣传画、个人纳税指南、税收宣传资料等3200张（份），接受咨询1876人次。2014年，开展税法宣传进农家宣传活动，围绕房屋买卖契税、下岗失业人员再就业以及涉农税收优惠政策

2014年4月24日，岱岳分局税法宣传小组到道朗镇里峪村开展税法宣传进农家活动。

等，发放税法宣传明白纸，入户座谈宣传，解答村民疑问，征求村民意见和建议。

（三）新泰市地税局

1994年，组织上街宣传，制作宣传条幅，发放宣传单，面对面解答纳税人问题。1995年，召开税企恳谈会，了解纳税人需求，制定针对性强的宣传辅导措施。1996年，组织税收宣传进社区、进学校活动。1997年，开展税收宣传主题征文活动，收到征文640篇。1998年，组织上街宣传活动，设立咨询台，发放宣传资料，制作宣传标语，现场回答咨询。1999年，组织税法知识竞赛。2000年，开展税收宣传进景区、进街道活动，组织人员到莲花山风景区向游客发放宣传材料，扩大宣传影响力。2001年，召开税企座谈会，利用出租车进行税收宣传。2002年，开展以考促学传税法活动。2003年，参加税法百题知识竞赛。2004年，沿街设立税法咨询台，回答纳税人咨询2400余个。2005年，组织税法宣传进社区活动。2006年，组织税企恳谈会。2007年，开展税法宣传征文活动，重点面向机关干部以及学校，收到征文1000余篇。2008年，开展樱桃节上传税法活动，利用天宝樱桃节游客众多之机，出动宣传、设立咨询台、发放宣传单位，开展税法知识宣传。2009年，开展出租车宣税法、税法宣传进集市活动。

税务人员积极开展税法宣传

2010年，组织税法宣传一条街、税法宣传进商场、发票维权等系列宣传活动。2011年，开展邮送税法、电子屏幕宣税法、送税法进乡村等活动，网上开展税收宣传月专栏，进行集中宣传。2012年，开展短信送税法、税法宣传进社区、税法宣传进景区和巧借发票摇奖平台宣税法系列活动。2013年，组织税法宣传进校园、小伞载税情活动，举办税收文化书画展，开展每月好税官评选。2014年，组织奇石展上送税法、放飞税收梦、税宣下企业、地税好声音等宣传活动。

（四）肥城市地税局

1994年9月，通过电视讲话、答记者问、人物专访、消息报道、发放明白纸、编印小册子等形式，宣传地税机关职能作用。1995年，开展税收突击宣传日活动，肥城市委、市政府等六大班子领导走上街头宣传税法。1996年，组织人员到校、进厂、入户，开展上街突击宣传活动。在肥城市电视台开设地税之窗栏目并固定下来，报道法规政策、地税工作情况。1997年，开展万名学生带动万家成员学税法活动。拍摄电视专题片《桃乡地税人》，庆祝建局3周年，开展地税杯纳税技能比武活动。1999年，开展桃花为媒送税法活动，被市地税局评为税收宣传月活动一等奖。2000年，开展地税文化耀桃乡系列活动。2001年，开展送电影下乡活动，组织我为党旗添光彩演讲比赛和新征管法知识竞赛，编辑出版《地税魂》一书。2002年，将纳税信用等级评定制度引入税收宣传。2003年4月，在肥城市电视台、广播电台举办诚信纳税、利国利民专题讲座。2004年，联合肥城市国税局举办税收宣传专场文艺晚会。2005年，《文艺搭台、税宣唱戏》被评为全市地税系统优秀项目一等奖。2006年，联合11个部门开展法制宣传活动，开通电话税宣悦铃业务。2007年，税收知识大比武被省地税局表彰为税收宣传月活动优

在泰山极顶开展税收宣传

秀宣传项目，税企共和谐、携手创品牌系列宣传活动获全省地税系统税收宣传项目三等奖。2008年，开展税法进校园宣传活动，被省地税局表彰为税收宣传月优秀宣传项目。2009年，开展花为媒、税企牵手谋发展十百千系列宣传活动，被省地税局评为优秀创新项目。举办桃乡人、地税情文艺汇演。2010年1月，开展情系桃乡、共建和谐系列税法宣传活动，被省地税局表彰为优秀宣传项目。2011年，举办聚焦基层齐鲁行——全省地税系统摄影社税收宣传月系列采风、税收宣传万人大签名以及税收看变化、老总话发展专题采风等活动。税收宣传桃都行活动，被表彰为全省地税系统优秀宣传项目。2012年4月，桃都小记者看地税基层新变化宣传活动，获全省地税系统优秀宣传项目。2013年，税企共植同心林宣传活动获全省地税系统税收宣传月活动优秀创新项目；搭建四位一体文化服务新格局获全省地税系统优秀宣传项目。2014年，开展以机关联系基层构建活力地税，税务干部联系纳税人构建和谐地税为主要内容的“双联双建”活动，被省、市地税局表彰为优秀宣传项目。《19亿元背后的故事》被税务总局评为全国税收好新闻。

（五）东平县地税局

1995－2014年，东平县地税局举办20个税收宣传月活动。1997年，与团县委、县教委联合开展“万名雏鹰写税法”活动。1998年，与县委宣传部、县文明委、团县委联合组织地税杯税法知识竞赛，各乡镇、县企业和有关部门参加，组织156个参赛队，竞赛36场，参赛总人数10万余人。1999年，开展地税知识进万家活动，发放明白纸3000余份。2000年，在东平湖畔开展湖畔涛声送税法活动，获全市地税系统优秀创新项目奖。2002年，组织开展湖畔春风送税法宣传活动。2003－2006年，与团县委、县国税局联合开展依法诚信纳税、加快东平发展主题教育活动，组织开展税企恳谈话和谐系列宣传活动。2006年，参加全县知荣辱、树新风、忆党史、知使命演唱会，获优秀组织奖。2007年，组织党员70人参加学党章、知荣辱、树新风知识竞赛，东平县电视台、报社进行跟踪报道。2008－2014年，组织开展搭旅游快车、做税宣文章，情系东原、税润民生，以及局长服务下基层、一日税官体验活动、百名税官进百企等税收宣传活动。20008年4月，与东平县国税局联合举办“税收。发展。民生”摄影大赛。其中，搭旅游快车、做税宣文章系列活动，被市地税局评为税收宣传月优秀项目。

第二节　其他宣传活动

一、市地税局

1995年，印发全市地税系统税收宣传意见，明确宣传重点。1999年，通过专题报道、新闻采访、知识竞赛、税企座谈、征求意见等渠道，以地税职能作用、半军事化管理、政务公开、发票规范使用、地税工作动态为重点开展宣传，在各级新闻媒体发表稿件980条，其中省级以上220条。2004年，修订全市地税系统宣传工作目标考核评比办法，围绕信息化建设、申报征收方式改革、开辟服务经济发展“绿色通道”、建设“网上税务局”等主题在新闻媒体发表宣传文章32篇。10月，与市国税局联合在市政大楼举办税改十周年成果汇报会，市地税局制作的《走向现代化的泰安地税》主题展板，在市政大厅、6个县（市、区）政府所在地及开发区巡回展览。

2007年3月，举办全市地税系统税收宣传骨干培训班。《泰安日报》社副总编赵学法、副社长吴立银，《山东地税》杂志社社长兼总编辑刘键锋等应邀授课。2008年，围绕开展质效年活动主题，对征管改革、纳税服务、廉政建设、税收执法等经验做法集中宣传。组织地税风采摄影比赛，召开让纳税人说说心里话座谈会，送税法进高校系列宣传项目被评为全国税务系统税收宣传月优秀项目。2010年，对宣传工作按月调度、按季考核通报，在各级媒体上发表稿件126篇。2个宣传项目被评为山东地税系统优秀项目、2人被评为全东地税系统宣传工作先进个人。2011年，市地税局开展的春满泰山—兴企惠民服务活动被评为全省地税系统税收宣传月活动优秀创新项目。山东地税摄影社在肥城召开摄影社年会暨聚焦基层齐鲁行采风活动启动仪式，到肥城市地税局税收文化展厅、老城分局等进行实地采风。开展税收惠民政策进千村（社区）万户、税收优惠政策回头查、纳税服务大走访以及为企业办实事等系列活动，为企业解决实际问题236个。2012年，修改税收宣传考核办法，加大考核力度。市地税局策划开展的中华泰山·和谐税收系列宣传活动和肥城市地税局组织开展的花季少年齐行动、百信广场颂心声暨校园小记者共铸诚信征文活动被评为全省地税系统税收宣传月优秀创新项目。在省地税局组织的税收连着你我他拍客大赛中，市地税局被评为优秀组织单位，4幅照片被评为优秀作品。2013年，市地税局策划开展的“泰山魂·地税情”主题品牌和肥城市地税局组织开展的税企共植同心林系列宣传活动被评为全省地税系统税收宣传月活动优秀创新项目。2014年，市地税局对张书义先进事迹进行宣传与挖掘。2月，《中国税务报》以《桃都税魂铸忠诚》为题宣传张书义事迹。3月5－6日，泰安电视台泰山先锋党建频道以《热血书忠义》为题，对张书义事迹连续报道。3月18－20日，山东卫视齐鲁先锋制作3集专题片。3月20日，全省地税系统先进人物典型事迹报告会在市地税局举行，张书义首个宣讲。《大众日报》先后以《用生命书写大义》和《肥城税官张书义的无情和热情》为题对张书义事迹进行系列报道，

《齐鲁晚报》《泰山晚报》《中华泰山网》《泰安日报》、泰安电视台、泰安广播电台集中报道张书义先进事迹。5月，山东新闻联播以《张书义：用生命书写忠诚》为题介绍张书义先进事迹。省地税局组织13家省级媒体集中采访宣传，《经济导报》《齐鲁晚报》《支部生活》《联合日报》等11家省级媒体刊登张书义先进事迹。6月，参加市委宣传部组织的纪念建党93周年活动，制作党旗飘扬税徽闪光展板，在市政大楼集中展出。系统反映地税系统开展“五个一”活动经验做法，得到市委常委、宣传部长张志华，副市长徐恩虎，市委宣传部常务副部长魏武等领导的充分肯定。组织开展最美税务人评选推荐活动，张书义被评为全省地税系统十佳最美税务人，肥城市地税局李冰、市地税局稽查局李超被评为全省地税系统最美税务人。

二、县（市、区）地税局

（一）泰山分局

1996年，泰山区地税局被泰山区政府表彰为全区新闻报道工作先进单位。2003年，泰山分局委托社区代征做法在《人民日报》《中国税务报》刊发。2004年，泰山分局被表彰为全区新闻报道工作先进单位。2005年，《泰山区培育壮大税源经济》在《泰安日报》头版头条刊发，被评为年度全市地税系统税收宣传优秀作品一等奖；在《泰安日报》刊发的《银耙子变为金篦子》，被评为全市地税系统税收宣传优秀作品二等奖。2007年，被表彰为全区新闻报道工作先进单位。2008年，被表彰为全市地税系统税收宣传先进单位。2010年，《集约管理新模式、提质增效大发展》被市地税局评为优秀新闻作品三等奖。2011年，被表彰为全区新闻报道工作先进单位。2012年，《泰山区地税系统优化环境不遗余力——重商兴业筑就“投资洼地”》在《泰安日报》头版头条刊发，被评为年度全市地税系统税收宣传优秀作品一等奖；《档案管理系统：实现税务资料管理电子化》在《中国税务报》刊发，被评为全市地税系统税收宣传优秀作品二等奖。2013年，《泰山区全力办好“围墙外的事”》在《泰安日报》头版头条刊发，被评为年度全市地税系统税收宣传优秀作品一等奖，被省地税局评为优秀新闻作品；泰山分局被表彰为全区和全市地税系统新闻报道工作先进单位。2014年，《泰山区亮出30个“机关服务品牌”》在《泰安日报》头版头条刊发，被评为全市地税系统税收宣传优秀作品一等奖；泰山分局被表彰为全区新闻报道工作先进单位。1996—2014年，被市以上媒体刊物刊发稿件620条。

（二）岱岳分局

1996年，向纳税人宣传税收法律、法规和政策性规定，提供税法咨询，介绍税款计算、申报表填写等纳税知识。2008年，开展上街下乡活动，利用集贸市场、商业街等，组织税收管理员到各街道驻地，指导、协助社会综合治税工

2013年4月，岱岳分局税收宣传小分队到泰安三中进行税收宣传。

作。2009年，重点宣传12366纳税服务热线，维护完善纳税呼叫服务平台，修改维护4961户纳税人呼叫信息。2012年，税企共建与税收宣传月相结合，邀请企业监察员参加税企联合宣税法活动。2013年，在岱岳区政务大厅LED屏幕滚动播放税收宣传资料，接受纳税人咨询，发放税收宣传画、纳税指南等资料。2014年，参加岱岳区人民政府网在线访谈节目，介绍地税工作职责、机关作风建设、愿景建设等情况，解答小微企业税收优惠政策、企业为员工缴纳年金计征个人所得税、推广网络发票等问题。

（三）东平县地税局

利用政务网站、报刊电视等新闻媒体及时发布最新税收政策、地税动态信息。先后开展应对金融危机、共谋科学发展活动，班子成员到瑞星集团、光大集团等企业听意见、察情况、谋发展、送税法，增进征纳沟通和联系。开展优化纳税服务、促进企业发展活动，发放调查问卷，走访企业。邀请供电公司、百货大楼等企业代表召开座谈会，为企业发展减负助力。开展税企纳税服务签约活动，密切征纳关系。每月开展一次局长服务日活动，县局班子成员现场解答纳税人咨询、发放宣传资料。

第六篇

信息化建设

1994年10月，地税机构初建，无专门信息化组织，信息化工作限于单机操作，主要应用于会计核算、文字处理，具体工作分散于办公室、计会科、征管科等部门。1997年8月，成立市地税局税收电子化领导小组，领导小组下设办公室。2000年2月，税收信息化工作挂靠办公室。2002年10月，税收信息化工作独立运行。2004年4月，设立市地税信息中心（挂纳税服务中心牌子），为财政拨款事业单位，采用科级建制。2014年，全市地税系统信息化工作岗位人员28人。1994－2014年，市地税局信息化建设应用实现从单一到多元、局域到广域、分散到集中的变革。1994－2000年是起步阶段，2001－2007年是自主应用和引进推广的提升阶段，2008－2014年步入税务总局、省地税局主导的集中与规范阶段。2013年金税三期的全面推广应用，将税务信息化推向大集中、大数据时代。

第一章　网络与硬件

截至2014年，全市地税系统建成联通税务总局、省地税局、市地税局和县（市、区）地税局、税务所的广域网，与政府、银行、工商等部门的外联广域网，市、县两级建立标准计算机机房，视频会议系统可满足省、市、县三级视频会议需要，人均拥有计算机1.5台。

第一节 网络

1997年，市地税局投资74万元，建成40平方米的网络机房和办公楼局域网，全市地税系统建成联通省、市、县三级的广域网，市到县广域网采用64K DDN数字专线。1998年3月，启动全市地税系统广域网二期工程。投资200万元用于市地税局局域网和连通省、市、县三级的广域网建设。市地税局网络中心和县（市、区）地税局采用星型连接，开通7条64K DDN专线。各县（市、区）地税局机关局域网及新建征收大厅局域网通过综合布线实现网络连接，95%的微机上网运行，应用于公文处理、邮件传递。1998年底，全市地税系统在线微机工作台（站）210个，办税服务厅（室）实现微机征收，市、县两级对骨干税源微机监控。1999年3月，市地税局到各县（市、区）地税局广域网开通运行，形成省、市、县、乡四级联网，各县（市、区）地税局局域网投入使用，信息、数据实现无纸化传输及办公自动化。2000年，全市地税系统运用广域网进行信息

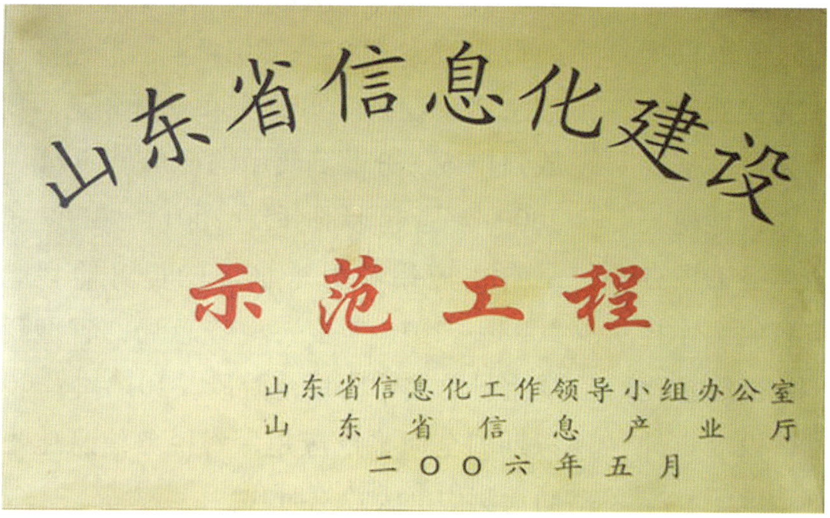

2006年5月，市地税局信息化建设工作被评为山东省信息化建设示范工程。

传输，凡能通过网络传送的信息均通过广域网传输。2002年，市、县级广域网线路升级，带宽由64K DDN升级为2兆光纤，所有基层分局（所）全部联入全市地税系统网络。完成与省地税局线路的双路备份工作，改造、升级市地税局局域网，每个房间计算机信息点6个以上。完成与建设银行、工商银行联网。2003年，所有基层分局（所）均联入县级局域网内，原电子申报线路由128K DDN升级为10兆光纤。与市工商局、国税局实现联网。2004年，市地税局到县（市、区）地税局通讯线路带宽由2兆DDN升级为100兆光纤。

2007年，配合省级数据"大集中"系统上线，对全市地税系统广域网络进行改造。市地税局到县（市、区）地税局广域网采用网通、铁通两条100兆SDH光纤互为备份，到基层采用网通2兆SDH光纤；市地税局办公楼局域网采用6类线重新布线，每个桌面网络点数达到3个；对市地税局局域网IP地址按功能细化，进行Vlan划分；对市地税局局域网内所有机器进行IP、MAC地址绑定，防止网络乱搭乱接。2011年，省、市地税局之间的广域网升级，带宽由10兆升级到22兆。2012年，为满足"大集中"系统运行需求，将市县级广域网带宽升级到150兆，县乡级广域网带宽升级到10兆以上。

2014年3月，对6个县（市、区）地税局和高新区分局网络进行升级改造，安装14台核心路由器（型号为H3C RT–MSR3610–AC–H3），14台核心交换机（型号为H3C LS–5500–28C–EI），各单位两套核心设备形成热备份，增加广域网容量，提高系统处理能力和容错能力。

第二节 中心机房

1997年，市地税局投资74万元，购入空气净化器、HP服务器、IBM网管工作站、UPS（8小时）6KVA、移动工作站、激光打印机、彩色喷墨打印机、彩色扫描仪、调制解调器、活动硬盘各1台，网点工作站2台，100兆交换机7

台，intel网卡40块，铺设防静电地板，建成40平方米的中心机房。县（市、区）地税局建立计算机机房，完善办税服务厅配套设施。2002年，按照国家二级标准机房要求，改造市地税局计算机中心机房，更换UPS电源、发电机，配备机房专用空调，安装数据备份磁带机，定时对征管、Notes、公文处理、网站等各类数据库进行硬盘、光盘、磁带机三种介质的异地备份。2004年，对市地税局中心机房及其核心网络进行部分改造，增加新风、门禁和防雷系统，更换机房内核心交换机，中心机房内核心网络带宽由100兆升级到1000兆。

2007年，制定市地税局“大集中”工程网络及机房改造方案。市地税局中心机房在1301、1303两个房间基础上，增加1305房间，分为配电空调区、核心网络区、服务器区、管理控制区四个管理区域，新增35KW机房专用空调、30KVA UPS电源各1台，更新机房主供电电缆。2012年，建设机房环境动态监控系统，增加远程监控、语音（短线）报警，对机房温湿度、防火、防雷、UPS、供配电等指标实施全天候监控。

第三节 微机配备

1994年10月，配置微机11台，其中486型微机1台，386型微机6台。2002年11月，市地税局招标购买联想微机73台，局机关、稽查局、直属分局人均1台微机。2003年3月，对全市地税系统计算机类设备进行招标采购，全系统实现人均1台微机目标。2007年，市地税局采购台式计算机130台。2010年10月，配合省地税局基层建设年活动，为全市地税系统购置配发微机447台。2012年，全市地税系统更新690台不满足“大集中”系统运行要求的微机，配备微机1390台，人均1.27台。2013年，配合金税三期工程建设，为县（市、区）地税局及中心所配发微机178台。对市地税局机关、稽查局、直属征收分局未达金税三期要求的156台微机予以更换，更新面93%。

2014年，全市地税系统在用PC台式机1619台，便携式电脑403台，打印机348台。

第四节 视频会议系统

2002年11月，市地税局多媒体视频会议室建设完毕，投入使用。2004年，建设完成全市地税系统视频会议系统，设7个分会场。2008年8月，按省地税局要求完成视频会议系统改造，设市地税局机关、泰山分局、岱岳分局、新泰市地税局、肥城市地税局、宁阳县地税局、东平县地税局、高新区分局8个分会场，市地税局16楼会议室安装120寸大屏幕背投系统及视频会议室专用三基色灯、音响系统等设备。市到县视频会议系统分别更换MCU、终端及摄像头等设备，满足省、市、县三级视频会议、教育培训需要。2014年4月，更换1台投影仪和2台电视机，吊顶安装1台高清摄像头，新增一批视频分配、转换设备，增配1台音频处理器。

第五节 安全体系

2002年，安装海信硬件防火墙。11月，将8台服务器、150台工作站的操作系统全部由Windows98升级为Windows2000。2003年，将原有海信硬件防火墙更换为中软华泰硬件防火墙，全市地税系统运行Norton病毒防火墙。2004年，升级病毒防火墙软件，全市地税系统共用1台病毒防火墙服务器。在市地税局规划建设互联网专用网络，市地税局各单位分别配置1台内外网物理隔离微机，铺设外网专用信息点40个，安装调试物理隔离微机40台。加强全市地税系统数据备份，征管、Notes、公文处理、网站等各类数据库实行专人管理、专人备份，数据备份采取多介质、异地存储方式，数据存储方式有光盘、磁带机、硬盘三种，购置浪潮大容量备份服务器，放置于岱岳分局，实现市级数据异地备份。2007年，市地税局办公楼内每个房间设1台微机连接外网。2010年，市地税局与县（市、区）地税局Norton服务器版本由SEP11.0 MR4升级到SEP11.0 RU6简体中文版，全市地税系统1121台微机终端防病毒系统软件升级到最新版本。网络安全综合监控管理系统上线运行，限制外来非法用户接入，堵塞病毒携带源安全漏洞。

2011年，构建以网络安全监控管理平台、天融信千兆硬件防火墙、IDS硬件入侵检测、Norton病毒防火墙为核心的网络安全防护体系，构建内网准入机制，堵塞U盘病毒安全漏洞，禁止内外网非法互联。应用互联网信息安全审计系统，限制上班时间在互联网玩游戏、看电影等行为，监控互联网发布不正当言论、负面信息行为。2012年，构建集网络安全综合管理、外网安全审计、机房环境动态监控于一体的网络安全管理系统。2014年，市地税局更换2台华为USG5500防火墙，各县（市、区）地税局新配2台天融信NGFW4000防火墙，实施双机热备，在华为USG5500基础上建立虚拟防火墙，保障内网服务器安全运行。

第二章 软件系统

1994－2014年，全市地税系统信息软件从单机应用发展为网络应用，税收征管信息系统经历市级集中处理、省级“大集中”、金税三期三个发展阶段，行政管理信息系统逐步形成以Lotus Notes、公文处理为主的综合系统，市、县两级内外网站统一到省地税局平台。

第一节 税收管理信息系统

1995年，市地税局直属分局建立第一个办税厅，统一安装使用山东省地税登记办证软件，分类查询、统计汇总、登记打印实现自动化。1996年10月，根据省地税局要求，各县（市、区）地税局计会科将GCRS报表处理程序改为TAXBLE通用报表系统，1997年1月启用。1998年，在全市地税系统安装省地税局开发的基于县级集中的税收征管信息系统，税务登记、申报征收、会统核算等业务实现计算机处理。年底，根据省地税局统一部署，在各县（市、区）地税局机关及所有征收单位推广应用山东地税综合信息管理系统，1999年1月启用。

2000年，与市农行联合开发税款代收代缴系统，委托农行基层网点代收代缴“双定”个体业户税收。2003年，协调工商、国税建立部门信息交换机制，开发应用工商联网对比分析系统、国税联网对比分析系统、政府联网系统，与工商、国税等部门信息共享，加强税源控管和监督。7月，应用E税通网络报税、“双委托”、委托金融部门代征3个电子报税软件，覆盖所有业户。10月，在全国税务系统首创采用集群服务器硬件平台和后台Oracle9i数据库方式，实现征管数据市级集中处理。开通“双定户”语音催报催缴系统，征收期内通过168信息台自动拨打纳税人固定电话，语音提醒纳税人缴税。11月，全省地税系统市级集中处理工程专家评议会议在市地税局召开。12月，全省地税系统市级集中处理工程推广工作会议在市地税局召开。2004年5月，市地税局自主研发的综合治税管理系统上线运行。7月，在全省率先应用税务稽查管

2007年，市地税局组织税收征管信息系统师资培训。

理及查账系统。8月，全省地税系统综合治税信息管理系统推广应用培训班在泰安举行，综合治税信息管理系统在全省推广应用。自主研发的纳税评估管理信息系统、“12366”热线服务系统、纳税服务管理系统上线运行。10月，残疾人保障金征收管理系统上线运行。年底，开设纳税服务特快通道，为E税通用户分配50兆国际互联网纳税服务信箱，向纳税人发送税收优惠政策。2005年，一户式税收管理系统、税务稽查精细化管理系统、泰安地税数据审核系统上线运行。8月，税收执法责任制系统上线运行。

2006年10月，全省地税系统“大集中”工程项目启动，市地税局机关干部3人参加省地税局“大集中”工程管理办公室相关项目组工作。市地税局成立“大集中”上线工作办公室。2007年10月，房屋出租（装修）业税收管理系统上线运行。2008年1月，省级“大集中”税收征管信息系统上线。9月，扣税信息发布系统上线运行。2010年7月，泰安地税数据平台上线运行。9月，泰安市财税库银税收收入电子缴库横向联网系统正式上线运行。2011年，电子查账系统上线运行。2012年，数据综合应用平台、存量房交易计税价格评估系统上线运行。

2013年6月，根据省地税局金税三期系统试点组织架构，市地税局成立金税三期试点工作领导小组及办公室，负责金税三期系统上线技术指导、培训、运维工作。7月，根据岗责体系要求，完成系统全岗全业务范围初始化；完成数据迁移代码比对、数据清理及补录；完成“大集中”系统摆渡库迁移演练；完成“大集中”系统、金税三期系统数据统计校验、比对校验；分期分批完成金税三期系统师资培训。8月，核实和调整税务机关及人员等初始化信息，完善工作流配置；完成业务数据补录，双轨测试，计算机等设备的购置、更新、配置任务，税库银三方协议确认、迁移、联网测试，以及金税三期系统纳税人端的操作培训，配合省局进行特色软件试运行。9月，在双轨运行基础上，进行压力测试、单轨割接工作。10月，金税三期系统在泰安地税上线运行。是年，在山东省地税系统首家启用交通银行POS缴税通。2014年，与市房管局联合开发房屋交易权属信息查询系统，地税窗口与房管局房产信息查询窗口实时传递电子信息。

第二节 行政管理信息系统

1997年，在全市地税系统推广使用税务总局Notes邮件系统和公文处理软件。1999年，市地税局在广域网上运行Notes软件。在全省地税系统首家运行公文处理软件，省、市、县地税局三级开通试运行信息数据无纸化传输。

2000年，市地税局机关运行办公自

动化软件。6月，试运行公文处理系统及Notes新版本，试运行期内纸质文件和电子文件并存；7月，正式运行，在全市地税系统范围内取消纸质文件，公文处理各环节均在网上完成。2002年3月，在省、市、县三级应用公文处理软件进行公文传输。2003年6月，泰安地税办公管理信息系统上线运行，包括工作安排、工作日志、办公通知、电话记录、信息采编、车辆管理、固定资产管理、接待管理等11个模块，采用B/S结构。根据ISO9001质量管理体系要求，机关办公90%工作纳入微机管理。2004年6月，网络教育培训管理系统上线运行。9月，单点登录系统上线运行。市地税局自主研发的考勤软件系统、党员管理软件系统、督查督办系统投入运行。2005年6月，开发应用行政管理与监控考核系统，涵盖行政管理各项工作，实现事前、事中、事后和重点部位监控考核的流程化、自动化。8月，在全市地税系统推广。

2009年，泰安市地税局廉政文化成果网上虚拟展馆上线运行。2010年3月，Notes系统由5.0版本升级到8.5版本，新建Notes邮箱200个。2012年，山东省地税系统廉政风险防控平台行政管理部分开发论证和需求评审工作会议在泰安召开，借鉴市地税局行政管理部分工作流程。2012年底，廉政风险防控平台在市地税局上线运行。

市地税局举办政府上网工程新闻发布会

第三节 内外部网站

2000年，市地税局自行设计、开发、建设第一版内部网站。4月，泰安地税政府网站开通，设立“111”服务工程栏目，在全省首家实现网上“111”。6月1日，举行泰安地税政府上网工程新闻发布会，介绍和演示泰安地税Internet网站的主要内容、功能和使用方法。税务总局地方税司司长马振迁，省地税局党组成员、副局长李德泉，泰安市人大常委会副主任王庆泗，副市长李惠东，以及市直30多个部门、各新闻单位负责人出席会议，市地税局党组书记、局长郭凤晓致辞。2002年，市地税局内部网站增设政务公开栏目，泰安地税工作、泰安地税通报、局长办公会议纪要、局务会议纪要和会议通知等政务信息均在网上发布。12月，召开全市地税系统信息化建设座谈会，讨论地税系统信息化建设规划，确定建设以办公平台和征管平台为基础的“网上税务局”。办公平台包括政务管理、财务管理、行政管理、人力资源管理、考核管理、报表管理、学习教育等7个系统和内部网站；征管平台包括内部征管软件系统和外部征管信息（含E说通、双委托、电子申报、部门联网、网上举报和外部网站）。

2003年1月，市地税局新版内部网站开发完毕并投入使用，当天网站访问量达2100人次。改版后的内部网站包括全局概况、政务信息、地税文化、税收法规、税官学苑、税收法制、服务专区、下载专区、地税动态、新闻摘要等栏目，把征管软件、公文处理、网络教学和远程教育系统全部集成于内部网站。为促进网站应用，在全市地税系统实行“七上网、三严禁、两必看”：会议纪要、地税信息、通报、领导讲话、制度、通知、材料传递一律上网；严禁纸质传递，严禁乱发传真，严禁违反规定用电话或其他形式发布通知；对下检查考核必看信息发布是否全面、信息更新是否及时，实现对基层政务“零距离”监控。5月，市地税局改版后的政府网站投入使用，集新闻发布、信息传播、法规资料查询、纳税表格下载、税务咨询及网上举报等功能于一体。8月，市地税局与泰安市委、市政府及市行政审批大厅实现联网。市地税局办公室自行设计开发的泰安地税文秘网上线，办公室系统工作实现沟通交流的信息化、网络化。

2004年1月，对全市地税系统内部网站、政府网站整合、换版，采用jsp技术，结合Oracle后台数据库开发，后台分部门、分权限进行设置，明确管理权限职责，梳理网站栏目。12月，网上税务局项目被山东省信息化领导小组评定为山东省信息化建设示范工程。2005年4月，开发泰安地税网站管理信息系统，实现办公、沟通、教育、监控的综合功能。8月，制定内部网站管理暂行办法，加强内部网站管理。2007年4月，市地税局内部网站成功移植到省地税局网站平台，成为全省地税系统第一个完成内部网站移植的单位。2008年，明确各级办公室为网站管理部门，确定专人管理。2011年，梳理市地税局内外网站栏目，调整栏目设置，调整版面结构。2012年，市地税局全市地税系统内部网站成功移植到省地税局网站平台。通过内外部网站，发布信息3585条，其中各单位动态信息800条，图片信息260条。

2014年，从内容、形式等方面规范

网站信息报送，通过内外部网站发送信息 3830 条。

第三章 管理制度

市地税局突出信息化管理的支撑、服务、引领作用，加强制度建设，强化教育培训，保障信息化建设进程。

第一节 制度建设

2003 年 7 月，印发加强涉密计算机和网络保密管理工作的通知。2005 年 8 月，印发市地税局应用软件使用管理办法（试行），明确软件项目开发小组负责应用软件项目业务、技术需求的制定，软件程序的开发、测试、验收及升级；市地税局各业务科室负责本部门应用软件的推广、使用、管理以及业务应用标准的制定、监督和考核，市地税局信息中心负责所有应用软件的程序下发、信息化骨干人才培训、软件应用的技术支持以及技术应用标准的制定、监督和考核。2008 年，明确全市地税系统软件开发统一管理的有关事项，软件开发由市地税局信息中心归口管理。2011 年，制定全市地税系统信息化保障办法，从培训保障、设备保障、网络保障、系统运维保障体系建设、信息安全管理、信息综合利用 6 个方面明确信息化工作职责，确立了规范管理、注重效率、服务征管与行政管理、注重创新的信息化管理原则。制定信息化资产（硬件）管理办法、信息化设备维修维护管理制度、软件系统使用与维护管理办法、涉密便携式计算机及存储介质保密管理规定和计算机设备报废管理规定。参照《山东地税机房管理规定》，制定机房管理规程、市地税局机房事件应急处理规程。制定全市地税系统信息安全总体方针和信息安全总体策略，印发全市地税系统计算机操作员信息安全守则、系统管理员管理办法、信息安全组织架构与岗位职责、信息安全风险评估工作管理规定、工作人员信息安全守则、信息安全培训与考核管理办法、基层微机管理员管理办法、县区系统管理员管理办法、微机操作员守则、信息系统运行管理规范、病毒防护管理规范、信息系统补丁管理规范、信息系统密码管理规定、网络信息安全管理制度、内部网络访问控制策略、重大信息安全事件报告制度、信息安全事件应急响应管理规定、信息系统数据备份与恢复管理规定、重大信息安全事件调查处理办法、信息安全信息通报制度、信息安全审计实施规程。

第二节 技术培训

1996 – 1998 年，在全市地税系统开展计算机及网络基础知识普及轮训，提高计算机应用等级合格证书持有率。1997 年，组织开展微机操作能手评选活动。1998 年，举办微机应用培训班 3 期，培训 105 人，初级水平合格率 100%。1999 年 1–6 月，对微机操作人员进行分级培训，90% 人员达到微机操作初级水平，20% 达到中级水平。7–12 月，组织计算机能手比赛，选拔计算机能手 10 人。

2000 年，实施科技兴税战略，加强人才培养和全员培训，基层分局（所）长凭执法检查证和计算机等级证两证上岗。鼓励在岗自学和岗位练兵，组织计算机中级培训班、办公自动化培训班、计算机操作能力和征管能手比赛等，为基层培养计算机管理人才。12 月，在山东省财政学校举办全市地税系统计算机操作能力考试。2002 年，全市地税系统 90% 干部职工取得计算机初级以上证书。2003 – 2010 年，组织征管、办公、稽查等软件以及网站建设与维护等应用培训，年均培训人员 500 人次。2011 年，成立全市地税系统信息化学习研究小组，构建全市地税系统信息化学习型团队。2014 年，市地税局信息中心 2 人分别获取数据库系统工程师、网络工程师资格。截至 20114 年，全市累计 7 人进入全省地税系统税收信息化骨干人才库。

第七篇

党建工作

第一章 系统党建

1994年10月，市地税局、县（市、区）地税局先后成立机关党总支、机关工会、机关团总支和机关妇委会，全市地税系统机关党建工作随即展开。2010年4月，按照省地税局部署，市地税局党组设立党建指导组办公室，机关党委承担指导全地税系统党建工作职责。

第一节 系统党组织

一、系统党员和基层党组织

截至2014年底，全市地税系统设局党组7个、局党组党建工作指导组7个、机关党委1个、党总支5个、党支部96个。专职党务干部4人、党员1214人。其中，离退休党员148人。

二、市地税局党员和基层党组织

1994年10月，市地税局在职干部职工86人。其中，党员42人，占49%。截至2014年底，市地税局设局党组1个、局党组党建工作指导组1个、机关党委1个、党支部19个（含离退休干部党支部）。正式干部职工185人。其中，党员181人，占97.84%；女党员53人、少数民族党员2人、离退休党员24人。11月，中共泰安市直机关工作委员会（以下简称市直机关工委）批复同意，建立市地税局机关总支部委员会，下设两个党支部，即市地税局机关党支部和直属分局党支部。12月，市人事局同意郝玲任市地税局机关党总支副书记。市地税局党组向市直机关工委报告，成立中共泰安市地税局机关党支部和直属分局党支部，机关党支部由管溪池、庄建华、亓宝林、张鲁光、马珂琳组成，管溪池任书记；分局党支部由曹凯、杨武、栾克林、徐正祥、于治洪组成，曹凯任书记。市直机关工委批复同意成立市地税局机关总支部委员会，孙立彦、郝玲、管溪池、杨武、于治洪5人为委员，孙立彦任书记，郝玲任专职副书记。

2000年4月，市直机关工委批复同意姚同喜任市地税局机关党总支书记。2001年10月，市直机关工委批复同意成立市地税局机关党委，由姚同喜、井光波、万晓云、马绍乐、张元建5人为委员，姚同喜任书记，井光波任专职副书记。2003年2月，成立涉外分局、景区分局和老干部3个党支部。2004年4月，撤消景区分局党支部。2006年7月，机关党委下设机关、直属分局、稽查局、涉外分局、离岗干部和离退休干部等6个党支部。2011年6月，市地税局18个科（室、局）分别成立党支部，科（室、局）主要负责人任支部书记，撤消离岗干部党支部，保留离退休干部党支部。

表 7-1-1　　1994 - 2014 年市地税局机关党委（机关党总支）班子沿革

届次	姓名	职务	任职时间
机关党总支	孙立彦	书　记	1994.12 - 1997. 03
	郝　玲	专职副书记	1994.12 - 1997. 04
	万晓云	专职副书记	1997.04 - 2001.10
	管溪池	委　员	1994.12 - 1997. 03
	杨　武	委　员	1994.12 - 2001. 09
	于治洪	委　员	1994.12 - 2001. 09
	姚同喜	书　记	2000.04 - 2001.10
机关党委	姚同喜	书 记	2001.10 - 2003.04
	国　红	书 记	2003.04 - 2006.04
	姚同喜	书 记	2006.07 - 2012.05
	李　达	书　记	2015.11 -
	井光波	专职副书记	2001.10 - 2004.03
	李玉祥	专职副书记	2004.03 -
	万晓云	委 员	2001.10 - 2004.04
	马绍乐	委 员	2001.10 - 2006.07
	张元建	委 员	2001.10 - 2006.07
	潘瑞章	委 员	2003.04 - 2012.05
	李惠新	委 员	2003.04 - 2004.03
	董　荻	委 员	2003.04 - 2014.12

届次	姓名	职务	任职时间
机关党委	邓法国	委 员	2004.03 – 2014. 12
	张鲁光	委 员	2006.07 – 2014. 12
	杨广民	委 员	2006.07 – 2012. 05
	宋韶辉	委 员	2015.11 –
	胡元栋	委 员	2015.11 –
	程元奎	委 员	2015.11 –
	许新民	委 员	2015.11 –
	沈桂强	委 员	2015.11 –

2015 年 11 月，市直机关工委批复同意市地税局机关党委选举结果，李达、李玉祥、宋韶辉、胡元栋、程元奎、许新民、沈桂强 7 人为机关党委委员，李达任机关党委书记，李玉祥任机关党委副书记。

第二节 党员思想教育

一、“双学”活动

1995 年 7 – 9 月，根据市委部署，组织开展以学习建设有中国特色社会主义理论和党章为主要内容的“双学”活动。成立领导小组及办公室，市地税局党组书记、局长徐兰云先后以《加强党的组织建设、培养选拔年轻干部》《树立远大理想、做廉洁自律模范》为题上党课。邀请市委讲师团副团长孙建平和市纪委刘成海做专题辅导。集中 20 个学习日，选学《邓小平文选》《中国共产党党章》和党的十四届四中全会精神等，组织大课教育、专题辅导、体会交流 8 次，组织理论答卷 1 次，平均成绩 98.6 分，党员干部写心得体会 413 篇，制定整改措施 156 条，提出合理化建议 15 条。

二、“三讲”党性党风教育活动

1999 年 8 月，按照中央部署，在全市地税系统组织开展以讲学习、讲政治、讲正气“三讲”为主要内容的历时 2 个半月的党性党风教育活动。市县两级领导班子学习必读选读文章 42 篇，重点学习《江泽民同志在学习邓小平理论工作会议上的讲话》《中共中央关于加强党的建设几个重大问题的决定》等 12 篇文章。处级干部人均记笔记 3 万字以上，撰写学习体会10万字。市地税局领导班子进入86户企业，向人大代表、政协委员908人发放征求意见函，到市纪委、纠风办、文明办、机关工委、财办等主管部门征求意见。在专题民主生活会上，围绕理想信念、增强班子凝聚力、群众路线、改进作风、廉洁自律等内容，开展批评与自我批评。

三、保持共产党员先进性教育活动

2005年3－10月，按照中央和省、市委的部署，组织开展保持共产党员先进性教育活动。成立以市地税局党组书记为组长，党组成员为副组长，机关党委成员、各支部书记为成员的教育活动领导小组，制定活动方案，统一内容、形式、时间、辅导、办公、配发制式学习笔记本。邀请中央党校专家、教授专题辅导，在泰安地税网站开设专栏，建立学习督察和考勤补课制度，组织开展党组成员、支部书记、党员三层谈心活动。市地税局班子成员走访市五大班子领导，向所属6个县（市、区）地税局和43个基层分局（所）发放征求意见表216份，向基层分局（所）长、一线征收人员征求意见。经过民主测评，确定优秀党员占19.89%，合格党员占79.55%，基本合格党员占0.56%。

四、继续解放思想推进科学发展学习教育活动

2008年4月，按照市委部署，利用3个月时间，开展继续解放思想推进科学发展学习教育活动。成立领导小组和办公室，班子成员分别建立1－2个联系点。制定活动实施方案，召开党组会、中层干部会和全体人员大会。建立记学习笔记、集中学习、点名考核制度，组织全市地税系统质效年活动现场观摩会，组织党员到骨干企业调研参观，在内部网站建立活动专栏，编发学习教育简报。各党支部召开支部大会43次，全体党员人均记学习笔记1万余字，撰写心得体会文章154篇，在泰安地税网站编发学习材料24篇、3万余字，编发活动简报6期，编发活动稿件23条；制作宣传展版10块。市地税局班子成员带领机关15个科室负责人，到基层调研25次，形成调研报告18篇。到山东农业大学、泰山医学院等高校征求意见、宣传税法，组织让纳税人说说心里话座谈会，向泰安市5000家纳税人发放涵盖38个方面的纳税服务需求调查表。5月，局领导班子召开专题民主生活会，认真查找经济发展参谋不够、管理精细化程度不够、服务意识增强不够、行业不正之风根本纠正不够四方面问题。围绕问题整改，制定争先进位工作意见，修订市地税局目标管理考核办法。6月中旬，在全市学习教育活动交流大会上，作《以思想大解放推动地税事业大发展》的典型发言。

五、“深入学习实践科学发展观”活动

2009年3－8月，按照党员干部受教育，科学发展上水平，人民群众得实

惠的总要求，以推进科学发展、造福泰安人民为主题，以实践科学发展、共建和谐地税为实践载体，开展学习实践活动。印发加强机关党建工作的实施意见，开展争创泰山先锋和推进服务承诺、争创服务品牌活动。举办学习培训班、辅导讲座、报告会8次，组织党员集体学习11次，参加1520人次。向纳税人、县（市、区）地税局发放征求意见函1076份，梳理有价值的意见建议12条。发动干部职工为全局发展找问题、提建议，局领导开展调研51次，召开各类座谈会32个，访谈党员群众220人次，走访县、乡镇党委政府18次，广泛征求意见。召开领导班子专题民主生活会，查找剖析领导班子和个人在贯彻落实科学发展观及党性、党风、党纪方面存在的主要问题和原因，形成贯彻落实情况的分析检查报告。围绕提高科学发展能力、组织税收收入、强化依法治税等7个方面，制定落实33项整改措施。对1994年地税机构成立以来的所有规范性文件进行集中清理，清理规范性文件924个，废止文件233个，修订文件35个。

六、解放思想改革创新在行动活动

2010年4－6月，按照市委部署，组织开展解放思想改革创新在行动活动。建立学习考勤、交流、通报制度，落实党员领导干部双重组织生活制度，撰写心得体会120篇，党组成员讲课5次，组织内部心得体会交流3次。党组成员带队到6个县（市、区）地税局开展调查研究，撰写调研报告12篇。组织征求意见会议25次，查找问题6个。对查出的问题，制定4项整改措施，向社会公开承诺。研究制定新一轮基层建设实施意见，制定推行集中办公、推行税源管理新模式、强化税收执法风险教育防范等7份文件。7月在市直机关解放思想改革创新在行动活动总结大会上，作典型经验交流。

2012年3月5日，在市地税局党组成员、副局长郝玲（前排左三）带领下，机关全体女同志到蒙阴孟良崮战役纪念馆参观学习。

七、富民强市作表率活动

2012年，按照市委部署，扎实开展富民强市作表率活动。成立活动领导小组，制定实施方案和活动配档表，明确学习重点和学习要求。在一楼大厅和办税服务大厅电子屏幕滚动播出宣传标语，设立征求意见箱，公布投诉举报电话，制作“富民强市作表率”活动展板，在泰安地税内网发布活动信息。针对查摆的问题，将整改重点放在“三治三提升”（治庸提升能力、治懒提升效率、治散提升正气）和“一快四通”（快速、快通、沟通、疏通、变通）上。3－4月，组织市地税局机关全体妇女干部职工到临沂接受革命传统教育，组织党员60人到临沂山东地税领导干部党性教育基地，参观孟良崮战役纪念馆、红嫂革命纪念馆、省政府旧址和八路军115师司令部旧址、山东抗日根据地纪念馆，观看《沂蒙六姐妹》《英雄孟良崮》《齐鲁红都》等教学片，听取《沂蒙母亲和她的儿女们》革命事迹报告和《沂蒙精神的时代价值和现实意义》专题报告。

八、双争为民实践活动

2013年4－12月，在全局开展以争创十佳五型机关、争创百佳履职科（室）为主要内容的双争为民实践活动。5月，组织党员干部学习党的十八大报告、新党章、两会报告和习近平总书记有关讲话精神、中央八项规定和省委常委会《实

2014年2月28日，市地税局召开党的群众路线教育实践活动动员大会。

市地税局参加全市服务群众优秀党员（群体）事迹展

施办法》《中共泰安市委常委关于改进工作作风、密切联系群众的若干规定》，市纪委十届三次全体会议精神、市委书记李洪峰讲话等。6月，举办学习十八大精神、庆祝建党92周年年轻党员上党课活动，年轻党员15人通过上党课，交流学习体会。对照市委关于改进工作作风、密切联系群众的若干规定，查找工作作风问题，研究制定强化责任意识、提升履职尽责能力，建立争先机制、提升反应能力，提升创新能力、切实做到为民务实等3项整改措施；确立全面提升机关建设水平，大力推进思想政治建设，加强廉政建设、弘扬清风正气，发挥机关党组织和党员在服务大局中的表率作用4个工作目标。

九、党的群众路线教育实践活动

2014年2月，召开动员大会，开始为期8个月的党的群众路线教育实践活动。10月，召开总结大会。市地税局党组落实总局和省地税局党组部署要求，确定以实施“作风兴局”战略为抓手，全力打造活力地税、法治地税、创新地税、形象地税。印发活动实施意见、方案和配档表，成立督导组，实施作风兴局、两为活动、典型培树、品牌打造、绩效管理“五个一”工程。原原本本研读中央规定书目，举办各类专题辅导报告657场次，撰写心得体会1144篇，组织收看《焦裕禄》《苏联亡党亡国二十年祭》等教育片。市地税局党组开展集体学习9次，学习讨论7天。到派驻“第一书记”所在村上主题教育课，组织干部接受革命传统教育和廉政警示教育，分2批对全体在职干部集中轮训。党组征求意见建议263条，通过入户走访、个别约谈、调查问卷、局长服务日、“12366”纳税服务热线电话等方法和渠道查找问题。各级班子认真撰写对照检查材料，形成问题清单，共梳理班子问题239条，梳理班子成员问题846条。专题民主生活会上，各级班子成员提出自我批评意见156条，相互提出批评意见530条。严格问题整改，狠抓提质增收、提速减负、严查重管、绩效管理、软实力建设、国地税联合办税等“六篇文章”，制定整改措施218条。

2010－2013年，市地税局被市委授予争创“五型”机关先进单位（学习型、创新型、效能型、服务型、廉洁型）。2014年，被市委授予“五型”机关建设示范单位。

第三节　创先争优

1995年6月，经市委组织部批准，市地税局授予韩锦绣等50人为全市地税系统“优秀共产党员”称号。

2010年4月，根据全省地税系统党建工作动员会精神，市地税局转发《关于加强和改进全省地税系统党建工作指导的意见（试行）》《关于进一步提高全省地税系统党建工作科学化水平的指导意见》《关于在全省地税系统开展“为民服务创先争优”活动的通知》，成立党建工作指导组，印发关于在基层党组织和党员中深入开展创先争优活动的实施意见，以党建工作指导组或党建工作指导组办公室名义，对市地税系统党建工作进行指导，评选党建工作先进集体、先进个人、五“十佳”、优秀党建品牌、学习型基层党组织等。2011年6月，在山东地税庆祝建党90周年暨党建工作道德模范颁奖盛典上，市地税局、新泰市地税局党组荣获全省地税系统党建工作先进集体称号，李玉祥、徐贞被授予全省地税系统党建工作先进个人。“七一”前夕，肥城市地税局老城分局党支部、泰山分局吴江，分别被泰安市委表彰为泰山先锋基层党组织和泰山先锋共产党员。2012年，泰山分局纳税服务中心主任邢秋艳被表彰为山东省为民服务创先争优服务标兵。肥城市地税局老城分局被省地税局党组表彰为十佳党员示范窗口。市地税局机关党委、新泰市地税局机关党支部被泰安市委表彰为泰山先锋基层党组织，宁阳县地税局、岱岳分局粥店中心税务所被表彰为泰山先锋示范窗口单位。2013年，肥城市地税局党组被表彰为全省地税系统党建工作先进集体，新泰市地税局党员亮牌示范活动被表彰为全省地税系统优秀党建品牌，泰山分局被表彰为全省地税系统学习型党组织、学习型机关示范点。

第四节　基层党组织

2000－2014年，推进学习型党组织建设，搭建学习交流平台，举办专家辅导报告，组织专题培训班、领导干部上党课，山东地税大讲堂、市直机关大讲堂等，参观廉政教育基地，组织主题党日活动118次，组织培训56期，参训人员1560人次。

2011年6月，市地税局党组荣获首届“山东地税系统党建工作先进集体”称号。

2002年，建立图书室、党员活动室，为图书室购置政治、经济、历史、科学、文化等各类书籍2500余册，电子书籍50余套，订阅党报党刊20余种。2004年10月，研发泰安地税机关党建网和泰安地税机关党内信息管理系统在内的机关党建工作网络。依托

市地税局领导为特困户送慰问金

泰安地税机关党建网，开办网上党校。2006年11月，市地税局网上党校被省委宣传部授予先进基层党校。2007年6月，泰安市党员教育工作现场会在市地税局召开。2008年，市地税局党员165人为“5.12汶川大地震”缴纳“特别党费”8万元。

2010年，开展好书荐读活动，购买《建设学习型党组织必读经典》《干部素养读本》《推动科学发展读本》《货币战争》《七个怎么看》《苦难辉煌》《重温最美古诗词》《国情备忘录》《走向辉煌－学习百问》《十八大党章修正案学习问答》《浴血荣光》《红高粱家族》《慢生活》《复兴之路》《苦难辉煌－中国共产党的力量从哪里来？》等政治、党史、经济以及文学、养生保健书籍2500余册，供干部职工阅读交流。4月，创办《党群生活》，设立党建要闻、党的建设、创先争优、群团活动、摄影天地和地税文苑等栏目。以《党群生活》为阵地，对25项活动进行了重点宣传。组织党员群众开展文艺采风、文艺创作、书画篆刻创作、剪纸、十字绣、藏石鉴赏等活动。通过《党群生活》，向省地税局和市直领导部门宣传市地税局党群工作的新进展、新举措、新成效。到2014年，累计编发32期，用稿816篇（件）。

2012年4月，组织全体党员到岱庙街道花园社区党总支办理登记、报到手续，选择包括政策宣传、扶贫助残、移风易俗、绿化美化、治安巡逻、关心下一代、文体活动、建言献策等服务内容。6月，开展地税服务进万家活动，参加泰山区党员活力细胞行动、机关党员进社区集中服务活动月启动仪式，市地税局活力先锋服务队在花园社区设立税法宣传站，开展税法宣传、咨询服务，发放宣传资料216份，接受现场咨询36人次。为花园社区捐献书籍200余册，进行环境卫生大扫除，开展防火宣传、义务植树等活动。

2013年7月，组织走进基层、服务

群众党员集中活动，为20户困难群众送去价值4400余元的面粉、食用油等生活物资。9月，到“第一书记”所在的泰山区省庄镇北河西村，走访7户困难群众，发放慰问金3400元，面粉和食用油价值1600元。

第二章　党风廉政建设

市地税局坚持标本兼治、综合治理、惩防并举、注重预防，创新党风廉政教育，完善制度体系建设，构建监督制约新机制，推进党风廉政和效能建设。2003年起，连年被泰安市委、市政府评为全市政风行风建设先进单位和科学发展先进单位，连续多年被山东省人民政府评为全省政风行风建设先进单位。2011年9月，被税务总局表彰为全国税务系统纪检监察先进集体。

第一节　纪检监察组织

1994年，根据省地税局机构设置规定，市地税局纪检监察工作由人事政工科负责。1997年3月，市地税局配备专职人员负责纪检监察工作，与人事政工科合署办公。1999年4月，市地税局成立纪检组、监察室，调整和充实全市地税系统反腐败和党风廉政建设工作领导小组，党组书记任组长，分管领导和纪检监察、人事等部门的主要负责人为成员，办事机构设在监察室。基层征收、稽查分局（所）设兼职纪检监察员。县以上地税局按照本系统行政编制的2.5%－3%配备专职纪检监察干部。市地税局、6个县（市、区）地税局均设立监察室，配备纪检组长6人、纪检监察干部28人。

2001年，泰山分局制定的《基层分局、所纪检监察员工作规定》被省地税局转发推广。5月，在基层单位配备专（兼）职纪检监察员，印发《基层纪检监察员工作暂行规定》。全市地税系统设专职纪检监察员9人，兼职纪检监察员77人。2003年，全市地税系统县以上地税机关建立纪检监察机构，基层分局（所）配备专职或兼职纪检监察员。2004年9月，市地税局建立落实党风廉政建设责任制领导小组，领导小组办公室设在监察室。

第二节　党风廉政教育

1995年，全市地税系统开展局长讲党课活动。

1999年，组织全市地税系统纪检监察干部进行业务知识函授考试，重点学习省地税局《思想政治工作暂行规定》

《行政管理工作暂行规定》《税收管理工作暂行规定》。7月，组织全市地税系统党员干部162人到包村扶贫点和困难企业，开展自我对比启示教育。

2000－2014年，全市地税系统每年5月集中开展党风廉政思想教育月活动。主题分别为：廉洁从税、爱岗敬业，珍惜权利、预防职务犯罪，理想信念、廉政纪律，依法行政、诚实守信，强化监督、严肃纪律，廉洁奉公、执政为民，勤政廉政、科学发展，加强作风建设、促进社会和谐，加强党性修养、弘扬优良作风，学习“廉政准则”，以人为本、执政为民，恪守从政道德、保持党的纯洁性，学习贯彻《税收违法违纪行为处分规定》，开展岗位廉政教育。

2000年7月，开展党纪、政纪集中教育活动，学习条规，收看专题片，组织《中国共产党纪律处分条例》知识考试。2001年，制定开展检税共建、预防职务犯罪警示教育活动的实施意见，建立协作机制。2001－2014年，开展预防职务犯罪教育活动，组织预防职务犯罪图片展、案例剖析会、服刑人员做报告和邀请检察院领导做讲座教育活动139次。2001年10月，举办全市地税系统纪检监察干部培训班，集中学习税务总局、省地税局廉政建设、两权监督、违纪处分以及有关奖惩规定。组织纪检监察干部23人赴沂源县地税局参观学习八小时以外廉政监督的经验。

2002年，开展信访法规集中宣传教育，“正行风、提效率、促发展”和“学习李玉国、做新时期地税人”活动。组织参加省地税局预防职务犯罪知识竞赛和市纪委信访法规知识竞赛。市地税局《强化教育、健全机制、积极主动地开展预防职务犯罪工作》经验材料被山东省检察院在全国预防职务犯罪网上转发。

2003年，开展艰苦奋斗、廉洁从政主题教育，向郑培民学习活动和以李真为反面教材的警示教育。收听收看电教片，网上布置党风廉政教育作业，组织预防职务犯罪图片展、法制讲座，开展学习“三个代表”重要思想和十六大精神征文活动。5月，建立泰安地税廉政网和网上廉政论坛，将典型教育、警示教育、案例剖析教育和法制教育融入日常工作，走在全省地税系统廉政教育

市检察院在市地税局设立税务检察室

前列。

2004年，按照关口前移、重在预防原则，开展六项教育活动，即："四大纪律、八项要求"学习教育活动，学习宣传贯彻《中国共产党党内监督条例》《中国共产党纪律处分条例》活动，为民、务实、清廉教育活动，以强化监督、严肃党纪为主题的党风廉政教育月活动，预防职务犯罪教育活动。7月，组织全市地税系统全体人员收看山东省检察院李少华副检察长作的税务人员预防职务犯罪视频报告。8月，组织科级干部46人到泰山区法院参加庭审旁听，听取当事人的犯罪事实和深刻忏悔。

2005年，与泰安市检察院联合印发党风廉政教育联席会议制度，成立税检共同预防职务犯罪工作指导小组，加强重点系统、重点行业的预防职务犯罪工作和党风廉政建设。制定开展廉政文化建设活动实施方案，在全市地税系统开展廉政文化进机关、进办税场所、进家庭、进网络"四进"达标和示范点创建活动，开展党性、党风、党纪教育活动和学习一套廉政文件、上一堂反腐倡廉党课、组织一次知识竞赛、宣传一批先进典型、观看一组教育专题片的"五个一"活动。建立廉政文化长廊、廉政文化书画展室、廉政文化宣传栏、廉政食堂、廉政菜园，制作廉政屏保、廉政台历、廉政警示牌，开展廉政短信传递、廉政格言征集及家庭助廉、亲情劝廉活动。

2006年，细化分解全市地税系统反腐倡廉宣传教育及调研工作任务。11月，与市检察院、市国税局联合召开预防职务犯罪工作联席会，参观市检察院警示教育展览室和廉政文化长廊。12月，组织百名干部赴山东省博物馆参观税务总局反腐倡廉漫画展巡展。2007年，配齐各级纪检监察干部，市地税局配备3人，县（市、区）地税局各2人，10人以上基层分局（所）设专（兼）职人员。开展与下岗职工、企业一线工人、英模及身边的先进典型人物对比，教育引导干部职工算好政治账、经济账、家庭账和个人账的"三对比四算账"廉政启示教育。2008年，制作廉政文化建设宣传专题片《文化倡廉、润物无声》。组织参加全国税务系统廉政文化建设展览，征集整理包括书画、摄影、动漫、音像等廉政文化建设实物和电子作品1087件。2009年，在市地税局8楼创建泰安地税系统文化展室，拓展廉政文化阵地。研发全市地税系统廉政文化网上虚拟展馆，运用虚拟展厅，展示文化倡廉、案例警廉、家属助廉活动成果。2010年，依托全市地税系统地税文化建设平台，开展廉政知识大家学、廉政风险大家防、廉政歌曲大家唱、廉政书画大家创系列活动，全市地税系统组织廉政歌曲演唱会6场，书画、摄影展5次，建设廉政文化走廊35处，宣传栏83个。2011年，组织人员参观全国检察机关惩治和预防渎职侵权犯罪泰安巡展市廉政教育基地，观看《算好人生七笔账》《欲盖弥彰》

廉政书籍

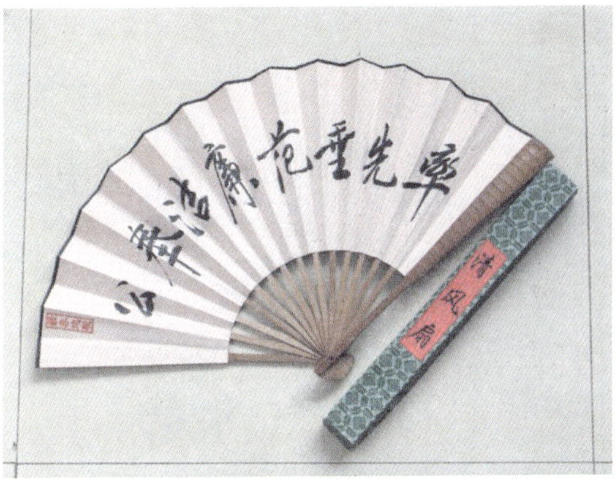

清风扇

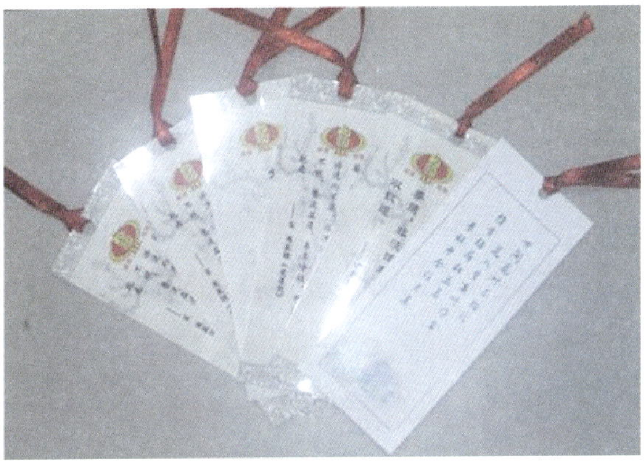

廉政书签

廉政漫画－武大郎开店

廉政花园

部分地税党员干部瞻仰焦裕禄，敬献花圈。

组织部分干部职工到泰安监狱参观

廉政教育片。落实“一把手”讲党课，税检共建制度，全市地税系统上党课12场，报告会9场，开展警示教育108次，有8362人次受到教育。新泰市地税局、肥城市地税局被授予全省地税系统纪检监察工作先进集体称号。

2012年，将全省地税系统垂直管理以来的违法违纪、贪污受贿等典型案列以图片形式展出，组织警示教育巡回展41场，参观人员1500人；建立廉政文化长廊49处，宣传栏174个，发送短信9976条。新泰市地税局、肥城市地税局纪检组监察室被评为全省地税系统纪检监察先进集体。岱岳分局、新泰市地税局、肥城市地税局、宁阳县地税局、东平县地税局被市纪委命名为泰安市首批廉政文化示范点。

2013年6月，举办全市地税系统预防职务犯罪专题辅导讲座。9月，举办学法规、明是非、树正气主题演讲比赛预赛，18名青年税务干部登台演讲。新泰市地税局专兼职纪检监察员制度得到省地税局党组成员、纪检组长王莉莉的充分肯定。新泰市地税局、宁阳县地税局被评为全省地税系统廉政文化“四进”先进单位。参加省地税局“清廉地税”廉政书法绘画摄影创作、评选、联展活动，征集筛选上报廉政文化作品58件。

2014年，制定全市地税系统开展岗位廉政教育实施意见，实施分岗、分层、分类教育。组织党员干部到徂徕山革命教育基地接受革命传统教育。参观泰安市反腐倡廉警示教育基地，观看警示案例视频和廉政公益短片。更新廉政文化长廊48处，宣传栏154个；建立各类廉政论坛、微博、QQ群11个；组织创作廉政文化作品116件，2件在省地税局组织的清廉地税联展中获特等奖，市地税局被授予优秀组织奖。

第三节 廉政制度

1995年5月，制定税务人员不准参加营业性娱乐场所活动和宴请的有关规定。1997年11月，全国税务系统党风廉政建设座谈会在泰安召开，市地税局就基层党风廉政制度建设工作作典型发言。

1999年，在全市地税系统实行党风廉政建设责任制，主要负责人、分管领导、科室负责人、科室成员四个级次，按年度签订责任书，明确廉政职责、考核追究等内容。各单位每季度检查一次廉政建设工作，召开一次党风廉政建设形势分析会，在基层分局（所）执行廉政日、周讲评、月小结等制度。建立纪检监察重要案情报告制度。8－11月，开展执法监察和内部审计，纠正追缴地方各税11.84万元；对26个基层单位开展以经费管理和领导干部离任审核为主要内容的内部审计。以新泰市地税局、肥城市地税局为试点，建立基层干部档案，设立14类54种登记统计表格。印发1500份税务人员廉洁自律手册。

2000年4月，制定市地税局党组成员约法三章，党组成员带头狠刹跑官要官、权税交易、请客送礼等不正之风，严格管理配偶、子女。6月，制定全市地税系统党风廉政建设责任制考核暂行规定，强化对各级地税机关领导班子和主要负责人、领导班子其他成员、职能部门领导干部、纪检监察部门负责人的责任考核。按照省地税局要求，开展万家企业评行风活动。

2001年，制定全市地税系统县（市、区）地税局领导班子、领导干部执行党风廉政建设责任制考核和责任追究暂行办法。落实廉政谈话制度，对提拔、调整、交流的县（市、区）地税局领导班子成员、基层分局（所）长47人进行离任审计。2002年，在全市地税系统试行效能监察ABC动态管理办法。新泰市地税局零户统管经验在全省地税系统党风廉政建设工作会议上作典型经验交流。2003年，出台《泰安市地税局机关评审型考核实施办法（试行）》等90项制度，明确服务对象、督办人、承办人、交办时间、办理期限、办结时间以及办理要求。

2004年4月，在全市地税系统推行党风廉政建设执法责任制保证金制度，每名干部职工提供600元个人廉洁自律保证金，设立专用账户。对发生违规违纪行为的干部个人，除按规定处理外，扣除个人保证金，个人再补充保证金。5月，制定全市地税系统民主评议行风，优化发展环境活动实施意见，开展行风评议自查自纠活动。6 月，印发关于加强对各级“一把手”监督管理的实施意见，规定各级主要领导不准分管人事和财务工作，在干部提拔任用、人员调整交流、基建项目招标、大宗物品采购以及税收减、免、缓等重大事项上，集体研究，民主决策。7 月，印发严禁工作日中午饮酒的通知，制定开展经常性巡视检查的实施意见，严肃工作纪律。2005 年，落实领导干部重大事项报告、收受礼品礼金上交登记、领导干部廉政谈话、领导干部述廉、领导干部经济责任审计、领导干部收入报告等制度，规范和约束领导干部行政行为。建立信访举报、投诉案情分析制度，受理信访举报 17 件。

2006 年，在全市地税系统集中开展预防渎职犯罪专项检查。

2007 年，与纪检监察、检察、审计、公安等部门，共同开展预防腐败和职务犯罪工作。与市检察院、市国税局联合，集中查办破坏社会主义市场经济秩序渎职犯罪落实情况通报、线索移送、案件协查和信息共享等税检共建制度。

2008 年，制定《廉政手册》，全市地税系统干部职工人手一册。以肥城市地税局为试点建立廉政预警机制，对苗头性、倾向性问题实施超前预防和警示。7 月，对 1 名干部实施廉政预警。2009 年，制定全市地税系统廉政谈话制度，组织开展谈话 563 人次。

2011 年，印发机关岗位风险及防范手册，绘制权力运行图、排查廉政风险点、制定防控措施，围绕征、管、查、人、财、物 6 个环节，清理整合工作规程和内部管理制度。东平县地税局《开展民主评税、推动和谐税收》经验，得到山东省纪委副书记崔瑛批示，“个体税收定额核定采用民主评税，使核定工作透明化，既提高了税务部门决策的民主化程度，同时也维护了纳税人的合法权益，可供参考借鉴”。

2012 年，制定税收执法风险防控评价指标体系，将税收政策、税收法制、税务登记、税源管理、票证管理和申报征收纳入重点监控范围，查找整理税收执法一线 6 大类、13 个环节、43 个风险点，科学设置风险控制节点，由纪检监察员负责节点审核控制，对执法流程全程监控。建立定额报批、大额审批和第三方审计制度，纪检

2013 年 6 月，开展青年党员讲廉政党课活动。

监察员全面参与经费支出监控，所有凭证、发票经纪检监察员确认审核后，才能进入下一流转环节，无纪检监察员签署意见，不立项、不审批、不拨付款项。

2013年6月，省地税局监察室到新泰市地税局检查指导，对该局创新兼职纪检监察员工作制度、全面加强对基层单位的“事权”监督所取得的成绩给予高度评价。10月，全市地税系统加强专（兼）职纪检监察员建设工作现场会在新泰市地税局召开。12月，中央纪委预防腐败室正局级副主任古越仁到岱岳分局调研廉政保证金办法开展情况，调研组认为，泰安市地税局岱岳分局推行的个人廉政保证金办法，是山东地税系统唯一一个执行廉政保证金办法的单位，是预防腐败的有益探索。

2014年，针对日常检查督导的问题，采取廉政约谈方式进行提醒，强化责任追究。将49项党风廉政建设考核指标纳入绩效管理，逐级签订廉政责任书1872份，按照绩效管理考核时限，定期检查考核。12月，经验材料《发挥基层纪检监察员作用、探索新形势下廉政风险防控机制》得到市委常委、市纪委书记赵明东批示。

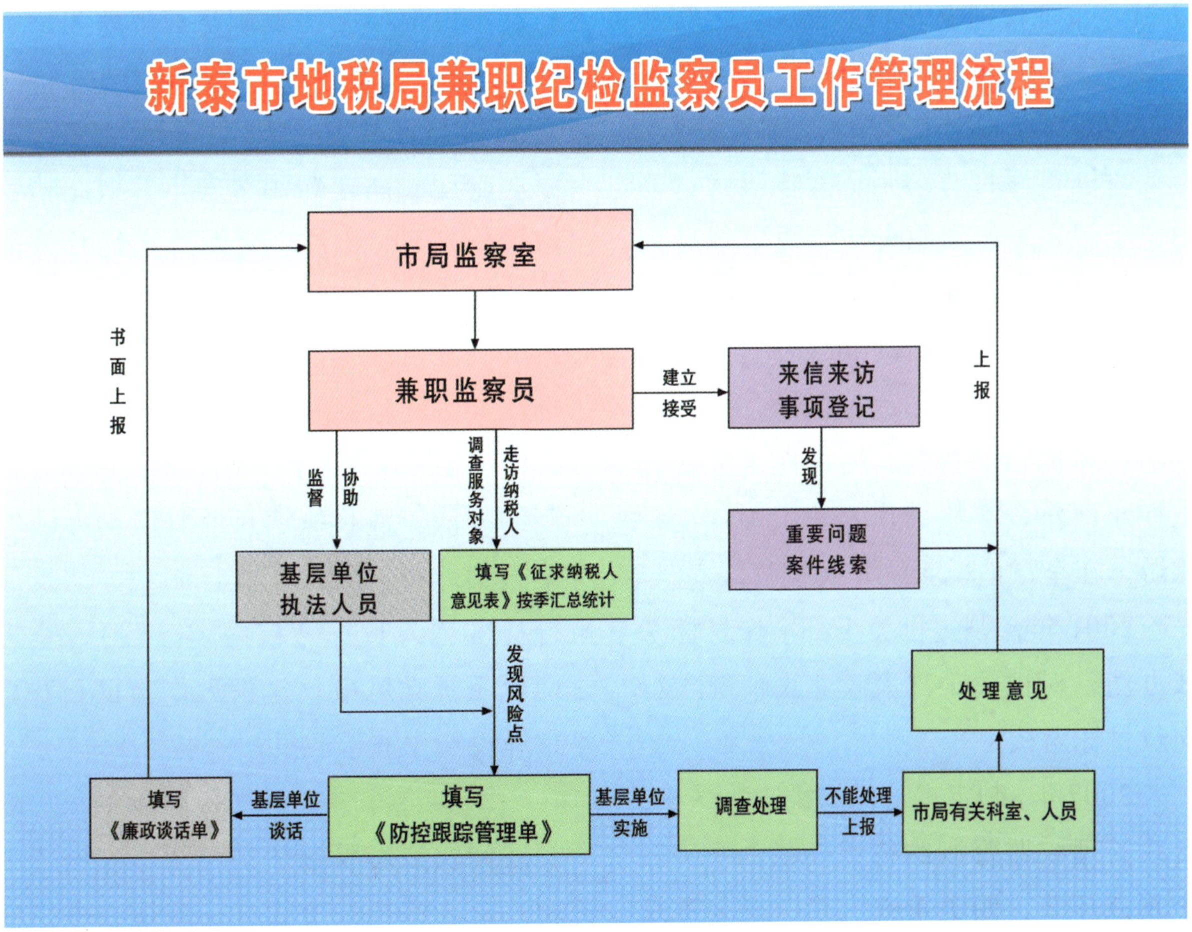

闭环式管理

第四节 两权监督

1994–1998年，组织全市地税系统按年度开展税收检查，对发现的税收执法问题提交相关部门审议，督促制定整改措施，予以规范完善。

1995年9月，按照泰安市纪委关于刹住公款吃喝玩乐风要求，在全市地税系统开展整治活动。贯彻落实税务总局《税务人员违法违纪行政处分暂行规定》《税务系统领导干部廉政责任制及考核办法》《关于各级税务机关和领导干部不准收受下级赠送的奖金、红包问题的实施意见》，规范地税人员的行政行为。11月，市地税局召开聘请税风税纪监督员座谈会，向38名的监督员颁发聘书。

1997年，根据中共中央、国务院《关于党政机关厉行节约制止奢侈浪费行为的若干规定》，组织全市地税系统自查自纠，严格控制新建和装修办公楼，控制各种会议、庆典活动和各种检查，禁止形式主义的评比和达标活动，严禁公款吃喝和挥霍浪费，严格按规定配备和更换小汽车，严格禁止公费出国（境）旅游。在全市地税系统开展执法监察。

2001年，制定机关干部工作目标考核办法，对机关干部廉政建设情况实行岗位目标考核。

2002年，制定市地税局税收执法权、行政管理权监督制约暂行办法，明确三个重点环节、四类重点人员、五个重点部门。三个重点环节是："一把手"和班子的决策环节，税收执法征收、涉税事项的审批审核环节，人事任免、经费开支、大宗物品采购的管理环节。四类重点人员是：各级"一把手"和班子成员，具有一定执法权力的分局（所）长和征管责任区的主管人员，具有审批审核权限的岗位负责人，具有采购、报销、接待权限的后勤人员。五个重点部门是：具有发票控管、税款征收和滞纳金加收等权限的基层征收部门，具有税收执法权和审批权等权限的税政、征管、稽查等执法部门；负责经费支出的财务部门，负责干部提升、调配、管理的组织人事部门，负责监督检查考核的监督部门。新泰市地税局纪检组监察室被评为全省地税系统纪检监察先进集体。

2003年4月，山东省纪委常委、监察厅副厅长高守勤到泰安市开展纪检监察调研活动。5月，全面落实行政效能监察工作实施意见，在市、县两级分别建立健全行政效能投诉中心，投诉中心设在监察室，受理行政效能投诉23件，办结率100%。7月，制定行政管理监督制约办法、税收执法权监督制约办法实施方案。将"两权"监督制约办法及履行标准列入目标考核内容。8月，全省地税系统党风廉政建设工作会议召开，市地税局作演示汇报。

2004年7月，开展税收执法和行政管理问题清理整顿活动，清查私设"小金库"、违规经费收支、违规创办经济实体、违规从事税务代理、违规税收执法5个方面问题。

2005年，在全市地税系统集中开展预防渎职犯罪专项活动。完善领导干部电子廉政档案，集中开展清理虚报冒领工资补贴、税务干部参与投资办矿、违规购建住房等活动。

2006年，开展治理商业贿赂专项工作，围绕系统基建工程项目、大宗物品采购及固定资产管理等方面展开监督检查，规范行政管理行为。结合县（市、区）地税局班子考察，就领导干部执行党风廉政建设责任制情况、实行民主集中制情况、落实廉洁自律规定，提高廉洁勤政的自觉性等问题展开廉政谈话，涉及基层领导班子成员、机关科室负责人和基层分局（所）长66人。

2004年3月，省地税局党组成员、副局长吕风强（右二）到宁阳县地税局调研。

2007年，开展对税收执法、公务员录用、领导干部选拔、基建招投标、集中采购、信息化建设等工作的过程监督；开展清理纠正个人“小灵通”捆绑单位办公电话，用公款支付个人话费的行为。开展巡视检查，与县（市、区）地税局班子成员和科室负责人68人进行廉政谈话。

2008年，开展明察暗访，以实地查访、跟踪查看、电话访问等形式，走访纳税人1400户，对基层地税部门依法征税、税负公开、工作效率、廉洁从税等方面的问题进行调查。10月，开展行风检查月活动，对在明察暗访工作中发现的问题总结整改。根据市地税局机构改革人员调整情况，对8个离任的县（市、区）地税局主要负责人进行离任审计。

2009年，制定全市地税系统纪检监察信访内查制度，严肃查办程序、工作机制、责任追究。3月，以肥城市地税局为试点探索建立廉政风险等级管理制度。根据各岗位行使权力大小、与企业关系密切程度、人财物的管理权限以及产生腐败的可能性大小，将岗位分为A、B、C三个风险管理类别，制定防控措施560条。按照《廉政风险三级预警实施办法》，针对不同问题，及时发出红、黄、蓝三个级别度的预警，督促单位或个人制定防控措施。

2010年4月，全市地税系统党风廉政建设暨岗位廉政风险等级管理工作现场会在肥城市地税局召开。肥城市地税局的廉政风险等级管理经验得到省地税局充分肯定，省纪委常务副书记、监察厅厅长王维新作出批示："这是推进惩防体系建设的有益做法。"东平县地税局个体税收廉政防火墙做法得到省纪委副书记崔瑛肯定："做法很好，值得借鉴和推广。"

2011年5月，市地税局被省地税局确定为廉政风险防控平台试点单位。举办软件操作培训班和行政管理模块车辆用油评估会，掌握软件基础操作和工作流程，明确预警指标，处理预警信息103条，占总体预警信息的22.4%，根据不同预警指标，选择典型风险信息，复核、复查预警信息59条。

2012年，构建预防、建设、纠治与考核评价相结合的"3+1"工作体系，市委常委、纪委书记赵明东作出批示。

2013年，市地税局组成督导检查组，分两次对6个县（市、区）地税局机关和20多个基层分局所进行明察暗访，重点检查工作纪律、税容风纪、办公环境、税收执法和纳税服务等工作。全市地税系统停止新建楼堂馆所和办公楼房改造装修，腾出超标准办公用房3959平方米，

组织全市地税系统廉政风险防控应用平台推进会

对违规使用公车进行专项清理。建立以规范职权和定廉、诺廉、督廉、述廉、评廉为主要内容的“1 + 5”廉政风险防控工作机制，动态管理廉政风险点。全系统重新梳理岗位职权161项，绘制权力运行流程图264个，查找岗位廉政风险点1809个。岱岳分局推行廉政保证金制度经验在新华社《国内动态清样》刊发，中央政治局常委、中纪委书记王岐山给予高度评价，作出重要批示。

2014年，组织开展“庸懒散”整治、违规操办婚丧喜庆事宜、规范公款送礼、公款吃喝、奢侈浪费及重要节点明察暗访等专项活动7次，签订《党员干部廉洁操办婚丧喜庆事宜承诺书》1036份。按照纪检监察转职能、转方式、转作风“三转”要求，加强对案件线索的受理、处置及核查。开展一案双查，强化执纪问责，受理群众来信、来访，网络、电话举报11件，协助市纪委查办案件12次，查结率100%。对明察暗访、执法监察、受理举报发现的问题开展廉政谈话43人次。

第五节 行业作风

1995年，面向社会聘请税风税纪监督员，颁发聘书，不定期召开义务监督员和特邀监察员座谈会。1997年，根据税务总局税务机关特邀监察员工作暂行办法，在行政机关、人大代表、政协委员、纳税业户中聘请特邀监察员，发放征求意见信，召开座谈会，接受社会各界监督。1999年，召开由市直各部门和大中型企业特邀监察员11人、义务监督员52人参加的座谈会，签订《税企共建文明公约》。在《泰安日报》公布文明办税八公开办法和保障纳税人12项权利承诺。2005年，制定全市地税系统行业作风建设接受社会监督的若干规定，在全系统聘请特邀监察员341人，召开税情恳谈会、特邀监察员座谈会，到纳税户明察暗访，参加行风政务热线，接受纳税人和社会各界监督。1998年，贯彻执行税务总局通知，成立清理整顿行政事业性收费工作领导小组。在市地税局监察室设立举报电话，并在全市地税系统和社会公布。

2000年，坚持一票否决制度、执法人员廉政监督卡制度，实行密码举报有奖制度，设立行风奖惩基金，向社会发放《地税行风通讯》和征求意见信共1.13万份，开通电台行风直播热线。组织参加万家企业评行风活动，各县（市、区）地税局一把手到纪检监察部门汇报情况、协调工作。在社会各界聘请税风税纪义务监督员917人，召开座谈会2次，按季填写地税人员廉洁自律情况反馈表。市地税局在泰安市委、市政府召开的94个部门民主评议行风活动总结大会上作典型发言，市地税局机关在财贸系统128个单位中作经验介绍。全市地税系统民主评议优秀率名列泰安市第一位，6个县（市、区）局全部获得行风评议第一名。2001年，召开全市地税系统整顿规范基层工作秩序会议，对管理混乱的基层地税机关和主要负责人予以处分，撤销2个基层分局（所）长职务，对4个基层分局（所）长给予警告处分，对11个基层单位给予通报批评。与市文明办联合撤销肥城市地税局汶阳分局等6单位文明分局称号。2002年，全市地税系统在社会各界聘请特邀监察员126人，义务监督员436人，设立举报电话15部、举报箱67个。全市地税系统参加民主评议政风行风活动的6个县（市、区）地税局全部排名第一。

2003年起，将每年10月份定为行风检查月，组织系统各单位参与地方政府组织的民主评议政风行风和全省地税系统行风检查。9月，在全市地税系统开展民主评议行风、优化发展环境活动，建立税企联系点，公开举报电话，参加行风热线，发放调查问卷，推行税情恳谈，解决纳税人实际困难。从县直机关和各乡镇人大、政协聘请监督员24人，从基层单位和市地税局机关聘请兼职监察员14人。全市地税系统召开税情恳谈会130次，515名纳税人和社会各界人士参加，提出意见建议309 条，为纳税人解决实际困难295个。市地税局被评为2003年度全省部门和行业作风建设示范窗口。

2004年，落实文明办税八公开、首问责任制和服务承诺制，推行“一站式”和“一窗式”服务，开通“12366”纳税服务热线，设置信访举报电话1部，配备专职人员受理信访举报案件，对举报内容进行分类汇总，实行信访资料档案化管理。4月，市地税局开始参加市政府举办的行风热线节目，通过热线与纳税人直接交流。至2014年底，参加节目15次。10月，开展行风检查月活动，对损害纳税人利益的不正之风开展自查自纠，加大治理整顿力度。市地税局被省政府命名为全省部门和行业作风建设先进单位。

2007年11月，市地税局组织行风特邀监察员座谈会。

2005年2月，在全市地税系统开展民主评议政风行

2012年10月，参加泰安市首届网络热线直播栏目。

参加政风行风网络热线直播节目

风、优化发展环境活动，组织专项检查。泰山分局开展民主评议行风、优化发展环境活动和直属征收局推行预约服务、限时服务、提醒服务、上门服务、社会服务五项特色服务等经验做法被省地税局推广。市地税局被评为全省部门和行业作风建设示范窗口、泰安市行风建设十佳单位、泰安市十大文明行业。11月，山东省纠风办主任徐国力在省地税局党组成员、纪检组长王官震陪同下到市地税局视察指导行风建设。被省政府命名为2005年度全省政风行风建设先进单位；在泰安市行风评议执法部门中排名第二；2006年，在泰安市行风评议执法部门中排名第一。

2007年，参加《阳光政务热线》直播节目，现场解释政策，回答群众咨询。11月，召开全市地税系统行风特邀监察员、特约地税监察员座谈会，向新聘请行风特邀监察员20人颁发聘书。

2008年3月，参加由泰安市纠风办、人民广播电台联合举办的第一期政风行风热线节目。至2014年底，市地税局连续7年参加政风行风热线节目。2009年4月，在泰安市深入学习实践科学发展观活动动员大会上，市地税局获行评执法类第一名，被表彰为全市政风行风建设先进单位。2010年，在泰安市政风行风评议活动中，市地税局取得执法类第二名，被表彰为全市政风行风建设先进单位。2011年，参加省地税局阳光政务热线及泰安市政风行风热线。10月，被表彰为全省地税系统政风行风建设考核先进单位。2012年，市地税局获泰安市政风行风评议行政执法类第三名，市地税局、宁阳县地税局被命名为全省地税系统政风行风建设考核先进单位。2013年，系统构建预防、建设、纠治与考核评价相结合的“3+1”工作体系。市委常委、纪委书记赵明东作出批示：市地税局积极构建“3+1”工作体系，思路清晰、重点突出、工作扎实。在全市构建“3+1”工作体系推进会议上作经验做法介绍。2014年，通过行风热线、网络平台、专项督导，发放征求意见信1085封，督促办理和解决群众反映的各类问题115个，被表彰为2013年度全市政风行风建设先进单位。

第六节 巡视检查

2004年，制定经常性巡视检查实施意见，加强对党员干部特别是领导干部的监督。建立与县（市、区）地税局经常性联系，及时沟通信息、掌握情况，分析和研究解决问题。

2005年，制定巡视检查工作暂行办法，成立巡视检查组。采取个别谈话、召开座谈会、查阅资料、明查暗访等方式，对部分县级局开展巡视检查，对上年开展的私设“小金库”、违规经费收支、违规创办经济实体、违规从事税务代理、违规税收执法等五项清理检查整改落实情况进行“回头看”。

2006年，对基层分局（所）进行明察暗访，涉及内部管理、个体工商户管理、微机定税、货运发票代开及税款征收、下岗再就业优惠政策落实等方面，检查基层分局（所）8个，抽查个体工商户155户。在班子建设、队伍管理、财务管理、税收执法等方面发现问题45个，提出建议29条。2007年，制定巡视工作纪律、保密、工作规程、巡视情况报告、巡视情况反馈、监督整改等9项制度。2008年，印发巡视检查手册。2009年，修改巡视检查工作暂行办法、实施方案。2010年，修改巡视检查工作规程。以及巡视检查办公室职责、工作制度和巡视工作人员纪律。2011年，对肥城市地税局、东平县地税局、泰山分局、岱岳分局4个单位及6个基层中心税务所巡视检查，走访14个当地党委、政府及有关部门、谈话87人，向纳税人及特邀监察员征求各种意见和建议14条。2012年3月，召开巡视检查工作联席会议，修订巡视检查工作暂行办法。2013年，对新泰市地税局、宁阳县地税局、开发区分局和景区分局4个单位及4个基层分局（所）进行巡视检查。是年，省地税局党组决定成立省、市地税局督察内审机构，承担税收执法督察、财务审计、领导干部经济责任审计和巡视四项工作职责，巡视办公室相关职能并入督察内审机构。2014年，根据中央、税务总局和省地税局巡视检查工作制度，修改巡视检查工作暂行办法和巡视检查实施方案。

第三章　群团工作

第一节　机关工会

1994 年 12 月，市直机关工委批复同意，建立市地税局工会委员会，由曹凯、张方恩、程西瑞、徐正祥、刘爱玉组成，曹凯任工会主席。机关工会成立后，每年“六一”儿童节，为全局 14 周岁以下适龄儿童发放节日慰问品，每年“三八”妇女节，协助机关妇委会为全局女职工发放过节慰问品。2000 年 4 月，市直机关工委会批复同意姚同喜任市地税局机关工会主席。2002 年 4 月，市地税局投资 25 万元，在 14 楼建成面积 200 平方米，包括图书室、台球室、乒乓球室、多功能室在内的职工活动场所。

2005 年 9 月，开展机关干部职工健身活动调查，印发加强体育锻炼预防身体“亚健康”的通知。10 月，成立篮球、乒乓球、登山、钓鱼和棋牌 5 个协会；明确 5 个宿舍区的体育网长，为宿舍区配备活动器械。郭风晓被授予山东省富民兴鲁劳动奖章。2006 年 7 月，机关工会进行换届选举，由姚同喜、王同宪、薛立胜、董荻、沈桂强、张忠伟、李玉祥组成，姚同喜任主席。2008 年起，每年为市地税局机关干部职工送生日蛋糕。年底，以 15 名青年干部为主成立锣鼓队。

2010 年 1 月，印发进一步丰富文体活动促进和谐机关建设的通知，调整充实市地税局文体协会组织，保留原篮球

2010 年 5 月 24 日，市地税局组队参加泰安市全民健身月启动仪式暨市直机关环泰山跑活动。

协会、乒乓球协会、棋牌协会，将登山协会更名为户外活动协会，成立摄影、羽毛球和书画3个协会，每个协会除明确会长、副会长外，邀请一名局领导担任名誉会长。2011年4月，王志鹏、宋来竹、孟宪军、王爱霞荣获振兴泰安劳动奖章。2012年4月，李涛被授予山东省富民兴鲁劳动奖章。

2013年4月，吴江被表彰为山东省劳动模范，泰山分局纳税服务中心被表彰为山东省女职工建功立业标兵岗、山东省十佳女职工建功立业标兵岗，同时被授予山东省工人先锋号，市地税局直属征收局、新泰市地税局青云征收分局、东平县地税局直属征收局被表彰为泰安市工人先锋号，唐光明、章锡峰、李京丰、邢秋艳荣获振兴泰安劳动奖章。

2015年11月，市直机关工委批复泰安市地税局，同意由李达、李玉祥、董荻、解培志、王筱、邓法国、高峻组成新一届机关工会委员会，李达任主席。

组织团员青年到包村点访贫问苦

第二节 机关团总支

1994年12月，共青团市直机关工委批复同意，成立市地税局团总支，由孙家新、王玲、刘世海、倪培栋、张燕组成，孙家新任书记，王玲任副书记。1995年4月，市地税局与共青团市委联合组织全市地税系统岱下聚财能手和岱下聚财能手标兵表彰，表彰岱下聚财能手40人和岱下聚财能手标兵10人，岱下聚财能手标兵10人被共青团市委授予市新长征突击手。2004年5月，组织市地税局青年干部到新汶矿务局泉沟煤矿了解企业现状。2006年10月，市地税局团总支进行换届选举，新一届团总支由宗贵兵、冯向军、张雪、李广亮、刘卉、张大鹏、李大发组成，宗贵兵任书记，冯向军、张雪任副书记。

2010年8月，市地税局成立由32名年轻党员和入党积极分子参加的泰山文明使者志愿者服务队。在关爱空巢老人、关爱少年儿童、相关业务咨询、公共秩序维护、文化服务及义务献血等方面提供服务。11月，市地税局团总支进行换届选举，新一届团总支由宗贵兵、李大发、张大鹏、仲心、李华、张正、张 组成，宗贵兵任书记，李大发、张大鹏任副书记。

2011年1月，泰安地税青年文明号希望电脑室揭牌仪

2013 年 3 月，市地税局组织女同志到泰山区省庄镇敬老院开展献爱心送温暖活动。

式在泰山区省庄德慧希望小学举行。市地税局党组副书记、副局长姚同喜和共青团泰安市委副书记付望舒一起揭牌。5 月，组织市地税局青年干部到高新区泰安青年汽车有限公司、蒙牛乳业泰安有限责任公司参观调研。2012 年 11 月，组织团员青年在岱庙街道花园社区组织开展送爱心大白菜进社区便民、惠民服务活动，将 1 万斤爱心白菜送到社区群众手中。

第三节 机关妇委会

1994 年 12 月，泰安市直机关妇女工作委员会批复同意由王春玲、郝玲、戴玉清、宋韶辉、高建琴组成市地税局妇委会，王春玲任主任。

1994 － 2014 年，支持女职工参加学历教育和职称考试，并选送优秀女职工参加干部培训、英语培训和各种专业技术培训。2014 年，市地税局机关在职女职工 45 人，获大学本科以上文凭的占 95%；共产党员 43 名，占 93%。1995 年 1 月，与泰安市妇女联合会联合印发关于在全市地税系统妇女中开展税收岗位建功活动和评选地税巾帼标兵的意见，联合表彰地税巾帼标兵 32 人，对前 10 名命名为泰安市地税系统三八红旗手。2006 年 3 月，机关妇委会换届选举，新一届妇委会由 5 名同志组成，董荻任主任，张艾琳、高建琴、王惠琴、刘卉为委员。2011年，董荻获山东省巾帼建功标兵称号。

2012年3月，组织市地税局机关女干部职工到临沂，接受革命传统教育；到泰山区省庄镇敬老院开展献爱心送温暖活动，送去1万元慰问金以及1000斤面粉、200斤食用油等生活用品。5月，到市地税局“第一书记”所在的泰山区北河西村幼儿园进行走访慰问。是年，市地税局妇委会被全国妇联命名表彰为全国三八红旗集体和全国妇女创先争优先进集体。

第八篇

行政管理

第一章 政务管理

政务管理包括公文与档案、信息与科研调研、督察考核、后勤保障四方面工作。

第一节 公文档案

一、公文处理

1994年，按照税务总局、省地税局规定，制定市地税机关公文处理办法等规章制度。1994—1999年，公文处理采用纸质传递方式。文件签收后，即予登记、填写文件批办单，办公室主任签署拟办意见，根据拟办意见送局领导及相关科（室）负责人阅，明确落实单位。其间，对文件办理情况实施跟踪，按时限要求督办、办结与归档。公文传阅按规定范围，秘密文件按国家保密相关规定传阅。

2000年，按照省地税局要求，统一调整市地税局机关发文字号、公文格式，根据印制、收发、阅办、保密等要求，制定有关制度，规范公文写作和运转程序。4月，开始印发各类会议纪要，全年印发31期。做好秘密文件的登记、传阅、保存和清退。7月，市地税局机关运行《公文处理系统》，被评为泰安市“三五”保密法制宣传教育先进单位。2002年，《公文处理系统》上线运行，在全市地税系统推行无纸化办公。3月，印发关于提高市地税局办公自动化水平有关问题的通知，除涉密文件外，机关公文拟稿、审核、签批均通过《公文处理系统》进行。外收文件登记、扫描后，录入系统，按照拟办意见分发、签阅。全年下发文件346件，网上传阅公文865件。8月1日起，启用《计算机网络传输公文系统》，通过BP机提醒接收电子公文，接收电子公文89件。2003年1月，按照市政府要求，公文用纸正式统一采用国际标准A4纸型。应用《行政管理与监控考核系统》，对公文拟稿、审核、签批以及传送等环节设定质量、设定时限，量化考核。审核下发文件440件，接收市政府电子公文530件，网上传阅公文1991件。2004年，开展升级后公文处理系统的应用培训，审核下发文件370件，扫描公文1200件，从政府网电子公文传输系统下载办理普通件、特急件、特提件416件；做好密级文件清退，市办公室给予肯定。2008年，收转和审核各级公文980件，发文338件。2011年，按照公文拟稿、审核、印制、收发、阅办、督办、归档等要求，规范公文写作和运转程序，做好秘密文件的登记、传阅、保存和清退。收转和审核公文1400多件，发文520件，传

收文程序

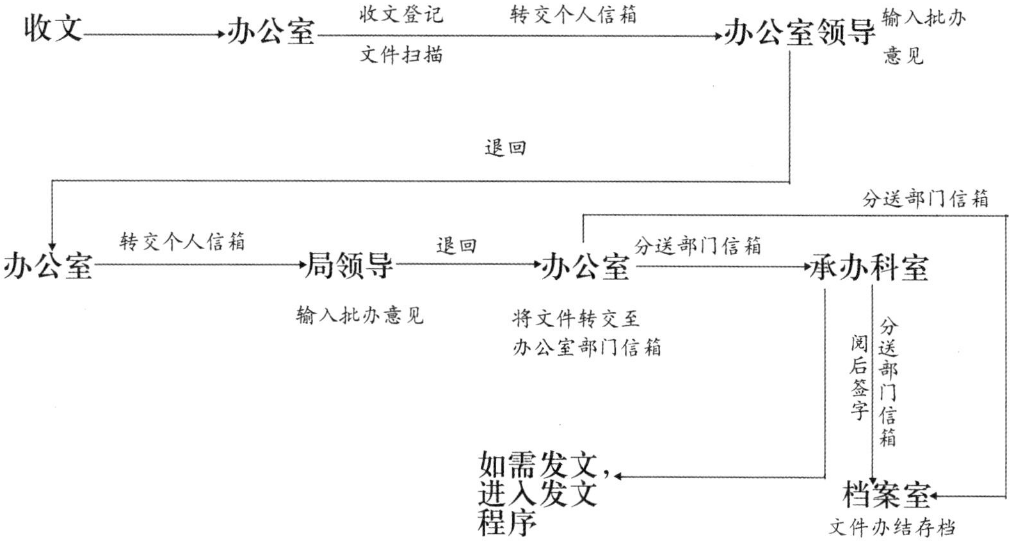

发文程序

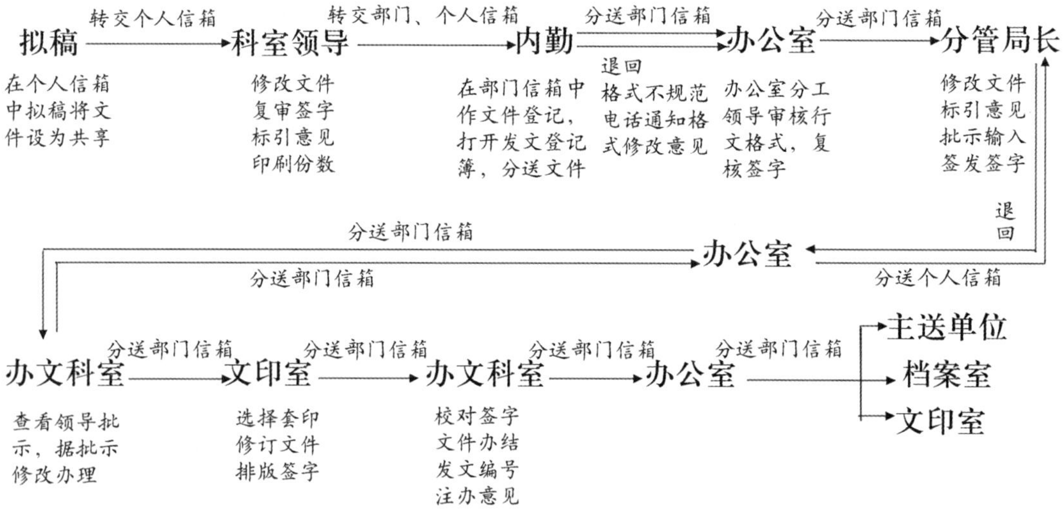

注：1、局长在审批完文件后选择“退回”、“发送”即可。
2、“文件传送”窗口中“部门”即代表“部门信箱”，“个人”即代表“个人信箱”。
3、格式包括主题词、份数、发文字号、抬头、落款、抄报事项等

市地税局收发文流程

阅秘密文件70多件。2012年7月，执行《党政机关公文处理工作条例》，按照公文发文拟稿、办理、管理等要求，规范收发、印制、督办、归档运转程序，严格秘密文件登记、传阅、保存和清退。收转和审核各级各类公文895件，发文309件，传阅密级文件79件，办理收文1280件。组织全市地税系统人员培训，通过腾讯通在线解答市地税局机关、各县（市、区）地税办公室有关公文处理疑难问题800余次。2013年1月，使用《泰安市机关综合办公系统》，对来自市政府收文以及单位上报信息、请示类公文均通过办公系统传输办理，原《政府电子公文接收系统》停止使用。2014年，按照《党政机关公文处理工作条例》《全省地税机关公文处理办法》《全市地税机关公文处理办法》，严格行文规则和程序，控制行文数量，提高办文效能，履行办公室审核把关职能。全年收转和审核各级各类公文1180件，发文310件。

二、档案管理

国地税机构分设前的税务档案资料全部由国税部门管理。1994年10月，市地税局组建，成立以分管局长负责，办公室主任及档案管理人员具体负责的档案管理领导小组；健全档案管理各项规章制度，配备档案管理设备，采用计算机作为辅助档案管理工具。按照国家档案管理部门要求，制定档案文件管理、会计档案管理、声像档案管理等办法，明确档案管理工作职责，建立档案归档范围、保管期限以及档案借阅、查询、销毁等规章制度，制定档案达标计划，明确档案工作重点。1996年9月，市地税局综合档案室被评为省三级先进单位。2000年，市地税局收存各种档案1690卷，其中文书档案899卷，会计档案212卷，照片、磁性载体、基建、资料书籍579卷（册）。12月，经省、市两级档案考核小组认定，达到省一级标准。根据国家档案局文书立卷整理改革要求，以件取代案卷，减少整理环节，实现文件级（单件）装订管理。2002年，对上年度档案按照《归档文件整理规则》搜集整理归档，以件为单位录入《TL—DA档案综合管理系统》，整理档案839件。市地税局机关档案室及所属6个县（市、区）地税局档案室均达省一级标准。2003年，全市地税系统应用《TL—DA档案综合管理系统》，实现全市档案微机管理。整理2002年度文书及声像、会计、基建档案1659件，市局及6个县局均被评为泰安市档案工作先进单位。2004年，整理上年度文书及声像、会计、基建档案1508件。2007年，对文书、会计、基建、档像、实物等档案进行分类、规范管理。9月，市地税局机关综合档案室通过省特级考核验收。市地税局机关综合档案室及新泰市地税局、宁阳县地税局、肥城市地税局晋升为省特级档案室。根据泰安市档案局建立数字档案馆要求，将1994—2000年度文书归档案卷录入泰安市档案局《数字在线管理系统》，1144卷、6305条，实现档案在线目录检索，声像、会计、基建等档案实行集中整理。蔡玉被评为全省档案工作先进个人、全省信息化档案建设先进个人。2008年，按照国家档案局《机关文件材料归档范围和文书档案保管期限规定》，将原保管期限永久、长期、短期改为永久、定期两种。其中，定期分为30年、10年。按照档案管理期限对上度文书档案进行归档，搜集整理文书档案655件并录入《TL—DA档案综合管理系统》，声像资料64件。指导县（市、区）地税局档案升级管理，泰山分局、东平县地税局晋升省特级。2011年，市地税局整理文书、声像、电子档案等740件。2012年，市地税局整理归档文书、会计、声像、电子档案645件。市地税局档案室及所属县（市、区）地税局档案室通过复审，保持省特级档案室等级。2001—2014年，以文件级（单件）管理文书档案，使用《TL—DA机关档案综合管理系统》，录入档案9045件。整理归档声像档案1280卷，基建档案508卷，会计档案1334卷，电子档案35件，整理资料220卷。

第二节 信息科研调研

1994年10月，市地税局创办信息刊物《泰安地税工作》，首期刊发《徐兰云同志在市地方税务局第一次全体人员会议上的讲话（要点）》。全年出刊24期，采用信息42条，简讯13条。12月，邀请泰安市委、市政府办公室信息科负责同志为全市地税系统专、兼职信息员作专题辅导。1995年6月，市委研究室副主任叶余江到市地税局座谈，市地税局党组成员、副局长孙立彦介绍信息调研工作开展情况。8月，市委书记张庆黎听取市地税局党组书记、局长徐兰云关于重点工作开展情况的汇报，对地税工作给予充分肯定。1996年1月，《泰安地税工作》第4期刊发国务院办公厅《政务信息工作暂行办法》，为加强和改进全市地税系统政务信息工作提供遵循。8月，《山东内参》刊登市地税局党组书记、局长徐兰云《努力让“地税”成为一方净土》的署名文章。1997年3月，市地税局党组成员、副局长管溪池出席下派干部挂职研讨会。市地税局论文获一等奖，在东平县商老庄乡挂职的张鲁光的论文获二等奖。召开全市地税系统办公室工作会议，省地税局办公室主任郭凤晓到会，市委、市政府办公室信息科负责同志作专题辅导。12月，泰安市税务学会第二届会员代表大会暨理论研讨会召开，副会长刘文和、管溪池及市地税局各单位负责人参加会议。1998年10月，市地税局党组书记、局长徐兰云参加在曲阜举办的淮海经济区税务研讨会。1999年，市委副书记、市长鲍志强对市地税局半军事化管理经验作出批示，并在《领导参阅》转发。全市地税系统以邮寄方式报送信息与调研科研稿件、发放信息刊物。

2000年，升级安装、重新规划Notes系统，保证省、市、县三级电子邮件顺畅传输，为各级传递信息、联系业务提供平台。5月，印发全市地税系统信息工作考核办法，信息报送实行纸质邮递和Notes系统上报双轨运行。编发解放思想大讨论和税收宣传月等专辑，对“三大战略”贯彻落实情况进行跟踪问效。调整充实12个基层信息直报点，拓展信息源。6月，市地税局党组书记、局长郭凤晓就做好办公室工作提出四点要求，即加强学习、提高研究能力，围绕中心、当好参谋助手，从严要求、提高工作效能，发扬吃苦奉献精神。全年编发《泰安地税工作》72期，用稿270条，被税务总局采用2条，被省地税局和市委、市政府采用117条。2001年4月，印发关于进一步加强税务信息工作的通知，建立信息收集传送、奖励、专题分析、反馈和催查催办、考核及评比表彰以及通联6项制度。2002年，调整充实基层信息直报点，采取以会代训形式，邀请省地税局、市委、市政府负责信息工作的专家授课。系统信息一律通过Notes系统报送，信息刊发全部通过内部网站。编发《泰安地税工作》75期，刊发调研、经验等信息308条，向省地税局和市委、市政府报送信息及各种综合调研材料400余条，采用161条，省委、省政府采用6条。2003年3月，修改信息考核办法，年终信息得分按比例折算，纳入办公室对各单位年度的考核。6月，启用信息采编系统，全市地税系统信息报送、采用、编辑、考核等实现网络化管理，通过软件上报信息746条，采编210条。基层信息直报点由7个增加到12个，编发调研信息74条，其中无纸化办公、税收会计电算化等在《山东地税情况》专期刊出后，引起较大反响。9月，山东省政府研究室副主任李世杰到市地税局调研以信息化支撑的行政管理工作，给予充分肯定。《泰安市地税局创新行政管理提速增效》被山东省政府调研室以呈阅件（17期）报呈省领导，省委常委、副省长林廷生批示“做法值得推广，各地借鉴”，省地税局党组书记、局长于希信批示各地“学习借鉴”。全年编发《泰安地税工作》122期，用稿721条。向省地税局报送信息120条，采用68条，在全省信息工作考核中获第二名。在市委《信息交流》《泰安信息》和市政府《泰安政务信息》刊发信息246条，市委信息工作考核名列第一，市政府信息工作考核获第三名。2004年3月，《山东省泰安市地税局全面取消办税服务厅》得到税务总局党组书记、局长谢旭人，党组成员、总经济师王力高度关注，并予批示。7月，税务总局征管司《情况反映》刊发《山东省泰安市地税局纳税评估信息化取得成效》信息，税务总局总经济师王力批示：“泰安地税运用信息化手段进行纳税评估的做法很有特点，建议办公厅登简报，以推动各地此项工作开展”。税务总局《税务简报》刊发《山东省泰安市地税局利用信息化手段开展纳税评估取得成效》信息。11月，税务总局《税务简报》专期刊发《山东省泰安市地税局以纳税评估为核心构建税源监控体系 大幅提高征管效能》信息。12月，山东省委政策研究室到市地税局调研信息化建设情况，市地税局党组书记、局长郭凤晓介绍有关工作情况。全年编发《泰安地税工作》110期，用稿629条。向省地税局和市委、市政府报送信息826条，采用345条，在省地税局信息工作单项考核中获第二名。

2006得6月，在省局管理年成果评比中，3个科研课题分获二三等奖。7月，举办全市地税系统政务信息工作讲座，省政府办公厅信息处处长姜文艺、省地税局办公室副主任张期鹏应邀授课。全年编发《泰安地税工作》74期，用稿356条，整理上报省地税局信息调研210条，调研30篇。编发“管理年活动专辑”40期，用稿176条。2007年3月，修改信息调研考订办法，对县（市、区）地税局、市地税局机关各科室（含稽查局、直属征收局）分别按照被考核单位总数的30%通报表彰，作为年终评选信息工作先进单位和优秀信息员的主要依据；县（市、区）地税局信息工作与税收调研合并统计，结果作为年度特别加

2006年6月29日，举办全市地税系统政务信息工作讲座。

分的主要依据。印发全市地税系统税收调研工作考核办法，县（市、区）地税局税收调研项目实际得分按6%折算后按季纳入全系统日常工作考核，年终统一汇总；市地税局机关各科室、稽查局、直属征收局税收调研项目的实际得分按40%折算后按季纳入市地税局机关公共项目考核，年终统一汇总。围绕税收管理与纳税服务的关系研究、税收管理员制度下的纳税服务研究、一站式纳税服务业务流程研究3个课题开展税收调研。2008年，围绕质效年活动开展，就加强财源建设、二三产业分离、金融危机对全市经济的影响进行专题调研。11月，全省地税系统办公室调研工作座谈会在泰安召开，济南、枣庄、济宁、泰安、临沂、日照、莱芜、聊城、菏泽9个市地税局负责调研工作的同志参加会议，市地税局就信息调研开展情况作经验介绍。是年，120余条信息被《泰安政务信息》《信息交流》《泰安信息》刊发，被市委、市政府评为信息工作先进单位。城区集中稽查管理、纳税服务新模式、土地增值税清算等5篇调研文章被省地税局刊发，1篇被评为优秀调研文章。向省地税局报送信息100余条，采用34条，专期5篇，在全省地税系统信息工作单项考核中名列前茅。编发《泰安地税工作》130期，用稿308条。2009年11月，印发市地税局机关信息调研奖励考核办法，明确适用对象，奖励范围、奖励标准和奖励兑现。

2010年1月，市各大班子领导相继对全市地税工作作出批示，市委副书记、市长李洪峰批示："2009年，地税局围绕泰安市工作大局，积极主动开展工作，富有成效，为全市应对金融危机、保持经济平稳较快发展做出了突出贡献。希望地税局在新的一年里各方面有新的进步，为全市经济社会发展做出更大贡献。"市政协主席高儒林批示："去年在国际金融危机影响经济较大的情况下，市地税局通过大量艰苦细致的工作，保证了税收大幅增长，可喜可贺！望在新的一年里再接再厉，取得更大成绩，为强市名城建设作出更大贡献。"市人大常委会副主任唐家品批示："在过去的一年，泰安地税系统为地方经济发展做出了突出贡献，并取得了业务工作和政治思想建设、文明建设双丰收。局领导班子建设、队伍建设也上了一个新的水平。值得赞扬和学习。望继续发扬成绩，再接再厉，各方面工作更上一层楼。"是年，整合《泰安地税工作》，开设《调研专刊》，重点推介富有特色、可资借鉴的调研文章。是年，委托东平县地税局研发政务信息动态管理系统，在东平试运行。2011年，应用《泰安地税政务信息动态管理系统》，集报送、采编、互动、考核于一体，自动评定信息工作实效，年终根据得分评选优秀单位和先进个人。依托该系统，编发《泰安地税工作》179期，用稿517条，调研70篇。110条信息被《泰安政务信息》、《信息交流》、《泰安信息》刊发，被市委、市政府评为信息工作先进单位。围绕省地税局重点工作开展调研，9篇调研文章被省地税局《调研专刊》刊发，在省地税局专项考核中居第5位。2012年，编发《泰安地税工作》68期，用稿198条，刊发调研文章39篇。市委、市政府采用54条，省地税局采用23条，14篇调研文章被省地税局调研专刊刊发，1篇被省政府《参阅》刊发，1篇税收科研被税务总局《税务研究》采用，5篇理论文章被《中国财税前沿》刊用，《关于加强文化建设增强税务核心竞争力的思考》的科研课题被省地税局评为三等奖。被市委、市政府、省地税局评为信息工作先进单位。

2014年，围绕“为经济发展献良策 为纳税业户办实事”活动，形成调研报告21篇，从经济发展角度建言献策98条，其中26条纳入地方党委政府决策。

第三节 督查督办

1994年10月，全市地税系统政务督查工作由办公室专人负责，按立项、转办、催办和反馈4个环节进行。督查方式为定期督查、随机督查、网络督查、实地督查和跟踪督查。2000年8月，制定全市地税系统督查工作制度，对全市重要工作会议决定事项及领导交办事项进行分解，并与各目标责任单位协商，落实到人，实现督查工作的经常化、制度化。2001年2月，市、县地税局两级机关抽调46人参加省地税局组织的千名干部下基层活动，与省地税局督查组4人一起，组成17个工作组，到50个基层分局（所）督导“三个代表”学习教育活动开展情况。3月，确定9类70个事项开展督查，对在全省地税系统开展的“管理年”活动以及“三大战略”有关事项予以分解、立项，根据职责分工确定承办单位。分解事项有明确时限的，限期反馈落实情况，无明确时限的，按季调度。2002年，根据ISO9000质量管理体系要求，印发督查督办作业指导书，制定督查通知单和反馈单，规范督查手续。对会计电算化、双委托、基层基础建设、文明创建、税源监控等进行重点督查。全年立项84个，其中综合项目26个，专项58个，网上发布督查通报10期，内网微机均可查阅。2003年3月，制定督查督办工作考核办法，对7大项14个小项设置标准，考核实行扣分制，满分100分。对会计电算化、基层基础建设、文明创建、征管改革、综合治税等实施专项督查。立项53项，发布督查通报16期，提出督办意见42条。2004年10月，自行研发的《督查督办软件》上线运行。对局领导确定的重大事项、“六好基层单位”创建、税收征管改革、纳税服务等项目实施重点督查。规范县（市、区）地税局办公室督查网络，组织辅导检查，立项98项，发布督查通报12期，提出督办意见64条。2006

年，对29项重点目标、77项日常目标提前介入，专项督查，编发督查通报9期，反映问题23条，提出整改建议14条。2008年，围绕质效年活动开展，对省地税和市委市政府下达的督查任务、市地税局重点部署，跟上督查督办，立项153 项，其中综合项目36个，专项117个，发布督查通报2期，反馈政协提案、人大议案5条。省地税局党组书记、局长于希信对决策执行跟踪问效（督查督办）管理系统作出批示。2009年5月，在肥城市地税局召开全市地税系统办公室工作会议，推广肥城市地税局督查督办工作经验，在全市地税系统推广应用决策执行跟踪问效管理系统。9月，召开全市地税系统争创标准化基层分局调度会议，培训督查督办软件。2011年，完善特色亮点项目奖励办法，确定50项特色亮点，其中市地税局20项，县地税局30项，所有项目均明确完成时限，质量标准、责任单位等。对53项重点工作组织4次督导，下发督查通报4期，通报问题，限期整改，实施责任追究。2012年，利用督查督办管理系统，对省地税局以及市地税局决策部署，进行专门立项、专项跟踪督查。全年立项59 项，其中综合项目34个，专项25个，发布督查通报6期。制定特色工作奖励办法，确定特色工作32项，11项被省地税局推广。

2005 年 9 月 14 日，全省后勤管理工作现场观摩会在泰安召开。

第四节 后勤保障

一、会议管理

2003年，研发办公管理信息系统，对用车申请、派车、维修、用油进行微机管理，月节约费用20万元。

2006年9月，印发会议管理暂行规定，由办公室负责上级机关在泰的各类会议和市地税局机关的局长办公会、局务会议、系统综合会议及重大会议的组织以及预算、费用的审批；负责局长办公会、局务会议、系统综合会议的会议记录、纪要和督查督办。相关部门负责各类专题会议、系统专业会议的组织、记录、纪要和督查。会议管理程序：上级机关在泰的各类会议，由办公室会同相关部门提出申请，拟定会议接待手册，制定具体方案，报分管局长审批后实施；系统综合会议，由办公室拟定会议事项，填写会议申请审批表，经局长审批后按职责分工抓好落实；市地税局机关的局长办公会、局务会议，由各部门负责人拟定会议议项，填写会议申请审批表，经分管局长审核后转办公室，办公室汇总交局长审批后落实；各类专题会议、专业会议，由召集会议的部门负责人拟定会议议题，填写《会议申请审批表》，经分管局长审核、局长审批后执行。

二、行政接待

1997年10月，成立市地税局厉行节约、制止奢侈浪费领导小组和办公室。11月，制定市地税局厉行节约制止奢侈浪费的意见，修改完善有关规章制度。同月，召开市地税局机关全体人员大会，市地税局党组书记、局长徐兰云主持会议，传达国务院、省政府、市政府有关地税机关管理体制方面的文件通知精神。党组副书记、副局长刘文和传达市地税局厉行节约、制止奢侈浪费的若干规定。1998年8月，召开全体人员会议，市地税局党组副书记、副局长刘文和就安全保卫后勤管理等提出明确要求。2004年，行政接待工作实行网上申请、审批，严格执行接待范围和标准，全年接待省内外客人388批，3000人次。省地税局在泰安召开专门及综合性会议11次，计435人次。全市地税系统召开会议、组织培训87次，3200余人次。2006年9月，印发公务接待管理暂行规定，加强公务接待管理。办公室为公务接待归口管理部门，由接待管理岗负责具体组织实施。明确公务接待范围、标准、程序和费用结算。接待范围：上级机关到市地税局视察、调研、检查工作；外省、市、区地税机关到市地税局参观、学习、考察；基层单位到市地税局汇报工作、联系业务等；各类会议和培训班的安排；其他需要接待安排的事项。市地税局机关相关部门根据具体情况填写《接待申请单》或《礼品领用单》，经接待管理岗初审和办公室主任审核后，报分管局长审批后安排。办公室接待管理岗登录接待台账。费用结算严格执行“三单”、“三审”制。即住宿通知单、就餐单、食宿结算签字单，经办公室接待管理岗、相关科室负责人、办公室主任审核签字后，办理结算手续，分管局长签字后方可报销费用。2008年，接待系统内外参观学习的客人170余批，1936人次，办理税务总局、省地税局安排会议60余场。2014年6月，转发《泰安市党政机关国内公务接待管理办法》，规范市地税局机关公务接待管理。所有公务接待需凭派出单位发来的公函，无公函的公务活动和来访人员一律不予接待。承办接待任务的科室收到派出单位公函后，应准确掌握来客的单位、姓名、职务、人数、性别、交通工具、抵达时间、居留时间及主要活动内容等，填写《泰安市地方税务局公务接待申请单》，对有明确接待范围、对象和目的，经局领导批准签字后，由办公室按有关规定安排在政府采购确定的符合限额标准的定点宾馆。接待费报销凭证主要包括定点酒店提供的明细单据、派出单位公函和《泰安市地方税务局公务接待申请单》。

三、车辆管理

2000年，科学调度领导公务用车、科室工作用车、接送儿童入托上学用车，出车5000余次，安全行驶42万千米。2004年，完善车辆管理制度，对违犯交通规则造成交通事故的，严格追究责任；严格执行车辆集中停放、集中管理、定期抽查，配备防盗装置等管理制度。出车5000余次，安全行驶45万多千米无事故。2006年，车辆管理坚持“三统一、三交一封”制度，实行统一调度、统一供油、统一结算，节假日和星期天交钥匙、交行车证、交驾驶执照，封存车辆。2008年，完善机关车辆管理办法，所有车辆统一管理调配，设立车辆燃料簿，实行车辆定点维修，节省费用20.8万元。2011年，按照省地税局统一部署，开展公务用车专项治理，成立领导小组和办公室，制定公务用车专项治理规范文件，完善机关车辆管理办法，所有车辆实行统一管理和调配，设立车辆燃料簿，实行车辆定点维修。2012年，严格执行机关车辆管理办法，节省费用22万余元。2013年，贯彻落实中央八项规定精神，严管在用车辆，封存超标车辆。

四、安全保卫

2004年，实行卫生管理工作包干责任制。2006年8月，制定关于进一步加强全市地税系统安全保卫工作的意见，以单位内部保卫组织为骨干，以群防群治力量为基础，以建设单位内部安全保卫网络为依托，构建起专群结合、动静结合、点线结合和人防、物防、技防相结合的内部安全保卫体系和安全管理目标体系。12月，制定市地税局安全保卫工作制度，明确泰安市地税系统的安全保卫工作遵循统一领导、分级负责、属地管理的原则，县（市、区）地税局接受所在地安全管理部门的领导和检查。各级地税部门成立由主要领导任组长的安全保卫工作领导小组，市地税局机关和各县（市、区）地税局机关安全保卫

2011 年 7 月 8 日，市地税局举办防火知识讲座。

工作分别由两级办公室牵头负责。对票证室、档案室、财务室、会议室、机房等重点部位，加强安全防范措施。工作人员对本岗位安全负责，离开办公室做到“三关、五不走”，即关窗、关电源、关门；重要文件、印鉴不入柜不走，抽屉不锁好不走，不切断电器电源不走，贵重物品不归位不走，门窗不关（锁）不走。公章印鉴、机密资料、现金支票和贵重物品实行专人管理，专柜存放。办公室内严禁存放个人现金和贵重物品。加强夜间、节假日、双休日的安全值班工作。平时轮流值班，节假日和特殊时期，领导带班。市地税局、县（市、区）地税局定期和不定期相结合，对安全保卫工作进行抽查，凡因玩忽职守，致使发生火灾、被盗等责任事故，造成经济损失和人员伤亡的，除通报批评外，追究当事人和单位责任人的责任。

五、社会综合治理

1997 年 12 月，市综治委到市地税局指导，党组副书记、副局长刘文和参加座谈并汇报工作。1998 年 2 月，市地税局被市政法委评为社会治安综合治理先进单位。2000 年，进行户籍管理和人口普查、安全保卫、防盗防火和卫生等工作，清查市地税局机关固定资产，检修、更新宿舍暖气设施。成立房改小组，填写表格 7000 余份，加盖公章 1 万余枚，涉及资金 700 余万元。为机关干部采办节日和时令物品40多个品种，其中肉和蛋作为全年日常供应品定时发放。卫生室为干部提供诊断、护理、治疗、取药等项服务1000余人次。2004年，落实消防安全制度，利用45天时间对市地税局办公楼消防设施进行维修、更换和改造。对市地税局纳税服务中心办公场所以及直属分局纳税服务大厅、发票库、纳税评估约谈室等进行整体改造，配齐办公设备。改造卫生间，更换走廊吊顶，对16楼会议室维修、维护，招标对办公楼空调机组维修保养，做好楼顶防水处理。对各宿舍区院内、楼梯安装照明设施，改造电线、电路，楼顶进行防水处理，整修换热站。规范对保安、勤杂等临时人员管理，市地税局办公楼、各宿舍楼均建立内保组织，实行24小时值班制度，对办公楼实行8小时外封闭管理，进出办公楼人员严格登记。2008年，改造市地税局机关办公楼中央空调，装修一楼纳税服务大厅，整修封家园宿舍道路。与保洁公司签订责任书，对办公楼实施物业管理。 2011年，开展市地税局机关宿舍供暖系统节能改造，完成办公楼窗更换，解决办公楼和宿舍区供水、供电、供暖问题。2012年，更新办公楼及宿舍区电子监控系统，开展水、电、楼、车等安全检查。

第二章 财务管理

财务管理包括经费管理、资产管理和装备管理三个方面。

第一节 经费管理

1994年，市地税局的经费管理工作由计划会计科负责，采用手工记账方式。2003年，泰安市地税系统财务管理信息系统网络版在泰安市推广，手工账与计算机账并行一年。4月，制定《机关财务管理暂行办法》，对市地税局机关的货币资金、债权债务、工资、社会保障、日常公用支出、固定资产及大宗物品集中采购和会计基础工作管理作出规定。7月，制定《泰安市地税系统经费管理规定》。9月，根据《山东省地方税务系统内部财务审计暂行办法》，财务部门为系统内部财务审计部门，实行下审一级的制度，每年审计面不低于30%。2004年1月，市地税局机关和所属县（市、区）地税局全部取消手工记账，实现财务会计电算化。3月，根据《山东省地方税务系统重大财务事项审批暂行规定》，全市地税系统符合条件的重大财务事项一律报省地税局批准、备案。6月，根据山东省政府办公厅《关于由地税部门代征残疾人就业保障金有关问题的通知》，地税部门代征的残疾人就业保障金，按实际划入国库的5%计算业务费，由同级财政部门按季度拨付给地税机关。2005年1月，全市地税系统启用工商银行网上银行系统，全部预算资金纳入工行账户集团管理，并对在其他金融机构开设的银行账户全面清理撤销。12月，全市地税系统统一通过中国工商银行“网上银行贵宾室”办理符合中国人民银行《现金管理条例》规定的现金支付业务，同时停止使用“现金”科目。年底，全部现金余款存入中国工商银行账户。2006年1月，全市地税系统正式取消“现金”科目核算。取消基层单位所有经费收支账户，实行县（市、区）地税局统管。6月，批复泰安市地税系统银行账户开设情况，对新开设的账户实行下管一级制度，新设账户须报市地税局审批并报省地税局备案。市地税局批复保留19个银行账户。9月，根据《山东省地方税务系统内部财务审计规程》，市地税局对所属县（市、区）地税局的内部财务审计面调整到50%。2008年3月，泰安市地税系统开展财务检查，市地税局直属征收局、稽查局注销银行账户，所有财务开支并入市地税局机关，实行统一核算。县（市、区）地税局注销基层分局经费账户，实行报账制，财务由县级地税局计财科统一核算管理。5月，根据《山东省地方税务系统财务档案管理办法（试行）》，对全市地税系统的财务档案管理作出明确规定。对大宗物品购置进行招标，比价采购，完成13楼视频会议室改造、1楼服务大厅装修、中央空调管道改造招投标。2009年5月，对全市地税系统财务档案的展评情况进行通报。12月，对系统内重大财务事项实行备案制度。2010年5月，开展经费来源情况调查摸底，对县级地税局和基层分局（所）经费情况进行全面调查。2011年1月，全省地税系统省级集中式财务管理信息系统上线运行，全市组建覆盖全系统的软件应用运行维护体系。9月，对全市地税系统财务印章的管理情况进行全面清理检查，按照分工负责，分开管理，相互制约，确保安全的原则管理财务印章。2012年12月，贯彻执行省总工会、省地税局联合印发的《山东省地税部门代收工会经费（建会筹备金）管理办法》，市总工会按实际缴入人民

帽徽

银行国库部门的工会经费（建会筹备金）总额的3%–5%拨付给地税部门代收工作经费。2013年3月，市总工会在补充通知中确定各县（市、区）总工会按实际缴入人民银行国库部门的工会经费（建会筹备金）总额的5%拨付给地税部门代收工作经费。9月，省级以下地税部门财务管理体制下划，收支、资产和负债全部纳入同级财政管理，全系统地税部门下划经费3837万元，不含省直管县宁阳535万元。11月，中介机构对全系统资产进行清查，资产清查基准日为2013年8月31日。12月，资产清查及划转工作完成，核定全系统地税部门资产总额28345.11万元，负债总额4469.95万元，净资产23875.16万元。2014年6月，转发《泰安市市直机关差旅费管理办法》，对差旅费的审批程序、报销时间作出规定。7月，根据省财政厅、省地税局联合印发的《山东省地方税收保障专项资金管理办法》，全市地税系统申报专项资金1180万元。9月，全市地税系统下达专项资金970万元（不含宁阳县78万元），其中市地税局机关336万元。12月，市地税局2015年预算编制纳入财政综合业务平台系统。

第二节 资产管理

2001年5月，市地税局成立清产核资工作领导小组，对全市地税系统国有资产进行全面清产核资。2002年1月，规定市地税局电子化设备全部实行统一采购。6月，全市地税系统设备采购实行集中采购制度。2003年4月，制定全市地税系统集中采购暂行办法，对全系统发生的属于政府采购以外、集中采购目录以内且采购限额标准以上的大宗货物、工程、服务的采购行为做出明确规定。6月，全市地税系统实行固定资产登记。7月，印发全市地税系统固定资产管理规定。2005年3月，全市地税系统财务管理工作现场会在肥城市地税局召开。推广肥城市地税局做法，泰安市行政办公用品采购以县（市、区）地税局为单位实行集中采购。3月，制定全市地税系统关于进一步加强财务管理工作的意见，规范和加强集中采购管理、重大财务事项管理、预算管理和审计监督。2007年4月，全市地税系统开展资产清查。2008年10月，根据《山东省地方税务系统政府采购管理暂行办法》，对列入政府采购目录内的采购项目，按照《山东省地方税务系统重大财务事项审批暂行规定》，需报重大事项审批的，必须先上报重大事项审批后，再报政府采购计划。12月，根据省财政厅、省地税局联合印发的《关于规范地税系统国有资产有偿使用收入管理有关问题的通知》，全市地税系统国有资产有偿使用收入，按照“收支两条线”管理规定和“票款分离”要求，全额纳入省级财政管理。2009年9月，使用《山东省行政事业资产管理信息系统》，对资产的日常业务、动态预警、查询分析和决策支持进行网络化、规范化管理。2010年8月，国有资产有偿使用收入，全额上缴省级财政国库。使用时由上缴单位提出申请，按照“先缴后拨”的原则，根据批复文件申请拨付资金。2011年10月，根据《山东省省级行政事业国有资产处置管理办法》，按照规定权限履行资产处置报批审批手续。2013年9月，省以下地税部门财务管理体制下划后，自2014年起，市地税局机关的非税收入全额上缴市级财政，市财政对上缴的房产出租收入按70%的比例用于地税局的项目或业务补助。

第三节 装备管理

1994年，税务总局印发《关于机构分设后着装管理有关事项的通知》，规定地税局按照税务总局有关税服标志、制服式样、制作工艺标准、面料色泽，发放范围、着装风纪和税务标志、税服定点生产等着装管理的规定执行，不得自行变通。市地税局按照省地税局规定的着装范围及标准，编制地税系统税务人员服装、标志计划。建立服装专用库

83式第一代税务制服

88式第二代税务制服

92式第三代税务制服

07式新一代税务制服

房，做到库存服装物资无霉、无鼠、无虫咬。2003年7月，制定《泰安市地税系统税务工作人员服装管理规定》，对税务服装、标志领发、使用等作出统一规定。2004年8月，根据《关于办理全省车辆统一保险的通知》，统一办理车辆保险手续。2007年7月，全市地税系统按照省地税局规定的范围、标准组织实施新式税务制服统计配发工作。2012年7月，根据所辖纳税登记户数、稽查人员实有人数、管辖机构数以及其他影响编制的因素，全市地税系统核定执法执勤用车144辆，其中市地税局机关本级12辆，县（市、区）地税局132辆。

第九篇

机构队伍

1994年10月20日，市地税局成立，负责全市地方税、中央与地方共享税的征收管理和有关行政执法工作。1998年10月，实行省级垂直管理体制，市地税局对各县（市、区）地税局的机构设置、干部管理、人员编制和经费等实行垂直管理。截至2014年12月，市地税局机关内设10个职能科室，设有稽查局、直属征收局、高新区分局、景区分局4个直属单位、派出机构，下辖泰山分局、岱岳分局、新泰市地税局、肥城市地税局、宁阳县地税局、东平县地税局6个县（市、区）局，共有37个中心税务所。全市地税系统干部职工1298人，其中市地税局机关、稽查局、直属征收局186人。

第一章 机构设置

第一节 机构沿革

一、市地税局

1994年8月11日，山东省税务局印发《山东省税务局组建筹备组关于泰安市组建两个税务机构实施方案的批复》，同意组建两个税务机构。10月18日，市委、市政府印发关于税务机构分设人、财、物分配实施方案的批复。10月20日，泰安市税务局召开全体人员大会，机构分设筹备组成员马东河主持会议，机构分设筹备组组长丁世祥宣布分设方案，市地税局组建成立。11月，根据泰安市机构编制委员会（简称市编委）《关于泰安市地方税务局内部机构设置的批复》，市地税局内设办公室、人事政工科、流转税管理科、所得税管理科、地方税管理科、计划会计科、征收管理科、装具票证管理科、税务稽查局9个科室（局）。1996年9月18日，根据《国家税务总局关于开展税务代理试点工作的通知》精神，市地税局成立泰安市税务代理服务中心，为全民所有制企业单位。10月22日，根据市编委批复，成立泰安市税务师事务所，为科级事业单位，编制12人，主要从事税法咨询、信息服务、财产损益咨询、税务代理、税法培训及指导全市地税系统税务代理工作。10月31日，市政府印发市地税局职能配置、内设机构和人员编制方案的通知，市地税局为市政府主管全市地方税务工作的职能部门，内设机构调整为8个科室，设办公室、税收管理一科、税收管理二科、税收管理三科、计划财务科、政工科（挂监察室牌）、征收管理科、装备票证管理科。1998年9月6日，根据山东省人民政府关于全省地方税务机构管理体制问题的通知，市地税局实行上级地方税务机关和同级政府双重领导，以上级地方税务机关垂直领导为主的管理体制，上划省地税局垂直管理。2000年3月14日，根据市编委批复，成立市地税局干部培训中心，为事业单位。11月 21日，根据省地税局批复，成立泰安市国际税收研究会。

2002年8月5日，根据山东省机构编制委员会办公室（简称省编办）、省地税局《关于印发泰安市地方税务局职能配置内设机构和人员编制规定及泰安市所辖县市区地方税务局机构编制方案的通知》，市地税局为省地税局的直属机构，内设机构调整为9个科室，设办公室、政策法规科、税收管理科、征收管理科、计划统计科、财务装备科、组织人事科、政治工作科、机关党委。2004年7月25日，根据省编办《关于调整地税系统市以下事业机构编制的通知》，对全市地税系统市以下事业机构编制作出调整，不再保留市县地方税务代理机构、机关服务中心、培训中心、票证管理所；设立市地税信息中心（挂地税纳税服务中心牌），为财政拨款事业单位，核定财政拨款事业编制15名，配备主任1名，副主任2名，为科级建制单位；设立县（市）地税信息中心（挂地税纳税服务中心牌），为财政拨款股级事业单位，核定财政拨款事业编制各5名，配备主任1名，副主任1名；市辖区、开发区各核定2名财政拨款事业编制，配备地税信息服务员，承担辖区内有关地税信息和纳税服务职责；市辖区、开发区的地税信息和纳税服务工作由市地税信息中心（地税纳税服务中心）统一管理。2011年12月1日，根据省编办、省地税局《关于印发泰安市地方税务局职能配置内设机构和人员编制规定及泰安市所辖县市区地方税务局机构编制方案的通知》《山东省市和县（市、区）地方税务局机构改革实施意见》《关于开展市县地方税务局部门三定工作的通知》，设立市地税局，为省地税局的直属机构，内设机构调整为11个科室，设办公室、政策法规科、税收管理一科、税收管理二科、国际税务科、征管和科技发展科（挂税源管理科牌）、收入规划核算科、财务管理科、人事科（挂离退休干部科牌）、基层工作科、机关党委。

二、市地税局直属和派出机构

1994年11月6日，根据市编委批复，设立市地税局直属分局，为副县级事业单位，内设秘书科、人事监察科、税收政策科、计划会计科、征收管理科、税务稽查科、征收一科、征收二科、征收三科、征收四科、征收五科11个科。1996年12月15日，根据市编委批复，设立市地税局泰山景区征收分局，为科级事业单位。1997年2月28日，根据市编委批复，设立市地税局涉外征收分局，为科级事业单位，经费由财政全额拨款。3月13日，根据市编委《关于泰安市地方税务局直属分局内部机构调整的批复》，调整市地税局直属分局内部机构，设秘书科、人事监察科、征收管理科、计划会计科、税收管理一科、税收管理二科、税收管理三科和申报征收科等8个科室。同日，根据市编委《关于泰安市地方税务局税务稽查局内部机构设置的批复》，市地税局税务稽查局内设综合科、稽查一科、稽查二科、稽查审理科、稽查执行科5个科。

2002年8月5日，根据省编办、省地税局《关于印发泰安市地方税务局职能配置内设机构和人员编制规定及泰安市所辖县市区地方税务局机构编制方案的通知》，设立稽查局、直属征收局、涉外分局、市地税局经济开发区分局、市地税局泰山风景名胜区分局。稽查局，副处级建制，为市地税局的直属机构，内设综合科、选案科（举报中心）、检查一科、检查二科、审理科、执行科6个科；直属征收分局，副处级建制，为市地税局的直属机构，内设综合科、会计统计科、管理一科、管理二科、征收科（办税服务厅）5个科；涉外分局，科级建制，为市地税局直属机构；市地税局经济开发区分局，副处级建制，为地税局派出机构，内设综合科、征收统计科、管理一科、管理二科4个科；市地税局泰山风景名胜区分局，科级建制，为地税局派出机构。

2011年12月1日，根据省编办、省地税局《关于印发泰安市地方税务局职能配置内设机构和人员编制规定及泰安市所辖县市区地方税务局机构编制方案的通知》《山东省市和县（市、区）地方税务局机构改革实施意见》《关于开展市县地方税务局部门三定工作的通知》，对市地税局直属和派出机构进行调整。稽查局，副处级建制，为市地税局直属机构，内设综合科、选案科（举报中心）、检查一科、检查二科（电子查账科）、审理科、执行科6个科；直属征收局，副处级建制，为市地税局直属机构，内设综合科、税源管理科、收入核算科、征收科（办税服务厅）、管理科5个科；泰安市地方税务局高新技术产业开发区分局，副处级建制，为市地税局派出机构，内设综合科、征管和科技发展科、征收核算科（办税服务厅）、管理科4个科；泰安市地方税务局泰山风景名胜区分局，副处级建制，为地税局派出机构，内设综合科、征收核算科（办税服务厅）2个科。

三、县（市、区）地税局

（一）泰山分局

1994年8月，泰山区地方税务局成立（简称泰山区地税局），正科级单位。内设局长办公室、基层办公室、计会办公室、税政办公室、纪检室5个科室。其中，纪检室为二级单位，其余为股级单位。下设稽查分局、直属分局、岱庙分局、财源分局4个分局，泰前所、上高所、徐家楼所、粥店所、发票所5个所。4个分局为二级单位，按区域设置；5个所按处乡设置。1996年5月，成立泰山区地税局涉外分局和泰山区地税局税务代理服务中心。1997年3月，大津口乡地税所成立；6月，泰山区税务局事务所成立。9月，经泰山区机构编制委员会办公室审核，区政府批准分局内设办公室、政工科、税收法制科、税收管理科、征收管理科、计划财务科6个科室。

1998年3月，泰山区地税局稽查分局更名为泰山区地税局稽查局。4月，泰山区地税局税务违法案件举报中心成立。9月，泰山区地税局更名为泰安市泰山区地方税务局，下设泰安市泰山区地税局稽查分局、直属分局、岱庙分局、财源分局、涉外分局5个二级单位。1999年7月，泰山区和原郊区区划调整，泰山区地税局粥税务店所划归郊区地税局，原隶属郊区地税局的省庄分局、邱家店分局归入泰山区地税局。增设泰山区地税局监察室。明确直属分局、财源分局、岱庙分局各设股3个：稽征一股、稽征二股、计会股；稽查局设股（科）4个：稽查科、审理科、执行科、综合科；涉外分局、省庄分局、邱家店分局各设股2个：稽征股、计会股。2001年9月，根据泰山区行政区划情况，下设机构设置为：泰山区地税局直属分局、财源分局、岱庙分局、涉外分局、泰前分局、省庄分局、邱家店分局、上高所、徐家楼所、大津口所。

2002年11月，泰山区地税局更名为市地税局泰山分局。下设市地税局泰山分局直属征收局、稽查局，财源税务所、岱庙税务所、泰前税务所、省庄税务所、上高税务所、邱家店税务所、徐家楼税务所、大津口税务所；撤消泰安市泰山区地税局涉外分局。12月，成立市地税局泰山分局高新技术开发区征收处。2005年3月，由于行政区划调整，原隶属市地税局泰山分局的大津口乡税务所划归市地税局景区分局管理。2007年4月，调整机关机构设置，内设办公室、文秘宣传科、人事政工科、政策法规科、征收管理科、财务装备科、信息管理科、监察室、税源管理科、纳税服务中心、打击涉税犯罪办公室（举报查处中心）、目标管理考核办公室、机关党建办公室13个科室。

（二）岱岳分局

1994年8月，经郊区人民政府批准，建立郊区地方税务局（简称郊区地税局），正科级行政单位，列区政府工作序列部门。内设办公室、政工科（税政科）、征管票据科、计会科、房地产税务所、稽查局、直属分局7个科室(局)。稽查局下设4个稽查分队，一分队省庄，二分队邱家店，三分队北集坡，四分队道朗。8月30日，根据郊区政府《关于组建乡镇地方税务所的报告》，经区编委批准，设立郊区地税局山口分局、汶口分局、省庄分局，为二级事业单位；在19个乡镇组建地税所，属区地税局垂直领导。10月，根据经郊区编委《关于区地方税务局机构设置人员编制等有关问题的通知》，郊区地税局机关设办公室、政工科、征管科、计会科、流转税科、所得税科、地方税科7个科室，为股级内设机构。11月28日，配备各税务所（分局）领导人，对乡镇地方税务所垂直管理。1995年1月，为加强地税管理，解决征管力量不足问题，区委、区政府研究决定，将部分原从事财政工作的人员调入地税局工作，涉及18个乡镇36人。3月，各乡镇地税所（叫地税所还是税务所）公开挂牌，公案启用，实行郊区地税局和所属乡镇双重领导，对社会公开办公。10月，区直征收服务中心成立（全称是什么？）。1996年1月11日，北集坡税务所改设为分局，为二级事业单位。12月19日，道朗、邱家店地税所改设为分局，属二级事业单位。

1998年10月，全省地税系统实行全省垂直管理，郊区地税局由郊区人民政府序列部门改为市地税局直接领导，机构、人员编制、经费等由市地税局管理。1999年7月，市委、市政府对泰山区、郊区区域作出调整：郊区的省庄镇、邱家店镇划归泰山区管辖，泰山区的粥店办事处划归郊区管辖，税收管理权限据此调整交接。1999年9月，办公场所由资佛寺街搬迁至龙潭路原市委党校对过。2000年4月，因税务理财事务所与税务局机构脱制，注销泰安市郊区东岳税务事务所。5月，按照省地税局要求，基层征收单位撤所建分局。设山口、汶口、道朗、北集坡、粥店、房村、化马湾、祝阳、范镇等9个基层分局，每个分局辖两个乡镇。6月，按照郊区委、政府搬迁及更改区名要求，对外启用“泰安市岱岳区地方税务局”印鉴。7月，在郊区建委举行招标仪式，泰安市兴东建筑安装工程公司中标，新区办公楼开工。2001年9月，按照省、市地税局要求，没有征收单位的乡镇设立征收单位，恢复设立地税所。

2002年2月，岱岳区地税局搬迁到岱岳区新城区新办公大楼。8月，岱岳区地税局更名为市地税局岱岳分局。7月，根据市委、市政府关于泰安市高新技术开发区内岱岳区北集坡镇领导及管理体制实施改革的意见，市地税局党组研究决定，岱岳区地税局北集坡分局整建制划市地税局开发区分局管理。2005年9月，粥店、天平办事处两个税务所迁入岱岳分局办公大楼办公，进行基层税务所集约式管理试点。

2006年11月，根据市地税局《关于县以下基层机构整合工作意见》《关于县以下基层机构整合请示的批复》，法规征管科更名为政策法规科、税收管理科更名为征收管理科，计划财务科增加重点税源管理职能。2010年1月成立纳税服务中心。2013年1月，岱岳分局办税服务厅进驻岱岳区政务中心。

（三）新泰市地税局

1994年8月，新泰市地税局成立，有干部职工201人。内设办公室、人事政工科、流转税管理科、所得税管理科、地方税管理科、计划会计科、征收管理装具票证管理科、促产增收科等8个科室。下设1个二级单位：稽查局，有在职干部职工39人；28个征收单位：市中征收分局、新汶征收分局、翟镇征收分局、小协征收分局、东都征收分局、西周地税所、泉沟地税所、羊流地税所、旧关地税所、西张庄地税所、果都地税所、大东庄地税所、天宝地税所、楼德地税所、禹村地税所、宫里地税苏、谷里地税所、石莱地税所、木厂峪地税所、放城地税所、刘杜地税所、岳家庄地税所、汶南地税所、沈家庄地税所、龙廷地税所、岙阴地税所、北师地税所、开发区财税所，共有在职干部职工156人。管辖26个乡、镇、办事处，8097户纳税业户。其中，工业企业2158户，个体户6939户。

1995年5月，设立新泰市地方税务咨询事务所，为股级事业单位，同年更为新泰市税务事务所。8月，新泰市地税局设企业财务管理科、监察室。10月，设立新泰市人民检察院地方税务检察室，为人民检察院派出机构。2004年撤销。10月，设立西周征收分局、楼德征收分局，为二级事业单位，撤销原西周、楼德地税所。

1996年2月，设新泰市地税局市中、新汶、翟镇、东都、小协、西周、楼德等7个稽查所，均为股级事业单位。4月，设个体征收管理科。设涉外征收分局，为新泰市地税局下属事业单位。1997年12月，升格为二级事业单位。2002年8月撤销。1998年5月，撤销征收、装具、票证管理科和企业财务管理科，增设征收管理和装具、票证管理科。

2000年5月，根据省、市地税局要求，按经济区域设置农村征收分局，撤销18个基层税务所，增设5个征收分局，共设市中、新汶、小协、东都、汶南、翟镇、西周、羊流、西张庄、楼德、谷里、石莱、龙廷、天宝、岳家庄等15个农村征收分局，均为副科级单位。

2002年，进行机构改革，更名山东省新泰市地方税务局，为科级建制，泰安市地税局直属机构。内设办公室、法规征管科、税收管理科、计统财务科、人事政工科、信息管理科，监察室等7个科室，均为股级。设立稽查局和直属征收分局2个直属单位，副科级建制。设置青云、新汶、楼德、翟镇、汶南、羊流、泉沟、天宝、西张庄、龙廷、禹村、宫里、谷里、小协、东都、石莱、放城、岳家庄、果都、刘杜等20个税务所。

2004年4月，设立纳税服务中心，为股级事业单位。2011年8月，根据省、市地税局基层机构整合要求，按照机构合署办公、人员组合优化、突出管理重点、确保执法到位的原则，设立青云、新汶、翟镇、楼德、谷里、小协、东都、汶南、西张庄、羊流、果都、泉沟等12个征收分局。12月，新泰市地税局机关内设办公室、人事科、法规税政科、征管和科级发展科、税源管理科、收入核算和财务科、监察室等7个职能科室。设稽查局和直属征收局2个直属单位，副科级建制。设置青云、新汶、翟镇、楼德、谷里、小协、东都、汶南、西张庄、羊流、果都、泉沟等12个中心税务所。

（四）肥城市地税局

1994年8月，根据泰安市税务局组建筹备组关于肥城市组建两个税务机构实施方案的批复，成产肥城市地税局，机关内设办公室、政工科、征收管理科、计划财务科、流转税科、地方税科、装备科7个科室。10月，根据肥城市编制委员会（简称肥城市编委）《关于设立"肥城市地方税务局直属分局"等机构的通知》，肥城市地税局设立直属分局、稽查局、王瓜店分局、石横分局4个二级事业单位，设立新城所、老城所、潮泉所、湖屯所、桃园所、王庄所仪阳所、安临站所、东陆房所、孙伯所、安驾庄所、马家埠所、边家院所、过村所、汶阳所15个股级事业单位。正式人员82人，合同制农合干43人，离退休2人，共127人。其中，市局机关 28人，基层人员97 人。1996年4月，经肥城市人事局批准，成立肥城市涉外征收处，主要负责涉外企业的税收管理工作，属二级事业单位。5月，成立行政监察室。1997年1月，新城所与直属分局合并、城区实行集中征收，同月，成立税务代理所；6月，成立税务检察室；7月，撤销涉外征收处，成立涉外征收分局。1998年2月，设置肥城市地税局举报中心。10月，根据省政府关于全省地方税务机构管理体制问题的通知，肥城市地税局上划省地税局垂直管理。1999年5月，增设纪检监察室；10月，根据上级机构改革实施方案的要求，改设办公室、税政管理科、计划财务科、人事政工科（机关党委总支与人事政工科合署办公）、纪检、监察机构（实行党组纪检组与监察室合署办公，使用纪检监察专项编制）6个科室，稽查局、直属分局、涉外分局3个直属机构，石横、王瓜店、老城、湖屯、桃园、安站、安驾庄、边院、汶阳9个征收分局；仪阳、王庄、潮泉、孙伯4个税务所（中心税务所），计13个基层地方税务机构。肥城市地税局内设机构（科室）为正股级；直属机构（稽查局、直属分局、涉外分局）为副科级。基层征收分局为副科级，税务所、中心税务所为正股级，均无内设机构。

2000年6月，肥城市地税局进行机构调整，撤所建分局。撤销老城、湖屯、桃园、安临站、安驾庄、边家院、汶阳7个税务所，新设老城、湖屯、桃园、安临站、安驾庄、边家院、汶阳7个征收分局。2001年5月，肥城市地税局成立信息管理科。7月，根据省编办《山东省市和县（市、区）地方税务机构改革实施意见》和市地税局《关于泰安市地税系统基层征管机构设置的意见》，设置老城、新城区、王瓜店、湖屯、石横、桃园、安临站、安驾庄、汶阳、边家院10个分局；王庄、仪阳、孙伯、潮泉4个税务所；撤销陆房、马家埠、过村3个税务所。2002年11月，根据省编委、省地税局《关于印发泰安市地方税务局职能配置内设机构和人员编制规定及泰安市所辖县市区地方税务局机构编制方案的通知》，将原承担的地方金融、集体企业财务管理职能交财政部门；将具有社会中介服务性质的工作，交依法认定的社会中介机构承担。肥城市地税局设稽查局、直属征收分局2个直属机构。新城、石横、汶阳、边家院、老城、湖屯、王瓜店、桃园、边院、潮泉、王庄、安临站、孙伯、仪阳税务所14个基层税务所。内设办公室、法规征管科、税收管理科、计划统计科、人事政工科、纪检监察室、信息管理科7个科室。政工科更名为人事政工科，所得税科与地方税科合并更名为税收管理科，征收管理科更名为法规征管科，计划财务科更名为计划统计科，装备科合并到计划统计科，撤销涉外征收分局。2003年9月，设综合治税办公室、质量考核中心，重新设置新城税务所。2004年7月，根据省编办关于调整地税系统市以下事业编制的通知，设立肥城市地税信息中心（挂地税纳税服务中心牌子）。2005年7月，设立纳税服务中心；11月，法规征管科更名为征收管理科，税收管理科更名为政策法规科。

2006年，按照省地税局《关于机构整合指导性意见》和市地税局《关于县以下基层机构和职能整合工作的意见》，对部分基层分局（所）、机关部分科室机构和职能进行整合：直属分局、新城所、仪阳所整合为直属分局，老城分局和潮泉所整合为老城分局，桃园分局和王庄所整合为桃园分局，安驾庄分局和孙伯所整合为安驾庄分局。肥城市地税局机关内设8个职能科室，股级建制。政策法规科承担原法规征管科的对法律法规的执行职能和税收管理科的全部职能。征收管理科承担原法规征管科的征收管理职能，新增纳税服务中心、综合治税办公室（含纳税评估）职能。征收管理科与纳税服务中心合并后，一个机构两块牌子。计划财务科新增重点税源管理办公室职能。2007年3月，撤销质量考核中心。2008年11月，根据省编委、省地税局关于调整基层地税机构设置的批复，设立石横、安驾庄、汶阳、老城、王瓜店、桃园6个中心税务所。2009年3月，撤销信息管理科、重点税源管理办公室、综合治税办公室，成立税源管理科。2011年12月，根据省编委、省地税局通知，对增加契税和耕地占用税的征收管理工作职责予以调整。设立老城、王瓜店、石横、桃园、安驾庄、汶阳6个副科级中心税务所。保留直属分局、稽查局副科级直属机构。2013年10月16日，根据省财政厅、省地税局关于调整省以下地方税务部门财务管理体制的通知，确定地方税务部门财务管理实行属地管理，肥城市地税局的部门收支、资产和负债全部纳入肥城市财政管理。医疗保险、养老保险及一般公务用车等均执行属地管理。地税部门执收的罚没收入纳入地方同级财政。“三代”手续费、地方水利建设基金征收经费、文化建设事业费征管手续费及奖励经费、税务发票印制经费、稽查专项补助经费等按原有规定执行。

（五）宁阳县地税局

1994年8月26日，根据宁阳县人民政府建立宁阳县地方税务局的通知，建立宁阳县地税局，为正科级行政单位，列宁阳县政府工作部门序列，行政编制核定17人，其中领导职数3人。内设办公室、人事政工科、计划会计科、征收管理科、流转税管理科、所得税管理科、地方税管理科7个科室。下属21个事业单位：城关、磁窑、华丰3个分局为副科级单位；稽查分局和泗店、东疏、西疏、伏山、白马、鹤山、王卞、茅庄、 城、蒋集、灵山、东庄、崔解、南驿、葛石、乡饮等16个税务所，为股级。1995年5月，稽查局升格为副科级事业单位，编制30人。设立宁阳县人民检察院地方税务检察室，为股级单位，隶属检察院和地税局双重领导。1996年10月，成立宁阳县地税局涉外分局，为副科级事业单位，编制3人。1998年7月，根据省编委关于核定全市基层地方税务行政编制及有关问题的通知，对宁阳县地税局各基层税务所（分局）、稽查局、涉外分局重新核定编制，编制为101人。1999年5月，撤销地方税务检察室，机关科室增设装备科和监察室。2000年5月，撤并西疏、东疏、王卞、鹤山、白马、伏山、茅庄、 城、石集、葛石、南驿、灵山、崔解、东庄14个税务所。成立宁阳县地税局直属征收分局、东疏分局、鹤山分局、伏山分局、茅庄分局、石集分局、东庄分局，为副科级事业单位。2000年9月，成立宁阳县地税局计算机管理中心。

2001年1–3月，因乡镇合并，根据经济区划，整合机构，撤销茅庄分局、石集分局；成立 城分局、葛石分局，为副科级事业单位。2002年8月，根据省编委《关于印发泰安市地方税务局职能配置内设机构和人员编制规定及泰安市所辖县市区地方税务局机构编制方案的通知》，调整内设机构，设办公室、法规征管科、税收管理科、计统财务科、人事政工科、信息管理科、监察室7个科室。设直属征收分局、稽查局2个直属机构。设宁阳镇、磁窑、华丰、泗店、东疏、伏山、 城、蒋集、葛石、鹤山、东庄、乡饮等12个税务所。宁阳县地税局行政编制106人。其中县局机关22名，稽查局16名，直属征收分局14名，税务所54名。工勤编制10名。配备局长1名，副局长3名。稽查局、直属征收分局各配备局长1名，副局长1名。2002年11月，撤并泗店、乡饮、蒋集3个税务所，其人员、业务分别划归城关、葛石、磁窑3个分局。县局机关撤销装备科。2004年5月，成立宁阳县地税局纳税服务中心。7月，成立信息中心，与纳税服务中心合署办公，股级事业单位，编制5名，配备主任1名，副主任1名。2004年8月，成立综合治税办公室。2006年11月，法规征管科更名为征收管理科，税收管理科更名为政策法规科。2009年4月，信息管理科更名为税源管理科。2011年12月，根据省编委《关于印发泰安市地方税务局职能配置内设机构和人员编制规定及泰安市所辖县市区地方税务局机构编制方案的通知》，设文庙、磁窑、华丰、葛石、伏山等5个中心税务所；稽查局、直属征收局2个直属征收局；内设办公室、政策税政科、征管和科技发展科、税源管理科、收入核算和财务科、人事科、机关党委（党总支）、监察室9个科室。宁阳县地税局行政编制总额108人，其中县局机关35名，稽查局13名，直属征收局12名，所属中心所48人。工勤编制10名。配备局长1名，副局长3名。稽查局、直属征收局各配备局长1名，副局长1名。中心税务所配备所长1名，副所长1名，人员编制10名以上的可增配副所长1名。

（六）东平县地税局

1994年8月，东平县地税局成立。内设办公室、人事政工科、监察室、征管科、税政一科、税政二科、税政三科、计会科、装具票证科、涉外科10个科室，有直属征收分局、稽查局2个直属机构，设州城、银山2个征收分局和戴庙、商老庄、彭集、新湖、新城、接山、大羊、梯门、张河桥、斑鸠店、水河、老湖、大安山、沙河站、宿城等15个税务所。1996年2月，成立旧县地税所，负责旧县乡地税征管工作。1998年6月，调整基层征收机构，撤销原16个基层税务所，设立宿城、彭集、老湖、旧县、新城征收分局，保留原县直、州城、银山分局和稽查局。2000年12月，成立接山征收分局，负责接山乡的地税征管工作。2002年8月，按照省编办、省地税局《关于印发泰安市地方税务局职能配置内设机构和人员编制规定及泰安市所辖县市区地方税务局机构编制方案的通知》《关于机构改革有关问题的补充通知》，东平县地税局内设办公室、法规征管科、税收管理科、计统财务科、人事政工科、信息管理科、监察室7个科室；稽查局、直属征收分局2个直属机构；新城、州城、银山、彭集、老湖、沙河站、斑鸠店、大羊、新湖、梯门、戴庙、商老庄、接山、旧县14个税务所。2006年11月，按照市地税局《关于县以下基层机构和职能整合工作的意见》，整合基层征管机构，保留稽查局和直属征收分局2个直属机构，新城、州城、银山、老湖、彭集、旧县、接山等7个分局。对东平县地税局机关内设机构职能作部分调整，法规征管科更名为政策法规科，税收管理科更名为征收管理科，纳税服务中心与征收管理科合署办公，计划财务科在原职能的基础上增加重点税源管理职能。2009年3月，根据市地税局推行税源管理新模式实施方案要求，将信息管理科调整为税源管理科，增加税源管理职能和数据处理职能，社会综合治税职能并入该科室。2011年12月，按照省编办、省地税局《关于印发泰安市地方税务局职能配置内设机构和人员编制规定及泰安市所辖县市区地方税务局机构编制方案的通知》《关于全省地税系统县（市、区）局（分局）机关内设机构及职责规定的通知》，设置办公室、法规税政科、征管和科技发展科、税源管理科、收入核算和财务科、人事科6个内设机构；稽查局、直属征收局2个直属机构；新城、州城、银山、彭集、老湖、旧县6个中心税务所。

（七）高新区分局

1995年10月18日，根据市委关于加快开发区建设有关问题的通知，成立泰安开发区财政税务局（与市财政局开发区分局、市地税局开发区分局一个机构、三块牌子），为开发区内设机构，副处级建制，实行泰安市开发区和市财政局、市地税局双重管理，以泰安市开发区管理为主，人、财、物归泰安市开发区管理，业务上主挂市财政局。主要负责编制泰安市开发区财政收支预算、管理财务收支，筹措资金，依法对区内企业单位和个人实施地方税收管理，负责审计工作。1997年6月，根据市编委《关于泰安经济开发区管理委员会（泰安高新技术产业开发区管理委员会、泰安泰山旅游度假区管理委员会）内部机构设置的批复》，局机关内设综合计划科（挂预算科牌子）、税收管理科、稽查科。

1998年9月，省政府印发《关于全省地方税务机构管理体制问题的通知》，对全省地税系统实行上级地方税务机关和同级政府双重领导，以上级地方税务机关垂直领导为主的管理体制。10月，成立市地税局经济开发区分局，为市地税局派出机构，副处级建制。主要负责组织区内地方税、中央与地方共享税收入及其他涉税事宜。2002年4月，根据市委、市政府关于加快泰安高新技术产业开发区建设的意见、泰安高新技术产业开发区行使市级管理权限的试行意见和泰安高新技术产业开发区领导及管理体制改革的实施意见，高新技术开开发区行政区划及工作重心南移。6月，原岱岳区地税局北集坡税务所整建制划归市地税局经济开发区分局管理，更名为市地税局经济开发区分局北集坡税务所，其所辖征管范围及6名干部职工同时划归市地税局经济开发区分局管理。

2002年8月，根据省编办《关于印发泰安市地方税务局职能配置内设机构和人员编制规定及泰安市所辖县市区地方税务局机构编制方案的通知》，更名为市地税局经济开发区分局，副处级建制，（和前面一样，何谓更名？）为市地税局派出机构。主要职责是：负责组织区内地方税、中央与地方共享税收入；负责税务登记、纳税申报、税款征收、发票管理、纳税评估、税源调查和日常检查等工作；按照管理权限，办理相关涉税事项的审核、审批、上报等管理工作；提供纳税咨询服务。内设综合科、征收统计科、管理一科、管理二科。2002年，高新区分局有干部职工34人（离岗1人）。9月，根据全市市地税系统机构改革人员分流意见，高新区分局张永利符合分流政策，10月办理提前离岗手续。2011年12月，省编委印发泰安市地税局职能配置内设机构和人员编制规定及泰安市所辖县市区地方税务局机构编制方案的通知，开发区分局更名为市地税局高新技术产业开发区分局，副处级建制，为市地税局的派出机构。主要职责是：负责组织区内地方税、中央与地方共享税收入；负责税务登记、纳税申报、税款征收、发票管理、纳税评估、税源调查和日常检查等工作；按照管理权限，办理相关涉税事项的审核、审批、上报等管理工作；提供纳税咨询服务。内设综合科、征管和科技发展科、征收核算科（办税服务厅）、管理科。2013年末，高新区分局干部职工计41人（1人离岗）。

（八）景名分局

2005年3月，按照泰山风景名胜区党工委、管委会的要求，泰安市地方税务局泰山风景名胜区分局成立，为正科级单位，内设泰前、大津口、迎胜3个责任区（无级别），负责景区辖区内的所有涉及地方税业务的办理。2010年12月，景区分局设立办税服务厅，负责为纳税人办理各项涉税事宜。2011年12月，景区分局由正科级单位升格为副处级单位，内设综合科和征收核算科（均为正科级）。

（九）直属征收局

1994年10月，根据市编委《关于地方税务局直属分局内部机构设置的批复》和市地税局关于职能配备内设机构和人员编制情况的报告，成立市地税局直属分局，从市税务局直属分局分离出来，副县级事业单位。内设秘书科、人事监察科、计划会计科、税务稽查科、征收一科、征收二科、征收三科、征收四科、征收五科、税收政策科、征收管理科11个职能科室，人员49人。主要负责泰安市直各企业、省属、中央属驻泰企业、市直各行政事业单位所办实体等地方税的征收工作，泰安市“两金一费”（城市重点建设基金、水利专项建设基金、社会治安费）征集，以及以上单位账务的管理、监督、检查、稽查工作等工作。分到固定资产：小货车1辆、摩托车4辆、计算机5台、保险柜6个、通讯设备12台。成立初期，无办公场所，临时租赁东都宾馆一附楼作为办公地点。1997年5月，迁至市地税局办公大楼办公。2002年8月5日，根据省编委、省地税局《关于印发泰安市地方税务局职能配置内设机构和人员编制规定及泰安市所辖县市区地方税务局机构编制方案的通知》，更名为市地税局直属征收分局，内设综合科、会计统计科、管理一科、管理二科和征收科（办税服务厅）。行政编制40名，工勤编制4名。2011年12月，根据省编委、省地税局《关于印发泰安市地方税务局职能配置内设机构和人员编制规定及泰安市所辖市区地方税务局机构编制方案的通知》，更名为市地税局直属征收局，内设综合科、税源管理科、收入核算科、征收科（办税服务厅）、管理科。行政编制35名，工勤编制4名。截至2014年底，有干部职工45人，全部为大专以上学历，大学以上学历占95%，平均年龄40.8岁。

第二节　人员编制

一、市地税局及直属机构

1994年10月，市地税局共有85人，其中：机关36人，正科级5人，副科级7人；分局49人，正科级5人，副科级8人。1996年10月22日，根据市编委批复，成立泰安市税务师事务所，编制12人。10月，根据市政府《关于印发泰安市地方税务局职能配置、内设机构和人员编制方案的通知》，市地税局机关编制总额为35人，其中后勤服务人员3人，为事业编制。配备局长1人，副局长3人，科级领导职数16人。12月，根据市人事局关于市地税局职位设置方案的批复》，设置职位32个，其中，局长职位1个，副局长职位3个，科长职位8个，副科长职位8个，调研员或助理调研员职位1个，主任科员职位2个，副主任科员职位6个，科办员职位和按规定设置的其他职位3个。根据市编委批复，设立市地税局泰山景区征收分局，编制10人。1997年2月28日，根据市编委批复，成立市地税局涉外征收分局，编制8人。 同日，根据市编委关于市地税局直属分局内部机构调整的批复，市地税局直属分局配备局长1人(副县级)，副局长3人（正科级），其他科级领导职数16人。3月，根据市编委关于市地税局税务稽查局内部机构设置的批复，市地税局税务稽查局配备局长1人（副县级），副局长2人（正科级），其他科级领导职数10人。7月2日，根据省编办、省人事厅和省地税局关于核定全省基层地方税务行政编制及有关问题的通知，基层地税机构重新核定为行政编制，原事业编制一律核销，统一实施国家公务员制度；地税所按经济区域设置；重新核编后，基层地税机构编制纳入党政机构编制的管理范围。

1998年7月，根据市编办、市人事局和市地税局关于核定全市基层地方税务行政编制及有关问题的通知，确定各县（市、区）基层地税编制总额。泰山区地税局73名，郊区地税局110名，新泰市地税局164名，肥城市地税局140名，宁阳县地税局101名，东平县地税局102名，市地税局直属分局72名，市地税局涉外征收分局8名，市地税局稽查局30名，市地税局开发区分局10名，市地税局泰山景区征收分局10名。

2000年3月，根据市编委关于成立山东省泰安市地方税务局干部培训中心的批复，成立山东省泰安市地方税务局干部培训中心，编制25人。2002年8月，根据省编办、省地税局关于印发市地税局职能配置内设机构和人员编制规定及泰安市所辖县市区地方税务局机构编制方案的通知，确定地税局机关行政编制40名，工勤编制4名，配备局长1名，副局长3名，科级领导职数18名（含机关党委专职副书记1名），总经济师1名、总会计师1名。稽查局行政编制40名，工勤编制4名，配备局长1名，副局长2名，科级领导职数15名。直属征收局行政编制40名，工勤编制4名，配备局长1名，副局长2名，科级领导职数15名。涉外分局行政编制10名，工勤编制1名，配备局长1名，副局长2名。经济开发区分局行政编制25名，工勤编制3名，配局长1名，副局长2名，科级领导职数10名。泰山风景名胜区分局行政编制10名，工勤编制1名，配备局长1名，副局长2名。

2004年7月25日，根据省编办《关于调整地税系统市以下事业机构编制的通知》，设立市地税信息中心（挂地税纳税服务中心牌），为财政拨款事业单位，核定财政拨款事业编制15名，配备主任1名，副主任2名。设立县（市）地税信息中心（挂地税纳税服务中心牌），为财政拨款股级事业单位，核定财政拨款事业编制各5名，配备主任1名，副主任1名。市辖区、开发区各核定2名财政拨款事业编制，配备地税信息服务员，承担辖区内有关地税信息和纳税服务职责。

2008年11月6日，根据省编办和省地税局《关于调整基层地税机构设置的批复》，对基层地税机构进行调整，实行综合设置。调整后，共设中心税务所37个。中心税务所配备所长1名，副所长1名；人员编制10名以上的可增配副所长1名。

2011年12月6日，根据省编办、省地税局《关于印发泰安市地方税务局职能配置内设机构和人员编制规定及泰安市所辖县市区地方税务局机构编制方案的通知》，确定地税局机关行政编制50名，工勤编制5名，配备局长1名，副局长3名，总经济师1名、总会计师1名（正科级），科级领导职数23名（含机关党委专职副书记1名）。稽查局行政编制35名，工勤编制4名，配备局长1名，副局长2名，科级领导职数14名。直属征收局行政编制35名，工勤编制4名，配备局长1名，副局长2名，科级领导职数14名。高新技术产业开发区分局行政编制25名，工勤编制3名，配局长1名，副局长2名，科级领导职数10名。泰山风景名胜区分局行政编制20名，工勤编制1名，配备局长1名，副局长1名，科级领导职数4名。纪检、监察机构和编制按有关规定执行。

2012年12月10日，根据省地税局

关于核增行政编制的通知，增加行政编制5名，其中市地税局稽查局增加编制5名。

2014年4月11日，根据省编办关于省直机关事业单位精简压缩后编制的通知，精简压缩编制数额，市地税局机关46名，稽查局37名，直属征收局33名，高新区分局23名，景区分局19名，市地税信息中心（地税纳税服务中心）35名。

1994—2014年

市地税局历任领导名录

党组书记、局长

徐兰云　1994.10—2000.03

郭凤晓　2000.03—2006.08

葛明跃　2006.08—2013.12

郝　玲　2013.12—2014.12

（主持工作）

2014.12—

党组副书记、副局长

刘文和　1996.07—2000.03

姚同喜　2000.03—2012.04

郝　玲　2012.04—2014.12

党组成员、副局长

孙立彦　1994.10—1996.01

曹　凯　1994.12—1997.10

韩方庆　1994.12—2009.06

管溪池　1996.06—2001.09

郝　玲　2002.10—2012.04

张继颖　2002.10—2011.12

朱海明　2012.05—2014.12

李　达　2014.12—

党组成员、纪检组长

郝　玲　2001.3—2002.10

马绍乐　2002.10—2012.2

张鲁光　2012.3—

党组成员、直属分局局长

杨　武　1996.06—2001.08

调研员

徐兰云　2000.03—2001.09

管溪池　2001.09—2002.10

韩方庆　2002.10—2009.06

助理调研员

栾克林　1997.10—2007.05

程西瑞　2001.03—2004.08

王克甫　2001.03—2002.10

副调研员

李西坤　2006.01—2015.09

张岳显　2008.12—2011.03

马绍乐　2012.02—2013.12

张元建　2012.02—2013.12

闫家胜　2012.02—

王同宪　2012.02—

单玉晶　2014.02—

总经济师

闫家胜　2011.03—2012.02

1994—2014年

直属征收局历任负责人名录

局长

曹　凯　1994.10—1994.12

杨　武　1994.12—2001.08

马绍乐　2001.08—2006.03

杨广民 2006.03—2009.01

（副局长，主持工作）

2009.01—2011.03

王志鹏 2011.03—2012.03

（副局长，主持工作）

2012.03—

支部委员会书记

曹　凯 1994.10—1996.02

徐自亭 1996.06—2002.12

副局长

王春玲 1994.10—1996.06

栾克林 1994.12—1997.09

赵合文 1996.10—2001.08

程西瑞 1997.03—2000.01

秦　勇 1998.05—2001.07

吴振会 2001.12—2006.03

赵建刚 2002.10—2006.03

沈桂强 2006.04—

李振芳 2002.10—2012.03

（专职纪检监察员）

1994－2014年
稽查局历任负责人名录

局长

王春玲 1996.08–2001.10

张元建 2001.10–2006.03

张鲁光 2006.03–2012.03

宋来竹 2012.03–

副局长

周　平 1996.08–2001.10

亓宝林 1996.08–2006.03

李长德 2001.10–2006.03

张忠伟 2006.05–2009.03

柳江启 2006.03–

陈正华 2009.03–

专职纪检监察员

柴金水 2002.10–2006.03

许新民 2006.03–

1998－2014年
高新区分局历任负责人名录

局　长

张继颖 1998.10–2002.10

张鲁光 2002.11–2006.03

张元建 2006.03–2012.03

吴　江 2012.03–

副局长

郝　玲 1999.12–2001.03

沈桂强 2002.11–2006.05

吴增平 2002.11–2004.03

李惠新 2004.03–2006.03

赵建刚 2006.05–

李惠新 2006.03–

专职纪检监察员

董　梅 2002.11–

2005－2014年
景区分局历任负责人名录

局　长

张忠伟 2005.03-–2006.03

王志鹏 2006.03—2009.03

张忠伟 2009.03—2012.03

张方恩 2012.03–

副局长

王思润　　2005.03—

二、县（市、区）地税局

2011 年 12 月 6 日，根据省编办、省地税局《关于印发泰安市地方税务局职能配置内设机构和人员编制规定及泰安市所辖县市区地方税务局机构编制方案的通知》，确定泰山分局、岱岳分局、新泰市地税局、肥城市地税局、东平县地税局、宁阳县地税局编制总额。保留设置的中心税务所配备所长 1 名，副所长 1 名，人员编制 10 名以上的可增配副所长 1 名。纪检、监察机构编制按有关规定执行。

2014 年 4 月 11 日，根据省编办《山东省机构编制委员会办公室关于省直机关事业单位精简压缩后编制的通知》，各县（市、区）地税局精简压缩后编制。

（一）泰山分局

2011 年 12 月，泰山分局行政编制总额 102 名，其中机关 35 名，稽查局 13 名，直属征收局 12 名，所属中心税务所共 42 名。工勤编制 10 名。配备局长 1 名，副局长 3 名。稽查局、直属征收局各配备局长 1 名，副局长 1 名。2914 年 4 月，泰山分局机关 33 名，泰山分局稽查局 12 名，泰山分局直属征收局 11 名，泰山分局税务所 40 名。

1994—2014 年
泰山分局历任负责人名录

党组书记

张元建　　1999.02—2001.08
吴　江　　2001.08—2012.03
张玉晶　　2012.03—

党组副书记

潘瑞章　　1996.01—1999.05
苗嘉勇　　1999.05—2002.05
孟宪军　　2002.09—2011.12
唐光明　　2013.04—

党组成员

潘瑞章　　1999.02—1999.05
苗嘉勇　　1999.02—2002.05
李京丰　　1999.02—2009.03
章锡峰　　1999.02—2009.03
石礼智　　1999.05—2002.05
孟宪军　　2002.09—2011.12
宋　勇　　2002.09—2011.12
魏　勇　　2010.01—2012.06
谭立明　　2010.10—2012.12（挂职）
唐光明　　2009.03—2013.04
张　征　　2013.04—
柴　芃　　2013.04—
程兴让　　2013.04—

纪检组长

章锡峰　　1996.11—2002.09
宋　勇　　2002.09—2010.01
魏　勇　　2010.01—2012.06
柴　芃　　2013.04—

局 长

路　军　1994.09—1995.01
侯立勇　1995.01—1996.03（代理）
侯立勇　1996.03—1997.07
张元建　1997.07—2001.08
吴　江　2001.08—2012.03
张玉晶　2012.03—

副局长

侯立勇　1994.09—1996.03
张元建　1994.09—1997.07
潘瑞章　1996.01—1999.05
苗嘉勇　1996.04—2002.05
王大力　1998.03—1999.05
李京丰　1998.09—2009.03
石礼智　1999.05—2002.05
章锡峰　2002.09—2009.03
孟宪军　2002.09—2011.12
宋　勇　2010.01—2011.12
谭立明　2010.10—2012.10（挂职）
唐光明　2009.03—
张　征　2013.04—
程兴让　2013.04—

（二）岱岳分局

2011年12月，岱岳分局行政编制总额138名，其中分局机关35名，稽查局13名，直属征收局12名，所属中心税务所共78名。工勤编制13名。配备局长1名，副局长3名。稽查局、直属征收局各配备局长1名，副局长1名。2014年4月，岱岳分局机关33名，岱岳分局稽查局12名，岱岳分局直属征收局11名，岱岳分局税务所75名。

1994－2014年
岱岳分局历任负责人名录

党组书记

田景文　1994.09—1999.05
张岳显　1999.05—2006.03
吴振会　2006.03—2009.03
王志鹏　2009.03—2011.03
章锡峰　2011.03—

党组成员

李诚法　1994.09—2001.06
齐家庆　1994.09—2001.06
程焕兰　1999.05—2001.05
张忠伟　1999.05—2005.03
张维民　1999.05—2002.11
赵　雷　2002.09—2003.01
唐光明　2003.01—2009.03
王大庆　2007.03—
王　一　2007.03—
章锡峰　2009.03—2011.06
张东初　2010.01—

纪检组长

王森林　1995.08—2002.09
王大庆　2002.09—2007.03
王　一　2007.03—2010.01
张东初　2010.01—

局 长

田景文　1994.09—1999.04
张岳显　1999.05—2006.03

吴振会　2006.03–2009.03

王志鹏　2009.03–2011.03

章锡峰　2011.07–

副局长

李诚法　1994.09–2001.06

齐家庆　1994.09–2001.06

程焕兰　1999.05–2001.05

张忠伟　1999.05–2005.03

张维民　1999.05–2010.01

赵　雷　2002.09–2003.01

唐光明　2003.01–2009.03

王大庆　2007.03–

章锡峰　2009.03–2011.06

王　一　2010.01–

（三）新泰市地税局

2011年12月，行政编制总额170名，其中市局机关35名，稽查局13名，直属征收局12名，所属中心税务所共110名。工勤编制17名。配备局长1名，副局长3名。稽查局、直属征收局各配备局长1名，副局长1名。2014年4月，新泰市地税局机关33名，新泰市地税局稽查局12名，新泰市地税局直属征收局11名，新泰市地税局税务所106名，新泰市地税局地税信息中心（地税纳税服务中心）8名。

1994－2014年

新泰市地税局历任负责人名录

党组书记

高洪雷　1994.08—1996.02

韩锦秀　1996.02—1999.05

马绍乐　1999.05—2001.08

闫家胜　2001.09—2011.03

王小勇　2011.03—

党组副书记

韩锦秀　1994.09—1996.02

马绍乐　1997.08—1998.02

王永才　1998.02—2001.05

殷桂峰　2001.05—2004.12

孙洪伟　2010.01—

党组成员

陈富强　1994.12—2001.05

高永让　1994.12—2002.05

刘学先　1994.12—1999.05

殷桂峰　1997.04—2001.05

闫家胜　1997.04—2001.09

张忠伟　1997.04—1999.05

唐光明　2002.09—2003.01

赵　雷　2003.01—2004.12

李　斌　2006.05—2007.7（挂职）

和进安　1997.04—1999.05
　　　　2001.05—2002.09

李承东　2010.10—2013.04（挂职）

孙洪伟　2005.08—2010.01

曹继儒　2001.06—

巩庆岩　2002.09—

周　丽　2007.03—

杨　勇　2010.01—

纪检组长

殷桂峰　1999.05—2001.05

和进安 2001.05—2002.09
巩庆岩 2002.09—2007.03
周 丽 2007.03—2010.01
杨 勇 2010.01—

局 长

高洪雷 1994.12—1996.02
韩锦秀 1996.02—1997.08
马绍乐 1997.08—2001.08
闫家胜 2001.09—2011.03
王小勇 2011.03—

副局长

韩锦秀 1994.09—1996.02
闫家胜 1997.04（1996.07）—2001.9
陈富强 1994.09—2001.05
王永才 1998.02—2001.05（正局级）
高永让 1994.12（1996.7）—2002.5
刘学先 1994.12—1999.5
殷桂峰 1997.4（1996.3）—1999.5（正局级）2001.5—2004.12
张忠伟 1997.4（1996.7）—1999.5
曹继儒 2001.6—2010.1
唐光明 2002.9—2003.1
赵 雷 2003.1—2004.12
孙洪伟 2005.8—
李 斌 2006.5—2007.7
巩庆岩 2007.3—
李承东 2010.10—2013.4
周 丽 2010.1—

主任科员

和进安 2007.7 离职
曹继儒 2010.1 任职

副主任科员

韩 琴 2002.11 任职
邢攸平 2010.1 离职
刘守林 2001.12 离职
徐西俭 2011.8 任职
贺成仁 2007.3 任职
马安涛 2007.3 任职

（四）肥城市地税局

2011年12月，行政编制总额155名，其中市局机关35名，稽查局13名，直属征收局12名，所属中心税务所共95名。工勤编制15名。配备局长1名，副局长3名。稽查局、直属征收局各配备局长1名，副局长1名。2014年4月，肥城市地税局机关33名，肥城市地税局稽查局12名，肥城市地税局直属征收局11名，肥城市地税局税务所91名，肥城市地税局地税信息中心（地税纳税服务中心）8名。

1994－2014年

肥城市地税局历任负责人名录

党组书记、局长

王克甫 1994.09–2002.09
万晓云 2002.09–2006.03
张岳显 2006.03–2009. 03
宋来竹 2009.03–2012.03

李景丰 2012.03—

党组副书记、副局长

陈正华 2002.09—2009.03

李京丰 2009.03—2012.03

霍 莹 2012.03—

党组成员、副局长

李其旺 1994.08—1996.07

张岳显 1994.08—1999.05

肖云山 1994.08—1996.07

王志鹏 1996.08—2000.11

冯成长 1996.08—2001.05

贾方友 1996.08—2001.05

陈正华 1999.05—2002.09

孟宪军 2001.06—2002.09

王同宪 2001.10—2002.10（挂职）

霍 莹 2002.09—2012.03

孙宏伟 2002.08—2005.11

刘福胜 2006.03—

马海翔 2006.05—2008.03（挂职）

党组成员、纪检组长

刘光友 1999.05—2001.05

霍 莹 2001.06—2002.09

刘福胜 2002.08—2006.03

栾绪杰 2007.03—

（五）宁阳县地税局

2011年12月，行政编制总额108名，其中县局机关35名，稽查局13名，直属征收局12名，所属中心税务所共48名。工勤编制10名。配备局长1名，副局长3名，稽查局、直属征收局各配备局长1名，副局长1名。2014年4月，宁阳县地税局机关33名，宁阳县地税局稽查局12名，宁阳县地税局直属征收局11名，宁阳县地税局税务所46名，宁阳县地税局地税信息中心（地税纳税服务中心）7名。

1994－2014年

宁阳县地税局历任负责人名录

党组书记

乔田岱 1994.09—1999.05

潘瑞章 1999.05—2001.05

杨广民 2001.05—2006.03

张玉晶 2007.06—2012.03

张忠伟 2012.03—

党组副书记

杨广民 1998.03—2001.05

李惠新 2002.02—2002.09（正科）

王思润 2002.09—2005.08（正科）

魏绪忠 2010.01—

党组成员

胡广敏 1994.09—1996.09

李惠新 1994.09—2002.09

张 颖 1994.12—1998.04

张玉晶 1996.09—2006.03

冯经保 1998.04—2001.05

解培志 2002.09—2004.06（挂职）

刘淑君 2002.09—

魏绪忠 2005.08–2010.01
张玉晶 2006.03–2007.06
荣祥涛 2007.03–
宿之源 2010.01–
黄晓辉 2010.10–2012.12
（挂职）

局 长

乔田岱 1994.09–1999.05
潘瑞章 1999.05–2001.05
杨广民 2001.05–2006.03
张玉晶 2007.06–2012.03
张忠伟 2012.03–

副局长

胡广敏 1994.09–1996.09
李惠新 1994.09–2002.09
（2001.12 任主任科员）
张玉晶 1996.09–2007.06
2006.03–2007.06
（主持工作）
杨广民 1998.03–2001.05
王思润 2002.09–2005.08
解培志 2002.09–2004.06
（挂职）
魏绪忠 2005.08–
刘淑君 2007.03–
荣祥涛 2010.01–
黄晓辉 2010.10–2012.12
（挂职）

纪检组长

冯经保 1999.05–2001.05
刘淑君 2002.09–2007.03
荣祥涛 2007.03–2010.01
宿之源 2010.01–

（六）东平县地税局

2011 年 12 月，东平县地税局行政编制总额 129 名，其中县局机关 35 名，稽查局 13 名，直属征收局 12 名，所属中心税务所共 69 名。工勤编制 13 名。配备局长 1 名，副局长 3 名。稽查局、直属征收局各配备局长 1 名，副局长 1 名。2014 年 4 月，东平县地税局机关 33 名，东平县地税局稽查局 12 名，东平县地税局直属征收局 11 名，东平县地税局税务所 66 名，东平县地税局地税信息中心（地税纳税服务中心）12 名。

1994 — 2014 年
东平县地税局历任负责人名录

党组书记、局长

刘德年 1994.08—2000.10
王志鹏 2000.10—2006.03
王小勇 2006.03—2011.03
李 涛 2011.07—

党组副书记、副局长

赵锦国 1997.02—1999.05
（副书记）
王思润 2002.02—2002.09
窦式谦 2002.09— 2010.01
李 涛 2010.01—2011.07

党组成员、副局长

王思润 1994.08—2002.02
冯永伟 1994.08—2001.05
窦式谦 1994.08—2002.09

魏绪忠 2002.09—2005.08
李　涛 2002.06—2010.01
王　磊 2010.10—2012.12
（挂职）
张观存 2007.03—
王宝灿 2010.01—

党组成员、纪检组长

赵锦国 1999.05—2001.05
张观存 2001.05—2007.03
王宝灿 2007.03—2010.01
田茂雷 2010.01—

第二章 职责职能

第一节 市地税局职责

贯彻执行国家和省有关税收法律、法规和政策、规章，结合地方实际，研究制定具体措施和管理办法。负责全市地方税收、有关基金和规费的征收管理工作。参与研究全市的宏观经济政策，从税收方面提出经济调控的建议。制定全市地方税收征收管理政策措施并组织实施，推进地方税收征收管理体制改革；负责全市地方税务系统的行政执法检查工作，防范税收执法风险。负责全市地方税收税源管理，加强地方税收收入分析预测，编制全市地方税收规划和年度计划。制定纳税服务体系建设规划、纳税服务管理制度并组织实施，规范纳税行为。制定地方税收管理信息化建设规划、制度并组织实施，强化税收信息数据管理和应用。管理全市地方税务系统的国际税收和税收方面的对外交流工作。指导全市地方税务系统的稽查工作和反避税工作，负责重点税源和地方税收收入的检查以及重大税务违法案件的查处工作。对所辖县级地方税务机构实行垂直管理；按照干部管理权限，管理县（市、区）地方税务局（分局）的领导干部；按照有关规定，管理本系统的人事工作；管理本系统的财务经费、国有资产、装备等工作；负责本系统教育培训、思想政治工作和队伍建设；负责本系统离退休干部职工的管理与服务工作。承办省地税局和市委、市政府交办的其他事项。

第二节 市地税局内设机构职责

一、2002年8月5日，根据省机构编制委员会办公室、省地税局《关于印发泰安市地方税务局职能配置内设机构和人员编制规定及泰安市所辖县市区地方税务局机构编制方案的通知》，明确市地税局内设机构职责。

（一）办公室　协助局领导组织协调

机关日常工作；负责局机关文秘、机要、保密、信息、督促检查、档案、会议安排和综合性文稿的起草工作；拟定全局年度和阶段性工作计划；管理机关财务和资产；负责局机关及所属单位的后勤服务工作。

（二）政策法规科 根据权限起草地方性税收法规、规章草案；负责本局地方税收规范性文件的审核、备案以及系统外涉税文件的备案、备查、上报和牵头会签工作；贯彻执行地方税收执法责任制、错案追究制；组织开展税收执法检查；牵头配合审计部门对本系统的审计；指导和管理全市行政处罚听证、税务行政复议、行政诉讼和行政赔偿工作；承办地方税收重大案件的审理；负责政务公开、普法教育、税务人员执法资格认定及相关证件的管理；负责税制运行情况的监测工作；落实人大建议、政协提案；组织开展地方税收政策法规调研。

（三）税收管理科 负责地方税、中央与地方共享税及教育费附加的法律、法规、规章和其他规范性文件的贯彻落实；制定并组织实施单税种征收管理制度、办法；按照管理权限，负责税收减免及其他涉税相关事项的审核、审批、上报；组织开展企业所得税汇算清缴检查；负责有关税种代扣代缴的管理工作；负责文化事业建设费、发展旅游事业费等规费的代征管理工作；负责地方税、中央与地方共享税的资料调查工作。

（四）征收管理科 贯彻落实税收征管法律、法规、规章；制定并组织实施综合性地方税收征管制度、办法；负责税务登记、纳税申报、税款征收、纳税评估、征管文书、征管档案、普通发票以及征管范围的界定等管理工作；按照管理权限，负责欠缴税款、呆账税金、核销死欠的管理工作；负责延期缴纳税款的审核报批；负责集贸市场和个体税收管理工作；负责司法保障、协税护税工作；负责税控装置的推行和应用管理；负责委托代征、纳税人信誉等级以及办税员等认定管理；牵头组织征管综合质量考核；监督管理税务代理机构。

（五）计划统计科 贯彻落实税收计划、会计、统计和税收票证的各项制度、办法；编制全市地方税收中长期规划和年度税收计划，指导、管理组织收入工作；负责税收会计核算、管理监督工作；汇总、分析税收计划、会计、统计等信息数据，编制、上报有关报表；负责税收票证、税款提退管理工作；组织税源调查和税源监控。

（六）财务管理科 组织实施各项财务管理规章制度，拟订具体管理办法；负责编制系统财务收支预、决算；统一管理系统各项经费、装备和基本建设项目；负责系统财务审计，监督管理国有资产。

（七）组织人事科 负责本系统的组织人事管理、劳动工资管理工作；按照干部管理权限，承办局机关、直属单位、派出单位和县（市、区）地方税务局（分局）领导干部的日常管理事务；承办本系统的机构编制管理工作；负责本市系统干部职工的教育培训和离退休干部职工的管理服务工作。

（八）政治工作科 负责系统思想政治工作、精神文明建设和基层建设；组织目标管理考核和本系统表彰工作；组织开展税收宣传工作。

机关党委。与政治工作科合署，负责局机关及其所属单位的党群工作。

二、2011年12月6日，根据省机构编制委员会办公室和省地税局《关于印发泰安市地方税务局职能配置内设机构和人员编制规定及泰安市所辖县市区地方税务局机构编制方案的通知》、《山东省市和县（市、区）地方税务局机构改革实施意见》和《关于开展市县地方税务局部门三定工作的通知》，对市地税局内设科室职责进行调整。

（一）办公室 组织协调机关日常工作；负责局机关文电、会务、信息、督办、机要、保密、档案、信访、政务公开、应急管理和综合性文稿的起草工作；负责局机关及所属单位的后勤保障服务工作。

（二）政策法规科 起草相关地方性法规、规章草案；负责局机关规范性文件的合法性审核工作；承办重大地方税收案件的审理；组织实施税收法律法规和规章执行情况的监督检查；牵头配合审计部门对本系统的审计；承担有关行政复议、处罚听证及行政应诉等工作。

（三）税收管理一科 负责营业税、资源税、城镇土地使用税、房产税、车船使用税、城市维护建设税、土地增值税、印花税、耕地占用税、契税、烟叶税、固定资产投资方向调节税等税种及教育费附加的征收管理工作；处理执行税法和税收政策中的有关事项；指导地方教育附加等有关基金、收费的代征管理工作。

（四）税收管理二科 负责企业所得税、个人所得税的征收管理工作；处理执行税法和税收政策中的有关事项。

（五）国际税务科 负责全市居民企业中的外商投资企业、非居民企业和外籍个人地方税收管理；负责全市居民企业和个人的境外投资、输出劳务地方税收管理与服务；负责全市地方税收国际税源管理；负责全市地方税收反避税、税务审计、税收协定执行、情报交换和国际税收交流与合作。

（六）征管和科技发展科（挂税源管理科牌） 贯彻落实地方税收征管规范性文件，拟订相关管理办法；管理税务登记、纳税申报和税收发票；拟订纳税服务体系建设规划、管理制度并组织实施；拟订地方税收管理信息化建设规划、管理制度并组织实施，承办税收管理信息化建设中业务需求整合和流程优化的综合管理工作；负责全市地方税收税源管理工作，组织实施税源分析和日常监控。

（七）收入规划核算科 拟订全市地

方税收规划、年度计划和税收会计、统计等相关制度；汇总分析全市地方税收计划、会计、统计等信息数据；负责地方税收票证管理工作。

（八）财务管理科 组织实施各项财务管理和基本建设规章制度，拟订具体管理办法；管理本系统各项经费、装备和基本建设项目；负责管理机关财务、本系统财务审计，监督管理国有资产；负责编制本系统财务预决算。

（九）人事科（挂离退休干部科牌） 负责本系统人事管理、教育培训等工作；按照干部管理权限，承办局机关、直属单位、派出单位和县（市、区）地方税务局（分局）领导干部的具体管理事务；承办本系统的机构编制管理工作；负责局机关离退休人员的管理服务工作，指导本系统离退休人员的管理服务工作。

（十）基层工作科 负责本系统思想政治工作、文明创建等工作；组织推动基层体制改革和规范化管理；组织开展有关宣传工作。

机关党委。与基层工作科合署，负责局机关及所属单位的党群工作。

第三节 市地税局直属和派出机构职责

一、稽查局

负责贯彻落实税务稽查规章制度，拟定具体实施办法；实施辖区内地方税收专项稽查和专案稽查；指导、监督全市稽查工作；负责税收举报案件的受理、查处及转办工作；办理涉税违法案件的移送，配合有关部门调查取证。内设综合科、选案科（举报中心）、检查一科、检查二科（电子查账科）、审理科和执行科。

二、直属征收局

负责组织重点税源企业地方各税的征收管理；负责税务登记、纳税申报、税款征收、发票管理，纳税评估、税源调查和日常检查等工作；按照管理权限，办理相关涉税事项的审核、审批、上报等工作。内设综合科、税源管理科、收入核算科、征收科（办税服务厅）、管理科。

三、高新技术产业开发区分局

负责区内地方税、中央与地方共享税收入；负责税务登记、纳税申报、税款征收、发票管理、纳税评估、税源调查和日常检查等工作；按照管理权限，办理相关涉税相关事项的审核、审批、上报等管理工作；提供纳税咨询服务。内设综合科、征收统计科、管理一科、管理二科。

四、泰山风景名胜区分局

负责组织区内地方税、中央与地方共享税收入；负责税务登记、纳税申报、税款征收、纳税评估、税源调查和日常检查等工作；负责普通发票的使用管理；按照管理权限，办理税收减免及其他涉税相关事项的审核、审批、上报等管理工作；提供纳税咨询服务。内设综合科、征收管理科、计统财务科。

第四节 县（市、区）地税局职责

一、县（市、区）地税局

贯彻执行国家税收法律、法规、规章和省、市局制定的税收规范性文件。负责本地地方税收、有关基金和规费的征收管理工作。参与研究本地的宏观经济政策，从税收方面提出经济调控的建议。制定本地地方税收征收管理政策措施并组织实施，推进地方税收征收管理体制改革；负责本地地方税务系统的行政执法检查工作，防范税收执法风险。负责本地地方税收税源管理，加强地方税收收入分析预测，编制本地地方税收规划和年度计划。负责纳税服务体系建设，规范纳税行为。负责地方税收管理信息化建设，强化税收信息数据管理和应用。负责稽查工作和反避税工作，负责重点税源和地方税收收入的检查以及重大税务违法案件的查处工作。管理本系统的人事工作；管理本系统的财务经费、国有资产、装备等工作；负责本系统教育培训、思想政治工作和队伍建设；负责离退休干部职工的管理与服务工作。承办市地方税务局和县（市、区）委、县（市、区）政府交办的其他事项。

二、县（市、区）地税局直属机构

泰安市所辖县（市、区）地税局（分局）分别设立稽查局和直属征收局。

（一）稽查局

负责贯彻落实税务稽查规章制度，拟定具体实施办法；实施辖区内地方税收专项稽查和专案稽查；负责税收举报案件的受理、查处及转办工作；办理涉税违法案件的移送，配合有关部门调查取证。

（二）直属征收局

负责组织重点税源企业地方各税的征收管理；负责税务登记、纳税申报、税款征收、发票管理，纳税评估、税源调查和日常检查等工作；按照管理权限，办理相关涉税事项的审核、审批、上报等工作。

第三章 队伍建设

第一节 人事管理

一、竞争上岗、双向选择、聘任制

1999 年 9 月，市地税局印发关于调整、配备各县（市、区）地税局部分副科级干部的实施意见。10 月－11 月，调整、任命县（市、区）地税局部分副科级干部，新增职位实施竞争上岗。2001年5月，印发关于调整配备县局领导班子和基层分局长的实施意见，5－8月，调整配备县（市、区）地税局领导班子成员、基层分局长61人，调整、任命县（市、区）地税局部分科级干部44人。12月，通过竞争上岗，机关和直属单位提拔交流干部55人，占干部总数33%。2002年，推行竞争上岗、双向选择，提拔基层分局长26人，新进县局班子11人，异地任职7人，交流面69%。调整县（市、区）地税局领导班子成员21人，县地税局班子平均年龄由42.7岁下降到38.5岁。对354人进行岗位轮换，占在职人数33%；空缺副科级职位实施竞争上岗，提拔46人；市地税局机关和直属单位提拔交流干部75人，占干部总数45%。全市地税系统科级领导职务（县地税局领导班子除外）全部实行聘任制、任期制，聘期3年，聘用期满，重新竞争上岗。2004年3月，通过竞争上岗笔试、面试、民主推荐、组织考察、研究确定、公示等环节，选拔聘任科级干部6人。2006年4月，根据科级干部聘任期满综合考核结果，通过竞争上岗和综合考察，选拔聘任科级干部74人。

二、能级管理

2004年8月，根据国家公务员管理规定，制定《泰安市地方税务系统能级管理暂行办法》及评定实施细则、《泰安市地方税务系统竞争上岗管理办法》、《泰安市地方税务系统双向选择管理办法（试行）》、《泰安市地方税务系统持证上岗管理办法（试行）》、《泰安市地方税务系统待岗培训管理办法（试行）》5个办法，建立综合评价体系，对干部职工的综合能力进行评定分级。2005年，完成能级确定和结果公示、公布工作，全市地税系统评定能级人员1034人。2008年3月，修订完善全市地税系统岗位能级管理暂行办法，岗位能级按照机构规格和职务层次分别设定。市地税局直属单位、派出机构和县（市、区）地税局均设置6级。工勤岗位人员能级一般为5级、6级，最高不超过4级。

三、挂职锻炼

2005年11月，印发《泰安市地方税务系统干部挂职管理暂行办法》，挂职干部包括：市地税局选派到县（市、区）地税局、税务所（分局）担任领导职务进行实践锻炼的干部；县（市、区）地税局选派到市地税局进行挂职锻炼的在职领导干部以及有发展潜力的其他干部；新招录在机关工作的干部由市地税局、县（市、区）地税局选派到基层进行实践锻炼的，挂职时间一般为1年。2006年，市地税局选派1名机关干部到县（市、区）地税局挂职锻炼。2010年9月，修订《泰安市地税系统干部挂职管理暂行办法》，规范挂职干部管理。挂职干部，包括市地税局选派到基层挂职锻炼和从基层选拔到市地税局机关挂

（一）市地税局能级划分及评定比例

职级评定比例（%） 能级	班子成员	相当班子成员职级人员	科长	主任科员	副科级	科员 办事员
高一级	20					
高二级	80	20				
高三级		80	20			
中一级			80	20		
中二级				80	20	
中三级					80	20
初一级						50
初二级						30
通过全国考试取得注册税务师、注册会计师等执业资格以及被评选为全省地税系统拔尖人才的，其职务低于主任科员级别的按主任科员职级评定。						

（二）县（市、区）地税局能级划分及评定比例

职级评定比例（%） 能级	班子成员	相当班子成员职级人员	科长、所长	正股级	副股级	科员办事员
高一级	20					
高二级	80	20				
高三级		80	20			
中一级			80	20		
中二级				80	20	
中三级					80	20
初一级						50
初二级						30
通过全国考试取得注册税务师、注册会计师等执业资格以及被评选为全省地税系统拔尖人才的，其职务低于正股级的按正股级评定。						

（三）能级津贴系数

能级	高级			中级			初级	
	一	二	三	一	二	三	一	二
津贴系数	1.7	1.6	1.5	1.4	1.3	1.2	1.1	1.0

（一）市地税局稽查局、直属分局、涉外分局、开发区分局和景区分局能级划分及评定比例

职级评定比例（%） 能级	副处级及班子成员	正科实职	正科虚职	副科级	副股级
一级	20				
二级	80	30			
三级		70	30		
四级			80	20	
五级				70	30
六级					40

（二）县（市、区）地税局能级划分及评定比例

职级评定比例（%）/能级	班子成员	副科级	正股级	副股级	其它科员办事员
一级	20				
二级	80	30			
三级		70	30		
四级			80	20	
五级				70	30
六级					40

职工作的干部，挂职时间一般为2年。2010－2014年，市地税局选派机关干部4人到县（市、区）地税局挂职锻炼，基层干部6人到市地税局机关挂职锻炼。

第二节　队伍管理

一、考评考核

1、考评工作。对县（市、区）地税局领导班子及成员、全市地税系统副科级以上干部进行年度考评。1994年12月，召开1994年度总结考评动员大会，市地税局机关及直属征收分局、稽查局全体人员参加大会。1995年1月，市地税局召开机关全体人员及直属征收分局、稽查局副科级以上干部会议，测评县（市、区）地税局领导班子。

2、目标管理考核。1999年起，根据省地税局安排，在年度考评基础上，在全市地税系统实行目标管理考核。7月，根据全省地税系统目标管理考核试行办法，制定全市地税系统目标管理考核办法，明确考核原则、范围、对象、内容、标准、方法、奖惩及组织领导，将考核

2000 — 2013年全市地税系统目标管理优秀单位一览表

年度	优秀单位	备注
2000	新泰市地税局、肥城市地税局、泰山分局	
2001	肥城市地税局、新泰市地税局、岱岳分局	
2002	通过实施目标管理和ISO9000质量管理，各局均完成年初各项工作目标任务	
2003	肥城市地税局、新泰市地税局、岱岳分局	
2004	肥城市地税局、宁阳县地税局、新泰市地税局	
2005	肥城市地税局、新泰市地税局、宁阳县地税局	
2006	肥城市地税局、新泰市地税局、宁阳县地税局	目标管理暨“管理年”活动优秀单位
2007	新泰市地税局、肥城市地税局、泰山分局	
2008	新泰市地税局、宁阳县地税局、泰山分局	目标管理考核暨“质效年”活动优秀单位
2009	肥城市地税局、新泰市地税局、泰山分局	
2010	肥城市地税局、宁阳县地税局、泰山分局	
2011	肥城市地税局、宁阳县地税局、新泰市地税局	
2012	肥城市地税局、泰山分局、新泰市地税局	
2013	肥城市地税局、新泰市地税局、泰山分局	

项目及标准分为16项共1000分，对全市地税系统受到市级以上组织表彰奖励的单位和个人、在全省或全国及有影响的大事，给予特别加分；对受到惩处和有违法违纪现象的给予特别扣分。分日常考核、重点考核和领导评议3个环节，分别占500分、400分、100分，特别加、扣分由市地税局目标管理考核委员会批准、确定。2001年起，对年度工作提出定量或定性标准，分解到层级、时段、部位，形成层层支持、环环相扣的目标体系。2004年、2005年、2007年被省地税局考核为全省地税系统目标管理考核先进单位。2008年，获度考核优秀等次。2009年，获全省地税系统目标管理考核优秀单位。

3、系统考核。1999年起，全面目标管理考核，分为机关考核和系统考核。年初，市地税局成立由市地税局领导、各县（市、区）地税局局长、市地税局机关各科室负责人组成的目标管理考核委员会，负责考核及检查评比工作的组织领导和实施，下设目标管理考核办公室，设在政治工作科，具体负责系统考核工作。目标管理考核委员会每年年初制定下发年度目标管理考核办法，在全面考核整体工作的同时，突出省、市地税局党组部署的重点工作，实行双向责任追究，促进各项工作的落实。

机关考核对象为机关各科室、直属单位、派出机构。考核内容分为两部分：共同项目考核和业务工作考核，分值1000分。共同项目考核是对各单位共性工作进行考核，包括：社会治安综合治理、廉政建设、党务工作、税容风纪、宣传工作、信息工作、调研工作、教育培训、工作纪律、争先创优、督查督办、环境卫生、资料报送、网站管理和车辆管理共计15项内容，考核分值共为400分；业务工作考核是对各单位具体工作进行考核。业务工作的考核又分为两项：对机关科室、稽查局工作的考核；对直属机构工作的考核。对市地税局机关科室、稽查局工作的考核内容及标准为各单位《泰安市地方税务局XX年XX科目标管理考核办法》，分值各为600分。对市地税局直属单位工作的考核内容及标准为市地税局具有对下考核职能的相关单位制定的《泰安市地税系统日常考核项目及标准》、《泰安市地税系统重点考核项目及标准》，分值折合为600分。

系统考核对象为各县（市、区）地税局，市地税局直属单位、派出机构，实行1000分制，其中日常考核400分，重点考核500分，领导评议100分。同时设立特别加、扣分项目，特别加分最多不超过20分，特别扣分不受分值限制。日常考核是对各单位日常性和基础性工作的全面考核。由具有对下考核职能的单位制定标准，由目标管理考核委员会审定通过；重点考核是对市地税局确定突出抓好的重点工作的考核。包括税收管理、执法服务、干部队伍建设、行政管理和信息化建设应用方面。由具有对下考核职能的单位制定标准，目标管理考核委员会审定通过；领导评议是根据班子建设、队伍建设和工作业绩情况，由领导对各县（市、区）地税局工作进行综合评议；定期抽查是从泰安市地税系统年度工作目标中选择部分项目进行抽查，原则上一季一次。由目标管理考核办公室制定相关标准，目标管理考核委员会审定通过；特别加分是指各县（市、区）地税局创新性工作和获得国家级、省级荣誉称号或表彰的先进单位（个人）的情况。各县（市、区）地税局按照有关特别加分标准自行申报，目标管理考核委员会审定批准；特别扣分是指各县（市、区）地税局发生的重大工作失误、重大违法违纪案件，造成不良影响的情况。

考核采取主考与协考相结合的方式，由考核办公室牵头组织，考核人员由科室临时指定，每季轮换一次。除每季考核外，考核领导小组每季对各单位日常工作情况组织 1 – 2 次抽查，抽查结果和扣分情况在全局范围内通报，一并纳入季度考核结果。除各单位已确定的年度考核内容外，阶段性、临时性重点工作，且需纳入千分考核内容的，考核办公室可随时增添考核内容（或事项），其考核结果一并有效。

考核办对各单位的考核情况进行公示，无意见后将考核结果汇总，经考核领导小组审核后，通报各单位扣分情况。年终对四季度考核情况统一汇总，获得前三名的县（市、区）地税局和获得前三名的机关科室、直属单位及派出机构为年度目标管理考核优秀单位。

1998 年 1 月，集中 2 个月时间，全市地税系统系统首次统一组织年度考核。以全市地税系统系统机关事业单位工作人员年度考核为重点，在年终总结基础上，按规定确定考核优秀比例，严格程序、方法，考核结果作为职务升降、专业技术职务聘任、工资级别晋升、培训和奖惩的重要依据。2000 年 1 月，省地税局考核组到泰安考核 1999 年度地税工作目标管理考核落实情况，听取市地税局党组书记、局长徐兰云工作汇报，对市地税局机关以及泰山区地税局、肥城市地税局进行考核。2 月，市地税局考核办公室对 6 个县（市、区）地税局进行考核。2002 年 2 月，全面实施目标管理，制定市地税局机关、全市地税系统两个目标管理考核办法，涉及 13 项重点工作。在全市地税局长会议上，党组书记、局长郭凤晓与 7 个县级局、13 个机关科室及直属单位主要负责人签订目标责任书，全方位目标管理考评体系逐步建立。2003 年，制定涉及 9 个方面 205 项的目标管理手册，下发各单位。7 月，结合工作目标、岗责要求和体系标准形成考核指标，以科室为单位逐条自查、考核到人，按月考核，上网公布，兑现奖惩。2006 年，根据省地税局要求，目标管理考核工作由市地税局办公室负责。按照省地税局“五项管理”具体内容，细化量化目标，形成17类89项1206条日常工作目标。确定51项重点目标和组织收入、队伍安全、行风建设等8项危机目标，明确目标标准要求、工作责任、落实措施、完成时限、考核奖惩。4月，在省地税局组织的管理年目标展评中被评为优秀单位。5月，组织管理年抽查。6月，召开流动现场会，实地观摩7个县级局、12个基层分局（所）现场，交流经验，找准差距，推动活动开展。2011年，完善全市地税系统目标管理考核办法，分解市地税局年度工作目标和工作重点，分级负责，归口办理，制订考核方案，明确目标，明晰责任，强化日常工作、重点工作和特别加减分项目考核，对重点工作完成好的加分，工作出现失误的扣分直至一票否决。

二、ISO9000质量认证

2001年6月，启动ISO9000质量管理认证体系工作，成立认证工作组，市地税局党组成员、副局长管溪池任组长、管理者代表。完成ISO9000质量管理体系的策划、培训、学习观摩、审核员资格培训、资料收集整理与文件编写。其中，文件分3个层次，20万字，质量手册为第一层次文件；12个程序文件规定工作过程程序，为第二层次文件；各岗位职责、作业指导书和管理性文件45个，质量记录表格88个，为第三层次文件。8月，召开ISO9000质量认证文件发布会，在市地税局机关试运行ISO9000质量管理体系。9月，进行ISO9000质量认证第一次内审。11月，市地税局机关ISO9000质量管理体系接受CQC山东省评审中心认证评审，评审组作出"符合标准要求，适合工作实际，运行富有成效"的结论，作为全地税系统市地级地税局和泰安市政府机关的首例，通过认证评审。2002年1月，市地税局召开ISO9000证书颁证大会，省地税局党组书记、局长宋协秀，省进出口商品检验检疫局局长邢德茂，中国进出口质量认证中心山东评审中心主任李成德，副市长林华勇出席会议。宋协秀、邢德茂为

2001年8月，市地税局召开ISO9000质量管理体系文件发布会。

市地税局“获得中国检验检疫ISO9000质量体系认证单位”颁发证书。年底，所属泰山分局、岱岳分局、新泰市地税局、肥城市地税局、宁阳县地税局、东平县地税局、高新区分局和市地税局稽查局、直属征收局等9个单位均通过ISO9000质量管理体系认证。2003年，修订体系文件。7月，CQC(国家质量认证中心)审核员对市地税局ISO9001质量管理体系运行进行验证，通过年度认证监督审核。

三、绩效管理

2014年1月，市地税局党组成员、纪检组长张鲁光带队赴河北省沧州市地税局考察学习绩效管理。研究制定全市地税系统和市地税局机关关键绩效考核指标，绩效考评结果与评先评优、教育培训、干部选拔使用和工作问责直接挂钩，对年度绩效考评未达标或连续两年排名末位的单位主要负责人进行诫勉谈话；对连续两年未达标的单位主要负责人予以调整。推广应用新泰市地税局自主研发的绩效管理信息系统及省地税局开发的绩效管理信息化应用平台。在全省地税系统率先建成市、县、乡三级立体化考核管理架构，被省地税局确定为绩效管理惟一试点单位。7月，在全市地税系统应用“泰安地税绩效管理信息系统”，经验做法分别在省地税局《山东地税情况》《山东地税》作专题报道，《强化绩效沟通，提升工作质效》经验在税务总局《绩效专刊》刊发。年底，依据全市地税系统绩效管理试行办法，对10个单位科学划分为A类、B类，进行绩效管理考核，经量化考核各单位均完成年度绩效目标。在A类6个考核单位中，肥城市地税局、新泰市地税局、泰山分局被考核为年度绩效管理优秀单位，宁阳县地税局、东平县地税局、岱岳分局被考核为年度统绩效管理达标单位。在B类4个考核单位中，市地税局稽查局被考核为年度绩效管理优秀单位，市地税局直属征收局、景区分局、高新区分局被考核为年度绩效管理达标单位。2015年3月，在全省绩效管理会议上作典型发言。

第三节 教育培训

一、春季整训和半军事化管理

1995－2003年，春节过后在全市地税系统组织教育整训，分动员、学习、整改、总结四个阶段，解决干部职工思想认识等突出问题，实现自我教育、共同提高目的。1999年7月，按照全省地税系统“三大规定”，实行半军事化管理，市地税局成立半军事化管理领导小组，指导半军事化管理工作，开展以爱岗敬业为主题的学习教育。2000年，在全省半军事化管理暨税收业务知识竞赛中获团体第一名。

二、教育培训制度

2000年10月，印发全市地税系统“人才工程”三年规划，按照“三大战略”

召开市地税局机关春季整训动员大会

市地税局在山东省首届地税法规和半军事化管理知识大赛中获一等奖

市地税局开展半军事化管理

组织创建学习型组织视频讲座

部署，实施“人才工程”，采取脱产深造、在职自学、业务培训形式，改善专业结构、培养高层次税务专门人才。2001年2月，印发关于开展管理年活动的实施意见，建立综合性和分级分类工作目标考核体系，完善工作制度，规范税收行为，强化考核和责任追究。11月，印发市地税局在职干部学历教育管理暂行规定，对学历教育报考审批权限、学习期间的管理、学习费用和待遇作出明确规定，规范在职干部学历教育管理工作。2002年5月，印发实施方案，在全市地税系统组织向李玉国学习活动。2005年7月，印发全市地税系统业务骨干（能手）管理暂行办法，建立市级骨干人才库，包括征收管理、税收管理、税务稽查、计划财务、文秘、人事政工、行政管理、纳税服务、计算机9类岗位。分层次、分岗位制定培训计划，举办培训班60余期，培训3600余人次。7月，印发全市地税系统网络教育培训管理试行办法，在内部网站开辟会计、税收、法规、计算机等基础知识培训及专家讲座，网上教育培训教育系统访问量3.5万人次，组织网上业务考试3期，廉政考试3期。2006年7月，印发全市地税系统学历学位教育管理暂行办法，对报考学历学位的条件、要求，学费报销标准等作出规定。2007年2月，印发关于建立日常学习考核制度的意见，以自学为主，集中学习为辅，在自学基础上，组织重点内容、重点课题专门辅导。11月，印发市地税局干部教育培训工作意见，围绕能力培养，实施“人才兴税”战略，按照全员培训、分类实施、注重能力、系统学习、学以致用、终身教育的思路，推进教育培训机制建设。2010年，印发市地税局2010－2012年干部教育培训规划，3年内对全体干部职工培训一遍，时间累计不少于2个月。每年组织1－2期科级以上领导干部培训班，每期不少于20天，3年内对科级以上干部轮训一遍。2011年3月，印发《2011年全市地税系统岗位练兵大比武暨骨干人才选拔工作意见》，根据业务类别，划分为征收管理岗、税收管理岗、计划财务岗、行政管理岗、计算机岗和税务稽查岗6个岗位，每季度组织一次岗位练兵活动。

三、领导干部培训

1995年，对系统内100名干部分2期在泰安市财政干校进行业务培训。2000年，在山东省财政学校举办为期3个月的业务培训班，对50名干部进行封闭培训。组织计算机中级培训班，培养基层计算机管理人员，获省地税局半军事化管理及税收业务知识竞赛团体第1名，在山东省执法考试中获团体第5名。2001年，组织40人分4批参加全省地税系统基层分局长培训，选派处级干部1人和县局长6人到境外培训。2007年8月，组织系统内科级干部50人在大连税务培训中心进行知识更新培训。2008年7月，组织科级干部50人在扬州税务学院进行培训，组织科级干部50人在大连税务专科学校进行更新知识培训。2010年6月，组织领导干部58人在上海财经大学分两期进行更新知识培训；8月，组织副科级以上干部100人，在扬州税务学院分两期进行培训；9月，在辽宁省国税局兴城培训中心集中培训中心税务所所长50人。2011年5月，在扬州税务学院组织副科级以上干部45人进行更新知识培训。2013年，先后组织参加兼职教师培训、中心税务所所长培训、新录用公务员和接收安置军转干部初任培训，派员参加全省地税系统县（市、区）局长思维创新与能力提升专题培训和赴加拿大税收

2009年市地税局获全国学习型组织优秀单位称号

管理培训。2014年10月12－25日，在浙江大学分两期对市地税局机关、稽查局和直属征收局全体人员进行知识更新培训。

四、骨干人才和专业人才选拔培养

1998年，组织稽查人员94人分两批进行业务知识和操作技能培训。2002年，全市地税系统举办税收业务、计算机应用、WTO知识、现代管理、知识经济等培训班、知识讲座52期，培训1800人次，382人参加学历教育。2008年3月，在山东科技大学组织50人进行税务稽查业务培训。2009年3月，举办两期稽查业务培训班，培训稽查人员112人，每期14天；5月，在山东科技大学组织骨干人员50人参加全市地税系统征管业务培训班；7月，在山东科技大学组织业务骨干50人进行稽查业务骨干培训；8月，考试选拔全市地税系统骨干人才100人，占在岗人员10%。2012年9月，市地税局选派51人参加省地税骨干人才选拔考试，37人被省地税局表彰为骨干人才，其中11人进入20%范围。

五、学历学位和职称教育

截至2014年底，全市地税系统大学本科以上学历705人，占在职人数65%；大专学历314人，占在职人数29%；中专及以下学历71人，占在职人数6%，其中全日制大学本科及以上学历91人。全市地税系统拥有注册税务师27名，注册会计师2名，同时具有注册税务师、注册会计师资格的1人。利用网络教育平台，每年全系统平均每人每月网上学习时间不少于200分钟。

第四章 思想文化建设

地税系统思想文化建设主要包括思想工作、政治教育、文明创建、基层建设、文化建设等。1994年10月，全市思想文化建设工作由人事政工科负责。2002年9月，由政治工作科负责。2011年12月，政治工作科更名基层工作科，原职能不变。

第一节 思想政治

1994年10月，地税机构成立后，针对个别人员与国税比条件、比待遇、比工作量，情绪不稳、劲头不足的现象，通过个别谈话、组织讨论，开展形式任务、宗旨观念教育。1995年，开展以爱祖国、爱税收、爱岗位，树立税务新形象为主要内容的“三爱一树立”世界观、人生观教育和热爱税收、依法治税、廉洁奉公、文明服务为主要内容的职业道德教育。组织开展学习孔繁森、王廷江、韩素云“三学”活动。1996年，在全市地税系统开展讲理想、讲奉献、树立地税新形象暨庆“五四”演讲比赛，推出基层税务干部典型－李玉晓，并组织开展系列学习活动。1997年，围绕邓小平南巡讲话、香港回归等重大政治事件，组织干部职工开展学习讲话、解放思想教育和香港百科知识竞赛以及各种演讲活动。1998年，开展理想与信念教育，请劳模作报告，组织收看典型录像。1999年，在全市地税系统开展讲学习、讲政治、讲正气为主要内容的历时2个多月的“三讲”党性党风教育活动。2000年，在全市地税系统组织开展自我对比启示教育和岗位练兵活动，采取走出去、请进来的办法，与困难群众比，与英模及身边的先进人物比，与下岗职工、待业人员比，与组织要求、岗位需要比，增强责任感和使命感。5—8月，组织全市地税系统开展解放思想大讨论，举办报告会、演讲会、座谈会85场次，反思过去，与先进单位比较，引入新思想、新意识、新观念。在此基础上，市地税局党组提出全面实施人才兴税、科技兴税、管理兴税“三大战略”，确定用三年时间基本实现税收征管现代化的目标。2002年，组织党的十六大精神贯彻学习活动。2003年，开展党的十六大专题教育，对照先进找差距、解放思想促发展以及经济大发展、地税怎么办大讨论系列活动。2004年，建立并落实领导干部理论学习、集中交流和中心组学习制度，制定分级分类教育培训方案，组织专业知识、依法行政、更新知识等

有关部门领导视察市地税局文化建设

2013年12月，市地税局举办学习张书义同志先进事迹座谈会。

2005 年 6 月 15 日，市地税局组织我与地税共成长报告会。

各类培训。市地税局先后组织举办理论学习中心组读书会、科级以上领导干部依法行政、创建学习型组织等培训班。2005 年，按照中央、省、市委统一部署，开展保持共产党员先进性教育活动。举办全市地税系统我与地税共成长报告会。在税务总局思想政治工作座谈会上，市地税局党组书记、局长郭凤晓作题为《将思想政治工作落到实处》的交流发言。2006 年，在全市地税系统组织十六届五中、六中全会精神、社会主义荣辱观、《江泽民文选》等内容的政治理论学习。市地税局以学习落实“八荣八耻”社会主义荣辱观为主题，举办第一期泰安地税思想论坛，邀请山东省委党校哲学教研部主任于炳贵作题为《牢固树立、认真践行社会主义荣辱观》的专题讲座。2007 年，在全省地税系统思想政治工作经验交流会上作题为《依托学习型组织创建凝心聚力激发活力促进和谐》的发言。在全省地税工作会议上，作题为《把思想政治工作落到实处》的典型发言。2008 年，组织开展党的十七大精神学习宣传活动，开展社会公德、职业道德、家庭美德、个人品德“四德”教育，组织驻泰高校大学生税收、发展、民生演讲比赛。2009 年 7 月，围绕庆祝建党 60 周年，组织开展讲学习、鼓干劲、做奉献，为祖国喝彩，为税徽增光系列活动。开展学习实践科学发展观活动，引导广大干部职工深刻理解和牢固树立科学发展观。2010年，开展爱岗位、讲奉献、促发展学教活动，组织学习型、创新型、效能型、服务型、廉洁型“五型机关”创建活动。2012年，开展争先创优活动，市地税局机关获争创“五型”机关先进单位。2014年1月，在全市地税系统全面实施“作风兴局”战略，立足“全省有位次，全国有影响”，瞄准税收现代化目标，力求通过3－5年时间，着力打造活力地税、法治地税、创新地税、形象地税，推进泰安地税实现新跨越。按照省地税局、市委统一部署，深入开展党的群众路线教育实践活动，提出实施“五个一工程”，即：实施一个战略：作风兴局，开展一个活动：为经济发展献良策、为纳税业户办实事活动，塑造一个品牌：泰山魂·地税情，培树一个典型：张书义，建立一套制度：重点打造绩效管理制度，税务总局党组副书记、副局长解学智给予充分肯定。

第二节 地税文化

2000年，举办全市地税系统首届秋季运动会，组织296名运动员参加23个项目的比赛。省地税局党组成员、副局长赵洪波，市人大常委会副主任史怀君，市政协副主席赵成道出席开幕式。2001年1月，举办迎新年联欢会。2002年，举行泰安市地税杯诚信颂文艺汇演。2004年，在全市地税系统开展学习型组织创建活动，举办创建学习型组织视频讲座，邀请上海和山东明德学习型组织研究所专家王永福、王丽、金锋等授课。10月，市地税局党组书记、局长郭凤晓在全国税务系统教育处长培训会上作题为《向学习型组织靠近》的发言。2005年，上海明德学习型组织研究所教授王

2014年2月27日，召开泰安市地方税务志编纂培训会议。

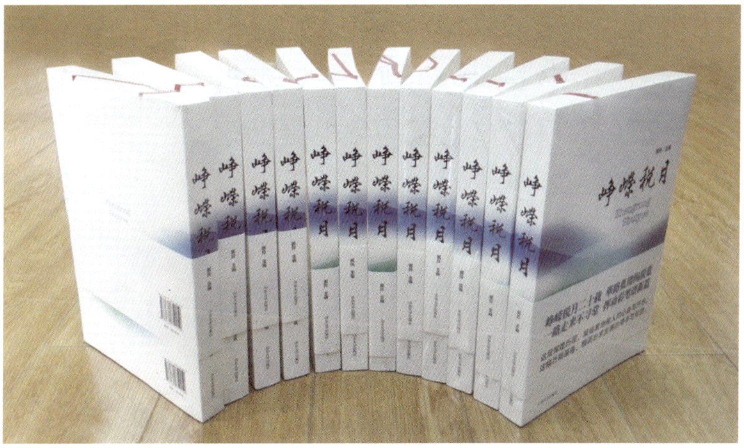

《峥嵘税月》书影

永福到市地税局调研座谈并授课。在山东省总工会、省精神文明建设委员会等9家单位联合召开的全省创建学习型组织、争做知识型职工活动现场推进会上，市地税局获全省学习型组织标兵单位称号，被授予山东省富民兴鲁劳动奖状。市地税局党组成员、副局长郝玲作题为《围绕“人才兴税”战略 探索创建学习型组织》的典型发言。在全省地税系统第一届乒乓球比赛上，市地税局获团体冠军和男子单打冠军。11月，在中国企业联合会主办的全国创建学习型组织经验交流会上，市地税局党组副书记、副局长姚同喜作题为《向学习型组织靠近》的交流发言。2007年，先后举办爱我地税、共建和谐”迎新春联欢会，庆“五一”暨第四届职工乒乓球比赛，全市地税系统城区“和谐杯”跳绳友谊赛比赛，举办离退休干部书画展。市地税局党组成员、副局长郝玲带队到莱钢集团观摩学习型组织创建经验。中华全国总工会宣教部副部长王成在省总工会领导和市委常委、市总工会主席陈刚、副主席陈立新等陪同下，到市地税局调研学习型组织创建工作。2008年，市局机关组织30人，在市地税局党组副书记、副局长姚同喜带领导下，参加北京奥运圣火在泰安传递活动结束仪式。在泰山分局组织在泰各单位迎奥运、讲文明、树新风拔河友谊赛。在滨州举行的全省地税系统第二届乒乓球比赛上，市地税局代表队获团体比赛第二名；闫家胜、高颖分获领导乙组单打比赛第一名、男子单打比赛第一名。12月，在山东地税文学社成立大会上，王筱被选为第一届理事会理事。2009年1月，市地税局机关被全国总工会授予全国学习型组织创建优秀单位称号。先后组织开展和谐杯跳绳比赛，迎奥运、讲文明、树新风拔河友谊赛，以及羽毛球比赛等活动。与市财政局联合举办为祖国喝彩、为泰山增辉庆祝建国六十周年文艺演出。12月，王筱的散文《嫩嫩的白菜帮》、李振安的小说《不同》分获第二届当代精短文学作品征文比赛一、二等奖。是年，全市地税系统13篇文学作品在山东地税文学社社刊《齐鲁税苑》刊发。2010年，举办全市地税系统迎国庆、强体魄、促和谐登山友谊比赛活动，共10支代表队120名干部职工参加比赛。承办山东省地税系统登泰山友谊赛，市地税局获得团体第二名。12月，王筱的散文集《长沟流月》，由中国言实出版社出版。是年，全市地税系统21篇文学作品在《齐鲁税苑》刊发。2011年，深化学习型组织创建，在广州召开的全国税务系统创建学习型组织研讨会上，市地税局党组书记、局长葛明跃作专题发言。完善文化展室，组织参加全省地税系统第二届登山友谊赛，取得团体第一名。举办运动会、羽毛球比赛、歌咏比赛等各类文体活动8次。组织书法、绘画、摄影、文学等展评5次，其中承办山东地税摄影社年会和聚焦基层齐鲁行采风活动；举办红旗颂泰安市财税系统庆祝建党90周年美术、书法、摄影获奖作品展。2012年，修改完善文化展室，开展全局读书活动，打造书香地税。开展学习型组织创建活动，在全国税务系统学习型组织建设研讨班上作典型发言。参加全省地税系统第三届登山比赛、第十七届全民健身登泰山比赛、市直机关第21届乒乓球比赛和市直机关首届羽毛球比赛，市地税局党组成员、副局长张继颖带领8名登山队员参加全省地税系统第三届登山比赛，获团体第二名。6月，在山东地税文学社第二届社员代表大会上，王筱被选为第二届理事会理事。2013年，深化学习型组织、学习型个人创建，加强品牌文化建设，提出打造“泰山魂·地税情”品牌构想。在新泰市地税局组织召开全市地税系统文化建设推进会。在全市地税系统开展书画比赛，收集各类书画作品116幅，精选32幅作品上报省地税局，7幅作品进入展评范围。组织文学爱好者7人参加山东地税文学社组织的文学笔会。参加《山东地税文学丛书》作品征集活动，组织上报3人文学作品集35万字，1人通过省局审核。2014年2月，启动《泰安市地方税务1994–2014志》编纂工作，成立编委会，市地税局党组副书记、副局长郝玲为主任，市地税局党组成员、纪检组长张鲁光为副主任，市地税局各领导、机关各单位负责人、县（市、区）地税局主要负责人为成员，下设税志编纂办公室，设在市地税局办公室，具体负责志书编纂的研究、筹划、设计 与组织协调等工作。印发编纂方案，组织人员培训，形成税志长编。6月，召开《峥嵘税月》编纂工作动员会议，向市地税局在职及离退休干部职工征集反映地税发展历程的照片、文稿，搜集文稿156篇，照片、图片524幅，分为走向辉煌、税事如昨、我心飞翔、近思远望4辑，由山东大学出版社正式出版。省地税局党组成员、副局长郭凤晓作序。7月，王筱的散文集《短笛无腔》纳入《山东地税文学丛书》，由山东大学出版社出版，第二版以单书号面向社会公开发行。深化“泰山魂·地税情”品牌创建，在内依托省、市地税局网站、简报及机关党委的《党群生活》等平台，在外依托网络、报刊等媒体予以推介。9月，在市直机关践行群众路线、争创服务品牌活动交流推进会议上，作经验交流。12月，在泰山分局召开全市地税系统“泰山魂·地税情”品牌建设推进会，交流经验，进一步明确创建推进方向。

泰安地税“泰山魂·地税情”品牌标识

第三节 文明创建

1995 年，在全市地税系统开展巾帼明星和岱下聚财能手暨岱下聚财能手标兵争创活动，召开表彰大会。组织女干部职工参加全市万名妇女庆三八迎四大奔向北京登泰山暨长足跑活动。组织市地税局机关、直属分局 14 人到市中心血库参加义务献血。组织人员参加市直青年表彰及联欢会和市直运动会，获团体第 8 名。与市文明委办公室联合，在全市地税系统开展评选文明税务所（分局）活动。1996 年，召开全市地税系统巾帼明星代表座谈会。市人大常委副主任李秀兰、市政协副主席李凤明、市委组织部副部长杜卓群以及市妇联副主任展玉兰、市总工会副主席曹丽华、各县市区地税局妇委主任参加座谈。与广播电视局、技术监督局等 7 单位以联欢会形式庆祝“三八”妇女节。对全市地税系统文明税务所进行验收，与各县（市、区）文明委负责人、乡镇书记、乡镇长和部分群众代表座谈、了解情况，经实地考察研究，确认首批 27 个文明税务所（分局）全部合格。对全市地税系统获市级以上称号的先进集体、先进个人进行表彰。市委副书记、副市长赵树丛，省地税局党组成员、副局长李德泉，出席表彰会并讲话。1997 年，开展税企共建双文明活动，在军转培训中心礼堂召开动员大会。市直 21 个企业主管部门领导及 92 户市属以上大中型企业负责人，共计 300 人参加会议。市地税局徐兰云局长、市机械电子工业局刘恒兴局长分别代表税企两家作动员讲话，副市长仲崇高到会讲话，市地税局直属分局与泰酒集团向全市发出共建文明倡议书。1998 年，泰安市直税企共建文明暨依法纳税先进单位表彰大会在市委礼堂召开，市五大班子领导莫振奎、赵树丛、张知平、宋广吉、刘静海、李洪峰，市委宣传部副部级巡视员魏丕强，省地税局副局长宋文军出席会议。索道公司等 21 个单位获“双先”称号，财保公司等 50 个单位获依法纳税先进单位称号，全局 136 人捐款 4.05 万元。1999 年，开展贤内助迎新春茶话会，组队参加泰安市直第六届运动会和市直机关乒乓球比赛，开展如何做一名合格地税干部大讨论，开展爱心献功臣活动以及深刻揭批法轮功、揭批台独等系列活动。1996-1999 年，全市地税系统连续 4 年在 21 个窗口行业参加的创建文明行业活动中获第一名。市地税局被市委授予文明单位、文明机关称号，评为全市十佳职业道德先进单位、社会综合治理先进集体、党风廉政建设先进集体。市地税局党组书记、局长徐兰云被授予全市百佳文明市民称号。肥城市地税局获全国税务系统文明单位称号。新泰市地税局模范税务所长吴建臣，作为全市地税干部的榜样，组织学习活动。7 月，省政协副主席刘洪仁率省政协委员 80 余人视察基层地税机关精神文明建设。市地税局荣获下派干部先进

2009年6月，省地税局党组副书记、副局长吕凤强（前排右二），市委副书记王云鹏（前排右一）为市地税局全国文明单位揭牌。

工作部门称号，10月，派包村工作组到郊区角峪镇纸房村扶贫，选派1名干部到泰和集团挂职。2000年，市地税局被市文明委推荐上报为省级文明单位。2001年，市地税局被确定为全省文明行业示范点。市地税局与泰山区局、新泰市地税局羊流分局被授予省级文明单位称号。11月，市政协副主席李正明一行9人视察泰安地税文明创建工作。2002年，市地税局被推荐为全国精神文明建设先进单位，新泰市地税局新汶分局被命名为国家级青年文明号，市地税局直属分局征收大厅被命名为省级巾帼文明示范岗。2004年，举行爱心大联动、温暖在地税捐献活动，副市长刘汉玲及市委宣传部、市残联等部门领导应邀出席。2005年，市地税局被评为省级文明行业示范窗口，连续10年被评为全市十大文明行业。市地税局机关被中央文明委授予全国精神文明建设工作先进单位，6个县（市、区）地税局通过省级文明单位复审。在全市行风评议中，市地税局被评为十佳单位。7月，省委宣传部副部长、省文明办主任李凤梧，省文明办副主任王红勇，在市委常委、宣传部长孙承志，宣传部副部长、市文明办主任姚霆陪同下，视察指导泰安地税工作。11月，在全省地税系统文明创建活动动员大会上，市地税局作争创全国文明单位表态发言。市地税局机关组织参加慈善一日捐活动，140余人捐款1.58万元。2006年，市地税局再获全国精神文明建设工作先进单位称号。市地税局机关组织慈善一日捐活动，捐款1.41万元。2007年，全市地税系统被表彰为全市文明创建标兵行业。市地税局机关保持全国精神文明建设先进单位称号，8个省级文明单位均通过复审，新增省级青年文明号2个，新泰市地税局获全国税务系统文明单位称号。10月，在全省地税工作会议上，市地税局作加强思想政治工作建设的典型发言。组织参加慈心一日捐活动，全局141人捐款1.88万元。2009年1月，市地税局机关被中央精神文明建设指导委员会授予全国文明单位称号。6月，在市地税局办公楼前举行全国文明单位揭牌仪式，市委宣传部副部长、市文明办主任姚霆宣读表彰决定，省地税局党组成员、副局长吕凤强，市委副书记王云鹏为全国文明单位揭牌。10月，组织参加建国六十周年文艺演出、泰安市“祖国万岁”文艺晚会等活动。2010年，开展爱岗位、讲奉献、促发展学教活动和创建学习型、创新型、效能型、服务型、廉洁型“五型机关”活动。市地税局直属分局获泰山先锋、全国职工模范小家称号。新泰市地税局获富民兴鲁劳动奖章。泰山分局的职工书屋被评为全国优秀职工书屋。2011年，开展爱岗位、讲奉献、促发展学教活动。全市地税系统被表彰为全市创建文明行业“标兵行业”，在53个参评行业中连续4次获第二名。2012年，市地税局机关通过全国文明单位复审。全市地税系统连续6年被评为全市十大文明示范行业。2013年，泰山分局纳税服务中心和岱岳分局满庄中心税务所全国青年文明号报备成功。2014年3月，召开全市地税系统庆三八巾帼建功表彰大会，对10个先进集体、10名“巾帼建功”标兵暨泰安市三八红旗手以及20名“巾帼建功”岗位明星进行表彰。是年，通过全国文明单位复审。

第十篇

基层地方税务

泰山分局集体合影

岱岳分局集体合影

新泰市地税局集体合影

肥城市地税集体合影

宁阳县地税集体合影

东平县地税集体合影

高新区分局集体合影

泰山景区分局集体合影

第一章　泰山分局

泰安市地方税务局泰山分局原名泰安市泰山区地方税务局，组建于1994年8月，2002年11月调整改为现名称；机关内设13个科室，下辖9个直属单位及基层分局、所；负责辖区内地方税、中央与地方共享税的征收管理和有关行政执法工作。泰山分局始终坚持以组织收入为中心，突出税源管理、征收管理、税收执法、纳税服务、干部队伍、党风廉政建设等重点工作，创新思路，科学发展，扎实进取，圆满完成各项工作任务，为泰山区经济和社会各项事业健康快速发展做出积极贡献。分局先后获得全国巾帼文明岗、全国青年文明号、全国优秀职工书屋、省级文明单位、省级工人先锋号、全省地税系统基层建设优秀单位、泰安市“五个好”县市区部门、泰山先锋党组织、“五五”普法和依法治市先进集体、全市地税系统绩效管理先进单位等荣誉。

第一节　组织收入

一、税种收入变化

从税种税源看，营业税是地税部门的主体税种；城建税及教育费附加等，通过营业税、增值税、消费税等3个主体税种的增长而增长，房产税、土地使用税也随之增加。1994—2014年，组织地税收入78.2亿元，年均增长25.1%。

二、行业类型收入

从行业税源看，1994年机构分设后，制造业、建筑业、批发零售业、金融保险业、交通运输业构成产业税源的主体，各主要行业间税收收入均衡。1998年，房地产行业逐步发展壮大，到2014年，占总体税源一半，受其影响，建筑行业持续壮大；制造业受房地产、建筑行业影响，税收占比从20世纪90年代30%左右下降到10%左右；交通运输业、住宿餐饮业持续增长；2000年起，服务行业税收不断增长，对税收的贡献率不断提高。

三、经济类型收入

1994—2003年，国有、集团等公有制企业的税收占税收总量50%以上，是主体税源。2004年起，股份制、私营、个体等非公有制经济税收成为主体税源。2014年，非公有制经济的税收占税收总量90.47%，公有制经济税源仅分布于金融保险等行业。

第二节　税收法制

一、税收执法检查、监督

表 10—1—1　　1994—2014 年泰山区各税种收入变化情况

单位：万元

项目/年度	合计	营业税	企业所得税	个人所得税	资源税	城市维护建设税	房产税	印花税	固定资产投资方向调节税	城镇土地使用税
1994	1760	966	200	14		24	139	40	144	133
1995	2439	1138	244	130		104	175	49	413	100
1996	4053	1828	369	300		106	300	70	762	148
1997	6377	2043	972	602		110	527	93	1610	168
1998	7785	2546	962	988		99	822	141	1600	359
1999	8678	3370	439	1150	11	112	860	161	1817	403
2000	8761	3726	902	930	30	110	1248	163	599	569
2001	9749	2323	3328	1702	21	109	991	108	379	337
2002	11158	4190	1123	1695	25	1019	1161	216	443	613
2003	11546	3070	629	606	30	1928	1762	383	515	855
2004	15166	6252	616	1183	9	2007	1472	274	410	766
2005	19622	9134	722	1501	14	2129	1566	419	35	1443
2006	24036	11791	1324	1758	29	2258	1742	497		1644
2007	28845	14255	1367	2275	22	2562	2107	610		2090
2008	37963	16494	4390	3490	17	2725	2640	641		3174
2009	43459	20916	2786	5249	12	3413	1512	493		3237
2010	60645	28965	3317	10021	11	3901	1473	1092		4029
2011	93942	39676	5507	17984	14	5326	2529	1056		4346
2012	109803	43067	8167	17257	12	6001	3009	1106		4989
2013	126126	50845	11122	15265	15	6492	4127	1429		7723
2014	150041	67336	9274	18632	13	8149	3484	1698		6747

土地增值税	车船税	屠宰税	耕地税	契税	教育费附加	地方教育附加	文化建设	残保金	地方水利基金	其他罚没收入
	73				21					6
	54	2			25					5
	81	35			40					14
	102	38			106					6
2	120	35			111					
12	130	87			122		4			
119	165	50			138					12
84	166	46			153					2
139	262	18			254					
531	567				625		1			44
1241	217				711					8
1353	279				834	179	1			13
1619	179				1022	163				10
2240	33				884	385				15
2598	45				1475	391	11	161		11
3522	183				1465	490	12	161		8
5296	81				1678	562	26	185		8
7252	133		1518	4344	2281	1471	40	195	257	13
14450	206		234	5913	2566	1707	30	241	834	14
10923	471		1419	10531	2778	1842	28	189	911	16
14863	959		1269	10498	3473	2328	1	180	1124	23

表 10—1—2　　1998—2014 年泰山区行业类型收入完成情况

单位：万元

项目 / 年度	合计	采矿业	制造业	电力、热力、燃气及水的生产供应	建筑业	批发和零售业	交通运输、仓储及邮政业	住宿和餐饮业	信息传输、软件和信息技术服务业
1998	7785		1038		1413	1602			
1999	8678		1064		1289	2031	115		
2000	8761		1123		1360	2132	108		
2001	9749		1204		1435	2385	113		
2002	11158		1360		1623	2516	137		
2003	11546	30	3054		1821	695	320	1114	
2004	15166	26	3077	1	2952	1191	599	1994	3
2005	19622	198	4321	26	3650	1247	428	1830	4
2006	24036	75	5428	54	3764	1355	378	1942	3
2007	28845	31	6280	101	4006	1826	314	2260	4
2008	37963	14	11679	154	3126	2059	543	2729	10
2009	43459	14	12157	156	3864	1438	541	3108	13
2010	60645	27	14994	176	5954	2003	593	3583	33
2011	93942	37	25642	246	6183	2842	645	5211	31
2012	109803	36	24389	180	8443	3182	659	5791	21
2013	126126	111	20492	223	11033	3894	640	4812	22
2014	150041	180	23125	421	19212	4533	301	4411	19

金融业	房地产业	租赁和商务服务业	科学研究和技术服务业	居民服务、修理和其他服务业	教育	卫生和社会工作	文化、体育和娱乐业	公共管理、社会组织	其他行业
1042	1007	480		494					809
1517	1050	322		429					861
1590	1209	297		476					466
1641	1409	310		563					689
1709	2107	451		671					568
947	1868	1185					10		502
954	2257	1627					32		453
1613	4053	2025					26		201
1826	7013	2100			14		29		55
2313	9340	2063		248		6	53		
3404	10928	4445		1657	6	6	115	75	12
4264	14374	956		2062	15	27	147	302	21
4968	24207	1555		1683	17	65	556	181	46
6750	33753	2921		2094	21	66	2767	285	4444
9552	43703	1814	151	2834	23	33	6400	199	2393
14821	61167	1918	219	3985	36	55	2494	200	4
12615	78602	1263	178	3393	50	88	1592	1	46

表 10—1—3　　1994—2014 年泰山区各经济类型收入完成情况

单位：万元

年度 \ 项目	合计	国有	集体	股份合作	联营	股份公司	私营	其他	港澳台	外商投资	个体
1994	1760	421	1333		1413	1602	6				
1995	2439	419	2012				6				2
1996	4053	525	3179				7		44		298
1997	6377	881	4678		13		10		68		727
1998	7785	1243	5376		22		40		76		1028
1999	8678	1205	5446		35		482		89		1421
2000	8761	1463	5416		1	16	361		73		1431
2001	9749	895	4448		1	16	1797		84		2508
2002	11158	1545	4820		2		1832		108		2851
2003	11546	1337	3862			2339	2200		113		1695
2004	15166	2983	3538	63	1	104	5144			155	2881
2005	19622	3221	3915	91		4214	4531			266	3384
2006	24036	2761	4315			2526	10683		3	431	3317
2007	28845	2290	4464	2	2	6158	9646		35	2017	4231
2008	37963	2501	4563	20		3629	19553	734	61	2836	4066
2009	43459	2436	2785	25		6132	26311	728	42	2480	2520
2010	60645	3238	3161	52		11877	35430	648	106	2034	4099
2011	93942	4321	3693	26		34478	39710	1461	47	2773	7433
2012	109803	4652	4354	159		55393	32937	880	57	2378	8993
2013	126126	5333	6682	119		58422	36616	2205	172	3132	13445
2014	150041	7267	4768	357	1	75225	42203	1101	286	2913	15920

1994 年，税收法制工作由征收管理科负责。2006 年，税收法制工作与征收管理分离，税收管理科调整为政策法规科，负责税收法制工作。成立税务行政复议委员会、重大税务案件审理委员会和执法责任制工作领导小组及办公室。

税收执法管理　1995 年，印发第二个“五年”依法治局实施方案，强化执法管理。1996 年，组织税收政策执法大检查。1997 年，制定做好执法监察工作的实施意见。1998 年，制定普法和依法治理实施意见。2002–2004 年，结合《中华人民共和国税收征收管理法》《中华人民共和国行政许可法》颁布实施，组织人员系统学习，108 人参加全省地税系统持证上岗考试，通过率 100%。2005–2009 年，开展依法行政实施年活动。其中，2006 年，全部执法人员参加泰山区依法行政知识考试，合格率 100%。2008 年，开展规范执法行为，提高征管质效活动。2009 年，制定进一步开展规范执法行为，实现税收执法零差错实施意见。2010 年，开展阳光执法、阳光办税活动，税收执法责任制管理系统和山东地税税收政策评价反馈系统在分局运行。2011 年，结合省地税局新网上执法检查系统运行，系统检查 2006—2011 年的征管执法工作指标，被表彰为全市“五五”普法、“四五”依法治市工作先进单位。2006 年起，建立税收执法预警报告制度，发布执法预警报告 36 期，处置苗头性执法事件 5 起。

税收执法检查监督　1994–2003 年，实行法制目标管理，层层签订执法责任书、责任状，将税收执法责任、目标和任务逐级分解落实到各执法单位、执法岗位和执法人员。2004 年，全面推行税收执法责任制，依托计算机对税收执法自动监控考核，实现执法监督监察工作的人机结合管理。2007 年，以抽象行政行为零过错、具体行政行为零败诉为目标，建立事前评审、事中监控、事后评

向“三峡移民”介绍税收优惠政策

价税收执法绩效评价机制。2013—2014年，建立部门联合办案机制及稽查风险防范机制，全员税收执法零追究。

二、税收优惠

1994—2014年，对598户次纳税人进行税收减免或减免备案。其中，2003年，开辟下岗职工再就业绿色通道，减免302户次。针对“非典”影响，为12户符合条件的旅游业纳税人减免税收。2011—2014年，对158户次小型微利企业优惠予以备案。

三、税务稽查

稽查管理 1994—1998年，配合征管部门进行稽查管理，以所得税为主，各税协查。1995年，印发加强地方税务稽查工作的意见、稽查工作规程、管理办法和考核评比办法。1997年，建立稽查分权制约机制。1999—2002年，与国税、工商、公安部门联合，对接管邱家店镇、省庄镇的乡村税源重点整治。1999年，制定稽查计划汇编、大案要案会审和审结案件复查、稽查专管制度。2000年，制定稽查规程和稽查工作人员工作纪律，理清稽查与征收关系。2003—2006年，推行一家查账多家认账税务检查办法和稽查工作“四分离”机制，实行归口管理和检查计划汇编、审批制度。2007—2010年，依托山东省“大集中”系统税务稽查模块，实现电子查账。2008年，建立统一选案、重点突破、集中治理、整体推进税务稽查机制。2011—2014年，健全上下联动、统一规范、协调高效、指挥有力的税务稽查体系，稽查工作由收入组织型向执法促进型转变。

区域专项整治 2003年，对饮食业使用假发票行为和漏征漏管户专项整治。2005年，与公安机关联合打击发票违法行为，查处贩卖假发票团伙案3起，缴获假发票178本。2008年，对餐饮、娱乐行业重点整治，查处违法（规）业户42户，罚款12万元。2009年，与公安部门联合集中开展特殊行业专项整治，清理漏征漏管户54户，年增加税款127万元；查处发票违法业

联合进行区域专项治理

户66户，罚款5.8万元。2014年，开展发票专项治理，查处发票违纪违法案件43起，查补税款428万元；比对违规发票1728份，罚款46万元。

专项检查 1994年，对重点行业、部门、个人进行个人所得税专项检查。1995年，对房地产业、建筑业、行政事业性收费应税情况等实施重点和专项稽查，查处举报案件15起，查补税款75万元。1996年，对车船使用税、外来建筑企业实施专项检查，查补税款101万元。是年，立案查处涉税犯罪案件5起，追缴税款9.1万元。1998年，开展全区饮食服务业税收大检查，对业户评定测算。2001年，针对村街存在的房地产开发、房屋租赁、企业转让、行政收费等漏管现象，对全区行政村街专项检查，检查村街82个，查缴欠税501万元。2003年，组织房地产业、建筑业、个人所得税、交通运输业发票专项检查。2004年，对货物运输、房地产开发、医药购销、餐饮娱乐、电力系统、金融业六个重点行业进行专项检查，检查企业176户，查补税款550万元，罚款46万元，加收滞纳金32万元。其中，立案查处税务违法案件11个，移送司法机关查处案件1个。2005—2009年，对重点行业、重点税源和税种进行专项检查，对乡村税收实施拉网式清理。其中，2005年，检查103户，查缴税款728万元；2006年，检查194户，查缴税款702万元；2007年，检查83户，查缴税款625万元；2008年，检查120户，查缴税款771万元；2009年，查缴税款2700万元。2010年，组织房地产、建筑安装、医药医疗器材、交通运输、中介服务、餐饮等6个行业的专项检查，对46户房地产业进行重点检查，查补入库税款4326万元。2011年，组织房地产、建筑安装、广告等行业专项检查，检查业户59户，入库税款3100余万元。2012年，组织开展对重点行业、重点税种等的专项检查，入库税款8823万元。2013年，组织房地产业土地增值税清算和金融保险业专项检查，查缴税款1720万元；结合金税三期工程上线清缴欠税，入库税款4688万元。2014年，开展地方税收专项检查，入库税款3835万元。

专案检查 2005年，配合泰安市、泰山区公安部门对泰山第一运输汽车公司偷逃税款案件进行查处，查补税款12.6万元，罚款7.3万元。2010年，配合泰安市、泰山区公安部门查处一起发票造假案，查处发票售假窝点2个，拘留犯罪嫌疑人7人，收缴各类假发票8万余份。

第三节 税收管理

一、税收管理制度

税务登记 1995年，集中开展税务登记发证工作，核发税务登记证1752件。1996年，组织个体业户税务登记证发证工作，办理税务登记4015件。1997年，制定加强税务登记管理的意见。2000年，对全区纳税户摸底调查，逐个企业造册登记。2003年，清理漏征漏管户502户，补办税务登记。2006年，换发新版税务登记证，办理税务登记证1.86万户。其中，换证1.76万户，新办证1021户，重新界定房产税业户58户。2007年，开展为期半年的税源普查，普查业户2.01万户，补办税务登记1368户。2009年，与国税、工商等部门加强信息比对，完成国税导入登记户数1669户，同比增长100%。2010年，推进纳税人分类管理，与国税部门联合办理税务登记371户、户籍对比142户、补办98户。2012年，清查核对辖区所有业户，普查2.15万户，清理无证业户1304户。

纳税申报 1995年，制定纳税申报制度，取消专管员管户制度，推行纳税人上门申报纳税。1996年，印发做好纳税申报工作的意见，对纳税申报工作重新规范。2002年，实施个体申报卡制度，取消逐月填写个体申报表的申报方式。2003年，个体工商业户实行简并征期申报，企业到区农村信用社申报；7月，推行E税通网络申报，安装使用E税通519户。2004年，E税通申报业户达586户，入库税额占总收入80.3%。2005–2014年，全面推开网络申报系统。

税款征收 1994年，实施个人所得税代扣代缴工作，落实代扣代缴单位75个。1996年，加强直属、财源、岱庙、涉外等4个分局微机化管理，改集中缴纳为分散就近纳税。1997年，在全区推行微机征收。2000年，推行个人所得税代扣代缴制度。2001年，与区农村信用社联合开发委托代征系统。2002年7月，全面委托区农村信用社代征税款，委托代征率90%。2003年，委托区农村信用社代征税款经验做法被市地税局推广。2004年，在财源办事处试点对小型私营企业和个体工商业户委托社区（村街）代征代管，并全面推开。2006年，

收税途中

对1715户企业所得税汇缴企业进行征收方式鉴定，核定征收515户，增收税款42万元。2007年，对年纳税额10万元以下中小企业所得税进行核定征收，年增企业所得税40万元。对外来建筑施工、房地产所得税进行预征和核定征收，征收土地增值税1398万元、企业所得税81万元。是年，车船税收缴由保险公司依法代收代缴。2010年，对印花税核定征收，核定5025户，核定面90%。9月，财税库银电子缴库在泰山分局上线。

发票管理 1995年，制定发票领、购、存管理制度，对交通运输、金融保险、文体旅游、饮食服务等行业发票进行清理。1996年，制定规范发票使用管理具体办法。2001年，印发改进和加强饮食业发票管理的意见，推行发票“刮刮乐”即开抽奖办法。2003年，区政府印发推广税控收款机实施方案，推行安装使用税控装置312台，月税收收入同比增长46.3%。2004年，对辖区内138户集体以上企业和982户个体户，安装税控机457台，税收入库率由72.3%提高到91.6%。2007年，在饮食、娱乐、服务、交通运输等行业全面推广使用税控收款机、税控U盘和税控外挂机，安装使用税控装置974台；对餐饮、娱乐、交通运输业和其它服务业的不开票、开假票、虚开票行为进行专项治理，查补税款392万元。2009年，在餐饮业、旅馆业、娱乐业、打字复印业等服务行业张贴消费索要发票提示，督促纳税人主动索要发票。2011年，财政拨付税控补贴专项资金60万元，新增税控装置379台，新增税款1027万元。建立打击发票制假、贩假、用假的联动、快速反应机制，按月比对发票使用与缴纳税款情况。2013—2014年，按月开展服务业税控发票二次抽奖活动，设置一等奖1个，奖金1万元；二等奖10个，奖金2000元；三等奖20个，奖金500元。

个体税收 1995年，印发加强个体

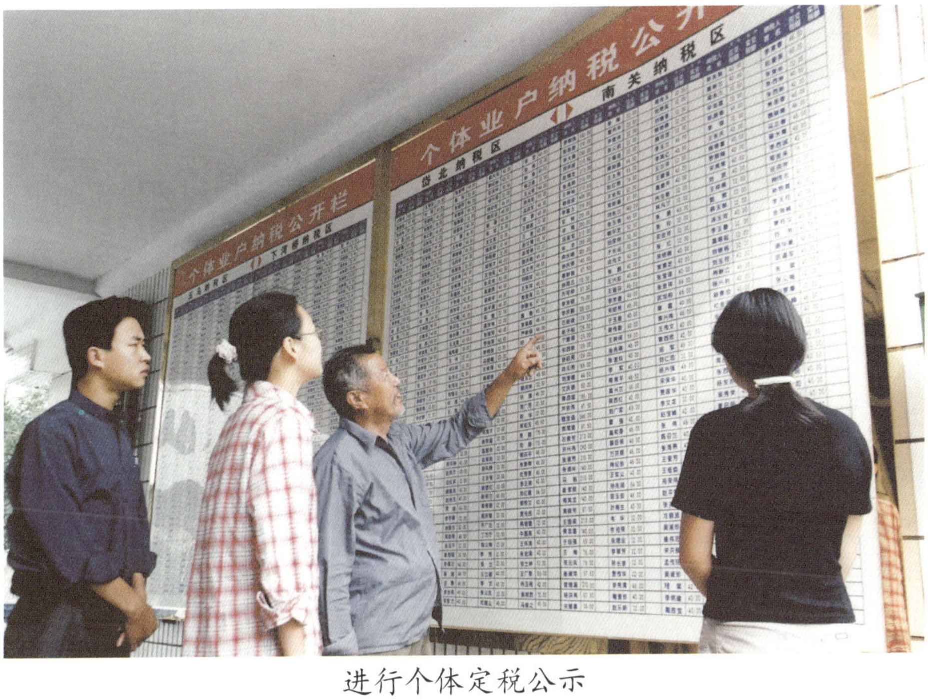

进行个体定税公示

工商户税收征管工作的意见，制定个体工商业个人所得税附征率表。1996年，与国税部门联合印发贯彻税收征管范围调整工作的实施意见，交接个体工商业户4239户，管理个体工商业户增加到6013户。1998年，对个体工商业户专项清理清查，清理漏征漏管户985户，增加税收309万元。2000年，结合税务登记验证，清理清查个体工商业户，清理漏征漏管户1542户，查补税款125万元；对6378户个体业户定税，定税面100%。2004年，对个体业户和252户小型企业进行微机定税，每季调增税额39万元，同比增长41%。委托社区（村街）代征代管个体税收，新增个体工商业户3682户，个体税收月平均增长25.7%。2005年，印发个体工商户定期定额税收征收管理办法。2008年，印发个体工商户微机定税工作实施方案，规范个体工商户微机定税工作。2010年，对8578户个体工商户重新微机定税，税负提高32%；对1208户未定税或定税不足的重新核定，核定业户1022户，季度核定税款16.9万元。2011年，印发税控装置购置专项补贴管理暂行办法，鼓励个体工商户使用税控装置。2012年，对9537户个体业户微机定税，核定税款2233.86万元，同比增长26%。2013年4月，泰山区政府在财源办事处召开零散税源管理现场会；5月，市地税局召开零散税源管理现场会，推广泰山分局借助社会力量、强化零散税源控管经验做法。2014年，对个体业户税收重新核定，对月营业额超过1.6万元的全面调查，核定业户1.33万户，核定税款4785.7万元，同比增长15%。

社会综合治税 1995年，经区委常委会同意，招收20名协税员。1997年，根据区政府要求，进一步加强部门配合协作搞好车船使用税征收管理。2000年，清理漏征漏管户785户，入库税款118万元；在规模较大的集贸市场，聘请协税护税义务员进行税收协管。2002年，联合工商、国税、市场办公室成立综合治理机构，集中整顿规范各专业市场。与公安部门联合印发加强依法治税、对拖欠税款纳税户实行制约、建立严厉打击偷税犯罪协作制度等系列通知，构建社会化协税护税网络。2003年，区政府成立以区长为组长，分管副区长为副组长，35个部门负责人为成员的综合治税领导小组，印发加强部门协作切实搞好地方税源控管工作和地方税收综合治税工作考核暂行办法；与14个区直单位联合印发加强部门配合共同搞好地方税源控管的通知。建立区级协税、护税网络组织8个，形成农村以村委会、城市以社区为单位的税收网长负责制的综合治税网络。与国税、工商、农信部门联网，实现信息交换共享。2004年，建立个体工商业户委托社区代征代管新模式，被市地税局评为年度创新项目一等奖。对辖区干部群众2068人进行税收业务培训；组织机关干部280人接受税法培训。2005年，根据区政府加强税收征管的通知，建立信息交换平台，采集涉税信息1.19万条，处理率99.98%，入库税款931万元，信息采集及处理率列全市地税系统第一名。探索社区综合治税向各税种、行业、盲区延伸，依托社区进行出租房屋房产各税征管和社区综合治税的做法，在3月、6月召开的全省税务工作会议上分别作经验交流。与市区国税局召开联席会，研讨国、地税加强联系协作的有关问题。强化社会综合治税，壮大财政收入的经验做法在全市财源建设会议上作经验介绍。2006年，区委将社会综合治税和委托社区代征代管工作列入区委常委会会议专题研究，列为年度重点，纳入日常督查督办考核。制定加强零散税收及特殊行业税收管理的意见及建筑房地产业、房屋租赁业、文化娱乐业、车辆税收、建筑材料业具体税收管理办法，房屋租赁业税收年增长125%。2007年3月，区政府召开社会综合治税总结表彰暨税源普查动员会议，表彰社会综合治税先进集体和先进个人；12月，在全省城市社区建设现场会上，泰山分局社区综合治税经验作交流发言。2008年，完善政府涉税信息网络平台建设，实现涉税信息交换网络化、制度化。2009年，区政府制定

2012年8月10日，省人大常委会预算工委副主任李玉海（右一），省地税局党组成员、副局长李功（右二）到市地税局泰山分局调研《山东省地方税收保障条例》实施情况。

进一步加强税收征管工作的意见。与公安部门合作打击涉税犯罪行为，5 月，市公安局经济犯罪侦察支队打击涉税犯罪办公室在泰山分局挂牌成立。2010–2011 年，宣传《山东省地方税收保障条例》，召开两次社会各界人员和纳税业户代表参加的工作座谈会。2011 年，利用工商执照年检时机委托代征房产税。2012 年，完善地方税收保障体系和信息交换平台，委托代扣代缴组织入库 1.99 亿元。2013–2014 年，依托社区村街加强零散税源控管，形成网格化责任管理模式；委托区建设局、房管局等部门代征房屋交易印花税、营业税。2014 年，通过委托社区村街代征代管，清理漏征漏管户 351 户，代征零散税款 4169.73 万元。

税收征管 1995 年，制定税务票证管理办法、税收征管规程、征收中心程序。加强印花税、屠宰税、车船使用税等零散小税种和个体行医、房产出租等行业个人所得税管理。1996 年，印发深化地方税收征管改革的意见。1997 年，改变一员到户、各税统管的税收专管员管户制度，推行以纳税申报和优化服务为基础，以计算机网络为依托，集中征收、重点稽查的征管模式。建立完善税务代理制度，专管员由管户向管事转

2014 年 5 月 16 日，省地税局党组成员、副局长郭凤晓（右一）到市地税局泰山分局调研税收征管新模式推行情况。

变。1998年，组成4个清欠小组，清理欠税1300万元。1999年，对征收、管理、稽查环节的职责权限重新界定，实施集中征收、重点稽查、专业管理的征管模式，对所有涉税业户分层、分类管理。2000年，开展营业税资料普查，广告业、娱乐业税源调查，企业所得税税源调查等8项税源调查测算，摸清税源底数。制定加强个体私营业户和集体企业税收管理的暂行规定，召开个体私营和集体企业征管工作研讨会2次。2001年，深化税收征管改革，推行集中征收、重点稽查、专业管理的征管模式；印发加强房屋租赁收入个人所得税征收管理的通知，对房屋租赁收入个人所得税征收管理提出具体要求。2002年，引入ISO9000国际质量管理体系对税收征管工作进行规范和完善。2003年，开通E税通、双委托和委托代征，中小企业委托代征率100%，个体工商“协议”户入库率100%，企业按期申报率和征期入库率均达99%；印发清理漏征漏管户实施意见。2004–2005年，推行纳税业户征管责任区管理制度，建立二级征管责任区10个、三级征管责任区26个，确定责任人56人、考核指标166个。开展纳税信誉等级评定工作，评定A级企业14户、B级企业1138户、C级企业18户。2006年，印发进一步加强征管责任区管理的通知和征管责任区管理意见。对全部纳税业户分类建档管理，对年纳税额5000元以上的实行重点管理，调整1297户业户税负，对未达起征点的6649户实行动态管理。强化对个人所得税精细化管理，建档1004户，涉及2.1万人，列全市地税系统第一位。2007年，印发车辆税收管理和加强文化娱乐业税收管理、房屋出租业税收管理相关制度。组织征管示范责任区（街、村）创建，形成以征管责任区为主体，以社会综合治税，社区协税、护税为辅助的征管机制。落实房地产一体化管理制度，征收房地产业税收7454万元，同比增长30.98%，增收1763万元。2008年，通过征管责任区绩效评价体系，对税源管理过程实现立体化监控；开展二、三产业剥离，增加税收330万元，被表彰为泰安市调整优化产业结构工作先进集体。2009年，印发进一步规范征管责任区管理和加强洗浴、歌舞厅行业税收管理的意见，以街道、市场、商场、宾馆为重点，开展漏管户清理检查。2010年，实施以税务所为基本单位，按行业类属分组管理的税源专业化管理方式，形成税前预测、税中监控管理、税后分析疑点、评估稽查的闭环式税源监控流程。开展城镇土地使用税税源清查，调增应税土地面积5.6万平方米，增加土地使用税60万元。2011年，入库契税和耕地占用税4403.8万元。2012年，实施征管扁平化、实体化征管改革试点，重点税源实施一厂一策管理，一般税源实施行业管理，小型税源实施分组管理。开展土地增值税清算，清理入库税款6120万元。2013年，进一步推行税源专业化管理和扁平化改革，逐步形成以数据分析、风险防控为导向，以税源分级分类管理为依托，以纳税评估、税收预警为抓手，打造重点税源集约管、中小税源集群管、零散税源委托管、整体税源全员管差异式、立体化监控的新格局。税源立体化监督、零散税源控管经验在全市地税系统推广。7月，省地税局转发泰山分局深化征管改革经验做法。零散税源控管、娱乐业税源控管工作做法分别在全省地税系统专业会议上作典型发言。是年6月，对营改增试点纳税人调查核实确认，向国税部门完成移交。10月，金税三期上线。2014年1月，借助综合治税机制，构建信息监控网络，提升非劳动所得个人所得税控管经验被省地税局推广。5月，市地税局在泰山分局召开现场会，并在年内召开的全国所得税工作会议上作经验介绍。9月，在全省征管基础建设工作座谈会上，就扁平化管理作经验介绍。

二、税源管理

管理模式 2009年，成立税源管理科，负责区域内税源管理工作。制定推行税源管理新模式实施方案和工作规程。2010年，制定税源监控和税源预测工作制度，建立以信息采集—纳税评估—核查稽查—增值应用为主线的新型税源管理总体框架。2011年，组织重点税源摸底调查，规范税收管理档案，实施重点税源全程跟踪管理。2012年，撰写加强税源专业化管理及重点税源管理工作调研报告，对2009—2012年重点税源信息系统分析比对，提出管理意见。2013年，健全完善税源管控机制，以数据分析、风险管控为导向，打造税源立体化监控新格局的经验做法被市地税局推广。2014年，建立以风险管理为导向的信息支撑智能化、组织机构扁平化、风险统筹中枢化、分类应对差异化的税收风险管理模式，在全省地税系统推广。

税收预警 2009年，开展税收预警，处理预警记录1855条、补税479万元。2010年，处理1722条、补税1936万元。2011年，处理359条、补税127万元。2012年，制定预警评估工作职责及流程，处理预警记录753条、补税590万元。2013年，处理751条、补税283万元。对照省地税局纳税遵从风险管理指标体系要求，提出风险防控指标，填写风险指标模板。2014年，分析65户重点营业税纳税人纳税状况，处理预警记录122户项、补税205万元。

纳税评估 2004年，建立纳税评估操作规程，对5户年纳税额300万元以上，77户年纳税额10万元以上企业和实行E税通申报企业进行纳税评估，破解和分析疑点973个，涉及税款978.3万元。2006年，印发纳税评估管理办法，对符合纳税评估条件的978户业户进行评估，查找疑点2.16万个，评估税款313.08万元。2009年，制定纳税评估业务规程，开展纳税评估行业峰值测算，评估交通运输、建筑和房地产行业企业41户。2010年，评估纳税人66户，查补税款1286万元。2011年，开展房地产行业纳税评估，评估企业30户，落实疑点216个，补缴税款805万元。2012—2014年，依托重点企业税收管理办公室开展纳税评估。2012年，评估纳税人39户，入库税款8214万元；2013年，评估纳税人89户，入库税款8093万元；2014年，评估纳税人59户，入库税款2.17亿元。

大企业管理与服务 1995年，对重点税源实施三级台账管理，年纳税额50万元以上的由局长控管，10–50万元的由基层分局（所）长控管，10万元以下的由专管员掌握。2000年，分局（所）对辖区内骨干企业和纳税大户实行派员制，掌握企业生产经营状况和资金运行情况。2002年，将年纳税额10万元以上的均纳入重点税源监控体系，即时监控主体税种和主导税源。2006年，制定重点税源监控管理暂行办法，实施四级管理，年纳税额50万元以上的由局长负责，5－50万元的由分管局长负责，0.5－5万元的由基层所长负责，0.5万元以下由专管员负责。2007－2008年，分别将年纳税额在20万元以上的62户、97户企业纳入税源监控体系，实时监管。2009年，印发重大建设项目地方税收管理工作规程，对年投资额在1000万元以上的158个重大项目跟踪管理，新增重大建设项目实现税收收入1.25亿元。2010年，将全区130个重大建设项目列入重点监控范围，大建设项目实现税收2.24亿元，占总收入37%。2011年，落实定点联系企业税收管理制度，对重点税源集中分析比对，实现税收3.26亿元，占总收入34.68%。2012－2014年，上线集团企业管理软件，组成12人参加的重点企业税收管理办公室，对年纳税额100万元以上的重点税源实施分级、分类、分行业实时监控管理，重点税源税收年均增长15%。

国际税务管理 1996年5月，成立涉外分局，负责涉外企业管理，68户涉外企业纳入正常管理，征收税款44万元。1997年，开展涉外企业联合年检，对非正常户、工商吊销户、未年检户予以清理。2002年11月，涉外分局撤销，其业务管理划归法规税政科。2005年，开展网上联合年检工作，将外商投资企业税收政策认定作为年检重点，不符合外资条件的业户一律转为内资企业。2012年，组织金融机构海外代付业务调研。8月，全市地税系统国际税务工作暨经验交流现场会在泰山分局召开。1996–2014年，征收涉外税款1464万元，年均增长38.1%。

第四节 纳税服务

一、办税服务厅

1994年10月，成立泰山区地税局发票所，承担地税发票的领购、保管、发

市地税局泰山分局举行税法培训中心揭牌仪式

售、缴销等业务。1995年，在纳税人比较集中的直属分局、财源分局、岱庙分局，建立使用微机为主要手段的征收服务大厅，设置受理纳税申报、办理税务登记和税款入库，提供税法咨询、发票发售，受理其他有关税务申请等服务窗口。1997—1999年，基层分局（所）相继建立办税服务厅或服务窗口，开展创建办税最佳服务厅活动。2000年，以创建标准化办税服务厅活动为载体，制定征收大厅工作职责，对基层税收服务厅的职能、工作程序、税款解缴方式进行明确。2003年，撤销发票所与各基层分局（所）办税服务厅和服务窗口，建立统一的纳税服务中心。2005—2008年，依据全省地税系统纳税服务工作规范，整合纳税服务中心职能，形成统一受理、内部流转、限时办结、窗口出件的"一站式"服务格局，纳税人办税时间减少75%。2009—2010年，制定办税服务厅岗位职责，整合业务资源，调整工作流程，规范岗责体系，完善服务设施，形成综合性柜员式岗位办税模式。2010年，公开招录应届大学毕业生14人担负纳税服务前台工作。7月，全省地税系统办税服务厅建设现场会在泰山分局召开。2011年，建立集办税服务、税法宣传、咨询辅导、权益保护及征纳沟通于一体的实体化综合服务场所。2012—2014年，按照办税服务厅规范化建设制度规范，对征管资源横向协作、纵向融合，打破职能分割和辖区界限，将税收法规、征管、计统等业务科室集中到办税服务厅，实行一厅通办。2014年7月，全省地税系统纳税服务座谈会暨办税服务厅观摩会在泰山分局召开。

二、纳税服务举措

1994年，举办企业法人、办税人员学习班24期，培训1985人次；开展企业发展与税收大讨论活动。1995年，开展我为企业献一策和以税收要理解企业，企业要理解税收为主要内容的"两个理解"教育活动。1998年，向社会公布8项服务承诺，修订18项工作制度。2000年4月，启动集执法服务、宣传、监督为一体的"111"服务热线。2003年，聘请山东科技大学教授，对全区1600余户企业会计就企业所得税汇算清缴有关政策、新征管法及实施细则、新会计制度培训辅导。2005—2006年，实施“三个提前”（提前介入，主动服务；提前准备，方便服务；提前到位，快速服务）、“四个贴近”（在距离上贴近、在方式上贴近、在情感上贴近、在政策上贴近）服务，建立纳税服务联系点20个，启动构建诚信征纳工程主题活动，每个社区均建起一个税收宣传阵地、一所居民税法学校、发放一批税务书籍、组织一批义务税法宣传员。组织我为纳税人做一事、我为纳税服务献一策征文活动。2006年11月，全省新闻媒体齐鲁纳税服务采风团一行15人到泰山分局专题采访；12月，驻市全国、全省人大代表18人到泰山分局视察纳税服务工作。2007年，开展满意在地税、亲切在地税、服务周到在地税活动，实施网送税法服务、提醒服务、限时服务。2008年，开展征纳共盈纳税服务品牌创建，泰山先锋我先行、我送服务进万家系列活动。2009年，组织应对金融危机，共谋科学发展主题活动，为企业走出困境出谋划策。2010年，开展关爱企业、尊重投资者、尊重纳税人主题实践活动，泰山分局被省地税局表彰为征纳共盈纳税服务品牌创建先进单位。2012年，修订服务规范，推行服务承诺制、首问责任制、一次告知制，深化一站式服务功能。开展零距离、心服务、满意在地税服务品牌创建活动。泰山区区委书记宋洪银，区委副书记、区长赵斌先后对泰山分局开展的服务品牌创建活动做出批示。2013年，推进实施纳税人之家、维权绿色通道、涉税业务“免填单”等特色服务。2014年，落实税务总局便民办税服务春风行动，设置前导服务，开通网上银行、手机银行缴税方式，建立泰山分局纳税服务微信公众平台。服务地方经济、社会发展，研究经济税收发展规律，提出合理化意见和建议127条，被泰安市、泰山区领导批示14次。其中，2004年，撰写的《下岗职工税收优惠政策落实存在问题及建议》调研材料得到市委副书记、市长李洪峰肯定，并作出批示。做好教育费附加、地方教育费附加、文化事业建设费、残疾人就业保障金的代收、代征工作。2008年，被表彰为全市劳动保障工作先进集体；2011年，被表彰为全省文化事业建设费征收管理先进单位。

第五节　信息化建设

一、信息化基础

1996年，泰山分局计划统计科配备台式计算机1台、针式打印机1台。1997年，机关局域网建成投入使用，使用基带Modem实现与市地税局联网。1998年，投资88万元完成局机关科室、基层单位和市地税局的联网，以DDN方式实现市、县、乡镇的三级互通互联，为科室和稽查局各配备一台台式386微机和一台打印机。2000年，租用泰安广电一条双芯裸光纤，首次使用光端机+以太网交换机方式替换基带Modem拨号上网方式，实现与市地税局联网；租用8条裸光纤，以帧中继的方式实现与各基层分局（所）联网；征收大厅内部改用以太网交换机和双绞线。2001年2月，购买浪潮PⅢ服务器一台。2002年2月，筹资30万元购入微机39台；6月，与泰安市农村信用社机房联网。2003年3月，使用山东地税信息系统生成全部税收会统报表；4月，启动完善山东地税信息系统基础数据质量工作；6月，微机配备达人手一台标准；9月，与山东科技大学成人教育学院合作，组织两期全员计算机中级操作技术培训，全局中级操作证书获得者超100人。2004年，印发信息化保障办法，明确系统管理员、各部门微机管理员和操作员三级管理办法；购置25台笔记本电脑，组建移动电教室。2005年，制定计算机及附属设备三级管理办法、信息化考核办法、计算机设备巡检制度。10月，对纳税业户基础数据逐项检查审核、修订，审核基础信息数据30余万条，修改4万余条，清理垃圾数据6000余条。2006年8月，机关办公楼中心机房建设完成并迁移。2007年，内网升级改造，机房和楼层交换机全部更换为三层智能交换机，切断与各基层所的光缆连接，成为国内县级地税机关由省、市、县、乡四级互联互通变为省、市、县三级网络的首例。2008年1月，全省地税系统征管数据“大集中”系统在泰山分局上线成功。2010年，做好纳税人动态信息和第三方信息数据的采集，建立覆盖绝大多数征管业务的信息化应用平台。2014年，部署360企业版安全卫士系统，内网安全审计、补丁发放和健康体检、硬件管理等在服务器端实现。

二、征管信息化

1995年6月，与泰山区农行合作，成立征收大厅，组建全市地税系统第一个小型局域网。1999年6月，泰山分局粥店所与泰山区农村信用社合作，实现微机开票，随后在泰前所、徐家楼所和上高所推开。2000年1月，粥店所推行税收会计电算化，首次使用机打记账凭证、会计账簿和使用征管系统生成会计、统计报表。2002年12月，除代征代扣完税证和定额完税证外，收缴各征收单位手工完税证，由计统科统一汇总解款和销号。2003年1月，向泰山区农村信用社外放山东地税信息管理系统，在该社17个网点代征地方税收；7月，在服务、娱乐和宾馆业户中推广使用税控收款机，E税通网络申报试点成功。2004年1月，与泰山区农信社联合成立综合服务中心，集中统一征收，综合服务中心集中供应完税票证、回收解款；双定户实行无票征收模式。2005年4月，建立数据质量审核小组，对基础等级数据全面审核验收。5月，执法责任制软件上线；9月，数据审核系统上线；12月，定额完税证和代征代扣完税证退出征收，代开发票等临时征收业务合并到纳税服务中心。2006年，实行集约化管理，撤销各征收单位的税收计会统岗位，税收票证一律由纳税服务中心与农信社交换中心解报，计统科统一汇总解款后结账。2009年12月，研发运行征管责任区绩效考核系统。2010年7月，征管责任区绩效考核系统升级改版为税源专业化管理协同系统，财税库银电子缴库上线。2012年2月，在济南居然之家家居建材市场物业管理有限公司泰安分公司，试点运行非市场类委托代征管理系统。2013年8月，开发完成发票抽奖助手。2014年1月，税源管理模块和风险防控模块上线，推广应用网络税控机。

三、行政管理信息化

1998年8月，Lotus Notes邮件系统上线。2002年6月，公文处理系统运行；11月，部署单机版档案综合管理系统，行政档案纳入微机化管理。2005年3月，研发运行网上考勤系统。2011年1月，研发运行行政管理系统，将集中办公后各部门的资产、经费、食堂、车辆等行政管理纳入系统管理。

四、内外网站

2003年1月，发布ASP交互式、可后台维护的内网网站，为全省地税系统县级地税首家。2月，内网网站移交市地税局信息中心集中管理。6月，政府网站外挂泰安市政府网站。2004年3月，自行研发的内网网站个人邮箱系统上线。

五、信息化成果

2002年7月，与泰山区农村信用社联合开发应用代征代扣软件，在全市地税系统首家开启税银联网。2003年3月，委托农村信用社代征税款系统在全市推广，被市地税局评为年度创新项目一等奖。2005年，研发“六好”电子档案管理系统，在全市地税系统推广，获市地税局年度创新项目二等奖。2008年，研发征管档案管视一体化系统，被省档案局评为科技成果三等奖。

第六节　班子队伍

一、人事管理

1994年，制定工作业务与工资奖金补助捆绑暂行规定。1996年，进行干部人事制度改革，调整中层干部38人。2002年，制定行政效能监督暂行办法，推行干部行政效能考核。领导干部实行聘任制，开展全员竞争上岗、双向选择，86人调整工作岗位，交流面82%。2003年，干部人事档案纳入微机管理。2005年，修订干部人事和离退休人员管理制度。2007年，对中层以上干部重新竞聘上岗。2010年，对干部进行调整交流，92人调整工作岗位，调整面83%。

二、队伍管理

1995年，制定工作学习6大类201条管理制度，实行季度岗位目标责任制考核。1996年，按照省地税局“半军事化”管理要求，健全制度规定26项，依托市武警支队分三批对全员进行半封闭化军训。2000年，建立目标管理考核制约、奖惩机制，每季一考核、半年一奖励，成绩优秀者予以重奖。2003年，建立以ISO9000质量管理体系为基础，用目标考核办法综合评价干部绩效，根据岗位职级奖惩办法实施奖惩。制定创新项目与合理化建议奖励办法，设立10万元创新专项资金，对工作创新的单位和个人予以重奖。2004年，推行干部能级动态管理。2007-2013年，通过挂职、代职、交流等方式，培养、使用业务拔尖人才，3人到市地税局挂职锻炼，5人调入市地税局工作。

三、教育培训

1994—1999年，以税收基础知识、财务知识、计算机操作技能为主进行全员业务培训，组织各类培训班34期，参训2600人次。2000年，全员获计算机初级以上合格证书。2002年，全员通过省地税局组织的系统持证上岗考试。2004年，自主开发运行网上考试系统，干部职工利用移动电教室学习业务知识。2005年，开展学习型组织创建，与山东科技大学结成教学共建对子，依托网上税院、视频培训、院校培训等学习平台，实施全员学习教育。4人进入省地税局人才库，2人次被省地税局和税务总局抽调参加全省、全国的执法检查。2006年，制定进一步深化和推进学习型分局创建方案，开展在学习中成长活动。2007年，邀请中共泰安市委党校、山东服装学院、山东科技大学财政学院的专家教授作社会形势、文明礼仪、税制改革等专题报告。2009年，组织全员参加新企业所得税法、会计实务等知识培训，开展业务当能手，岗位树标兵活动。1人进入省地税局人才库、5人进入市地税局人才库，108人参加会计资格考试并达标。2011年，开展学习年活动，制定骨干人才奖励办法，32人受到奖励。2012年，落实一日一题、一月一考、一季一评制度，邀请山东行政学院教授邱丽莉作《关于打造阳光心态》专题辅导。在大连

组织半军事化管理训练

税务专科学校举办为期12天的业务培训，32人参加。4人进入省地税局骨干人才库，泰山分局被确定为全市理论大众化示范点。2013年，在烟台鲁东大学举办为期10天的业务培训，40人参加；邀请山东行政学院教授杜江先作专题讲座。2014年，建立周周有学习，月月有课堂，季季有讲座的学习培训制度，在浙江大学分两批对80人进行业务培训。

第七节 党风廉政建设

一、廉政教育警示

1995年起，将每年的3月份定为反腐倡廉主题教育月，学习廉政建设相关制度规定，召开反腐倡廉主题教育报告会。2003年，开展以算好“七笔账”为主要内容的对比启示教育。2004年，开展预防职务犯罪法制教育活动。2005年，以学习贯彻《中国共产党党内监督条例》和《中国共产党纪律处分条例》为重点，进行党纪政纪条规教育，以纯洁思想、端正作风为重点的廉政品德教育，以读书思廉为主要内容的地税廉政文化教育等学习教育活动。2010—2014年，先后开展作风建设年、作风建设深化年、作风建设保障年、作风建设整改年、作风建设攻坚年系列活动，进行加强党性修养、弘扬优良作风，以人为本、执政为民，恪守从政道德、保持党的纯洁性系列教育，组织强作风、保发展、上水平大讨论教育。2014年，开展党的群众路线教育实践活动，通过学习教育、听取意见，查摆问题、开展批评，整改落实、建章立制，整改问题79项，腾退、改造超标办公用房170平方米，机关文件和会议数量同比下降20%，“三公”经费同比下降13.6%。

二、监督制约机制

1994年，制定廉洁从税制度，将税收廉政工作细致化、制度化。1995年，制定个人重大事项报告、公务接待、礼品登记归公制度和不准接受纳税户宴请的规定。逐级签订党风廉政建设责任书，将党风廉政建设目标责任，细化落实到各级领导干部和各职能责任部门，党组统一领导，党政齐抓共管，纪检监察组织协调，科室各负其责，群众集体参与。开展走廉洁路，做廉政事，学身边人活动。1996年，制定税务干部廉洁勤政若干规定，实施“禁酒令”。1998年，建立落实领导干部廉政承诺制。2002年，印制领导成员责任关系卡，实行党风廉政建设图表化；在基层单位开展纪检监察特色创建活动。2003年，制定“两权”监督暂行办法。2004年，修订廉政谈话制度、民主评议领导干部、领导干部述廉、政务公开、领导干部离任审计制度。对私设“小金库”、违规经费收支、违规创办经济实体、违规从事税务代理、违规税收执法等情况清理检查整顿。2005年，制定税收执法权和行政管理权监督工作暂行办法。2006年，组织商业贿赂专项治理。2008年，开展做勤廉表率、促科学发展活动。2009年，制定纪检监察信访内查制度，开展防范廉政风险“三化”（项目化、指标化、责任化）管理活动。2010年，开展争创党风廉政建设星级示范点活动，岱庙所、徐家楼所、泰前所被评为市级党风廉政建设示范点。2011年，推进以防范廉政风险为重点的制度建设，将责任落实到岗、风险防控到岗、制度建设到岗、监督管理到岗。2012年起，以建立职责明确、制衡有效、监督到位的工作体系为目标，做好廉政和执法风险防控平台运行。2013—2014年，对违反中央“八项规定”、“四风”问题进行专项治理，开展承诺、践诺、评诺活动，建立起以定廉、诺廉、督廉、述廉、评廉为主要内容的廉政风险防控工作机制，全局无一起违法违纪行为发生。

组织全员参观泰安监狱

三、监督体系

1995年起，向97名社会义务监督员颁发聘任证书，聘期1年。在内部聘任8名兼职检查员。2002年，修订兼职纪检监察员百分考核办法。2004年，印发泰山分局与泰山区检察院开展税检共建预防职务犯罪教育活动的实施意见，聘请113人为特邀监督员。2010年，与区纪检监察、检察、公安、审计等部门联合搭建起信息沟通、教育监督、案件查办3个平台。2012—2014年，重新聘请特邀监督员20人。

四、廉政文化

2003年，在办公、办税和宿舍区设置廉政文化宣传标语、办公桌摆放廉政桌牌、微机设置廉政屏保，组织开展创作廉政警句格言、学唱廉政歌曲和廉政文化知识竞赛、歌咏比赛、读书演讲、故事会、书法绘画展览等系列成果展示活动，建立廉政网站。2004年，联合区纪委、监察局举办泰山区“地税杯”廉政格言书法暨公益广告作品展，获组织奖。2005年，在全国首届反腐倡廉公益广告大赛活动中，创

2007 年 5 月 10 日，市委常委、纪委书记王元榜（左二）到市地税局泰山分局检查廉政工作。

作的电视短片《时时预防》被评为电视类作品优秀奖。2007 年，建立廉政展室、廉政花园，组织廉政书画展览；5 月，市纪委在泰山分局召开全市廉政文化进机关现场会。是年，8 家省、市、区单位来泰山分局参观廉政文化现场。2008—2014 年，开展廉政文化进机关、进办税场所、进家庭等系列活动。

五、政风行风

1996 年，印发为经济建设创造良好环境工作意见。1997 年，制定政风行风建设活动方案，树立爱岗敬业、无私奉献、廉洁从税的地税精神。2000 年，印发行风建设百分制考核试行办法，开展上门呈送意见卡活动，向社会各界和纳税人征求意见和建议。2003 年，开展诚信地税和民主评议行风、优化发展环境活动。2004 年，印发开展创建文明单位优化发展环境实施意见，召开行评在地税恳谈会 2 次，面对面征求意见。2005 年，通过区广播电台“行风热线”节目，宣传税法，解答有关税收政策、纳税服务问题；向社会各界发放征求意见信 120 封，发放纳税人满意度调查问卷 50 份，满意率 100%。2006 年，参加泰山区政风行风热线直播活动，召开行评在地税座谈会 1 次。2008 年，制定税务行政执法优化发展环境、服务地方经济 12 条规定，作出阳光政务承诺宣言。2011 年 5 月，开展行风检查月活动，在全区行风建设经验交流会上发言。2012 年起，实施零距离、心服务、满意在地税服务品牌创建，被评为全区“十佳”机关服务品牌。1997–2014年，连续18年被评为泰山区政风行风建设先进单位。其中，2006年，被授予全市2005年度政风行风建设示范窗口单位。

第八节 思想文化建设

一、思想政治工作

1995年，提出“力塑地税形象、奋创地税精神、建设地税队伍、开拓地税事业”口号，在泰山区直和市地税局思想政治工作会议上分别作经验介绍。1996年，组织树立一人多职、一职多能教育活动，倡树地税精神；2人在市地税局组织的讲理想、讲奉献、树立地税新形象巡回演讲活动中获奖。2000年，开展自我对比启示教育和解放思想大讨论活动。2003年，开展保持共产党员先进性教育活动，组织经济大发展、泰山地税怎么办解放思想大讨论。泰山分局被市先进性教育办公室评为教育活动先进典型单位，受到中央保持共产党员先进性教育督导组表扬。2005年，开展保持共产党员先进性教育“回头看”活动和以爱岗敬业、公正执法、诚信服务、廉洁奉公为基本内容的税务干部职业道德教育。2006年，开展“八荣八耻”和在学习中成长活动。2007年，开展以爱岗敬业、公正执法、诚信服务、廉洁奉公为基本内容的税务干部职业道德教育。2008年，开展继续解放思想推进科学发展学习教育活动。2010年，开展服务、创新、争先型机关创建，学典型、树四德，爱岗位、讲奉献、促发展，讲学习、鼓干劲、做奉献，学习当能手、岗位树标兵等系列活动。2012年，开展讲学习、讲政治、讲纪律、讲团结、讲工作、讲形象的“六讲”活动，提升干部队伍的凝聚力、落实力、执行力。2013—2014年，开展“四德”教育、谈心和走访活动，解决干部职工思想认识问题和实际困难。

党员干部集体过“政治生日”

二、地税文化

1994年，获区直机关运动会第6名。1998年，获全市地税系统驻泰职工首届运动会第2名。2002年，与区相关单位联合举

与全国人大代表金兰英（左三）进行党员先进性教育座谈

办“地税杯”诚信颂大型文艺汇演、《公民道德建设实施纲要》暨税收知识电视大奖赛。2003年，组织艰苦奋斗、廉洁从政知识竞赛活动。2007年，以引爆团队激情、锻造组织活力为主题，开展为期7天的团队拓展培训。2008年，组织迎奥运圣火拔河比赛和参加迎奥运圣火活动。2010年，组织诵读经典、爱我中华读书立志和登山比赛活动，泰山分局职工书屋被评为全国优秀职工书屋。获全市地税系统迎国庆、强体魄、促和谐登山友谊赛团体总分第1名。2011年，在全区全民健身运动系列比赛中，获羽毛球团体总分第1名。2012年，开展好书荐读活动；蝉联区直机关羽毛球比赛团体冠军。2013年，制定全面加强文化建设指导意见，以人品若山、敬业奉献为价值取向，总结提炼为国聚财、为民收税、求是创新、勇攀高峰泰山地税精神。组织中国梦、地税情演讲比赛。2014年，以铸魂修身、倾情带队为主题，以建设活力地税、法治地税、创新地税、形象地税为目标，开展以“咏峰”为品名，以山高人为峰为主张，以登高必自、德厚税兴为核心价值理念的品牌创建活动。12月，全市地税系统“泰山魂·地税情”品牌建设推进会在泰山分局召开。

三、党团群众工作

1995年，泰山区地税局成立机关党总支，下设直属分局党总支，稽查分局党支部、机关党支部。1997年，成立团支部。2010年，成立党建办，配备专职党务干部1人。2014年，原直属征收局党支部调整为纳税服务中心党支部，增设老干部党支部。

1995年，党员和工会会员设立奉献基金会；开展我为党旗添光彩、“三爱一树立”活动及庆祝“七一”党的生日卡拉OK大奖赛，“三爱一树立”活动被评为全省地税系统第一名。1996年，组织全体党员赴聊城参观瞻仰孔繁森事迹展览馆。2002年，举办中国共产主义

2014 年 12 月 4 日，省地税局基层处负责同志参观市地税局泰山分局文化品牌创建现场。

青年团建团八十周年团史暨税收知识电视大奖赛。2008 年，开展“庆祝建党八十七周年暨重温入党誓词仪式”活动。2009 年，参加泰山先锋争创活动，分局党组被表彰为全市泰山先锋先进基层党组织。2010 年，深化泰山先锋争创活动建设，泰山分局被市委授予泰山先锋荣誉称号。2011 年，以建设学习型党组织为载体，公开承诺、践诺、评诺，强化领导点评。2012 年，在全体党员中开展亮身份、亮标准、亮承诺活动，为每名党员过一次政治生日，组织党员赴河南兰考、临沂革命老区参观学习。泰山分局机关党支部被市地税局表彰为十佳党支部，纳税服务中心被市地税局表彰为十佳党员示范窗口。探索基层党组织党员双向管理和基层党员开展服务我先行被市地税局评为十佳创新项目，为党员集体过政治生日入选市地税局确定的十件好事；泰山分局党总支被泰山区委授予泰山先锋基层党组织。2013 年，以创建学习型党组织、学习型机关为载体展开党建工作，被省地税局表彰为学习型党组织学习型机关示范点，庆“七一”先进事迹宣讲视频《用爱心服务 为党旗添彩》获省地税局二等奖，刘鲁静被省地税局表彰为党建工作先进个人。2014 年，以庆祝建党 93 周年暨建局 20 周年相关活动为载体，组织党建引领、先锋带动、一把手上党课、党员“活力细胞”、观看红色电影、慰问老党员、参观泰山地方党组织光辉历程图片展等活动。5月，在全省地税系统党务工作培训班上，以夯实根基、拓展载体、创建学习型党组织为题作典型发言。

第九节 精神文明建设

一、文明单位

1995年，开展爱祖国、爱税收、爱岗位、树立税务新形象活动。泰山区地税局被命名省级青年文明号，泰前所被命名市级青年文明号。1996年，泰山区地税局被表彰为省级青年文明号服务卡示范单位、市级最佳服务单位；区地税局机关、直属分局、财源分局、泰前所、上高所、徐家楼所被命名为市级文明单位；财源分局、泰前所被命名市级青年文明号。1997年，制定职业道德建设“九五”规划实施意见，参加全市“十大窗口”行业树形象服务竞赛活动。1998年，泰山区地税局被团委省、省地税局联合表彰为全省青年文明号单位及推行青年文明号服务卡示范单位。1999年，开展言行、服务、环境三文明和创建文明行业活动，以创建文明税务所为

2009年4月25日，市总工会主席陈刚（左一）、区委书记张志华（左二）为市地税局泰山分局“全国巾帼文明岗”揭牌。

载体，组织开展学习竞赛。2001年，泰山区地税局被命名为省级文明单位。2002年，开展争创“玉国岗”活动，省庄所、岱庙所被省地税局评为“玉国岗”，省庄所代表全市地税系统2001年度市级青年文明号接受复审。2003年，省庄所被命名省级青年文明号，直属分局、财源所、省庄所被命名为市级文明单位。2004年，开展争创三“十佳”、“三级联创”等活动，被市委授予“五个好”县（市、区）部门荣誉称号，财源所、省庄所被命名为市级文明单位。2005年，泰山分局被表彰为全市和谐共建先进单位，纳税服务中心被命名为省级巾帼文明岗，岱庙所被命名为市级文明单位，上高所、徐家楼所、邱家店所被命名为市级青年文明号，张华被表彰为泰安市精神文明先进个人。2006年11月，接受泰安市文明行业创建观摩团的检查验收，在34个被检查单位中名列前茅。年内，泰山分局通过省级文明单位、青年文明号复审，被表彰为省级爱国卫生先进单位，财源所被命名为省级青年文明号，徐家楼所、上高所被命名为市级文明单位；张华被泰安市委表彰为优秀党务工作者，陈军被授予泰安市青年岗位能手标兵。2008年，泰山分局再次被表彰为全市“五个好”县（市、区）部门，纳税服务中心被命名为全国巾帼文明岗，宋其武获山东省优秀青年卫士称号。2009年4月，组织全国巾帼文明岗揭牌仪式，市委常委、市总工会主席陈刚参加活动。是年，泰山分局通过省级文明单位复查，省庄所、财源所、纳税服务中心被继续认定为省级青年文明号。2010年，吴江获山东省富民兴鲁劳动奖章。2011年，组织道德模范争创活动和“十佳”岗位能手座谈会。泰山分局所辖各基层税务所全部进入市级文明单位行列；孟宪军获振兴泰安劳动奖章。2012年，泰山分局纳税服务中心被省总工会命名为巾帼建功标兵岗；邢秋艳被授予山东省为民服务创先争优服务标兵。2013年，开展城乡文明牵手共建、税收与未来系列活动。泰山分局被省总工会授予山东省工人先锋号，分局办税服务厅被表彰为山东省女职工建功立业标兵岗、山东省十佳女职工建功立业标兵岗；张玉晶被省地税局记个人二等功，唐光明被省总工会表彰为职工职业道德先进个人并获振兴泰安劳动奖章，邢秋艳获振兴泰安劳动奖章、泰安市三八红旗手。2014年，泰山分局被省妇联表彰为城乡妇女岗位建功先进集体；唐光明获富民兴鲁奖章，张征被表彰为泰安市先进工作者。

二、文明窗口

1998年，制定创建文明窗口活动实施方案，开展争创文明示范窗口活动。2002—2005年，各基层税务所均建起办税服务窗口，开展满意在地税、文明结队等活动。2006年起，泰山分局推行办税服务厅“一窗式”服务模式，制定加强文明窗口服务规范化建设实施方案，开展争创文明服务窗口、争当文明服务标兵，擦亮窗口、服务纳税人，讲文明礼仪、树地税形象，零距离、心服务、满意在地税等活动。1994—2014 年，泰山分局收到纳税业户赠送的锦旗、牌匾 28 面，表扬信 17 封。

三、扶贫帮困

1996 年，帮助泰山区粥店办事处后陆村建起村委文化大院，修缮学校设施，成立村办企业富源建筑队。2006 年起，对上高办事处西张庄村、省庄镇东苑村进行重点帮扶，筹措资金 40 万元，为西张庄村修建公路、水利设施，帮助东苑村建起计算机室和农家书屋。与失学儿童、下岗职工和残疾群众结成帮扶对子，开展扶贫帮困。是年，泰山分局被表彰为泰安市扶残助残先进单位。2010 年，被表彰为全区新农村建设先进单位、全区残疾人工作先进单位。2013 年，开展“六一”圆梦行动关注农村儿童快乐成长服务活动、爱在冬季·情系城市美容师活动。在“非典”、长江洪灾、四川大地震后捐款捐物，捐款 17.8 万元、物品 2343 件。

开展扶贫助残活动

接受纳税人赠送锦旗

第十节 基层建设

一、管理基础

基层发展规划 1995—1996年，泰山区地税局被区委、区政府授予岗位责任制考评先进集体。1997年，泰前所被省人事厅、省地税局联合授予表彰为先进集体。2003年，制定关于加强基层建设的意见和基层建设3年规划，以省庄所为试点，探索建设标准化税务所路子。2004—2005年，制定"六好基层单位"创建工作计划，规范制度，创新发展，健全机制，夯实基础。2004年，泰山分局通过省地税局创建"六好基层单位"达标验收。2005年，泰山分局被省地税局表彰为"六好基层单位"。2006年，实施"管理年"活动目标、岗位责任、行政效能、执法责任制、监察绩效五项考核内容为一体的"管理年"活动目标管理考核办法。2007年，泰山分局被省人事厅、省地税局联合表彰为全省地税系统先进集体。2008年，开展一单位一特色、一人一品牌创新活动，泰山分局被评为全省地税系统"质效年"活动先进单位。2009年，开展标准化基层税务所创建活动，上高所被市地税局评为创建活动优秀单位，人事政工科、财源所被市地税局表彰为年度考核先进单位。2010—2012年，按照省、市地税局加强新一轮基层建设要求，在集中办公条件下，深化以信息化为支撑的集约化管理。2010年12月，全省基层建设推进现场会在泰山分局召开。2011年，泰山分局被表彰为全省地税系统基层建设优秀单位。2014年，展开基层工作规范化、标准化建设，试运行绩效管理，制定绩效目标16项、绩效指标67项、绩效节点310余条，任务到岗，责任到人。

1994—2014年，泰山分局4次被区委、区政府记集体三等功，3次被授予科学发展创业奖，1次被授予服务全区科学发展贡献奖。

管理方式 2002年，泰山分局引入ISO9000国际质量管理体系，形成与目标考核管理体系相结合的管理运行机制。2007—2011年，结合新办公楼启用和集中办公的时机，整合管理资源和信息资源，建立以落实征管责任制为主体的税源管理体系，以纳税服务为载体的征收服务体系，以税收检查、稽查为手段的执法监督体系，以统一管理、统一运作为依托的行政管理及后勤保障体系，形成集约化管理模式。其中，2007年，集约化管理经验被市地税局评为年度特色创新项目。2010年，集中办公经验受到省地税局党组书记、局长宋文军肯定，并在省政府经济战略研究专期刊发。2012—2014年，推行一线工作法，形成领导在一线示范，干部在一线实干，成绩在一线体现，形象在一线树立的工作格局。

二、基础设施

办公环境 1994年，泰山分局办公场所包括东湖路机关办公楼，岱庙分局办公楼、财源分局办公楼一、二层，泰前所办公楼，上高所平房两间，徐家楼所、粥店所、大津口所院落各一套。1998年5月，改建岱庙分局办公楼，面积691平方米。2000年4月，建设省庄税收征收大厅，面积800平方米。2005年9月，购买泰峰塑料土工材料有限公司房产，改建为分局机关办公楼，面积4500平米，2006年9月启用，并对岱庙所、泰前所、省庄所、上高所、财源所房产进行集中处置。

学习、生活条件 1995年，按照省、市地税局加强“五小建设”（小食堂、小菜地、小活动室、小澡堂、小阅览室）要求，为基层税务所配备生活、学习和就餐等生活设施。1998年，为干部职工购建住房48套。2003年，协调团购住房120套。2007年，启用机关食堂，方便职工中午就餐。2013年，投资120万元，改造老办公楼，修建活动室。

市地税局泰山分局开展“五小”建设

三、行政后勤

经费与财务管理 1994—1997年，泰山分局经费由泰山区政府财政统筹。1998年，经费上划，因基数低，经费主要由当地政府解决。2002年，将经费纳入统一管理，实行县级局经费账户统一管理，制定经费管理办法。2005年，按照市地税局基层经费零户统管要求，实现经费“一体化”管理，同比节约22.32万元，下降12.63 %，被评为泰安市会计工作先进集体。2009年3月，泰山分局经费“一体化”管理经验在省地税局专题工作会议上作典型发言。2013年，经费下划，泰山分局收支、资产和负债全部纳入泰山区财政管理。

督查督办 2006年7月，制定督查督办工作制度，建立一把手负总责，分管领导具体抓，办公室综合协调，职能科室具体督查督办的综合行政督查网络。2012年，规范工作制度和流程，形成事前、事中、事后督查相结合，内部、外部监督相结合，书面催报与电话催报相结合的工作机制。

政务信息公开 1995年4月，制定政务公开制度，设置政务公开栏，印发宣传资料，通过电台、电视台、报刊等媒体予以公开。2000年9月，上高所作为政务公开现场接受中纪委领导视察。2006年9月，借助12366、

2010年11月30日，省地税局党组副书记、副局长吕风强（左三）到市地税局泰山分局检查工作。

外部网站，在办税服务厅设置电子显示屏、触摸屏、活页公示牌等渠道，将政府文件、行政审批、行政执法、服务规范、行政事务、经费财务、组织人事、廉洁从政、评先评优等共12大类65小项内容予以公开。2007年7月，泰山区政务公开工作现场会在泰山分局召开。

舆情管理　1995年3月，制定舆情监控处置管理办法，成立税收舆情管理领导小组，建立税收舆情管理联席会议制度。2012年5月，印发涉税网络舆情监控管理办法，按照快速反应、实事求是、以人为本、群众满意的网络舆情处置原则，加强税收网络舆情的日常和重点监控，建立税收舆情的监测防控、研判、应对、协作机制。2013年3月，启动重大舆情应急处置预案，解决因市民对国家新出台房产税政策的误解出现的集中出售房产问题。

信访工作　1995年，制定信访工作制度，形成信访工作领导责任制、领导接待群众日、领导批阅人民群众来信、月排查、领导包案、信访预案、工作报告等制度。

后勤服务　1994年，分得车辆2辆。2000年，购置桑塔纳轿车2辆、帕萨特轿车1辆。2001年为省庄所、邱家店所、大津口所购置松花江牌面包车各1辆。2005年，购置起亚远舰轿车2辆。2006年，省地税局配置别克轿车1辆。2007

市地税局泰山分局新办公楼外景

年，市地税局调拨奥迪轿车1辆。2011年省地税局统一配置帕萨特轿车4辆。

1994—2006年，基层单位车辆自行管理，机关车辆由办公室统一管理，定点维修。2006年9月，分局机关及基层单位车辆由办公室统一管理、维修。2013年起，分局机关及基层单位车辆恢复自行维修、管理。

1994年，机关办公用品实行领用制度，由办公室负责采购、保管、发放，建立办公用品领用登记簿。2007年，收回基层单位经费，办公用品统一管理。2010年，建立机关小超市，实行办公用品货币化管理，限额领用。2013年，拨付基层单位办公经费，办公用品自行购置。

1994—2006年，公务接待采取定点接待、事前审批、限人限额、签单结算办法。2006年起，启用内部食堂，日常

1997年1月13日，税务总局党组成员、副局长杨崇春（左二）在省地税局党组成员、副局长李德泉（左一）陪同下到市地税局泰山分局慰问。

公务接待在内部食堂安排。

档案管理与保密工作 1994年，印发档案管理制度。1996年，泰山区地税局升级为机关档案工作规范化目标管理省二级单位。1997年，升级为机关档案工作规范化目标管理省一级单位。2002年，启用档案综合管理系统，实现档案微机检索。2003年，被省档案局评为山东省档案管理考核先进单位。2006年9月，机关办公楼启用后，新档案室面积52平方米，实现库房、档案阅览室和档案人员办公室分离；增设实物档案陈列室，购置密集架、温湿度控制仪、防磁柜、消毒灭菌机、扫描仪等设施。2008年，升级为山东省特级档案室。

1994年起，公文印制、收发及档案的保管、借阅，严格遵守保密制度。2002年6月，公文处理系统运行。2003年，泰山分局实现无纸化办公。

第二章 岱岳分局

1994年8月，郊区地方税务局（简称郊区地税局）成立。1998年10月，全省地税系统实行垂直管理体制，郊区地税局接受市地税局党组和郊区区委、区政府双重领导，以市地税局领导为主。2000年6月，更名为泰安市岱岳区地税局。2002年2月，更名为市地税局岱岳分局。2014年，干部职工198人，在职164人。局机关内设9个科室，下设直属征收局、稽查局2个直属单位，8个税务所和10个办税服务厅。固定纳税人1.3万户，税收收入由1994年2180万元增加到2014年12.28亿元，年均增长22.3%。先后荣获省级文明单位、全省地税系统六好基层单位、全省地税系统基层建设优秀单位、全省地税系统先进集体等称号，基层单位均被评为市级以上文明单位。

第一节 组织收入

1994–2014年，组织各项税收收入63.1亿元，年均增长22.3%。

1994年，组织地税收入2180万元，完成税收计划116.5%。1995年，组织地税收入3106万元，同比增长42%。1996年，组织地税收入4561万元，同比增长47%。1997年，实施税收工作重心向基层和征管“两个转移”工程，组织地税收入5917万元，同比增长30%，增收1356万元。1998年，受亚洲金融危机影响，国有企业效益下滑，实行收入责任制，分片包干，排查税源，实施税务稽查和专项检查，清查漏征漏管户，组织地税收入6349万元，同比增长7%，增收432万元。1999年，开展税源普查，提高车船使用税、车船使用牌照税税额，对天然矿泉水、粘土、建筑用沙、其他建筑用石料等矿产品开征资源税。组织地税收入6754万元，同比增长6%，增收405万元。2000年，受固投税暂停征收、国产设备技术改造投资抵免企业所得税、积压商品房销售减免营业税等政策性影响，组织地税收入6607万元，同比下降2%，减收147万元。2001年，加强个体工商户控管，完善“双委托”缴款办法，推广使用税控收款机、推行企业办税员制度和企业分类分级管理办法，对企业纳税人实施重点税源监控。组织地税收入9575万元，同比增长45%，增收2968万元。2005年，组织地税收入1.37亿元，同比增长53%，增收4750万元。2010年，强化税源管理、征收管理、税收执法、纳税服务等增收措施，组织地税收入4.69亿元，同比增长33%，增收1.18亿元。

表 10—2—1　　1994—2014 年岱岳区地税收入完成情况

单位：万元

年度\项目	税收收入	增收	增长（%）
1994	2180	—	—
1995	3106	926	42
1996	4561	1455	47
1997	5917	1356	30
1998	6349	432	7
1999	6754	405	6
2000	6607	−147	−2
2001	9575	2968	45
2002	7772	−1803	−18
2003	7429	−343	14
2004	9006	1577	21
2005	13756	4750	53
2006	17370	3614	26
2007	25137	7767	45
2008	32677	7540	30
2009	35142	2465	8
2010	46913	11771	33
2011	71550	24637	53
2012	89316	17768	25
2013	106979	17663	20
2014	122785	15921	15

图 10-2-1　　1994—2014 年岱岳区组织收入情况

单位：万元

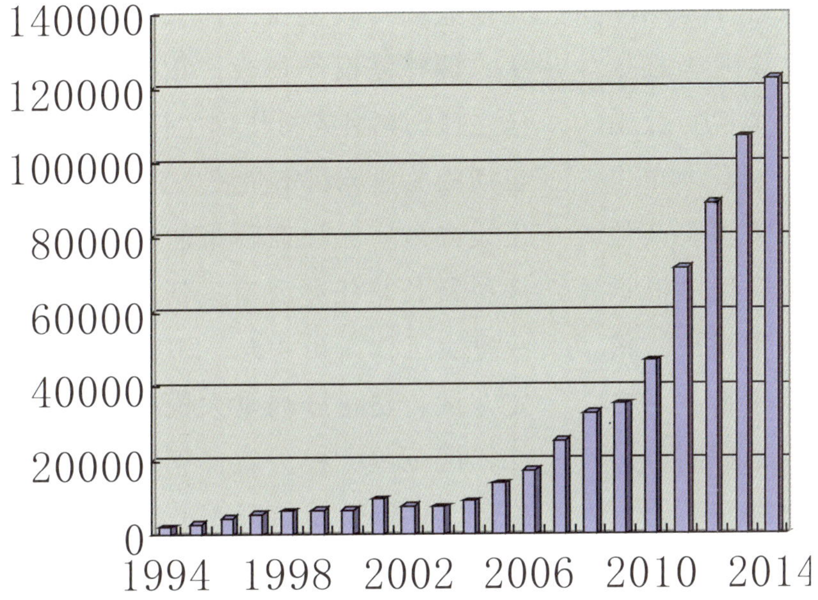

2012 年，组织地税收入 8.93 亿元，同比增长 25%，增收 1.78 亿元。2013 年，组织地税收入 10.69 亿元，同比增长 20%，增收 1.77 亿元。2014 年，组织地税收入 12.28 亿元，同比增长 15%，增收 1.59 亿元。

第二节　税收法制

一、税收执法检查、监督

2008 年 3 月，岱岳分局被省地税局列为建立税收政策执行情况评价反馈工作联系点，先期试点。12 月，自主研发山东税收政策评价反馈系统。2009 年 7 月，在全市地税系统推广应用该系统。11 月，根据税务总局和省地税局要求，在全区开展税务行政审批自查自纠工作，保留 11 个行政审批项目：申请使用经营地发票、对纳税人延期缴纳税款的审批、对办理税务登记的核准、对纳税人延期申报的核准、对办理扣缴税款登记的核准、对纳税申报方式的核准、对纳税人变更纳税定额的核准、对吸纳下岗失业人员达到规定条件的服务型、商贸企业和对下岗失业人员从事个体经营减免税的审批、企业所得税备案、对残疾人福利机构减免税的审批、印制有本单位名称的发票和印花税票代售许可。2010 年 4 月，召开《山东省地方税收保障条例》贯彻实施座谈会。全省地税系统推广应用岱岳分局研发的山东税收政策评价反馈系统。2011 年 1 月，按照省、市地税局要求，开展地方税收规范性文件清理。4 月，对 18 户符合下岗失业人员从事个体经营的纳税人办理税收减免批复，按每户 8000 元为限额依次扣减其当年实际应缴的营业税、城市维护建设税、教育费附加和个人所得税；纳税人年度应缴纳税款小于扣减限额的以其实际缴纳的税款为限，大于扣减限额的应以上述扣减限额为限。2012 年 1 月，执行《山东省行政程序规定》，全面检查税收规范性文件管理情况。3月，为10户符合下岗失业人员从事个体经营的纳税人办理上年度税收减免批复。6月，按照省地税要求，制定行政程序年活动实施方案及考核评分标准。7月，根据岱岳区政府法制办要求，对地税行政审批项目予以清理，仅保留印制有本单位名称的发票和印花税票代售许可，其他列入备案类事项。2013年5月，根据国务院决定，取消对纳税人申报方式核准、印制有本单位名称发票审批、对办理税务登记（开业、变更、验证和换证）核准等3项税务行政审批项目。11月，按照岱岳区政府通知，对地税行政许可事项和新增加行政许可事项、非行政许可事项和新增加非行政许可事项清理统计，清理后仅保留印花税票代售许可，其他列入备案类事项。岱岳分局向区政府法制办建议暂停实施该项许可。2014年3月，在岱岳区政府法制办征求行政许可项目意见时，岱岳分局建议暂停实施印花税票代售许可。

二、税务行政复议诉讼

2002年，岱岳分局设立税务行政复议委员会（简称复议委员会），党组书记、局长任主任，3名党组成员任副主任，相关业务科室负责人、稽查局局长为委员。复议委员会下设办公室，设在政策法规科，政策法规科科长兼任办公室主任，其他兼职从事行政复议工作人员4人。2004年，调整复议委员会组成人员，党组副书记、副局长任主任，成员包括相关业务科室负责人、稽查局局长共4人。复议委员会下设办公室，设在法规征管科，法规科科长兼任办公室主任，其他兼职行政复议工作人员4人。2010年，调整复议委员会，党组书记、局长任主任，党组成员任副主任，委员4人，包括相关业务科室负责人、稽查局局长。下设办公室，设在政策法规科，政策法规科科长兼任办公室主任，其他兼职行政复议工作人员4人。2011年4月，制定并试行岱岳分局重大税务案件审理办法，规范重大税务案件管理，调整重大税务案件审理委员会成员。11月，审理泰安市金府源置业有限公司未按规定申报缴纳印花税案件，并对该纳税人进行相关行政处理和处罚。2012年9月，梳理分析重大税务案件审理情况，审理重大税务案件5件，审理率100%，维持初审意见数4件，改变调查部门拟处理意见1件。

三、税收执法责任制

2009年4月，制定税收执法责任制考核管理办法，按月对出现执法过错的人员进行通报，并予经济惩戒。按照省地税局要求，成立岱岳分局税收执法责任制考核评议委员会，负责税收执法责任制考核评议的组织领导工作。2010年3月，补充修改税收执法责任制考核管理办法。2011年12月，按照税务总局、省地税局要求，全员参加执法资格统一考试，全部通过考试，具备执法资格。2012年3月，执法考核系统在山东地税数据综合应用平台中上线，按月考核通报。2014 年 3 月，按照省地税局要求，组织参加税收执法资格考试，合格率100%。

第三节 税收管理

一、征管思路

1994 年，确定抓大控中定小、税源分级分类管理、提高收入质量、防范执法风险等征管工作思路，建立以风险管理为导向，以纳税评估为核心，分类、分级、分岗管理相结合，全方位、一体化运作的税源专业化管理模式。1996 年，在纳税申报和优化服务基础上，推行以计算机网络为依托，集中征收，重点稽查的税收征管模式。2000 年，取消分配下达税收收入计划办法，把登记率、申报率、入库率、欠税增减率、滞纳金加收率、处罚率作为主要考核指标。2001 年，以税务登记管理为基础，实施税源分类控管。支柱税源按户，重点税源按行业，零星税源按区域征管，搭建纳税大户专人管理，中小企业和固定业户划片属地管理，零散易漏税收实行综合治税。2003 年，实施社会综合治税。2004 年，推行税收征管责任区和税收管理员制度，实施纳税人分类分级管理，签订

2014 年 9 月 26 日，全市地税系统营业税税收管理工作会议在岱岳区召开。市地税局岱岳分局作典型发言，并演示楼盘集约化管理专题片。

二级责任区18个，三级责任区44个，征管片区责任人70人。2005年，实行税收管理员制度，强化税源管理。2006年，根据市地税局税收管理员执法规范，建立以主管、协管、监管“三管”为主要内容的税收管理员制度。2008年，依托外部互联网和内部局域网，在纳税人中推行网上报税、税银联网、财税库银横向联网、委托批扣等电子报税。2012年6月，在岱岳区推广企业综合办税平台。2013年，金税三期工程上线，增加“TIPS”银行端查询缴款缴税方式。

二、税务登记

1995年，开展税务登记、发证工作，办理登记5437户。1997年，根据市地税局通知，发放个体税务登记证3908户。对不同纳税人分别核发税务登记证及副本、注册税务登记证及副本、临时税务登记证及副本以及申报纳税代码本。1998年，按照省地税局通知，开展内资企业和私营、个体工商户税务登记验证，验证5477户，新办税务登记175户，清理漏征漏管156户。1999年，按照税务总局要求，换发税务登记证4492户，清理漏管户546户，补税罚款16.3万元。2001年，对辖区市场内纳税大户进行重点清理检查，采取委托市场经办单位代扣代缴、代收代缴等办法，解决集贸市场易漏难管难题。2003年，开展漏征漏管户清理和集贸市场税收专项治理，清理漏征漏管户1047户、清理入库各税17.6万元、加处滞纳金罚款7.8万元。2005年，办理税务登记6421户。其中，内资企业1124户，外商投资企业22户，港澳台投资企业3户，个体工商5272户。2007年，根据岱岳区政府要求，开展地方税源普查，普查业户4239户。其中，房产税纳税人 2301户，新增税款59.9万元；土地使用税纳税人1723户，新增税款327万元；清理漏征漏管户215户。2011年，临时户2890户，征收税款1.38亿元，占全年总收入20.37%。2013年，组织税务登记证件验证，验证7743户，其中，单位纳税人验证3768户，占单位纳税人93.5%。

三、纳税申报

1996年8月，根据省地税局进一步深化地方税收征管改革的意见，建立纳税人自行申报纳税制度，合理设置纳税申报受理地点，在城区建立办税服务厅（室）受理纳税申报；在农村，采取集中与分散相结合的方式受理纳税申报，逐步实现相对集中。2002年3月，启用简化申报纳税方式，纳税人在邮寄申报、电话申报、网上报税、电脑终端报税、报税器报税、IC卡报税、“双委托”报税等方式中自由选择；对定期定额纳税人，实行委托银行代缴、税务机关委托银行代收的“双委托”申报纳税方式。11月，根据全省地税系统“双委托”申报征收管理暂行办法，对1360户个体定期定额户实行“双委托”，征收税款40万元。2003年，推行以“双委托”申报纳税为主要内容的多元化申报纳税方式，“双委托”业户3922户，实行E税征收方式的中小企业有158户，其余业户实施委托代征。2004年，符合E税通网络报税的260户，通过互联网网上报税，申报征收税款占入库税款的70%。2005年9月，对财务核算健全、规模较大的324户企业实行E税通网络报税，申报征收税款占入库总税款的75%，企业财务报表网上报送率100%。2010年，网上报税纳税人8129户，其中单位纳税人2720户、双委托5409户。2012年6月，推广企业综合办税平台，1270户企业通过平台进行纳税申报。

2013年4月，纳税业户向市地税局岱岳分局城区办税服务厅赠送锦旗。

四、发票管理

1995年1月，启用由省地税局、市地税局监制的新版普通发票，对发票的印制、领购、开具、保管、检查、处罚等作出规范。1996年10月，更换使用具有统一防伪措施的新版普通发票。1997年1月，启用山东省泰安市饮食业专用定额发票，面额为壹元、贰元、伍元、壹拾元、贰拾元、伍拾元、壹佰元、贰佰元、叁佰元、伍佰元等10种。2004年，制订代开发票暂行管理办法，制定发票代开台账，代开发票实现地税收入327.8万元。2005年，安装使用税控装置230台。2007年，对纳税人的发票领、用、存情况和税务登记情况进行检查，检查营业税纳税人1859户次，有发票违法违规行为的72户，补缴税款2.12万元，罚款0.59万元。2008年，开展发票专项检查，检查纳税人1022户，有问题户81户，占查户数的7.93%，查补税款10.6万元。是年，安装税控装置521台。2013年，完成745户税控装置使用人核查。核查营改增纳税人发票情况，对19户超过起征点的个体户恢复征税，补税3.9万元。

五、个体税收管理

1994—1995年，个体工商户缴纳的各项税收归国税部门征收管理。1996年1月，根据国务院关于国税局和地税局征管范围调整的意见，个体工商户缴纳的增值税、消费税划归国税局征收管理，营业税、个人所得税和其他税收划归地税局征收管理。1997年，执行税务总局关于个体工商户建账管理和定期定额管理两个暂行办法，推行个体业户建账建制工作，严格纳税申报制度，个体工商业大户及直管户实行一月一申报，小型业户实行一季一申报。2002年10月，对“双定”个体工商户实行“双委托”征收方式。2004年3月，根据省地税局个体工商户“微机定税”管理办法，对4217户个体工商户进行微机定税，核定税款211万元，微机定税面100%。2009年，微机定税5216户，核定税款176万元，同比增长5.6%。2013年，通过微机定税系统核定业户7388户，核定税款226万元，同比增长9.7%。

第四节 纳税服务

一、办税服务厅

1999年，在乡镇基层税务所建起办税服务厅，创建标准化办税服务厅和标准化办税服务厅示范单位。2000年，开展以服务经济、服务社会、服务纳税人为宗旨的“111”纳税服务工程。2002年，根据省地税局进通知，在办税服务厅推行“一站式”服务、限时服务，实施预约服务、延时服务，全面落实首问责任制，将办税程序、办税时间、责任人员等全面公开。2003年，按照税务总局要求，建立纳税服务工作机制，开展纳税服务有奖征文活动，收到征文142篇，归纳合理化建议38条。2010年，纳税服务中心成立，开展首个地税局长服务日活动，解答纳税人疑难问题24条。开展服务经济建设建言献策活动，被区委区政府采纳28个。8月，举行集中办公仪式。制定岱岳分局专业化管理实施方案，将18个征收单位的办公地点分别集中到城区、山口镇、满庄镇、徂徕镇集中办公。全年，办税服务大厅受理代开发票金额40.5亿，征收上解税款2417万元。2011年，按照市地税局规定，在办税服务厅推行一次性告知单。全年办税服务大厅受理代开发票金额25.4亿，征收上解税款7855万元。2012年，改造城区办税服务厅，配备主任办公室和达到“六防”要求的会计票证室，对大厅内的办税服务区、咨询辅导区、自助办税区、等候休息区进行更合理有效的规划分配。在大厅内部及外围安装布控摄像镜头，实行实时监控。招聘4人充实到纳税服务一线。受理代开发票金额11.9亿，征收上解税款3979万元。2013年，按照集中征收实施方案，整合纳税服务中心职能。9月，启用金税三期工程，成立办税服务厅，承担岱岳分局直属征收局、粥店、天平、道朗、夏张、光彩6个税务所（厅）的征收职能，下设山口、范镇、徂徕、大汶口、满庄5个服务窗口。

二、纳税服务措施

2010年，加大12366热线宣传力度，提高热线受话数量，处理6起发票举报案件。9月，举行纳税人培训中心揭牌暨首期培训班。2011年，开展擦亮窗口、服务纳税人活动。3月，开展集中服务企业发展活动，提报市地税局调研报告12篇，在办税服务厅发放契税、耕地占用税宣传材料2300份。2012年，在办税服务厅推行办税微笑、专业、便捷、迅速、满意“5S”服务。2013年，利用山东地税网站，及时接受举报，转办、处理、回访案件，处理市地税局下发12366转办单案件17个。

三、纳税服务制度

先后制定纳税服务工作考核暂行办法、纳税服务中心环境建设标准、思想行为规范、首问责任制、限时办结制、延时工作制、补位工作制、一次性告知制、否定报告备案制度、中心岗位职责、服务承诺、事项处理办法、制度规范和业务操作规范等系列制度标准、规范。

第五节　信息化建设

一、信息化基础

1998年，按照省地税局税收电子化安排，完成县级广域网建设。配备10台网上运行计算机，由单机应用模式向网络应用模式转变，实现电子邮件传递。8月，郊区地税局计算机机房投入使用。2000年，有计算机30台，服务器3台，52%的计算机实现网上运行。2007年，岱岳分局办公楼完成布线改造。

二、征管信息化

1994—2014年，税收信息化建设由分散化向一体化转变，信息技术支撑并引领税收管理。2002年8月，与视通广电公司合作，利用光电光纤网络完成局域网建设，实现无纸化办公。2010年，完成全区100兆带宽的广域网络建设，对所有微机名称、工作组、IP地址进行统一核对、重新分配，人员、微机、地址一一对应。2011年5月，在内网计算机上安装客户端安全助手。10月，10个中心税务所完成货运代开票和货运自开票税控盘变更写盘工作，指导货运自开票企业完成网络升级。截至2014年，岱岳分局有台式计算机185台、笔记本电脑52台、服务器2台、交换机61部、打印机64台。计算机应用覆盖征管业务、行政办公、外部服务系统和决策支持等系统。

三、行政管理信息化

1998年，Notes邮件系统上线运行。1999年，上线综合信息管理软件，实现前台办税服务厅和后台管理部门一体化管理。2002年，使用省地税局升级后的公文处理软件，解决了远程收发等问题。8月，运行全省地税系统的视频会议系统。2004年，安装网络防病毒系统。2005年，使用省地税局开发的一户式综合数据管理信息系统，将分散在各个不同征管系统和不同业务模块中的涉税信息在数据层面进行整合，按照一户式管理要求整理、筛选、归并、存储、查询和分析。2007年，与网通公司和铁通公司合作，完成广域网改造。2008年，使用省地税局“大集中”系统处理所有日常业务、行政管理等事务。2010年，做好集中办公地点及人员调整后网络的改线升级、征管软件的安装、调试。建立网络巡检制度，实施内外网物理隔离。购置大容量备份服务器，实现多介质、异地存储。2011 年，运行山东省行政事业资产管理信息系统，将固定资产全部纳入软件管理，实现固定资产管理责任到人的信息化、规范化管理。

四、信息化成果

2002 年，与岱岳区农村信用社联合开发代征代扣税款系统。2003 年，研发的代征代扣税款系统在全市地税系统推广。2005 年，实现硬件配置优质化、平台建设功能化、档案查询网络化、工作会议视频化、安全监控远程化、信息培训经常化的“六化”目标。2010 年，受省地税局委托，研发山东地税政策评价反馈系统，对税收政策执行情况进行全方位监控。2013 年，配置金税三期系统运行环境，对所有计算机设备配置情况摸底调查，集中升级计算机内存容量和浏览器版本。10 月，运行金税三期工程。2014 年计算机网速由 2M 提升到 10M，对所有浏览器逐一升级到 IE8.0 并配置“金税三期”系统环境。

第六节　班子队伍

一、干部队伍

1995 年，6 人被评为全市地税系统巾帼建功标标兵、7 人被市地税局授予“岱下聚财能手”称号。1998 年，开展向周士永学习活动，组织争创征管能手、争创文明税务所、争创青年文明号活动。1999 年，实施半军事化管理，提出制度治局工作思路，制定 18 项规章制度，15 人参加副科级干部竞争上岗。2001 年，开展强素质、树形象、作表率活动，增强党员干部宗旨观念、群众观念、发展观念。2004 年，开展创建学习型机关活动，建设清正廉洁、运转协调、行政规范、办事高效的学习型机关。2005 年，以机关先进性教育回头看和创建三型机关为主要内容，开展作风整顿。2006 年，开展学习型组织创建，提高干部队伍的学习力、执行力、创新力。2010 年，开展评选十佳爱岗敬业标兵和十佳业务能手活动。2011 年，组织实施“三优两满意”机关创建工程，在岱岳分局机关开展争创学习型组织、争当知识性干部活动和爱岗位、讲奉献、促发展学习教育活动。2012 年，组织以十佳爱岗敬业标兵、十佳业务能手为主题的“双十佳”评选。组织 2 期全员更新知识培训班、1 期骨干人才培训班。2013 年，开展争先进位先进单位创建活动。2014 年，以党的群众路线教育实践活动为契机，深化领导班子建设，在班子成员之间开展谈心交心活动。

二、教育培训

1994 年，对乡镇财政所、税务所和新上岗人员进行培训。1997 年，组织 35 人参加全省地税系统新税制考试。1998 年，提出做业务骨干、争当业务标兵的学习标准，每周由局机关业务骨干授课辅导。1999 年，分 4 期举办 130

人参加的会计基础知识和税务知识培训班。2004 年，组织 33 人在泰安市财政学校进行税收业务培训。2005 年，举办重点税源信息管理系统、计算机操作能力、征管软件应用培训班。2006 年，在泰安市财政干部培训中心举办税收业务培训班。开设岱岳地税讲坛，推进学习型机关建设。2007 年，组织 40 人参加在泰山科技学院举办的税收执法业务培训班。2008 年，组织 25 人参加更新知识培训班。2009 年，按照全市地税系统优秀骨干人才选拔考试办法，组织骨干人才选拔初选考试， 5 人考入征收管理岗人才库，1 人考入行政管理岗人才库，1 人考入省局税务稽查岗人才库。11 月，组织 126 名税收管理人员参加会计达标考试，全部达标。2010 年， 组织 42 人参加骨干人才业务提高培训班。2011 年，制定岱岳分局骨干人才奖励办法。2012 年，落实一日一题、一月一考、一季一评制度，3 人考入省地税局骨干人才库。2013 年，以《山东地税岗位培训丛书》为主体教材，委托山东财政学院东方学院对 52 人进行税收业务培训。2014 年，按照全员学习、全员参与的原则，建立周周有学习暨地税大家讲学习培训制度。是年，组织 27 人到浙江大学参加业务培训。

2012 年 9 月 21 日，岱岳分局举行人才库选拔考试。

第七节　党风廉政建设

一、机构设置

1995 年 8 月，设立郊区地税局监察室。1999 年，根据省地税局建立健全反腐败和党风廉政建设工作机制的实施意见，充实反腐败和党风廉政建设工作领导小组，党组书记任组长，分管领导和纪检监察、人事教育等部门的主要负责人参加，办事机构设在纪检监察部门。基层征收、稽查分局（所）设兼职纪检监察员，按照行政编制的 2.5%—3% 配备专职纪检监察干部，配备专兼职纪检监察员 13 人。

二、廉政教育警示

2000 年，根据省地税局要求，开展党风廉政思想教育月专题教育。2001 年，参加岱岳区纪委组织的廉政杯学党章、守纪律、正党风知识竞赛，获第一名。2004

年，举行税检共建预防职务犯罪警示教育，组织全员到泰安监狱参观劳动改造。8月，与岱岳区检察院联合在泰安市青年路开展预防职务犯罪宣传活动。组织全局中层干部到莱芜战役纪念馆参观。2005年，以学习贯彻《中国共产党党内监督条例》《中国共产党纪律处分条例》为重点，进行党纪政纪条规教育。5月，开展廉洁奉公、执政为民主题教育活动。2006年，组织40人到山东省博物馆参加税务总局反腐倡廉漫画展巡展。2008年，组织开展廉政教育党课活动，观看《马德落马》政警示教育片。2009年，组织机关全体干部职工到全市地税系统廉政教育基地—夏张起义纪念馆参观。2012年，组织全体女干部职工到临沂市参观省地税局党性教育基地，接受革命传统教育。2013年，组织收看全市地税系统《远离职务犯罪 共创事业辉煌》预防职务犯罪专题辅导讲座视频会议。开展以做勤廉表率，促科学发展，加强党性修养、弘扬优良作风，廉政准则学习，以以人为本 执政为民，恪守从政道德，保持党的纯洁性等系列主题廉政教育。

三、监督制约机制

签订党风廉政建设责任书，将党风廉政建设目标责任任务，分解落实到领导干部和职能责任部门。建立纪检组同下属单位和局属单位主要领导同志谈话制度。建立以干部简历、个人收入情况、个人及家庭重大事项报告、住房情况登记、廉政事迹及奖励情况、干部离任审计情况、礼品登记上交情况，廉政谈话、民主生活会、违法违纪情况等为主要内容的个人廉政档案。2001年，推出个人廉政保证金制度，新进和转入人员每人缴纳600元作为个人廉政保证金，由岱岳分局监察室向个人收取，并签订个人廉政保证金公约。保证金由监察室出具统一收款收据，单独设置账簿，存入银行，统一保管，按一年期银行利率付息。对调离、退休人员，经离任审计后未发现不廉行为的，连本带息返还个人。个人廉政保证金公约规定干部职工如有到纳税业户处吃、拿、卡、要、报等违纪行为的，除由当事人全额退赔违纪金额外，视情节按违纪金额的8个档次扣除当事人一定数额的保证金。保证金不足600元时，由个人补齐，即廉政保证金处罚上不封顶。依照税务总局关于税务人员违法违纪行政处分暂行规定，对当事人进行处理，处理情况在全局通报。2013年10月，新华社记者对个人廉政保证金制度建设情况进行报道。12月，中央纪委预防腐败室副主任古越仁一行到岱岳分局调研廉政保证金办法开展情况。2003年2月，执行省地税局十条禁令，组织干部职工签订“八小时以外监督卡”、廉政承诺书、遵守禁酒令保证书、税务人员家庭助廉责任书、公务员零持有会员卡报告。2010年，制定关于实行岗位廉政风险等级管理的实施意见，创新干部廉政监管新机制。2011年，以防范廉政风险为重点，将廉政责任落实到岗，风险防控到岗，制度建设到岗，监督管理到岗，构建起犯错不值、不能、不敢的廉政风险防范体系。2012 年，以建立职责明确、制衡有效、监督到位的工作体系为目标，运行廉政和执法风险防控平台。2014 年，对违反中央“八项规定”和“四风”问题进行专项治理。

四、监督体系

2007 年，召开岱岳区义务监督员聘任会，向 18 家企业法人代表颁发聘书，成为税风税纪义务监督员。6 月，召开特邀监察员聘任会，为 19 名特邀监察员颁发聘书。2008 年，召开岱岳区优化发展环境、加强效能建设特邀监督员座谈会，区纪委、区监察局领导及社会各界特邀监督员 30 人参加会议。2012 年，召开特邀监察员座谈会，特邀监察员 17 人参加座谈会。

五、行风

1996 年，落实市委关于为经济建设创造良好环境的工作意见。2000 年，制订行风建设百分制考核试行办法，开展上门呈送意见卡活动，主动向社会各界和纳税人征求意见和建议。2006 年，在区委区政府召开的行政审批制度改革暨“环境建设年”活动动员大会上，获政风行风建设十佳单位称号。9 月，山口税务所举行创建政风行风示范窗口揭牌仪式。2008 年，在岱岳区优化环境建设工作会议上，被区委区政府授予 2007 年度政风行风建设先进单位。 2012 年，在岱岳区纪工委举办的全区转作风、树形象、促发展演讲比赛预赛中，岱岳分局参赛选手卢火青、王冉分获第一名、第三名。2006 年，岱岳分局被区委确定为政风行风建设信得过单位。2009 年，岱岳分局在全区 66 个政风行风参评单位中名列第一。2013 年，岱岳分局被评为 2012 年度政风行风建设先进单位，政策法规科被表彰为十佳机关科室，山口所、满庄中心税务所被表彰为政风行风建设示范窗口。2014 年，岱岳分局获全区政风行风评议行政执法类第一名。

六、廉政文化

2012 年，启动创建全市首批廉政文化“六进”示范点活动。9 月，市纪委检查验收组到岱岳分局检查验收全市首

2014 年 7 月组织党员干部参观廉政教育基地

批“廉政文化进家庭示范点”工作。12月，开展“廉洁家庭”评选活动，王迺峰、邢立文、陈杰、王冰、王一民、李健等6个家庭被评为廉洁家庭。2013年，在泰安市地税系统学法规、明是非、树正气主题演讲比赛中，李鹏获二等奖，卢火青获三等奖。12月，在省委宣传部、省文明办、省总工会、团省委、省妇联、大众报业集团、山东广播电视台联合举办的山东好人评选推荐活动中，高明暖被评为山东好人。

第八节 思想文化建设

一、思想政治工作

1995年8月，组织开展怎样当好分局（所）长的大讨论活动，提高分局（所）长的综合能力。1998年，开展以如何当好一名称职的领导干部为题开展大讨论，引导领导干部正确对待权利与义务关系。1999年，开展为什么实行半军事化管理和要不要实行半军事化管理讨论活动，树立以人为本，依法治税思想。2000年，开展自我对比启示教育活动，全面深化半军事化管理。2002年，开展以解放思想，与时俱进大讨论为主要内

2013年12月10日，中央纪委预防腐败室正局级副主任古越仁一行到市地税局岱岳分局调研“廉政保证金”办法开展情况。

2012年7月5日，在岱岳区纪工委举办的“转作风、树形象、促发展”演讲比赛中，市地税局岱岳分局参赛选手卢火青、王冉分获第一、三名的好成绩。图为选手王冉参加演讲比赛。

容的转变作风年活动，加强作风、提高工作质效和服务水平。2003年，开展经济大发展，地税怎么办解放思想大讨论活动，进一步解放思想，干事创业，优化服务，加快发展。2004年，开展以整顿机关作风，树立良好形象为主要内容的整顿活动，提高机关工作人员素质，转变机关干部职工思想观念。2006年，开展社会主义荣辱观教育实践活动，解决队伍管理中存在的问题。2010年5月，开展“爱岗位、讲奉献、促发展”学习教育活动。6月，举办庆七一主题演讲活动。2012年，在山东财政学院东方学院组织户外拓展训练。

二、地税文化

1998年，推行半军事化管理，内强素质，外树形象。2001年，印发地税文化建设实施方案，理论研究与实际建设相结合，抓好管理文化、科技文化、形象文化、阵地文化建设。2011年，提出“关爱、和谐、勤奋、质效”的共同愿景，确定打造执法公正、文明和谐、管理科学、服务一流、社会满意的现代化地税机关总目标。

三、党群团建工作

截至2014年底，岱岳分局党总支有中共党员106名，设3个支部。被评为“五个好”先进部门，创建“三型机关”先进单位，“三优两满意”机关。1994年8月，郊区地税局机关党委批准建立党支部，设委员3人，田景文任书记，李诚法任副书记，齐家庆任委员。1996年，开展我为郊区建设做贡献，我为郊区形象添光彩活动，学、守、做活动和思想、作风、纪律三整顿活动。1998年，组织全体党员学习邓小平理论，开展以“三讲”为主要内容的党性、党风、党纪教育，开展学条规、守纪律、作表率活动。1999年，经市地税局批准同意，中共泰安市郊区税务局委员会更名为中共泰安

2014 年 3 月，市地税局岱岳分局组织机关党员干部到徂徕山接受革命传统教育。

市郊区地税局党组。2000 年，开展解放思想大讨论活动，举办庆“七一”演讲比赛和书画展，被评为岱岳区五个好先进单位。2001 年，在基层党组织和广大党员干部中开展一学双争活动。2008 年，组织实施文化娱乐、兴趣开发等活动，完善文化公园，设立文化展馆，开展全员读书活动，加强和谐地税大家庭建设。2010 年，岱岳分局职工书屋获评全国优秀职工书屋。2012 年，按照市地税局评选全市地税系统“四十佳”和“十佳好事”的通知，开展“四十佳”评选活动。7 月，山口中心税务所被市地税局表彰为十佳党员示范窗口，直属征收局秦明被表彰为十佳党员先锋岗，稽查局党支部被表彰为十佳党支部，开展形象年建设活动被表彰为十佳党建创新项目，组织职工生日座谈会入选十件好事。2012 年，邀请专家教授做宏观经济形势分析讲座，开展领导干部读书活动，组织慰问离退休老党员、扶贫帮困活动。2012—2013 年，岱岳分局党总支被区委表彰为落实党建目标先进单位，获岱下先锋基层党组织、先进基层党组织称号。

第九节 精神文明建设

一、文明单位创建

1996 年，郊区地税局向遭受暴雨灾害严重的下港乡、黄前镇、祝阳镇等 3 个乡镇捐款 4.3 万元。1997 年，在泰安市交通宾馆召开庆“七一”迎回归报告会，举行演讲比赛。1999 年，开展争创文明税务所、青年文明号、最佳优质服务竞赛等 9 项活动。2000 年，开展向周士永同志学习的活动，提出远学胶东、近学肥城的口号，开展争创文明单位、文明科室、先进科室、先进个人和五比五看活动。2001 年，组织开展税企、军税共建活动，十佳文明税官、十佳文明纳税户活动，评选出征管能手、稽查能手、计算机操作能手“三十佳”。2005 年，全市创建文明行业观摩评议现场会在岱岳区召开，市、区 38 个部门负责人参加会议。市局党组成员、副局长郝玲汇报全市地税系统文明行业创建情况，分局党组书记、局长张岳显作会议发言。2008 年，向下港乡木营村捐赠科技类图书 140 册，帮助该村建起农村书屋。2010年，在岱岳区区直机关工委、区体育局联合主办的体彩杯以及山东省第二届百县篮球、千校乒乓球比赛、万人象棋暨泰安市（岱岳区赛区）乒乓球比赛上，岱岳分局代表队取得团体第八名，女子单打第七名。2011年，全市创建文明行业活动现场观摩会在岱岳区举行，37个行业的参评人员现场观摩满庄中心税务所，查阅创建活动有关文件资料，听取文明行业创建展板介绍。2012年，制作文化建设宣传片，举办社交礼仪知识讲座，组织参加无偿献血、乒乓球比赛、演讲比赛等活动。2013年，开展青春建功中国梦—我们是青年文明号主题教育实践活动。在满庄镇东牛南村小学开展青年文明号为民服务在行动主题活动，向100名贫困学生捐赠书包、爱心读书卡等学习用品。

2013年6月15日，市地税局岱岳分局组织地税干部积极参加山东省第五届“千乡乒乓球”暨“第三届全民健身运动会”乒乓球、羽毛球比赛。

二、文明窗口

1999年，郊区地税局道朗分局被评为全市行风先进单位。2004年，岱岳分局被山东省精神文明建设委员会授予省级文明单位称号。2005年，岱岳区青年志愿者协会纳税服务分会被市委宣传部、共青团市委、市文明办、市青年志愿者协会联合授予泰山红叶优秀志愿服务队荣誉称号，李延平被授予泰山红叶优秀青年志愿者荣誉称号。2006年，岱岳分局角峪所、粥店所被授予市级文明单位荣誉称号。2008年，岱岳分局稽查局、直属征收局、满庄税务所认定为省级青年文明号。2013年，岱岳分局范镇中心税务所被新命名为省级青年文明号，满庄中心税务所、直属征收局、徂徕中心税务所省级青年文明号复审合格。

第十节　基层建设

一、管理基础

1996—1997年，郊区地税局被区委、区政府授予基层建设先进单位。2003年，印发关于加强基层建设的意见和基层建设三年规划，建设标准化税务所。2004年，按照省、市地税局创建六好基层单位意见，开展创建“六好基层单位”工作。3月，省地税局助理巡视员葛庆昌到岱岳分局专题调研“六好基层单位”创建工作。2005年，岱岳分局被省地税局表彰为全省地税系统六好基层单位。2006年11月，召开“管理年”活动典型报告会。2009年，抽调科室业务骨干对17个基层单位进行争创标准化基层税务所评议。2010年，根据省地税局开展新一轮基层建设的工作部署，全面推进基层建设工作。8月，举行集中办公启动仪式。2011年，全市地税系统中心税务所标识形象规范化建设现场会在岱岳分局满庄中心所召开，市地税局党组成员、副局长郝玲出席会议并讲话。2013年1月，岱岳分局办税服务厅整体进驻区政务服务中心。

二、基础设施

1994年8月，郊区地税局机关在郊区税务局办公楼上办公。同月，根据郊区区政府关于组建乡镇地方税务所的报告，在17个乡镇组建乡镇地方税务所。9月，郊区地税局购买940平方米的商品楼。1996年，为19个基层分局（所）装配交通工具，达到“五小、两化”标准。1998年，岱岳分局计算机机房投入使用。1999年，投资450万元购置岱岳分局机关办公楼。2002年，根据岱岳区区委、区政府西迁部署，办公楼迁至泰安市岱岳新城区新办公楼，配备健身房、图书室、多功能活动室等设施。2012年，推行集中办公管理机制，以满庄中心所为试点，山口、范镇中心所先后完成标识形象规范化建设，投资140万元办公场所改造。2013年，岱岳分局被山东省人力资源和社会保障厅、山东省地方税务局、山东省公务员局联合授予全省地税系统先进集体；被省地税局授予基层建设优秀单位。

三、行政保障

1994—1997年，岱岳分局经费由岱岳区政府财政统筹。1998年，经费来源依靠省级拨款和当地政府共同解决。1999年，印发郊区地税局经费管理制度、公费医疗费管理暂行办法，规范经费管理。2001年，在岱岳区地税局机关和基层分局进行固定资产清产核资。2003年，按照省地税局要求，财务核算使用《山东省地税系统财务管理信息系统》

浪潮网络版。2005 年，按照省、市地税局要求，岱岳分局进行固定资产统计报表和产权登记。5 月，印发财务管理暂行办法，规范经费会计核算和收支行为。2006 年，按照省地税局要求，建立岱岳分局季度财务报告分析制度。2008 年，按照省、市地税局要求，制定纳入政府采购的项目、目录及重大财务事项审批制度。2009 年，按照省、市地税局要求，进行固定资产清查，资产管理使用新的固定资产统计报表 和产权登记软件。2011 年，按照省地税局要求，财务管理使用山东省地税系统财务管理信息系统网络版。2013 年，岱岳分局收支、资产和负债全部纳入岱岳区财政管理。

第三章 新泰市地方税务局

1994年8月，新泰市地方税务局成立，在职干部职工201人。2014年，新泰市地税局在职干部职工188人，其中，党员175人。局机关内设8个科室，下设稽查局、直属征收局和12个中心税务所。担负着1.64万业户的税收征管工作。先后获全国职业道德建设先进单位、全国模范职工之家、全国税务系统文明单位、国家级青年文明号、全国巾帼文明岗、省级文明单位、全省地税系统纪检监察先进单位、山东省思想政治工作先进单位、省税务系统先进集体、全省地税系统六好基层单位等称号。

1994年8月21日，新泰市税务机构分设，市领导揭牌。

第一节 组织收入

1994—2014，年累计完成各项收入186.5亿元。地税收入由1994年的6330万元增加到2014年的27.59亿元，年均增长20.77%。

一、税种收入变化

营业税、企业所得税、个人所得税1994—2014年完成76.2亿元，占总收入的40.9%，为地税部门的主体税种。（见表10—3—2）

二、行业类型收入（见图10—3—2）

三、产业类型收入（见表10—3—4）

第二节 税收法制

一、税收执法检查与监督

1994年，税收法制工作由征收管理科负责。2006年，税收管理科调整为政策法规科，负责税收法制工作。成立税务

表 10—3—1　　1994—2014 年新泰市地税收入完成情况

单位：万元

年度＼项目	各项收入	同比增收	同比增长（%）
1994	6330		
1995	8478	2148	33.93
1996	12943	4465	52.67
1997	16186	3243	25.06
1998	18012	1826	11.28
1999	25150	7138	39.63
2000	19884	−5266	28.52
2001	25555	5671	28.52
2002	29151	3596	14.07
2003	28786	−365	−1.25
2004	36808	8022	27.87
2005	51763	14955	40.63
2006	81677	29914	57.79
2007	93363	11686	14.31
2008	110657	17294	18.52
2009	129257	18600	16.81
2010	142650	13393	10.36
2011	232802	90152	63.2
2012	263357	30555	13.12
2013	255948	−7409	−2.81
2014	275872	19924	7.78

表 10-3-2　　1994—2014 年新泰市分税种完成情况

单位：万元

项目 年度	营业税	企业所得税	个人所得税	房产税	车船税	印花税
1994	2118	250	67	504	19	50
1995	2952	965	190	582	22	51
1996	3350	1890	616	1014	36	49
1997	3986	2562	748	1165	93	90
1998	5274	2328	1017	1432	142	94
1999	5042	8695	1367	1333	107	83
2000	4658	4633	1147	1674	199	150
2001	3023	14611	2021	1324	159	79
2002	4781	12133	2035	1423	147	165
2003	4322	7734	2522	3060	195	216
2004	5335	8521	3963	3346	222	267
2005	7899	11098	3336	3677	209	570
2006	11877	25301	8127	4336	299	844
2007	16860	27377	6480	5478	316	901
2008	17937	24972	16980	5262	948	1290
2009	18418	18678	35213	5368	1488	1574
2010	30291	22371	17744	5885	2114	2410
2011	34391	28618	14081	8122	2314	2970
2012	34590	27085	14324	13041	2395	3769
2013	41435	27584	16940	12414	2417	5159
2014	53701	10272	13525	9644	2818	4355
总计	312240	287678	162443	90084	16659	25136

资源税	城镇土地使用税	土地增值税	城市维护建设税	耕地占用税	契税	其他
964	424		1449			486
984	351		1909			471
1133	489		2381			1985
1323	442		3031			2748
1335	536	6	2418			3433
1078	734	42	2408			4266
1408	1074	1	2697			2243
604	998		1559			1177
2237	982	22	3865			1361
1828	2344	400	4919			1246
2258	2563	1202	7577			1554
4129	9221	1387	7392			2845
5513	11266	1443	8645			4026
6084	15931	1286	8572			4078
5697	18969	1816	11015			5771
4442	22185	4324	11195			6372
4409	23928	11630	14023			7845
5203	30362	15085	16542	380	62669	12065
4736	45815	18193	15872	26	71795	11716
8119	40630	15967	12998	8297	52602	11386
14764	26821	45296	12466	11887	59186	11137
78248	256065	118100	152933	20590	246252	98211

图 10-3-1　　1994—2014 年新泰市"三税"完成情况

单位：万元

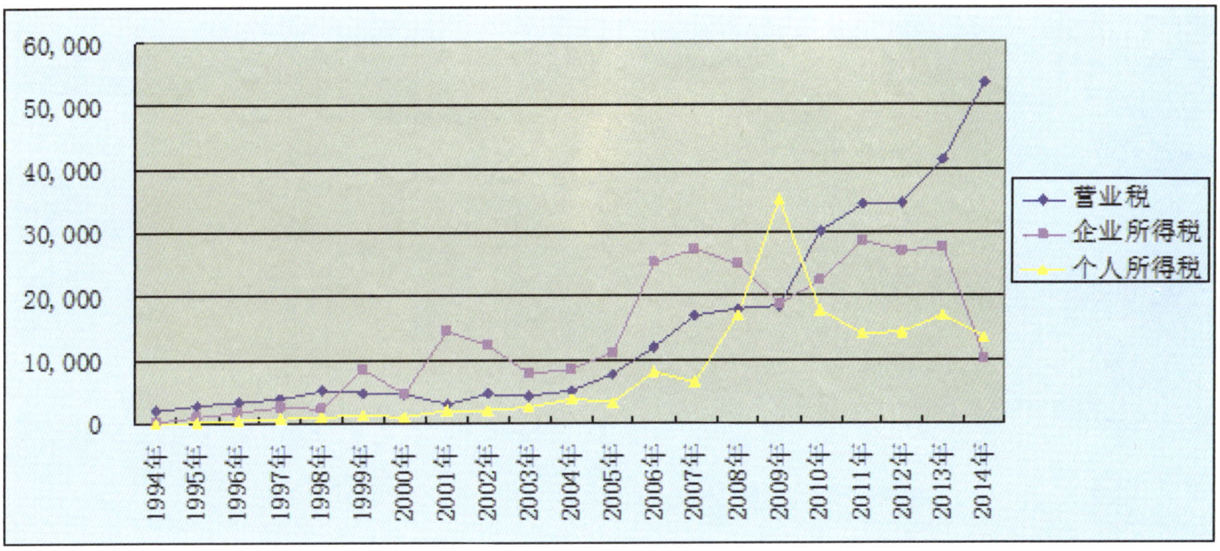

图 10-3-2　　1994—2014 年新泰市重点行业地税收入完成情况

单位：万元

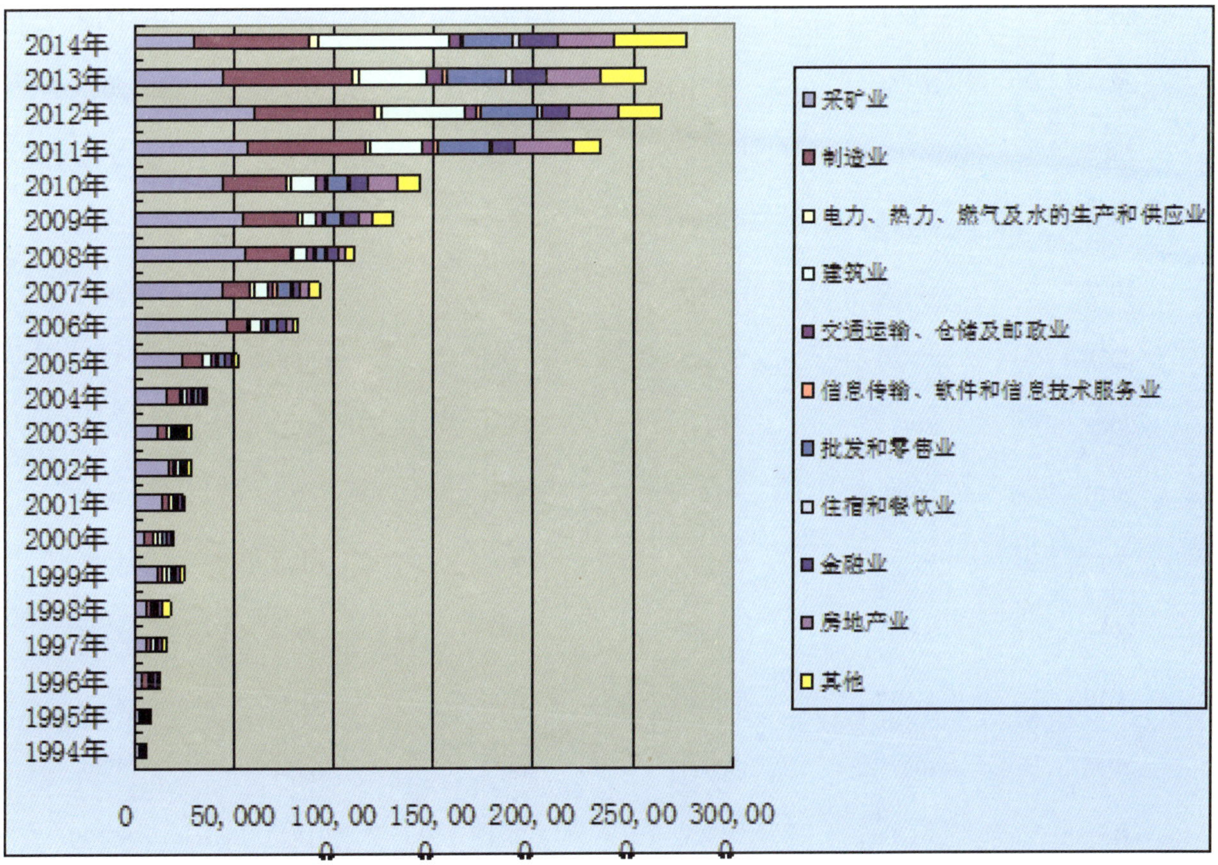

表 10—3—3　　1994—2014 年新泰市重点行业地税收入完成情况

单位：万元

项目 年度	采矿业	制造业	电力、热力、燃气及水的生产和供应业	建筑业	交通运输、仓储及邮政业
1994	2110	824	134	649	244
1995	2787	1102	203	992	520
1996	4544	2313	348	1192	744
1997	5707	2657	639	1663	782
1998	6412	2033	599	2072	703
1999	11223	3352	1107	3046	990
2000	5377	4129	1854	2190	987
2001	13737	3683	1691	1087	1059
2002	17637	2305	724	2323	1029
2003	12053	4595	1197	2135	1168
2004	16394	6729	1131	2672	2038
2005	24802	8898	1202	3863	2602
2006	46584	10299	1259	5288	2961
2007	44639	14003	1590	6491	3434
2008	55520	22298	2143	6569	3201
2009	54937	26435	2324	7442	3181
2010	44940	30861	2004	13351	3838
2011	56893	58176	2505	26177	5900
2012	60607	59543	3050	42054	5739
2013	44529	645266	3106	34123	8314
2014	30279	56951	4033	66484	5705
总计	561709	385452	32843	231863	55139

信息传输、软件和信息技术服务业	批发和零售业	住宿和餐饮业	金融业	房地产业	其他
0	143	0	1146	23	1058
0	207	0	1400	33	1233
0	499	0	1635	85	1583
0	676	0	1890	142	2034
	735		1831	87	3543
	1243		1857	251	2086
	1711		2025	186	1425
	824		1550	188	1736
	1058		1613	161	2301
302	1736	376	1853	248	3123
627	2788	386	1884	497	1662
717	3604	470	2648	1142	1815
852	4435	574	3129	3836	2460
995	7244	720	4106	3741	6400
1121	4740	923	6099	3714	4329
1241	8229	1060	7260	7018	10130
1319	10552	1249	8988	14588	10960
1622	26122	1885	11202	29045	13275
1776	28549	2065	13693	25564	20717
1933	29437	4288	16510	27074	22638
1280	23947	4078	18220	28867	36028
13785	158479	18074	110539	146490	150266

表 10-3-4　　1994—2014 年新泰市二、三产业地税收入完成情况

单位：万元

项目 年度	第二产业	第三产业	总计
1994	3717	2614	6331
1995	5084	3393	8477
1996	8397	4546	12943
1997	10664	5524	16188
1998	11116	6899	18015
1999	18728	6427	25155
2000	13550	6334	19884
2001	20198	5357	25555
2002	22989	6162	29151
2003	19980	8806	28786
2004	26926	9882	36808
2005	38765	12998	51763
2006	63430	18247	81677
2007	66723	26640	93363
2008	86530	24127	110657
2009	91138	38119	129257
2010	91156	51494	142650
2011	143751	89051	232802
2012	165254	98103	263357
2013	146024	109924	255948
2014	157747	118125	275872
总计	1211867	652772	1864639

行政复议委员会、重大税务案件审理委员会和执法责任制工作领导小组及办公室。

税收执法管理 涉及税源管理、征收管理、税收检查、行政复议、纳税服务等工作。2002年4月，194人参加全省地税系统持证上岗考试，申领税收执法证件，合格率98%。2006年，开展依法行政知识全员学习，全部执法人员参加依法行政知识考试，合格率100%。建立税收执法预警报告制度，以应急处理预案形式明确应对税务执法案件的指导思想、职责分工、处置原则、处置程序及效果分析方法。实施税收执法苗头性、倾向性问题预警、预测和定期报告制度。2007年9月，5人参加全省地税系统税务执法资格统一考试，全部取得税收执法资格。2008年，开展依法行政实施年活动。 2006—2014年，发布执法预警报告36期，处置苗头性执法事件5起。

税收执法责任制 1994—1999年，以签订责任状方式，明确执法责任制的目标要求和责任。2000年3月，根据《山东省地方税务行政执法程序操作规范》《山东省地方税务机关行政执法责任制暂行办法》《山东省地方税务机关错案和执法过错责任追究暂行办法》，局长为执法第一责任人，采取签订执法责任书、责任状等方式，将税收执法责任、目标和任务落实到各执法单位、岗位、人员，实施法制目标管理。2004年1月，推行执法责任制，规范纳税申报、税务登记、税种核定、各种表证单书等，对222户纳税人的基础数据重新清理核定，签订执法责任书和岗位定位书111份，举办执法责任制业务培训班15期，培训执法人员44人次。2005年9月，税收执法自动监控考核系统安装运行。

税务行政复议 1994年9月，设立税务行政复议委员会办公室，设在征收管理科。1997年4月，调整税务行政复议机构及组成人员，由11 人增加到13人。1999年4月，对税务行政复议机构及组成人员作出调整，增加到17人。2006年，税务行政复议委员会办公室调整到政策法规科。

减免税管理信息系统

二、税收优惠

减免税管理 2011年，自主研发减 免税管理系统，审核减免税信息。2013年，市地税局召开现场会推广该系统。

税收优惠政策 主要包括财产损失税前扣除、福利企业减免土地使用税和房产税、困难企业减免土地使用税和房产税、困难企业减免资源税等。

财产损失税前扣除 2006年审批10户企业财产损失税前扣除申请，审批税前列支财产损失额8126万元。2007年审批11户企业财产损失税前扣除申请，审批税前列支财产损失额9013万元。2008审批7户企业财产损失税前扣除申请，审批税前列支财产损失额5612万元。2009年，审批11户企业财产损失税前扣除申请，审批税前列支财产损失额8044万元。2010年，审批9户企业财产损失税前扣除申请，审批税前列支财产损失额6390万元。2011年，审批5户企业财产损失税前扣除申请，审批税前列支财产损失额2.1亿元。2012年，财产损失税前扣除有审批管理转为备案管理。

福利企业减免土地税、房产税 2006年审批28户福利企业减免房产税、土地使用税申请，减免房产21.98万元、土地使用税98.25万元。2007年审批36户福利企业减免房产税、土地使用税申请，减免房产27.36万元、土地使用税126.1万元。2008年审批31户福利企业减免房产税、土地使用税申请，减免房产24.05万元、土地使用税102万元。2009年，审批28户福利企业减免房产税、土地使用税申请，减免房产22.12万元、土地使用税97.05万元。2010年，审批26户福利企业减免房产税、土地使用税申请，减免房产23.21万元、土地使用税98.19万元。2011年，审批29户福利企业减免房产税、土地使用税申请，减免房产24.92万元、土地使用税122.51万元。2012年，房产税不再减免，土地使用税改为备案管理。

第三节 税收管理

一、税收管理制度

税务登记 1994年，地税部门负责2158户企业、6939户个体工商户的地方税收征管工作。2006年，负责2573户企业、8096户个体工商户的地方税收征管工作。2012年，与新泰市工商局、国税局联合开展登记类及申报欠税信息检查，进行部门间信息交换和比对，实行两月一通报制度，数据月出错率低于1%、修改率100%，联办系统按期清分率和导库率100%。2014年，负责5253户企业，9864户个体工商户的地方税收征管工作，比1994年管理企业增长143%、管理个体工商户增长42%。

纳税申报 1994年8月，实行纳税人自行申报缴纳。1996年，建立以直接申报、邮寄申报、电子申报为主的多元化申报方式改革，建立办税服务厅（室）；农村集中与分散相结合，实现相对集中。1997年，规范统一纳税申报，规定税收征管过程中管理服务、税务稽查、税务复议和应诉等业务关系。1998年，推行办税服务厅规范化建设，规范前台办税行为，简化办税程序。2002年，开展多元化纳税申报。在网上报税、微机终端报税、报税器报税、IC卡报税、双委托报税等方式中自由选择申报纳税方式；对实行定期定额纳税的纳税人，实行纳税人委托银行代缴、税务机关委托银行代收的“双委托”申报纳税方式；定期定额纳税人实行缴税代申报的简易纳税申报方式。2008年1月，依托山东省网上报税工作平台，实行“大集中”网上申报，推行网上报税、税银联网、财税库银横向联网、委托批扣等电子报税形式。2009年，按照省地税局要求，对纳税人申报缴税实行税银联网方式，纳税人可通过网上申报等多种方式一次性全程缴税。2013年10月，上线运行金税三期申报系统。

税款征收 2009年，自主研发新泰市房屋出租、装修管理系统，对“四房”（建房、售房、出租房、装修房）涉税数据进行电子化采集、加工、处理，形成了四房征管信息化工作平台，建成信息共享、数据规范、集中管理、动态监控的综合信息库。2009年3月，与新泰市国税局、工商局、文广新局签订委托代征税款协议书，代征税款382万元。2012年6月，在全市地税系统率先上线运行山东省存量房交易价格评估系统，实施存量房交易计税价格信息化评估。

发票管理 1995年，制定发票管理工作实施办法，对发票的印制、领购、开具、保管、检查、处罚等作出规范。2003年，改革发票开具方式，推行税控装置，使用机打发票和定额发票，逐步取消手写发票；增加发票防伪措施，采用数码防伪、温变防伪等大众防伪识别措施；全面实行发票举报奖励制度。启用发票管理信息系统，实现发票信息的处理和利用。2004年，启用山东地税发票税控管理信息系统，集中处理数据。2008年，启用全省统一的新发票管理系统，与核心征管系统的登记信息、税款申报征收信息实现实时共享，与核心征管系统的权限和岗位角色管理、代码体系应用实现一体化管理。2010年，组织发票换版，简并发票票种，统一发票印制油墨要求和防伪措施。上线行政事业

发票摇奖第一期开奖仪式

性收费系统，对行政事业收费票据的出入库管理、报解管理、发票工本费的收入核算、印制成本和相关费用的核算及支付等实现系统管理。2011年，对个人消费取得的税控机打发票实行发票摇奖制度，在全市地税系统推广。2012—2014年，建立多元化网络发票管理体系，搭建发票信息公开查询平台，简并发票种类、减少发票联次；推广委托代开发票，优化工本费征收方式。

个体税收管理 1997年，实施定期定额制度，对生产经营规模小、又确无建账能力的个体工商户，按每季、半年或一年核定一次应纳税额。2001年，对新泰市个体餐饮业实行税控机管理。2004年，实行微机定税办法，在典型调查基础上，利用统一的计算机软件，自动生成纳税人税收定额。2008年，运行个体户定税管理软件，规范个体户税收管理。2011年5月，新泰市委、市政府抽调地税、工商、公安、乡镇120人组成20个蹲点调查小组，利用一个半月时间，在城区开展服务业税收蹲点调查，共调查服务业纳税人1275户，其中清理漏征漏管594户，405户纳入起征点，恢复征税；对正常管理的549户调增税负，平均调增税负70%。月增税收85.7万元，年增加税收800万元。

社会综合治税 2009年，新泰市地税局采集社会综合治税信息4113条，其中涉税信息1019条，入库税款1172万元，增加税款413万元。2010年，采集社会综合治税信息9525条，其中参考信息7401条，涉税信息2124条，处理信息2124条，增加税款2529万元，入库税款3871万元。2011年，采集社会综合治税信息1.45万条，其中参考信息1.35万条，涉税信息1008条，入库税款2444万元，新增税务登记8户。2012年，采集社会综合治税信息1.9万条，其中参考信息1.6万条，处理信息3965条，已处理信息3965条，处理率100%，入库税款2128.12万元，新增税务登记15户。2013年，采集社会综合治税信息6397条，其中参考信息3080条，涉税信息3317条，入库税款7463.37万元，其中新增税款6243.38万元，被泰安市人民政府评为综合治税工作第一名。

召开新泰市服务业税收蹲点调查工作会议

税收征管制度 1997年，按照税务总局征管模式，建

图 10-3-3　　1994—2003 年新泰市二、三产业地税收入占比情况

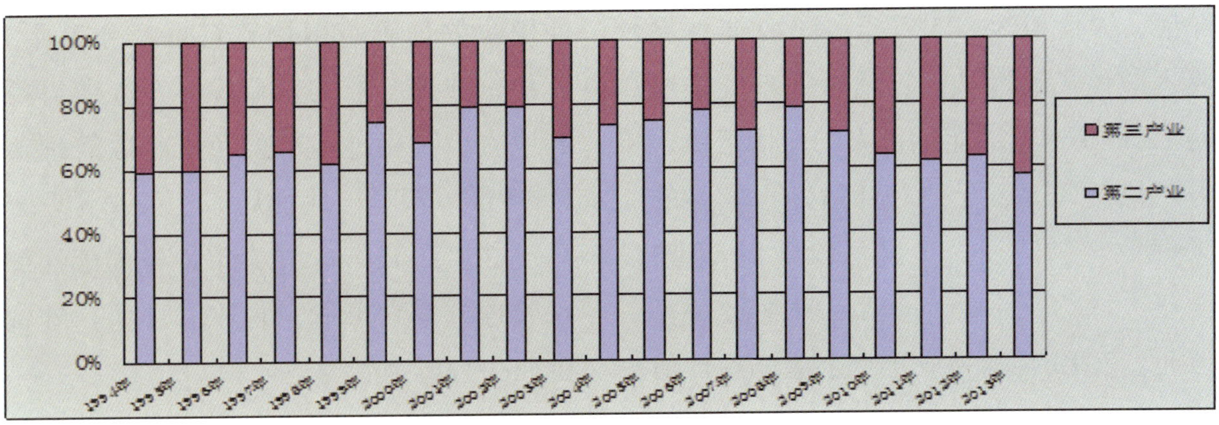

立纳税人自行申报制度、税务机关和社会中介相结合的服务体系、以计算机网络为依托的管理监控体系、人工与计算机结合的稽查体系、以征管功能为主的机构设置体系。2009 年 7 月，制定 6 个系列 31 个主题的征管状况监控分析指标体系，开展征管状况监控分析工作，这套指标体系被税务总局作为开展全国地税系统征管状况分析的蓝本。2010 年，配合全省地税提高收入质量、防范执法风险工作，开展征管质量专题分析，查找征管风险点 26 处。2011 年，设计开发数据应用平台，实现征管状况分析报表处理自动化，修订后的表格涵盖税务登记、征收入库、发票管理、个体管理、征管基础 5 个系列 42 个主题。2012 年，实施房地产一体化管理。2012 年，选取新汶中心税务所 11 户建筑和房地产企业进行网络发票先期试点，11 月，第一张网络发票样本成功开具。2014 年，抓好金税三期征管模式运行、征管基础及征管质效等重点工作，重新设置监控指标，制定征管质量单项考核办法。

二、税源管理

税源分布、结构与特点　新泰市是以煤炭为主导的资源型城市，长期以来煤炭及其相关的设备制造等上下游行业为代表的第二产业税收占比较大，三产份额较小。

税收预警　2009 年，处理预警信息 1418 户次，补税 219 户次，补税 405 万元。2010 年，处理预警信息 1467 户次，需补税 737 户次，补税 550 万元。2011 年，处理预警信息 754 户次，补税 394 户次，补税 357 万元。2012 年，处理预警信息 1046 户次，补税 184 户次，补税 614 万元。2013 年，处理预警信息 768 户次。2014 年，处理预警信息 635 户次，补税 52 户次，补税 289 万元。

纳税评估　2009 年，建立纳税评估管理平台，对 2 户建筑房地产企业开展纳税评估。2010 年，对采矿业、制造业、房地产及建筑业、交通运输业、服务业等行业进行纳税评估，评估 122 户，入库税款 242 万元。2011 年，加强对建筑安装、房地产、制造业、煤炭业、交通

运输、服务业等重点行业的 122 户综合评估，入库税款 825 万元。2012 年，完成省地税局通过纳税评估软件系统推送的 12 户交通运输业纳税人的评估工作，入库税款 338 万元。对评估疑点较多的采掘业、制造业、金融保险业等 18 户企业进行纳税评估，评估入库税款 2876 万元。2013 年，完成重点企业纳税评估 170 户，评估入库税款 1360 万元。其中：省地税局通过纳税评估软件推送评估任务 36 户，入库税款 112 万元；自行开展纳税评估 134 户，入库税款 1248 万元。利用第三方信息纳税评估，选用 846 条，核实存在涉税疑点 391 条，核实入库税款 606 万元。

大企业管理与服务 2009 年，落实税务总局大企业税务风险管理指引，以参与企业制度建设的方式提前介入企业纳税管理环节，辅导企业提前防范税务风险。2010 年，核实税务总局 6 户定点联系企业基本信息。2011 年，完成税务总局 18 户定点联系企业基本信息补录工作。2012 年，完成总部型企业集团的登记和维护工作；编写税务总局定点联系企业山东成员企业税务遵从管理年度报告；做好税收风险评估后续管理工作。2013 年，健全税收风险管理体系，对交通运输、租赁和商务服务、金融、制造、信息传输等行业进行风险管理。

三、国际税务管理

1994–1995 年，新泰市外商投资企业和外国企业征收和管理工作，均由国税部门负责。1996 年，根据税务总局涉外税收的征管范围调整意见。自 2 月 1 日起，涉外企业的营业税、个人所得税等地方税种由地税部门负责征收管理。1996 年，新泰市地税局涉外征收管理分局成立。2003 年，新泰市地税局涉外征收管理分局业务归口税收管理科，外资企业实行属地管理。

2013 年，新泰市地税局登记外商投资企业 39 户，其中合资企业 8 户、合作企业 1 户、独资企业 8 户、外国企业 2 户、港澳台投资企业 20 户。

涉外税收收入 2004 年，开展税收情报搜集、交换工作。2005 年，推行外籍人员个人所得税一人一档管理。2006 年，按照《税收情报交换管理规程》《税收情报交换工作保密规则》，每年收集、制作、报送税收情报，到 2013 年底，报送自动税收情报 4 份。1996–2013 年，组织涉外地方税收 2.01 亿元，年均增长 6.8%。其中：营业税 1.11 亿元，占 55%；个人所得税 1871 万元，占 9.3%；城市房地产税 1497 万元，占 7.4%；其他各税 5700 万元，占 28.3%。

涉外企业年检 1997 年，推行联合年检。2005 年，推行网上联合年检。1997–2013 年，开展非正常户清理、工商吊销户清理和未年检户清理“三个清理”。2005–2013 年，将外商投资企业税收政策认定工作作为年检重点。1997–2013 年，新泰市参加联合年检的外商投资企业由 6 户增加到 39 户，参检率由83%上升到100%。

涉外审计 1999年7月，根据税务总局《涉外税务审计规程》、省地税局有关要求，规范涉外税务审计工作，对外商投资企业和外国企业及其雇员，以及从事独立个人劳务的外籍人员依法履行纳税义务、扣缴义务情况进行审计。

反避税工作 2004年，开展反避税工作，确定反避税对象，寻找避税线索，调查取证，约谈取证，税务调整。2013年，在对某单位纳税辅导过程中存在以“统借统还”税收优惠形式规避营业税问题，补缴2010-2012年度资金占用费营业税及附加1985万元。

第四节 纳税服务

一、办税服务厅

2011年，将办税服务厅整合为12个。2012年，根据全省地税系统办税服务厅管理规范，开展办税服务厅规范化建设，明确办税服务厅岗责体系，实现县级集中征收。整合征收力量，将由中心所税收管理员承担的日常性事务简化、前移到办税服务厅进行集约处理；规范办税服务厅环境建设，统一标牌颜色、尺寸、材质，配齐配全监督台、意见箱；严格落实首问责任制、“一站式”服务、导税服务、限时服务等服务制度。对各办税服务厅功能区进行合理划分，设置等候休息区、自主保税区，咨询引导区等功能区。2012年，通过省地税局对办税服务厅规范化建设进行集中检查、验收。

二、纳税服务举措

2005年，印发调整纳税服务中心工作职责及人员的通知，对纳税服务中心的人员及职责范围进行调整，成立纳税服务中心。开展擦亮窗口、转变作风、树立形象服务创建活动、我为纳税人做一事和我为纳税服务献一策活动。史修庆提出的税邮联手、送票上门服务事项被省地税局评选为全省“百佳”纳税服务事项和纳税服务建议和泰安市十佳纳税服务事项；吴希泉提出的供信息、帮项目、促发展服务事项被市地税局评选为十佳纳税服务事项。4月，印发新泰市地税局纳税服务规则，从纳税服务岗、税收监控岗、稽查岗、综合服务等方面制定具体服务规

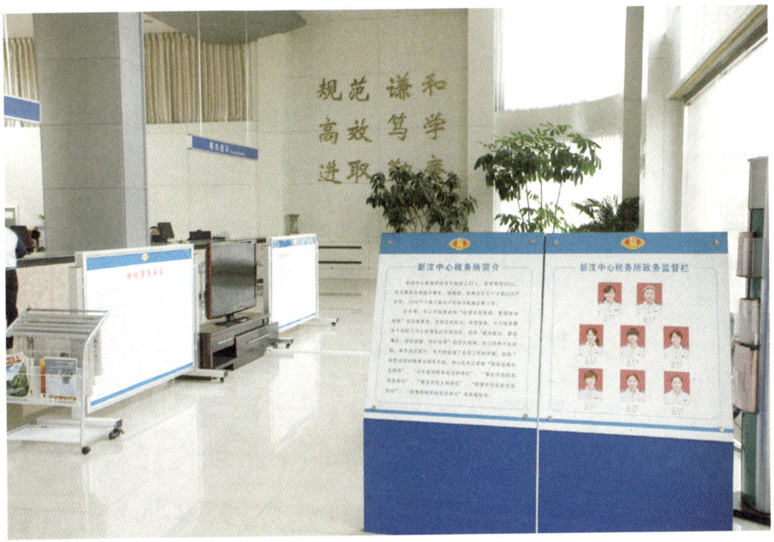

办税服务厅规范化建设一角

“同心汇聚·和谐共盈”机关服务品牌

则，约束税务人员行为。2008 年，开展征纳共盈纳税服务品牌创建，被评为全市地税系统征纳共盈纳税服务品牌创建先进单位。2009 年，开展纳税服务志愿者活动。面向社会招募志愿者 200 余人，组建新泰市青年志愿者协会纳税服务分会，向需要援助的特定群体提供纳税服务。开展优化纳税服务、促进企业发展活动，了解重点税源企业、困难企业的生产经营现状，查找企业发展中存在的税收问题，帮助纳税人研究解决办法。2010 年，新泰市纳税人税法培训中心挂牌成立，由业务骨干授课，每月开展一次税法培训活动。确定每月在办税服务厅开展地税局长服务日活动。2011 年，借助腾讯企业 QQ 平台基础，开通纳税人之家 QQ 群，建立为纳税人在线客服平台，实时交流，发布政策。2013 年，推进纳税服务中心实体化，将城区直属征收局和青云中心税务所调整为非全职能分局（所），其办税服务厅与新泰市地税局驻政务服务中心地税窗口整合，成立新泰市地税局办税服务厅。以新泰市政务服务中心新办公大楼启用为契机，将办税服务厅整体迁入政务服务中心，由纳税服务中心统一管理。创建“同心汇聚·和谐共盈”机关服务品牌，被评为新泰市优秀机关服务品牌。

第五节 信息化建设

一、信息化基础

2004 年，投资 12 万元购置 20 台计算机，投资 15 万元将 5 个基层分局（中心税务所）网络升级为 11 兆。2005 年，将 16 个基层分局（中心税务所）无线网改造为 2 兆光纤。完成系统 2005 年度计算机等设备的配备工作，为局机关及直属分局配备调试 15 台计算机及打印机。2006 年，将新泰市地税局新汶分局网络由 11 兆无线改造为 10 兆光纤，行政审批大厅网络由 ADSL 改造为 2 兆光纤；全局人均 1 台奔腾 4（P4）以上计算机；完成全局计算机更新及内部网站改版工作。2007 年，成立信息化建设应用年活动领导小组，抽调信息科、征管科、办公室等科室人员组成活动领导小组办公室，创建专题网站，印发活动实施意见，对所有计算机设备进行全面清理，摸清底数，重新修订机房设备巡检、基层设备巡检、计算机系统配置管理、网络信息安全管理等管理制度。2008 年，完成全局网络改造工程，所有机器实行实名登记和 IP 地址绑定。做好省级“大集中”软件及配套软件上线培训、

新泰地税绩效管理系统

运维。组建可容纳 30 人的多媒体电教室，机器统一配置为联想补天 A6900，CPU 为 Intel 酷睿 2 双核 E6320，内存达到 1GB，为每台机器安装液晶显示器升降机，实现显示器随机自动升降。

二、征管信息化

2002 年，开展多元化纳税申报，对民营企业启用多种简化申报纳税方式，纳税人可以在网上报税、微机终端报税、报税器报税、IC 卡报税、双委托报税等方式中自由选择申报纳税方式；对实行定期定额纳税人，实行纳税人委托银行代缴、税务机关委托银行代收的“双委托”申报纳税方式；定期定额纳税人实行缴税代申报的简易纳税申报方式。2008 年，启用山东地税信息管理系统。2010 年，启用侧重查询统计功能的山东省数据综合应用平台。2013 年 10 月，使用金税三期系统。

三、行政管理信息化

2014 年，自主研发绩效管理信息系统，在新泰市地税局实行绩效管理。

第六节　班子队伍

一、人事管理

2001 年 6 月，组织中层干部竞争上岗和一般人员双向选择。77 人参加股级干部竞争上岗，167 人参加双向选择，165 人选择到适合的岗位，其中 152 人更换原工作岗位。双向选择工作被市地税局评为创新项目。2002 年，按照全市地税系统科级领导职务聘任制管理办法（试行）和关于在全市地税系统实行股级职务聘任制的意见，制定新泰市地税局岗位责任考核办法。3 月，在新泰市地税局小协分局、楼德分局试行能级管理，15 人改聘为副科级领导干部。2003 年，对担任实职的股级干部全部改为聘任制。2006 年，新泰市地税局组织能级管理考试。2007 年，

根据市地税局意见，对聘任期满的副科级干部进行综合考核，续聘11人，新聘任7人。2009年，印发能级管理暂行办法，将全体人员按职务层次划分为四个等级。2011年7月，根据省、市地税局和有关部门要求，干部能级管理暂行办法停止执行。8月，以单向选择方式组织基层轮岗交流，交流干部职工133人，占在职人员73%。基层人员交流122人，占基层人员90%，中心税务所所长全部交流，11人选派到基层。11月，开展股级干部竞争上岗，取消任职资格限制，提拔正股级10人，副股级15人，4人从一般人员直接竞争为正股级干部。2012年，研发人力资源管理应用平台，实现自动提醒、统计查询、综合投票、智能评价。通过对各个信息子集的指标提取，进行评价分析，生成综合评价报告，对干部个人教育培训、岗位推荐和发展方向提出综合性意见、建议。2013年，建立人才选拔、激励、培养和使用四项机制，对进入省级骨干人才库人员，一般人员提拔为副股级，副股级提拔为正股级。该做法被评为全地税系统2013年度特色工作项目、全省地税系统2013年度十件好事。

二、教育培训

1995年，制定领导班子及基层干部职工学习制度，规定领导班子和基层干部职工集中学习。1999年6月，在新泰市武装部开展为期7天的半军事化训练。2001年1月，制定“人才工程”三年发展规划，明确2001—2003年人才培养的学历目标和专业目标。4月，组织开展贯彻学习《中华人民共和国税收征收管理法》系列培训和征管知识测试。2002年，组织执法上岗证考试和征管能手考试。2003年，实施岗位业务达标工程，把岗位划分为行政、税政、征管、稽查、计算机5个类别，制定专项培训计划，定期考核达标。组织ISO9000质量体系培训班5期，与新泰市职工中专联合举办计算机中级培训班，39人参加市地税局组织的各类培训。在市地税局组织的征管业务知识竞赛中取得总分第一名。贯彻落实省、市地税局学历（学位）教育管理相关规定，制定奖励办法，年内5人取得本科文凭，8人取得专科文凭。2004年，组织股级以上干部培训班4期，与新泰市职工中专联合举办计算机中级培训班2期，通过网络考试组织各类业务考试3次，组织行政许可法等更新知识培训班10期，对新任职的3人进行为期1个月的培训。选派10人参加市地税局举办的纳税检查初级和中级培训班，委托山东科技大学组织电子化查账培训班1期。组织各类计算机应用软件培训班12期，参训人员560人次，2005年，在岗职工全部取得山东省计算机应用能力中级资格证。组织学习《中华人民共和国公务员法》，通过网络平台，组织政治、业务考试，实现一季一考目标。11月，组织中层以上领导干部到上海财经大学学习。57人参加各类函授学习，12人参加法律、注册税务师等考试，组织骨干人才选拔考试，5人进入省地税局骨干人才库。2006年，根据中共中央《干部教育培训工作条例》，开展全员培训。组织领导干部政治理论、税收管理人员、纳税服务人员、计算机应用软件以及稽查等各类培训班38期。通过网上考试组织政治、业务考试4次。组织“管理年”知识考试2次。2007年，组织内容涉及税收管理员操作实务、廉政教育、计算机知识、有关应用软件操作的培训班4期，培训440人次。2008年，省地税局“大集中”税收征管系统应用，举办培训班13期，培训干部260人次。聘请山东科技大学教授对40人进行集中封闭培训。在市地税局组织的业务抽考中，取得1个岗位团体第一，2个岗位团体第二。2009年，组织中层以上干部及部分业务骨干参加在长春税务学院举办的更新知识培训班；在新泰市职工中专举行骨干人才选拔考试。对税收管理人员进行省级数据“大集中”知识培训，选送征管一线税收业务骨干60人到山东省科技大学集中培训。11月，组织127人参加会计知识达标，平均成绩90.8分，全部通过达标考试。2010年，制订2010-2012年干部教育培训三年规划，对业务考试、取得学历、参加注册税务师、会计师考试等作出奖励规定。在上海财经大学举办领导干部更新知识培训班。全年，组织各类培训班19期，参训370人次。2011年，印发岗位练兵大比武暨骨干人才选拔实施意见，建立骨干人才选拔管理机制。举办骨干人才选拔考试，106人分征收管理、税收管理、计划财务、行政管理、计算机、税务稽查6个岗位参加考试，建立骨干人才库，实行动态管理。在全市地税系统岗位练兵大比武中，总成绩第一名。2012年，按岗位组织骨干人才集中培训，选拔业务骨干参加省地税局第四轮骨干人才考试，20人代表市地税局参加骨干人才选拔考试，9人入选全省地税系统骨干人才库。5月，委托辽宁高等税务专科学校举办业务骨干培训班。7月，在长沙税务干部学院举办中层干部更新知识培训班。开展每季一考活动，年内覆盖所有在职人员。2013年，组织开展26期专门业务知识培训班，参训950人次。组织新进人员参加为期1个月的全省地税系统新进人员培训班。组织参加省地税局举办的各类培训班11期，参训45人次。2014年，实行学时学分管理制度，以基础学分和奖励学分考核评价干部教育培训情况。先后组织120人到税务总局扬州税务干部学校进行知识更新培训。组织12期业务培训班，参训560人次。

第七节　党风廉政建设

1997年，新泰市地税局监察室成立，与人事科合署办公，设专职监察人员1人。1999年5月，根据省地税局实施意见，纪检组（监察室）挂牌成立，成为内设科室，配备专职人员4人。续聘社会义务监督员226人，其中市级监督员18人。实行数字编码有奖举报办法，被税务总局、省纪检委、省地税局等以信息转发，新华社、经济日报等媒体跟踪报道，市地税局、新泰市政府、新泰市纠风办推广该做法。是年，新泰市地税局被授予全省地税系统纪检监察先进单位。2000年，建立党组成员与各基层单位、各科室负责人廉政谈话制度。6月，在泰安地税系统实行零户统管。7月，实施“211”监督工程，将监督延伸到八小时以外，范围扩展到生活圈、社交圈，省地税局给予肯定。8月，市地税局在新泰召开现场会，推广新泰市地税局抓廉政建设责任制落实及行业作风建设经验。与新泰市人民检察院进行预防职务犯罪会签，开展税检共建。2002年11月，开展新任副科级领导干部廉政宣誓活动。2004年9月，开通新泰市地税局廉政网站。2005年，开展争做廉内助、共建幸福家家属助廉活动，将廉政教育延伸到家庭。7月，举办“清风杯”预防职务犯罪演讲。9月，全市地税系统廉政文化建设现场会在新泰召开，推广该局廉政经验。2011年，新泰市地税局被授予全省地税系统纪检监察先进集体。2012年，在新泰市地税局直属征收局、青云中心所、西张庄中心所、楼德中心所4个基层单位试行专（兼）职纪检监察员工作制度。新泰市地税局被泰安市纪委评为首批泰安市廉政文化示范点。2013年，推行专（兼）职纪检监察员工作制度，加强对基层单位的事权监督。4月，新泰市地税局被省地税局授予全省地税系统廉政文化四进先进单位。10月，全市地税系统在新泰市地税局召开现场会，推广专（兼）职监察员建设经验。是年，新泰市地税局获新泰市推进惩防体系建设暨落实党风廉政建设先进单位、发展环境建设十佳单位称号。

第八节　思想文化建设

一、思想政治工作

1994年8月，提出不以权谋私、不搞第二职业、不在纳税业户就餐的“三不”要求，全面开展思想政治建设。2002年，开展学习江泽民同志“5.31”重要讲话、李玉国先进事迹、十六大精神等活动，组织开展党员干部廉政宣誓等教育活动。2003年，开展参观革命烈士馆、听取党员事迹报告会、学习《税务人员“五要”“十不准”的规定》、举行保持先进性教育知识竞赛等一系列教育活动。2004年，学习《中国共产党党内监督条例（试行）》、“三个代表”重要思想、十六届四中全会精神等内容，组织思想政治考试，巩固思想教育成果。2005年，组织我与地税共成长演讲比赛，2006年，新泰市地税局被评为山东省思想政治工作先进单位。2010年，开展领导干部作风建设年活动。以差距在哪里，究竟有多大和干什么、像什么等思想大讨论活动，促进党员干部作风转变。2012年，开展党员亮牌示范活动，以标注党员姓名、职责、业绩、承诺、愿景“五亮”为内容，人人有张“名片”，被表彰为全省地税系统优秀党建品牌。2013年，组织开展税务讲坛，每季1期，每期6人，每人10分钟，身边人讲身边事，身边人讲自己事，身边事教身边人。2014年，建立沟通机制，形成集双向约谈、工作例会、攻关小组、税务讲坛、网络留言室“五位一体”沟通模式，畅通干部职工诉求表达渠道。2014年，从干部职工身边推选“四德”典型：捐肾救兄的家庭美德典型鲍超；战胜癌魔、忘我工作的职业道德典型陈延风；义务献血十八载，荣获国家义务献血铜质奖章的社会公德典型刘军；学以致用，考取注册会计师的个人品德典型王义迎。其中，鲍超被泰安市委宣传部评为泰山好人，其家庭被评为泰安市最美家庭。

二、地税文化

2003年7月，开展学习型组织创建工程。2004年8月，印发开展创建学习型组织实施意见，成立领导小组及办公室。2005年4月，印发深化和推进创建学习型组织的实施方案，开展读书活动，“四做”（做人、做官、做事、执法）和“四提升”（提升品德修养、业务素质、执法水平、团队精神）主题教育，“快乐学习，快乐工作”活动，“我为地税出点子”专题讨论活动。2006年，制定深化创建学习型组织实施方案。3月，召开创建学习型税务机关推进大会，邀请北京明德经纶学习型组织研究所金锋教授，讲授解析学习型组织先进理念，引导干部职工吸收新观点、新理论。2009年，确立执着追求的信念，恪尽职守的责任，永无止境的创新，趋势统筹的战略，成功阶梯的执行的新泰地税精神。2010年，制作文化理念展板，在内部网站刊发干部职工文学、摄影、书画作品。聘请山东行政学院教授邱莉丽作打造阳光心态专题讲座。2011年，确立规范、高效、进取、谦和、笃学、勤廉的核心治局理念。2012年4月，确立培育理念、完善制度、提升素养、打造品牌的文化建设思路，组织开展新泰地税文化建设大讨论，面向全员征集地税精神、工作愿景、核心价值理念等。2013年，确立“和”文化品牌，总结提炼新泰市地税局核心价值理念，主要包括：和谐共赢的目标愿景；拼搏实干，奋力争先的地税精神；规范高效，求实创新的管理理念；当税收专家，做岗位能手的执业理念；笃学谦和，敬业担当的修养理念；德才兼备以德为先，人尽其才才尽其能的人才理念；致力完美服务，追求十分满意的服务理念；清正做人，干净做事的廉政理念；温暖人心，奉献爱心的心桥理念等。设计“和”文化标识，创作新泰地税之歌。全市地税系统文化建设现场会在新泰市地税局召开。开展读好书，提素养活动，印发实施书香工程，推进全员读书倡议书，定制书香地税购书卡，倡导全员读书、读以致用。2014年，打造以进取、担当、奉献、和谐的泰安地税精神和真情、亲情、浓情地税情怀为主要内容，以和文化建设为主要内容的“泰山魂·地税情”品牌。

三、党建工作

2002年，新泰市地税局建立支部班子成员同党员谈心制度和联系包片制度。与新泰市纪委联合开展领导干部廉政宣誓制度。2008年，参加新泰市庆祝中国共产党成立87周年座谈会并作典型发言。2010年，坚持每月一次党课，每月一次党员学习日，定期集中培训教育。9月，召开牢记入党誓词、我为党旗添光彩主题教育活动，与会人员重温入党誓词，合唱《没有共产党，就没有新中国》、《歌唱祖国》等革命歌曲。2011年，新泰市地税局获全地税系统党建工作先进集体、新泰市先进基层党组织称号。2012年，创新开展党员亮牌示范活动，被评为全市地税系统十佳党建创新项目，被省地税局推广。新泰市地税局机关党支部被泰安市委评为泰山先锋基层党组织。2013年6月，党员亮牌示范活动被表彰为全省地税系统优秀党建品牌。9月，全省地税系统党建工作第一协作片组会议在新泰召开，新泰市地税局作题为《创新党建机制、提升党建引领力》的经验介绍。2014年，围绕“为民务实清廉”主题，按照“照镜子、正衣冠、洗洗澡、治治病”的总要求，开展党的群众路线教育实践活动。

四、帮扶工作

2004年，按照新泰市委包村工作部署，先后从办公经费中筹措30多万元为天宝镇高山崖村、龙廷镇老莫旺村筑路修桥，方便当地村民出行和劳动。4月，组织开展以爱心大联动、温暖在地税为主题的慈善一日捐活动，捐款11280元。2006年，开展真情助困进万家活动，11个青年文明号单位与下岗青工结成“一助一”对子。包村工作组为新泰市放城镇某村村民架设有线电视，修缮村委办公室。2007年，开展春蕾计划活动，与优秀春蕾女童结成帮扶对子，捐款9600元。组织女职工参加恒爱行动，为贫困留守儿童送去亲手编织的织毛衣、手套。为石莱镇西张家庄村修建村居道路。2008年，与12户下岗职工困难家庭结成帮扶对子，从生活、就业上给予帮助。2009年，向残疾人宣传税收优惠政策，提供政策优惠，帮助残疾人就业创业，荣获全省扶贫助残先进单位。2010年，组织向玉树、舟曲灾区捐款和慈心一日捐活动。2011年，完善干部职工生日祝贺、子女考学奖励、生病看望、困难户结对帮扶、老干部探望等制度。为贫困女童捐款9600元，被新泰市妇联评为春蕾计划爱心单位。2012年，参加新泰市争创全国卫生城市活动。为贫困女童捐款1.02万元，被新泰市妇联评为春蕾计划爱心单位。参加恒爱行动，为留守儿童送毛衣、帽子等冬季用品50套。2013年，选派人员到羊流镇梁家庄村任职“第一书记”，投资20万元，建成长1500米，宽4米，厚18厘米的水泥路。实现建成长1200米的防渗渠一条，电灌站2座。村北土地流转200亩果园，群众集体双增收。组织全局人员捐献图书，累计2万册，帮助汶南小学建起爱心书屋；参与春蕾活动、恒爱计划，帮扶贫困学子和留守儿童，15人被市妇联评为爱心妈妈。组织干部职工举行慈心一日捐活动，捐款1.87万元。2014年，为孔家岭村修建道路，花圃，方便群众生活，增加集体经济收入。组织年轻党员参加春蕾计划，为贫困女童送去捐款1.02万元。组织干部职工举行慈心一日捐活动，捐款1.85万元。

第九节　精神文明建设

1994年，被山东省工会、省经委、省职教办评为全省十佳职业道德先进单位。1995年，被中华全国总工会、全国职工职业道德建设领导小组命名为全国职业道德建设先进集体。1996年，禹村税务所被评为泰安市级青年文明号。1998年，泉沟税务所被评为泰安市级青年文明号。1999年，新泰市地税局志愿者服务队成立，开展扶贫帮困送温暖活动。青云分局被省地税局、团省委评为省级青年文明号；天宝分局被评为泰安市级青年文明号。2000年，新泰市地税局被评为省级文明单位，青云、羊流分局被评为泰安市文明单位。2001年，新泰市地税局被评为全省税务系统先进集体。羊流征收分局被省地税局、团省委评为省级青年文明号。楼德分局被评为泰安市级青年文明号。2002年，新汶分局被税务总局、团中央评为青年文明号。新泰市地税局被新泰市文明委评为创建文明行业先进单位，并获文明行业创建综合评议第一名。小协分局被评为泰安市级青年文明号。2003年，新泰市地税局被评为泰安市创建文明行业示范点，被新泰市文明委评为新泰市十大文明行业第一名。新泰市地税局龙廷分局被评为泰安市级文明单位。2004年，青云分局被评为省级巾帼文明岗。西张庄分局被省地税局、团省委评为省级青年文明号。西张庄分局、岳家庄分局被评为泰安市级文明单位。2005年，新泰市地税局积极开展班子队伍好、管理基础好、信息技术应用好、执法服务好、完成任务好、廉洁勤政形象好六好基层单位建设，被省地税局评为六好基层单位。2006年，被评为全省地税系统管理年活动先进单位。2007年，新泰市地税局被授予全国税务系统文明单位称号，被评为全省地税系统2007信息化建设应用年活动先进单位，被评为泰安市政风行风建设示范窗口单位。果都分局被评为泰安市级青年文明号。2008年，开展以爱岗、敬业、服务、奉献为主题的巾帼文明岗创建活动，被全国妇联、第29届奥运会组委会、全国妇女巾帼建功活动领导小组表彰为优质服务迎奥运全国巾帼文明岗。新泰市地税局被中华全国总工会评为全国模范职工之家，被省地税局评为全省地税系统2008质效年活动先进单位。汶南分局被共青团山东省委评为省级青年文明号。2010年，被省工会授予山东省富民兴鲁劳动奖状。楼德分局被评为全地税系统爱岗位、讲奉献、促发展先进集体。2011年，新泰市地税局被表彰为泰安市优秀志愿服务组织。2012年，新泰市地税局被评为新泰市十大文明行业第一名。新汶中心税务所被评为全市地税系统十佳党员示范窗口。陈忠清被评为全省地税系统十佳党员示范窗口。陈延风被评为全市地税系统十佳党员先锋岗。2013年，新泰市地税局在新泰市十大文明行业评选中取得第一名。同心汇聚，和谐共赢的服务品牌被评为2013年度新泰市优秀机关服务品牌。新汶中心税务所被评为全国五一巾帼标兵岗。2014年，新泰市地税局纳税服务中心被评为泰安市女职工建功立业标兵岗。东都中心税务所办税服务厅被评为泰安市巾帼文明岗和全市地税系统巾帼建功先进集体。

第十节　基层建设

一、基础设施

1994年，投资200余万元，对基层分局（所）办公场所进行改造；投资100多万元为基层购买办公用车20余辆。1995年，投资6万余元，为会计科、新汶分局各配备1台微机，用于税收会计电算化管理。投资100余万元，购买108辆摩托车，用于乡下集贸市场征收税款。1998年，投资100余万元，为基层6个分局进行综合布线，配备联想微机40台，建设新泰市地税局中心机房。2000年，青云分局办公楼建成启用。8月，羊流分局办公楼建成启用。2001年7月，楼德分局办公大楼建成启用。是年，为局机关、基层配备微机100余台。2001年12月，新汶分局办公大楼建成启用。2002年9月，西张庄分局办公大楼建成启用。2003年，谷里分局办公大楼建成启用。2004年，投资300余万元，对新泰市地税局办公大楼和部分中心所进行基础改造，改善办公场所和基层办公环境。2005年，岳家庄分局办公大楼建成启用。对龙廷分局办公楼进行改造。2006年，新泰市地税局机关新配“奔4”微机45台。2007年，投资50余万元购置微机80台，达到一人一台微机标准。2010年，购置投影仪、电视机等设施，新配备微机30台，对会议室条件进行多媒体信息化改造。2011年，明确基层建设形象标识、导示系统、宣传系统、办公系统、环境卫生和“五小”建设标准，投资200余万元，完善基层和机关办公、生活服务设施，新配备微机31台。建成新泰市地税局机关食堂并投入使用。2012年，除省级拨付114万元资金全部落实到位外，投资400余万元为基层中心所购买办公用车11辆，更换基层办公微机64台、空调20台。2014年，对果都中心税务所进行改造。

二、行政保障

经费与财务管理 1994年8月，经费报表、记账全部为手工。2003年1月，印发新泰市地税局基层单位经费管理暂行办法，使用浪潮公司开发的省地税局财务管理软件，实现财务电算化。2004年，实行财务预算、决算电算化。2005年，按省地税局要求，国有资产报表、资产处置报批制度开通使用网上银行。2009年，使用省财政厅开发的《山东省行政事业资产管理信息系统》，国有资产明细到使用人、使用单位。2011年，应用省地税局重新开发的《山东省地方税务局财务管理》软件（用友版）。

督办及政务信息公开 1994年，建立督办及政务信息公开制度，明确办公室为督办责任单位，各基层单位设立政务公开栏，定期更新公开内容。2004年，修改完善督办及政务信息公开制度，细化政务信息公开内容，定期检查政务信息公开工作情况。2013年，将机构设置、机构职能、工作动态等上传市地税局网站予以公开。2014年，将机构设置、机构职能、领导简介、政策法规、政务信息公开报告上传新泰市政府网予以公开。

舆情管理信访 1994年，建立舆情管理信访工作制度。2003年，修改舆情管理信访工作制度。2011年起，定期向新泰市委宣传部上报舆情管理信息。

后勤服务保障 1994年，制定后勤服务保障制度。2006年，修改后勤服务保障制度，细化内容，强化责任，提升后勤服务保障质效。

档案管理与保密工作 1994年，建立档案室。2003年，投资4.8万元购买新型档案密集架、办公桌椅，被评为省二级档案室。2006年，投资4.2万元购买微机、打印机、空调、除湿器、消磁柜、温湿度记录仪、切割机、打孔机、吸尘器等设备，按照省一级档案室标准，整理规范新泰市地税局档案资料，被评为省一级档案室。2007年，按照省特级档案室标准整理规范档案资料。是年，新泰市地税局档案资料管理工作被评为省特级档案室。

第四章 肥城市地方税务局

肥城市地税局组建于1994年8月，局机关内设办公室、政工科、征收管理科、计划财务科、流转税科、地方税科、装备科7个科室，下设直属分局、稽查局、王瓜店分局、石横分局4个二级事业单位，新城所、老城所、潮泉所、湖屯所、桃园所、王庄所、仪阳所、安临站所、东陆房所、孙伯所、安驾庄所、马家埠所、边家院所、过村所、汶阳所15个股级事业单位，负责肥城市企业和个体工商业户地方税收征管工作。至2014年底，局机关内设办公室、法规税政科、征管和科技发展科、税源管理科、收入核算和财务科、人事政工科、监察室、纳税服务中心8个职能科室，下设直属分局、稽查局2个直属机构，老城、王瓜店、石横、桃园、安驾庄、汶阳6个中心税务所，在职干部职工175人。1994－2014年，组织各项收入151.06亿元，先后获全省青春建功先进单位、全省富民兴鲁劳动奖状、省级青年文明号、全省地税系统先进集体、省级文明单位、全省地税系统十佳六好基层单位、全省地税系统管理年活动先进单位、全国税务系统文明单位等称号；老城分局获全国青年文明号，直属分局办税服务

2009年4月肥城市地方税务局办税服务厅“全国巾帼文明岗”揭牌

大厅获全国巾帼文明岗称号。

第一节 组织收入

一、税种收入

1994年起，营业税、企业所得税、个人所得税为地税部门主体税源，资源税、固定资产投资方向调节税、城市维护建设税、房产税、印花税、城镇土地使用税、车船税、屠宰税等为地税部门的零散税源。

二、行业类型收入

1994－1997年，地税收入按经济类型统计，未按行业分类统计。

表10–4–1 1994－2014年肥城市地方税种收入完成情况

单位：亿元

税种	收入	年均增长（%）
营业税	36.82	28.06
企业所得税	18.52	37.38
个人所得税	9.95	43.55
资源税	14.13	30.22
固定资产投资方向调节税	1.12	2000年起暂停征收
城市维护建设税	13.46	25.87
房产税	6.37	26.82
印花税	1.54	34.17
城镇土地使用税	15.24	37.32
土地增值税	4.42	1996年起组织入库
车船税	1.21	32.87
耕地占用税	8.38	2011年起负责征收
契税	11.18	2011年起负责征收
屠宰税	0.05	2006年起停止征收

表 10-4-2　　　　1998 — 2014 年肥城市分经济类型统计情况

单位：亿元

	第一产业	占总收入比重（%）	第二产业	占总收入比重（%）	第三产业	占总收入比重（%）
1998			0.92	52.91	0.82	47.09
1999			0.88	49.71	0.89	50.29
2000			1.07	58	0.78	42
2001			1.84	75.03	0.61	24.97
2002			1.34	61.41	0.84	38.59
2003			1.35	62.87	0.8	37.13
2004			1.79	65.12	0.96	34.87
2005			2.68	68.8	1.21	31.18
2006			3.3	65.94	1.7	34.04
2007			4.02	64.61	2.2	35.33
2008			4.97	65.18	2.65	34.74
2009			5.65	63.29	3.27	36.65
2010			7.62	64.21	4.24	35.72
2011			12.61	65.85	6.47	33.81
2012	0.43	1.88	15.37	67.26	7.05	30.86
2013	0.45	2.04	13.11	59.69	8.41	38.27
2014	0.89	3.66	12.15	49.69	14.41	46.65

表 10—4—3　　1994—2014 年肥城市地税收入分经济类型

单位：万元

年度＼项目	国有企业	集体企业	股份制合作企业	联营企业	有限责任公司	股份公司	私营企业	其他企业	港、澳、台投资企业	外商投资企业	个体经营	合计
总计	169428	100030	113347	118	12763	628687	202267	48336	17900	13269	130872	1437017
1994	4668	1603		2			2	14				6289
1995	5363	2312					3				49	7727
1996	9113	2506					8		32	25	382	12066
1997	10944	4027					11		31	5	710	15728
1998	11545	4726		23		86	35		18	23	865	17321
1999	11710	3593		3		147	754		63	164	1354	17788
2000	11684	3472	377				653		415	52	1857	18510
2001	14427	3529	1302	2			2950			658	1687	24555
2002	10681	5990		2		2122	875		2	949	1263	21884
2003	8378	3925		22		6837	155			525	1681	21523
2004	8099	3041	12	42	12763	520	518		41	502	1935	27473
2005	7365	4776				20121	1496		393	708	4082	38941
2006	6859	4559				28924	3538		529	800	5024	50233
2007	6467	4749				36728	6613	7	804	557	6312	62237
2008	7129	4113	37	8		48233	8081	1302	1355	761	5180	76199
2009	7415	4914	1			56060	10453	2193	983	1122	6110	89251
2010	4110	4357	5	1		80145	16098	3498	1228	1010	8270	118722
2011	4847	5004	10	11		118687	37485	6368	2958	1631	14462	191463
2012	4964	9572	13			126590	58282	8120	3661	1820	15413	228435
2013	6414	7434	165	2		103487	54257	11283	5387	1957	29271	219657
2014	7246	11828	111425					15551			24965	171015

注：历年数据是净入库口径，不包含提退税金。

表 10-4-4　　1994 – 2014 年肥城市地税收入占地方财政收入比重情况

单位：万元

年度＼项目	财政收入	县乡级收入	占比（%）
1994	11362	5195	45.72
1995	13854	6613	47.73
1996	19321	10935	56.6
1997	24506	14334	58.49
1998	28189	15523	55.07
1999	32417	15902	49.05
2000	35396	16842	47.58
2001	43186	21174	49.03
2002	45210	16087	35.58
2003	53706	16296	30.34
2004	58568	19875	33.93
2005	80118	29317	36.59
2006	103153	37209	36.07
2007	128116	46147	36.02
2008	153997	57004	37.02
2009	183109	65287	35.65
2010	223196	81404	36.47
2011	274536	141268	51.46
2012	318667	178364	55.97
2013	319296	186105	58.29
2014	388306	208604	53.72
合计	2538209	1189485	46.86

表 10—4—5　　1994—2014 年肥城市地税收入分级次收入完成情况

单位：万元

年度＼项目	总收入	其中：中央级		省级		地市级		区县级	
		金额	占总收入比重（%）	金额	占总收入比重（%）	金额	占总收入比重（%）	金额	占总收入比重（%）
1994	6289		0	1066	16.95	28	0.44	5195	82.61
1995	7727		0	1088	14.08	26	0.33	6613	85.59
1996	12066		0	1123	9.31	8	0.07	10935	90.63
1997	15728		0	1394	8.86		0	14334	91.14
1998	17321		0	1798	10.38		0	15523	89.62
1999	17788		0	1886	10.6		0	15902	89.4
2000	18510		0	1668	9.01		0	16842	90.99
2001	24555		0	3381	13.77		0	21174	86.23
2002	21884	1980	9.05	1916	8.76	1901	8.69	16087	73.51
2003	21523	2151	9.99	1548	7.19	1528	7.1	16296	75.71
2004	27473	3490	12.7	2072	7.54	2036	7.41	19875	72.34
2005	38941	3673	9.43	3272	8.4	2679	6.88	29317	75.29
2006	50233	5356	10.66	4194	8.35	3474	6.92	37209	74.07
2007	62237	6465	10.39	5231	8.4	4394	7.06	46147	74.15
2008	76199	8384	11	5895	7.74	4916	6.45	57004	74.81
2009	89251	10136	11.36	7462	8.36	6366	7.13	65287	73.15
2010	118722	18912	15.93	10129	8.53	8277	6.97	81404	68.57
2011	191463	28043	14.65	12246	6.4	9906	5.17	141268	73.78
2012	228435	27024	11.83	12433	5.44	10614	4.65	178364	78.08
2013	219657	21792	9.92	39	0.02	11721	5.34	186105	84.73
2014	244605	17665	7.22	22		11996	4.9	214922	87.88
累计	1510607	155071	10.27	79863	5.28	79870	5.29	1195803	79.16

注：历年数据是净入库口径，不包含提退税金。

1998 年起，经济类型和行业类型相结合，反映地税收入组成。1998 - 2014 年，第一产业收入 1.9 亿元，第二产业收入 88.01 亿元，年均增长 17.5%；第三产业收入 54.33 亿元，年均增长 19.62%。

三、经济类型收入

1994 年，肥城市税源按经济成分分为国有、集体、私营、其他、个体五种类型。其中，国有企业地税收入 4668 万元，占总收入 74.22%，集体企业地税收入 1603 万元，占总收入 25.49%，两种经济成分提供的地税收入占总收入 99.71%，其它经济成分地税收入占总收入 0.29%。至 2014 年，国有企业地税收入 7246 万元，占总收入 2.96%，同比增长 12.97%；集体企业地税收入 1.18 亿元，占总收入 4.84%，同比增长 59.11%；股份制企业地税收入 11.14 亿元，占总收入 45.55%，同比下降 1.64%；外资企业地税收入 5811 万元，占总收入 2.38%，同比下降 20.87%；个体经营地税收入 2.50 亿元，占总收入 10.21%，同比下降 14.71%。其他经济类型企业地税收入实现地税收入 1.56 亿元，同比增长 37.83%。

四、级次收入

中央级 1994 年 10 月 -2001 年 12 月，地税部门收入全部为省级和地市级以下收入。2002 年 1 月，中央财政参与地方税收中企业所得税、个人所得税分成。2002 - 2014 年，中央级收入 15.51 亿元，年均增长 43.82%。

省级 1994 - 2014 年，省级收入 7.99 亿元，占总收入的 5.28%，年均增长 24.09%。

地市级 1994 - 1996 年，地市级收入 62 万元。1997 - 2001 年，无地市级收入。2002 - 2014 年，地市级收入持续增长，完成 7.99 亿元，年均增长 36.55%。

县乡级 1994 - 2014 年，县乡级收入 119.58 亿元，占总收入的 79.16%。1994 年，县乡级收入 5195 万元，到 2014 年，达 21.49 亿元，年均增长 31.25%。

第二节 税收法制

一、税收执法检查监督

税收执法检查 全国性的税收执法检查自 1995 年开始。1999 年 7 月，落实税务总局《税收执法检查规则》（试行），开展发票清理专项检查，检查 1009 户，检查面 100%，并对检查结果实施复查。2004 年 10 月，学习《税收执法检查规则》。2011 年 3 月，依托大集中数据，试点应用网上执法检查系统，对 2006 - 2009 年的非正常户、恢复登记户、临时户、税票作废、预收税款、滞纳金加收、注销登记 7 项指标进行检查。5 月，省地税局通过网上执法检查系统对肥城市地税局 8 个指标、387 个执法疑点，进行考核，执法零过错。

2014年7月，结合省地税局执法督查，开展税收执法自查，督促整改存在问题。

税收执法监督 2002年，成立肥城市地税局稽查案件审理委员会。2003年，召开义务监督员恳谈会，聘请税收特邀监察员20人、义务监督员130人。2004年1月，召开全面推行税收执法责任制动员宣誓大会，实行税收执法过错责任追究。

税收执法责任制 2003年，推行税收执法责任制，编制体系文件16项，设立执法岗位25个，非执法岗位16个。2005年5月，对干部职工分批培训，模拟操作执法流程196项，模拟下达执法文书575份。8月，召开税收执法责任制数据管理调度会，对设立登记逾期办结率、变更登记逾期办结率、逾期申报处理率等征管数据指标实现网上月考核，月通报。2006年1月，实行税收执法责任制的计算机自动监控考核。2008年6月，召开税收执法责任制软件培训会议。2013年10月，金税三期上线，税收执法计算机自动监控考核系统暂时停用。

复查复审 2007年，制定并试行税务稽查案件复查复审过错追究办法。2010年4月，强化风险管控、落实复查复审、提升稽查案件质量典型经验，在全省地税系统政策法规会议上作介绍。2011年11月，实施预防和化解税收执法矛盾管理办法，被市地税局推广。2014年7月，在税务行政执法中严把取证关口，规范证据采集经验，被省市地税局转发。

全省地税系统税收检查取证工作座谈交流会在肥城市地税局召开

二、税务稽查

软件应用和自主开发 1998年，使用单机版稽查软件，由手工填制过渡到计算机操作打印文书、税票。2000年，使用山东地税综合信息管理系统（简称综合信息系统），实现纳税人信息的计算机查询和分析。2007年，使用数字化查账助手。2008年，实现稽查选案、检查、审理、执行四分离网上应用，稽查信息直接进入全省税收信息大集中系统。2010年，开发肥城地税稽查案件动态监控系统，10月上线试运行。2011年，使用省地方税务电子查账系统。2012年，肥城地税稽查案件动态监控系统更名为泰安地税税务稽查动态监控系统，在全市地税系统推广。2014年，研发泰安地税稽查选案系统，搜集纳税人信息资料，根据计算机选案指标、选案参数、选案结果确定稽查对象。

税收专项检查 1995－2014年，对1554户企事业纳税单位进行纳税检查，入库3.26亿元，占总收入2.16%。

税收专项检查包括行业税收专项检查、区域性税收专项整治、重点税源企业专项检查，由税务总局、省地税局制定方案，由市、县（市、区）地税局稽查局负责牵头统一组织。1995－2014年，对年纳税100万元以上的、列入省、市重点税源监控范围内的企业开展专项检查，检查 企业446户，查补入库税款1.35亿元。

打击发票违法犯罪 1995－2014年，贯彻国务院《关于印发全国打击发票违法犯罪活动工作方案的通知》，成立打击发票违法犯罪活动工作协调小组，部署落实打击发票违法犯罪活动工作方案。联合肥城市政府组建包括国税、地税、公安、工商、电信等部门组成的组织打击发票违法犯罪活动工作协调机构。开展对纳税人发票使用情况检查，查账必查票、查案必查票、查税必查票。开展对纳税人是否存在未按规定开具发票、开具假发票或虚开发票以及利用不符合税法规定的凭证列支成本费用等行为进行发票专项检查，查处发票违法案件16件，查补税款133万元，罚款85万元。

专案检查 1998－2014年，受理举报案件53起，查结53起，查结率100 %，查补税款、滞纳金、罚款合计515.5万元。

第三节 税收管理

一、税收管理制度

税务登记 1994年，设立征收管理科，负责纳税人开业、变更、停复业、注销、非正常户认定、外出经营报验登记管理。1995年，开展税源摸底，基层分局（所）对所辖业户全部建立税务登记底册，纳税人资料实现一户一档。1996年5月，个体工商户由地税机关办理税务登记，为4253户个体工商户核发地税版税务登记证件。7月，开展清理漏征漏管户和发票检查相结合的登记验证，验证6815户，变更37户，注销124户，清理漏征漏管户105户，补税罚款1.75万元。1997年3月，核发涉外企业的税务登记证件，为35户涉外企业核发地税版税务登记证件。1998年3月，开展内资企业和个体工商户的税务登记验证，对6217户纳税人统一验证。1999年6月，根据税务总局和省地税局要求，开展内资企业和个体工商户换发税务登记证件工作。2002年，成立5个小组，以城区为中心，协助直属分局进行拉网式清理整顿，查补入库税款110万元，罚款13万元，年纳税额增加300万元。2003年，开展集贸市场税收专项整治，对21个集贸市场纳税户进行检查，清理漏征漏管户257户，查补税罚款8.9万元。2006年，按照省地税局通知，启用国地税联合办证系统，换发税务登记证件4172户，重新登记880户，完成2930户营业税纳税人数据采集和税务登记换证。2010年，开展税收征管秩序专项整治，新办税务登记314户，查补税款512万元。2011年，开展餐饮、娱乐、服务和交通运输业漏征漏管户专项清理，清理3425户，补办登记430户，查补入库税款192万元。2013年，对单位纳税人税务登记验证，验证2765户，修改登记信息365条，新办登记324户。2014年，新增登记1984户，其中：单位纳税人824户，工商户1160户。

纳税申报　1999年，肥城市地税局被市地税局确定为电子申报试点单位，在全省地税系统率先实行银行代收税款。2000－2001年，推行自行申报，集中征收。推行多元化申报和银行代收税款，实现税、企、银三家联网的网络申报。2002年，完善银行代收税款和电子申报，应用率90%，全部取消手工开票，市地税局在肥城市地税局召开推广现场会。2003年，电子申报、委托银行代收税款100%，引导纳税人采取自行申报、自行缴纳、自行打印税票方式。纳税人全部实行E税通，网络报税。2004年，双委托、网上申报、电话申报征管项目被市地税局评为创新一等奖。2008年，省地税局数据“大集中”后，采用新网络报税系统。2012年，肥城市地税局率先在全省试点企业综合办税平台（客户端），75%以上企业使用客户端进行申报纳税，申报税款累计8.97亿元，入库税款6.53亿元。2014年8月，根据省地税局恢复启用山东地税企业综合办税平台平台，率先在全省举办网络报税纳税人企业综合办税平台操作培训，参训2000人次。

税款核定征收　1996年5月，肥城市国、地税进行征管范围调整。6月，对个体工商业户换发税务登记，开展税收清理检查，查补税款56万元。1997年，改革个体定税办法，实现税收700万元。开展个体建账试点、个体征管做法在全省个体征管工作会议上作典型发言。2000年，根据税务总局个体工商户定期定额管理暂行办法，对个体工商户定期定额实行ABC分类分级管理试点。2002年，调整680户饮食业户定税额，年增加税收160万元。2003年，个体工商户试行“双委托”征收办法。2004年，启用山东地税双定户定额核定信息系统，推行微机定税，实行定额公示。2006年，对7986户个体工商户重新微机定税，税负提高20%。2008年，核定个体工商户8041户，微机定税面100%，双定业户征税户2410户，增长44.7%。小型企业核定征收756户，占

表 10–4–6　　1995 – 2014 年肥城市行业税收专项检查情况

单位：户、万元

年度	检查重点	户数	查补税款
1995	建筑业	15	56
1996	煤炭生产、电力行业	20	53
1997	金融保险业	14	105
1998	制造业、销售不动产	43	360.9
1999	运输业、饮食服务业	51	484.6
2000	金融业	15	56
2001	境内外资咨询机构	20	53
2002	饮食业	14	105
2003	医疗机构、建筑安装业	21	139
2004	货物运输业、房地产行业	28	160
2005	水泥生产、房地产行业营业税	32	215
2006	建筑安装业	20	325
2007	食品、药品生产加工业、高收入行业个人所得税	21	145
2008	房地产及建筑安装业、中介服务业	61	176.7
2009	中介服务业	19	795
2010	房地产业、交通运输业	40	902
2011	制造业	32	2184.67
2012	建筑安装业	27	373.56
2013	商业零售企业	16	592.70
2014	房地产业、建筑安装业	19	1055.76

登记户数 40%，核定税款增加 21%。2010 年，个体微机定税户 8058 户，季度定税额 283.07 万元，年增税额 466.9 万元。2011 年，个体微机定税户 8160 户，税收定额同比增长 21%，年增税收 412.5 万元。2014 年，个体微机定税 1.02 万户，定额增长 22%。

发票管理 1994 年 11 月，根据省地税局做好发票监制章清理的通知，1995 年 1 月，使用省地税局统一制作的

表 10–4–7　　1995 – 2014 年肥城市区域性税收专项检查情况

单位：户、万元

年度	重点	户数	查补税款
1995	饮食服务业	17	31
1996	企业所得税	26	71.8
1997	建筑业、金融保险业营业税	21	311
1998	制造业、销售不动产、交通运输业营业税、车船税	12	56.7
1999	采矿业、运输业、饮食服务业房产税、土地使用税	10	32
2000	对邮电通信、电力生产企业所得税	15	111
2001	中介结构税收专项机构	20	125
2002	新城大市场固定经营业户	28	256
2003	个人独资和合伙企业以及体育俱乐部人员个人所得税、建安企业所得税	30	252.3
2004	医药生产及购销企业、石灰石生产和收购企业	70	563
2005	运输企业、房地产行业营业税和个人所得税	95	817
2006	煤炭生产及运销企业个人所得税	20	325
2007	餐饮业、服务业、娱乐业、金融保险业营业税，高收入行业、高收入个人所得税	80	560
2008	证券业、中介服务业	31	341
2009	营利性医疗及教育培训机构、中介服务业	43	2020
2010	药品经销行业、交通运输业	14	928
2011	房地产业、建筑安装业营业税、土地增值税	43	1701
2012	资本交易项目、地方商业银行、地方股份制银行	15	642
2013	证券、基金公司，中介、培训服务机构营业	13	982
2014	交通运输、饮食服务业	11	102.2

发票监制章。1996 年 6 月，对国地税征管范围调整后纳入地税机关管辖缴纳营业税的个体工商户和涉外企业，重新核发发票领购簿和发售发票。交通运输发票暂由交通部门管理。9 月，根据省财政厅、省物价局联合发文批复，统一了普通发票收费标准。1997 年 1 月，组织发票换版，开展发票检查，查处违规

业户29户，补税3.8万元，罚款6070元。1998年7月1日起，启用山东省娱乐业专用定额发票，印发定额发票管理暂行办法，试行餐饮业发票互审制度。1999年，开展发票清理检查，普查与重点抽查相结合，普查1009户单管纳税户，查出问题户158户，查补税款32.9万元，罚款4.56万元。2001年，推广定额发票，实行以票控税，对发票违规举报予以奖励，开展发票抽奖活动，在服务业和娱乐业推广应用税控收款机。2002年，扩大定额发票适用范围，缩小手写发票适用范围。2003年，246户纳税人使用税控收款机。2004年，启用山东地税发票税控管理信息系统，实现发票印制、领购、发售、缴销与申报数据核对、查询发票真伪的网络化、自动化管理。2005年1月，将税务登记证费和税务发票工本费纳入省级预算管理，其收入缴省级国库。启用全国统一的税务机关代开统一发票（地税）和山东地税货物运输业读写卡发票开具系统。2006年，实施发票精细化管理，从领购、开具、取得、保管、缴销到检查、处罚各环节，规范制度执行。2008年3月，应用省地税局“大集中”系统发票管理系统。2009年，采取纳税人自购、政府补贴方法，推广税控收款机安装使用。2010年，开展发票专项清理，检查使用地税发票单管户3246户，查验发票6.7万张，查补入库税款35.6万元，罚款1.9万元。2014年5月，被市地税局确定为全市网开发票试点单位。8月，市地税局在肥城召开会议，推广网开发票管理系统。

委托代征 1994年，委托交通部门代征车船使用税和交通运输营业税。2007年，交通运输业委托代征覆盖肥城全市，代征税款400万元。1996年，对建筑安装业营业税实行付款准支证控管办法。1－6月，征收建筑安装业营业税495.6万元。对运输营业税、个人所得税、印花税、车船使用税、屠宰税等实行代扣代征。1997年，完善屠宰税委托代征管理办法，与肥城市肉类联合加工厂签订委托代征协议，是年委托代征税款122万元。1998年，部分分局（所）委托乡镇代征建筑安装业营业税，代征

2013年全省12万元个税申报第一人

税务干部上门征收税款

代扣税款1056万元。2003年，实行综合治税，与各乡镇、村签订委托代征协议，签订面100%。2008年，启用委托代征系统，从单行业、单税种扩大到部分行业和全部税、费（基金）。2008－2014年，代征税款5.3亿元。2014年，金税三期上线后，通过委托代征管理系统，签订委托代征协议67户，代征税款214万元。

信用等级 2000年，开展纳税信用等级评定，实行纳税人分类管理和企业办税员制度试点。2004年，基层税务部门初审，县级国地税联合复审，评定纳税人1426户。2006年，根据省地税局部署，开展第二次纳税信用等级评定，评定纳税人1532户。2008年，开展第三次纳税信用等级评定，评定纳税人1625户。2010年，开展第四次信用等级评定，评定纳税人1956户。2012年，开展第五次信用等级评定，评定纳税人2637户。

社会综合治税 2003年9月，成立综合治税领导小组，下设综合治税办公室，建立综合治税部门联席会议制度，形成市直、乡镇、村级综合治税机构。10月，采取签定协议、联合下文、联合办公、召开联席会等形式，建立涵盖15个镇（区）、街、村（居）的社会综合治税三级网络，签订税源监控协议和委托代征税款协议书，委托代征税款2200万元，采集信息3121条。2004年，与国税、工商、金融、房管、土管、建设、交通等部门，分别建立信息交流、联审、委托代征等制度，在房管和交通局运管处设立窗口，在车管所派员驻岗，实现多环节全方位税收监控。2005年，与房管、建设等部门建立联审制，与交警、市场管委会等部门实行委托代征制。与26个部门签订税源监控协议，与126个部门签订委托代征税款协议书，采集信息6423条、征收税款1320万元。2006年，与房管部门配合，推行先完税后发证制度，强化“二手房”、集资建房、房改房、房屋租赁的税收管理，征收税款325万元。2007年7月，肥城市政府将推进社会综合治税列为《政府工作报告》决策事项。2008年，通过社会综合治税途径，采集涉税信息3.02万条，比对漏征漏管信息1932条，入库税款3264万元。2009年8月，对综合治税中成效突出的建设局等14个先进单位，董民等16名先进个人进行表彰。2011年，肥城市政府印发进一步加强地方税收保障工作的通知，成立领导小组，下设办公室，设在财政局，财政局长任办公室主任，国

泰安地税系统“网开发票管理系统”推广应用会议

地税党组成员兼任办公室副主任，负责地方税收保障单位信息的收集整理传递督促。是年，委托工商行政管理部门代征地方税款。2012年，贯彻落实《山东省地方税收保障条例》，定期召开综合治税成员单位联席会议，采集信息2.35万条，入库税款3060万元。2013年，拓宽综合治税信息采集、分析和利用渠道。2014年 2 月，经肥城市地税局建议，肥城市政府将综合治税工作纳入政府行政效能评估考核内容，作为政府重点工作，列入督查范围。

征管制度　1995年，建立税务登记、纳税申报、税务检查等8项征管制度，明确征管程序。启用全国统一的征管文书，按户设置征管台账，配备征管档案。4月，在肥城市地税局召开全市地税系统征管基础建设现场会，推广其经验和做法。1996年，建立以计税依据、申报期限、适用税种、税率、等完备的纳税申报、财务报表审核体系，完善纳税申报制度。1997年，实行以“六率”为核心内容的征管质量考核。1998年，落实省地税局《地税征管工作规程》，促进征管规范化、制度化、程序化。1999年，印发征管工作目标化管理办法，在征管改革、税源控管、发票管理等各个方面制定具体标准和落实计划，获市地税局征管质量检查第1名。2000年，落实企业分类管理和办税人员管理办法，进行办税员资格认定。2001年，培训和学习《中华人民共和国税收征收管理法》，举办培训5次，专题业务考试4次。2006年，推行征管片区责任制，制定税收管理员下户巡查管理办法，健全下户巡查制度。

二、税源管理

（一）行业税源分布与结构

建筑安装业　肥城有建筑安装企业251家，主要分布于新城办事处，注册户数153家。安庄镇、汶阳镇、仪阳镇、老城街道、桃园镇、王瓜店街道的建筑安装业相对发达，为当地主要财政来源之一。1996－2014年，实现地税收入1.59亿元，占总收入10.55%。

房地产业　肥城辖区内有98家房地产开发企业，主要集中在新城街道（城区）、王瓜店街道、仪阳镇，其他各乡镇有零星开发。1996－2014年，实现地税收入11.07亿元，占总收入7.33%。

电力业　主要分布在肥城西部地区的石横镇，装机容量230万千瓦。1998－2014年，实现地税收入5.31亿元，占总收入3.51%。

制造业 产品主要有机械制造、服装制造及加工、食品饮料加工、设备制造、矿山机械及设备制造、化工等。主要集中在肥城市高新技术产业开发区，老城街道、湖屯镇、石横镇、仪阳镇、汶阳镇亦有分布。其中化工产品主要有化肥、甲酸、纤维素等，主要分布在新城街道、安站镇、石横镇、汶阳镇。1996－2014年，实现地税收入28.15亿元，占总收入25.26%。

商业 商业集团及大型零售商店主要集中在城区，各乡镇均有不同规模的分布。1996－2014年，实现地税收入6.73亿元，占总收入4.46%。

交通物流业 因厂矿企业分布不均，导致交通物流业形成区域性发展。主要分布在新城街道、石横镇、湖屯镇、老城街道、王瓜店街道、桃园镇等镇街。1996－2014年，实现地税收入3.77亿元，占总收入2.5%。

金融保险业 主要集中在肥城市城区，各乡镇农村信用社均有分社。1996－2014年，实现地税收入8.9亿元，占总收入5.93%。

住宿、餐饮业 各乡镇均有分布，但城区较集中。1996－2014年，实现地税收入1.46亿元，占总收入0.97%。

（二）税收预警

2008年12月，执行省地税局税收预警系统，成立税收预警小组。2009年3月，税收预警业务由税源管理科实施。2009－2014年，处理预警信息6572项（户），经调查核实，2363项（户）有涉税问题，补税3492.61万元。

（三）税源专业化管理

2009年3月，根据省、市地税局通知，成立由7人组成的税源管理科，原信息管理科、重点税源管理办公室、征收管理科的数据处理和综合治税职能并入该科，主要负责税源管理、信息化管理、数据处理、综合治税工作。将年纳税50万元以上的176户纳税人列为重点税源，实行市局集中监控；将年纳税5万元以上的2512户列为一般税源，实施行业管理、预警管理；将年纳税5万元以下的8990户列为零散税源，实施核定征收、委托代征；对投资额1000万元以上的重大建设项目，从立项到完工实行闭环式监管。5－10月，分行业构建纳税评估模型。

全市地方税收综合治税工作新闻发布会

建立财务指标类、生产工艺类等5个大类26个小类的测算指标体系；选定5个行业中财务核算比较健全的60户企业，通过实地调查和与企业相关人员约谈，归纳行业基准收入、成本、费用和税负等相关指标预警值；建立制造业、房地产、采矿业等行业的纳税评估数据模型。7月，研发税源信息监控平台，作为推行税源管理新模式的信息共享平台和应用联动平台。12月，抽调8人到税源管理科，调整管理职责，增加重点税源评估监控的约谈核查权和评定处理权，内设行业监控、风险管控和信息化管理3个组。2010年5月，开发肥城地税税源管理专业化平台，推进行业管理精细化。10月，成立税源一体化管理领导小组，制定税源一体化运行规范，明确一体化协作的内容、程序、方式，研发并依托税源管理一体化平台实施在线考核。2011年5月，税源管理一体化经验在全国税源管理工作会议上作专题汇报，税务总局党组成员、副局长宋兰签批，行业模型引入国家税务总局教学案例。2012年10月，在全国税务系统税源管理基层培训教师培训班上，肥城市地税局作《建立"项目加指标"纳税评估新模式的探索和实践》专题讲座。

2013年6月，全市地税系统在肥城市召开会议，推广纳税评估案头审核系统。肥城市地税局作典型汇报，演示该系统。2014年5月，作为省地税局向财务报表要税收的试点单位，肥城市地税局制定项目加指标的财务分析方法，设立28个风险分析指标。省地税局党组书记、局长张洪军两次签批肯定，并列入专项督察。

肥城市地税局税源专业化管理经验做法得到税务总局党组成员、副局长宋兰、副省长王军民的批示肯定，在全国税务系统税源专业化管理工作会议上作典型汇报，省地税局推广肥城市地税局经验。税务总局征管司把肥城市地税局"行业评估模型的构建及应用"课题引入教学案例。

（四）纳税评估

2004年，进行纳税评估试点，对工业、商业、房地产业、建筑业、服务业等行业进行纳税评估，建立指标体系，完善操作规程。 2005年11月，对重点税源逐户评估，一般税源按行业评估，零散税源按区域评估。2009年5月，丰富评估内容，规范评估程序，实现评、查、管联动。2010年，利用税源专业化管理设计的36个通用指标、67个属性指标、49个机会指标和13个分行业建立的采矿业、制造业等纳税评估模型对重点税源企业进行纳税评估。2011年3月，扬州税务学院专家、省地税局负责人，到肥城观看纳税评估实战演练。2012年2月，全市地税系统纳税评估业务培训在肥城举办， 扬州税务学院申山宏教授作《财务分析方法在纳税评估中的运用》专题讲座。2012年，探索建立行业评估为主线，项目指标相结合，集中评审锁

专业化管理工作现场会

疑点的纳税评估新模式。次年，在全省推广使用，监控增收1.4亿元。2014年5月，在全省税源管理培训班上，肥城市地税局作《风险管理下的纳税评估》专题讲座。

（五）大企业管理与服务

2012年3月，制定联合纳税服务实施方案，以30家大企业为服务对象，构建以个性化纳税服务和全流程风险管理为主线的核心业务框架。5月，制定纳税服务试行办法，成立大企业个性化联合纳税服务工作领导小组，以纳税人需求为导向，提供针对性纳税服务，以风险管理为导向，实施科学高效、统一规范的专业化管理。2014年7月，与肥城市国税局联合制定大企业涉税事项协调会议制度（试行），研究解决税收管理与服务中发现的企业具体涉税问题。

三、国际税务管理

1994年，外商投资企业和外国企业所有税种的征收和管理由国税部门负责。1996年2月，税务总局涉外税收征管范围调整规定，涉外企业的营业税、个人所得税由地税部门负责征收。4月，成立肥城市地税局涉外征收分局，负责涉外企业的税收管理工作，隶属二级事业单位。1997年7月，涉外征收分局挂牌成立。2002年，县级以下不再设立涉外分局。2014年，肥城市外商投资企业39户，其中：合资企业 12户，外国企业 10 户，港澳台投资企业17户。

（一）涉外税收收入

2005年，对外籍人员建立“一人一档”电子档案，完善个人所得税源泉控管制度。2006年，充实档案内容，对个人基本情况信息、出入境记录、纳税申报等变更内容予以规范。2007年，对外籍纳税人开展个人所得税双向申报和“一人一票”试点。2008年，开展同国籍、同行业、同职务外籍人员个人所得税比对分析，解决两处以上取得收入合并申报问题。2009年，按照税务总局非居民企业所得税源泉扣缴管理暂行办法，落实扣缴登记和合同备案制度，辅导扣缴义务人及时准确扣缴税款。2013年，对年所得12万元以上外籍人员，个人所得税自行申报工作进行培训辅导。2014年，开展反避税调查，补征税款及滞纳金424.16万元，入库非居民企业税收69.73万元。全年完成涉外各项税费收入5811万元，占总收入2.38%。

（二）涉外税收管理

非居民税收管理 与国税局配合，确保非居民税收管辖权及纳税义务判定特别是常设机构确定上的一致性，联合出具对外支付税务证明，联合开展税务审计，提高非居民税收管理效率。加强与非居民税收管理有关部门的配合，拓宽非居民涉税信息的获取渠道。

税收协定执行 落实非居民享受协定待遇管理规定，加强非居民享受税收协定待遇的审批和备案。审核外国税收居民身份证明，加强纳税人身份认定，防范滥用税收协定优惠。

“走出去”税收服务与管理 通过政策宣讲、培训、调查走访等形式向“走出去”企业宣传税收协定知识，帮助企业避免双重征税。开展“走出去”企业税源调查，规范和加强居民境外投资的税收管理，防止“走出去”企业境外所得在国内延迟纳税和逃避国内纳税义务问题的发生。

情报交换工作 贯彻落实税务总局国际税收情报交换工作规程（简称规程）。对来自缔约国的专项情报、自发情报、自动情报，按规程要求登记建档，填写工作底稿，在情报处理每个环节补充登记相关内容，建立情报交换工作台账，按要求分类审核、调查使用后将工作情况底稿随正式核查报告一并报送省地税局，并附送英文回复函。

反避税工作 落实反避税立案、结案审批制度，结合汇算清缴，督促符合条件的关联企业填报企业年度关联业务往来报告表，如实申报关联交易的类型和数量，分析审核大型企业集团关联申报信息，筛选避税嫌疑企业。以企业集团关联交易、企业股权转让为重点，组织调查取证、纳税约谈、调整补税，将反避税工作延伸到居民企业以及除企业所得税以外的其他地方各税。

第四节 纳税服务

一、办税服务厅

1995年8月，以分局（所）为单位建立征税大厅，全部为专业窗口，设立2－6个征收窗口、1－2个发票窗口，集中办理征收。税收管理模式由专管员上门收税变为纳税人自行申报缴税。1996年8月，肥城市地税局直属分局开发基于DOS系统的开票软件，购进2台486微机，由手工填票转变为机打税票。1997年，建立12个征税大厅。1999年，在办公楼一楼建成460平方米的办税服

2013年全市推广纳税评估案头审核系统

务厅并投入使用，设立窗口12个，更新计算机、配备触摸屏。为纳税人设立休息等候区、取表填单区，为全市地税系统首家现代化、标准化办税服务厅。2008年，办税服务厅拆除原玻璃墙体，降低柜台，面对面办税。2011年6月，纳税服务中心成立，原办税厅和纳税服务中心整合。在乡镇设立办税服务网点，办理所在辖区的涉税服务事项。服务厅及服务网点由纳税服务中心统一管理，建成对外服务平台，在办税服务厅功能区设置引导服务区、办税服务区、咨询投诉区、自助办税区、取表填单区和休息等候区6个服务区和VIP特快通道。

二、多元化纳税服务

2002年，办税服务厅推行一站式服务，落实服务承诺，开展限时服务、预约服务和延时服务，全面实行首问责任制，将办税程序、办税时间、责任人员等全面公开。2003年11月，对所有服务厅人员进行7天的业务、礼仪培训。2004年，推行E税通及“双委托”申报，查账征收企业实现网上申报纳税，核定征收企业及个体工商业户实行“双委托”。2005年，与共青团肥城市委联合启动纳税服务志愿者协会，吸收社会各行业精英126人成为志愿者，定期开展活动，经验做法在全省地税系统推广。2006年，纳税服务中心实现前台受理、后台监督、前后兼顾管理方式。2007年4月，推行一站式纳税服务，整合工作环节，完善服务流程，规定90个涉税事项的办税时限和流程。制定纳税事项一次性告知制度。6月，启用纳税呼叫服务平台系统，录入纳税人电话信息3650条，为纳税人发送提醒短信8000条。2008年，建立巡查制度，实行季度公开。2013年，借助金税三期上线，搭建网上服务平台，实行同城通办，网上服务厅和实体服务厅实现双轨运行。2014年8月，在办税服务大厅实行国、地税联合办公。

三、纳税服务制度

1995年8月，制定征税大厅管理办法。11月，实施办税公开暂行规定。1996年8月，制定微机开票操作指南和微机开票员管理制度。1998年6月，明确税务人员执法文明规范。2000年，开展“111”纳税服务工程，成立“111”指挥中心，配备服务车、服务电话、制定管理制度。2001年5月，制定办税服务厅规范，实行节假日值班制度。2002年，将办税程序、时限、责任、人员等全面公开。2004年5月，落实全省地税系统发票违法行为举报和查处奖惩管理暂行办法，明确纳税服务中心为发票举报案件受理部门。2005年8月，制定纳税服务中心、纳税服务岗位职责，将发票发售、缴销、代开及申报征收和税务登记、投诉举报等事项整合到纳税服务中心。12月，制订涉税事项办理流程。2006年4月，推行税情周记制度，每名税收管理员随时记录纳税人的诉求和办理情况。9月，编辑印制《肥城市地税局纳税服务30条》。11月，制定税收管理员服务规范。2007年2月，制定肥城市发票违规举报案件工作制度。3月，按照纳税人办税的环节、内容、程序，对13大类，47个项目实行办税公开，将208项公开内容通过网站发布。2008年9月，编写《办税服务手册》。11月，推行纳税服务质量量化管理，纳税服务实现定量评价。2009年，实行季度公开制度，调整窗口和岗位，将一岗多能和“一窗式”办税改为“AB岗制度”。2010年4月，实行公开纳税制度，对各税收业务环节和税收管理环节实行对内、对外的双向公开，推行网上服务窗口。2011年12月，制定纳税服务业务操作、纳税服务政策咨询、纳税服务制度等3个规范，全市地税系统规范办税服务厅建设现场会在肥城召开。2013年3月，制定完善纳税人之家实施意见。4月，在办税服务厅统一安装监控网络。10月，制定金三业务操作规范，对业务行为重新梳理。2014年，建立健全始于纳税人需求，基于纳税人满意，终于纳税人遵从的现代化纳税服务制度。

第五节 信息化建设

一、信息化基础

1996年4月，肥城市地税局信息化建设由征收管理科负责。新城、老城、王瓜店、湖屯、石横、直属分局6个分局所购置9台计算机并培训专业操作人员，税收财务人员由手工记账过渡到计算机操作。1997年，为各基层征收大厅配备计算机和培训操作专业人员。税务登记信息处理，实现分类查询、统计汇总、打印自动化。9月，成立税收电子化领导小组，办公室设在征收管理科，负责税收信息化建设。2000年2月，组建信息中心。2003年12月，抽调4人从事信息化工作，建成局域网节点15个，全体人员取得计算机应用初级证书，使用行政办公、征管业务等软件系统，自主开发并推广应用税源管理平台。2009年4月，撤消信息中心，其业务合并到税源管理科。

二、硬件建设

1994年8月，计会科借用肥城市人民银行的计算机使用。1996年，局机关购置6台计算机；分局所自购9台。1997年，投资10万元，为年税收任务50万元以上的分局（所）配备586计算机，实现计算机征收。1998年，计算机总量达42台，建成计算机机房，开通局域网，与省、市地税局实现联网。1999年10月，机关购置45台计算机，每科室1台，培训教室每桌1台。2000年，投资120万元，建成60平方米的标准化信息中心机房，配备中心机房集合温控系统、防雷防静电系统、消防系统，安置机房专用空调、机房专用UPS等设备，配备10个整体机柜，配备浪潮服务器4台、惠普服务器1台、中心路由器及交换设备8台。2001年，投资

集中开展税法宣传活动

纳税服务管理系统推广会

农民宣传税法

税花为媒宣传税法

40 万元建成 100 平方米的计算机培训教室，购置显示设备及终端主机 22 台 / 套，配备投影设备、教师机控制设备。2004 年 8 月，建设视频会议系统，省地税局配发美国宝丽通设备进行连接，实现视频会议连接，达到标准视频会议标准。2005 年，由市政府统一招标购买计算机 70 台，达到人手一台。2007 年 7 月，省地税局配发华为核心交换路由器及三层网络交换设备，配备华为三层交换设备 14 台，对核心网络设备改造。是年，为适应大集中工作需求，市地税局招标购进计算机 30 台。2008 年 8 月，采购浪潮服务器及阵列实施数据管理平台应用系统。2014 年，建成现代化征税大厅 10 个。先后购置中低端专用微机服务器 2 台，微机 100 台，笔记本电脑 34 台，打印机 89 台，各类交换机 22 台，省、市地税局配发微机 106 台，路由器 2 台，防火墙 2 台， UPS 不间断电源 2 台，全局人均微机 1.5 台。

三、软件建设

推广应用 1998 年 5 月，肥城市地税局机关推广应用公文处理软件和 NOTES 电子邮件系统。1999 年 1 月，推广使用山东地税综合信息管理系统。2000 年，自主研发肥城市地方税务局征管软件和征管电子地图。2001 年 12 月，实现县级征管数据集中，所有基层分局均安装公文处理软件和 NOTES 软件，

2014 年国地税联合办税服务厅

市县局机关公文远程分发、传送和处理；NOTES 电子邮件实现网络信息数据传递。2003 年，推广应用办公自动化管理、双定户定额核定、综合治税、残疾人就业保障金代收、财务管理、赛门铁克防病毒、执法责任制考核、重点税源管理、“12366”纳税服务、纳税评估、“一户式”管理、山东地税货运发票管理、个人所得税管理、房地产业税收管理、国地税联合办证、泰安地税系统数据应用平台等 26 个软件。2004 年 4 月，统一征管软件，实现市级数据集中，肥城市地税局可实时监控每个征收机关的每笔税款。2008 年 1 月，全省地税系统“大集中”工程正式上线运行，税收数据过渡到省级集中，全市共注册使用电子报税户 3.65 万户，其中，互联网报税户数 4526 户，双委托扣税户数 3.2 万户。2013 年 10 月，税务总局金税三期系统上线运行。

自主研发 2000 年 12 月，开发肥城市地税局征管软件，对内开放。2004 年，改版内部网站。2006 年，开发使用办公自动化 OA 系统，包括网络考勤、请销假、考试、投票、通知等 21 个办公模块。2008 年，开发建设地税直通车视频宣传网站。8 月，开发应用税务数据综合分析系统，补充大集中系统查询功能。2009 年 4 月，开发应用房地产管理电子信息地图系统，监控掌握房地产行业，汇集多渠道信息数据。2010 年 5 月，开发应用税源管理平台，推进税源专业化管理。2012 年，研发应用税源管理一体化平台、税务稽查动态监控系统、征收服务平台、绩效管理动态管理系统、土地使用税管理系统等软件。2013 年，开发纳税评估案头审核系统。2014 年，开发税收风险分析应对平台。

四、网络建设

局域网 2000 年，在肥城市地税局机关办公楼 8 楼建设 60 平方米现代化中心机房，作为全市数据处理中心和网络中心。2007 年 8 月，更新改造局域网，配备接入层华为交换机（H3C 3600-52P-SI）5 台（42 口）。2008 年 10 - 11 月，升级改造分局局域网，配备交换机（H3C 3610-25P13）10 台。2014 年 5 月，省地税局配备路由器 2 台、防火墙 2 台、热备交换机 2 台，实现对网络安全的即时控制。

广域网 2000年12月，与市地税局通过64K DDN专线实现广域网络联接。2001年，与分局（所）通过广电10M ATM网主干线路实现连接。2004年3月，与市局主干线路网络带宽扩容升级到10M光纤。2005年6月1日，开通网上远程视频会议系统。2007年6月，对骨干网络全面改造升级，将ATM网络改为SDH组网方式，与市地税局连接主备2条线路，主线网络运营商为网通公司，备用线路运营商为铁通公司，带宽均为100M；基层分局带宽2M，网络运营商为肥城市网通公司。2013年5月，肥城市地税局至基层分局带宽升级为10M。

五、内部网站

2001年，在全省地税系统县级局率先建立“肥城市地方税务局网站”平台内部网站。2003年，信息中心主任桑军借调到省地税局办公室，负责全省网站建设，肥城地税网站实现与省地税局网站互通互联。2004年，内部网站由信息中心管理维护。2006年，内部网站移交办公室维护。2010年1月，内部网站改版上线，增设新政速递、视频展示、肥城影像、文化先锋等特色栏目4个，总信息量达1万余条。2012年7月，落实省地税局内、外部网站管理规定，设立1名网站管理员，网站信息通过后台发布系统直接报送市级网站管理员审核发布，重要新闻经省地税局网站管理员审核后在省局网站首页发布。

标准化信息中心机房

第六节　班子队伍

一、人事管理

竞争上岗、双向选择、聘任制 2000年3月，实行股级干部竞争上岗。经过民主推荐、笔试、民主测评、组织考察，提拔正股级干部14名，副股级干部23名；对基层领导干部任职3年以上、一般人员5年以上的进行交流，对机关人员进行换岗，共调整交流人员102人，占全局人员的51.5%。2002年10月，参加全市地税系统副科级职位竞争上岗，民主推荐副科级干部3人。2003年8月，印发《公开选拔任实职股级干部、实行双向选择、股级干部试用制和聘任制的实施意见》。9月，选拔聘任实职正副股级干部11人；基层分局（所）实行双向选择，81.6%的人员轮岗交流。2004年7月，组织正副股级干部竞争上岗，8人任稽查局实职正股级干部，5人任稽查局实职副股级干部，3人任基层单位实职正股级干部。2010年10月，组织正副股级干部竞争上岗，4人任正股级干部，8人任副股级干部。2013年5月，落实干部职工离职离岗实施意见，对年龄超过52周岁以上的股级干部，免去职务。

能级管理 2003年3月，印发《干部能级评审管理办法》，根据全体人员工作岗位和领导职级情况确定5个基础能级。2004年10月，根据全市地税系统能级管理暂行办法，研究制定肥城市地税局机关及直属单位能级评定实施方案。2005年6月，印发公布能级评定结果，对170人能级评定情况进行公布。2009年12月，对能级系数上调、下调和有关情况作补充规定。2011年7月1日起，根据中央、省、市地税局和有关部门要求，干部能级管理暂行办法停止执行。

二、教育培训

1994年8月，结合机构分设人员思想和平时表现组织进行队伍整顿。1995年，开展每周一次的政治学习制度。11月，组织全体会计人员参加《税收会计核算方法》改革培训。1996年1月，开展“六查六看”活动，人人联系实际摆出问题，查找原因。6月，组织各分局(所)长及机关副科长到聊城参观孔繁森纪念馆。1997年，开展以看工作条件，比工作干劲；看劳动强度，比工作作风，看工资收入，比工作业绩；看工作态度，比境界高低为主要内容的“四看四比”教育活动。举办工业会计、个人所得税、微机操作等培训班8期，参训120人次。1998年，确定为业务学习年，举办培训班5期，参训87人次。8月，全员通过全省行政执法证件考试。1999年，组织集中培训，举办培训班4期，参训140人次。2000年，抽调3人参加全省税收业务和半军事化管理知识竞赛，取得团体第一名。2001，组织开展我为党旗添光彩演讲比赛和中华人民共和国税收征收管理法知识竞赛，19人在市地税局组织的业务考试、演讲答辩中，取得总分第一名；开设计算机“夜校”分期培训，134人通过计算机应用能力初级考试，22人取得中级合格证书。2002年，开展计算机基础知识的培训，组织培训班5期，培训100人； 9月，开展创四优树形象道德教育和“三珍惜”教育活动，得到省、市地税局推广。2003年，推行一日一题、一季一考、半年全年全员统考办法。2004年，分3批组织全员到长春税务学院学习。2005年，编写完成《地税工作参谋手册》，确定题目292个，约 30 万字，内容涉及地税工作各个方面。2006年9月，组织中层干部到西柏坡参观学习。2008年，分4批对169人进行省级数据“大集中”知识培训，选送40名征管一线人员进行更新知识和税收业务培训，累计组织培训班43期，1226人次。2009年，开展争创标准化基层分局（所）活动，设计建设文化教育展厅。4月，举行会计达标及会计电算化培训班，基层征管一线40人参加培训。5月，印发肥城市地税局提升干部队伍素质三年规划，组织中层以上干部30人到大连税收培训中心进行更新知识培训。2010年，组织各类培训28期，1175人次，培训率100%。2011年3月，选拔业务骨干30人，在山东财政学院组织为期一个月的税收业务培训。2012年4月，在山东科技大学黄岛校区正式举行首期骨干人才培训班。6月，选派8人在山东财政学院东方学院参加全国企业所得税业务知识培训和考试。9月，组织中层干部到辽宁锦州市地税局学习税源专业化管理。2013年8月，组织40岁以下干部职工到石横特殊钢铁厂、泰山轮胎厂车间开展对比启示教育。制定《2013－2015年发展规划》，弘扬善学笃实，精业争先的肥城地税精神；围绕“全国职工书屋示范点”创建，配备图书管理员、实行电子化管理，藏书5000册，被列为全市“第十图书流动站”。开展要我廉洁与我要廉洁大讨论教育活动，省纪委副书记王喜远给予肯定。2014年，开展党的群众路线教育实践活动，分批组织全体人员到陆房战斗烈士陵园，敬献花篮、重温入党誓词、参观抗日战争英雄事迹展览，到毛公山红色文化博物馆进行革命传统教育。2014年10月26日－11月8日，分两期组织中层干部、业务骨干、先进个人合计80人到浙江大学继续教育学院进行更新知识培训。

三、目标管理和绩效管理

1998年，成立考核办，负责全系统考核工作的组织领导和实施。目标管理考核委员会委员由市局党组成员、各科室主要负责人组成。2001年，考核办撤销，考核工作由人事政工科负责。2008年1月起，目标管理考核工作由办公室具体负责。2014年7月，目标考核改为绩效管理，绩效管理软件上线运行，是年肥城市地税局被市地税局表彰为绩效管理优秀单位。

四、ISO9000质量管理标准

2001年，在肥城市地税局施行ISO9001质量管理体系管理。形成1个质量手册、16个程序文件、93个作业指导书和326个质量记录表格，近60万字的质量管理体系文件。2002年6月，通过深圳质量认证中心的最终审核认证，成为全市地税系统首家通过ISO9001质量认证的行政执法

个体管理科科长实行竞争上岗

单位。

第七节 党风廉政建设

一、廉政教育警示

1999年起，每年5月开展党风廉政思想教育月活动。

主题教育。2002年，开展珍惜集体荣誉、珍惜工作岗位、珍惜家庭幸福"三珍惜"活动。2007年，开展"三对比四算账"廉政启示教育活动，在全省地税系统党风廉政建设工作会议上交流经验。2009年，开展廉洁自律不能忘，要强化自律意识；侥幸心理不能有，要时刻把握自己；违法违纪不能为，要严格公正执法为主要内容的"三不三要"教育活动。2010年，开展防范风险、廉洁在岗教育活动。2011年，开展以将个人廉政素质与党员干部的廉政标准要求相比，问自己是否做到了严于律己；将个人行政执法行为与各项廉政制度规定相比，问自己是否做到了严格遵守；将个人职责履行情况与岗位纪律要求相比，问自己是否做到了严格执法为主要内容的"三比三问"教育活动。2012年，开展强化自律意识、经营幸福人生教育活动。2014年，开展"清风入心坎、廉洁伴我行"教育活动。

警示和法纪教育。2004年4月，组织副股级以上干部77人到泰安监狱开展预防职务犯罪警示教育。2008年9月，组织领导班子成员、基层分局长、机关科长（主任）以及专（兼）职监察员36人到肥城看守所接受警示教育。2010年5月，组织中层以上干部56人到肥城市检察院参观预防职务犯罪警示教育基地，集中观看《钟鸣岱下》和《欲之祸》反腐专题教育片。2012年5月，组织全体人员分三批观看全省地税系统反腐倡廉警示教育巡回展。2013年5月，开展

开展"三互"主题教育活动

2004年全员赴长春税务学院进行更新知识培训

以《税收违法违纪行为处分规定》为重点的学习教育活动。2014年5月，市检察院反腐倡廉预防职务犯罪宣讲团成员为全体人员作题为《为了远离，让我们走进》的廉政警示教育专题讲座。

廉政教育形式。2005年5月，组织正股级干部58人到孟良崮战役纪念馆开展学习先烈精神、倡树廉政新风活动。6月，与肥城市纪委、市监察局联合举办地税杯知识竞赛决赛。2009年5月，召开中层干部集体廉政谈话会。党组书记、局长宋来竹与分局长、机关科长（主任）进行集体廉政谈话。2012年10月，组织全体人员分两批参观桃都清风勤廉文化教育基地。2013年8月，参加全市地税系统学法规、明是非、树正气演讲比赛，获二、三等奖。2013年9月，举办《税收违法违纪行为处分规定》知识竞赛。

二、廉政制度机制

廉政规章制度。1995年5月，建立税务人员在纳税户就餐登记报告制度。2000年，制定纪检监察日、离任审计、兼职监察员、政务公开等制度。2004年1月，推行肥城市地税局党风廉政建设执法责任制保证金制度。11月，制定肥城市地税局党组成员约法三章和干部家属助廉手册，推行廉政监督卡制度。2008年，印发《廉政手册》，人手一册。2009年，制定纪检监察信访内查和廉政谈话制度。2013年4月，印发专兼职监察员管理办法。10月，制定对违反工作纪律行为处理的暂行规定，共5章17条。

廉政内控机制。2008年，建立廉政预警机制，对税收执法和行政管理的风险信息进行分析、评估、预报和处理，采取措施予以防范。2009年3月，实施岗位廉政风险等级管理。2010年，省纪委常务副书记、监察厅厅长王维新对岗位廉政风险等级管理的做法作出批示，省纪委驻省地税局纪检组转发经验做法。2012年，推广应用全省地税系统廉政和执法风险防控平台。2013年6月，印发廉政风险防控机制建设工作方案，推进廉政风险防控机制建设。

三、监督体系

内部监督体系。1996年3月，与肥城市检察院联合建立税务监察室。1994年10月，各基层单位建立职工廉政小食堂，解决税务人员中午就餐问题。1999年5月，成立监察室，专职行使监察职能、对税务机关和税务人员实施监督。1999年起，全员签定党风廉政建设责任书，建立干部职工廉政档案。2001年3月，对干部八小时以外的活动进行监督。2003年10月，在全省地税系统纪检监察干部培训班上，交流《创新管理机制，强化两权监督》的经验做法。2004年起，每年召开领导干部述职述廉汇报会。2005年8月，对2002－2014年的税收执法情况进行执法检查（监察）。2012年，建立中层干部廉政风险防范管理档案，副科级以上干部19人和机关科室负责人8人填写廉政风险点防范承诺书。

党的群众路线教育实践活动座谈会

外部监督体系。2001 年 7 月，与肥城市人民检察院联合印发在全市开展检税共建、预防职务犯罪法制教育活动的实施意见，建立工作协作机制。2003 年 8 月，印发《市地税局税收执法责任制检税共建实施意见》。2002 年，聘请人大代表、政协委员、党政领导、重点企业代表 20 人为肥城市地税局特邀监察员，聘请社会各界人士 130 人为社会义务监督员。2004 年 5 月，肥城市纪委优化办组织的“规范执法行为，优化发展环境”现场调度会在肥城市地税局召开。2011 年 1 月，贯彻落实肥城市统管派驻机构与所负责部门单位工作协作运行暂行办法。

四、作风效能

2005 – 2006 年，开展创建效能肥城活动，优化税收环境。2010 年，开展作风效能建设年活动。2012 年，开展服务发展、提质增效纪律作风整改活动。2013 年，贯彻落实中央八项规定，严禁用公款送月饼、送节礼、土特产品和有价证券，禁止公车私用、公款吃喝、公款旅游、到娱乐场所消费等行为。8 月，开展会员卡专项清退活动。2014 年 3 – 7 月，集中开展整治“庸懒散”活动，层层签订包保责任书。6 月，开展党员干部违规操办婚丧喜庆事宜专项整治活动，全员签订党员干部廉洁操办婚丧喜庆事宜承诺书。

五、廉政文化

2005 年，开展廉政文化进机关、进办公场所活动。2009 年，在陆房战斗纪念馆建立全市地税系统廉政教育基地；在老城分局建立廉政文化基地。2012 年，从局机关到基层分局，建立廉政文化教育展室（基地）、廉政图书室、廉政文化长廊，开展廉政文化进机关活动。2007年5月，市纪委书记王元榜一行60人到肥城市地税局检查指导，重点对老城分局廉政文化建设情况现场检查指导。2012年11月，肥城市地税局获首批泰安市廉政文化进机关示范点称号。

第八节 思想文化建设

一、思想政治工作

1995年，建立党的三会一课、政治业务学习等规章制度，开展学党章，温誓词活动。培养发展党员17人。1997年，开展党性、党纪、形势任务教育活动。1998年8月，在肥城市委组织的十五大知识竞赛中获第2名；在肥城市党建工作会议上，机关支部被表彰为全市优秀基层党组织。2001年，开展争当合格地税人、争做优秀共产党员、争创先进党支部活动。2002年2月，机关党支部、老城分局党支部被肥城市委授予学习实践三个代表重要思想“先进基层党组织”。2004年4月，组织全体党员开展爱心大联动、温暖在地税自愿捐献活动。2005年5月，组织开展学习先烈精神、倡树廉政新风活动；8月，举办学英模、学做人、创六好，同建和谐大家庭报告会。2006年7月，与肥城市国税局联合召开遵党纪，知荣辱，庆祝建党八十五周年大会。2007年6月，举办感知党恩，爱我地税，共建和谐演讲比赛。机关党支部被授予肥城市党建工作示范点称号。2008年6月，机关全体党员到莱芜战争纪念馆参观学习。2010年，机关党总支获泰安市泰山先锋党组织称号。2011年2月，在全省地税系统党建经验交流会上，作典型发言。2012年3月，开展恪守从政道德、保持党的纯洁性教育活动、开展“十佳”党支部争创活动。2013年7月，在全省地税系统庆“七一”先进事迹视频宣讲会上，肥城市地税局党组被省地税局党组表彰为2012－2013年度全省地税系统党建工作先进集体。肥城市地税局党组被表彰为先进基层党组理论学习中心组。2014年，开展党的群众路线教育实践活动，挖掘已故原石横中心税务所所长张书义同志的先进事迹，引导广大党员干部学书义、比贡献，做为民务实清廉的表率。7月，山东卫视《齐鲁先锋》栏目播出肥城市地税局李冰善学善成的典型事迹，李冰被评为全省地税

组织“三对比四算账”廉政启示教育活动

系统最美税务人。9月，肥城市地税局文化引领党建先行推动地税工作新发展的经验，在全省地税系统党建工作现场观摩会上作典型发言。

二、地税文化

1996年，编印系列规章制度一书，共16章70条，发放到全体干部职工手中。2000年，组织有奖征文活动，收到各类作品43篇，举办文艺演出，自编自演节目24个。2001年，组织开展我为党旗添光彩演讲比赛。建成藏书3200册的图书阅览室。编辑出版《地税魂》一书。3月，在市地税局组织的“地税之春”文艺汇演中获一等奖。2004年，编辑《地税工作领导参阅》。2006年，制作42组含意丰富的励志名言、警句格言和生动形象的图片，悬挂展示。编辑电子版廉政文化丛书，开展廉政文化征文活动。2009年，确定以走向现代化的肥城地税为文化主题，总结凝练出创新求是、勇争一流的肥城地税精神，规划三年发展计划，提出“人才、管理、文化、创新”四大兴局战略，明确省内持续领先，打造全国一流的奋斗目标；在3楼建设地税文化展厅；举办喜迎建国六十周年书画摄影展，3篇作品在省地税局组织的征文书画摄影活动中获二等奖。绘制肥城地税税标：肥城地税税标由田野、桃花、肥桃和税字等基本元素组成。标志的整体图形代表着地肥税美的主题。2011年，出版《肥城地税文化丛书》，从税感睿智、税事点击、流金税月、税海丹心、税系方圆五个层面，记载肥城地税成长、发展和进步。2012年，开展敬老爱亲、子女培育、爱岗敬业、文明家庭四星评选活动，联合检察院、财政局、国税等部门开展拓展训练，对基层门楣、导示系统、桌牌、展板进行规范，统一封底、材质、尺寸、色彩、字体、字号。2013年，凝练形成“善学笃实、精业争先”的肥城地税精神，以“全省领先、全国争先”为共同的奋斗愿景，推进依法治税、管理强税、创新兴税、人才铸税、廉洁从税五大战略。完善300平米的地税文化展厅，展示1994－2013年在创先争优、党风廉政、改革创新、服务发展等10个方面的成就。

2014年，编纂出版《肥城地方税务

肥城市地税局组织特邀监察员座谈会

志》，共8篇29章，35万字，涵盖组织收入、税收征管、纳税服务、税收法制、税务稽查、信息化建设等方面工作；完善图书室建设，接受省总工会配给图书价值4万元。开展基层单位的文化角、文化走廊、文化书屋建设。

三、党建群团工作

1994年10月，经肥城市市直机关委员会批准，经全体党员选举产生机关党支部和直属分局党支部。

群团工作 1998年，成立肥城市地税局共青团团支部。2004年，获肥城市先进团支部誉称号。2005年4月，建立肥城市首家税收教育基地。获肥城首批青年突击队称号。2006年，与共青团肥城市委联合发起成立纳税服务志愿者协会，招募志愿者136人，延伸开展税收政策咨询、财务管理预约、纳税申报辅导等8项服务。2007年，纳税服务志愿者活动被省地税局确定为推广项目。2008年，石横分局获泰安市基层红旗团组织称号。2010年，老城分局、石横分局被共青团肥城市委评为先进团支部。2011年，获肥城五四红旗团支部称号。2012年，老城分局获肥城五四红旗团支部称号。2013年，直属分局获山东省五四红旗团支部称号。肥城市地税局、老城分局、汶阳分局获泰安市五四红旗团支部（总支）。2014年，机关团支部被省团委表彰为山东省五四红旗团支部。

工会 1999年，肥城市地税局被泰安市文明办、总工会授予全市职业道德建设先进集体称号。2013年，肥城市地税局被中华全国总工会授予全国工会职工书屋示范点称号，被省总工会授予山东省模范职工之家称号。2014年，被省总工会授予全省地税系统富民兴鲁劳动奖状。

妇联 2000年，肥城市地税局直属分局办税服务厅被省妇联授予巾帼文明示范岗，肥城市地税局被推荐为全国税务系统巾帼文明示范岗。2001年，姚丽被省妇联评为三八红旗手，并被省地税局等10个单位表彰为巾帼建功十大标兵。2006年，肥城市地税局纳税服务中

小菜地

心被表彰为全省三八红旗集体。2007年，肥城市地税局纳税服务中心被省妇联表彰为巾帼文明岗。2009年，直属分局办税服务厅被表彰为全国巾帼文明岗。2013年，直属分局被省妇联表彰为幸福进家活动先进单位；肥城市地税局纳税服务中心被泰安市妇联表彰为泰安市

三八红旗集体；肥城市地税局直属分局被表彰为泰安市城乡妇女岗位建功先进集体；肥城市地税局被表彰为泰安市计划生育工作先进单位。2014年，肥城市地税局被省妇联表彰为全省妇女岗位建功先进集体。

社会帮扶 1995年，为包村点肥城市东陆房乡西陆房村捐资助贫1万元。1996年，为西陆房村捐款2万元，购置160千伏安变压器一台，解决增容费10.45万元，架设高压专线1条。1998年，协助西陆房村贷款9万元，捐赠6400元对西陆房村进行脱贫扶持。开展帮贫扶困42次，扶助贫困学生5人，为灾区和下岗职工捐款捐物折合人民币68万元。1999年，开展送税法、送信息、送服务活动，为纳税人经营管理提供帮扶服务。2002年，为黄叶村捐资捐物3万元。全体干部职工捐款2万元，支援西藏发展植树造林事业。2004年，投资4万元为安站镇大辛庄村打井1口、捐助水泥铺设2千米马路1条。招商引资2322.5万元，被肥城市委、市政府表彰为招商引资先进单位；为安站镇冯家杭村贫困中学生蔡振国捐赠7000元。2005年，投入资金6万元、水泥20吨，为黄叶村修建公路1条。2006年，对新城办事处、仪阳乡28个村32名小学生捐赠棉衣、棉被及每人学费200元。向桃园镇仁贵山村赠送致富书籍、税收优惠政策汇编等268本。2008年，开展为汶川大地震捐款捐物活动，缴纳特殊党费6万元。2009年，为企业解决账务、融资等实际问题2615个，帮助融资961万元。2012年，慰问敬老院、走访困难户、募集捐款17万元。2013年，开展民生大调查、双联双帮等活动，选派“第一书记”到边院镇张庄村任职，争取农田水利项目资金30万元。

第九节 精神文明建设

一、文明单位

1995年，肥城市地税局被表彰为泰安市级文明单位。1996年，石横分局被表彰为泰安市级文明单位。1997年，石横分局被泰安市文明委表彰为文明示范点。1997年，老城、安站、仪阳、桃园、王庄、汶阳6个单位被表彰为泰安市级文明单位。1998年，开展窗口行业优质服务竞赛活动，13个基层单位被授予泰安市级文明税务所。直属分局被列入泰安市文明示范单位，石横分局被列为泰安市地税系统文明税务所示范单位。边院所、孙伯所、过村所通过泰安市文明办、泰安市地税局创建文明号验收。1999年，15个单位被推荐为泰安市级以上文明示范单位；肥城市地税局被授予省文明先进单位称号，被泰安市局和泰安市文明委推荐为全省职业道德建设先进集体，被省地税局和省文明委推荐为全国文明单位。9月，被授予全国税务系统文明单位。2000年，肥城市地税局通过省级文明单位复审；王瓜店分局

市地税局党组书记、局长郝玲（前排左）观摩肥城市地税局老城中心税务所基层文化建设现场。

被授予泰安市级青年文明号。2001年，湖屯分局被肥城市委、市政府推荐为泰安市级文明单位，肥城市地税局被推荐为泰安市文明示范点。2002年，肥城市地税局通过省级文明单位复审。2003年，肥城市地税局被肥城市委、市政府命名为十大文明行业。2004年，5个分局（所）被评为泰安市级文明单位。2006年，老城、安临站、安驾庄、边家院、王瓜店、汶阳等6个分局被评为泰安市级文明单位；湖屯、石横被命名为泰安市级文明单位。2007年，老城、王瓜店、安驾庄、边家院、汶阳、桃园等6个分局为泰安市级文明单位。2008－2009年，肥城市地税局继续被认定为省级文明单位；老城、汶阳、王瓜店、边家院、安临站、桃园、石横、直属、湖屯等9个基层分局被表彰为泰安市级文明单位。2010年，直属、老城、王瓜店、石横、湖屯、桃园、安临站、边家院、汶阳等9个分局通过泰安市级文明单位复审。2012年，肥城市地税局下属11个基层单位均被表彰为泰安市级文明单位。肥城市地税局稽查局获泰安市级文明单位。2014年，肥城市地税局稽查局获泰安市级文明单位称号。

二、文明窗口

1998年，制定肥城市地税系统文明服务行为规范，以公开信、保证书形式向全市公开9条服务承诺内容。在各分局（所）门前悬挂文明服务树形象、争创文明税务（分局）所标语，在征收厅、办公室统一设置青年文明号服务卡、文明服务标牌、优质服务树形象标牌。1999—2000年，建成17个办税服务厅，总面积1000平方米，全部实行柜台征收、微机办税。2001年，开展服务纳税人、满意在地税为内容的优质服务竞赛活动。2002年，开展税企共建文明活动，与685家企业签订文明服务公约。2003年，在肥城市行政审批中心设立税收服务窗口。2006年，改造纳税服务大厅，整合纳税服务窗口，被评为泰安市政风行风建设示范窗口单位。2010年，升级改造城区办税服务厅，安装彩色显示屏、叫号机、pos机等先进设备，设置服务引导、办税服务、咨询投诉、自助办税等6个

地税文化丛书

服务区、12个综合窗口，实现涉税事宜一窗式服务。2011年，肥城市地税局纳税服务中心荣获肥城市十佳服务窗口称号。2012年，肥城市地税局纳税服务中心荣获泰安市十佳党员示范窗口称号；老城分局荣获全省地税系统十佳党员示范窗口称号；肥城市地税局纳税服务中心荣获肥城市文明示范窗口称号。2012年，肥城市地税局获肥城市行政审批服务工作先进单位称号。2013年，肥城市地税局获肥城市行政审批服务工作先进单位称号；纳税服务中心获肥城市十佳文明示范窗口称号。2014年，肥城市地税局纳税服务中心获肥城市十佳文明示范窗口称号。

第十节　基层建设

1994年8月，肥城市地税局机关设在肥城市龙山路政府院内小办公楼。办公用房5间，交通工具为1台普通桑塔纳，1台旧双排五十铃，1台老面包车，1辆295拖拉机。基层2个直属单位、17个基层分局所，其中8个单位无办公场所，稽查局租赁房屋办公，5个基层单位在原税务局旧平房、瓦房办公。基层无计算机。1995年9月，肥城市地税局机关搬迁到向阳街15号，与国税局同楼办公，在1—3层，固定资产总值404万元。

一、办公楼及硬件设施

1995年，购置25台计算机，配备业务科室及部分分局（所）。为4个分局购置配置交通工具，为16个分局（所）建起小伙房。1996年，改造老城分局宿舍，建设10间平房作为办公用房；投资30万元，对边家院所旧瓦房进行改造；汶阳分局宿舍改造成办公室；购置建筑公司二层小楼作为桃园分局独立办公场所；在新城河西小

全省地税系统党建工作协作片区会议

国地税机构分设，局机关设在肥城市龙山路政府院内小办公楼

屋进行维修改造。2006年，优化调整局域网网络结构，改为网通公司专线光纤传输方式，规划实施局机关双网隔离工程。2007年，率先在全市地税系统完成网络改造，机关大楼实现双硬盘物理隔离。2008年，配备电脑284台，网络交换机14台，实现全局联网，信息共享。2009年，王瓜店分局办公楼投入使用。2010

区购买一栋40户的宿舍楼。1997年，肥城市地税局在泰临路投资筹建办公楼及两栋宿舍楼。基层分局（所）逐步改善办公条件，小伙房、小菜地、小娱乐室、小图书室、小庭院“五小”建设基本齐全。1998年，开通局域网，与省、市地税局完成联网。16个分局（所）均设立办税服务厅。1999年，投资30万元购置王庄税务所办公楼。宿舍楼竣工，增加住房62户。2000年10月，肥城市地税局新办公楼启用，总投资额2238万元，总建筑面积1.09万平方米。2001年，汶阳分局办公大楼竣工使用。1月，省地税局党组书记、局长宋协秀视察指导。2002年，改造建设直属分局办公楼，各分局（所）购置微机40台。2003年，老城分局办公大楼竣工使用；整修改造孙伯地税所；石横分局对办公楼进行整修改造。2005年，对仪阳所房

年，桃园分局办公楼投入使用。在肥城市地税局3楼建设文化展室；更新购置65台计算机。2011年，对纳税服务中心进行改造，安装高清纳税服务监控系统、大型电子屏等电子设备。2012年，更换办公楼中央空调机组。2013年，全局配备计算机198台，在职人员每人1台，固定资产5100万元。2014年4月，安驾庄国地税合署办公，统一启用办税服务室，食堂、菜地等公共资源两家公用，行政管理职能实现融合。8月，肥城市办税服务厅投入使用，国地税征收业务整合，推行一窗两税，两机一屏办税模式。

二、行政保障

公文处理 2002–2014年，公文处理系统接收上级来文2686份，内部发文1006份。

督查督办 2007年5月，与焦点网络公司联合开发领导决策执行跟踪问效管理系统，上线测试。10月，在全市地税系统网站推广上线。2007－2014年，肥城市地税局共督查督办重要事务178项，督办回复阳光政务热线和税收民生问题23件，办结率100%。

档案管理及保密 设立档案室，配备计算机、扫描仪、消毒柜、温湿度两用计等设备，运用TL—OA档案综合管理系统。2001年，获得省一级档案室称号。2007年10月，通过省特级档案室资格认定。荣获山东省2010年度开发利用档案信息资源成果奖一等奖、山东省2012年度开发利用档案信息资源成果奖二等奖。2014年8月，档案室入库文书档案9569卷、业务档案1720卷、照片档案968张、实物档案207件、其他档案116卷、资料186册。2012年3月，成立保密工作领导小组，建立保密制度，保密办公室设在肥城市地税局办公室。

政务信息公开 2008年，根据《中华人民共和国政府信息公开条例》《国家税务总局政府信息公开指南》及省地税局、市政府有关规定，肥城市地税局在肥城市政务网信息公开专栏将单位机构职能、税收相关法规条例细则共13项及行政执法类4类事项向社会公开。利用办税服务大厅及办税场所，设立政务公开栏，及时公开相关政务信息。

经费与财务管理 1994年税务机构分设，经费主要来源于地方财政拨入的行政经费，省地税局给予少量补助。1998年，地税系统实行省以下垂直管理，地税经费由省级财政和市级财政两级管理。根据省财政厅、省地税局关于地方税务经费划专问题的通知，肥城市政府规定肥城市地税系统结算基数按上年财政预算内拨款数上划省级管理，以后年度上划的经费与1997年地税部门实际征收数挂钩。为保证地税部门正常

政务公开

工作需要，提成政策由同级财政部门执行。2003年，实行收支脱钩预算制管理办法，全省地税系统2003年经费数额，以2001年的经费决算数加适当增长为基数予以核定，作为财政以后每年上解省财政的固定基数，不再变动。按照收支脱钩的原则规范市以下地税经费管理，对于应由财政负担的代扣、代收、代征税款手续费，以及原通过退库方式解决的地税经费，由同级财政部门按国家规定纳入预算管理。各级财政以后年度预算安排的这部分经费原则上不低于2002年水平。2003年，会计核算实行基层分局报账制管理，撤销各基层分局设立的

全省财务管理现场会

账户，并入肥城市地税局机关账户统一核算，统一管理。2004年，实行经费管理改革，由肥城市地税局集中管理基层经费收支，在计统财务科设立财务代理结算中心，内设财务代理会计。2006年，肥城市地税局只保留一个基本账户，其他账户全部撤销，并报省地税局审批备案。2013年8月，根据省地税局通知，8月起，调整财务管理体制，依据2013年部门预算等数据，核定各地地税部门下划经费，地税部门收支、资产和负债均纳入同级财政管理。地税部门的执法执勤用车配备以及人员工资、津贴、补贴等政策按属地规定执行。“三代”手续费、文化事业建设费征管手续费及奖励经费、稽查专项补助经费等按原有规定执行。地税局全部资产予以下划，归属地方政府管理。

来信来访与舆情管理　2009年，根据全市地税系统纪检监察信访内查制度，成立信访工作领导小组。2003年11月，参加肥城市纠风办和电台联合开办的“行风热线”节目，与纳税人热线直接交流，解答纳税人涉税问题。2005年，开通3302865、3302867两部热线电话，对举报问题和涉税政策问题进行登记，并按规定时限办结。截至2014年，未受理一起网络舆情问题。

装备　1994年8月，装备科负责装备工作，后改为发票装备科。1999年，撤销发票装备科，装备业务合并到计划财务科。2004年7月，贯彻税务总局税务服装改革的决定暂停税务制服换装工作。2007年1月，换发全国税务系统新式税务服装，样式为“07式”。

车辆　车辆由办公室归口管理。1994年8月，全局在账车辆3辆，均为分设时肥城市税务局转来。2014年底，有车辆17辆，其中一般公务用车6辆，执法执勤用车11辆。2003年，肥城市地税局推行机关车辆管理改革，除严格车辆派遣管理外，实行定点加油维修和油耗定额管理，对节约部分给司机以适当奖励。是年，油耗下降15%，该做法在全省推广。基层分局车辆自行管理，费用自理。2006年，印发车辆管理暂行规定，对司机明确责任，对出现责任事故车辆予以追究。2011年6月，按照上级公务用车清理意见，成立领导小组及办公室，经清理未发现违规问题。2013年，按照中央八项规定精神，加强车辆使用管理，杜绝公车私用。2014年，车辆运行费用118万元，比上年同期下降15%。

接待招待 由办公室管理，专人负责。1994年8月制定接待招待管理规定。办公楼新迁后集中在地税宾馆，实行承包模式。2003年，修订接待规定，明确接待标准和流程。2006年，实行定点接待。2013年，按照中央八项规定，严格接待标准和接待范围。

财务结算中心 1994－2003年，分局（所）经费自行管理，肥城市地税局及乡镇（办事处）拨入的经费自行记账、支出自行审核予以报销。2004年，进行财务管理改革，在计统财务科设立财务代理结算中心，内设财务代理会计，成立民主理财小组，实行基层经费收支由肥城市地税局集中管理，制定基层经费实行报账制的管理暂行办法和公务开支“四S”财务管理暂行办法，省地税局党组书记、局长于希信作出批示，要求全省地税系统学习借鉴。2005年3月，全市地税系统财务管理现场会在肥城市地税局召开。4月，全省地税系统财务管理现场会在肥城市地税局召开，听取肥城市地税局财务管理经验介绍，参观“公务开支4S财务管理”现场，观看《向精细化财务管理迈进－肥城市地税局公务开支4S财务管理侧记》专题片。省地税局决定在全省地税系统推广应用。

第五章 宁阳县地方税务局

1994年8月，宁阳县地方税务局成立，负责宁阳县范围内地方税收的征收管理工作。1998年10月1日，全省地税系统实行垂直管理体制，宁阳县地税局接受市地税局党组和宁阳县委、县政府双重领导，以市地税局领导为主。截至2014年底，在岗干部职工106人，其中党员96人，占90.6%，大专以上学历102人，占96.2%。县局内设7个科（室），下辖5个中心税务所、1个稽查局和1个直属征收局。截至2014年底，宁阳县地税系统管理各类纳税人1.2万户，其中，企业纳税人2361户，个体纳税人9594户。地税收入由1994年的2622万元增加到2014年的9.73亿元，年均增长19.8%。先后荣获全国税务系统先进集体、全国五一巾帼标兵岗、省级文明单位、全省工人先锋号、全省地税系统先进单位等荣誉。连续15年被宁阳县委、县政府荣记“集体三等功”，连续8年获得宁阳县政风行风评议执法类前两名。

宁阳县地税局办公大楼

第一节 组织收入

1994年1－8月，地税税收收入完成1341.9万元。8月20日，宁阳县地税局成立，落实税收计划，完善岗位目标管理责任制，抓好收入分析调度，实行包保责任制，开展“一清四查”，即清理催收企业欠税、查固投税、查个人所得税、查征管薄弱税种、开展税收大检查。是年，组织入库各项收入2346万元。其中，省级收入完成377.2万元，县乡级收入完成1969万元。征收国有企业所得税200.6万元，教育费附加

表 10—5—1　　1994—2014 年宁阳县税收收入分级次完成情况

单位：万元

项目/年度	总收入	县级	省级	中央级	计划任务	完成（%）
1994	2622	1969	377.2		2043	128.34
1995	4017.4	3194.1	388.6		2898	138.62
1996	5591.5	4048.6	361.5		4649	120.27
1997	6527.7	4519.8	327.4		6505	100.35
1998	7789.3	5495.9	301.6		7550.5	103.16
1999	8825.8	8403.5	222		8510	103.71
2000	9964.4	9428.1	288.5		9826	101.40
2001	12258.9	12034.8	224.1		11173.9	109.71
2002	10394	10042.3			10069	103.23
2003	10389	9931.7	707	2498	10072	103.15
2004	12632	8096	854	2829	10819	116.75
2005	17707	12141	1333	3189	14942	118.51
2006	22510	15066	1724	4348	21000	107.2
2007	27402	16853	2566	5938	26420	103.72
2008	30466	21204.7	2440.56	4787.91	30437	100.09
2009	32473.21	22822.8	2580.74	4980	32376	100.30
2010	44622.2	33278.61	5165.79	6177.8	36237	123.14
2011	63529	39890	7077	8453	58500	108.60
2012	78050.77	51663.33			75317	103.63
2013	87081	76780		10300	86320	100.88
2014	97333	81848			97910	99.41

20.8 万元，社会治安费 26 万元。

1995 年，组织各项收入 4017.4 万元，同比增长 56.5%。2001 年，组织各项收入 1.23 亿元，同比增长 23.03%。2006 年，组织各项收入 2.25 亿元，同比增长 27.1%，增收 4803 万元。2010 年，组织各项收入 4.46 亿元，同比增长 37.41%，增收 1.21 亿元。2011 年，组织各项收入 6.35 亿元，同比增长 42.37%，增收 1.8 亿元。2014

年，组织各项收入9.73亿元，同比增长11.77%，增收1.02亿元。1994－2014年，组织各项收入59.22亿元，年均增长19.8%，占20年地方财政总收入68.86%。

第二节 税源结构

一、行业结构

宁阳县地方税收主要来自第二、三产业。1998年，第三产业税收占总收入23.2%，第二产业税收占总收入76.8%。从行业结构看，税源主要集中在制造业，采掘业，建筑业、金融保险业、房地产业。2005－2014年，重点行业税源对整体增收拉动明显，上述5个行业总体税收贡献率均在15%以上。

二、所有制结构

1994年，宁阳县地税部门管理的纳税业户中，60%以上来自农工商企业、劳动服务企业以及国有企业性质经济实体，贡献税收约占总收入95%。随着市场经济不断深入和宁阳县建设的持续、快速发展，一批大型县属企业通过改制、重组逐步壮大，地方税源企业发展较快，税源结构呈现多元化，股份有限责任公司、个体私营企业税收占比不断加大。2003年，国有集体企业税收占全年税收收入29.12%。2006年，非公有制企业纳税人税收占62.28%。2004年，深化征管改革，实施社会综合治税，推行税收管理员制度、征管责任区制度，依法治税，广开税源，挖掘新税源。2006年，国有、集体企业贡献税收5478万元，占总收入24.3%；股份有限公司、个体私营企业实现税收16561万元，占总收入73.6%。2014年，国有、集体企业实现税收9948万元，占总收入10.24%；股份有限公司、个体私营企业实现税收7.39万元，占当年总收入76.14%。

三、税种结构

1994年，宁阳县辖区的经济结构单一，收入主要集中在营业税、企业所得税、固投税，3个税种收入占总收入66.07%。1995年起，主要税种增长快速，个人所得税增速最快，营业税、资源税次之。1995－2014年，个人所得税年均增长21.1%，营业税年均增长19.8%，资源税年均增长19.5%。2014年，营业税、企业所得税和城乡维护建设税3个主要税种，分别占到总收入的51.12%、6.79%和5.33%。

第三节 税收法制

1994年11月，根据省地税局要求，开展以资源税政策执行情况为主要内容的税收执法检查。通过“一清四查”，增加收入466万元。一清，即清理催收企业欠税，清理催缴历年陈欠170万元。四查：一查固投税，以行政事业单位为主，征收300万元，其中清查入库140万元；二查个人所得税入库60万元；三查个人租赁房屋、私人包工建筑业等征管薄弱税种，清查入库46万元；四是开展税收大检查，查补入库50万元。

1995年，对重点税源、征管薄弱环节、征管难点集中开展稽查，稽查各类偷、逃、骗税款312万元，入库268万元，在全省地税稽查工作会议上作典型发言。3月，经宁阳县编制委员会批准，成立宁阳县人民检察院地方税务检察室，当年协税护税22万元，一般调查涉税案件8件，一般查处3件。1996年，充实稽查力量，制定规章制度和稽查工作守则，稽查各类纳税户300户，追缴入库税款394.2万元。税务检察室查处各类偷抗税27户，查补入库税款30.5万元。1997年，开展百村地税之声活动，在宁阳县电视台录制150盒税收法规磁带，在全县个体经营户多、纳税数额较大的115个自然村，利用村广播反复宣传，全县有1000余户个体户自觉到当地地税机关补缴税款。1998年，加强企业所得税汇算清缴和企业年终财务决算辅导，严格审核企业自查申报，20个征收单位的465户企业按规定自查申报，自审率100%，查出应增所得额216.5万元，调增所得税78.4万元，自查申报补缴入库企业所得税39万元。强化税务稽查，查补入库379.5万元。1999年，强化零散税收管理，开展车船税、个人所得税

表10-5-2　　1994—2003年宁阳县税收优惠情况

单位：万元

项目／年度	税前弥补亏损		财产损失税前扣除		减免房产税		减免土地使用税		减免企业所得税		减免资源税		国产设备投资抵免		减免营业税		减免车船税	
	户数	金额	户数	金额	户数	金额	户数	金额	户数	金额	户数	金额	户数	金额	户数	金额		
1994	7	67.68	1	9														
1995	3	623.64	1	67.69							1	2.5			20	88.57		
1996			2	7.51					7	129.85					19	69.43		
1997	1	15.6	9	86.25	4	6.09									7	298.19		
1998	2	6.35	8	174.59	11	10.93			1	23.5					4	6.7		
1999	14	1533.15	4	75.26					11	38.11								
2000	2	315.35	5	169.5	14	28.71			10	167.62					19	423.89		
2001	4	97.83	7	111.95					1	1.28			1	135.14				
2002	12	874.27	4	191.76					5	40.93			1	268.13				
2003	13	1533.59	7	171.93	6	10.13			5	39.5			5	1762.3				
合计	58	5067.46	48	1065.4	35	55.86			40	440.79	1	2.5	7	2165.57	69	886.78		

专项检查。5 月，开展个体工商户清理整顿，依法对欠税不缴业户进行清理，实施加收滞纳金、罚款等强制执行措施。10 月，联合县纪委、财政局、审计局等部门，对全县企、事业单位开展税收执法大检查，查缴税款 488 万元。全年稽查局检查纳税户 168 户，稽查入库税款 512 万元。2000 年，稽查纳税业户 142 户，追缴税款 561 万元。2002 年，市地税局组织人员对宁阳县地税局进行税收执法检查。12 月，成立宁阳县地税局执法责任领导小组。2003 年，稽查纳税户 70 户，追缴税款 406 万元。2005 年 4 月，制定推行执法责任制工作实施方案。6

表 10–5–3　　2004—2014 年宁阳县税收优惠情况

单位：万元

项目 / 年度	减免营业税		财产损失税前扣除		减免房产税		减免土地使用税		减免企业所得税		减免资源税		国产设备投资抵免		残疾人个人所得税	
	户数	金额	户数	金额	户数	金额	户数	金额	户数	金额	户数	金额	户数	金额	户数	金额
2004			8	1715.89	2	2.8			4	30.34			2	1622.52		
2005			19	2180.3	2	2.8			2	50.88					6	5.53
2006			13	1927.87	3	3.08			2	44.5						
2007			11	1556.34	3	3.53			4	1950.14			1	124		
2008			13	5458.63	2	3.84	1	2.87								
2009			7	5121.17	3	5.06	1	3								
2010			10	1337.07	3	5.25	3	10.53	1	11.4						
2011			6	213.66	1	2.3	3	9.56								
2012			6	899.3	1	3	6	46.49	1	77.07						
2013			5	2691.44	1	2.26	6	46.69								
合计			98	2310.2	21	33.92	20	119.14	14	2164.3	0	0	3	1746.5	6	5.53

残疾人工资加计扣除		节能节水设备抵免		环境保护设备抵免		公共基础设施三免三减半		下岗再就业		高新技术企业减征		小型微利企业		研发费加计扣		固定资产加速折旧		减免车船税	
户数	金额	户数	金额	户数	金额	户数	金额	户数	金额	户数	金额	户数	金额	户数	金额	户数	金额	户数	金额
								106	32										
								39	16										
								11	9										
3	35.7	3	66.81	3	56.9			20	21					1	13.39				
3	42.81	2	17.94	2	12.53			20	21	1	106.56	1	0.25	1	807.45				
4	207.87	1	27.8	3	96.7			12	11			4	2.27						
6	293.62	4	118.46	1	12.86			3	2	1	49.83	3	3.35	1	1218.75				
6	482.85	2	60.9	2	42.52					1	2.19			2	753.85				
22	1062.9	12	291.91																

月，成立税收执法责任制监督考核领导小组，监督考核税收执法责任制的落实。2006年2月，制定税收执法过错责任追究办法。2012年，落实支持服务业、节能环保产业、小型微利企业的发展的各项税收优惠政策，规范高新技术企业税收优惠资格认定和研发费加计扣除政策执行，税前财产损失申报12户1700万元，土地房产税减免备案9.4万元。与县法院联合制定房地产扣押、拍卖环节的税收征管措施，建立信息传递单制度，法院在执行环节要求被执行人（受托人）首先向税务机关申报纳税事项9次，涉及入库税款300余万元。探索针对股权转让的反避税检查管理方式，在企业所得税汇缴期间，查补涉及股权转让的企

业所得税2085.83万元。2013年，根据县国土资源局提供信息，在各级党委政府配合下，开展城镇土地使用税清理清查，追缴入库816万元。对1296户纳税人开展房产税专项评估检查，以土地价值并入房产原值计征房产税为突破口，落实税收疑点287个，调增房产原值3.36亿元，自查补税879万元，年增房产税380余万元；发现问题企业6户，直接转入税务稽查，入库各项税款、滞纳金、罚款137万元。2014年，落实《山东省地方税收保障条例》，税收保障参与部门48个，与236个部门、企业签订协议书。是年，传递落实涉税信息6700余条，增加税收1107万元；代征税款1724万元，同比增长43%，增加524万元。

第四节 税收管理

一、减免税管理

1994—2005年9月，围绕福利企业和其他企业税收优惠政策实行减免，主要是审批类减免。2005年10月，根据税务总局《税收减免管理办法（试行）》规定，将减免税分为报批类减免税和备案类减免税。2008年，围绕实施《中华人民共和国企业所得税法》，不断完善企业所得税优惠事项管理。2013年10月后，税收优惠事项不断与“金税三期”系统相融合，基本实现与“金税三期”系统同步流转运行。

二、税收优惠政策落实（见表10—5—3、10—5—4）

第五节 征管改革

2014年，宁阳县地税系统管理各类纳税人1.2万户，其中，企业纳税人2361户，个体纳税人9594户。

一、征管措施

1994年，宁阳县地税局下设7个科室、13个基层分局（所），税收征管实行专管员制度。在税收征管制度方面，普遍建立纳税申报制度，探索税务稽查制度，推行税务代理。1995年，取消专管员制度，由纳税人按月到税务机关申报纳税，不按时申报的加收滞纳金，申报纳税不实的通过稽查追缴。1996—1997年，宁阳县地税局及城关、磁窑、华丰3个分局建立办税服务厅。1996年6月，在全县范围内推广社会化办税，管理区设立专职地税网长，各村设立代征员，全县设专职地税网长76人，代征员600多人，制定综合治税联席会议制度、税收网长和代征员责任制度、业务培训和考核制度、奖惩制度。1997年，建立健全纳税人自行申报制度，税务机关和社会中介相结合开展税收，以计算机网络为依托管理监控税源，人工与计算机结合实施稽查。实现从专管员上门收税到纳税人到税务机关自行申报纳税的转变。1998年，推行税收征管电子化管理。2001年11月，清理清查漏征漏管户，当场缴税，乡不漏村，村不漏户，户不漏项，项不出错，当场登记，清查漏征漏管户2470个。2005年，实施分类管理，对年纳税额10万元以上的重点税源管理企业，实施一级监控，抽调业务骨干20人对80个一级重点税源企业按季进行现场检查监控。2008年，开发重大建设项目地方税收管理监控系统，将整个管理流程纳入微机管理。2009年4月，成立全省第一家纳税人维权协会，帮助纳税人维护合法权益，引导纳税人依法诚信纳税，防范税收违法行为风险。2009—2010年，按照省地税局提高收入质量、防范执法风险要求，开展征管质量专题分析，查找和防范征管风险点。2011—2013年，按照税务总局、省地税局深化税收征管改革总体要求，突出征管模式改革和征管质效提升两项重点，夯实征管基础，强化征管责任考核。2012年起，完善组织体系，整合人力资源，推出评查 联动机制，实现纳税评估和税务稽查有机结合、双向协作、互动推进。省地税局、市地税局转发其经验，并在《山东经济战略研究》2013年第12期刊发，获2013年度全市政府系统优秀调研成果一等奖。2014年，抓好金三征管模式运行、征管基础及征管质效等重点，顺应金税三期征管模式，重新设置监控指标，改善监控方式，完善监控内容，制定征管质量单项考核办法。

二、税源分级分类分岗管理

分类管理。准确把握纳税人特点实施分类管理，具体为分规模、分行业、分企业个体、分区域管理。

分级管理。对重点税源，实施集约化管理。2008年，成立重点税源管理办公室，明确各级监控职责，完善重点税源管理体系，对重点企业零距离管理、面对面服务。对一般税源和零星税源，委托代征管理。加强与国税、国土、公安、建设、交通等部门的交流与合作，通过国地税联合办证系统、综合治税信息平台等系统，获取涉税信息，加强委托国税代征相关小规模纳税人附加税费工作。完善信息员信息传递和委托代征考核办法，提请县政府将委托代征工作纳入政府政务督查范围，定期督促落实，

2009年4月，成立全省第一家纳税人维权协会。

对于个体工商户实行微机定税管理。

分岗管理 按业务事项调整岗责体系，实行按业务类属分组分岗管理。各岗位前后台相互衔接、上下业务相互对应，分别负责征收服务、日常管理、税源管理、综合管理、审核审批等相关业务，一人多岗或一岗多人，合理配置人员岗位。2009年，夯实征管基础，深化户籍管理、分类征收管理、纳税申报管理。按照省、市地税局补提类税金清查统一部署，挖掘税源，推进补提类税金清查。2010年，总体选用内分式税源专业化管理模式，将全县所有基层分局（所）调整为非全职能机构，征收、管理职能分离，将征收服务类职能从分局中剥离，划归办税服务厅，将县局纳税服务中心实体化，赋予其管理办税服务厅的职权，非集中办公场所以外的乡镇原办税服务厅一律改为县级局纳税服务中心的流动服务点。2012年12月，召开征管示范样板街、征管示范样板责任区流动现场大会，实现个体户亮证亮袋经营，税务登记证按照规定统一悬挂在经营场所醒目位置，副证和县地税局确定的有关资料经过整理存入专用资料袋，税务登记率和亮证亮袋率达100%。个体内部资料按照5户一档，档案盒外标明纳税人的信息，个体户纳税申报率、入库率100%。2014年5月，召开第一次国地税联合便民办税联席会议，运行宁阳县国地税协作平台，与国税协商制定联合便民办税工作方案和联合便民办税工作联席会议制度，加强合作事项的沟通、协调、落实和督导。制定联合办理税务登记管理、联合税务稽查管理办法等多项联合办税制度，定期开展信息传递和交换。依托金税三期信息系统，制定代征地方税费工作规程，实现税收管理7项联合：联合建设税法宣传平台和载体，联合开展日常税法宣传；联合开展涉税咨询；联合办理税务登记、纳税申报、税款缴纳等日常业务；联合开展信用等级评定；联合开展个体工商户定税，减少入户次数，降低纳税人负担；完善进户执法检查“扎口管理”办法，落实进户检查“准入制度”，协同开展纳税评估，共同实施风险应对；联合实施税务稽查，一次进户、统一实施、结果共享，把纳税人负担降到最低。7月，税务总

宁阳县定期召开联合便民办税联席会议

局党组副书记、副局长解学智对宁阳县国地税联合办税工作做出批示："宁阳县国税局、地税局结合开展'便民办税春风行动'，积极探索联合办税和联合执法，整合国地税资源，实现国地税全面合作，切实把国地税联合办税打造成凝心工程、服务工程、惠民工程。希望宁阳县国税局、地税局，总结经验，发扬成绩，进一步落实好'三个服务'要求，为宁阳县经济社会发展做出新的贡献。"

三、征管方式

1996年，建立纳税人自行申报纳税制度，或由纳税人到税务机关报送纳税申报表及有关资料的直接申报，或由纳税人将纳税申报表及有关资料装入专用信封寄到税务机关的邮寄申报，或由纳税人通过计算机网络将纳税申报表及有关资料传输到税务机关的电子申报。1997-2001年，进一步规范统一纳税申报，推行办税服务厅规范化建设，规范前台办税行为，简化办税程序，具体规定了税收征管过程中管理服务、税务稽查、税务复议和应诉等业务之间的内在联系及监控关系。2002-2007年，逐步开展多元化纳税申报。纳税人可在网上报税、双委托报税等方式中自由选择申报纳税方式；对实行定期定额纳税的纳税人实行"双委托"方式，双委托申报征收是指地税机关委托银行，主要包括各类商业银行，信用社、邮政储蓄机构等营业网点代征税款，纳税人委托银行网点代缴税款的一种委托代征方式。2003年，7476户个体双定业户全部通过"双委托"申报纳税，通过E税通网络报税的企业640多户，税款全部委托信用社代为收取划交，大量非执法性工作转移到金融部门，税收工作平台向外延伸。2008-2013年10月，实行"大集中"网上申报，依托外部互联网和内部局域网，省地税局开发的山东省网上报税工作平台，推行网上报税、税银联网、财税库银横向联网、委托批扣等电子报税形式，纳税人足不出户即可完成申报缴纳税款以及财务报表报送工作。2013年起，实行金税三期申报系统。2013年10月，金税三期系统冒烟测试成功，系统上线后的申报征收管理全面铺开。

四、征管系统

2002-2007年，逐步开展多元化纳税申报。纳税人可以在网上报税、双委托报税等方式中自由选择申报纳税方式；对实行定期定额纳税的纳税人实行"双委托"方式，双委托申报征收是指地税机关委托银行，主要包括各类商业银行，信用社、邮政储蓄机构等营业网点代征税款，纳税人委托银行网点代缴税款的一种委托代征方式。2008年，启用山东地税信息管理系统，税收征管的基本业务需求得到优先满足，包括管理服务、申报征收、文书管理、会统核算、税务稽查、税收法制、税收管理员、票证管理等工作，实现自动推送。2009年，按照省地税局要求，对纳税人申报缴税实行税银联网方式，解决纳税人在税务、银行等部门之间的多次往返问题，突破税收征缴、入库等环节的时空限制。2010年，使用山东省数据综合应用平台，包括征管业务、发票管理、个税管理、纳税评估、联合办证、货运税开、货运代开、项目管理、重点税源等九大模块。2013年10月，使用金税三期”系统。

第六节 科教兴税

1994年，计会科配备计算机1台，处理税收业务会计统计核算等业务。1998年9月，启用山东地税税收征收管理系统，对城区713户纳税人实行计算机管理和征收。10月，宁阳县地税局新办公大楼启用。局机关办公楼综合布线，组建局域网，机关科室、直属分局和稽查局配备计算机、打印机，构成办公网，应用公文处理系统。11月，市、县地税局采用电信系统64KDDN专线联网，完成省、市、县三级广域联网。1999年5月，使用电话线拨号modem池接入实现县乡联网，乡镇税务所配备计算机和打印机，在宁阳县地税局机房部署服务器，建立数据库，应用山东地税税收征收管理系统，实现微机开票，停止手工开票，税收征收、管理、会计核算全部纳入系统管理。乡镇税务所之间、乡镇税务所与局机关之间联网运行，在全市地税系统率先实现会计核算电算化。2000年5月，租用宁阳县广播电视局线路，建立宁阳县地税局至12个乡镇的10兆光纤广域网，实现省、市、县、乡四级光纤广域网联网改造。9月，成立计算机管理中心。2001年3月，贯彻省、市地税局政府提速指示，与农村信用社联网，开通电子报税系统，实现申报纳税方式多元化。2002年3月，在省、市、县三级全部应用公文处理系统，公文实现无纸化传输。4月，市县级广域网线路升级，带宽由64K DDN升级为2兆，完善四级网络基础建设，乡镇分局联入全市地税系统网络，以2兆光纤取代64KDDN专线。改造、升级宁阳县地税局办公楼局域网络，每个房间计算机信息点4个以上。11月，招标采购35台联想计算机，实现人手一台微机。内部网站上线，设政务公开栏目，宁阳地税工作、宁阳地税通报、局长办公会议纪要、局务会议纪要、会议通知等政务信息通过内网发布。干部职工全部取得计算机中级以上证书。2003年，在全市地税系统率先实现税收会计电算化和县级税收会计集中核算，获全市创新奖一等奖。6月，应用泰安地税办公管理信息系统，将机关办公大部分工作纳入微机管理，各环节实现微机记录、控制，为系统考核提供依据。7月，E税通网络申报软件上线运行。8月，推广运行Norton病毒防火墙。10月，制定信息安全管理、数据备份、计算机类设备管理、信息化建设沟通、软件开发立项审批、重大工程立项审批等制度办法。2004年1月，病毒防火墙软件升级，共用1台病毒防火墙服务器，减轻基层工作量，提高县地税局网络系统抗病毒能力。市地税局整合全市内部网站、政府网站，县地税局不再负责内部网站维护管理。 3月，将市到县通讯线路带宽由原来的2兆 DDN 升级到10兆光纤。4月，市县两级视频会议系统启用。5—6月，应用市地税局研发的综合治税管理、辅助决策支持等系统。6月，网络教育培训管理系统正式上线运行。7月，启用税务稽查管理及查账系统。8月，应用市地税局研发的纳税评估、“12366”热线服务、纳税服务管理等系统。9月，单点登录系统上线。10月8日，残疾人保障金征收管理系统上线。2005年，“一户式”税收管理、税务稽查精细化管理、数据审核等系统上线。8月，税收执法责任制、行政管理与监控考核系统上线。2007年，市地税局到县（市、区）地税局广域网采用网通、铁通两条 100兆 SDH 光纤互为备份，保障省级“大集中”上线。8月，研发应用重点税源监控管理与分析系统，市地税局召开推广现场会。10月，房屋出租（装修）业税收管理系统上线。2008年1月，省级“大集中”系统上线运行。4月，研发应用重大建设项目地方税收管理系统，市地税局召开现场会予以推广。省地税局党组书记、局长于希信专程调研，给予充分肯定，确定以其为蓝本开发全省重大建设项目地方税收管理系统。2009年，信息管理科更名为税源管理科，增加税源管理职能。2010年，Norton 服务器版本由 SEP11.0 MR4 升级到 SEP11.0 RU6 简体中文版，微机终端防病毒系统软件升级最新版本，限制外来非法用户接入，堵塞病毒携带源安全漏洞。7月，泰安地税数据平台上线。9月，财税库银税收收入电子缴库横向联网系统上线。11月，接受省地税局配发的81台联想Think Centre M8200t型台式机。2011年12月，电子查账系统平台上线，应用省级“大集中”二期项目建设中9个管理子系统。2012年3月，应用二期二阶段综合数据应用平台（一期）；8月，推广应用“大集中”模式下的纳税服务平台项目。9月，数据综合应用平台、存量房交易计税价格评估系统上线。12月，租用宁阳县移动公司光纤，将宁阳县地税局至9个乡镇分局联网线路升级为100兆；计算机中心机房按照国家二级标准机房要求进行改造，更换不间断电源，配备专用空调，面积、温度、湿度、防雷、抗静电等指标均达计算机机房建设标准。12月，廉政风险防控平台上线。2013年7月，未达金税三期要求的96台微机进行升级，达标面100%。10月，省地税局被列入全国金税三期第一批试点单位，金税三期上线。2014年3月，根据税务总局金税三期广域网建设和信息安全体系建设规划要求，实施区县级骨干网升级改造，配置 H3C MSR 36—10 路由器主机（AC）路由器两台、H3C S5500—28C—EI—以太网交换机两台、

自主研发《企业所得税信息管理系统》，至2014累计增收企业所得税8700多万元。

NGFW4000-UF防火墙两台。5月，启用交通银行POS缴税通。

第七节 班子队伍

一、基本情况

1994年8月，宁阳县地税局干部职工84人，大专以上学历17人，平均年龄35岁。2014年，有干部职工130人，退休21人，离岗2人；在岗106人，其中党员96人，大专以上学历102人，平均年龄44.15岁。

二、干部队伍

1998年7月，根据省地税局在山东省地税系统实行半军事化管理的决定，与宁阳县武装部联合，聘请武装部领导做教官，组织全员封闭式训练3期，每期5天。1999－2002年，组织4次半军事化管理复训。每年“八一”，与宁阳县武装部开展军税共建。2003年起，按照省、市地税局部署，开展六好基层单位、纳税服务年、管理年、信息化建设应用年、质效年、基层建设年等活动。2006年，宁阳县地税局被评为全市地税系统质效年活动先进单位。2007年，被评为全省地税系统信息化建设应用年先进单位。2008年，被评为全市地税系统质效年先进单位。

三、教育培训

1994年9月，对分局（所）长、机关科室负责人提出考核试用要求，跟踪培养，重点帮助，帮其适应胜任工作，全县21个基层单位均超额完成任务。1995年，组织全员业务培训6期，每期至少2天。对新分配的大中专学生16人开展为期10天的全面培训，并考核验收，合格率100%。1996年，开展业务竞赛，针对不同岗位，普遍培训和重点培训相结合，先后对会计、地税网长、协税员进行培训。在市地税局组织的征管能手考试中获总分第二名，5人被市地税局确定为征管能手，张玉晶被确定为全国征管能手。1997年3月，划分东、西两片，利用双休日集中系统学习税收理论

组织骨干业务人才选拔考试

取得本科以上学历，占总人数70.8%，1人取得注册会计师资格，7人取得注册税务师资格，1人取得注册监理工程师资格，1人取得律师资格，19人取得中级会计师、经济师资格。

知识，分阶段考试，在全省执法单位执法资格考试，通过率100%。1998年，组织为期15天的业务知识学习和技能培训。1999年，制定政治学习、业务学习、考勤、税容风纪规定等规章制度。开展半军事化管理，组织全体人员分两批进行军训。2000年，组织全体干部职工学习省地税局《三大规定》并组织考试，突出日常养成重点，以制度管理人、约束人、规范人。2005年、2007年、2009年，分别有5人、7人、2人考入省地税局骨干人才库。其中，2009年，7人考入市地税局骨干人才库。2012年，2人获全国第三期企业所得税业务知识考试山东区第1名和第2名，2人考入税务总局所得税司人才库，6人考入省地税局骨干人才库。2014年7－8月，分两批次组织全体干部职工到浙江大学继续教育学院进行培训。2014年，宁阳县地税局在职干部职工106人中，75人

第八节
党风廉政建设

1994年9月，宁阳县地税局成立党风廉政建设领导小组。12月，宁阳县任命张颖兼任宁阳县地税局行政监察室主任，行使行政监察职能。1995年3月，报经宁阳县编委批准，成立宁阳县人民检察院地方税务检察室，为宁阳县检察院的派驻机构。成立反腐倡廉领导小组，按季召开廉政工作会议。健全内外监督网络，在分局（所）及局机关聘请税务干部21人担任内部兼职信息监察员，聘请县直有关部门和各乡镇人大代表、政协委员25人为税务廉政监督员。1999年5月，撤销地方税务检察室，成立纪检组和监察室，配备专职人员2人，纪检、监察合署办公。2002年，对宁阳县纪委党风廉政建设情况调查活动中反馈的意见，分析研究，印发各分局（所），组织开展警示教育。4个分局（所）被市地税局命名为精神文明先进单位、1个分局被命名为省级青年文明号，宁阳县

地税局被授予省级文明单位。2005年，制定优化经济发展环境的实施方案，召开专门会议，与各分局（所）负责人签订责任书，对上年行风评议中反馈的问题和建议，通过电视讲话，向社会公开承诺。组织全体党员，签订创建廉洁家庭承诺书，廉政教育范围从单位扩展到家庭。2006年，开展廉政文化进家庭、进机关活动，在全县地税系统组织开展征集廉政格言、廉政警句、廉政文章和廉政故事活动，收到创作、挖掘和整理的古今格言警句1852条、廉政故事89篇，廉政论文32篇，将筛选出的精品制作成1000余套印有廉政格言、警句的廉政书签，分发给每个干部职工。2007年，开展以建立不能腐败的制度保障机制、不敢腐败的监督约束机制、因腐败犯错（罪）不值的宣传教育机制为主要内容的“三不”廉政教育活动。开展全员廉政测评，对所有领导干部廉洁从政情况进行综合测评，被测评为差的列为重点监督检查对象。开通网上局长信箱，拓宽群众监督投诉渠道。聘请16人为宁阳县地税局政风行风特邀监察员。2008年，向全体干部发放做勤廉表率、促科学发展教育读本，向干部家属发放兴廉洁之风建文明家庭倡议书。9月，加强基层分局廉政文化建设，为基层分局制作100余块廉政文化宣传版面，悬挂到办税场所。2009年，制定廉政教育计划，修订宁阳县信访内查、廉政谈话两项制度。成立由纪检组长任组长，监察室、计财科、人事科负责人为成员的谈话领导小组，就行政管理、税收执法、队伍建设、廉政制度执行等情况，到基层分局进行谈话。11月，改造县地税局7楼廉政文化长廊。年内，被评为全县行风评议免评单位。2011年，组织干部职工参观革命圣地和英模纪念馆，在宁阳县东疏镇大伯集“华东野战军‘攻济打援’指挥部陈列室”建立地税局廉政教育基地。2012年，制定兼职监察员管理办法，在中心税务所推行兼职监察员制度，规范兼职监察员履职行为，在全省地税系统推广。10月，应用廉政风险防控平台，被市纪委授予全市首批廉政文化示范点。参加阳光政务热线、政风行风热线，被省地税局授予全省地税系统政风行风建设考核先进单位。2013年，开展税检共建和预防职务犯罪活动，与县检察院联合印发在地税系统共同做好预防职务犯罪工作的实施意见，成立预防职务犯罪领导小组，开展预防职务犯罪警示讲座。在县人民广播电台开通政风行风热线。应用廉政风险防控平台，立项复核 62 条，主要涉及房产税、土地使用税、企业所得税和房地产企业营业税，经复核未发现重大责任问题。2014年，组织全体党员学习贯彻《关于党员干部操办婚丧喜庆事宜的规定》，开展自查自纠，组织全体人员签订党员干部廉洁操办婚丧喜庆事宜承诺书，落实党员干部操办婚丧喜庆事宜报告备案制度。组织干部职工参观廉政教育基地和焦裕禄同志纪念馆，重温入党誓词。

第九节　思想政治工作

一、推树模范典型李玉晓。

李玉晓，原宁阳县地税局崔解税务所所长。从1978年到1998年，20年间他一直在东庄、崔解两个偏远山区乡镇，每天骑自行车翻山越岭收税，年年超额完成税收任务。1995年，被评为全市地税系统优秀共产党员。

1996年初，李玉晓下肢患闭塞性动脉硬化，小腿肌肉萎缩，行走困难，不及时治疗将造成残疾，他坚持边工作边治疗，坚守工作岗位，超额完成税收任务。8月，市地税局作出向李玉晓同志学习的决定。9月，《泰安日报》头版头条以《生命的承诺》为题报道李玉晓先进事迹。10月，《大众日报》以《以生命实践承诺》为题予以报道，其模范事迹在全省地税系统引起强烈反响。1997年，山东省人事厅、省地税局向李玉晓颁发1995—1997年度全省地税系统先进个人证书，记二等功1次。2002年，被省地税局授予“李玉国式好税官”。

二、开展自我对比启示教育和解放思想大讨论活动

2000年，在全县地税系统开展自我对比启示教育，组织干部职工到工厂、企业和部队参观考察，培养爱岗敬业、艰苦创业、廉洁从税、无私奉献风气。开展解放思想大讨论活动，学习省、市地税局领导讲话，召开生活讨论会，自我对照，查摆个人与单位存在问题，并予改进。按照宁阳县委安排，开展面对党旗问三问活动。

三、开展继续解放思想推进科学发展学习教育活动

2008年，开展继续解放思想推进科学发展学习教育活动，学习党的十七大精神和关于解放思想的重要论述，举办宁阳地税发展论坛，围绕地税中心工作和服务规范及质效年活动展开讨论学习。

四、开展党的群众路线教育实践活动

2014年2月，成立宁阳县地税局党的群众路线教育实践活动领导小组及办公室、督导组。3月，召开教育实践活动动员大会和专题培训会，就活动实施意见、实施方案和配档表等材料，向基层各党支部详细讲解。4月，税务总局党组副书记、副局长解学智到宁阳县地税局调研指导教育实践活动，对宁阳县地税局群众路线教育实践活动给予充分认可和高度评价。8月，召开党的群众路线教育实践活动民主生活会，税务总局第五巡回督导组、省地税局领导、市地税局第三督导组现场指导。期间，通过交心谈心、对照查摆、听取意见，梳理班子成员“四风”问题14条，班子成员“四风”问题74条，制度建设计划11项，班子整改任务27项。年底，全部整改完毕。

第十节 精神文明建设

1995—2014年，宁阳县地税局参加捐资助学活动，全体干部职工参加宁阳县组织的慈善一日捐活动，累计捐款5万余元。1995年1月，在全县地税系统开展争创青年文明号活动，增强干部职工的敬业意识和创业精神。1998年，宁阳县精神文明建设工作现场会在地税局召开，县地税局被评为市级文明单位。1999年，加强基层单位精神文明建设，规范办税流程，推行26条文明服务用语，严禁12条服务忌语和19条应忌行为。开展创建青年文明号、文明税务所、文明办税服务厅活动，18个单位先后被省地税局、市地税局和宁阳县县委、县政府授予青年文明号、文明税务所、文明办税服务厅称号。2002年，被山东省精神文明建设委员会命名为省级文明单位，连续11年通过复审。2003年，以地税局名义建立助学基金，捐资助学。与宁阳镇青川中村结成文明争创共建对子，带动农村文明创建活动。宁阳县地税局通过省级卫生单位验收。原崔解税务所所长李玉晓被省地税局授予“李玉国式好税官”。2005年7月，宁阳县地税局被人事部、税务总局表彰为全国税务系统先进集体。2008年3月，响应税务总局在西藏拉萨建造中国税务林号召，举行捐资建造中国税务林仪式，捐款2850元。2008年5月，机关干部职工20人参加抗震救灾捐款仪式，为汶川地震受灾地区捐献现金1.28万元。2011年，纳税服务大厅被中华全国总工会授予全国五一巾帼标兵岗称号。2012年，被泰安市委授予泰山先锋窗口单位，3个省级青年文明号、5个市级青年文明号通过复审，稽查局被省妇联授予省

2005年7月，宁阳县地税局被人事部、税务总局授予全国税务系统先进集体称号。

级巾帼文明岗，被省工会推介为山东省女职工建功立业标兵岗。2013年，被省地税局评为山东省地税系统廉政文化“四进”先进单位。稽查局被评为山东省女职工建功立业标兵岗。张忠伟被中华全国总工会表彰为全国优秀工会积极分子。宁阳县地税局被宁阳县人民政府授予行政审批服务工作先进单位。2014年，文庙中心税务所被中华全国妇女联合会授予全国巾帼文明岗。

第十一节 基层建设

1994年8月，宁阳县地税局下辖12个分局（所），2个分局办公场所较好，2个分局租房办公，8个分局房旧院破。11月，宁阳县人民政府办公室下发意见，对原宁阳县税务机构分设后有关问题进行答复。原宁阳县税务局城关所全部和原税务局南宿舍院确权给宁阳县地税局，磁窑税务分局西院靠北空地确权归宁阳县地税局。1995年，宁阳县计划委员会批复同意，宁阳县地税局新建办公、营业场所和部分职工宿舍，建筑总面积6700平方米，其中办公及业务用房2000平方米，配套设施500平方米，职工宿舍3200平方米，总投资240万元。1999年，宁阳县地税局和城区办税服务厅达到标准化服务大厅要求，设置大型电子屏幕。2002年起，规划并建设文庙、葛石、伏山、磁窑4个集中办公场所，投入资金45万元，为中心税务所设立休息室、娱乐室、阅览室。县地税局机关办公楼和中心税务所统一采用集中供暖。更换办公电脑90台，人均配置微机1台以上。到2003年底，建成6处分局办公楼，完成1处平房改造，通过职工集资等办法新建2座宿舍楼。2010年，实现集中办公。2012年，基层单位全部建立标准化办公场所，被省地税局表彰为全省地税基层建设先进单位。2013年，被山东省人力社会保障厅、省地税局表彰为全省地税系统先进集体。

第六章 东平县地方税务局

1994年8月，东平县地税局成立。1998年10月，实行省以下垂直管理，下设2个直属机构，6个中心税务所，担负着全县1495户企事业纳税人、5572户个体工商户的税收征收管理工作。截至2014年，干部职工170人，其中在职140人，专科以上学历121人。2014年，组织各项收入11.39亿元，同比增长14%，增收1.36亿元。东平县地税局先后被授予省级文明单位、省级青年文明号、全省地税系统六好基层建设先进单位、东平县十大文明行业等称号。

第一节 组织收入

一、税种收入

1994年，东平县地税局征收项目13个。其中，税收收入项目11个：营业税、企业所得税、个人所得税、资源税、城市维护建设税、车船税、房产税、屠宰税、城镇土地使用税、固定资产投资

东平县地税局办公楼外景

方向调节税、印花税。其他收入项目2个：教育费附加收入、税务部门罚没收入。2014年，东平县地方税务局征收项目（含代征项目）共19个。其中，税收收入项目12个：营业税、企业所得税、个人所得税、资源税、城市维护建设税、房产税、印花税、城镇土地使用税、土地增值税、车船税、耕地占用税、契税。其他收入项目7个：教育费附加收入、地方教育附加收入、地方文化事业建设费收入、地方其他水利建设基金收入、残疾人就业保障金收入、税务部门罚没收入、工会经费。

1994－2014年，停征项目有屠宰税、固定资产投资方向调节税。开征项目有土地增值税、耕地占用税、契税、地方教育附加收入、地方文化事业建设费收入、地方其他水利建设基金收入、残疾人就业保障金收入、工会经费。

1994－2014年，东平县地税局组织各项收入56.97亿元，年均增长23.93%。

二、分产业、分行业类型

1994－2014年，东平县第一产业收入0.03亿元，其中，1994－2005年无收入；第二产业收入35.44亿元，年均增长24.39%；第三产业收入21.5亿元，年均增长23.04%。

1994年，东平县地税收入以制造业、建筑业、金融保险业实现收入为主，其中制造业收入390万元，占25%；建筑业收入211万元，占13%；金融保险业收入378万元，占24%。2014年税收收入以制造业、建筑业、房地产业实现收入为主，其中制造业收入17468万元，占15%，是1994年制造业收入的45倍；建筑业收入45239万元，占40%，是1994年建筑业收入的214倍；房地产业收入15120万元，占13%，是1994年房地产业收入的7560倍。

三、分经济类型

1994年，东平县地税收入以国有企业、集体企业、私营企业实现收入为主。其中国有企业收入872万元，占56%；集体企业收入656万元，占42%；私营企业收入31万元，占2%。

2014年，税收收入以股份制企业、私营企业和个体实现收入为主。其中股份制企业62446万元，占55%；私营企业收入14850万元，占13%；个体收入23306万元，占20%。

第二节　税收法制

一、税收执法检查、监督

1994年－2007年，税收执法检查权主要由法规征管科组织实施。2000年4月，东平县地税局成立行政执法监督委员会，规范监督税收执法行为。2007年1月起，政策法规职能划归政策法规科，税收执法检查权由政策法规科组织实施。2013年，税收执法督察职能主要有督察内审部门（监察室）承担。

1994年11月，根据省地税局要求，

开展资源税政策执行情况检查。1997年进行流转税税收执法专项检查。1998年、2000年、2004年、2007年、2008年，围绕组织收入、税收政策执行、税务稽查、税收执法责任制等全面检查，先后进行综合性税收执法检查。2002年，市

表 10-6-1　　1994－2014年东平县分税种收入完成情况

单位：万元

税种 年度	合计	营业税	企业所得税	个人所得税	资源税	城市维护建设税	土地增值税	车船税	房产税	屠宰税
1994	1572	656	259	10	2	159		22	85	20
1995	2446	794	815	68	16	177		46	115	166
1996	4569	1208	2180	258	44	185		109	122	102
1997	5991	1621	2453	434	68	298		100	166	173
1998	6146	1827	2360	410	150	216	2	96	159	84
1999	6681	2057	1551	552	161	274	8	132	234	71
2000	6647	2129	2115	504	390	427	14	172	270	53
2001	7789	1395	2931	2106	322	366		132	260	21
2002	6640	1484	1975	1729	377	468		136	214	10
2003	5640	1818	465	537	590	1564		139	220	5
2004	7842	2236	715	1038	1262	944	2	280	324	
2005	11301	3755	896	1092	3097	630	4	157	384	
2006	14965	4705	454	1183	4848	617	35	897	559	
2007	19507	7160	1013	1135	5726	745	112	713	634	
2008	25419	8759	860	1692	8035	1053	455	550	649	
2009	31638	14312	1195	1878	5516	1026	867	1179	1249	
2010	39263	24512	1905	1825	1681	1798	2167	523	535	
2011	67165	34332	6008	2100	5009	2634	1771	615	1208	
2012	84335	42143	7043	2135	9090	3141	3175	776	1357	
2013	100263	53233	8375	2074	9647	3968	3724	1012	1353	
2014	113912	58017	6659	4900	18437	4223	3384	1146	1469	

土地使用税	固定资产投资方向调节税	印花税	契税	耕地占用税	教育费附加	地方教育费附加	残疾人就业保障金	地方水利建设基金	税务部门罚没收入	工会经费
68	254	24			13					
43	165	7			34					
42	234	12			68				5	
83	477	16			97				5	
40	688	17			97					
158	1367	21			95					
145	312	16			100					
125	16	13			102					
117		30			100					
129		58			115					
311	120	187			423					
626		249			336	75				
886		261			401	117			2	
1436		192			487	154				
2079		274			664	221	108		20	
3052		285			713	237	124		5	
2257		297			1190	440	132		1	
3286		602	3545	2887	1690	1112	125	241		
2470		908	4523	3462	1985	1308	153	660	5	
3559		964	4058	3024	2464	1621	175	803		209
4524		1188	2464	1876	2623	1748	163	877	3	211

地税局对东平县地税局开展税收执法检查。2003 年 5 月，市地税局建立税收执法联系点制度，山东九鑫机械工具有限公司入选联系点。2007 年 4 月，确定直属分局、彭集分局为税收执法联系点。2013 年 9 月，在全省地税系统税收执法督察中，选取东平县 8 户企业开展执法延伸督查。2013 年 10 月，开展税务行政审批专项执法督察。

1999 年，执行税务总局税收执法责

任制。2002 年 5 月，开展税收执法责任制工作试点。2003 年 10 月，推行税收执法责任制工作。2005 年 4 月，印发推行执法责任制工作实施方案。2006 年 2 月，印发税收执法过错责任追究办法。2008 年 6 月，利用山东征管数据“大集中”系统，推行执法责任制及执法考核工作。12 月，实行全省地税系统税收执法责任制度。

表 10-6-2　　1994—2014 年东平县分产业收入完成情况

单位：万元

项目 年度	合计	第一产业	第二产业	第三产业
1994	1572		982	590
1995	2446		1085	1361
1996	4569		3370	1199
1997	5991		4340	1651
1998	6146		4632	1514
1999	6681		4485	2196
2000	6647		3545	3102
2001	7789		3931	3858
2002	6640		3832	2808
2003	5636		3141	2495
2004	7842		4784	3058
2005	11301		7539	3762
2006	14965	1	10019	4945
2007	19507		13037	6470
2008	25419	176	16465	8778
2009	31638		19259	12379
2010	39263	2	25301	13960
2011	67165	20	41123	26022
2012	84335	1	48035	36299
2013	100263	12	58214	42037
2014	113912	116	77292	36504

二、税收优惠

减免税管理 1994年8月至2005年9月，东平县地税局主要围绕福利企业和困难企业税收优惠政策实行减免，主要为审批类减免。2005年10月，开始执行税务总局税收减免管理办法（试行），将减免税分为报批类减免税和备案类减免税。2008年，《中华人民共和国企业所得税法》实施，不断完善企业所得税优惠事项管理，强化资料审核，

表10-6-3　　1994－2014年东平县主要行业收入完成情况

单位：万元

年度 \ 项目	制造业	建筑业	交通运输业	金融保险业	住宿餐饮业	房地产业
1994	390	211	131	378	28	2
1995	815	168	190	430	45	2
1996	1832	245	260	570	95	
1997	2869	736	301	404	105	
1998	2886	1466	347	573	112	
1999	3116	1132	531	415	145	
2000	2416	589	1094	462	215	
2001	2424	726	347	277	426	150
2002	2334	897	813	346	1320	
2003	1788	619	510	510	198	30
2004	2066	1071	971	660	136	89
2005	2053	2075	1137	778	146	130
2006	1819	2960	1531	1179	275	198
2007	3084	3852	1652	1712	308	662
2008	3429	4107	2862	2107	302	1163
2009	4134	8899	3513	3037	339	1892
2010	4684	17939	2759	3284	455	3887
2011	11421	23447	3713	3896	1002	7020
2012	14786	27177	3991	5337	666	12457
2013	22039	28223	3631	6522	872	17735
2014	17468	45239	660	6962	501	15120

开展现场核查，实施后续跟踪管理，全面落实企业所得税优惠政策。2008－2014年，受理企业所得税税收优惠事项33项，优惠税款1.51亿元。2013年10月，税收优惠事项与金税三期系统融合，实现税收优惠事项与金税三期系统同步流转运行。

税收优惠政策 （见表10－6－5、10－6－6）

三、税务稽查

1994年8月，东平县地税局稽查局（简称东平县稽查局）成立。2014年底

表10－6－4　　1994—2014年东平县收入分经济类型情况

单位：万元

年度＼项目	合计	国有	集体	股份合作	联营	股份	私营	其他	外资	个体
1994	1572	872	656				31			13
1995	2446	1316	1075				55			
1996	4569	2035	1869				178			487
1997	5991	2554	2463				215			759
1998	6146	2527	2325				416		14	864
1999	6681	2578	1894				476		99	1634
2000	6647	1306	1550				1928		13	1850
2001	7789	2901	917			7	740		48	3176
2002	6640	1408	667			850	1266	1	70	2378
2003	5636	1110	402			916	1292		75	1841
2004	7842	1647	528			1727	1246		98	2596
2005	11301	1754	1085	4		2597	362		410	5089
2006	14965	2092	1970	380		2275	184	2	486	7576
2007	19507	1965	3206	1036		3658	1179	128	556	7779
2008	25419	2572	438	1134	6	5268	6223	280	599	8899
2009	31638	2831	499	1455		8223	4892	656	873	12209
2010	39263	3533	580	1023		14431	2035	742	1087	15832
2011	67165	4430	823	1592	135	24156	5116	5520	1437	23956
2012	84335	5863	970	2403	114	31840	6081	2741	1320	33003
2013	100263	6486	900	2354	50	44332	8370	3129	1155	33487
2014	113912	6836	1079	1762		60684	14850	4182	1003	23306

设综合科、选案科、检查一科、检查二科、审理科、执行科6个科，干部职工15人。检查中，严格执行选案、检查、审理、执行“四分离”制度，推行执法责任制和错案追究制，防止税务行政执法中的自由裁量权和随意性。

2012年，东平县地税局稽查局开展税收专案检查。

区域专项整治 2004年，东平县稽查局协助各分局（所）清理查补税款120余万元。2009年，根据省、市地税局要求，全面开展“五清查”，查补入库税款352.4万元。2012年，开展土地增值税专项清理，检查企业5户，查补入库税款、滞纳金、罚款200余万元。

专项检查 2004年，开展房地产业、建筑安装业专项检查，查补入库税款

表10-6-5　　1994—2003年东平县税收优惠情况

单位：万元

项目	税前弥补亏损		财产损失税前扣除		减免房产税		减免土地使用税		减免企业所得税		减免资源税		国产设备投资抵免		减免营业税		减免车船税	
年度	户数	金额	户数	金额	户数	金额	户数	金额	户数	金额	户数	金额	户数	金额	户数	金额		
1994	1	62.4																
1995	1	28.76																
1996	7	290.63	3	77.59									1	60				
1997	3	35.8											1	40				
1998																		
1999																		
2000	1	1.9									1	0.88						
2001	1	0.24	2	48.89	4	7.41	1	1.35					1	538				
2002	1	23.87	1	47.09	2	5.96					1	38.66	1	563.6				
2003	2	36.44	4	65.69	4	9.88	2	2.84	1	13.05	2	58.41			1	73.19	1	0.08

197 万元。2006 年，开展以房地产开发企业、餐饮、娱乐业和高收入行业的个人所得税为主的税收专项检查，检查纳税户 87 户，查补入库税款、罚款、滞纳金 290 余万元。2011 年，对供电系统开展以个人所得税为主的专项检查，发现漏缴个人所得税 151 万元，根据税法规定，调整其相关账目，调增企业所得税 182 万元，查补入库各项税款、滞纳金 362 万元。对全县卫生行业开展专项

表 10–6–6　　2004—2014 年东平县税收优惠情况

单位：万元

项目 / 年度	减免营业税		财产损失税前扣除		减免房产税		减免土地使用税		减免企业所得税		减免资源税		国产设备投资抵免		残疾人个人所得税	
	户数	金额	户数	金额	户数	金额	户数	金额	户数	金额	户数	金额	户数	金额	户数	金额
2004	1	87.42	2	95.5	7	14.95	2	2.84	4	28.23	1	45.36	1	81.52		
2005	1	46.92	6	61.42	7	14.11	2	6.82	1	2.28	1	48.6	2	3256.32		
2006					7	10.88	1	1.26					1	1345.62		
2007																
2008																
2009									2	423						
2010	1	3.83	1	874.63	1	2.43	1	19.81	1	235					1	0.6
2011			2	15.6	1	2.49	2	24.78	1	166					2	1.2
2012			4	13384.27			2	15.22	1	35.6					1	0.6
2013							1	27.93	1	2.18					3	1.8
2014			2	404.63	1	1.25	10	102.4								
合计																

残疾人工资加计扣除		节能节水设备抵免		环境保护设备抵免		公共基础设施三免三减半		下岗再就业		高新技术企业减征		小型微利企业		研发费加计扣		固定资产加速折旧		减免车船税	
户数	金额	户数	金额	户数	金额	户数	金额	户数	金额	户数	金额	户数	金额	户数	金额	户数	金额	户数	金额
								142	23.77									1	0.08
								307	50.06									1	0.08
								30	6.4										
								39	12.7										
								100	41.39										
								24	14.94										
								15	11.32	1	661.99								
										1	321								
				1	575.85			15	12	1	2636.53								
		1	424.92	1	261.19			12	9.6	2	3945.74								
1	158.17	2	236.85	2	134.90			7	5.6	2	5019.03	1	1.03	2	6069.76	1	2735.06		

检查，查补入库税款90余万元。2012年，组织开展房地产及建筑安装业、金融保险业、电力行业、工业及制造业5个行业的专项检查，坚持各税统查、个税必查、发票严查，补缴税款863.6万元；立案21户；入库滞纳金及罚款123.62万元。2013年，东平县稽查局对工商银行东平支行、中国银行东平支行、建设银行东平支行、农业银行东平支行、农业发展银行东平支行进行辅导自查，自查入库36万元。自查完成后，对金融业进行专项检查。发现的共性问题主要涉及：逾期90天表外利息征收营业税问题、为职工发放相关补助未代扣代缴个人所

得税、抵债资产未缴纳契税、国际贸易融资未缴纳印花税等方面。查补入库税款、滞纳金12.73万元。对山东东平农村合作银行，由东平县稽查局引进中介机构开展检查，查入库各项税金及附加460万元。

专案检查 2010年3月，与东平县公安局联合，开展发票打假行动，查处假发票8475份，涉及发票金额近40余万元。2012年，对东平县供电公司2011年的账簿、凭证进行检查，查补入库税款362.2万元。2014年，与县公安局联合开展打击整治发票违法犯罪专项行动。重点对金融、保险、广告、餐饮、娱乐、房地产与建筑安装等行业，进行专项整治，查处违规发票67份，补缴税款、滞纳金、罚款167.55万元。

第三节 税收管理

一、税收管理制度

税务登记管理 1995年，开展税务登记发证工作。1998年，开展税务登记验证工作。1999年，开展换发税务登记证件工作。2000年，开展漏征漏管户清理清查。2006年，东平县国地税对于发证、变更、注销等业务分别实行一家发证、双方认可，一家办理、双方认可的联合办证机制，监控税务登记。2006年，建立工商地税信息交换制度，明确交换内容、方式和时间等。2013年4月，开展税务登记验换证工作，对6175户纳税人进行验证，登记漏管户50户，注销169户。2014年，开展工商、地税登记信息比对，核对疑点信息866条，清理重复登记28户，重新登记266户。年底，在县地税局登记状态为正常的单位纳税人1495户，个体经营纳税人5572户。

税源专业化管理 2004年按照省地税局确定的抓大控中定小征管思路，对171户（大）、30户（小）、2500多中型纳税人进行分类管理。2008年，按照“大集中”系统要求，实行分类、分级、分岗税源管理。直属分局设置公交、制造、金融、房地产等类别，分组管理。乡镇中心税务所按照个体和企业进行分类管理。2010年6月，东平县地税局成立税源管理科，负责税源专业化管理工作的推进。主要采取纳税评估、税收预警、税源分析等方式，提升税源管理科学化、精细化、专业化、信息化水平。2012年9月，东平县所有房地产企业及其相关的物业管理全部划归直属分局管理。

纳税申报和税款征收 1996年，建立纳税人自行申报纳税制度，纳税人到税务机关服务大厅报送纸质纳税申报表及有关资料。1998年，推行办税厅规范化建设，规范前台办税行为，简化办税程序。2002年，对个体工商户实施“双委托”申报征收方式。2003年，凡在东平县境内缴纳地方税收的纳税人，可自行选择E税通网络报税、“双委托”、农信社网点代征、税控IC卡报税等方式缴纳税款。2008年后，省级数据大集中后，依托省地税局外部互联网、内部局域网和网上报税工作平台，推行网上报税、税银联网、财税库银横向联网、委托代扣等电子报税行式，纳税人足不出户便可完成申报缴纳税款以及财务报表报送工作。2013年10月，东平县地税局完成20户纳税人的申报征收、发票发售、发票代开业务，金税三期工程上线冒烟测试成功。

2013年12月举办金三系统知识对抗赛

发票管理 1995年，对发票的印制、领购、开具、保管、检查、处罚等作出规范。2002年5月，对饮食业专用定额发票进行换版，实行“刮刮乐”即开即奖方式。2003年1月，对部分发票的工本费收费标准进行调整。2004年1月，收费标准转为正式标准。2003年11月起，在部分行业统一更换使用数码防伪发票。2004年1月起，使用发票税控管理信息系统发售新版发票。2005年1月，在发票工本费、公路、内河货运发票、发票兑奖、发票税控机等多方面深化发票改革，规范发票管理。2005年2－5月，在办税服务厅等公开场所，进行发票收费公示。自2005年7月1日起，统一更换新版发票领购簿。2006年9月，进行发票专项检查和集中整治，查处问题发票56份，补缴税款、滞纳金、罚款45万元。2011年6月1日起，停止收取代开发票工本费。2013年1月，停止收取普通发票工本费。2014年5月，试行推广发票网开管理系统。

个体税收管理 1994年8月，东平县地税局管理的税务登记户数1560户。2008年省级数据大集中起，年均增加近280户。截至2014年底，东平县地税局个体工商户登记户数9692户，正常开业户数5572户。1997年，开始实施定期定额制度，对生产经营规模小、确无建账能力的个体工商户，经批准可以不设置账簿或暂缓建账的个体工商户，按每季、半年或一年核定一次应纳税额。2004 年起，在全县范围内推行微机定税工作。在个体税收征管中，遵循抓住大户、管好中户、规范小户的征管原则。2005 年，对个体工商户实施税额核定听证制度。2007 年，开发个体工商户临界点管理系统，市地税局在东平召开全市税源普查工作现场会，推广东平县地税局税源普查工作经验。2008 年，“大集中”系统上线后，个体户定税管理软件成为“大集中”系统里的子系统。年初，根据省、市地税局规定，进行个体定税调整。

社会综合治税 1995 年 3 月，在东平县地税局沙河站税务所探索农村税收征管社会化路子，省地税局在东平召开现场会，《大众日报》以政府管税、部门协税、群众护税、专业治税为题全版刊发东平经验。税务总局召开专题会议进行书面交流，并在全国推广。2003 年 10 月，制定全县综合治税工作考核标准，健全奖惩机制。2004 年，明确综合治税组织结构和职责，对信息采集渠道、时间、标准作出详细规定。2011 年 2 月，泰安市政府表彰东平县综合治税先进单位 12 个，奖励金额 1.2 万元；表彰先进个人 20 人次，奖励金额 1 万元。

税收征管制度 2007 年 11 月，印发房屋租赁业税收管理办法，落实营业税、土地使用税、房产税等税收法律法规，统一全县标准。12 月，印发饮食业税收管理办法，明确饮食业应缴纳的税种、发票、税控的使用、账薄、成本、费用、利润等内容。2009 年 8 月，印发建筑业、交通运输业税收管理办法，规范基层分局（所）征管秩序，明确要求理清税源底数，防止征管范围不清。2010 年 8 月，印发民主评税管理办法，规范税收定期定额管理，加强个体税收征管。2011 年 6 月，印发工作巡查制度，解决税收中存在的重点、难点问题。

二、税源管理

税源分布、结构与特点 营业税、企业所得税、资源税、城建税、个人所得税为东平县地方税收主要税种。营业税占第一位，2014 年占 50.93%；企业所得税占比不断降低；个人所得税占据主体税种位置不断上升，占比趋低；资源税占比增加，2009 年达到 17.43%，主要得益于辖区内铁矿采选业逐渐兴旺。

随着产业结构的优化，东平县地方税收的产业结构由“二三一”形态转变成二、三产业并重的态势，且第三产业呈逐步增长态势。东平县第二产业地方税收占地方税收总量的比重趋向下降，2014 年第二、三产业占税收总量的比重分别为 68% 和 32%，原因在于第三产业的发展。但税收总量不断增加，原因在于东平县城市化建设，房地产开发企业的快速发展以及各种公路铁路工程的建设，带动了第二产业建筑业税收的增长。

东平县地方税收所有制类型包括：国有企业、集体企业、股份合作企业、联营企业、股份公司、私营企业、港澳台投资企业、外商投资企业、个体经营和其他企业。国有企业、集体企业税收所占比重下降最为明显，原因在于经济体制改革，国有企业、集体企业改制为股份公司和私营企业。股份制企业税收所占比重增幅最大，原因在于经济体制改革为企业带来活力，股份制企业尤其是民营企业的迅速发展，拉动了股份制企业地方税收收入的增长。个体和私营企业所占比重不稳定。

税收预警 2011 年 4 月，派出 2 人参加全省地税系统税源管理培训班，学习税收预警相关知识。培训税收预警处理反馈模板组织。5 月，东平县税收预警信息处理率 100%，在市地税局 2011 年第一季度税收预警工作通报中受到表彰。2012 年 1 月，在全市地税系统 2011 年四季度税收预警工作情况通报中，东平县地税局各项指标均为 100%。3 月，省地税局对预警指标中的企业所得税与营业税申报收入额预警进行任务推送。东平县地税局根据推送信息及时安排，完成预警信息处理。

纳税评估 2004 年 5 月，根据省地税局要求，确定纳税评估总体目标和阶段目标，对纳税评估工作进行安排部署。12 月，根据市地税局要求，明确纳税评估的管理机构、组织领导，对纳税评估人员的业务水平提出明确要求。2005 年 3 月，对纳税评估流程的选定对象、评估分析、约谈核实、评定处理四个环节作出详细规定。11 月，运用市地税局纳税评估税务约谈实施办法、纳税评估实地调查核实实施办法、纳税评估档案管理办法。2011 年 6 月，制定纳税评估方案，对辖区内制造业、采矿业、房地产业三行业的有关企业进行纳税评估，入库税款 86.6 万元。2012 年 2 月，参加全市地税系统纳税评估业务培训及研讨会，通过纳税评估系统对东平县农村信用合作银行、工行、农行、中行、建行 5 家银行下达纳税评估任务，评估入库各项税收 20.43 万元。2013 年 5 月，对 9 家交通运输企业、租赁和商务服务业相关企业开展纳税评估，对纳税人的投入产出、应税产品产量和销售额等认真核实核算，通过纳税评估，补缴税款 105 万元。9 月，报送餐饮业纳税评估模型及案例，被市地税局评为市级优秀纳税评估模型。2013 年，学习应用纳税评估案头审核系统，对不规范的财务报表信息督促改正。以大企业、重大项目为评估重点，开展纳税评估，以评促改、以评促管、以评促查、以评促收。2014 年 4 月，利用第三方信息，对土地使用税缴纳情况进行纳税评估，对工业园区企业土地使用税缴纳情况与东平县工业园区管委和国土局提供的第三方信息进行逐一比对。

大企业管理与服务 2013 年 5 月，根据税务总局下发的大企业名册开展企业基础信息、纳税数据信息核对，与东平县供电公司签订税收遵从协议，向市地税局报送2012年大企业税务遵从合作协议执行报告。2014年4月，根据税务总局要求，核实修改企业名册信息。

三、国际税务管理

1996年6月，执行涉外收入年报制度，涉外收入单独收入统计。2001年9月，涉外科机构撤销，涉外收入并入计划财务科统计，不再单独编制涉外收入年报。

涉外企业年检 1998年1月，开始外商企业年检。2011年3月，泰安市商务局、财政局、国税局、地税局、工商局、统计局、外汇管理局等7部门组织外商投资企业联合年检。

涉外审计 2002年，开展以邮电通信业、涉外房地产、涉外餐饮业为主的涉外审计调查，审计调查企业1户。2003年，对3户企业开展涉外税收专项审计。2006－2008年，连续三年开展全县地方涉外税收专项检查（审计）。

反避税 2005年3月，根据省、市地税局要求，开展反避税工作。2006年3月，选取九鑫工贸有限公司、九鑫日化有限公司开展反避税调查。2007年6月，反避税和税收情报管理工作由政策法规科负责。2012年，选取山东光大日月集团有限公司所属两家企业开展反避税调查。

第四节 纳税服务

一、办税服务厅

2007年9月，建设整合纳税服务大厅，全县设立8个办税服务厅，办理税务登记、税控机申购、发票发售、纳税申报、税款征收等业务。2012年3月，按照省地税局要求，对所有办税服务厅重新标识。各办税服务厅设置办税服务区、咨询辅导区、自助办税区和等候休息区等功能区域，实现统一服务职能、统一布局要求、统一标识管理、统一窗口设置、统一服务制度、统一服务行为、统一考核标准。

二、纳税服务举措

2004年4月，设立东平县地税局纳税服务中心，与税收管理科、政策法规科合署办公，人员包括税收管理科、法

2012年4月，东平县地税局到企业开展税收宣传。

规征管科人员。2005年8月，调整充实人员力量，纳税服务中心成为内设科室。2006年4月，围绕服务经济建设、服务社会发展、服务纳税人的“三服务”理念，举办纳税服务演讲比赛。1名选手代表市地税局参加省地税局演讲比赛，获一等奖，东平县地税局荣获纳税服务优秀组织奖。2007年6月，与共青团东平县委联合成立东平县青年志愿者协会纳税服务分会。2007年9月，成立东平县地税局纳税服务质效评价领导小组，创建征纳共盈纳税服务品牌。2008年3－5月，印发纳税服务需求调查表，对征集到的纳税服务需求进行汇总分析，逐项统计，针对需求改进服务。开展征集纳税服务宣传用语活动，收到宣传用语74条，向市地税局推荐26条，1条获一等奖、1条获三等奖。被评为全市纳税服务宣传用语征集活动先进单位。2009年2月，开展优化纳税服务，促进企业发展活动，邀请瑞星集团、供电公司、百货大楼等25户企业代表，召开税企座谈会，与企业厂长（经理）、财务负责人座谈，摸清实情，了解企业生产经营现状，掌握纳税服务需求，制定改进措施。是年4月起，每月9日上午（法定节假日和休息日顺延）举办地税局长服务日活动。接待社会各界来访，解答涉税问题。11月，与东平县国税局、团县委联合成立东平县青年志愿者协会维护纳税人权益分会，制定东平县青年志愿者协会维护纳税人权益分会章程。招募第一届维权分会会员94人。2009年起，开展优秀纳税服务标兵评选活动，每年评选10名纳税服务标兵。在全市纳税服务工作会议上作典型发言。2010年8月，举办东平县地税局纳税人税法培训中心揭牌仪式，建立税法培训长效工作机制。2012年，联合国税局对全县纳税人的信用等级进行认定，确定纳税人A、B、C、D级纳税信用等级，实施纳税信用等级动态管理，强化信用等级评定结果应用，实施分类服务，优化纳税服务。2011年10月，制定加强办税服务厅应急处理的实施

东平县地税局领导深入企业实地调研

意见。2012年5月，投资8万余元，在办税服务厅安装网络电子监控系统，安装20个视频摄像头。经验做法在全市地税系统推广。2014年2月起，开展我为纳税人做一件事和我为纳税人献一策活动，围绕促进支持民营经济、服务业发展、企业自主创新和社会主义新农村建设等，向当地党委政府提出调整经济结构、引导资金投向、推动企业自主创新等18条建设性意见。

三、纳税服务制度

2005年3月，制定纳税服务工作管理制度（办法），日常考核和集中考核相结合。2005年4月，对社会各界进行纳税服务公开承诺，公布投诉电话，接受社会各界监督。制定发票举报案件快速查处管理暂行办法，2005年10月1日起施行。2012年3月，编发纳税服务制度规范，分为服务规范和日常管理制度两大部分。

第五节 信息化建设

一、信息化基础建设

2000年8月，东平县地税局成立信息科，由2人组成。2002年6月，配备计算机系统物流安全设施，机房达到C类安全标准。2002年6月，采用2兆同步串口以帧中继方式实现与市地税局互联。2003年7月，建立加强涉密计算机和网络保密管理工作相关制度，涉密计算机与内部网络物理隔离。2007年4月，集中采购投影仪及其附属设备，建立多媒体会议室。2008年4月，对9楼视频会议室进行改造，安装视频会议室专用三基色灯、音响系统等设备。向东平县沙河站镇中心小学捐赠电脑20台。2009年3月，信息管理科调整为税源管理科，由5人组成。2010年12月，在“基层建设年”活动中，省地税局配发新微机93台。2011年11月，对办公楼局域网重新改造，在局办公楼内设置20个信息点，53个终端接口。2012年，完成县至乡镇广域网带宽升级，县乡级广域网宽带升级到10兆以上。2013年4月，省地税局配发17台微机，保障“金税三期”顺利上线。2014年3月，完成网络中心机房改造工程。

二、征管信息化

2003年7月，E税通网络申报软件上线运行。2004年10月，残疾人保障金征收管理系统上线运行。2006年6月，机关全员参加幻灯片制作培训。2007年3月，对涉及企业和个体户税务登记信息统一数据填写标准，进行数据清理。2007年11月，组织省级“大集中”税收征管信息系统培训。2010年7月，上线运行泰安地税数据平台。11月，开发政务信息动态管理系统。2013年5月，配合金税三期双轨测试。10月，金税三期系统顺利上线运行。

三、行政管理信息化

2002年，制定信息安全管理、计算机类设备管理、信息化建设沟通制等办法制度。是年，在省、市、县三级应用公文处理系统进行公文传输，公文实现无纸化传输。2004年9月，做好硬件设备日常维护、推广各类软件应用，明确各分局（所）、稽查局信息管理员。2005年8月，行政管理与监控系统上线运行。2006年12月，制定东平县地税局软件应用骨干体系建设实施方案。2007年，根据省地税局信息化建设应用年要求，成立活动领导小组及办公室，印发活动实施方案及考核评比办法。

第六节 班子队伍

一、人事管理

1998年5月，在全县组织的国家公务员过渡中，东平县地税局69人过渡为国家公务员。1999年10月，按照市地税局统一部署，对5个副科级职位进行竞争上岗，并9个分局局长进行轮换交流。2001年9月，在民主测评、调查摸底、综合考试的基础上，进行两次大规模人员调整，37人到各基层征收分局（所）任职，优化基层班子结构。2005年6月，制定股级职务聘任制实施方案，深化干部人事制度改革，建立起能上能下的干部管理机制和促进优秀人才脱颖而出的选人用人机制。2009年3月，制定新增分局副局长竞争上岗实施意见。4月，在组织干部调整交流，涉及58人，占基层人员60%，岗位轮换率96%，其中执法岗位轮换率100%。湖东、湖西分局人员岗位轮换率95%，对在稽查、征管等一线执法岗位上工作超过5年的全部调整交流。2012年6月，制定干部选拔任用及监督管理政策法规集中学习活动实施方案。

二、队伍管理

2001年1月，推行班子成员包片、科室包乡镇的政策。从全体人员工资津贴中每人每月扣发325元作为任务考核基金，每月一考核，每季一奖惩兑现。县地税局班子成员及科室人员按所包分局的任务完成情况同奖同罚。2004年12月，制定岗位能级评审实施方案，建立科学合理的综合评价体系，对干部职工的综合能力进行评定分级，作为干部调配、使用、培训、奖惩的重要依据。2007年12月，制定中层干部考核评价办法，奖勤罚懒、奖优罚劣。2008年3月，制定困难救助办法，帮助干部职工解决实际生活困难。8月，制定对工作人员停职的暂行规定、年休假办法。9月，制定工作人员请假和考勤暂行规定，加强干部管理。2009年2月，制定对先进集体、先进个人进行物质奖励的暂行规定。9月，制定岗位能级管理办法，完善岗位能级管理。2010年3月，选派部分人员到稽查局学习锻炼，开拓基层干部视野。10月，修订工作人员请假和考勤暂行规定、岗位能级管理办法。2012年2月，制定素质提升工程实施方案，造就有知识、有能力、有道德、有作为“四有”地税干部。

三、教育培训

1999年5月，在东平县职业中专对全系统100多人分两期进行计算机知识培训，90%干部职工具备山东省计算机初级水平。2001年，开展业务练兵活动，统一组织闭卷考试，根据考试成绩奖优罚劣，奖励50人次，对考试不及格的33人，每月只发基本生活费400元。2002年5月，印发业务考试奖惩办法。2004年，开展税收法律法规、税收信息化和征管信息技术运用培训，组织各类培训9期次，培训346人次。2005年3月，制定考试及奖惩办法；8月，制定业务骨干（能手）管理暂行办法。2006年4月，制定学历（学位）教育管理暂行办法、规范学历（学位）教育，改善干部队伍知识结构。7月，制定提高干部队伍素质的措施，从业务考试、职称考试、教育培训三方面入手，提高干部综合素质。2007年4月，制定日常学习及业务考试办法，以建设学习型机关为目标，牢固树立终身学习理念。2008年6月，制定税收业务骨干外出培训暂行办法，选拔培养骨干人才；同月，组织第一批业务骨干20人赴烟台职业学院进行为期20天的培训。2009年3月，制定《2009—2011年全县地税系统干部教育培训规划》，3年内对全体干部职工轮训一遍；6—8月，邀请山东科技大学副教授丁连第对全县地税系统112名应达标人员，进行为期两个月的会计基础和财务会计知识培训。2011年2—3月，按照岗位需求，对各个岗位实行分类分岗集中培训，组织税收业务骨干18人到山东科技大学继续教育中心参加为期18天的培训班。2012年2月，开展全员读书活动，倡导勤奋学习、学以致用的良好风气，深化学习型税务机关建设。每季开展一次岗位练兵活动，建立干部职工培训档案，培训结果作为评先树优、日常考核的重要依据。5月，组织30人到山东科技大学参加税收知识更新培训。2013年，建立教育培训工作考核制度，把教育培训工作纳入到年度目标管理考核中，对各单位、科室教育培训工作实行单项考核。4月，组织30人赴潍坊税校进行为期9天的更新知识培训。

第七节　党风廉政建设

一、廉政警示教育

2003年8—10月，开展艰苦奋斗、廉洁从税警示教育活动。2009年6—10月，通过部分基层单位自行组织观看廉政建设教育片《执政之魂》，局机关、稽查局、直属征收分局观看《廉政中国》，组织全体干部职工到县检察院预防职务犯罪教育基地进行参观学习，邀请东平县纪委常务副书记、监察局长孙培冉作廉政教育报告等形式，开展廉政警示教育活动。2010年1月，组织观看反腐倡廉电教片《欲之祸—济南市人大常委会原主任段义和堕落警示录》。2011年4月，举办预防职务犯罪法制教育讲座，邀请东平县检察院领导为全体人员作预防职务犯罪教育报告；同月，县地税局代表队在全县反腐倡廉预防职务犯罪知识竞赛中荣获一等奖。2012年2月，以廉政宣传教育室为载体，分7批组织开展全员廉政宣传教育活动。2013年1月，泰安市反腐倡廉预防职务犯罪警示教育宣讲基层行在县地税局设专场举行宣讲活动。2013年5月，在全县地税系统开展以《税收违法违纪行为处分规定》为重点的纪律学习教育活动。12月，邀请东平县纪委常委、审理室主任田汝明、东平县检察院职务犯罪预防局局长刘洋，为干部职工作廉政教育暨预防职务犯罪专题报告会。2014年4月，组织全体干部职工集中观看廉政教育片《拒腐防变每月一课》，坚持以零容忍态度惩治腐败和不断开创反腐败斗争新局面。

二、监督制约机制

2002年12月，公布各征收分局、所和稽查局的专（兼）职监察员名单，对专（兼）职监察员职责提出明确要求。2003年6月，研究制定"禁酒令"和违禁处罚规定，印发在外就餐实行报告制度的通知，监督管理地税人员"八小时"以外行为。2004年5月，印发全县地税系统行政效能监察工作实施方案，全面开展行政效能监察。6月，制定开展经常性巡视检查的实施意见，巡查工作实现日常化、经常化。2005年3月，印发基层纪检监察员管理办法，对全县地税系统基层纪检监察员人员配备、职务设置、工作职责、工作制度、工作原则、工作权限、工作关系等相关内容作出具体规定。3-4月，由监察室、计财科组成内部审计小组，对16个基层分局（所）及稽查局2004年度经费收支情况进行审计。8月，制定预防渎职犯罪工作实施意见，开展集中查办破坏社会主义市场经济秩序渎职犯罪专项工作。2006年4月，重申"禁酒令"，严禁在工作日中午饮酒，严禁值班和执行公务时饮酒，严禁在任何时候、任何情况下酗酒，严禁酒后驾车。2007年，对系统内干部职工的税容风纪、工作纪律、考勤以及环

2011年4月，东平县地税局举办预防职务犯罪法制教育讲座。

境卫生等情况采取明察暗访方式进行不定期检查，检查结果纳入单位和个人日常考核项目。2009 年 3 月，在全县地税系统实行廉政谈话制度。2010 年，加强个体税收管理，规范税收执法，关口前移，重点防范，全方位构筑个体税收廉政防火墙。5 月，省纪委副书记崔瑛对县地税局经验做法作出批示。省地税局纪检组对该经验做法通报表彰。2013 年 8 月，开展会员卡专项清退活动，在职干部职工收受的各类会员卡，按时清退，不漏一人、不留一卡，零持有、零报告。10 月，严格落实中央八项规定，坚决纠正"四风"问题。2014 年 3–7 月，在全县地税系统集中开展整治"庸懒散"活动。

三、监督体系

2010 年，对个体双定业户实行民主评税。对实行定税管理的纳税人的应纳税款进行民主评议，在办税服务厅公布评税结果。2011 年 3 月，省纪委副书记崔瑛对县地税局《开展民主评税 推动和谐税收》的经验材料作出批示："个体税收定额核定采用'民主评税'，使核定工作'透明化'，既提高了税务部门决策的民主化程度，同时也维护了纳税人的合法权益，可供其它地区参考借鉴"。4 月，组织开展基层分局向纳税人述职述廉活动。2011 年 12 月，召开 2011 年度特邀监察员座谈会，22 名特邀监察员代表参加。2012 年 2 月，党组书记、局长李涛在东平县电视台向社会公开承诺，在《今日东平》专栏刊发承诺内容，接受社会各界监督。7 月，根据县纪委纠风办要求，县地税局为基层一线执法人员定制 662 张执法监督卡。2013 年 10 月，制定构建 3+1 工作体系加强机关作风和政风行风建设工作实施方案。2014 年 3 月，针对社会关注、涉及群众利益的突出问题，党组书记、局长李涛在东平县电视台践行群众路线，促进作风建设专栏，向社会公开承诺。

四、廉政文化

2012 年 6 月，征集廉政文化理念，向市地税局推荐上报 14 条。组织人员自行创作、排演廉政情景剧《税情家事》，在东平县廉政单幕剧和廉政之歌创作展演评选活动中，获二等奖。9 月，由 17 个廉政故事和 19 个廉政箴言组成 36 块图版，搭建县地税局廉政文化走廊。10 月，县地税局被市纪委、市监察局评为首批泰安市廉政文化示范点。2013 年 9 月，组织开展"清廉地税"书法绘画摄影大赛，推选出 26 项优秀作品上报市地税局。

第八节 思想文化建设

一、思想政治工作

1996 年 7 月，在全市地税系统政治工作考评中获政治工作一等奖。1997 年 1 月，东平县地税局被市地税局评为抓典树标先进单位。1999 年 7 月，邀请县纪委、机关党委、公安局和反贪局等部门负责人，分别作以遵守职业道德、加强行风建设，危难之处显身手、用生命实践入党誓言的人等系列报告。2000年，开展自我对比启示教育活动。2001年9月，开展学党章、守纪律、正党风教育活动，加强队伍党性教育。2003年2月，组织干部春季整训。4—7月，开展党的十六大精神学习。2003年12月，在全县地税系统集中开展党的十六届三中全会精神教育活动，学习十六届三中全会公报和《中共中央关于完善社会主义市场经济体制若干问题的决定》等文件。2006年5月，开展知荣辱、树新风教育活动，引导干部职工树立正确的职业理想、职业观念、职业态度。2007年6月，组织县局机关干部到东岳橡胶公司参观学习，开展“五对比五强化”党员活动启示教育。2009年3月，开展深入学习实践科学发展观活动，把科学发展观贯彻落实到地税工作各个方面。2010年10月，开展新一轮基层建设工作，组织领导下基层活动，给偏远地区职工送温暖，及时了解分局存在的困难和问题。2013年11月，开展“庸懒散浮”专项治理“六查”活动。一查工作纪律，二查办公电脑，三查文明言行，四查工作电话，五查规范着装，六查生活作风。建立“八小时以外”监督信访举报制度，鼓励社会群众参与监督，设立举报箱、公开举报电话等定期了解干部“八小时以外”遵守社会公德、职业道德、健康生活方式、廉洁自律等方面的情况。2014年4月，开展党的群众路线教育实践活动，组织部分干部职工到东平县烈士陵园悼念革命烈士。

二、地税文化

1999年7月，在东平县民兵训练基地对全体干部职工分两批进行全封闭集中式军事化训练。2005年，东平县地税局获邮政电信杯东平乒乓球比赛第三名。2007年2月，举行喜迎新春，共谋发展联欢晚会。3月，被东平县妇女联合会评为登山比赛优秀组织奖。2010年8月，印发设立每周讲坛的实施方案，在局机关设立每周讲坛，每周一坛，每坛4人，从县地税局班子成员，到每一位机关、基层人员，人人登坛。9月，第一期每周讲坛开讲，党组书记、局长王小勇讲授《良好习惯受益终生》。10月，

东平县地税局在2011 年6 月6 日的全省省第二届龙舟赛中，获小组第三名成绩。

根据在职人员业务实际和岗位需求，针对全体人员举办初级、中级、高级三类培训班。2011年6月，在东平县举行的全省第二届龙舟赛上，县地税局组队参加，获小组第三名。2013年6月，在州城、老湖中心税务所开展庆“七一”乒乓球比赛，48人参加。12月，组织70人在州城、老湖中心税务所办公区举行迎新春拔河、跳绳比赛。

三、党建群团工作

1994年9月，成立东平县地税局机关党支部，建立健全各项规章制度。1996年，东平县地税局被共青团东平县委评为先进团支部。2001年，在抗洪救灾活动中表现突出，戴庙乡赠送东平县地税局心系灾区无私奉献锦旗。2003年1月，县地税局被县工会评为工会工作先进单位。8月，县地税局被东平县精神文明建设委员会评为文明助学先进单位。9月，县地税局、接山分局被中共东平县委评为保持共产党员先进性教育活动先进单位。10月，印发东平县地税系统创建“五个好”地税实施方案，目标是建好一个领导班子，带出一支好的党员干部队伍，培养一种好的作风，建立一套好的管理制度，做出一番好的工作成绩。2004年6月，县地税局被东平县委评为三级联创“五好”党支部。印发经常性巡视检查的实施意见，通过对责任片区巡视检查，把握下情，为县地税局党组正确决策和有针对性地做好工作提供信息和依据。2005年3月，县地税局被县直机关工作委员会评为机关党建示范单位。印发县地税局党组织和党员中开展先进性教育“回头看”活动实施方案，活动从3月下旬开始，至9月结束，深化理论学习，实施好党员素质工程，夯实党在基层的执政基础，实施党组织建设工程，解决影响经济发展和涉及群众切身利益的问题，实施民心工程，标本兼治，探索建立解决实际问题的长效机制。县地税局妇委会获全省先进妇委会称号。2006年1月，县地税局被省地税局评为“六好基层单位”。9月，县地税局11人参加全县登山比赛，获团体一等奖。2007年6月，县地税局在县纪委、县组织部、县宣传部举办的庆“七一”加强作风建设、促进社会和谐演讲比赛中获二等奖。2008年3月，参加捐赠一本书、共建爱心书屋活动，捐赠图书1000余册。2009年，县地税局被评为泰安市三八红旗集体。2010年，县地税局获山东省巾帼文明岗称号。6月，成立党建工作指导组，明确指导组人员、党建工作指导组和党建工作指导组办公室的职责。2011年6月，县地税局向戴庙乡东金山村赠送微机2台，用于连接农业网，查询农业生产知识。组织机关全体党员在东平工委纪念馆举行重温入党誓词活动。2012年1月，到所帮扶村开展包村送温暖活动，为建国前老党员、生活困难党员和生活困难群众送去春节慰问金和慰问品，走访慰问困难党员、困难群众10户。2013年2月，到“第一书记”帮扶村沙河站镇樱桃园村和银山镇东钓台村，走访慰问困难老党员、特困户、五保户、优抚对象以及因病致贫党员群众。2014年1月，县地税局机关党支部召开党的群众路线教育实践活动学习会议，就深入开展党的群众路线教育实践活动进行安排部署。3月，开展戴党徽、亮身份、作表率活动。全体党员统一佩戴党徽上岗，让党员亮身份、明责任、作表率，叫响“我是共产党员”口号，以党徽为鲜明标志，以共产党员的标准严格要求自己。

第九节　精神文明建设

一、文明单位创建

1995年，东平县地税局、彭集分局被团省委、省地税局授予省级青年文明号，直属分局被授予市级青年文明号。1996年，稽查局被授予市级青年文明号。2003年，接山分局被授予市级青年文明号。2004年，东平县地税局被评为省级文明单位，新城分局获得省级巾帼文明示范岗。2005年，新城分局获得市级文明单位，直属分局被授予省级青年文明号，旧县分局被授予市级青年文明号。县地税局被评为东平县十大文明诚信行业先进单位。2006年，州城分局被授予省级青年文明号”，斑鸠店税务所被授予市级青年文明号。2007年，银山分局被授予省级青年文明号、获市级文明单位称号。彭集分局被授予省级青年文明号。3月，县地税局被评为十大文明诚信行业。2008年，东平县地税局被市地税局评为全市企业所得税税源调查优秀单位、全市营业税调查先进单位、优化产业结构工作先进单位。2009年2月，在全县经济工作会议上，县地税局被评为全县服务经济工作先进单位。2010年，彭集分局获市级文明单位称号。2011年10月，市文明单位检查验收组到县地税局检查验收省级文明单位创建情况，复审合格。老湖分局获市级文明单位称号。2012年7月，县地税局被授予东平县服务旅游业发展先进单位。2012年，老湖分局获市级青年文明号。2013年2月县地税局被东平县委、县政府授予2012年度服务经济工作先进单位、经济发展环境建设先进单位、全县先进党委（党组）中心组、平安东平建设先进单位、全县见义勇为工作先进单位、十大文明诚信行业等多项称号。2014年2月8日，县地税局被授予全县科学发展先进单位、文明诚信标兵行业、行政执法工作先进单位、党风廉政建设先进单位、平安东平建设先进单位等多项称号。

二、文明窗口

1998年4月，县地税局被东平县委、县政府评为全县窗口优质服务行业。1999年3月，县地税局、直属分局、新城分局被东平县委文明办评为窗口行业优质服务单位。2000年3月，县地税局被评为精神文明建设十佳单位，直属分局被评为全市地税系统文明税务分局。

2001年2月，县地税局被东平县政府评为全县城市建设先进单位。2002年3月，县地税局被东平县委、县政府授予文明行业称号。2003年8月，县地税局被评为文明诚信东平建设示范点。2005年4月，县地税局新城分局获得市级政风行风示范窗口先进单位。2006年，县地税局获得全市政风行风建设窗口单位称号。2007年3月，县地税局被授予2006年度市级创建政风行风示范窗口先进单位、服务经济工作先进单位。4月，直属分局被授予全县巾帼文明岗称号。2008年6月，县地税局被评为东平县人民满意单位。2009年，县地税局被评为东平县党风廉政建设先进单位、全县创建政风行风示范窗口先进单位、东平县经济发展环境建设先进单位。2010年2月，县地税局被评为创建文明诚信行业工作先进行业。2012年8月，直属分局办税服务厅被县精神文明建设委员会评为文明东平建设示范点。2013年2月，新城分局被评为泰安市地税系统十佳党员示范窗口，县地税局被评为全县文明服务示范窗口、创建文明诚信行业优质服务示范窗口、创建文明诚信行业文明服务示范窗口。

2012年2月，召开继续解放思想推进全面崛起大讨论活动动员会。

第十节 基层建设

一、管理基础

1994年1月1日起，国家实施新税制。8月，东平县地税局成立，积极贯彻执行新税制，保证新税制正常运行。1995年3月，市地税局在东平县地税局召开社会化办税现场会，总结推广构建税收四级网络，依靠社会办税，加强基层地税征管的经验。1997年7月，大安山地税所并入州城征收分局，基层税务所合并试点工作完成。1998年7月，在全市地税系统率先将18个分局（所）按经济区域合并为8个征收分局。2001年4月，编制地方税收业务实用手册。7月，推行委托银行代收税款试点，先后在直属、新城、州城3个分局进行委托银行代收税款试点。2004年5月，印发东平县地税局2004年机关工作目标及创建“六好基层单位”考核标准，开展“六好基层单位”建设。2005年5月，县地税局完善“六好”基层建设电子档案，夯实管理基础，全市地税系统召开现场会，推广该经验做法。2006年6月，全市地税系统管理年活动现场会在东平召开，与会29人现场观摩管理年活动开展情况。2009年2月，印发深入学习实践科学发展观，争创标准化基层分局活动实施意见，成立组织机构。2010年6月，市地税局党组成员、副局长郝玲到老湖分局督导新一轮基层建设工作。2011年11月，建立“三级巡查”工作制度，即：县局班子成员巡查、基层分局长巡查、税收管理员巡查。12月，印发目标管理考核联系点工作制度，明确包片领导、包点科室、联系人，解决基层实际困难。2014年3月，制定落实实施方案，贯彻市地税局“作风兴局”战略，努力打造活力地税、法治地税、创新地税、形象地税。

二、基础设施

办公环境 1996年8月，县地税局办公楼及宿舍楼动工建设。1998年4月，县地税局机关和直属分局迁至汶河街西首办公楼办公。4幢家属楼交付使用。2000年4月，县地税局投资300万元在105国道东侧、赤脸店街南侧，建设一幢5层综合楼，建筑面积3000平方米。2005年，县地税局对办公区进行整治，西墙内移，墙外进行绿化。2010年10月，县地税局推行集中办公，根据地理位置特点及区域经济分布，形成东部以城区为主、西部以银山分局为主、中部以老湖分局为主的集中办公格局。2013年6月，州城、老湖中心税务所新办税服务厅启用。2014年，筹建县地税局文化展厅，7月完工。

学习、生活条件 2005年3月，县地税局家属院被东平县精神文明建设委员会评为文明小区。2006年3月，规范基层分局（所）个人补助标准，促进廉政建设。建立阅览室、干部活动室、职工办公用品领用室，形成集学习、锻炼、休闲和后勤服务于一体的多功能空间。12月，印发办公区（家属区）安全管理暂行办法，加强办公区（家属区）管理，维护正常的办公和生活秩序。2010年，县地税局在省、市地税局帮扶下，争取地方财政支持，完善取暖、食堂、生活等设施，改善基层办公生活条件。

三、经费财务管理

经费管理 1994年8月，东平县地税局设立会计科，管理全局税收统计、经费及财务工作，地税局经费由县财政核拨。1998年10月，地税系统实行省以下垂直管理，人员经费上划，东平地税经费以1997年财政拨款决算数为基数上划，并确定地税经费以1:0.8（税收收入与经费基数）比例调减或增加经费基数，开始由省级财政和同级地方财政共同拨付地税部门经费。2003年，取消地税经费与税收收入增长挂钩办法，对地税经费实行收支脱钩的预算制管理。2004年6月，地税部门代征残疾人就业保障金，按实际划入国库的5%计算代征业务费，由同级财政部门按季拨付地税机关。2004年，实行经费预算制度。2005年，省地税局按基数和人头定额拨付公务经费和人员经费。2011年，县地税局转入养路费征稽人员4名，“两税”征管划转人员6名，按照每人每年5万元经费定额，上划基数50万元。2013年1月，代收工会经费。根据省、市总工会，省地税局联合下发的办法，按实际入库工会经费总额的5%拨付地税代收业务经费。2013年10月，市财政局、市地税局联合发文，调整东平县地税局财务管理体制，地税部门的收支、资产、负债全部纳入县级财政管理。东平县地税局下划经费基数389万元。2014年1月，县地税局经费重新划归地方，由县级财政核拨经费。

财务管理制度 1994年8月，县地税局会计科管理全局税收统计、财务工作，执行县财政管理政策。1998年10月，地税经费及其全部资产全部划转省地税局管理。东平地税经费以1997年财政拨款决算数为基数上划，同时考虑其他划转因素。开始由省级财政、市地税局和地方财政共同拨付地税部门经费。确定地税经费以1∶0.8（税收收入与经费基数）比例调减或增加经费基数。1999年，东平县地税局按期向市地税局报送经费收支和资产情况。2001年，市地税局成立清产核资工作小组，对县地税局进行全面清产核资。2002年1月，根据市地税局要求，固定资产实行集中采购制度。12月，根据规定各级地税机关支付给扣缴义务人和代征人的代扣、代收和代征税款手续费，由财政部门按照税款入库级次在同级财政预算中列支。2003年1月，地税系统财务管理信息系统（浪潮）网络版推广，手工账与计算机账并行一年，省、市地税局对财务收支管理逐步规范。4月，按照《泰安市地方税务局机关财务管理暂行办法》，对全县地税系统的货币资金、债权债务、工资、社会保障、日常公用支出、固定资产及大宗物品集中采购和会计基础工作管理等方面作出统一规定。2004年1月，全市地税系统取消手工记账，实现财务会计电算化；县地税局通过会计电算化验收。正式实行经费预算，推行重大财务事项批准、备案制度。6月，地税部门代征残疾人就业保障金，按实际划入国库的5%计算业务费，由同级财政部门按季拨付地税机关。同月，县地税局根据市地税局要求开始进行固定资产产权登记。2005年，省地税局按基数和人头定额拨付公务经费和人员经费。县地税局取消基层分局所有经费收支账户，实行县局统一账户管理，下管一级。1月，启用工商银行网上银行系统，全部预算资金纳入工行账户集团管理（内部付款使用贵宾室）。撤销其他银行开设银行账户。

2006年，市地税局统一要求正式取消“现金”科目核算，所有费用支付全部转账结算。6月，市地税局批复东平县地税局在工商银行设立一个基本经费账户和一个一般基建账户。2007年，根据省、市地税局通知着装范围、标准，新式税务制服统计、配发。2008年，印发关于规范地税系统国有资产有偿使用收入管理有关问题的通知，县地税局国有资产有偿使用和处置收入，按照收支两条线管理规定和票款分离要求，逐级全额纳入省级财政管理，不定期返还。2009年，县地税局使用《山东省行政事业资产管理信息系统》，对全局固定资产实现网络化、信息化动态管理。2010年，省、市地税局对东平县地税局和基层分局经费情况进行全面摸底调查。出台改善基层办公环境的规定办法，提出新一轮基层建设年，三年时间改善基层分局办公条件。2011年，全省地税系统省级集中式财务管理信息系统在东平县地税局上线，形成全面覆盖的财务软件应用运行维护体系。2012年7月，根据所辖纳税登记户数、稽查人员实有人数、管辖机构数及其他影响编制的因素，全局核定执法执勤车辆编制18辆。2013年6月，老湖和州城公用的集中办公区完工并投入使用。市财政局、市地税局联合印发调整县地税局财务管理体制，地税部门的收支、资产、负债全部纳入县级财政管理，财务审计和资产清查基准日为2013年8月31日。2014年1月1日，县地税局财务管理重新划归地方，收支、资产和负债全部纳入县级财政管理，经费预算纳入县级财政编制系统。固定资产管理及产权登记正式纳入县国资局管理。7月，省财政厅与省地税局联合印发《山东省地方税收保障专项资金管理办法》，根据东平县地税局申报专项资金项目下达专项资金75万元。12月，启动为全体干部职工补缴并办理养老保险，2015年2月办理完毕。单位承担部分2880多万元全部由县财政负担，个人负担部分自行缴纳，退休人员工资转县社保局发放。

资产装备　1994年8月，东平县地税局机关与国税局共用一座办公楼，无公务车。1998年，配备公务用车4辆。1995年，开始筹建县地税局新办公楼和职工宿舍楼，投资近1000万元。1998年4月，新办公楼竣工投入使用。2000年，投资200万元筹建105国道新城分局办公楼，2002年投入使用。2007年，投资83万元筹建银山分局办公楼。2010年，在全省地税系统新一轮基层建设中，省地税局为县地税局配备执法执勤用车10辆。2011年6月，根据新一轮基层建设和东平县委、县政府规划要求，在东平县老湖镇王台村建设老湖和州城公用的集中办公区。建设面积1700多平方米，预算投资496万元，建设支出通过市地税局批复的基建账户核算。2012年，市地税局批复东平县地税局执法执勤用车编制18辆。2011年7月至

2013年6月，县地税局投资500多万元，建成州城、老湖中心税务所集中办公楼。2014年，东平县地税局固定资产达到2214万元，其中公务车25辆。

四、行政保障

督办及政务信息公开 2006年，东平县地税局制定督查督办工作制度，建立以分管领导为主要负责人，各中心税务所所长、县局科室科长为负责人的工作机制，按照督办程序准确记录工作落实情况，形成督察通报。2006－2014年，下发督办事项85件，按时办结85件，结办率100%。2008年，县地税局在东平县人民政府门户网站的政务公开栏目处设立窗口，及时发布政务信息。2008－2014年，发布政务信息177条，政府信息年度公开报告7条、通知通告24条、政策法规7条。

舆情管理信访 2002年，东平县地税局制定舆情管理信访制度，设立舆情管理信访工作领导小组，按照谁主管谁负责的原则，强化责任追究机制。2002－2014年，东平县地税局未发生一起负面舆情事件。2008年，制定重大事项报告制度、信访安全工作制度，成立矛盾纠纷排查调处办公室，加强队伍管理，做好干部职工的沟通交流工作，维护内部稳定。1994年8月—2014年

2014年11月，市地税局领导陪同省地税局处室负责同志参观文化展厅。

12 月，东平县地税局未发生一起上访事件。

后勤服务 1994 年 8 月起，办公室负责后勤服务保障工作。先后制定车辆管理、公务接待管理、值班、物业管理等制度，建立功能完善、职责明确的后勤服务保障体系。突出精细管理、细节管理、制度管理理念，强化消防安全、车辆安全、物业安全、系统安全四条主线。定期组织后勤工作人员进行政治、业务学习，不断提升后勤保障水平。

档案管理 1997 年 7 月，东平县地税局综合档案室成立。其中档案专用库房 60 平方米，配备密机架 6 组；内存各类档案共 2279 卷（册）、3426 件，其中文书档案 794 卷 3250 件、会计档案 106 卷 634 册、业务档案 588 卷、基建档案 42 卷、照片档案 7 卷（册）、声像档案 50 盒（盘），基本达到门类齐全的档案管理要求。制定档案室工作制度汇编、管理设备使用制度、重大活动档案登记制度和本单位档案工作办法，健全会计、声像、实物档案，明确保管期限，将档案的立卷归档、保管、利用、鉴定、奖惩、设备使用等纳入统一管理，续编大事记、全宗指南、基本数字等各种档案文书专题汇编。对各种门类的档案，实行统一领导、统一管理、统一制度，按不同的期限编制目录索引，专题目录，机读目录。在库房管理方面，对定期检查和指导档案进行记录，移交凭证、收进移出进行登记等。对室藏档案的保管情况进行定期检查，严格进行借阅登记及利用效果反馈登记，科学利用空调和去湿设备，使温度保持在 14—24 摄氏度之间，湿度保持在 45%—60% 之间。2000 年，东平县地税局档案室被省档案局授予机关档案工作规范化目标管理省二级先进单位。2002 年，被省档案局授予机关档案工作规范化目标管理省一级先进单位。2004 - 2006 年，档案管理年度考核为省一级先进单位。2008 年，东平县地税局档案室被评为“山东省特级档案室”。建设有档案库房，设有档案工作人员办公室、阅览室各一间。2012 年，投资 12 万余元，配置档案保管设备。包括：加固密封门窗，安装防盗门；配备密机架 6 组；安装报警器、空调，配置除湿机、防磁柜、吸尘器、温湿度记录仪、消毒灭菌机、灭火器等设备；配备微机、打印机、光盘刻录机、扫描仪、复印机、移动硬盘；购买档案管理软件；安装了防光厚窗帘，购买防虫剂、防鼠药。档案库房达到防火、防盗、防尘、防鼠、防虫、防潮、防强光、防高温的要求。

第七章 高新技术产业开发区分局

1998年10月，泰安市地方税务局高新技术产业开发区分局（简称高新区分局）成立，副处级建制。截至2014年底，高新区分局有干部职工40人，在职39人，离岗1人。其中，党员36人，占82.31%；大专以上学历38人，占97.44%。内设综合科、征管和科技发展科、征收核算科、管理科4个科室，担负着辖区1776户纳税户的地方税收征管工作。1998—2014年，累计组织收入61.65亿元，年均增长38.37 %。先后获市级文明单位、省级文明单位、市级青年文明号、“五个好”县市区部门、全省地税系统“六好基层”达标单位等称号。

1998年10月开发区分局成立揭牌仪式

第一节 组织收入

2014年，组织收入12.21亿元，比1998年增加12.17亿元，增长249倍。年纳税额50万元以上的纳税人155户，占全部纳税人7%，完成地方税收收入12.06亿元，占总收入98.7%。

一、产业结构

2014年，第二产业完成税收收入4.57亿元，占总收入37.4%。其中制造业完成3.83亿元，占第二产业83.8%。第三产业完成税收收入7.65亿元，占总收入62.6%。

二、所有制结构

2001年，国有企业完成地方税收收入1726万元，占总收入31.7%，集体企业完成税收收入116万元，占总收入2.1%，私营、个体企业完成76万元，占总收入1.4%。

2014年，国有企业完成地方税收收入813万元，占总收入0.7%，集体企业完成239万元，占总收入0.2%，股份合作企业完成1288万元，占总收入1.1%，股份公司完成60369万元，占总收入49.4%，私营企业完成2972万元，占总收入2.4%，港澳台和外商投资企业完成7474万元，占总收入6.1%，个体经营完成3533万元，占总收入2.9%。

三、级次收入

中央级：1998—2000年，全部为地方级收入，2002年中央级收入601万元，2014年中央级收入1.46亿元。

省级：2001年省级收入2922万元，

表 10—7—1　　1998—2014 年高新区分产业地方税收完成情况

单位：万元

项目 年度	第一产业	第二产业	第三产业	合计
1998				489
1999				801
2000				1204
2001		4701	744	5445
2002		1736	1243	2979
2003		2933	1378	4311
2004	1	4900	1994	6895
2005		7889	3293	11182
2006	15	9964	4911	14890
2007	59	12612	7803	20474
2008		21142	28490	49632
2009		24986	20115	45101
2010		25780	18216	43996
2011		32762	43203	75965
2012	2	34326	69562	103890
2013	11	43500	63619	107130
2014	12	45667	76469	122148

2014 年省级收入 7 万元（由于财政体制改革，省级收入下划为市区级收入）。

市县级及以下：2001 年县级及以下收入 2523 万元，2014 年县级及以下收入 10.76 亿元，增长 41.6 倍。

第二节　税源结构

营业税和企业所得税为高新区主体税种。税收以第二产业、第三产业税收为主。第三产业受税收政策影响，税收比重逐年增长。制造业、房地产业、建筑业税收贡献突出。2005 年发展南部高新区后，税收收入增长主要集中在制造业和房地产业，两行业税收占总收入 70% 以上。

一、收入结构

2014 年，年纳税额 50 万元以上的纳税人 155 户，占全部纳税人 7%，完成地税收入 120593 万元，占总收入

表 10-7-2　　1998—2014 年高新区地方税收收入分所有制完成情况

单位：万元

年度＼项目	国有企业	集体企业	股份合作企业	联营企业	股份企业	私营企业	其他企业	港澳台投资	外商投资	个体经营	合计
1998											489
1999											801
2000											1204
2001	1726	116			3526	71			1	5	5445
2002	1719	33		2	859	295			4	67	2979
2003	1205	66			2793	125	1		9	112	4311
2004	293	186			5839	210		2	80	285	6895
2005	307	123	6	28	10019	182		4	170	343	11182
2006	495	102	16	33	12827	241		5	305	866	14890
2007	251	148	40	61	17905	261	30	15	932	831	20474
2008	88	27	43	11	46591	710	156	11	1784	211	49632
2009	92	41	69	15	41433	890	210	13	2079	259	45101
2010	219	106	50	11	39428	636	449	74	2716	307	43996
2011	501	131	104	13	42435	1733	24360	234	5320	1134	75965
2012	561	33	50	16	44583	1940	50494	701	3833	1409	103890
2013	431	44	69	6	56543	1635	40987	650	3642	3123	107130
2014	813	239	1288	0	60369	2972	45460	2833	4641	3533	122148

98.7%。第二产业完成地方税收 4.57 亿元，占总收入 37.4%。其中制造业完成 3.83 亿元，占第二产业 83.8%。第三产业完成地方税收 7.65 亿元，占总收入 62.6%。

2014 年，国有企业完成地方税收 813 万元，占总收入 0.7%，集体企业完成 239 万元，占总收入 0.2%，股份合作企业完成 1288 万元，占总收入 1.1%，股份公司完成 6.04 亿元，占总收入 49.4%，私营企业完成 2972 万元，占总收入 2.4%，港澳台和外商投资企业完成 7474 万元，占总收入 6.1%，个体经营完成 3533 万元，占总收入 2.9%。

地方分享比例较大的税种稳步增长，各税种比重趋于合理，收入结构不断优化。第二、三产业提供税收占主导地位，2014 年，对地方税收贡献率分别为 62.6%、37.4%。制造业、房地产业、建筑业行业税收贡献率高，税额 5.9 亿元，占总收入89%。其中，制造业完成税收3.65亿元，占总收入55.1%。房地产业税收1.54亿元，占总收入23.2%。建筑业税收7067万元，占总收入10.7%（不含两税收入）。

二、主体税源

产业结构上，2014年第二产业实现税收4.57亿元，对地税收入贡献率37.4%；第三产业实现税收7.65亿元，地税收入贡献率62.6%，比第二产业税收高25.2%。经济性质结构上，2014年股份公司实现税收6.04亿元，占总收入49.4%。高新区地方税收来自老牌产业和企业部分逐渐下降，第三产业税收

表10—7—3　　1998—2014年高新区地方税收收入分税种完成情况

单位：万元

年度＼项目	营业税	企业所得税	个人所得税	资源税	城建税	房产税	印花税	土地使用税	土地增值税	车船税	屠宰税	耕地占用税	契税	附加	地方附加	残疾人就业保障金	文化事业建设费	税务部门罚没收入	地方水利建设基金
1998	32	255	20									182							
1999	99	278	30									394							
2000	238	591	53									322							
2001	479	4446	70		182	93	37	77						57					
2002	816	1044	159	0.2	309	219	43	226		35	1			127			0.6	1	
2003	2068	1054	200		419	152	68	137		4				208			1		
2004	2683	2090	582		766	121	92	102	123	4				330				2	
2005	3245	3190	1910	25	1058	325	177	501	157	6				453	134			1	
2006	4140	4012	2077	18	1497	546	202	1246	286	10				641	215				
2007	6067	4398	3187	8	1694	684	256	2648	539	19				726	242			6	
2008	5868	26661	5680	6	2547	644	464	5377	840	10				1091	364	77		3	
2009	6912	21431	3697	1	2975	996	535	6005	667	148				1274	425	31	1	3	6912
2010	11229	12921	4165	7	3838	1130	547	6153	1645	54				1644	555	106		2	
2011	10716	13076	6429		4370	1457	1056	5993	2244	5		24211	2877	1873	1248	116		2	292
2012	11829	12978	5319	1	5094	2346	1054	6798	2273			50893	897	2182	1455	92	3	4	672
2013	12290	14832	8948		5752	2457	1175	7503	2909			41782	4501	2459	1640	99		3	780
2014	13241	16071	8205		5956	2919	1319	8870	4470			47266	8590	2547	1701	133		4	856

收入不断增加，产业结构性调整在税收领域初步体现。

三、零散税源

1998年，建局之初，零散税源管理精细化不够。2005年5月，搬迁至泰安市南部高新区后，个体及零散税收征管逐步加强，以国地税联合征管和委托代征管理为主要手段，管政为主，管事为辅，管政与管事相结合。

第三节 税收管理

一、税源管理

2004年5月，根据市地税局深化抓大控中定小实施方案，对重点税源企业生产、经营、财务核算及纳税额等指标严密监控，实行精细化管理。加强零散税源社会化管理，依托综合治税优势，加强难点行业和个体税收的管理。划分征管片区，签订征管片区责任书。

表10-7-4 1998——2014年高新区地方税收收入分级次完成情况

单位：万元

项目 年度	中央级	省级	市县级及以下收入	合计
1998				489
1999				801
2000				1204
2001		2922	2523	5445
2002	601	269	2109	2979
2003	752	499	3060	4311
2004	1603	706	4586	6895
2005	3060	1192	6930	11182
2006	3653	1461	9776	14890
2007	4551	2049	13874	20474
2008	19405	4165	26062	49632
2009	15077	3657	26367	45101
2010	10251	3912	29833	43996
2011	11703	4162	60100	75965
2012	10978	4213	88699	103890
2013	14268	8	92854	107130
2014	14566	7	107575	122148

图 10-7-1　　1998—2014 年高新区税收总收入完成情况

单位：万元

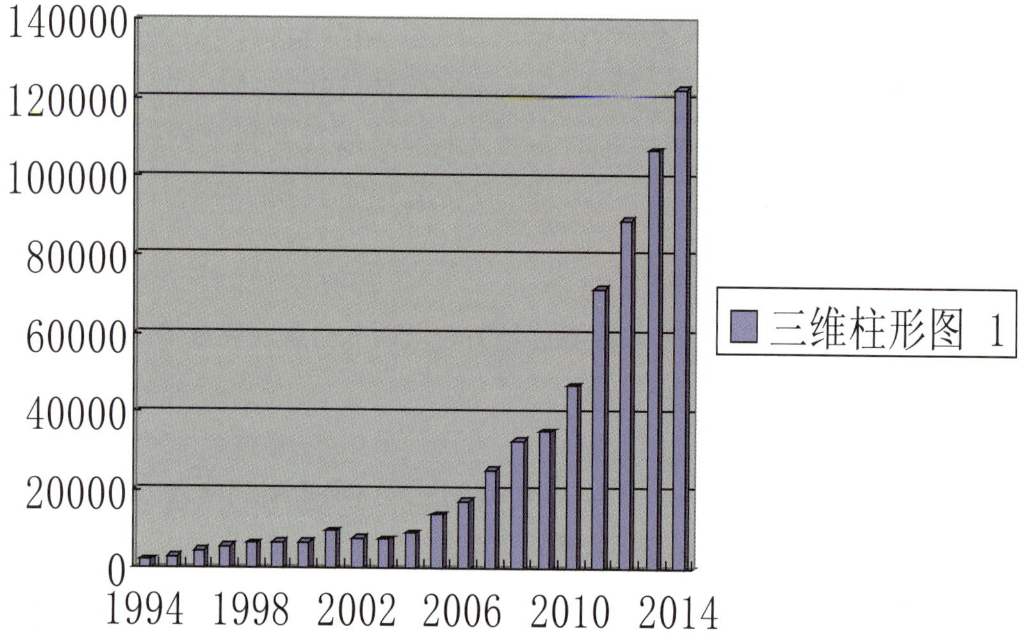

图 10-7-2　　1998——2013 年税收收入分级次完成情况

单位：万元

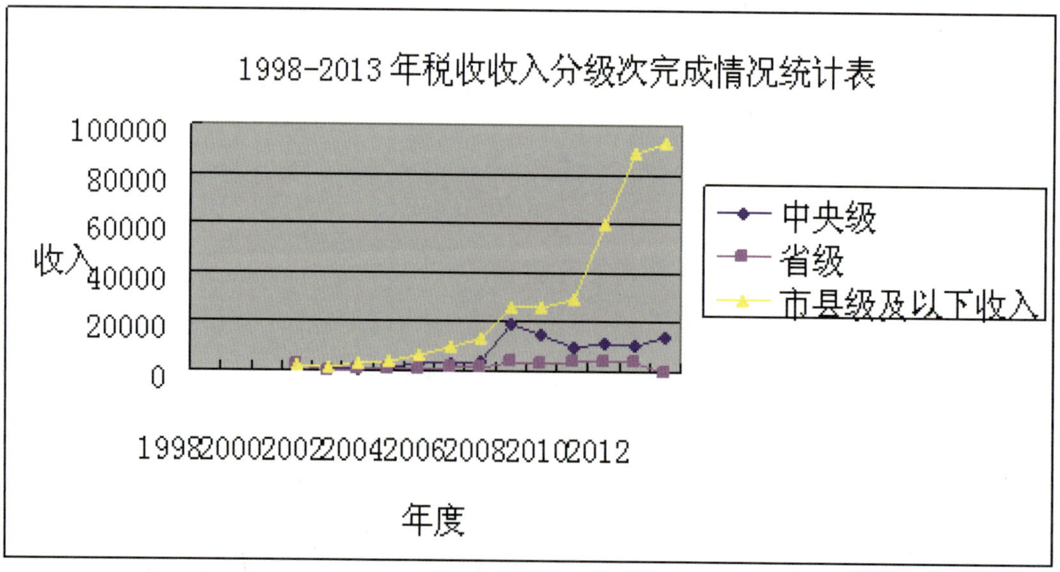

表 10-7-5　　2001—2014 年高新区分产业税收完成情况

单位：万元

年度＼项目	第二产业	第三产业	合计
2001	4701	744	5445
2002	1736	1243	2979
2003	2933	1378	4311
2004	4900	1994	6894
2005	7889	3293	11182
2006	9964	4911	14875
2007	12612	7803	20415
2008	21142	28490	49632
2009	24986	20115	45101
2010	25780	18216	43996
2011	32762	43203	75965
2012	34326	69562	103888
2013	43500	63619	107119
2014	45667	76469	122136

图 10-7-3　　1998—2014 年高新区二、三产业实现地方税收比例情况

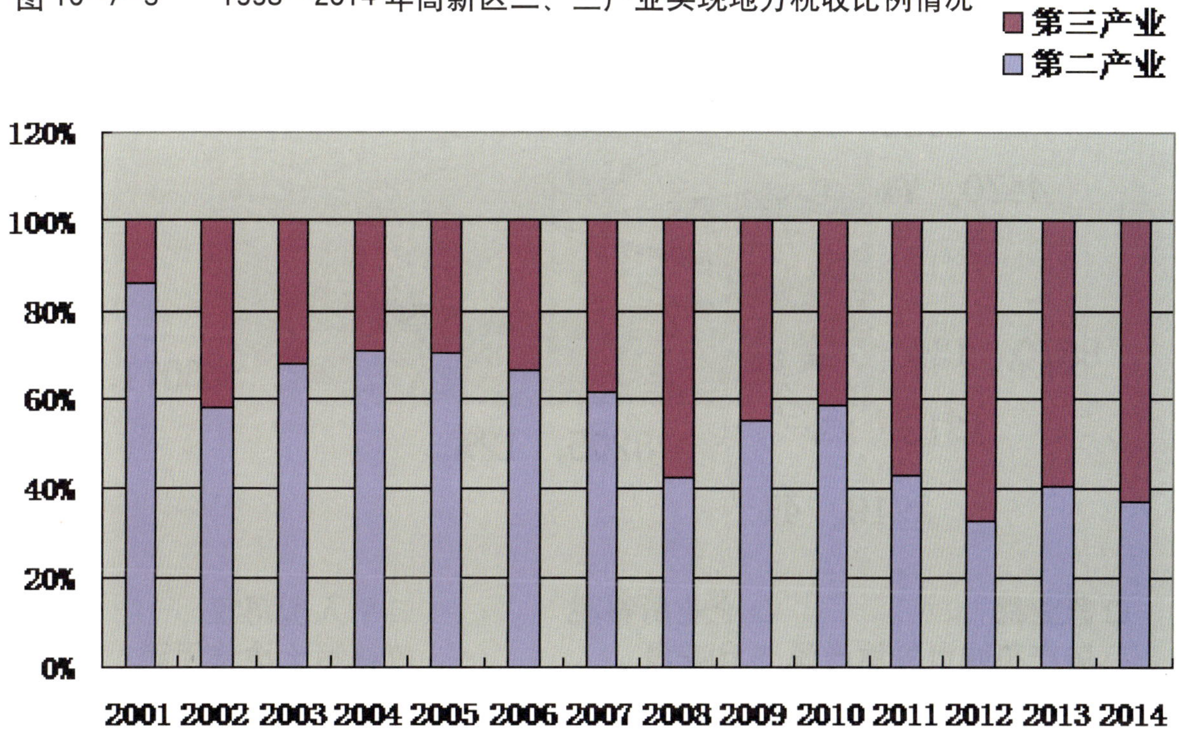

图 10—7—4　　　　2001—2014 年高新区税收收入分所有制完成情况

单位：万元

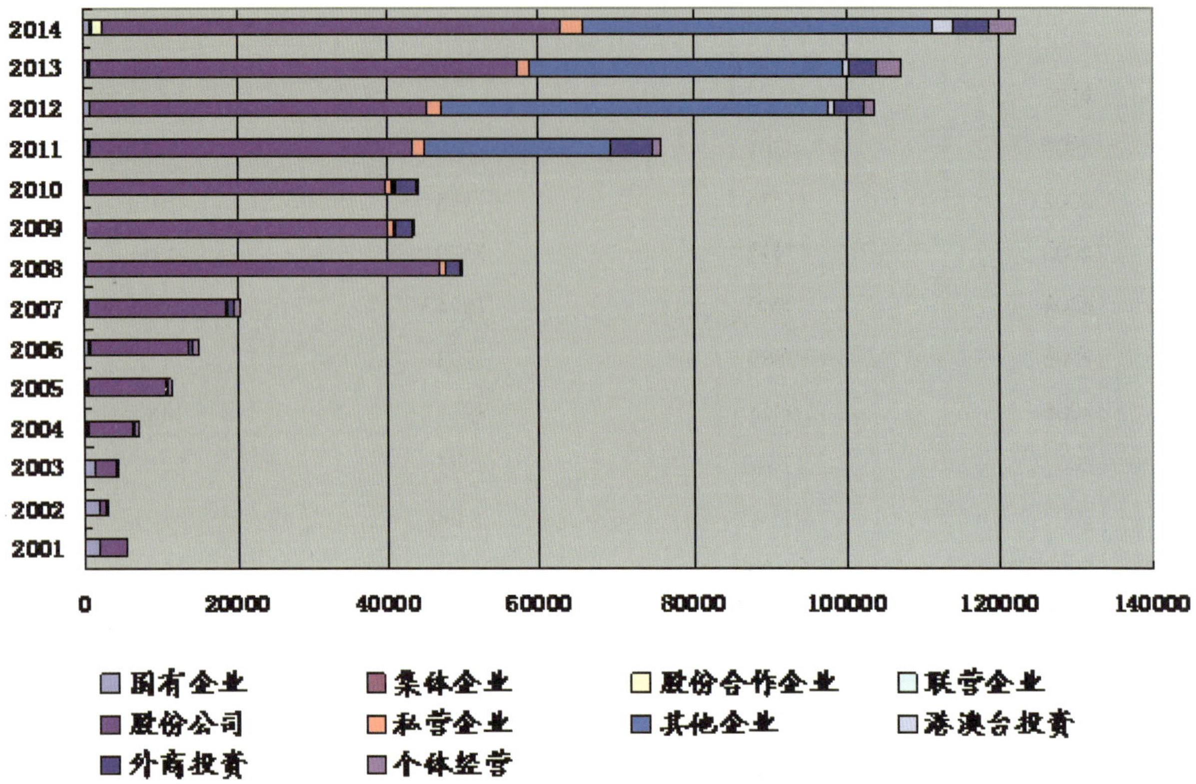

图 10—7—5　　　　2014 年高新区分税种完成情况

单位：万元

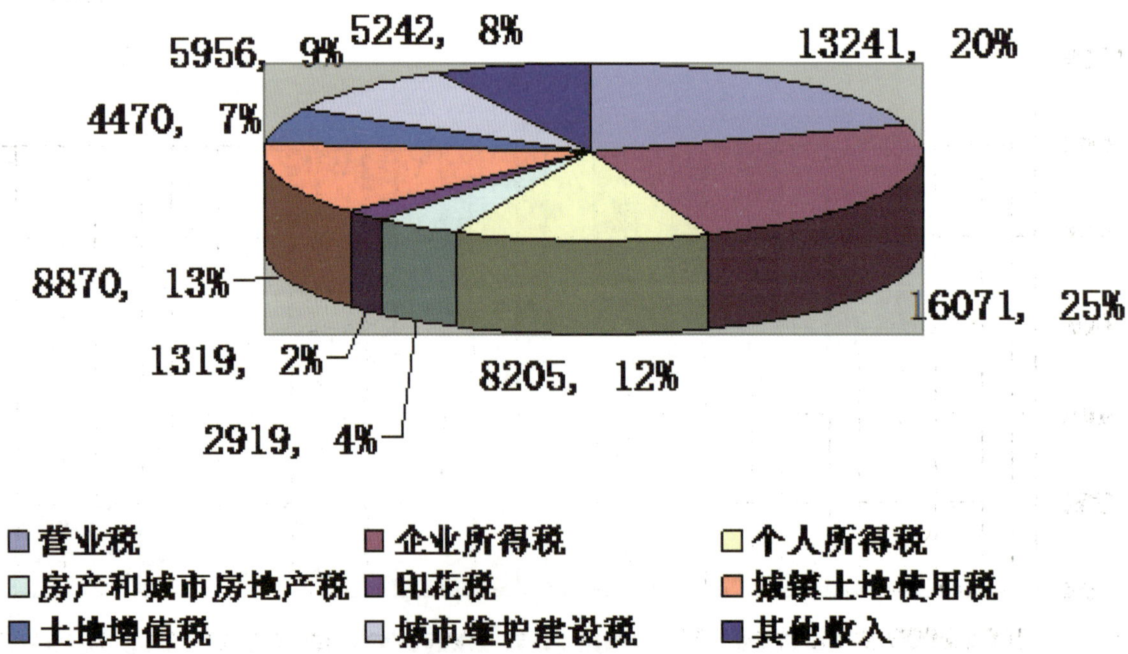

图 10—7—6　2014 年高新区分产业、分行业税收收入情况

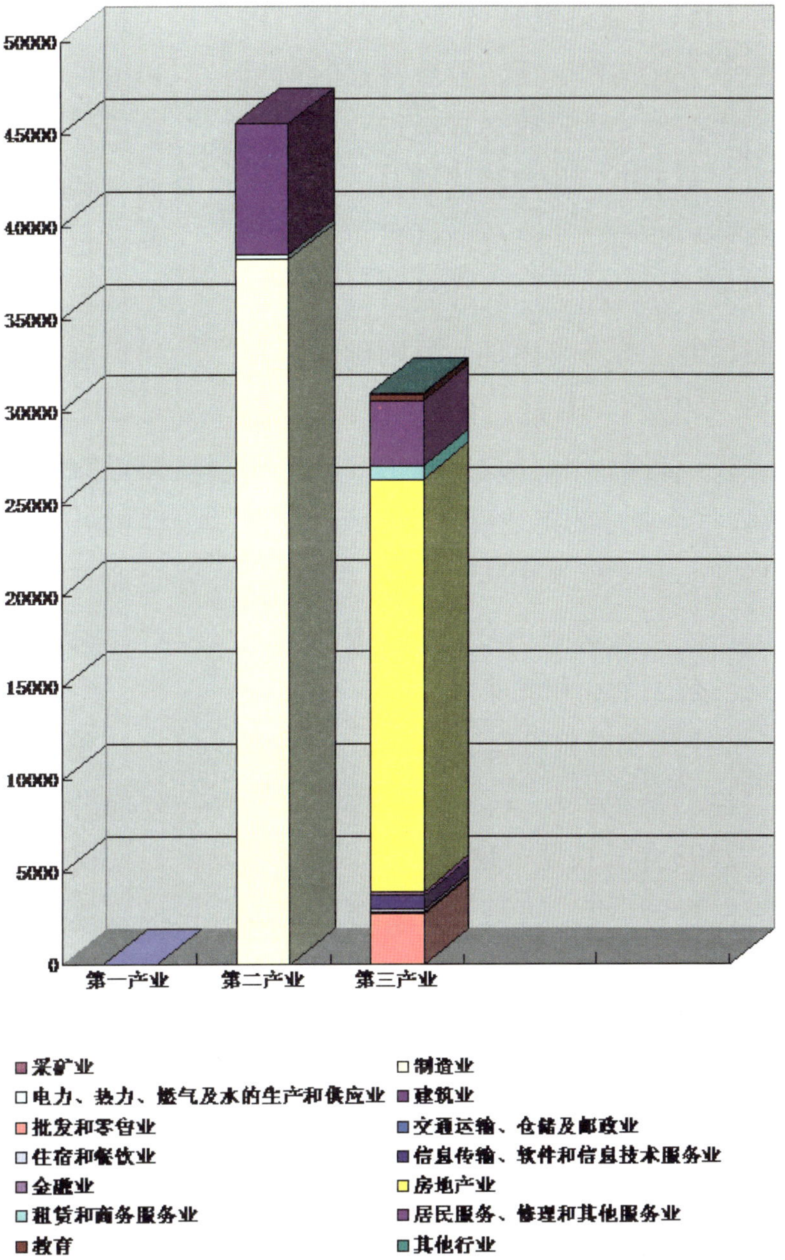

分类管理　2010 年 9 月，按照省地税局推进税源专业化管理，以县（市、区和直属）地税机关及以下征管机构为基本单元的总体要求和市地税局推行集中办公实行税源专业化管理的总体思路，依托集中办公，强化信息化手段支撑，突出集中征收、税源管理、重点稽查征、管、查分离，实行税源专业化管理“内分”方式。税收管理一科、二科在科内实行规模类属的分组管理，按照日常管理类、税源管理类、综合管理类、审核审批类业务调整岗责体系，采取一人多岗或一岗多人方式。北集坡地税所在所内实行按经济性质类属的分组管理，按照日常管理、税源管理、综合管理、审核审批等类业务调整岗责体系，采取一人多岗或一岗多人方式。税收管理一、二科按照重点税源和其他税源进行管理，年纳税收入 50 万元（包括）以上的为重点税源，其余为其它税源。北集坡地税所按照经济性质类属的分组管理，分为企业组和个体工商户组进行管理。

虚拟办税服务厅　对内，服务厅作为高新区分局一个职能科室，由分局纳税服务中心对其管理；对外，以高新区分局名义行使办税服务厅职责。按照征收服务、综合管理、审核审批等类业务调整工作人员岗责体系，实行按业务类

属的分岗管理。办税服务厅设在高新区分局1楼，设置三类12个业务受理窗口。办税服务厅与科、所、业务科室的前后台工作衔接，办税服务厅受理业务后，按照“大集中”流程推送到科、所、业务科室相关岗位，最终向纳税人反馈处理结果。办税服务厅代开发票入库税款按照属地（劳务发生地）原则确认财政归属。2013年10月，金税三期工程系统上线，高新区分局设定登记户自定义类别，将企业分为年纳税收入50万元（包括）以上重点税源和其它税源，并将其它税源按照所属地分为高新区南部新区企业、东区企业和北集坡企业，按照以上自定义类别分别管理。

二、综合治税

2003年，按照市政府通知，成立综合治税领导小组，开展社会综合治税工作。2004年9月，社会综合治税管理软件上线应用。2007年5月，高新区管委会调整充实综合治税领导小组，管委会主要负责人任组长，有关部门、单位负责人为成员。领导小组办公室设在区财政局，工作人员从国税、地税、财政部门抽调。2010年3月，高新区管委会印发通知，明确各部门社会综合治税职责，提出具体要求。

三、征收管理

税务登记 1998年，高新区分局担负512户纳税人的地方税收征管工作。受高新区东区划转影响，2014年底，辖区有单位纳税人1275户，个体工商户501户。2004年2月，按照《中华人民共和国税收征收管理法》《中华人民共和国税收征收管理法实施细则》《税务登记管理办法》，规范税务登记管理，加强税源监控。2006年，开展换发税务登记证工作。2007年11月，清理检查辖区个体工商业户，健全基础资料。2013年4月，开展税务登记验证工作，对2012年12月31日前已经办理税务登记的纳税人及按规定应当办理而未办理税务登记的纳税人，包括各类企业，企业在外地设立的分支机构和从事生产、经营的场所，个体工商户和从事生产、经营的事业单位进行补充登记。

纳税申报 1998年10月，开发区分局沿用税收专管员形式，包片包点，挨家挨户上门征收税款。年底，推行办税服务厅规范化建设，规范前台办税行为，简化办税程序，提高纳税申报效率。2002年，民营企业可在网上报税、电脑终端报税、报税器报税、IC卡报税、双委托报税等方式中自由选择申报纳税方式；实行定期定额纳税的纳税人，可实行纳税人委托银行代缴、税务机关委托银行代收的“双委托”申报纳税方式；定期定额纳税且定额内经营收入变动不超过20%的，实行缴税代申报的简易纳税申报方式。2003—2007年，网络申报与大厅申报相结合，实施电话、短信催报催缴，大厅申报率60%。2008年，省级“大集中”系统在高新区分局上线。推行网上报税、税银联网、财税库银横向联网、委托批扣等电子报税形式，实现纳税人足不出户便可完成申报缴纳税款以及财务报表报送工作。2009年，对纳税人申报缴税实行税银联网方式。2013年，实行金税三期申报系统。

核定征收 2004年5月，对双定业户实施动态管理，税收定额管理由粗放型向集约型、由征收型向监控型转变。对个体工商户全面推行微机定税。2005年1月，按照省地税局印花税核定征收管理办法，加强印花税征收管理。2006年1月，落实省地税局抓大、控中、定小的税收征管思想，开展中小企业税款核定征收和个体工商户微机定税工作。2009年2月，按照省地税局通知启用印花税核定征收管理软件，做好印花税核定征收管理工作。

发票管理 1995年，制定发票管理工作实施办法，对发票的印制、领购、开具、保管、检查、处罚等作出规范。2003年，推行税控装置，实行有奖发票，启用发票管理信息系统，实现发票信息的集中处理和有效利用。2004年，启用山东地税发票税控管理信息系统，实现对发票管理全过程、全方位的监控和各种数据的集中处理。2005年10月，落实市地税局发票举报案件快速查处管理暂行办法，加强发票举报案件查处工作。2007年1月，推广使用公路、内河货运发票税控系统。2008年，启用全省统一推广的发票管理系统。2010年，实施发票换版，简并发票票种，统一发票印制油墨要求和防伪措施。上线行政事业性收费系统，行政事业收费票据的出入库管理、报解管理、发票工本费的收入核算、印制成本和相关费用的核算及支付等实现系统管理。2012—2014年，建立多元化网络发票管理体系，提高发票开具行为监控和发票电子数据采集水平；建立发票信息公开查询平台，简并发票种类、减少发票联次，推广委托代开发票，优化工本费征收方式。

2013年1月泰山集团向高新区分局赠送锦旗

四、纳税服务

2006年8月，贯彻执行全省地税系统纳税服务工作规范（试行）。2007年

12 月，按照省地税局“三服务”理念，推行“一站式”纳税服务，将纳税人主动到地税机关办理的各类涉税事项集中到纳税服务场所受理，根据职责范围内部流转，在纳税服务场所统一反馈纳税人。2008 年 1 月起，实施纳税服务质量考核办法，贯彻落实纳税服务制度贯彻落实，维护纳税人合法权益。2010 年 4 月起，开展每月一次的地税局长服务日活动。2010 年 10 月到 2011 年 1 月，开展擦亮窗口、服务纳税人活动，基层窗口服务单位组织创先争优活动。

第四节　班子队伍

一、干部队伍

1999 年 3 月，制定学习会议、业务考核奖惩、卫生、考勤等制度办法，规范干部职工行为规范。1999 年 6 月，以学军魂、铸铁军为主题，开展半军事化管理，成立半军事化管理领导小组，制定实施方案，学习省地税局“三大规定”，邀请驻泰部队到开发区分局开展为期 15 天的军训。5–6 月，在山东省贸易学校组织 9 人参加为期 40 天的封闭强化培训，全部考取微机操作初级证书。2000 年 11 月，制定“人才工程”三年规划。2001 年，举办两期《中华人民共和国税收征收管理法》培训班。在全市《中华人民共和国征管法》考试中，吴增平、董梅、孙大庆 3 人以平均 97.33 分成绩取得团体第一名。2001 年 2–3 月，参与省地税局组织的千名机关干部下基层活动，到宁阳县地税局石集分局调查研究，征求宁阳县党委政府和纳税人对地税部门的意见和建议。2001 年 12 月，印发在职干部学历教育管理暂行规定，规范在职干部学历教育管理。2002 年 3 月，运行《公文处理系统》，实现公文处理无纸化；举办 ISO9001 质量管理体系培训班。4 月，召开文件发布会，进入 ISO9001 质量管理体系认证试运行阶段；9 月，通过中国质量认证中心审核认证，取得 ISO9001：2000 国际质量管理体系认证证书，为泰安经济开发区首家获 ISO9001 质量管理体系认证的行政单位。是年 4 月，全体干部职工参加持证上岗考试，均考取所在岗

2013 年 8 月组织金三上线实战演练

位任职资格。5月，聘请山东科技大学财金学院WTO研究办公室教授，就入世知识和涉及的税收问题对全局人员培训。10月，完成机构改革，按照“三定方案”对科室、人员、岗位进行合理配置，11人系统内进行交流，19人参加全市地税系统副科级职位竞争上岗，6人提拔至副科级职位。2004年11月，印发岗位能级评审实施方案，干部全面实施能级管理。2005年5月，开展能级评定，通过测评、审核、认定等环节，确定岗位工作人员能级等次。其中，高三级2人，中一级4人，中二级3人，中三级11人，初一级8人，初二级4人。2007年4月，分两批次，在山东科技大学组织16人参加的税收专业培训班；8月，2人参加市地税局在大连东北财经大学举办的科级干部培训班；10月，王永博入选山东省地税系统第二管理期骨干人才库（计算机能手）。2009年8月，周鑫、高玉峰、陈静入选市地税局征收管理岗骨干人才库。2010年1月，周鑫入选全省地税系统第三管理期征管能手骨干人才库。6月，8人参加市地税局在上海财经大学举办的更新知识培训班。2011年5月，2人参加市地税局在税务总局扬州培训中心举办的科级干部培训班。2012年4月，4人参加省地税局在临沂举办的党性教育培训班；10月，局长吴江参加省地税局在山东省委党校举办的县（市、区）局长更新知识培训班。

二、思想政治教育

1999年3月，利用每周五下午固定学习时间，通过自学、读书报告会、听讲座等形式，开展理想信念、职业道德、法制廉政教育。2000年5月，利用一个月时间，开展解放思想大讨论活动。2001年4月，开展“三个代表”重要思想教育活动。5月，开展，以“五比五看”为主要内容的对比启示教育活动，2002年，开展争创“玉国岗”“李玉国式好税官”活动。2003年4月，开展保持共产党员先进性教育活动，6月，开展经济大发展、地税怎么办大讨论活动，组织干部职工从思想觉悟、工作作风、工作效率、服务质量、执法水平等方面查找差距，解放思想、更新观念，增强发展欲望。2005年4月，开展保持共产党员先进性教育“回头看”活动。9月，市地税局党组副书记、副局长姚同喜以《让我们共同拥有健康丰盛人生》为题给干部职工上健康人生教育课。2008年4–6月，开展继续解放思想推进科学发展学习教育活动，学习贯彻党的十七大和省、市第九次党代会精神。2009年3月，开展深入学习实践科学发展观活动，解决思想作风、学风、工作作风、领导作风、干部生活作风中的突出问题。6月，对照树立和落实科学发展观要求，召开领导班子民主生活会，班子成员围绕“拼搏实干、开拓创新、精诚团结、廉洁自律”查找存在的问题和不足。2010年4月，开展以创建学习型、创新型、效能型、服务型、廉洁型“五型”机关和争做泰山先锋、争创文明机关为载体的解放思想、改革创新在行动思想教育活动。2011年5月，开展以人为本、执政为民主题教育活动。2012年3月，根据高新区管委会要求，开展转作风提效能树形象、争做富民强市排头兵学习教育，提升思想境界、转变工作作风、提高服务效能、树立崭新形象。2013年10月，在全市地税系统文化建设推进会上，作题为《加强地税文化建设、构建和谐高新地税》的交流发言。2014年2月，召开高新区地税分局党的群众路线教育实践活动动员大会，局长吴江做动员讲话，市地税局督导组领导讲话，省地税局督导组代表全程参加会议。会后，对分局领导班子及成员进行民主评议。3—6月，以习近平总书记系列讲话、《论群众路线——重要论述摘编》等为重点，组织5次集中学习和讨论。学习财税体制改革、金税三期工程等理论知识。3月，以科室为单位开展治理庸懒散，实现加速提升增效为主题的大讨论活动，全体干部职工均写出整治“庸懒散”活动学习心得体会。4月，组织干部职工到徂徕山接受革命传统教育。5月，开展软实力大讨论活动，明确基层软实力建设的工作方向、重点和推进措施。局长吴江以《讲学习、讲政治、讲党性、讲奉献，争做优秀共产党员》为题，为党员干部上党课。

三、基层建设

1998年10月分局成立后，办公场所由泰安经济开发区管委会提供，办公室（含办税服务厅）9间，机动车1辆。1999年3月，成立中共泰安经济开发区地税分局支部委员会，选举张继颖为支部书记，负责支部全面工作；委员王照星负责纪检、青年工作；委员吴增平负责组织宣传工作。2月，以总结经验教训、查找存在问题、转变工作作风、激发工作热情为目标，每年初开展春季整训活动。2000年3月，按照市委、市政府及市地税局要求，制定十条行政提速措施及服务承诺。12月，市档案局对开发区分局档案管理考核，被评定为“省三级”。2001—2003年，按照市地税局要求，实施“三大战略”。2002年起，推行目标管理，制定融税收业务、行政管理、队伍建设、文明创建、管理创新、党风廉政等工作为一体的工作目标与措施，建立目标管理考评机制。2002年7月，高新区工作重心及行政区划南移，进区项目多集中于高新区南部新区，按照高新区职能部门统一到新区办公的要求，向高新区管委会请示建设市地税局开发区分局办公楼及税务培训中心项目，高新区管委会批复同意，开始兴建。2003年2月12日，举行办公楼奠基仪式，市地税局党组书记、局长郭凤晓，高新区党工委书记、管委会主任唐福生，副主任高树顺、王鲁生、胡加庆、孙卫连、白咸忠，工会主席刘黎参加仪式。4月，加大防治“非典”工作力度，做好宣传、清查、消毒、阻截等预防工作，提高干

2014年5月30日，高新区分局局长吴江为干部职工上党课。

现全局集中办公，建设并投入使用高标准、规范化、功能设施齐全的办税服务厅。

截至2014年底，高新区分局在职干部中，大专以上学历的38人，占97.44%。其中，本科28人，占71.79%；研究生2人，占5.3%。获得注册税务师执业资格证书的2人，占总人数的5.3%。

四、党风廉政建设

1998年10月—2002年10月，开发区分局党风廉政建设工作由市地税局党组统一领导，未设立专门机构。1999年3月，制定财产车辆管理制度、经费管理办法、接待制度、安全保卫制度、地税工作人员着装规定、廉洁勤政制度，规范干部职工行为。在办税服务厅设置政务公开栏、意见箱，向社会公布举报电话。2000年起，建立党风廉政建设责任制，层层签订廉政建设责任书。1月，按照逢重大节日、重要节点开展廉政教育的要求，向全体干部职工发放廉政告知书。针对开发区分局距城区较远的实际，设立廉政灶，规定工作人员中午一律回局就餐。5月，实行政务公开，制定信访制度，设立来访登记簿和投诉登记簿。2001年1月，为所有干部职工建立个人廉政档案。7月，与泰安经济开发区纪工委联合印发关于加强党风廉政建设工作意见，强化廉政工作税纪共建。2002年3月，召开特邀监察员会议，聘请区内知名人士12人为特邀监察员。

部职工自我保健能力。2004年2月，按照全省地税系统2004—2006年基层建设工作规划和开展创建“六好基层单位”活动的意见，印发创建实施方案，针对班子队伍好、管理基础好、信息技术应用好、执法服务好、完成任务好和廉洁勤政形象好6大类49条具体内容，制定措施，责任到岗、到人。2005年1月，省地税局授予高新区地税分局“六好基层单位”称号。7月，办公楼竣工落成并投入使用。办公楼项目占地1.3万平方米，建筑面积6400平方米，总投资1000万元。2007年11月，装修办税服务厅，实现税收业务一个大厅对外。2008年2月，按照省地税局要求开展质效年活动。2009年2月起，按照标准化基层分局（所）考核标准，开展达标竞赛活动，规范征管行为，提高征管效率，夯实征管基础。2010年6月，根据省地税局指导意见，制定实施方案，开展新一轮基层建设工作。2011年1月，在实

2006 年 12 月 8 日，邀请市检察院专家开展预防职务犯罪讲座。

至 2014 年底，每两年召开一次特邀监察员会议，先后聘任特邀监察员 96 人。开展家属助廉、助勤活动，将助廉、助勤守则发放至每一名干部家属，按时开展家属座谈会，评选助廉、助勤模范。8 月，推广应用零户统管制度，基层分局经费包干使用、统一核算季度末公示经费收支情况，接受干部职工监督。11 月，设置专职纪检监察员，负责党风廉政、纪检监察、行风评议等工作。2003 年 6 月，成立行政效能投诉中心，对外公布行政效能投诉中心职责、职权及投诉处理原则、方式，向社会公布投诉电话。2004 年 4—10 月，开展为民务实清廉教育活动。6 月，清理检查私设小金库、违规经费收支、违规创办实体、违规从事税务代理、违规税收执法等情况，落实相关规定。7 月，与泰安市检察院开发区检察室联合，邀请检察部门有关人员上反腐倡廉课。2009 年 2 月，建立高新区分局党风廉政 QQ 群，将问卷调查、廉政动态、纪检举报、意见交流、信息公告、咨询服务等工作网络化，实现与区内企业的实时联系，构建外部舆论监督机制。9 月试运行，116 家企业参与活动，征纳双方互动增强。2010 年 2 月，按照市委、市政府要求，执行工作日中午禁止饮酒规定，签订责任书，发放禁酒令卡，组织明察暗访，确保规定落实。4 月，开展岗位廉政风险等级管理，根据行使权力及产生腐败可能性大小，将廉政风险等级分为 A、B、C 三个级别，其中 A 级 11 人，B 级 20 人，C 级 4 人。组织学习《中国共产党党员领导干部廉洁从政若干准则》。2011 年，开展廉政文化建设，实现政务公开栏有廉政规定、办税服务厅有廉政箴言、办税环境有廉政宣传、干部手机有廉政短信、工作电脑有廉政屏保、干部家庭有廉政书籍的廉政文化建设“六有”目标。2012 年 7 月，推广应用廉政风险防控平台，通过平台处理风险信息 41 条，整改率 100%。2013 年 2 月，根据市地税局督导检查要求，严肃工作纪律，落实禁酒令、考勤管理、税容风纪、车辆管理等工作制度，开展节约型机关建设。5 月，按照监察部、国家税务总局规定，利用 3 个月时间，开展学习《税收违法违纪行为处分规定》纪律教育活动。6 月，按照全国纪检监察系统开展的会员卡专项清退活动要求，做到各类会员卡零持有、零报告。8 月，签订廉洁从政承诺书，强化任务落实和责任分解。根据省地税局关于在全省地税系统开展会员卡专项清退活动的通知，高新区分局 35 名在职干部职工均填写个人会员卡零持有报告，贯彻落实执行中央“八项规定”。2014 年 2 月，实行专（兼）职纪检监察员制度，对工作人员行使税收执法权实施有效监督制约。3 月，印发关于进一步治理“庸懒散”问题、加强机关纪律作风建设实施方案，围绕中心工作和治庸提能力、治懒增效率、治散正风气，认真查找和纠正存在的“庸懒散”等影响地税机关形象和工作效率的问题。

2010 年 4 月 9 日，高新区分局局长张元建参加“局长服务日”活动。

第五节 精神文明建设

一、文明单位创建

2001 年 10 月，开发区分局被授予市级文明单位称号。2002 年 11 月，北集坡税务所被授予市级文明单位称号。2005 年 5 月，高新区分局被山东省精神文明建设委员会授予省级文明单位，为高新区机关首家获此荣誉的行政单位。

二、青年文明号创建

2003 年 3 月，开发区分局被共青团泰安市委授予市级青年文明号称号。2008 年 11 月，鉴于高新区分局 35 周岁以下青工占职工总数比例 24.24%，班子成员年龄超 35 周岁，年龄构成不符合“青年文明号”标准及要求的实际，经共青团泰安市委同意，取消高新区分局市级青年文明号登记，将青年文明号牌匾永久留存，以作纪念。

三、巾帼建功创建

2010 年 3 月，高新区分局办税服务大厅被市妇联授予巾帼文明岗称号。2013 年 3 月，张继美被市妇联授予三八红旗手称号。2014 年 3 月，征收核算科被市妇联授予巾帼建功先进集体称号；陈静被授予巾帼建功先进个人称号；刘红梅被评为泰安市妇女职工先进工作者。

四、“五个好”县市区部门创建

2004 年 6 月，被泰安市委授予基层党组织领导班子好、党员队伍好、工作机制好、工作业绩好、人民群众反映好等“五个好”县市区部门。

五、公益活动

2003年1月，响应市委、市政府“情系灾区”号召，为灾区捐款3500元。3月，响应高新区管委会“献爱心”号召，全局34人为北集坡镇实施心脏手术的安双双、安文文双胞胎姐妹捐款1060元。2004至2014年，连续11年开展“慈善一日捐”活动，累计捐款6.7万元。2008年6月，汶川地震发生后，捐款1.6万元、捐物218件。2012年3月，组织青年志愿者参加凤凰湖公园植树活动，坚持每周五上路打扫责任街道卫生。4月，参与无偿献血活动，6人次无偿献血2400毫升。2013年4月，联合泰山爱敢当公益协会，到泰山医学院开展“税法·公益校园行”税收宣传活动。6月，组织志愿者服务队联合泰山学院爱心协会开展爱心捐赠活动，将募集的衣物、学习用品及生活用品2400余件捐赠北集坡镇一中，救助该校家庭贫困学生。2014年1月，开展爱在冬季情系城市美容师活动，利用办税服务厅设施齐全的条件，为环卫工人和园林工人送上一杯热水，容留一角暖身，提供一次方便，以实际行动送上地税温情。5月，按照市文明办要求，与宁阳县爱心人联盟开展共建活动。

六、文体活动

2001年5月，在全市地税系统文艺汇演中，选送的《地税之歌》节目获三等奖。2002年11月，9人参加开发区冬季越野长跑比赛，1人获中年男子组（5000米）第三名。2003年7月，高新区分局代表队获全市财税法规知识竞赛二等奖。2007年10月，在环高新区长跑活动中，获女子组第二名、第三名。2008年7月，组织26人参加奥运火炬接力仪式。2009年8月，获高新区庆祝建国60周年歌咏比赛三等奖。2010年8月，获高新区管委会组织的五人制足球赛第四名。10月，在全市地税系统登泰山友谊赛中，获个人第五、第六名。2012年9月，在全省地税系统登蒙山友谊赛上，赵建刚获县（区）地税局局长组第二名，陈静获全省女子组第二名。2012—2014年，每年5月均开展以熔炼团队、挑战自我为主题的拓展训练。2014年1月，在高新区、一座城市的未来为主题的群众性文化活动展演中，高新区分局《地税干部齐争先》节目获三等奖。5月，在全区书画作品展中，2人获摄影作品三等奖，2人获摄影作品优秀奖。

七、帮扶结对

2007—2009年，开展城乡文明牵手共建活动，召开联席会议，会同区内协包的高新区公安局、山东服装学院、泰安海普地产、泰安高新技术创业服务中心4家市级文明单位，制定帮扶工作时间表，与村两委密切沟通，定期对村组长以上干部、农业大户、村招商引资企业人员进行税收财会知识宣传培训，组织涉农政策宣传，为村民办实事，落

2010年4月7日，在东方学院开展税法宣传。

高新区分局干部在北集坡集市开展税法宣传

实帮扶项目上马，争取建设资金3万元，资助贫困生6000元。2008年8月，征收服务厅集体捐助3000元，帮助东平县沙河站镇一中贫困学生刘云。2013—2014年，开展以贴近基层、贴近党员、贴近群众、贴近民心，提高群众满意度为主要内容的“四贴近一提高”主题实践活动。2013年11月，成立4个入户小组，到北集坡办事处包保泉上村329户村民中开展调研，征求意见和建议。落实强农惠农政策，开展惠民利民工作，利用节假日、税收宣传月等活动，给村民送税法，向村委捐助桌椅20套、电脑6台、图书300册，订阅相关报刊，帮助村委建设文化中心。

八、行风评议

2007—2009年及2011、2013年，获高新区行风评议执法类第三名。2010、2012年获得执法类第二名，2014年，获垂直部门类第三名，2014、2015年被高新区党工委、管委会授予“服务经济发展先进单位”。

第八章 泰山风景名胜区分局

热情为纳税人服务

泰安市地方税务局泰山风景名胜区分局（简称景区分局）成立于2005年3月，现为副处级单位，内设综合科和征收核算科，负责泰山风景名胜区范围内186户企业、150户个体纳税业户的税收征收管理工作。有干部职工12人，在岗11人，离退休1 人。其中，党员11人。泰山风景名胜区（简称景区）现行管理体制确立于2004年底，景区党工委、管委会代表市委、市政府对景区范围内的经济、行政和社会事务实行统一领导和管理，行使市委、市政府及市直有关职能部门赋予或委托的管理权；实行一级财政管理，统管景区内的财政、税收征管和国有资产管理工作；管辖1个乡（大津口乡）、1个村街管理中心及所属13个行政村（居）2.07万人。

2005—2014年，景区分局组织各项收入1.51亿元，年均增长26.5%。景区地税分局连续10年被景区党工委、管委会评为“先进集体。”

第一节 组织收入

景区分局主要对景区内所有从事生产经营的纳税人进行地方税收的征收管理与服务，以营业税、所得税及地方税

2012年12月景区分局办税服务厅正式启用

为主。2009 年，为泰安市残疾人联合会代收残疾人保证金。2010 年，耕地占用税和契税由景区财政局征收转为景区地税分局征收。2011 年，开征水利建设基金。

2005 年 3 月，景区分局组建，因遇到“虎灾”（传言泰山有老虎，造成 2005 年旅游收入下降 ）和“创城”（泰山脚下的餐饮被强制停业），主体税源门票管理处和索道运营公司收入下降。是年，组织各项收入 1853 万元，但与 2004 年划归泰山管委的纳税单位缴纳税款相比，增长 263 万元。

加强户籍管理、税基管理和重点税

表 10—8—1　　2005—2014 年风景名胜区分税种地税收入完成情况

单位：万元

税种＼年度	2005	2006	2007	2008	2009	2010	2011	2012	2013	2014
税收收入	1751	2035.08	2764.33	3244.49	4086.60	626.10	7491.73	1025.91	11894.82	13404.56
营业税	1379	1636.88	2186.63	2562.47	2889.08	3792.72	4649.35	5597.75	6280.34	7087.34
企业所得税	36	11.19	58.75	35.16	420.76	1290.13	1325.33	2034.58	1711.32	1619.78
个人所得税	162	137.14	240.01	264.25	276.70	380.01	419.41	985.44	1276.57	1953.95
房产税	51	90.7	77.93	62.39	97.41	101.98	122.54	245.94	260.86	260.91
车船使用税	2	3.17	1.04	10.16	11.91	288.97	400.83	325.04	743.71	853.63
印花税	1	3.26	6.81	5.67	10.34	12.04	11.67	39.95	52.22	76.24
土地使用税	16	31	23.86	39.83	111.84	95.65	203.10	326.32	221.71	301.20
城建税	103	121.75	159.29	187.67	208.55	272.25	333.46	702.19	813.07	869.23
土地增值税	1	0.00	10	76.90	60	27.25	26.04	1.84	535.02	382.28
其他收入	67	69.98	91.19	110.86	122.08	159.20	1177.81	1103.88	1515.60	1677.33
罚没收入		0.4	0.11	0.24	0.15	0.01	0.00	1.01	0.00	0.00
专项收入	54	52.18	68.312	80.39	89.65	116.74	142.87	300.88	348.44	372.53
文教基金	13	17.41	22.77	26.82	29.93	39.11	94.70	200.52	232.05	248.33
残保金收入				3.4	2.35	3.34	1.04	6.24	5.61	0.00
耕地占用税							6.00	72.53	13.66	198.21
契税							917.68	433.54	792.05	727.28
水利建设基金							15.52	89.16	102.66	110.01
工会经费									21.13	20.98
合计	1818	2105.07	2855.52	3355.35	4208.68	6420.21	8669.54	11362.94	13410.43	15081.89

表 10—8—2　　2005—2014 年风景名胜区地税收入完成情况

单位：万元

年度	2005	2006	2007	2008	2009	2010	2011	2012	2013	2014
收入	1818	2105	2856	3355	4208	6420	8670	11329	13410	15082

种管理。完善加强户籍管理制度、办法，强化户籍信息比对、巡查和抽查。依托综合治税，加强基础工程建设税收管理，完善零散税收流程控制、源泉控管，2010 年入库零散税收 305 万元。贯彻执行税收政策，严格减免税审核、审批手续，落实延期缴纳税款、欠税公告、地方税收减免管理办法，2010 年办理减免税审核、审批手续 3 笔，为下岗职工再就业减免税款 2 万元。

地税干部与青年志愿者在泰山红门景区开展税法宣传

第二节　税源结构

一、税源结构

到 2014 年 12 月，有税务登记纳税人 356 户，其中：单位纳税人 193 户，个体 116 户，无营业执照的办理临时税务登记的 47 户。

1、重点税源

2014 年，纳税 50 万元以上的纳税人 22 户，占全部纳税人户数 11.40%，实现各项税收 1.02 亿元，占总收入 67.81%.

景区分局税源以旅游、餐饮、服务业为主，占税务登记户数 90%。超 1000 万元的企业 4 家：泰安市泰山景区客运有限公司、泰安市泰山索道运营中心、山东泰邦生物制品有限公司、泰安市泰山票务交通管理处。超 500 万元的企业 2 家：长安责任保险股份有限公司泰安中心支公司和中国人民保险股份有限公司泰安市分公司景区营业部。100 万

表 10—8—3　　2005—2014 年风景名胜区所得税和营业税完成情况

单位：万元

项目 / 时间	营业税	企业所得税	个人所得税	合计	收入占比（%）
2005	1379	36	162	1577	86.74
2006	1636.88	11.19	137.14	1785.21	84.81
2007	2186.63	58.75	240	2485.38	87.02
2008	2563.47	35.16	264.25	2861.88	85.30
2009	2889.08	420.76	276.70	3586.54	85.23
2010	3792.72	1290.13	380.01	5462.86	85.09
2011	4649.35	1325.33	419.41	6394.09	73.75
2012	5597.75	2035.58	985.44	8618.77	76.08
2013	6280.34	1711.32	1276.57	9286.23	69.11
2014	7087.34	1619.78	1953.95	10661.07	70.69

元——500 万元的 2 家：泰安冠邑泰山陵墓公园有限公司和泰安市五岳房地产开发有限公司。

2、税源管理

（1）迎胜责任区，范围从天外村向西到桃花峪景区。2014 年 12 月，税务登记纳税人 80 户，占总户数 22.47%，其中私营以上企业 60 户，个体 20 户。

（2）泰前责任区，范围从天外村东到泰明路口。2014 年 12 月，税务登记纳税人 160 户，占总户数 44.94%，其中私营以上企业 71 户，个体 89 户。

（3）大津口责任区，范围涉及整个大津口乡。2014 年 12 月，税务登记纳税人 116 户，占总户数 32.58%，其中私营以上企业 53 户，个体 63 户。

二、税收收入特点

景区产业结构以第三产业为主，受金融危机、旅游形势等外界影响明显，地税收入单一。2005 年起，税收收入以所得税、营业税为主，其中 2007 年，营业税和所得税收入占总收入 87.02%。

第三节　队伍建设

2005 年起，景区分局不断完善规章制度，建立片区责任制和任务完成情况奖罚机制、内外监督体系，定期开展党风廉政教育，开展重敲警示钟、高筑防范墙，规范执法行为、端正行业作风等

在泰山红门孔子登临处设立税法宣传点

主题教育活动，促进党风廉政建设健康发展。强化思想政治、作风纪律和业务能力建设，完善学习、教育、培训各项制度，定期组织业务考试、现场抽考，提高干部职工综合素质。深化文明创建，持续开展捐资助学、扶危济困和扶贫包村工作。2007—2014 年，在景区管委会年终评比中连续 8 年被评为先进单位，25 人次获得先进个人、优秀工作者称号。

泰安市税务局直属分局全体同志合影留念 1994.6

第九章
市地税局直属征收局

泰安市地方税务局直属征收局（简称市地税局直属征收局）是市地税局直属机构，成立于1994年10月，副县级建制。2014年，有干部职工45人，负责市市区范围内市直及市直以上企业地方税收征收管理。1994年10月—2014年12月，累计组织收入102.5亿元，年均增长14.36%。先后被中华全国总工会授予全国模范职工小家，省地税局授予"玉国岗"、六好基层建设先进单位、全省房地产税收一体化管理工作先进单位，被泰安市机关工委授予泰山先锋、先进基层党组织、泰安市精神文明建设活动先进单位等称号。

第一节　组织收入

1994年10月，市地税局直属分局成立，经济结构、税源单一，组织收入8463万元，占全市总收入28.3%。1996年，实现1.42亿元；2012年，实现11.9亿元。

1994年至2000年，占全市地税总收入比重逐年提高，到2000年达27.42%，其后进入逐年萎缩状态，到2014年仅占全市地税总收入的9.7%。

2008年11月19日，市政府办公室《关于进一步完善市以下财政管理体制的通知》（泰政办发〔2008〕72号）规定："将原市直直接征管的税收（不含财政部门直接征收的契税，下同）、城市教育费附加收入和地方教育附加收入按照属地管理的原则全部下划到泰山区、岱岳区"。原市直企业逐渐下划泰山区、岱岳区、景区和开发区管理，直属征收局税源逐步萎缩。泰安市财政局、泰安市国税局、泰安市地税局《关于进一步规范市区税收征管的通知》（泰财税〔2011〕69号）规定："新引进市外和新成立的工商业户，坐落在那个区，就由哪个区征管。"泰城四区（泰山区、岱岳区、景区和开发区）招商引资企业归所属区管理，直属征收局每年的新增税源有限。

第二节　税源结构

直属征收局主要负责市直各企业、省属、中央属驻泰企业、市直各行政事业单位所办实体等地方税的征收管理工作。

表 10—9—1　　1994—2014 年直属征收局税收收入分税种完成情况

单位：万元

项目＼年度	1994	1995	1996	1997	1998	1999	2000	2001	2002
合计	8463	9574	14156	19120	20881	23499	25095	27225	24938
一、税收收入	8144	9457	13614	18379	19776	22311	23808	25986	23482
营业税	2300	3106	4671	5027	7799	7875	6821	5997	10150
企业所得税	3870	4015	4949	8600	5457	8443	10511	11783	3747
个人所得税	48	149	502	238	693	321	705	2372	2994
城市建设维护税	857	983	1540	2329	2624	3104	2420	2714	3113
房产税	650	687	817	1032	831	1044	1154	1560	1951
印花税	40	48	73	95	58	70	78	126	205
土地使用税	226	142	272	309	306	504	530	760	836
土地增值税				15			4		5
车船税	23	25	65	93	86	30	78	108	407
固定资产投资方向调节税	129	302	725	641	1922	920	1507	566	74
屠宰税	1								
契税									
耕地占用税									
二、其他收入	319	117	542	741	1105	1188	1287	1239	1456
教育费附加	318	108	540	734	1041	1142	1287	1239	1345
文化事业费				3	64	46			107
地方教育费附加									
税收部门罚没	1	9	2	4					4
残疾人就业保障金									
地方水利基金									

2003	2004	2005	2006	2007	2008	2009	2010	2011	2012	2013	2014
26962	34208	38783	43799	50637	57417	64596	78851	87613	119025	126190	124050
25569	32596	36656	41166	47933	54236	61124	74527	81475	109517	117891	114684
11987	14563	15106	18341	20946	20698	26254	32790	35718	48444	47591	43726
2343	5468	6653	5517	4637	7898	7027	5689	5088	8022	6230	8723
4460	5206	5938	6766	9429	12496	13009	16528	18149	18602	17340	18717
3095	3692	3833	4581	4690	5254	5694	7112	7826	10502	9301	10353
2261	2095	2234	2667	2826	2218	2831	2988	3241	4327	4665	7589
355	427	459	613	853	788	1135	1180	1527	1089	2414	1877
771	772	1830	1518	2074	2793	3156	3716	3078	3793	3905	4986
152	53	231	727	1743	454	294	1182	1856	1123	3306	2754
145	320	372	436	735	1637	1724	3342	4992	5974	6255	6619
0	0	0	0	0	0	0	0	0	0	0	0
									7236	16692	9120
									405	192	220
1393	1612	2127	2633	2704	3181	3472	4324	6138	9508	8299	9366
1341	1575	1650	1943	2017	2253	2431	3042	3350	4497	3977	4421
45	31	19	18	18	49	51	85	91	102	69	0
		450	662	667	752	818	1019	2100	2998	2643	2944
7	6	8	10	2	2	4	3	4	4	2	5
					125	168	175	303	407	283	520
								290	1500	1325	1476

一、税源特点

1994年，有1623户纳税人，其中，国有企业1053户、集体企业553户、私营企业7户、个体和其他10户。国有企业提供税收收入7455万元，占总收入88.2%，集体企业提供税收收入395万元，占总收入4.6%，两种经济成分提供的地税收入占总收入92.8%，个体和其他经济成分提供的税收收入占7.2%。

1999年，股份制经济快速发展，有纳税人1629户，国有企业和股份公司为主，国有企业提供税收收入占总收入53.3%，股份公司提供税收收入9213万元，占总收入39.2%。

2004年，纳税户增至2906户。全市国有、集体企业改制基本完成，经济性质仍以国有企业和股份公司为主，国有和集体企业占总收入47.7%，股份公司占总收入45.4%。

2009年，纳税人减至2305户，国有和集体企业占总收入比重逐年递减，降至28.3%，股份公司占总收入比重呈逐年递增，占61.7%。

2014年，纳税企业2001户，经济性质变为股份公司为主，国有、私营、集体、事业单位、社会团体共存的税源结构。国有和集体企业占税收收入25.2%，股份公司占税收收入50%。

二、税种结构

1994年，直属分局征收管理的主要有11个税种和1个规费：营业税、企业所得税、个人所得税、城建税、车船使用税、房产税、印花税、土地使用税、土地增值税、固投税、屠宰税，主要规费是教育费附加。期间，固投税、屠宰税暂停征收，耕地占用税、契税由财政征收转为地税征收。新增规费征收：文化事业建设费、地方教育费附加，残疾人保障金、水利基金、工会经费等5种。2014年，直属征收局征收管理的主要有11个税种和6个规费。

办税服务厅窗口

税收收入中占比较大的税种有营业税、企业所得税、个人所得税、城建税。营业税收入占比呈上升趋势，2013年8月，“营改增”后营业税比重下降。企业所得税占比逐年下降，个人所得税占比逐年递增，城建税占比变化不大。

1994年，营业税占总收入28.2%，企业所得税占总收入47.5%，个人所得税占总收入0.5%，城建税占总收入10.5%。

1999年，营业税占总收入35.2%，企业所得税占总收入37.8%，个人所得税占总收入1.4%，城建税占总收入13.9%。

2004年，营业税占总收入44.7%，企业所得税占总收入16.7%，个人所得税占总收入16%，城建税占总收入11.3%。

2009年，营业税占总收入42.9%，企业所得税占总收入11.5%，个人所得税占总收入21.2%，城建税占总收入9.3%。

2014年，营业税占总收入38.1%，企业所得税占总收入7.6%，个人所得税占总收入16.3%，城建税占总收入9%。

三、所辖企业经济发展趋势

金融保险、邮电通讯等行业经营稳定，稳定增长。直属征收局管辖的山东光明机器厂、泰安起重机械厂、山东煤矿泰安机械厂等老制造企业改制破产，高压开关集团、泰安康平纳毛纺织集团有限公司、山东鲁峰专用汽车有限责任公司等受城区地方限制，逐渐迁往开发区、岱岳区经营，该行业占总体税收比例逐年降低。受财政体制改革和征管范围政策影响，新增税源有限。辖区范围内单位纳税人占比高，2014年，管辖的2001户纳税人中单位纳税人1907户，个体94户，单位纳税人占到95.3%。重点税源企业占总收入比重较高，2014年，年纳税额1000万元24户，年纳税额100万元以上的140户，年纳税额50万元以上的197户，年纳税额100万以上的140户企业实现税收占总收入77.8%。

第三节 税收管理

1994年，税收征管沿用税收征管员制度，一人到厂，全权负责。1995年，根据全市地税系统税收征管改革实施意见，取消税务专管员管户制度。1996年，按照税务总局、省地税局要求，完成以计算机管理，征收、管理、稽查机构间三分离征管模式为特征的城市征管现代化改革，税收管理员由专管户向专管事转变。

1994年10月，按行业划分管理范围，管理一科分管纺织和行政事业单位，管理二科管理工业单位，三科管理商业企业，四科管理大专院校、铁路、部队。1997年，直属分局调整征管力量，将年缴纳地方税超10万元的147户企业划归管理五科集中管理，克服因分散管理造成的相互攀比、税款入库不均衡问题。5月，直属分局迁至新办公楼，将原申报厅和征收厅合并，成立办税服务大厅，设立税务登记、发票发售、申报纳税、银行结算、政策咨询和资料发售等9个窗口，为纳税人提供“一条龙”服务。2000年12月，市政府印发关于进一步明确泰城范围内市直、开发区、泰山区、岱岳区财政收入征管范围有关问题的通知，规定市及以上的单位（包括附属单位），由市税务机关征收管理（开发区征收范围除外），实行属地征管加企业及税种属局管理模式。

2001 年 4 月，与市财政局、市公安局联合印发《关于加强泰城出租车和摩托车税收管理的通知》，自 2001 年开始委托泰安市公安局交警队代征出租车、摩托车地方各税。

2004 年 1 月 1 日，开始代收残疾人就业保障金，是年，代征 68 万元。2014 年，代征 522 万元。2004–2014 年，累计代征 2363 万元。

2006 年 7 月，开始委托市房产交易中心代征二手房交易环节税收，是全市地税系统首家开展二手房交易征税的单位。到 2013 年 10 月金税三期系统上线，因技术原因，不再委托市房产交易中心代征二手房交易环节税收，二手房交易环节税收管理按房屋坐落地分解到泰山区、岱岳区和高新技术开发区。2006 年 7 月—2013 年 10 月，组织二手房交易各税 1.82 亿元，其中，入库营业税 1.02 亿元、个人所得税 7290 万元、印花税 708 万元。

2008 年，根据市财政局、国税局、地税局、人民银行泰安市中心支行关于明确市直企业下放后税收征管和缴库问题的通知，从 2009 年 1 月 1 日起，原市地税局直属分局的市直企业按照属地征管原则下放区级，原缴入市级国库的收入一并下划缴入区级国库。同年，开始委托泰城范围内有鉴证资质的税务中介机构参与企业所得税汇算清缴，减轻了税务机关的审核压力，提高了申报准确率，堵塞了管理漏洞，增加了税收收入，防范了税收执法风险。

2009 年 6 月，新扩建的办税服务大厅投入使用，按照省级“大集中”系统要求配备 6 人，承担申报征收、税票开具、发票领购、发票代开、文书受理等业务。11 月，对出租车统一安装税控装置，按月核定征收税款，单车定额由出租车公司统一申报。

2011 年 1 月，直属征收局委托泰安市工商局代征部分房屋出租、股权转让相关税收。2013 年 10 月，因金三上线停止代收。

2011 年 3 月，负责市直土地契税和耕地占用税征管工作。

2013 年 10 月，金税三期上线，办税服务大厅集中受理纳税人的涉税业务。

人 物

一、人物简介

（一）

徐兰云 山东省曹县人，1943年2月出生，1968年12月参加工作，1974年3月加入中国共产党，大学学历。1968年12月至1969年12月，东都农药厂学军；1970年1月至1976年5月，新泰县玻璃厂主管会计；1976年5月至1978年12月，新汶县陶瓷厂主管会计；1978年12月至1980年12月，新汶县工业局主管会计（1980年8月至1982年3月，新汶市市委候补委员）；1980年12月至1982年3月，新汶市经委党委委员、财务科长；1982年3月至1984年3月，新汶市财税局副局长；1984年3月至1986年1月，泰安地区税务局党组成员、人秘科长；1986年1月至1992年5月，泰安市税务局党组成员、副局长；1992年5月至1994年10月，泰安市经委党组成员、副主任[1993年9月至1994年10月，兼经委干部学校党支部书记（正县级）]；1994年10月至2000年3月，市地税局党组书记、局长；2000年3月，省地税局咨询委员会常委、泰安市地税局调研员。

1969年在东都农药厂期间被评为五好战士；1980年至1983年被评为新汶市“三八”红旗手；1991年7月，被国家税务总局、全国妇联评为全国税务系统“三八”红旗手；1993年被评为泰安市劳动模范；1995年2月，被市总工会评为全市先进女职工，10月被省财贸工会评为模范职工之友；1996年2月，被省地税局评为个人所得税特别贡献奖；1997、1998、1999连续3年被评为泰安市直机关优秀公仆；1999年1月，被山东省人事厅记三等功；1999年3月，被泰安市委员会老干部局评为“三争一做”活动先进个人。

郭凤晓 山东省昌邑市人，1960年9月出生，1981年7月参加工作，1987年9月加入中国共产党，研究生学历。1981年7月至1987年6月，山东省财政厅办公室办事员、科员；1987年6月至1988年8月，山东省财政厅办公室副科长；1988年8月1993年5月，山东省财政厅办公室主任科员；1993年5月至1994年9月，山东省财政厅办公室副主任；1994年9月至1995年6月，省地税局办公室副主任；1995年6月至2000年3月，省地税局办公室主任；2000年3月至2006年8月，泰安市地税局党组书记、局长。

1998年，被省政府办公厅、省人事厅嘉奖，记二等功；1999年1月，被省人事厅、省政府授予全省政府系统办公部门先进个人；1999年3 月，被省地税局授予优秀共产党员；2004年4月，被山东省总工会授予富民兴鲁劳动奖章；2001年荣获全市经贸系统党风廉政建设先进工作者；2001年6月，荣获市直机关优秀共产党员；2002年荣获全市经贸系统党风廉政建设先进个人；2002年荣获优秀公仆；2003年荣获市直机关工委先进党员。合著《经济写作系统与技法》获中国经济写作研究会优秀论著奖，湖北省科技写作研究会优秀论著特等奖；合著《山东财政发展战略研究》获省社科二等奖。

葛明跃 山东省莒县人，1955年4月出生，1976年4月参加工作，1976年8月加入中国共产党，大学学历。1976年 4月至1979年10月，山东莒县税务局洛河税务所会计；1979年10月至1984年8月，山东莒县税务局洛河税务所所长；1984年8月至1992年7月，山东莒县人民政府办公室 秘书、副主任；1992年7月至1995年12月，山东莒县刘官庄镇党委 副书记、镇长、党委书记；1996年1月至2000年3月，日照市地税局党组成员、副局长；2000年3月至2001年9月，聊城市地税局党组副书记、副局长；2001年9月至2006年8月，聊城市地税局党组书记、局长；2006年8月至2013年12月，泰安市地税局党组书记、局长；2013年12月起，日照市地税局调研员。

1976年、1978年被评为先进工作者；1980年被评为县级财贸系统先进工作者；1983年，被评为临沂地区优秀税务工作者；1988年，被莒县人民政府记大功一次；1991年被评为省级先进工作者；1995年被莒县人民政府授予金盾奖章；2009年12月，被人力资源和社会保障部、国家税务总局授予全国税务系统先进工作者；2009年被省地税局记三等功。

郝 玲 山东省肥城市人，1963年2月出生，1983年7月参加工作，1985年10月加入中国共产党，大学学历。1983年7月至1983年12月，肥城县税务局新城税务所会计；1983年12月至1986年11月，肥城县税务局计会科会计；1986年11月至1990年2月，泰安市税务局直属分局计会科会计；1990年2月至1992年2月，市税务局直属分局人监科科员；1992年2月至11月，市税务局政工科科员；1992年11月至1993年8月，市税务局妇委会主任（副科级）；1993年8月至1994年12月，市税务局政工科副科长；1994年12月至1997年4月，市地税局机关党总支副书记（正科级）；1997年4月至1999年12月，市地税局政工科科长；1999年12月至2001年3月，市地税局开发区分局副局长（副县级）兼市地税局政工科科长；2001年3月至

2002年10月，市地税局党组成员、纪检组长；2002年10月至2012年4月，市地税局副局长、党组成员；2012年4月至2014年12月，市地税局党组副书记、副局长；2014年12月起，任市地税局党组书记、局长。

1993年、1998年先后被授予为泰安市“三八”红旗手、巾帼建功先进女能手；1996年被评为全省优秀青年税务工作者；1997年、2006年被市直机关工委评为优秀公仆；2004年授予山东省“三八红旗手”；2006年授予全国“三八红旗手”；2006年被评为山东省财贸金融系统女职工建功立业标兵；历年在公务员年度考核中均被评为“优秀”档次。

（二）

曹　凯　山东省济南市人，1937年8月出生，1948年12月参加工作，1949年1月加入中国新民民主义青年团（当时党团组织尚未向社会公开，后更名为共青团），1980年12月加入中国共产党，大专学历。1948年12月至1950年2月，华东军管会济南工业局公务员；1950年3月1950年6月，在华东军管会济南工业局南下整编学习大队学习；1950年6月至1953年2月，中国粮食公司大汶口支公司记账员；1953年2月至1956年4月，徂阳县粮食局办事员；1956年5月至1961年10月，泰安县粮食局科室负责人；1961年10月至1963年6月，泰安县税务局泰山税务所专管员组长；1963年6月至1981年10月，泰安县税务局、泰安县财税局科员；1981年10月至1985年5月，泰安县财税局直属税务所所长、泰安市（县级市）税务局泰山分局局长；1985年6月至1987年4月，泰安市（地级市）税务局征管科副科长；1987年5月至1993年8月，市税务局直属分局副局长（期间主持工作）；1993年8月至1994年10月，市税务局直属分局书记（副县级）；1994年10月至1994年12月，市地税局党组成员；1994年12月至1997年10月，市地税局党组成员、副局长；1997年10月，离休。

1987、1988、1989连续3年立大功；1990年被市直机关工委评为优秀党务工作者；1995年10月，被山东省财贸工会评为工会先进个人；1996年被泰安市委市政府评为文明市民。

孙立彦　山东省泰安市人，1937年10月出生，1958年8月参加工作，1959年9月加入中国共产党，中专学历。1955年8月至1958年4月，在山东师范学院专科班学习；1958年7月至1964年10月，泰安五中教师；1964年10月至1966年10月，参加两期四清工作队，1966年10月至1974年10月，泰安县委宣传部干事（文革期间在泰安县革命委员会组织组、宣传组工作。期间在省委党校学习三个月）；1974年11月至1979年3月，泰安县省庄公社党委副书记；1979年4月至1981年5月，西藏自治区林业厅秘书（正科）；1981年5月至1984年5月，泰安地区林业局办公室主任；1984年5月1987年10月，徂徕山林场党委副书记；1987年10月至1988年4月，市委驻东平县村级整党巡视组副组长；1988年6月至1992年2月，市委研究室副县级研究员；1992年2月至1994年10月，市税务局党组成员、副局长；1994年10月至1997年11月，市地税局党组成员、副局长。

杨　武　山东省泰安市人，1945年6月出生，1963年8月参加工作，1965年4月加入中国共产党，大学学历。1963年8月至1966年6月，在部队服役；1966年6月至1968年1月，在武汉高级后勤学校学习；1968年1月至1986年3月，先后任助理员、参谋、股长、团后勤处副处长、处长；1986年3月至12月，市税务局政工科科员；1986年12月至1987年9月，市税务局政工科副科长；1987年9月至1989年8月，市税务局直属分局副局长（副科级）；1989年8月至1994年10月，市税务局直属分局副局长（正科级）；1994年10月至12月，市地税局直属分局负责人；1994年12月至1996年6月，市地税局直属分局局长；1996年6月至2001年8月，市地税局党组成员、直属分局局长。

1977年被工程兵建筑第112团嘉奖一次；1984年被经工区批准记三等功一次；1980年受团嘉奖一次；1985年受工区嘉奖一次；1987年3月，被市直机关工委评为模范共产党员；1992年6月，被市直机关工委评为优秀党员；2000年3月，被市直机关工委评为优秀公仆。

徐自亭　山东省东平县人，1947年11月出生，1968年7月参加工作，1976年6月加入中国共产党，大专学历。1968年7月至1971年2月，东平接山公社联中教师；1971年2月至1976年2月，东平接山张徐庄小学教师兼会计；1976年2月至1980年6月，东平县接山公社教育会计；1980年6月至1984年5月，东平县接山公社财政会计、财政助理员；1984年5月至1992年4月，东平县工商行政管理局党组书记、局长；1992年4月至1996年6月，泰安市政府驻海南办事处副主任（副处级）；1996年6月至2002年12月，市地税局直属分局支部委员会书记（副处级）。

1987年东平县政府给予晋级奖励；1988年东平县政府给予记大功一次，奖励一级工资；1998年6月、2001年6月，分别被市直机关工委评为优秀共产党员。

管溪池　山东省胶南市人，1947

年12月出生，1966年9月参加工作，1969年3月加入中国共产党，大专学历。1968年8月至1986年10月，陆军第200师战士、政治协理员；1986年11月至1994年10月，市税务局副科长、科长；1994年10月至1996年6月，市地税局人事政工科科长；1996年7月至2001年9月，市地税局党组成员、副局长；2001年9月至2002年10月，市地税局调研员。

1988年被市精神文明建设委员会评为社会主义精神文明建设先进个人；1990年被评为市税务局先进工作者；1990、1992年被市直机关工委评为优秀党务工作者；1995年被省地税局评为省纪检监察先进工作者；1999年7月，被中国共产党泰安市纪律检查委员会评为优秀纪检监察干部。

王春玲　山东省临朐县人，1948年3月出生，1967年9月参加工作，1973年4月加入中国共产党，大专学历。1967年9月至1977年1月，新汶市供销社会计；1977年1月至1978年12月，新汶市生产资料公司党支部副书记；1978年12月至1981年7月，新汶市农业机械公司党支部副书记、经理；1981年7月至1984年2月，新汶市财税局监察科科长；1984年2月至1986年4月，新泰市税务局新泰分局副局长；1986年4月至1994年10月，泰安市税务局科长；1994年10月至1996年6月，市地税局直属分局副局长；1996年6月至2001年8月，市地税局稽查局局长。

1995年被市妇联评为行业巾帼标兵；1996年被省地税局评为稽查业务考试先进个人；1998年被评为市直机关优秀共产党员；2000年被评为泰安市“三八”红旗手。

王克甫　山东省肥城市人，1950年9月出生，1972年8月参加工作；1980年7月加入中国共产党，大学学历。1972年9月至1975年7月在肥城师范学习；1975年8月至1976年8月，肥城桃园镇中学任教；1976年9月至1983年11月，肥城桃园镇秘书；1983年11月至1985年11月，肥城桃园区公所副区长；1985年11月至1987年10月，肥城桃园镇党委副书记；1987年10月至1991年3月，肥城过村乡党委书记；1991年3月至1993年11月，肥城边院镇任党委书记；1993年11月至1994年9月，肥城卫生局党委书记、局长；1994年10月至2002年10月，肥城市地税局党组书记、局长；2001年3月，泰安市地税局助理调研员；2004年12月离岗。

1990年、1993年先后被肥城市委记大功一次；1996年被肥城市机关党委评为优秀党务工作者；1995年至1998年被肥城市机关党委评为优秀共产党员；肥城市第八届、第九届党代会代表；1993年至2002年9月，肥城市政协委员。

程西瑞 山东省郯城县人，1952年4月出生，1969年12月参加工作，1971年9月加入中国共产党，大专学历。1969年12月至1974年8月，陆军127师工兵营战士；1974年9月至1977年10月，陆军127师工兵营排长；1977年1月至1979年8月，陆军127师工兵营副连长；1979年8月至1981年7月，工程兵学院学员；1981年8月至1986年11月，外长山要塞区政治指导员；1986年12月至1992年10月，泰安市税务局科员；1992年10月至1994年12月，市税务局办公室副主任；1994年12月至1997年4月，市地税局办公室主任；1997年4月至2000年8月，市地税局直属分局副局长；2000年8月至2001年3月，市地税局培训中心主任；2001年3月至2004年8月，市地税局副调研员。

1973年2月，在中国人民解放军陆军第127师工兵营荣记三等功一次，被评为127师直属队学习雷锋先进分子；1979年5月在参加对越自卫反击战中受嘉奖一次；1991年5月，被山东省财贸工会评为山东省财贸系统学雷锋先进个人；1992年1月，被市直考评委给予记大功一次；1995年6月，被市委组织部评为优秀共产党员。

栾克林 山东省泰安市人，1953年4月出生，1969年10月参加工作，1986年8月加入中国共产党，大学学历。1969年10月至1973年9月，泰安县车辆厂核算员；1973年9月至1975年8月，在山东省财政学校学习；1975年8月至1981年7月，泰安县泰山税务所专管员；1981年7月至1985年12月，泰安县泰山税务所股长；1985年12月至1987年12月，泰安市税务局直属分局股长；1987年12月至1991年3月，市税务局直属分局副科长；1991年3月至1994年10月，泰安市税务局直属分局科长；1994年10月至12月，市地税局直属分局科长；1994年12月至1997年9月，市地税局直属分局副局长；1997年10月至2007年5月，市地税局副调研员。

1988年12月，被泰安市精神文明建设协调委员会评为社会主义精神文明建设先进个人；1990年被泰安市市直党政机关岗位责任制专评委员会记功；1990年、1991年连续两年被泰安市妇联评为“三八”红旗手；1995年被市地税局评为模范共产党员；1995年1月，被市直机关考评委记功；1996年被泰安市妇联评为“三八”红旗手。

韩方庆 山东省泰安市人，1954年2月出生，1974年10月参加工作，1984年11月加入中国共产党，大专学历。1974年10月至1978年10月，泰安市郊区夏张育红中学民办教师；1978年10月至1980年7月，在山东省财政学校学习；1980年7月至1982年10月，泰安市泰山税务所工作征收员；1982年

10月至1985年2月，泰安县财税局副科长；1985年2月至1986年2月，市税务局副科长；1986年2月至1990年2月，市税务局直属分局副局长；1990年2月至1994年10月，市税务局所得税科科长；1994年10月至12月，市地税局流转税科科长；1994年12月至2002年10月，市地税局党组成员、副局长；2002年10月至2009年6月，市地税局党组成员、调研员。

《给高税低利企业寻求一条归贷的途径》获全省税收理论成果三等奖；《用辩证唯物主义观点分析税收工作中的几个问题》获市委组织部、市社联二等奖；1989年4月至1990年12月，市直机关包村受记功奖励。

马绍乐　山东省新泰市人，1956年4月出生，1977年8月参加工作，1982年12月加入中国共产党，大学学历。1977年8月至1978年2月，新泰市天宝镇中学民办教师；1978年2月至1980年1月，新泰市师范学校学习；1980年1月至1984年5月，新泰市天宝镇东峪学区教导主任；1984年5月1987年6月，新泰市天宝镇党委秘书；1987年6至1989年5月，新泰市天宝镇党委组织委员；1989年5月至1990年5月，新泰市天宝镇党委副书记；1990年5月至1991年10月，新泰市天宝镇党委　副书记兼人大办公室主任；1991年10月至1993年12月，新泰市计划生育委员会副主任；1993年12月至1997年8月，新泰市旧关乡党委书记；1997年8月至2001年8月，新泰市地税局党组书记、局长；2001年8月至2002年10月，泰安市地税局直属征收分局局长；2002年10月至2012年2月，市地税局党组成员、纪检组长（其间，2002年10月至2005年12月，兼直属征收分局局长）；2012年2月至2013年12月，市地税局副调研员。

1994年至1998年连续5年被评为优秀公务员；1996年被新泰市委评为优秀乡镇党委书记；1999年被省地税局评为个人所得税专项检查先进个人。

杨广民　山东省宁阳县人，1956年11月出生，1978年8月参加工作，1984年10月加入中国共产党，大学学历。1978年8至1979年12月，宁阳县南驿公社农技站临时工；1979年12月至1983年6月，宁阳县南驿公社农业技术推广站技术员；1983年6月至1983年8月，宁阳县南驿公社农业技术推广站副站长；1983年8月至1985年12月，宁阳县南驿区枣庄乡代理乡长、乡长；1985年12月至1986年4月，宁阳县南驿镇党委副书记；1986年4月至1991年11月，宁阳县南驿镇党委副书记、镇党校校长；1991年11月至1994年3月，宁阳县南驿镇镇长、党委副书记；1994年3月至1994年12月，宁阳县南驿镇镇长、党委副书记、镇政协工委主任；1994年12月至1996年10月，宁阳县南驿镇党委书记、镇人大常务主席；1996年10月至1998年2月，宁阳县蒋集镇党委书记；1998年2月至1998年3月，宁阳县地税局党组书记；1998年3月至2001年8月，宁阳县地税局党组副书记、副局长；2001年8月至2006年3月，宁阳县地税局党组书记、局长；2006年3月至2008年12月，市地税局直属征收分局副局长主持工作；2008年12月至2011年3月，市地税局直属征收分局局长。

先后被宁阳县委、县政府、省地税局、市地税局记三等功7次；2006年被市直机关工委评为优秀公仆；2008年被评为泰安市优秀共产党员。

张岳显 山东省肥城市人，1957年1月出生，1980年7月参加工作，1984年6月加入中国共产党，大学学历。1980年7至1981年2月，肥城县税务局老城所征收员；1981年2月至1984年5月，肥城县税务局仪阳税务所会计；1984年5月至1985年2月，肥城县税务局仪阳税务所副所长；1985年2月至1988年5月，肥城县税务局所得税科科长；1988年5月至1994年10月，肥城市税务局党组成员、副局长；1994年10月至1999年5月，肥城市地税局党组副书记、副局长；1999年5月至2002年8月，市岱岳区地税局党组书记、局长；2002年8月至2006年3月，市地税局岱岳分局党组书记、局长；2006年3月至2009年3月，肥城市地税局党组书记、局长；2008年12月至2011年3月，市地税局副调研员。

1995年1月，被省地税局评为个人所得税专项检查先进个人；1996年被省地税局评为个人所得税专项检查先进个人。

张元建 山东省肥城市人，1957年5月出生，1979年12月参加工作，1985年12月加入中国共产党，大专学历。1979年12月至1984年10月，泰安县财税局泰山税务所专管员；1984年10月至1985年3月，泰安市税务局泰山分局计会股股长；1985年3月至1989年1月，泰山区税务局税政科副科长；1989年1月至1992年11月，市泰山区税务局税政科科长；1992年11月至1993年11月，泰山区税务局直属分局局长；1993年11月至1994年9 月，泰山区财政局副局长；1994年9月至1996年2月，泰山区地税局党组副书记、副局长；1996年2月至2001年8月，泰山区地税局党组书记、局长；2001年8月至2006年3月，市地税局稽查局局长；2006年3月至2012年2月，市地税局经济开发区分局局长；2012年2月至2013年12月，市地税局副调研员。

刘文和 山东省东平县人，1957年6月出生，1975年8月参加工作，

1977年8月加入中国共产党，大学学历。1975年8月至1978年2月，东平县王堂村民办教师兼大队团支部书记；1978年3月至1979年12月，在山东省财政学校学习；1979年12月至1985年3月，市财政局企财科专管员；1985年4月至1985年8月，市财政局驻厂员管理所商贸组组长（副科级）；1985年9月至1987年8月，泰安市委党校脱产学习；1987年9月至1989年8月，任市财政局商贸科副科长；1989年9月至1991年3月，市财政局商贸科科长；1991年4月至1992年9月，肥城市陆房乡挂职副书记、副乡长；1992年9月至1996年6月，泰安市经济开发投资公司副总经理（副处级）；1996年7月至2000年3月，市地税局党组副书记、副局长。

1987年被市财政局评为模范共产党员；1988年被市经委评为泰安市技术改造先进工作者；1989年被市直机关工委记功奖励；1990年被市直机关工委评为先进工作者；1998年、1999年被市直机关工委评为优秀公仆。

张继颖 山东省泰安市人，1958年8月出生，1982年8月参加工作，1982年9月加入中国共产党，大学学历。1974年9月至1982年8月，泰安县财税局山口税务所临时工；1982年8月至1986年12月，泰安地区财税局、泰安市税务局办事员；1986年12月至1992年2月，市税务局副科长；1992年2至1994年10月，税务局工商税科科长；1994年10月至1997年6月，市旅游经济开发区财税局副局长（副处）；1997年6月至2002年10月，市地税局经济开发区分局局长；2002年10月至2013年12月，市地税局党组成员、副局长。

1989年、1991年被市直机关考评委分别记大功一次；1995年被泰安市旅游经济开发区工委、管委会授予县级干部先进工作者。

姚同喜 山东省莘县人，1959年5月出生，1977年10月参加工作，1986年6月加入中国共产党，大专学历。1977年9月至1978年9月，在莘县沙河联中参加工作；1978年10月至1980年7月，在山东省财政学校学习；1980年7月至1983年9月，在聊城地区财政局工作；1983年10月至1986年3月，聊城地区税务局团支部书记；1986年3月至1987年9月，临清市消寨乡挂职团委书记；1987年9月至1988年10月，聊城地区税务局所得税科科员；1988年11月至1993年7月，聊城地区税务局所得税科副科长；1993年7月至1994年9月，聊城地区税务局所得税科科长；1994年10月至1996年5月，聊城地区地税局所得税科科长；1996年6月至1999年6月，聊城地区地税局副局长兼稽查局局长；1999年6月至2000年3月，聊城市地税局党组成员、副局长；2000年3月至2012年4月，泰安市地税局党组副书记、副局长；2012年4月起，聊城市地税局调研员。

2002年2月，被泰安市直机关工委评为优秀公仆。

张鲁光 山东省平邑县人，1960年3月出生，1977年7月参加工作，1985年1月加入中国共产党，大学学历。1977年8月至1979年7月下乡知青； 1979年7月至1980年11月，泰安县财税局汶口税务所专管员；1980年11月至1987年8月，泰安县税务局泰山分局泰前税务所会计；1987年8月至1990年1月，泰山区税务局科员；1990年1月至1992年11月，泰安市税务局科员；1992年11月至1994年10月，泰安市税务干部学校培训科副科长；1994年10月至12月，市地税局办公室班子成员（副科级）；1994年12月至1997年4月，市地税局装具票证管理科科长（其中，1995年10月至1997年4月，东平县商老庄乡挂职副书记、副乡长）；1997年4月至2002年10月，市地税局办公室主任；2002年10月至2006年3月，市地税局经济开发区分局局长；2006年3月至2012年2月，市地税局稽查局局长；2012年2月起，市地税局党组成员、纪检组长。

1993年被山东省政府授予全省政府系统信息工作先进个人；1996年3月被省地税局评为优秀信息员；1996年4月获省财政厅、省地税局评选的好新闻评选三等奖；1997年获得全市下派干部理论研讨会论文二等奖；1998年被省地税局评为山东省地税系统税务信息先进个人；2002年2月，被市直机关工委评为优秀公仆。

李西坤 山东省莱芜市人，1961年1月出生，1980年9月参加工作，1988年12月加入中国共产党，大学学历。1980年9月至1981年9月，泰安县财税局下港税务所专管员；1981年9月至1983年7月，在山东省财政职工中专学习；1983年7月至1985年5月，泰安县财税局直属税务所专管员；1985年5月至1986年2月，泰安市税务局直属分局专管员；1986年2月至1992年2月，泰安市税务局科员；1992年2月至1994年10月，市税务局稽征管理所副所长；1994年10月至12月，市地税局征收管理科负责人（副科级）；1994年12月至2001年12月，市地税局征收管理科科长；2001年12月至2002年9月，市地税局政工科科长；2002年9月至2006年1月，市地税局组织人事科科长；2006年1月起，市地税局副调研员。

1998年被市人事局、市地税局嘉奖，被市文明委评为全市窗口行业优质服务个人；2007年被省地税局评为"信息化建设应用年"活动先进个人。

闫家胜 山东省莱芜市人，1962年8月出生，1981年7月参加工作，1986

年11月加入中国共产党，大学学历。1979年9月至1981年7月，山东财政学校学习；1981年07月至1982年6月，新泰县税务局城关税务所科员；1982年6月至1985年12月，新泰市税务局税政科科员；1985年12月至1990年12月，新泰市税务局工商税科副科长；1990年12月至1991年8月，新泰市税务局涉外税收征收处副主任；1991年8月至1992年8月，新泰市税务局稽查大队副大队长；1992年8月至1994年9月，新泰市税务局征管科科长；1994年9月至1996年6月，新泰市地税局新汶分局局长；1996年6月至2001年8月，新泰市地税局党组成员、副局长；2001年8月至2011年3月，新泰市地税局党组书记、局长；2011年3月至2012年4月，泰安市地税局总经济师；2012年4月起，市地税局副调研员。

1995年被新汶办事处党委评为“十佳”支部书记；1996年被省地税局评为个人所得税专项检查先进个人。

吴 江 山东省莱芜市人，1963年9月出生，1982年9月参加工作，1993年9月加入中国共产党，大学学历。1982年9月至1983年12月，莱芜县税务局方下税务所专管员；1983年12月至1984年5月，泰安地区财税局税政科办事员；1984年5月至1985年8月，泰安地区税务局所得税科办事员；1985年8月至1993年11月，市税务局所得税科科员；1993年11月至1994年12月，市税务局集体企业财务管理科副科长；1994年12月至1997年4月，市地税局所得税科副科长（其中，1994年4月至1995年10月，东平县老湖镇刘庄村包村扶贫组组长）；1997年4月至2001年8月，市地税局涉外征收分局局长（正科级）；2001年8月至2002年11月，泰山区地税局党组书记、局长；2002年11月至2012年2月，泰安市地税局泰山分局局长、党组书记；2012年2月起，市地税局高新技术产业开发区分局局长。

1991年至1993年连续3年被评为先进工作者；1995年1月，被市直机关考评委记大功一次；1995年被评为下派干部先进个人；1997年被省地税局评为优秀青年税务工作者；1998年被泰安市文明委评为全市窗口行业优质服务个人；2009年获富民兴鲁劳动奖章；2012年被评为山东省先进工作者。

张方恩 山东省新泰市人，1963年10月出生，1984年7月参加工作，1988年12月加入中国共产党，大学学历。1982年9月至1984年7月，山东省财政学校学习；1984年7月至1985年8月，新泰市税务局科员；1985年8月至1992年11月，泰安市税务局科员；1992年11月至1994年12月，市税务局计会科副科长；1994年12月至1997年4月，市地税局会计科科长；1997年

4月至2001年12月，市地税局计划财务科科长；2001年12月至2002年9月，市地税局征收管理科科长；2002年9月至2012年2月，市地税局财务装备科科长；2012年2月起，市地税局泰山风景名胜区分局局长。

2001年3月，被中共泰安市直机关工作委员会评为优秀公仆；多次获得嘉奖。

王志鹏 山东省茌平县人，1964年3月出生，1982年9月参加工作，1984年10月加入中国共产党，大学学历。1982年9月至1985年9月，肥城税务局王庄所征管员；1985年9月至1988年9月，肥城市税务局桃园所副所长；1988年9月至1989年10月，肥城市税务局穆庄火车站检查站副站长；1989年10月至1991年1月，肥城市税务局王瓜店分局副局长；1991年1月至1994年8月，肥城市税务局老城所所长；1994年8月至1996年8月，肥城市地税局王瓜店分局局长；1996年8月至2000年10月，肥城市地税局党组成员、副局长；2000年10月至2006年3月，东平县地税局党组书记、局长；2006年3月至2009年3月，市地税局泰山风景名胜区分局局长；2009年3月至2011年3月，市地税局岱岳分局党组书记、局长；2011年3月至2012年2月，市地税局直属征收局副局长（主持工作）；2012年2月起，市地税局直属征收局局长。

1994年2月，被肥城市党政机关岗位责任制考评委员会记功；1995年被评为优秀党员；2010年被泰安市总工会颁发“振兴泰安”劳动奖章。

王同宪 山东省定陶人，1965年3月出生，1988年7月参加工作，1995年12月加入中国共产党，大学学历。1986年9月至1988年7月，山东省财政学校学习；1988年7月至1994年10月，泰安市税务局征收管理科科员；1994年10月至12月，市地税局征管科科员；1994年12月至1997年4月，市地税局办公室副主任；1997年4月至2000年4月，市地税局税收管理一科副科长；2000年4月至2001年11月，市地税局宣传办公室副科长（主持工作）；2001年11月至12月，市地税局税收管理二科科长；2001年12月至2002年11月，肥城市地税局党组成员、副局长（挂职）；2002年11月至2012年4月，市地税局办公室主任；2012年4月起，市地税局副调研员，兼办公室主任。

1988年被评为省财税大检查先进工作者；1989、1991、1993被省税务局表彰为先进个人；1997年被省政府办公厅评为省地税局税务信息工作先进个人；2006年被市直机关工委评为“优秀公仆”；2008年被省地税局评为“质效年”活动先进个人。

单玉晶 山东省夏津县人，1965年11月出生，1985年7月参加工作，1995年1月加入中国共产党，大学学历。1985年7月至1986年9月，临邑县第一中学教师；1986年9月至1995年2月，德州市广播电视大学教务处职员；1995年2月至1997年4月，德州市广播电视大学教务处副主任；1997年4月至1997年10月，德州市广播电视大学团委书记；1997年10月至2000年3月，德州市陵县地方税务局主任科员；2000年3月至2003年1月，德州市地税局财务装备科副科长（正科级）；2003年1月至2010年10月，德州市地税局财务装备科科长；2010年10月至2012年4月，德州市地税局总会计师兼财务装备科科长；2012年4月至2014年2月，德州市地税局副调研员；2014年2月起，泰安市地税局副调研员。

宋来竹 山东省五莲县人，1967年4月出生，1988年7月参加工作，1992年5月加入中国共产党，大学学历。1986年9月至1988年7月，山东省财政学校学习；1988年7月至1994年10月，市税务局科员；1994年10月至1997年4月，市地税局科员；1997年4月至2001年12月，市地税局税收管理三科副科长；2001年12月至2002年9月，市地税局税收管理一科科长；2002年9月至2009年3月，市地税局征收管理科科长；2009年3月至2012年2月，肥城市地税局党组书记、局长；2012年2月起，市地税局稽查局局长。

1992年至1994年被评为先进工作者，获国家税务总局优秀论文奖；2006年被省人事厅、省地税局记二等功。

李　达 山东省临朐县人，1976年7月出生，1996年7月参加工作，1994年12月加入中国共产党，大学学历。1996年7月至1998年11月，省地税局办公室办事员；1998年11月至2002年5月，省地税局办公室科员；2002年5月至2005年9月，省地税局副主任科员；2005年9月至2010年10月，省地税局主任科员；2010年10月至 2014年12月，省地税局税源管理处副处长；2014年12月起，泰安市地税局党组成员、副局长。

1999年3月，被评为全省政府系统优秀信息工作者；2001年6月，获优秀科研成果二等奖；2004年、2007年、2010年分别记三等功。

朱海明 上海市崇明县人，1977年2月出生，1999年7月参加工作，2004年9月加入中国共产党，博士研究生学历。1999年7月至2001年1月，山东省交通厅济青高速公路管理局科员；2001年1月至2004年1月，省地税局涉外税收管理处科员；2004年1月至2007年4月，省地税局副主任科员；2007年4月至2012年5月，省地税局

主任科员；2012 年 5 月至 2014 年 12 月，
泰安市地税局党组成员、副局长。

二、市、县（市、区）中层干部名录

（一）市地税局各单位

部门	职务	姓名	任职时间
办公室	主任	程西瑞	1994.12–1997.4
		张鲁光	1997.4–2002.10
		王同宪	2002.11 –
政策法规科	科长	刘永振	2002.10–2006.5
		冉　晓	2006.5–
流转税管理科	科长	冯承琪	1994.12–1996.10
税收管理一科	科长	冯承琪	1996.10–2001.12
		宋来竹	2001.12–2002.9
所得税管理科	科长	亓宝林	1994.12–1996.10
税收管理二科	科长	亓宝林	1996.10–1997.4
		李长德	1997.4–2001.12
		王同宪	2001.11–2001.12
地方税管理科	科长	马廷喜	1994.12–1996.10
税收管理科	科长	李电强	2002.10–2004.2
税收管理一科	科长	左建东	2004.3 –
税收管理二科	科长	李电强	2004.2 –
税收管理三科	科长	马廷喜	1996.10–2001.12
涉外征收分局	局长	吴　江	1996.3–2001.8
	局长	潘瑞章	2001.8–2002.10
涉外分局	局长	潘瑞章	2002.10–2011.12
国际税务科	科长	潘瑞章	2011.12–2012.6
	负责人	赵　雷	2012.6 –

部门	职务	姓名	任职时间
征收管理科	科长	李西坤	1994.12—2001.12
		张方恩	2001.12—2002.9
		宋来竹	2002.9—2009.3
		吴振会	2009.3—2011.12
征管和科技发展科	科长	吴振会	2011.12 —
装具票证管理科	科长	张鲁光	1994.12—1996.10
装备票证管理科	科长	张鲁光	1996.10—1997.4
		徐正祥	1997.4—2002.10
计划会计科	科长	张方恩	1994.12—1996.10
计划财务科	科长	张方恩	1996.10—2001.12
计划统计科	科长	董　荻	2002.10—2011.12
收入规划核算科	科长	董　荻	2011.12 —
财务装备科	科长	张方恩	2002.10—2011.12
财务管理科	科长	张方恩	2011.12—2012.3
	负责人	解培志	2012.3 —
人事政工科	科长	管溪池	1994.12—1996.10
政工科	科长	管溪池	1996.10—1997.4
		郝　玲	1997.4—2001.3
		范士连（主持）	2001.3—2001.12
政治工作科	科长	李西坤	2001.12—2002.9
组织人事科	科长	李西坤	2002.10—2006.3
		万晓云	2006.3—2011.12
人事科	科长	万晓云	2011.12—2012.6
	负责人	胡元栋	2012.6 —
宣传办	主任	王同宪	2000.4—2001.11

部门	职务	姓名	任职时间
政治工作科	科长	薛立胜	2002.9—2011.12
基层工作科	科长	薛立胜	2011.12—2012.6
	负责人	程元奎	2012.6 —
监察室	主任	万晓云	2000.1—2002.9
		宋韶辉	2002.10 —
党组巡视检查办公室	负责人	范士连	2006.5—2012.6
	负责人	王晓成	2012.6—2015.
机关党委	专职副书记	郝　玲	1994.12—1994.4
		万晓云	1997.4—2001.10
		井光波	2002.9—2004.3
		李玉祥	2004.3 —
信息中心	主任	王小勇	2004.3—2006.3
		吴增平	2006.5 —
纳税服务中心	负责人	和法伟	2004.3—2006.5
纳税服务中心	主任	和法伟	2006.5 —
综合治税办公室	负责人	吴增平	2004.2—2006.3
		张忠伟	2006.3—2006.5
		刘永振	2006.6—2009.3
税源管理办公室	负责人	刘永振	2009.3—2011.12
税源管理科	负责人	刘永振	2011.12 —
绩效管理办公室	负责人	王立军	2014.6 —
税务稽查局	局长	庄建华	1994.12—1996.6
		王春玲	1996.6—1996.10
稽查局	局长	王春玲	1996.10—2001.8
		张元建	2001. 8—2006.3

部门	职务	姓名	任职时间
稽查局	局长	张鲁光	2006.3—2012.3
		宋来竹	2012.2 —
直属分局	局长	杨　武	1994.12—2001.8
		马绍乐	2001.8—2002.10
直属征收局	局长	马绍乐	2002.10—200512
	副局长	杨广民	2006.3—2009.1（主持）
	局长	杨广民	2009.1—2011.3
	副局长	王志鹏	2011.3—2012.2（主持）
	局长	王志鹏	2012.2 —
干部培训中心	主任	程西瑞	2000.6—2002.12
		徐自亭	2002.12—2005.3
		刘富栋	2005.3—2011.12

（二）市地税局直属征收局（直属分局）

单位	职务	姓名	任职时间
人事监察科	科长	于治洪	1994.1—2001.12
秘书科	科长	徐正祥	1994.12—1998.7
税收政策科	科长	赵合文	1994.12—1996.10
		吴振会	1997.4—1997.10
综合科	科长	姜林林	2001.12—
计会科	科长	姚桂兰	1994.12—1997.10
		马珂琳	1997.10—2002.10
		朱玉安	2003.5—2004.5
收入核算科（计会科）	科长	王　雯	2006.4—
征收一科	科长	李振芳	1994.12—1997.4
		万　强	1997.4—2001.3
		刘淑华	2001.12—2002.10
		倪培栋	2002.10—2009.3
管理科（征收一科）	科长	高　峻	2009.3—
征收二科	科长	官明田	1994.12—2001.12
		刘秋云	2001.12—2009.3
税源管理科（征收二科）	科长	倪培栋	2009.3—
征收科	科长	赵建刚	1997.5—2002.10
征收三科	科长	徐书院	1994.12—2002.10
		高　峻	2002.10—2009.3
征收科（征收三科）	科长	刘秋云	2009.3—
征收四科	科长	柴金水	1997.5—2001.12
征收五科	科长	吴振会	1997.10—2001.12

（三）市地税局稽查局

单位	职务	姓名	任职时间
综合科	科长	姜琳琳	1997.05—2001.12
		柳江启	2001.12—2006.05
		邓法国	2006.05——
选案科	科长	刘世海	2001.10—2008.05
		鲍　忠	2008.05——
检查一科	科长	鲍　忠	1997.05—2002.10
		刘淑华	2002.10——
检查二科	科长	李振芳	1997.05—2002.10
		许新民	2002.10—2006.03
		万　强	2006.03—2011.03
		刘世海	2011.03——
审理科	科长	李爱红	1997.05—2006.04
		刘爱玉	2006.04—2012.11
	负责人	王继民	2012.11——
执行科	科长	许新民	1997.05—2002.10
		鲍 忠	2002.10—2008.05
		刘世海	2008.05—2011.03
		万 强	2011.03——

（四）市地税局泰山分局（泰山区地税局）

单位	职务	姓名	任职时间
基层办公室	主任	章锡峰	1994.08–1996.11
计会办公室	主任	李京丰	1994.08–1998.09
计划财务科	科长	赵　瑛	1999.06–2002.11
计统财务科	科长	邢秋艳	2002.11–2007.04
		路　晶	2007.04–2010.04
财务装备科	科长	路　晶	2010.04–
局长办公室	主任	商志刚	1994.08–1995.12
		邢永来	1995.12–1996.07
秘书办公室	主任	邢永来	1996.07–1997.09
行政办公室	主任	陶成吉	1996.07–1996.10
		周　鹩	1996.10–1997.09
办公室	主任	马延文	1997.09–2002.11
		朱文清	2002.11–
政工科	科长	李全贵	2000.02–2002.11
人事政工科	科长	张　华	2002.11–2007.04
		邢秋艳	2007.04–2010.04
		辛宪福	2010.04–
税政办公室	主任	王大庆	1994.09–1996.10
		刘绪勇	1996.10–1999.11
征管办公室	主任	张　征	1996.06–1998.08
征收管理科	科长	张　征	1998.08–1999.11
		范克敬	2001.06–2002.11

单位	职务	姓名	任职时间
法规征管科	科长	陈新敏	2002.11—2010.04
		孟　磊	2010.04—
税收管理科	科长	张　征	2002.11—2007.04
政策法规科	科长	张　征	2007.04—2009.06
		宋其武	2010.04—
信息管理科	科长	贾景山	2002.11—
监察室	主任	柴　芃	1999.06—2002.11
		赵　瑛	2002.11—2003.09
		吕　平	2005.01—2010.04
		刘延明	2010.04—
考核办	主任	张　俭	2005.01—2010.03
发票所	所长	王玉梅	2002.11—2005.01
纳税服务中心	主任	刘延明	2005.01—2010.04
		邢秋艳	2010.04—
文秘宣传科	科长	侯兴垠	2010.04—
综合治税办公室	副主任（主持工作）	范　明	2005.01—2010.04
	主任	范　明	2010.04—
税源管理科	科长	蔺　政	2010.04—
党建办	副主任（主持工作）	刘鲁静	2010.04—
打击经济涉税办公室	主任	吕　平	2010.04—2013.04
直属分局	副主任（主持工作）	魏　勇	1994.08—1996.11
	指导员	李京丰	1995.08—1998.03
	局长	魏　勇	1996.11—1999.05
	指导员	王大力	1999.07—1999.11
	局长	王大庆	1999.07—2002.09

单位	职务	姓名	任职时间
直属征收局	局长	魏　勇	2002.11–2005.01
		张　华	2007.03–2010.01
		柴　芃	2010.01–2013.04
稽查分局	副局长（主持工作）	张　俭	1994.08–1996.11
	局长	张　俭	1996.11–1999.05
		魏　勇	1999.07–2002.11
	指导员	张　征	1999.07–2002.11
稽查局	局长	刘绪勇	2002.11–2004.12
		李光群	2007.04–2009.02
		朱文清、马延文（主持工作）	2010.04– 2009.02–
涉外分局	局长	唐光明	1998.08–1999.05
	指导员	陶成吉	1998.08–1999.05
	局长	李光群	1999.07–2001.06
		张　俭	2001.06–2002.11
财源分局	副局长（主持工作）	吕　平	1994.08–1996.11
	局长	吕　平	1996.11–2001.06
		陶成吉	2001.06–2002.11
财源税务所	所长	陶成吉	2002.11–2004.12
		李光群	2005.01–2007.04
		刘绪勇	2007.04–2009.06
		张　征	2009.06–
岱庙分局	副局长（主持工作）	张　征	1994.08–1995.08
	局长	李光群	1996.11–1999.05
	指导员	王大庆	1998.08–1999.05
	局长	唐光明	1999.07–2002.09

单位	职务	姓名	任职时间
岱庙税务所	所长	马延文	2002.11—2004.12
		魏　勇	2005.01—2009.06
		程兴让	2009.06—
泰前税务所	所长	唐光明	1994.09—1996.10
		陶成吉	1996.10—1998.08
泰前分局	局长	张　征	1999.11—2001.06
		吕　平	2001.06—2002.11
泰前税务所	所长	柴　芃	2002.11—2005.01
		陶成吉	2005.01—2009.05
		魏　勇	2009.06—2010.01
		景中迎	2010.04—
上高税务所	所长	李光群	1994.09—1995.08
		周　鹈	1995.12—1996.10
		王大庆	1996.10—1999.07
上高分局	局长	刘绪勇	1999.07—2002.11
上高税务所	所长	程兴让	2002.11—2009.06
		刘绪勇	2009.06—2012.06
粥店税务所	所长	李全贵	1994.09—1997.07
		范克敬	1997.07—1999.07
徐家楼税务所	所长	范克敬	1994.08—1997.07
		朱文清	1997.07—2002.11
		景中迎	2002.11—2007.04
		柴　芃	2007.04—2009.06
		张　华	2009.06—

单位	职务	姓名	任职时间
大津口税务所	所长	刘海波	1997.04–2001.09
		贺业华	2001.09–2002.11
		李明杰	2002.11–2005.03
邱家店分局	局长	张　俭	1999.07–2001.05
		张　征	2001.05–2002.11
邱家店税务所	所长	范克敬	2002.11–2004.12
		马延文	2005.01–2007.04
		张　华	2007.04–2009.06
		柴　芃	2009.06–
省庄分局	局长	陶成吉	1999.07–2001.05
		李光群	2001.05–2002.11
省庄税务所	所长	李光群	2002.11–2004.12
		范克敬	2005.01–2010.04
		陈新敏	2010.04–
开发区征收处	主任	吕　平	2002.11–2005.01
		柴　芃	2005.01–2007.04
		景中迎	2007.04–

（五）市地税局岱岳分局（岱岳区地税局）

单位	职务	姓名	任职时间
办公室	主任	段成斌	1994.8—1997.11
		李衍军	1997.11—2001.6
		翟一民	2000.2—2001.6
		李建庆	2001.7—2003.3
		牛俊峰	2003.3—2009.12
		冯云健	2010.1 —
政工科	科长	焦德君	1994.8—1995.9
		王延民	1995.10—2003.2
		李建庆	2003.3—2007.3
		杨　军	2007.3—
征管科	科长	魏传贤	1994.8—2000.3
		姚　峰	2000.3—2001.6
		王廼峰（女）	2001.6—2002.10
		刘西军	2002.11—2007.3
		乔方祥	2007.1—2010.1
		张　钟	2010.1—
计会科	科长	高明暖（女）	1994.8—2003.3
		李晓雯（女）	2003.3—2007.3
		高明暖（女）	2007.3—2009.12
		于和伟	2010.1—
监察室	主任	李衍军	1995.8—1995.9
		焦德君	1995.9—1999.10
		李晓雯（女）	1999.10—2003.3
		高明暖（女）	2003.3—2007.3

单位	职务	姓名	任职时间
监察室	主任	李晓雯（女）	2007.3–2010.1
		高明暖（女）	2010.1–
信息管理科	科长	姚　峰	2003.3–2004.12
		张树昌	2004.12–2007.3
		姚　峰	2007.3–
税源管理科	科长	于和伟	2009.6–2009.12
		郭　勇	2010.1–
税政科	科长	王文霞（女）	1994.8–2000.3
		魏建忠	2000.3–2002.3
		刘西军	2002.3–2002.10
		王文霞（女）	2000.12–2007.3
政策法规科	科长	王文霞（女）	2007.3–
纳税服务中心	主任	王冬梅（女）	2010.1–
稽查局	局长	张维民	1994.8–1999.5
		张东初	1999.5–2001.5
		杨礼冉	2001.5–2007.3
		翟一民	2007.3–
直属征收局	局长	石礼智	1994.8–1997.7
		宋　勇	1997.7–2002.9
	局长	张东初	2002.9–2010.1
		乔方祥	2010.1–
省庄	分局长	张炳孟	1994.8–1998.7
		刘传生	1998.7 –1999.7

单位	职务	姓名	任职时间
山口	分局长	刘锡卿	1994.8—1998.8
		王　一	1998.8—2002.9
		徐宗华	2002.9—2007.3
		贾立平	2007.3—
黄前	所长	刘兆平	1994.8—1998.8
		魏建忠	1998.8—2000.3
		鞠廷东	2000.3—2005.1
		王　杰	2005.1—2007.1
		尹作武	2007.1—2007.3
		张树昌	2007.3—
下港	所长	刘忠坤	1994.8—1998.12
		翟一民	1998.12—2000.1
		徐宗华	2000.1—2000.11
		王春林	1997.8—1998.11
		赵玉刚	1998.11—2003.3
		乔方祥	2003.3—2007.1
		王迺峰（女）	2007.1—
祝阳	所长	陈　峰	1995.3—2000.1
	分局长	焦德君	1999.11—2000.11
		徐宗华	2000.12—2002.9
		王迺峰（女）	2002.9—2007.1
		赵　利	2007.1—2007.3
		张　伟	2007.3—2010.1
		李　健	2010.1—

单位	职务	姓名	任职时间
范镇	分局长	佟银顺	1994.8—2001.5
		陈　峰	2001.5—2007.3
		宁　庆	2007.3—
角峪	所长	王春林	1995.2—1997.7
		贾立平	1997.5—2000.5
		鞠廷东	2005.1—2006.1
		王　杰	2006.1 —2007.1
		陈国君	2007.1—
徂徕	所长	刘忠坤	1995.2—2001.5
		杨　军	2001.5—2002.10
		宁　庆	2002.10—2007.1
		王　一	2007.1—2007.2
		刘西军	2007.2—
邱家店	分局长	吕发堂	1994.8—1996.1
		魏传贤	1996.1—1999.7
北集坡	分局长	王　一	1994.8—1998.7
		刘兆平	1998.7—2002.7
良庄	所长	杨　军	1994.8—1998.8
		侯存水	1998.8—2001.3
		卢火青	2001.3—2002.3
		于和伟	2002.3—2007.3
		鞠廷东	2007.1—2010.1
		李　彬	2010.1—

单位	职务	姓名	任职时间
汶口	分局长	杨礼冉	1994.8-2001.5
		赵 雷	2001.5-2002.11
		翟一民	2002.11-2007.12
		李建庆	2007.12-
房村	所长	刘亨勤	1994.8-1997.3
		刘 杰	1997.3-1999.11
		刘传生	1999.11-2005.1
		姚 峰	2005.1-2007.3
		李 彬	2007.3-2009.12
		钱 勇	2010.1-2013
		刘 波	2013-
满庄	分局长	李瑞国	1994.8-1997.7
		王 杰	1997.7-2001.3
		赵 利	2001.3-2007.1
		陈 峰	2007.3-
夏张	所长	王森林	1994.8-1997.1
		王开功	1997.1-1997.11
		宗 伟	1997.11-1999.3
		郭宝元	1999.3-2000.3
		程和国	2000.3-2001.6
		周少飞	2001.6-2005.1
		陈国君	2005.1-2007.3
		魏建忠	2007.1-2007.3
		王 杰	2007.3-2009.4
		冯云健	2009.4-2009.12
		王 冰	2010.1-

单位	职务	姓名	任职时间
道朗	分局长	王开功	1994.8–1997.11
		王文霞（女）	1997.11–2001.5
		王森林	2001.5–2001.7
		翟一民	2001.7–2002.8
		王　一	2002.11–2006.12
		李建庆	2006.12–2009.12
		牛俊峰	2010.1–
化马湾	分局长	刘传生	1994.8–2007.3
		李钦银	2007.3–2001.5
		姚　峰	2001.5–2002.3
		魏建忠	2002.3–2002.10
		杨　军	2002.10–2007.1
		于和伟	2007.1–2007.3
		陈　杰	2007.3–
马庄	所长	裴广成	1994.8–1998.8
		杨　军	1998.8–2001.5
		贾立平	2001.6–2002.10
		魏建忠	2002.10–2007.1
		乔方祥	2007.1–2007.3
		赵　利	2007.3–
天平	所长	王　辉	1994.8–1995.5
		尹　燕	1995.5–1999.3
		冯云健	1999.3–2000.7
		尹作武	2000.7–2007.3
		李延平	2010.1–

单位	职务	姓名	任职时间
粥店	分局长	赵　雷	1994.8—2001.5
		张东初	2001.5—2002.12
		贾立平	2002.12—2007.3
		徐宗华	2007.3—2013
		邢立文	2013-（主持工作）
涉外分局	局长	段成斌	1997.11—2000.4
		高明暖（女）	1998.9—1999.10
东岳税务师事务所	所长	王开功	1997.11—2000.4

（六）新泰市地税局

部门	职务	姓名	任职时间
办公室	主任	胡海民	1994.09—1995.06
		刘守林	1995.10—2002.11
		邢攸平	2002.11—2010.01
	代理主任	邵泽寅	2010.01—2011.08
	主任	吴元申	2011.08—
人事科	科长	高永让	1994.09—1998.05
		王光让	1998.05—1999.11
		刘汉增	1999.11—2001.05
		韩　琴	2001.05—
收入核算和财务科	科长	和进安	1994.09—1998.05
		孙洪伟	1998.05—2001.05
		刘　军	2001.07—2007.12
	科长	刘福财	2007.12-
监察室	主任	王光让	1995.10—1998.05
		和法伟	1998.05—1999.11
		穆若鹏	1999.11—2004.03
		胡　滨	2004.03—2012.10
		成云昌	2012.10—
流转税管理科	科长	郝立刚	1994.09—1999.11
		贺成仁	1999.11—2001.05（撤销）
所得税科	科长	巩庆岩	1994.09—1996.07
		李加启	1996.07—1998.06
		杨　勇	1998.06—2001.05（撤销）

部门	职务	姓名	任职时间
法规税政科	科长	郭光信	2001.07—2008.02
		冯德伟	2008.02—
地方税管理科	科长	曹继儒	1994.09—1996.07
		王宝生	1996.05—1998.05
		李文芳	1998.05—2001.05（撤销）
征管和科技发展科	科长	陈秀恩	1994.04—1997.05
		王宝生	1998.05—2002.11
		李　庆	2002.11—2007.03
		吴元申	2007.12—2011.07
		陈师伟	2011.07—
涉外分局	科长	刘汉增	1995.11—1999.11
	分局长	和法伟	1999.11—（合并）
促产增收科	科长	穆若鹏	1994.09—1999.11（撤销）
税务咨询事务所	所长	刘汉增	1994.08—1995.11（撤销）
工委	主任	和进安	1996.06—1999.11（撤销）
纳税服务中心	主任	陈师伟	2006.06—2012.09
		高　锐	2012.09—
税源管理科	科长	董庆华	2009.04—2011.08
		徐西俭	2011.08—
稽查局	局长	刘学先	1994.11—2001.05
		巩庆岩	2001.05—2002.11
		杨　勇	2002.11—2010.01
		刘汉增	2011.08—2011.11

部门	职务	姓名	任职时间
新汶中心所	局长	闫家胜	1994.11—1996.07
		高润芝	1997.05—2001.05
		孙洪伟	2001.05—2002.11
		周　丽	2002.11—2007.03
	局长	徐西俭	2007.03—2011.08
	所长	陈绪华	2011.08—
直属征收局	局长	王光让	2007.03—2010.06
		陈秀恩	2011.08—
青云中心所	局长	李盘洲	1994.11—2001.05
		高润芝	2001.05—2002.11
		刘汉增	2002.11—2011.08
	所长	李　庆	2011.08—
小协中心所	局长	吴进东	1994.11—1997.05
		陈秀恩	1997.05—2001.05
		刘汉增	2001.05—2002.11
		刘守林	2002.11—2011.08
	所长	刘　军	2011.08—
翟镇中心所	局长	刘全昌	1994.11—2001.05
		陈秀恩	2001.05—2011.08
	所长	郝立刚	2011.08—
东都中心所	局长	成斯宾	1994.11—2001.05
		周　丽	2001.05—2002.11
		徐西俭	2002.11—2007.03
		郝立刚	2007.03—2011.08
	所长	刘守林	2011.08—

部门	职务	姓名	任职时间
汶南中心所	所长	李加启	1994.11—1997.09
	所长	陈明军	1995.11—1999.11
	局长	和进安	1999.11—2001.05
		杨　勇	2001.05—2002.11
		丁　峰	2002.11—2007.03
		李　庆	2007.03—2011.08
	所长	丁　峰	2011.08—
刘杜中心所	所长	史正君	1994.11—1998.08
		岳公君	1998.08—2006.11
		刘士生	2006.11—2011.08（合并）
岳家庄中心所	所长	薄振珂	1994.11—1995.04
		岳公君	1995.04—1998.08
		史正君	1998.08—2001.05
	局长	马廷山	2001.05—2007.03
		李文芳	2007.03—2011.08（合并）
放城中心所	所长	赵宗和	1994.11—1998.06
		邢振海	1998.01—2001.07
		宋树宇	2006.11—2011.08（合并）
木场峪中心所	所长	赵宗义	1994.11
石莱中心所	所长	岳公军	1994.11—1995.06
	所长	孙德迎	1995.06—2001.05
	局长	马安涛	2001.05—2007.03
	所长	张玉安	2007.03—2011.08
沈家庄中心所	所长	肖传贵	1994.11—2000.05（合并）

部门	职务	姓名	任职时间
谷里中心所	所长	杨金水	1994.11—2001.05
	局长	李加启	2001.05—2007.03
		刘 军	2007.03—2011.08
	所长	马廷山	2011.08—
宫里中心所	所长	夏丙厚	1994.11—1997.09
		马安涛	1997.09—2001.05
		刘元涛	2006.11—2007.03
		赵峰	2007.03—2011.08（合并）
禹村中心所	所长	朱绍领	1994.11—2000.12
		邱司领	2006.11—2011.8（合并）
楼德中心所	所长	安增义	1994.11—1996.7
	局长	巩庆岩	1996.7—2001.5
		徐西俭	2001.5—2002.11
		董和成	2002.11—2011.8
	所长	李文芳	2011.8—
天宝中心所	所长	张汉富	1994.11—1998.6
		马廷山	1998.6—2001.5
	局长	贺成仁	2001.5—2007.3
		李加启	2007.3—2010.1
	所长	邢攸平	2010.1—2011.8（合并）
大东庄所	所长	刘品元	1994.11—1997.9
		陈绪华	1997.9—（合并）
果都中心所	所长	翟永来	1994.11—1998.6
		张汉富	1998.6—2001.5
	局长	李文芳	2001.5—2007.3
		刘元涛	2007.3—2011.8
	所长	邢攸平	2011.8—

部门	职务	姓名	任职时间
旧关中心所	所长	李振怀	1994.11—1997.11
		李　健	1997.09—2001.05（合并）
羊流中心所	所长	陈明军	1994.11—1995.11
		邱司领	1995.11—2000.12
	局长	郝立刚	2000.12—2007.03
		陈绪华	2007.03—2011.08
	所长	刘元涛	2011.08—
西张庄中心所	所长	安淑东	1994.11—2000.12
	局长	王光让	2000.12—2007.03
		丁　峰	2007.3—2011.8
	所长	董和成	2011.08—
泉沟中心所	所长	毛尚蛟	1994.11—1997.09
		刘品元	1997.09—2001.07
		焦立超	2006.11—2011.08
		张玉安	2011.08—
西周中心所	所长	夏风征	1994.11—1996.07
	局长	曹继儒	1996.07—2001.06（合并）
岙阴中心所	所长	张新作	1994.11—1998.06
		赵忠堂	1998.06—2001.06（合并）
龙廷中心所	所长	赵仲堂	1994.11—1998.06
		杨元富	1998.06—2001.05
	局长	陈绪华	2001.05—2007.03
		马廷山	2007.03—2011.08
北师中心所	所长	吴建臣	1994.11—2001.06
开发区财税所	所长	刘英军	1994.11—1998.06
		周秀珍	1998.06—2000.02
		侯　平	2000.02—2001.05

（七）肥城市地税局

部门	职务	姓名	任职时间
办公室	主任	刘光友	1994.08–1996.08
		栾绪杰	1996.08–1999.10
		冉 晓	1999.10–2000.04
		孙立训	2000.04–2001.04
		韩 健（兼）	2001.04–
人事政工科	科长	孟宪军	1994.08–1996.08
		刘光友	1996.08–1999.05
		刘光友（兼）	1999.05–2000.02
		刘福胜	2000.02–2001.05
		徐 贞	2001.06–2002.11
		王新双	2002.11–2007.03
		徐 贞	2007.03–2012.01
		于光庆	2012.01–
质量认证	主任	徐 贞	2002.11–2003.09
质量考核中心	主任	徐 贞	2003.09–2007.03
收入核算和财务科	科长	冯守全（计会科）	1994.08–1999.10
		冯守全（计划财务科）	1999.10–2002.11
		郑 勇	2002.11–2007.03
		徐 强	2007.03–
所得税科	科长	王爱国	1994.10–1996.03
		齐立海	1996.03–1997.10
流转税科	科长	齐立海	1997.10–1999.01
税政管理科	科长	张兆亮	1999.01–2002.11
		徐 强	2002.11–2005.07
政策法规科	科长	徐 强	2005.07–2007.03
		李恒强	2007.03–2012.01
法规税政科	科长	李恒强	2012.01–

部门	职务	姓名	任职时间
地方税科	科长	王炳鑫	1994.08—1995.02
		武兆平（主持）	1995.02—1996.12
		林　宏（主持）	1996.12—1998.02
		林　宏	1998.02—2000.02
		杨卫国	2000.03—2002.11
征收管理科	科长	孙新国	1994.10—1999.10
		杨卫国（主持）	1999.10—2000.03
		林　宏	2000.03—2002.11
法规征管科	科长	张　群	2002.11—2005.07
征收管理科	科长	张　群	2005.07—2007.03
		林　宏	2007.03—2012.01
征管和科技发展科	科长	林　宏	2012.01—
监察室	主任	梁兴庭	1999.05—2000.03
		王新双	2000.03—2002.11
		冯守全	2002.11—2007.03
		王新双	2007.03—
信息科	科长	桑　军	2001.06—2002.11
信息管理科	科长	桑　军	2002.11—2003.12
		聂　杰	2003.12—2004.01
信息中心	主任	张　涛	2004.01—2005.07
		辛　琳	2005.07—2007.03
信息管理科	科长	马宏儒	2007.03—2009.03
税源管理科	科长	马宏儒	2009.03—2013.12
重点税源办公室	主任	张兆亮（计统）	2006.05—2007.03
		姚　丽（计统）	2007.03—2009.03

部门	职务	姓名	任职时间
税源管理科	科长	马宏儒	2009.03–
综合治税办公室	主任	王光军（征管）	2004.07–2007.03
纳税服务中心	主任	马宏儒（征管）	2005.07–2006.11
		马宏儒	2006.11–2007.03
		尹燕胜	2007.03–
税务检查室	主任	王炳鑫	1996.09–2001.05
装备科	科长	韩守成	1996.05–2000.05
		郑　勇	2000.05–2002.11
基建科	科长	武兆平	1998.02–2001.06
		张兴宏	2002.12–2004.11
举报中心	主任	邓元洪	1998.02–2001.06
专项检查办公室	主任	张兆亮	2003.02–2003.09
税务代理所	所长	赵衍东（主持）	1998.02–2001.05
		刘光友	2001.05–2004.07
直属分局	分局长	王泽年	1994.10–1999.11
		孟宪军	1999.11–2001.05
		高令奎	2001.05–2003.08
		朱圣金	2003.09–2007.03
		张书义	2007.03–2010.01
		朱圣金	2010.01 –
	所长	朱乃斌	1994.08–1995.10
		董耿天	1995.10–1996.12（合并）
		朱乃斌	2003.09–2006.10（合并）
		梁兴庭	1994.08–1996.03
		王爱国	1996.03–1996.08
		闫建生	1996.08–1998.02（主持）
		朱乃斌	1998.02–2000.03（主持）
			2000.03–2003.08
		李恒强	2003.09–2006.10（合并）

部门	职务	姓名	任职时间
稽查局	局长	陈正华	1994.09—1999.11
		霍　莹	1999.11—2001.06
		刘福胜	2001.06—2002.11
		孙新国	2002.11—2007.03
		高令奎	2007.03—2010.01
		张　群	2010.01—
老城中心税务所	所长	周维平	1994.08—1995.03（主持）
			1995.03—1996.03
		梁兴庭	1996.03—1999.05
		高令奎	1999.05—1999.11
		高令奎	1999.11—2001.05
		栾绪杰	2001.06—2007.03
		孙新国	2007.03—
		宿茂廷	1994.08—1995.03（主持）
			1995.03—1997.03
		张兴宏	1997.03—1998.02
		赵殿贵	1998.03—2001.03
		晁永泉	2001.06—2006.10（合并）
王瓜店中心税务所	所长	王志鹏	1994.09—1996.08
		周维平	1996.08—1997.07（副局长）
			1997.07—2001.05（局长）
		孙新国	2001.05—2002.11
		董钦勇	2002.11—2007.03
		王爱国	2007.03—

部门	职务	姓名	任职时间
湖屯中心税务所	所长	霍　莹	1994.08–1994.10
		步兆东	1994.10–1996.03
		周维平	1996.03–1996.08
		王爱国	1996.08–1999.10
		刘福胜	1999.10–2000.03
		张书义	2000.03–2001.05
		朱圣金	2001.05–2003.08
		高令奎	2003.08–2007.03
		齐立海	2007.03–
石横中心税务所	所长	毕宏伟	1994.08–1996.08
		孟宪军	1996.08–1999.11
		王爱国	1999.11–2007.03
		朱圣金	2007.03–2010.01
		张书义	2010.01–2013.07
		董吉雷	2013.07–（主持）
桃园中心税务所	所长	郑建国	1994.08–1995.03（主持）
			1995.03–1998.02
		朱圣金	1998.02–1999.11
		朱圣金	1999.11–2001.05
		董耿天	2001.05–2007.03
		张　群	2007.03–2010.01
		王洪序	2010.01–
		邓元洪	1994.08–1995.03（主持）
		傅家秋	1995.03–1998.03
		张兆会	1998.03–2001.05
		李恒强	2001.05–2003.08
		朱　利	2003.08–2006.10（合并）

部门	职务	姓名	任职时间
安驾庄中心税务所	所长	刘福胜	1994.08—1995.03（主持）
			1995.03—1998.02
		董钦勇	1998.02—2000.05
			2000.05—2001.05（副局长）
		齐立海	2002.11—2007.03
		董耿天	2007.03—
		周广鹏	1994.08—1995.03（主持）
			1995.03—1998.02
		赵东升	1998.02—2000.03（主持）
			2000.03—2001.10
		朱圣金	1994.08—1995.03（主持）
			1995.03—1998.02
		霍　莹	1998.02—1999.11
		孙新国	1999.11—2001.05
		张兆会	2001.05—2007.03
		董钦勇	2007.03—2009.07
		李恒军	2008.03—2010.01（主持）
		晁永泉	2010.01—
		刘明新	1994.08—1998.02
		肖思俊	1998.02—2000.03
		晁永泉	2000．3—2001.06（合并）
		张玉春	1994.08—1995.03（主持）
			1995.03—1999.03
		傅家秋	1999.03—2003.08
		王洪序	2003.09—2006.10（合并）

部门	职务	姓名	任职时间
汶阳中心税务所	所长	赵殿贵	1994.08–1995.03（主持）
			1995.03–1998.02
		刘福胜	1998.02–1999.11
		栾绪杰	1999.11–2001.05
		张书义	2001.05–2007.03
		晁永泉	2007.03–2010.01
		高令奎	2010–
		肖思俊	1994.10–1998.02
		张兴宏	1998.02–2000.05
			2000.05–2001.05
		董吉雷	2001.05–2007.03
		王洪序	2007.03–2010.01
		韩　健	2010.01–2014.08（兼职）
		李　冰	2010.01–（主持）
		赵祥银	1994.08–1998.02（主持）
		张书义	1998.02–2000.03（主持）
		董吉雷	2000.03–2001.05（合并）
涉外征收处	主任	董耿天	1997.01–1997.07
涉外分局	分局长	董耿天	1997.07–2001.05
		周维平	2001.05–2002.11（撤销）

（八）宁阳县地税局

单位	职务	姓名	任职时间
办公室	主任	李伟春	1995.07-2002.11
		王　军	2002.11-2007.03
		于洪居	2008.05-
人事政工科	科长	闫修国	1995.07-2002.11
		杨　春	2002.11-2004.02
		李炳元	2004.02-2007.03
		李安波	2007.03-（副主任科员）
计划会计科	科长	薛志强	1995.07-1997.05
		刘淑君	1997.05-1999.11
		杨　春	1999.11-2002.11
计统财务科	科长	郦新红	2002.11-2010.01
		董　梅	2010.01-
流转税管理科	科长	荣祥涛	1995.07-1999.11
		魏绪忠	2000.01-2001.05
所得税管理科	科长	李安波	2000.01-2002.11
税收管理科	科长	殷克富	2002.11-2006.11（副主任科员）
政策法规科	科长	殷克富	2006.11-
税务检察室	主任	王安国	1995.03-1999.05
监察室	主任	赵培哲	1999.05-2002.11
		李炳元	2002.11-2004.02
		李玉晓	2004.02-2005.04（享受副科级待遇）
		董　梅	2005.04-2010.01
		王晓玲	2010.01-

单位	职务	姓名	任职时间
征收管理科	科长	王　猛	1995.07–1997.05
		陈庆元	1997.05–2001.11
		李玉晓	2001.11–2004.02(享受副科级待遇)
		王晓玲	2006.11–2010.01
		颜保富	2010.01–
法规征管科	科长	王晓玲	2004.02–2006.11
	副科长	颜保富	2004.02–2006.11
纳税服务中心	主任	王思润	2004.05–2005.08（兼）
		颜保富	2006.11–(兼)
计算机管理中心	主任	戴　军	2000.09–2002.07（副股级）
		戴　军	2002.07–2002.11（正股级）
信息管理科	科长	戴　军	2002.11–2009.04
税源管理科	科长	戴　军	2009.04–
综合治税办公室	主任	李伟春	2004.08–2010.6（副主任科员）
			2010.06–
行政审批服务中心地税窗口	主任	郭新春	2006.01–2008.07（副股）
		秦长勇	2008.07–2011.03（副股）
装备科	科长	王安国	1999.05–2002.11
稽查局	局长	张兴超	1995.09–2001.05
		薛志强	2001.05–2008.03
		杨曙光	2008.03–
直属征收分局	局长	张俊连	2000.05–2001.05
			2008.03–2013.4
		王　猛	2001.05–2008.03

单位	职务	姓名	任职时间
城关分局	局长	冯经保	1995.09—1998.04
		张俊连	1998.04—2000.05
		杨曙光	2001.05—2008.03
		王　猛	2008.03—
华丰分局	局长	张玉晶	1995.09—1996.09
		薛志强	1997.05—2001.05
		张兴超	2001.05—2002.11
		王　军	2002.11—
磁窑分局	局长	朱玉胜	1995.09—1997.05
		王　猛	1997.05—2001.05
		张俊连	2001.05—2008.03
		薛志强	2008.03—2013.09
涉外分局	局长	朱玉胜	1997.5—2002.11
乡饮税务所	所长	马庆元	1995.3—1997.5
		戴师金	1995.3—1997.5
		崔树光	2002.11—2006.11
泗店税务所	所长	陈怀军	1995.3—2000.5
		郭铁军	2001.11—2006.11
南驿税务所	所长	沈士高	1995.3—1996.7
		殷克富	1996.7—1998.5
崔解税务所	所长	李玉晓	1995.3—1998.5
		殷克富	1998.5—2000.5
	政治指导员	李玉晓	1998.5—1998.9
石集税务所	所长	于崇现	1995.3—1997.1
	政治指导员	魏绪忠	1998.5—2000.1
		荣祥涛	1999.11—2001.5（副科级）
		于崇现	1997.1—2000.5

单位	职务	姓名	任职时间
石集分局	局长	荣祥涛	2001.5–2002.11
葛石税务所	所长	赵兴琚	1995.3–2000.5
葛石分局	局长	荣祥涛	2002.11–2007.3
		许贞社	2007.3–
东庄税务所	所长	乔建东	1995.3–2000.5
东庄分局	局长	殷克富	2001.5–2002.3
		李安波	2002.11–2007.3
		李炳元	2007.3–
灵山税务所	所长	许贞社	1995.3–2000.5
蒋集税务所	所长	郦新红	1995.3–1996.8
		王现行	1996.7–2000.5
		任树泉	2001.11–2002.11
		刘永峰	2002.11–2005.4
城税务所	所长	苏庆河	1995.3–1997.1
		杨　春	1998.5–2000.1
		齐立海	1999.11–2001.4（副科级）
城分局	局长	魏绪忠	2001.5–2002.9
		宿之源	2002.11–2010.1
		王　军	2010.1–
茅庄税务所	所长	杨　明	1995.3–2000.5
	政治指导员	苏庆河	1997.1–2000.5
伏山税务所	所长	刘德库	1995.3–1997.1
		杨曙光	1998.5–2000.1
		刘淑君	1999.11–2001.5（副科级）
	政治指导员	刘德库	1997.1–2000.5

单位	职务	姓名	任职时间
伏山分局	局长	刘淑君	2001.5—2002.9
		张兴超	2002.11—
白马税务所	所长	刘绪岩	1995.3—1996.3
		赵钦坦	1996.3—2000.5
	政治指导员	刘绪岩	1996.3—2000.5
鹤山税务所	所长	郭克诚	1995.3—2000.5
鹤山分局	局长	许贞社	2001.5—2007.3
		王　军	2007.3—2010.1
		郦新红	2010.1—
王卞税务所	所长	刘树盛	1995.3—2000.5
东疏税务所	所长	闫专刚	1995.3—1997.9
		郭铁军	1997.9—2000.1
		宿之源	1999.11—2001.5（副科级）
东疏分局	局长	宿之源	2001.5—2002.11
		朱玉胜	2002.11—
西疏税务所	所长	郭新春	1995.3—1996.7
		沈士高	1996.7—2000.5

（九）东平县地税局

单位	职务	姓名	任职时间
办公室	主任	谢德新	1994.08—1998.10
		吕修乐	1998.10—2000.12（1995 年 3 月主持）
		宋广强	2000.12—2001.09（副主任主持工作）
		宋广强	2001.09—2010.01
		刘传新	2010.01—
人事政工科	科长	赵乐堂	1994.08—1998.10
		田茂雷	1998.10—1999.11
		张观存	1999.11—2001.05
		李 建	2001.05—2007.03
		陈宪明	2007.3—2011.03
		王海军	2011.03—
监察室	科长	李居美	1995.07—1999.06
		谢德新	1999.06—2001.06
		郭恒新	2001.06—2001.09
		赵振兰	2001.10—2002.11
		王昆仑	2002.11—2005.01
		陈宪明	2005.01—2007.03
		陈勋东	2007.03—2011.03
		耿春华	2011.03——
征收管理科	科长	韩 辉	1995.10—1998.10
		李 涛	1998.10—2000.12
		刘萧东	2000.12—2001.09（副科长主持工作）
		刘萧东	2001.09—2012.06（2002 年 8 月更名为税收管理科，2006 年 11 月更名为征收管理科）
		李 伟	2012.06—2013.04（副科长主持工作）
		刘衍军	2013.04—

单位	职务	姓名	任职时间
税政一科	科长	束建同	1994.08—1996.08
		郑兴节	1996.08—1999.11
		袁秀英	1999.11—2001.09（副科长主持工作）
税政二科	科长	赵广秀	1994.08—1999.11
		陈勋东	1999.11—2001.09
税政三科	科长	王昆仑	1994.08—1996.08
		孟宪礼	1996.08—2000.12
税收政策科	科长	孟宪礼	2000.12—2002.09
法规征管科	科长	孟宪礼	2002.09—2005.01
		尹燕飞	2005.01—2007.03
		刘海峰	2007.03—2008.05
		张　钟	2008.05—2009.09
		武树东	2009.09—（2006 年 11 月更名为政策法规科）
计会科	科长	赵振兰	1994.08—2001.09
		王晓辉	2001.09—2002.09
计统财务科	科长	王晓辉	2002.09—2007.03（2002 年 9 月计会科改名计统财务科）
		程　涛	2007.03—（2002 年 9 月计会科改名计划财务科）
装具票证科	科长	韩广勤	1994.08—2001.05
		孙桂香	2001.05—2002.11
涉外科	科长	李　涛	1994.08—1996.08
		李　平	1996.08—2000.10
		刘延河	2000.10—2001.09
信息管理科	科长	刘衍军	2002.11—2009.03
税源管理科	科长	刘衍军	2009.03—2013.04（2009 年 3 月将信息管理科调整为税源管理科）
		吕　军	2013.04—
纳税服务中心	主任	孟宪礼	2005.1—
综合治税	主任	陈兆昌	2005.1—2007.3

（十）高新区分局（开发区分局）

单位	职务	姓名	任职时间
税收管理科	科长	王照星	1999.12–2000.2（2000年2月调任高新区财政局工作）
稽查科	科长	吴增平	1999.12–2002.9
综合计划科	科长	董　梅	1999.12–2002.9
综合科	科长	程元奎	2002.9—2004.3
		石礼智	2004.3—2010.1
		刘兆平	2010.1—
征收统计科	科长	刘爱玉	2002.9—2006.3
		孙大庆	2006.4—2013.4
征收核算科	科长	苏　锋	2013.4—
管理一科	科长	苏　锋	2002.9—2009.12
		王森林	2010.1—2013.4
管理二科	科长	石礼智	2002.6—2004.3
	副科长（代）	王森林	2004.3—2009.12
	科长	苏　锋	2009.12—2013.4
管理科	科长	孙大庆	2013.4—
征管和科技发展科	科长	王森林	2013.4—
北集坡税务所	所长	刘兆平	1998.9—2010.1
		万　群	2010.1—2011.12

附　录

一、重要文献

国务院关于实行分税制财政管理体制的决定

国发〔1993〕85号

各省、自治区、直辖市人民政府，国务院各部委、各直属机构：

根据党的十四届三中全会的决定，为了进一步理顺中央与地方的财政分配关系，更好地发挥国家财政的职能作用，增强中央的宏观调控能力，促进社会主义市场经济体制的建立和国民经济持续、快速、健康的发展，国务院决定，从一九九四年一月一日起改革现行地方财政包干体制，对各省、自治区、直辖市以及计划单列市实行分税制财政管理体制。

一、分税制改革是发展社会主义市场经济的客观要求

改革财政管理体制是经济体制改革的重要内容。现行财政包干体制，在过去的经济发展中起过积极的作用，但随着市场在资源配置中作用的不断扩大，其弊端日益明显，主要表现在：税收调节功能弱化，影响统一市场的形成和产业结构的优化；国家财力偏于分散，制约财政收入合理增长，特别是中央财政收入比重不断下降，弱化了中央财政的宏观调控能力；财政分配体制类型过多，不够规范。从总体上看，现行财政体制已经不适应社会主义市场经济发展的要求，必须尽快改革。

根据建立社会主义市场经济体制的基本要求，并借鉴国外的成功做法，要理顺中央与地方的分配关系，必须进行分税制改革。分税制改革的原则和主要内容是：按照中央与地方政府的事权划分，合理确定各级财政的支出范围；根据事权与财权相结合的原则，将税种统一划分为中央税、地方税和中央地方共享税，并建立中央税和地方税收体系，分设中央与地方两套税务机构分别征管；科学核定地方收支数额，逐步实行比较规范的中央财政对地方的税收返还和转移支付制度；建立和健全分级预算制度，硬化各级预算约束。

二、分税制财政体制改革的指导思想

（一）正确处理中央与地方的分配关系，调动两个积极性，促进国家财政收入合理增长。既要考虑地方利益，调动地方发展经济、增收节支的积极性，又要逐步提高中央财政收入的比重，适当增加中央财力，增强中央政府的宏观调控能力。为此，中央要从今后财政收入的增量中适当多得一些，以保证中央财政收入的稳定增长。

（二）合理调节地区之间财力分配。既要有利于经济发达地区继续保持较快的发展势头，又要通过中央财政对地方的税收和转移支付，扶持经济不发达地区的发展和老工业基地的改造。同时，促进地方加强对财政支出的约束。

（三）坚持统一政策与分级管理相结合的原则。划分税种不仅要考虑中央与地方的收入分配，还需要考虑税收对经济发展和社会分配的调节作用。中央税、共享税以及地方税的立法权都要集中在中央，以保证中央政令统一、维护全国统一市场和企业平等竞争，税收实行分级征管，中央税和共享税由中央税务机构负责征收，共享税中地方分享的部分，由中央税务机构直接划入地方金库，地方税由地方税务机构负责征收。

（四）坚持整体设计与逐步推进相结合的原则。分税制改革既要借鉴国外经验，又要从我国的实际出发。在明确改革目标的基础上，办法力求规范化，但必须抓住重点，分步实施，逐步完善。当前，要针对收入流失比较严重状况，通过划分税种和分别征管堵塞漏洞，保证财政收入的合理增长；要先把主要税种划分好，其他收入的划分逐步规范；作为过渡办法，现行的补助、上解和有些结算事项继续按原体制运转；中央财政收入占全部财政收入的比例要逐步提高，对地方利益格局的调整也宜逐步进行。总之，通过渐进式改革先把分税制的基本框架建立起来，在实施中逐步完善。

三、分税制财政管理体制的具体内容

（一）中央与地方事权和支出的划分

根据现在中央政府与地方政府事权的划分，中央财政主要承担国家安全、外交和中央国家机关运转所需经费，调整国民经济结构、协调地区发展、实施宏观调控所必须的支出以及由中央直接管理的事业发展支出。具体包括：国防费、武警经费、外交和援外支出，中央级行政管理费，中央统管的基本建设投资，地质勘探费，由中央财政安排的支农支出，以及中央本级负担的国内外债务的还本付息支出，以及中央本级负担的公检法支出和文化、教育、卫生、科学等各项事业费支出。

地方财政主要承担本地区财政机关运转所需支出以及本地区经济、事业发展所需支出。具体包括：地方行政管理费、公检法支出、部分武警经费、民兵事业费、地方统筹的基本建设投资，地方企业的技术改造和新产品试制经验，支农支出，城市维护和建设经费，地方文化、教育、卫生等各项事业费，价格补贴支出以及其他支出。

（二）中央与地方收入的划分

根据事权与财权相结合的原则，按税种划分中央与地方的收入。将维护国家利益、实施宏观调控所必需的税种划分为中央税；将同经济发展直接相关的主要税种划为中央与地方共享税；将适合地方征管的税种划为地方税，并充实地方税税种，增加地方税收入。具体划分如下：

中央固定收入包括：关税，海关代征消费税和增值税，消费税，中央企业所得税，地方银行和外交银行及非银行金融企业所得税，铁道部门、各银行总行、各保险总公司等集中缴纳的收入（包括营业税、所得税、利润和城市维护建设税），中央企业上交利润等。外贸企业出口退税，除一九九三年地方已经负担的20%部分列入地方上交中央基数外，以后发生的出口退税全部由中央财政负担。

地方固定收入包括：营业税（不含铁道部门、各银行总行、各保险总公司等集中交纳的营业税），地方企业所得税（不含上述地方银行和外交银行及非银行金融企业所得税）地方企业上交利润，个人所得税，城镇土地使用税，固定资产投资方向调节税，城市维护建设税（不含铁道部门、各银行总行、各保险总公司等集中交纳的部分），房产税、车船使用税、印花税、屠宰税、农牧业税、对农业特产收入征收的农业税（简称农业特产税），耕地占用税，契税，遗产和赠予税，土地增值税，国有土地有偿使用收入等。

中央与地方共享收入包括；增值税、资源税、证券交易税。增值税中央分享75%，地方分享25%。资源税按不同的资源品种划分，大部分资源税作为地方收入，海洋石油资源税作为中央收入。证券交易税，中央与地方各分享50%。

（三）中央财政对地方税收返还数额的确定

为了保持现有地方既得利益格局，逐步达到改革的目标，中央财政对地方税收返还数额以一九九三年为基数年核定。按照一九九三年地方实际收入以及税制改革和中央与地方收入划分情况，核定一九九三年中央从地方净上划的收入数额（即消费税+75%的增值税－中央下划收入）。一九九三年中央净上划收入，全额返还地方，保证现有地方既得财力，并以此作为以后中央对地方税收返还基数。一九九四年以后，税收返还额在一九九三年基数上逐步递增，递增率按全国增值税和消费税的平均增长率的1:0.33系数确定，即上述两税全国平均每增长1%，中央财政对地方的税收返还增长0.3%。如若一九九四年以后中央净上划收入达不到一九九三年基数，则相应扣减税收返还数额。

（四）原体制中央补助、地方上解以及有关结算事项的处理

为顺利推选分税制改革，一九九四年实行分税制以后，原体制的分配格局暂时不变过渡一段时间先逐步规范化。原体制中央对地方的补助继续按规定补助。原体制地方上解仍按不同体质类型执行；实行递增上解的地区，按原规定继续递增上解，继续定额上解；实行总额分成的地区和原分税制试点地区，暂

按递增上解办法，即按一九九三年实际上解数，并核定一个递增率，每年递增上解。

原来中央拨给地方的各项专款，该下拨的继续下拨。地方一九九三年承担的20%部分出口退税以及其他年度结算的商界和补助基础上相抵后，确定一个数额，作为一般上解或者一般补助处理，以后年度按此定额结算。

四、配套改革和其他政策措施

（一）改革国有企业利润分配制度。根据建立现代企业制度的基本要求，结合税制改革和实施《企业财务通则》、《企业会计准则》，合理调整和规范国家与企业的利润分配关系。从一九九四年一月一日起，国有企业统一按国家规定的33%税率缴纳所得税，取消各种包税的做法。考虑到部分企业利润上交水平较低的现状，作为过渡办法，增设27%和18%两档照顾税率。企业固定资产贷款的利息列入成本，本金一律用企业留用资金归还。取消对国有企业征收的能源交通重点建设资金和预算调节资金。逐步建立国有资产投资收益按股份红、投资分利或税后利润上交的分配制度。作为过渡措施，近期可根据情况，对一九九三年以前注册的多数国有全资老企业实行税后利润不上交的办法，同时微利企业交纳的所得税也不退库。

（二）同步进行税收管理体制改革。建立以增值税为主体的流转税体系，统一企业所得税制。从一九九四年一月一日起，在现有税务机构基础上，分设中央税务机构和地方税务机构。在机构分设过程中，要稳定现有税务队伍，保持税收工作连续性，保证及时足额收税。

（三）改进预算编制办法，硬化预算约束。实行分税制以后，中央财政对地方的税收返还列中央预算支出，地方相应列收入；地方财政对中央的上解列地方预算支出，中央相应列收入。中央与地方财政之间都不得相互挤占收入。改变目前中央代编地方预算的做法，每年由国务院提前向地方提出编制预算的要求。地方编制预算后，报财政部汇总成国家预算。

（四）建立适应分税制需要的国库体系和税收返还制度。根据分税制财政体制的要求，原则上一级政府一级财政，同时，相应要有一级金库。在执行国家统一政策的前提下，中央金库与地方金库分别向中央财政和地方财政负责。实行分税制以后，地方财政支出一部分要靠中央财政税收返还来安排。为此，要建立中央财政对地方税收返还和转移支付制度，并且逐步规范化，以保证地方财政支出的资金需要。

（五）建立并规范国债市场。为了保证财税改革方案的顺利出台，一九九四年国债发行规模要适当增加。为此，中央银行要开展国债市场业务，允许国有商业银行进入国债市场，允许银行和非银行金融机构以国债向中央银行贴现融资。国债发行经常化，国债利率市场化，国债二级市场由有关部门协调管理。

（六）妥善处理原由省级政府批准的减免税政策问题。考虑到有的省、自治区、直辖市政府已经对一些项目和企业做了减免税的决定，为了使这些企业有一个过渡，在制止和取缔越权减免税的同时，对于一九九三年六月三十日前，经省级政府批准实施未到期地方减免税项目或减免税企业，重新报财政部和国家税务总局审查、确认后，从一九九四年起，对这些没有到期的减免税项目和企业实行先征后退还的办法。这部分税收中属于中央收入部分，由中央财政统一返还各省、自治区、直辖市政府按政策规定统筹返还给企业，用于发展生产，这项政策执行到一九九五年。

（七）各地区药剂型分税制配套改革。各省、自治区、直辖市以及计划单列市人民政府要根据本决定制定对所属市、县的财政管理体制。凡属中央的收入，不得以任何方式纳入地方收入范围。在分税财政体制改革的过程中，各地区要注意调查研究，及时总结经验，解决出现的问题，为进一步改进和完善分税制财政管理体制创造条件。

国务院批转
国家税务总局工商税制
改革实施方案的通知

国发〔1993〕90号

各省、自治区、直辖市人民政府，国务院各部委、各直属机构：

国务院同意国家税务总局《工商税制改革实施方案》，已转发给你们，请认真贯彻执行。

这次工商税制改革是建国以来的规范最大、范围最广泛、内容最深刻的一次税制改革，其目的是为了适应建立社会主义市场经济体制的需要。这次改革必将有力的促进我国社会主义经济的持续、快速、健康发展。为此，各省、自治区、直辖市人民政府要高度重视，加强领导，切实抓好《工商税制改革实施方案》的组织实施。

一九九三年十二月十五日

工商税制改革实施方案

（一九九三年十二月十一日）

一、现行工商税制的基本情况

我国现行工商税制（不包括关税和农业税收）的基本框架，是一九八四年利改税和工商税制全面改革后形成的。现行工商税制以流转税和所得税为主体税种，其他辅助税种相配合，共有三十二个税种，是一个多税种、多环节、多层次课征的复合税制。现行工商税制突破了原计划经济体制下统收统支的分配格局，强化了税收组织财政收入和宏观调控的功能，基本上适应了十年来经济发展和经济体制改革的需要。但是，现行工商税制仍存在一些不完善之处，特别是与发展社会主义市场经济的要求不相适应，在处理国家、企业、个人的分配关系和中央与地方的分配关系方面，难以发挥应有的调节作用，其不完善之处主要表现在：

（一）税负不公，不利于企业平等竞争。企业所得税按不同所有制分别设置税种，税率不一，优惠各异，地区之间政策也有差别，造成企业所得税税负不平，而流转税税率是在计划价格为主的条件下，为缓解价格不合理的矛盾设计的，税率档次过多，高低差距很大。目前产品价格已大部分放开，如不简并、调整税率，将不利于企业公平竞争。

（二）国家和企业的分配关系犬牙交错，很不规范。一些过高的税率使企业难以承受，名目繁多的优惠政策又导致财政难以承受。地方政府和主管部门也用多种名义从企业征收数量可观的管理费、各种基金、提留等等。企业总体负担偏重。

（三）中央与地方在税收收入与税收管理权限的划分上，不能适应彻底实行分税制的需要。

（四）税收调控的范围和程度，不能适应生产要素全面进入市场等领域的调节，远远没有到位。

（五）内外资企业分别实行两套税制，矛盾日益突出。

（六）税收征管制度不严，征管手段落后，流失较为严重。

（七）税收法制体系尚不健全，没有形成税收立法、司法和执法相互独立、相互制约的机制。

二、工商税制改革的指导思想和基本原则

工商税制改革的指导思想是：统一税法、公平税负、简化税制、合理分权、理顺分配关系，保障财政收入，建立符合社会主义市场经济要求的税制体系。

深化工商税制改革必须遵循以下几个基本原则：

（一）税制改革要有利于调动中央、地方两个积极性和加强中央的宏观调控能力。要调整税制结构，合理划税种中和确定税率，为实行分税制、理顺中央与地方的分配关系奠定基础；通过税制改革，逐步提高税收收入占国民生产总市值的比重，合理确定中央财政收入和地方财政收入的分配比例。

（二）税制改革要有利于发挥税收调节个人收入和地区间经济发展的作用，促进经济和社会的协调发展，实现共同富裕。

（三）税制改革要有利于实现公平税负，促进平等竞争。公平税负是市场经济对税收制度的一个基本要求，要逐步解决目前按不同所有制、不同地区设置税种税率的问题，通过统一企业所得税和完善流转税，使各类企业之间税负大致公平，为企业在市场中进行平等竞争创造条件。

（四）税制改革要有利于体现国家产

业政策，促进经济结构的调整、促进国民经济持续、快速、健康的发展和整体效益的提高。

（五）税制改革要有利于税种的简化、规范。要取消与经济发展不相适应的税种，开征一些确有必要开征的税种，实现税制的简化和高效；在处理分配关系的问题上，要重视参照国际惯例，尽量采用较为规范的税收方式，保护税制的完整，以利用维护税法的统一性和严肃性。

三、关于所得税制的改革

（一）企业所得税

企业所得税改革的目标是：调整、规范国家与企业的分配关系，促进企业经营机制的转换，实行公平竞争。企业所得税改革的主要内容是：

1、一九九四年一月一日起统一内资企业所得税，下一步再统一内外资企业所得税。

2、内资企业所得税实行33%的比例税率，这个税率水平与国际上基本接近。考虑到部分企业盈利水平低的实际情况，可以采取某些过渡性的照顾措施。

3、对金融和保险业的所得税征税办法仍按原规定办理。

4、用税法规范企业所得税前的列支项目和标准，改变目前应纳所得额的确定从属于企业财务制度的状况，稳定和拓宽税基，硬化企业所得税。

5、取消“国营企业调节税”和向国有企业征收国家能源交通重点建设基金和国家预算调节基金。

6、《企业财务通则》和《企业会计准则》实行以后，企业贷款利息进入成本，折旧加速，为企业借贷提供了相当一部分资金来源，再加上其它一些政策，使企业税后还贷能力大为增强。为此，要在统一企业所得税的同时，建立新的规范化的企业还贷制度。

7、统一企业所得税后，应改变现行承包企业所得税的做法。

（二）个人所得税

《中华人民共和国个人所得税法》的修改方案已于一九九三年十月三十一日经八届全国人大常委会第四次会议通过，自一九九四年一月一日施行。个人所得税改革的基本原则是调节个人收入差距，缓解社会分配不公的矛盾，为此，个人所得税主要对收入较高者征收，对中低收入者少征或不征。

个人所得税改革的主要内容是：

1、把原来征收的个人所得税、个人收入调节税、城乡个体工商业户所得税统一起来。

2、个人所得税的费用扣除标准。按照对基本生活费用不征税的国际惯例，将“工资、薪金所得”的月扣除额定位人民币捌佰元。中外籍人员实行统一的个人所得税法后，对外籍人员要规定附加减除标准，具体数额和使用范围由国务院确定。

3、对应税项目进行了适当调整，主要是增加了个体工商业户的生产经营所得、财产转让所得和偶然所得。

4、根据我国实际，参照发展中国家和周边国家的情况，确定个人所得税的税率。其中，工资、薪金所得实行5%-45%的超额累进税率；个体工商业户的生产经营所得和对企事业单位的承包经营、承租经营所得实行5%-35%的超额累计税率，税负水平与企业所得税大体相同；稿酬所得使用20%的比例税率，并按应纳税额减征30%；劳务报酬所得，特许权使用费所得、利息、股息、红利所得，财力租赁所得，财产转让所得，偶然所得和其他所得，使用比例税率，税率为20%。

四、关于流转税制的改革

流转税制改革是整个税制改革的关键。现行流转税制包括增值税、产品税和营业税三个税种，大部分工业生产领域征收增值税，少数工业产品（烟、酒、电力、石化、化工等）征收产品税，营业税主要在商业和其他第三产业征收。

改革后的流转税制由增值税、消费税和营业税组成。在工业生产领域和批发零售商业普遍征收增值税，对少量消费品征收消费税，对不实行增值税的劳务销售不动产征收营业税。

新的流转税制统一适用于内资企业、外商投资企业和外国企业（一下简称外资企业），取消对外资企业征收的工商统一税。原来征收产品税的农、林、牧、水产品，改为征收农业特产税和屠宰税。

流转税的改革要体现公平、中性、透明、普通的原则，总体税收负担将基本保持现有水平。

（一）增值税。

1、对商品的生产、批发、零售和进口全面实行增值税，对绝大部分劳务和销售不动产暂不实行增值税。

2、增值税税率采取基本税率再加一档低税率和零售税率的模式。按照基本保持原税负的原则，并考虑到实行价外税后税基缩小的原因，增值税的基本税率拟定为17%（相当于价内税率14.55%）；低税率拟定为13%（相当于价内税率11%），低税率的适用范围包括基本食品和农业生产资料等；出口商品一般适用零税率。

3、增值税实行价外计征的办法，即按不包含增值税税金的商品价格和规定的税率计算征收增值税。

4、实行根据发票注明税金进行税款抵扣的制度。零售以前各环节销售商品时，必须按规定在发票上分别注明增值税税金和不含增值税的价格。为了适应我国消费者的习惯，商品零售环节实行的价内税，发票不单独注明税金。

5、改革增值税纳税制度。对增值税的纳税人进行专门的税务登记，使用增值税专用发票，建立对纳税人购销双方进行交叉审计的稽查体系和防止偷漏税、减免税的内在机制。

6、外资企业废除工商统一税，统一实行增值税、消费税、营业税以后，税收负担将发生一些变化。有些企业税负与改革前持平，有些企业税负稍有下降，有些企业税负有所提高。为了保证我国对外开放政策和涉外税收政策的连续性、稳定性，对部分企业税收负担提高的问题，要采取妥善办法加以解决。具体办法是，凡按改革后税制计算缴纳的税款比改革前增加的部分，经主管税务机关审核后，采取年终一次或全年分次返还的办法。照顾时间以合同期为限，但最长不得超过一九九八年。一九九四年一月一日后新批准的外资企业，一律按新税法规定的税负纳税。

（二）消费税。

原来征收产品税的产品全部改为征收增值税后，将有不少产品的税负大幅度降低，为了保证国家财政收入，体现基本保持原赋税的原则，同时考虑对一些消费品进行特殊调节，将选择少数消费品在征收增值税的基础上再征收消费税。消费税的征收品目有十一个，主要包括烟、酒、化妆品、贵重首饰、摩托车、小汽车、汽油、柴油等。消费税采用从量定额和从价定率两种征收办法，采用从价征收办法的，按不含增值税税金但含有消费税税金在内的价格和规定税率计算征收消费税。

（三）营业税

改革后营业税的征收范围包括提供劳务、转让无形资产和销售不动产。交通运输业、建筑业、邮电通讯业、文化体育业等，税率为3%；金融保险业、服务业、转让无形资产、销售不动产等，税率为5%，娱乐业的税率为5%–20%、

从事上述营业、转让、销售活动的单位和个人按其营业额和规定税率计算缴纳营业税。

五、关于其他税种的改革

（一）资源税

目前资源税只对部分资源产品和部分资源开采企业征收，征税范围窄，税负偏低。为了完善我国对资源产品征税的制度，改革后资源税的征税范围将包括所有矿产资源，征税品目有煤炭、原油、天然气、铁矿石和其他黑色金属矿原矿、铝土矿和其他有色金属矿原矿、非金属矿原矿和盐。配合增值税的改革，适当调整税负。

资源税实行分产品类别从量定额计算征税的办法，设置有上下限的幅度税额。同类资源产品开采条件不同的，税额也不相同。

（二）土地增值税

通过开征土地增值税，对房地产交易中的过高利润进行适当调节。土地增值税在房地产的交易环节，对交易收入的增值部分征收。房地产增值额为纳税人转让房地产所取得的收入减去扣除项目金额后的余额。扣除项目主要包括：取得土地使用权时支付的价款，对土地进行开发的成本和费用、建造商品房及配套设施的成本和费用、销售税金等。

土地增值税实行四档累进税率，房地产增值额未超过扣除项目金50%部分，税率为30%；超过50%未超过100%的

部分，税率为40%；超过100%未超过200%的部分，税率为50%；超过200的部分，税率为60%。

（三）证券交易税

把现在对股票交易征收印花税的办法，改为征收证券交易税。由于全国人大常委会正在审议《中华人民共和国证券法》，为了使于衔接，开征证券交易税拟缓一步出台。

（四）城乡维护建设税

为了体现享用市政府设施与纳税义务相应的原则，城乡维护建设税由现行按流转税额附加征收该给销售收入为计税依据；改变现行不太合理的税率结构，税率为失去0.6%，县、镇0.4%，市区、县、镇以外0.2%，使其成为地方税体系中的骨干税种之一。现在不缴纳城建税的外贸企业，也应成为城建税的纳税人。

（五）土地使用税

适当提高土地使用税的税额，扩大征收范围，适当下放管理权限。

（六）其他进行调整的税种

一是取消即时交易税、畜牧交易税、燃油特别税、奖金税和工资调节税；二是将特别消费税并入起特殊调节作用的消费税，盐税并入资源税；三是取消对外资企业、外籍人员征收的城市房地产税和车船使用牌照税，统一实行房产税和车船使用税，并将现在偏低的税率和税额适当调高；四是将屠宰税、宴席税下放给地方；五是开征遗产税。改革后我国工商税制中的税种将由三十二个减少到是八个，税制结构趋于合理，并初步实现高效和简化。

六、税收征管制度的改革

上述改革实施后，适应社会主义市场经济体制要求的税制体系将初步形成。与此同时，必须推进税收管理制度的改革，彻底改变目前征管制度不严密、征管手段落后的局面，从根本上提高税收征管水平，建立科学、严密的税收征管体系，以保证税法的贯彻实施，建立正常的税收秩序。

（一）普遍建立纳税申报制度。纳税人进行纳税申报是履行纳税义务的首要环节，建立纳税申报制度有利于形成纳税人自我约束的机制，增强公民纳税意识，是税务机关实施有效征管的一项基础工程。纳税申报制度建立以后，对不按期申报的，不据实申报的，均视为偷税行为，要依法严惩。

（二）积极推行税务代理制度。应按照国际通行做法，实行会计师事务所、律师事务所等社会中介机构代理办税的制度，使其逐步成为税收征管体系中一个不可缺少的环节。

（三）加速推进税收征管计算机化的进程。国际经验证明，在税收征管中采用电子计算机等先进技术手段，是建立严密、有效的税监控网络的必由之路，也有利于降低税收成本，鉴于我国零星分散的纳税人较多，计算机管理基础较差，可以考虑先从城市、从重点税种征管的计算机化做起，逐步形成全国性的、纵横贯通的税收征管计算机网络。

（四）建立严格的税务稽查制度。普通推行纳税申报和税务代理制度以后，税务机关的主要精力将转向日常的、重点的税务稽查，建立申报、代理、稽查三位一体的税收征管格局，同时辅之以对偷逃税行为进行重罚的办法。

（五）使用实行分税制的需要，组建中央地方两套税务机构。

（六）确立适应社会主义市场经济需要的税收基本规范，当前特别需要强调，纳税人必须依法纳税，税务机关必须依法征税，税收必须按税法规定依率计征，不得“包税”和任意改变税率；一切销售收入都必须征税，以保证税基不被侵蚀；应从价计征的税收必须从价计征，取消目前对某些行业提价收入不征税的政策；除税法规定的免减税项目外，各级政府及各部门都不能开减免税的口子。

（七）中央税和全国统一实行的地方税立法权集中在中央。

（八）加强税收法制建设，加快完成税收法律、法规的立法程序；逐步建立税收立法、司法和执法相互独立、相互制约的机制。

上述措施实施后，我国税务行政管理将形成法规、征收、稽查和复议申诉四条线并重，相互协调制约的新格局。

工商税制改革实施方案将从一九九四年一月一日起在全国施行。

国务院办公厅转发国家税务总局关于调整国家税务局、地方税务局税收征管范围意见的通知

国办发〔1996〕4号

各省、自治区、直辖市人民政府，国务院各部委、直属机构：

《国家税务总局关于调整国家税务局、地方税务局税收征管范围的意见》（以下简称）《意见》已经国务院同意，现转发给你们，请遵照执行。

这次对国家税务局和地方税务局税收征管范围进行的调整，是在总结税务机构分设以来工作实践的基础上进行的，这对于巩固财税体制改革的成功，调动中央和地方两个积极性具有积极意义。

1994年经国务院批准的深圳市关于国家税务局和地方税务局税收征管范围划分的试点，可以继续进行，但不扩大到其他特区。

国家税务总局和各级地方政府要按照《意见》的要求，精心组织协调，做好税收征管范围调整工作，保持全国税务系统稳定，确保各项税收工作任务的圆满完成。

一九九六年一月二十四日

国家税务总局 关于调整国家税务局、地方税务局税收征管范围的意见

（一九九六年一月二十二日）

1994年，全国税务系统按照《国务院办公厅转发国家税务总局关于组建在各地的直属税务机构和地方税务局实施意见的通知》（国办发〔1993〕87号）的规定，组建了国家税务局和地方税务局两套税务机构，明确划分了两个税务局各自的税收征管范围，机构分设以后，两套税务机构运行基本正常，为保障财税体制改革的顺利进行发挥了重要作用。在总结一年来工作实践的基础上，拟对国家税务局和地方能够税务局税收征管范围进行调整，具体意见如下：

一、关于集贸市场和个体工商户税收

个体工商户税收征管范围的划分，按照收入归属原则，由国家税务局和地方税务局分别征收管理。即增值税、消费税由国家税务局负责征收管理，营业税、个人所得税和其他税收由地方税务局负责征收管理。

为加强税收征管，降低税收征收成本，避免工作交叉，方便个体工商户纳税，经国家税务局、地方税务局协商一致，其各自负责征收的税种可以相互委托代征，相互委托代征不收取代征手续费。

集贸市场内的个体工商户按上述规定执行。

二、关于涉外税收

增值税、消费税、外商投资企业和外国企业所得税由国家税务局负责征收管理。营业税、个人所得税及其他地方税种由地方税务局负责征收管理，也可以委托国家税务局代征。

三、关于联营企业、股份制企业所得税

中央与地方所属企、事业单位组成的联营企业、股份制企业的所得税，由国家税务局负责征收管理。

四、关于证券交易税

证券交易税（未开征前对证券交易征收的印花税）由国家税务局负责征收管理。

五、关于教育费附加

教育费附加（铁道、银行总行、保险总公司缴纳的除外）由地方税务局负责征收管理。为简化征收手续，增值税、消费税附征的教育费附加也可以委托国家税务局代征。

其他工商个税的征收管理范围，仍按国办发〔1993〕87号文件执行。

为贯彻落实上述税收征管范围调整意见，我局将另行制定有关的具体实施办法。

这次税收征管范围调整以后，税务系统的人员、财产不再调整。少数人员确需调动的，由当地国家税务局和地方税务局协商解决。

税收征管范围的调整自1996年2月

1 日起执行。

关于组建国家税务总局在我市的直属机构和地方税务局的实施方案

根据国务院《关于组建国家税务总局在各地直属税务机构和地方税务局实施意见的通知》（国发电〔1993〕7 号）、国务院办公厅《转发国家税务总局关于组建在各地的直属税务机构和地方税务局实施意见的通知》（国办发〔1993〕87 号）和山东省委办公厅厅字（1994）6 号文精神，结合我市实际情况，对组建国家税务总局在我市的直属机构和地方税务局，提出如下实施意见：

一、关于两个税务机构的设置

两个税务机构的设置，要坚持精简、统一、效能的原则。

（一）国家税务局系统的机构设置。

1、市设山东省泰安市国家税务局，正县级单位，内部机构设置 10 各行政科室：办公室、人事政工科、税收管理科、征收管理科、进出口税收管理科、计划会计科、税务稽查局、监察审计科、财务装备科、行政科，下设 2 各科级事业单位：《泰安税务》编辑部、泰安振鲁会计事务所。

2、县、市、区国税局，正科级单位，名称为山东省 XX 县（市）国家税务局，山东省泰安市 XX 区国家税务局

3、征收单位

（1）设立泰安市国家税务局直属分局、泰安市国家税务局涉外征收分局，为二级单位。各县、市、区局根据工作需要，经批准设立征收分局。

（2）税务所是县（市、区）国家税务局的派出机构，原则上按经济区划设置。名称为山东省 XX 县（市）国家税务局 XX 税务所，山东省 XX 市 XX 区国家税务局 XX 税务所。

国家税务系统实行垂直管理，机构设置、编制确定、经费管理、人员任免（包括党组正、副书记和党组成员、纪检组长）等，按照《国家税务体系组织条例》管理。

（二）地方税务局机构设置。

1、市地方税务局，正县级单位，设分党组，与财政局一个党组。内部机构设办公室、人事政工科、流转税管理科、所得税管理科、地方税管理科、计划会计科、征收管理科、税务稽查局、装具票证管理科 9 个科室。

2、县、市、区地方税务局，正科级单位。设分党组，与财政局一个党组。名称分别为 XX 县（市）地方税务局、XX 市 XX 区地方税务局。

各级地方税务局的内部机构设置、人员编制、干部任免，由地方党委、政府按照有关规定办理。

3、征收单位

（1）市、县（市、区）设地方税务局直属分局，二级单位。

（2）地方税务局基层税务所，按乡（镇）设置，与财政所一个机构两块牌子，受财政局和地方税务局的业务指导。名称为XX县（市、区）XX乡（镇）地方税务所。

二、关于两个税务机构的编制

（一）国家税务系统的人员编制，待国家税务总局确定后逐级下达，按照《国家税务系统组织条例》管理。

（二）各级地方税务局的人员编制，在统计政府机关编制总额内核定。

三、关于两个税务机构的人员和财产

对于国家税务局系统和地方税务局系统的人员，本着人随业务走的原则，从税务、财政部门现有人员中解决。

现有人员是指1993年11月27日市人事局、财政局、税务局联合转发的省人事厅、编委办公室、财政厅《关于冻结税务部门人财物》的电报下达之前的在编职工。在此之后，未经上级税务部门批准调入的人员，不参与两个税务机构人员的调配。

离退休职工和职工遗属，原则上按本人意愿确定去向。

现有税务部门的财产（包括债权债务），原则上按人员比例进行分配，不得隐匿和转移。各级要顾全大局，讲究风格，统筹兼顾，共同分配好。

四、关于两个税务机构的经费

（一）两个税务机构未分设前，现行的经费来源渠道暂不变。

（二）两个税务机构分设以后，在上级未下达经费解决办法之前，仍维持现行经费渠道。两个税务机构的经费，按照1993年经费实施开支水平，参照1993年11月27日前参加分设调配的税务人员比例协商解决。上级有明确规定，按上级的规定办理。

五、实施步骤

（一）按照国务院国发电〔1993〕7号通知、国务院办公厅（国办发〔1993〕87号）和山东省委办公厅厅字（1994）6号文件的通知要求，各级税务部门立即成立税务机构的组建筹备组，在上一级税务部门组建筹备组和当地党委、政府的领导下，统一负责本地区、本单位两个税务机构组建的有关各项工作。

（二）市税务组建筹备组审批各县、市、区组建两个税务机构的分设实施方案。

（三）各地组建筹备组按照上级批准的组建方案，有计划、有步骤地组织实施，全部工作8月20日前完成。

六、加强领导

组建两个税务机构是一项十分复杂的工作，各级党委和政府要加强领导，重视支持组建工作。各级税务部门要教育广大干部职工端正思想，顾全大局，努力做好当前的税收工作。要加强组织纪律性，在组建两个税务机构的过程中，各级税务部门不得突击提干、突击花钱，严禁铺张浪费、化公为私。两个税务机构的组建工作，要在上级税务部门组建筹备组和当地党委、政府的领导下，按照国务院的部署和国家税务总局的具体要求，有计划、有步骤地稳妥进行。组建方案下达后，实行自下而上逐级分设。先分人员和财产，后明确两个机构的领导班子。

一九九四年八月十日

泰安市人民政府 关于地方税务局列政府部门序列的通知

泰政函〔1994〕91号

各县、市、区人民政府：

根据国务院办公厅国办发〔1993〕87号文件和省政府办公厅鲁政办发电〔1994〕57号通知精神，各县、市、区税务局分设为国家税务局和地方税务局后，地方税务局为当地人民政府工作部门，列行政序列。

一九九四年十二月五日

泰安市人民政府 关于税务机构分设人、财、物分配实施方案的批复

泰政函〔1994〕75号

市税务机构组建筹备组：

十月十八日“关于税务机构分设人、财、物分配实施方案的报告”收悉。经市委、市政府研究，同意按此方案实施。望抓紧时间，尽快办理有关手续。

此复。

一九九四年十月十八日

泰安市税务局税务机构组建筹备组关于《税务机构分设人、财、物分配实施方案》的报告

泰安市税务局文件

泰税字〔1994〕第14号

市委、市政府：

根据市委、市政府领导批准的分配原则和《泰安市税务局机关及所属单位分设方案》，市税务机构组建筹备组，经认真研究，提出了实施意见，现呈上。

可否，请批复。

附：《人、财、物分配实施方案》。

泰安市税务机构组建筹备组

一九九四年十月十八日

人员分配

（一）市局机关

国税局			地税局		
科别	姓名	职务	科别	姓名	职务
流转税科	刘 平	副科长	流转税科	张艾琳	
	张焕昌	副科长			
	张 超				
	宋尊柱				
	郭文刚				
所得税科	王本荣	副科长	所得税科	韩方庆	
	闫 涛	副科长		吴 江	
				刘世海	
				姜林林	
				宋韶辉	
地方税科	申瑞民		地方税科	王春玲	科 长
				马延喜	副科长
				柳江启	
				宋来竹	
办公室	房秋明	副主任	办公室	程西瑞	副主任
	姜谦世	副主任		张鲁光	副主任
	陈 平	副主任		李玉祥	
	崔 健	副主任		戴玉清	
	吴西峰			孙家新	

	亓文国			潘空军	
	田纪军			王晓成	
	李秀忠				
	王道河				
	江 勇				
	王 红				
装具所	王春玉	科 长	装具所	王 玲	
	张 强				
征管科	刘汝兴	科 长	征管科	李西坤	副科长
	周长恒	副科长		王同宪	
	朱黎明			程元奎	
				董 荻	
会计科	沙玉玲	科 长	会计科	张方恩	副科长
	仲崇爱	副科长		杨 涛	
	林宪鹏				
	李曼林				
基层监察科	姚爱民	副科长	基层监察科	管溪池	科 长
	曾凡秀			马珂林	
	王德庆			李 斌	
涉外征收分局	付纪军	副局长			
	田德华	副局长			
	高亚菲	副局长			
	孙 峰				

	郭宝德				
	周英杰				
	刘培成				
	李　萍				
	张　迪				
稽查队	孙　杰	副队长	稽查队	庄建华	队　长
	孙雷春			李长德	副队长
	张　军			王安林	
	白海波			沈桂强	
	王新光				
	徐善明				
	李新元				
政工科	郝德平	科　长	政工科	郝　玲	副科长
	王兆新	专职副书记			
	刘振胜				
	马延华				
税务咨询所	武洪义	副科长	税务咨询所	亓宝林	科　长
	侯　进			史　磊	
	王维建				
	王　平				
	贺业英				
	石　丽				
税务检察室	石卫星	副主任	税务检察室	赵　军	副主任

（二）直属分局

国税局			地税局		
科别	姓名	职务	科别	姓名	职务
秘书科	孙启军	副科长	秘书科	徐正祥	科　长
	毕玉春	副科长		李成州	
	王　红			柴金水	
	刘茂森			郭晓峰	
	许　生				
	王家元				
	李江华				
人监科	李景武	科　长	人监科	付秀英	副科长
	郭维兵			于治洪	副科长
	张灿军			王富华	
税政科	刘宪军	副科长	税政科	栾克林	科　长
	王学东			李爱红	
	刘爱梅			吴振会	
会计科	屈中坚	科　长	会计科	姚桂兰	副科长
	陈吉林			刘爱玉	
	史　敏			朱玉安	
	吴　梅			刘秋云	
	艾　萍			张　东	
	宋　凯			解培志	

	庄　敏			王　雯	
				王建军	
征管科	牛金平	科　长	征管科	李振芳	副科长
	张德谦	副科长		高建芹	
	严文慧			夏衍东	
稽查科	陈　荣	副科长	稽查科	万　强	副科长
	李　华			王继民	
	裴建中			左建东	
	颜景路			张　燕	
	乔　敏				
征收一科	宋举泽	副科长	征收一科	赵和文	科　长
	韩　兵			万　群	
	李燕芳			申文元	
	贾海清			庄　鹏	
	王　林				
征收二科	汤永刚	科　长	征收二科	官明田	副科长
	施立新			许新民	
	汤　磊			倪培栋	
	梁　静			李电强	
	殷培雪			谭黎明	
	马志强				
征收三科	王爱国	副科长	征收三科	冯承祺	科　长
	郭　强			徐书院	副科长

	曹 侠			高 俊	
	付 冰			鲍 忠	
	王庆元			刘淑华	
	丁 铮				
征收四科	裴广平	科 长	征收四科	赵建刚	副科长
	刘来军	副科长		王 军	
	冯志宏			夏友木	
	赵玉风			印志勇	
	孙晓蕾			马景山	
征收五科	刘富强	副科长	征收五科	刘永振	
	宿仲平			苏 峰	
	李 颖			赵 建	
	郭德贵	局 长 （副县级）		曹 凯	支部书记 副局长 （副县级）
	王胜斌	副局长 （正科级）		杨 武	副局长 （正科级）

注：1、原市税务局机关科及科以下干部 93 人，其中，正科级 10 人，副科级 26 人。分设方案：地税局 35 人，占原始局机关人数的 37.6%，其中正科级 5 人，副科级 7 人，共计 12 人，占原局科级干部 33.4%。国税局 58 人，占原始局机关人数的 62.4%，其中正科级 5 人，副科级 19 人，共计 24 人，占原局科级干部 66.6%。

2、市直分局分配国税局 55 人，占 53%，其中正科 6 人，副科 9 人，计 15 人，占科长数的 54%。地税局 49 人，占 47%，其中正科 5 人，副科 8 人，计 13 人，占科长数的 40%。

3．总人数 202 人，其中：市局机关 98 人，分局 104 人。

地税局：市局机关 36 人，分局 49 人，共计 85 人，占总人数 42%。国税局：市局机关 62 人，分局 55 人，共计 117 人，占总人数 58%。

（注：财、物分配方案略）

泰安市地方税务局职能配置内设机构和人员编制情况的报告

泰安市地方税务局文件

泰地税人字〔1994〕第6号

根据国务院《关于组建国家税务总局在各地直属税务机构和地方税务局有关问题的通知》（国发电〔1993〕7号）和国务院办公厅《转发国家税务总局关于组建在各地的直属税务机构和地方税务局实施意见的通知》（国办发〔1993〕87号）、山东省委办公厅厅字（1994）6号文和泰安市人民政府《关于报送组建国家税务总局在我市的直属机构和地方税务局的实施方案的函》（泰政函〔1994〕第62号）的规定，泰安市地方税务局（正县级）为泰安市人民政府直属机构。泰安市地方税务局要适应发展社会主义市场经济的需要，加快税制改革步伐，强化税收的组织收入，促进泰安经济的持续、快速、健康的发展。

一、职能转变

强化税收在执行国家产业政策、促进经济结构调整、合理配置资源和保证企业水平竞争等方面的主要条件作用；加强税收，保障财政收入稳定增长；建立健全以税收征管为核心的规范、科学的征管体系，运用各种现代化手段提高税收征管水平；加强税法宣传，增强全民纳税意识。

二、主要责任

（一）认真贯彻执行税收工作的方针、政策，加强国家宏观调控，推进以法治税。

（二）负责营业税、个人所得税、企业所得税、资源税等税种的征收管理，编制税收年度税收计划，努力完成税收任务。

（三）负责税务队伍的教育培训工作、思想政治工作、精神文明建设工作以及系统内的监察、审计工作。

（四）调查研究税收理论和税收政策，分析经济信息，掌握税收动态，组织税收宣传工作，开展税务咨询工作。

（五）承办市委、市政府交办的其他工作。

三、内设机构

根据上述职责，地方税务局设九个只能科室（局）。

（一）办公室

起草和审核重要文件、报告，负责全市性税收工作会议和局长办公会议的组织和实施工作，负责秘书事务、信息综合、税法宣传、新闻报道、报刊征订发行、文电处理、文书档案工作，负责机关的保密、保卫工作，管理机关的各项行政事务。

（二）人事政工科

组织局机关的政治学习、思想教育和文化、体育活动，负责局机关党、团、工、青、妇、计划生育日常工作，在干部管理权限内，负责局机关干部的考察、任命、劳动工资工作，负责全市地方税务系统的思想政治工作、行政监察、人民来信、来访和案件处理工作。

（三）流转税管理科

负责营业税、资源税税收法规的组织实施，按照税收管理权限，制定具体的税收政策规定，处理各项税政业务问题，负责流转税环节税收政策执行中与市国家税务局的协调工作，搞好所属税种的业务指导。

（四）所得税管理科

负责地税局所管各项所得税税收法规的组织实施，按照税收管理权限，制定分管税种的具体税收政策规定，处理有关税政业务问题，按照税收管理权限，办理所管税种减免税的报告和审批工作，审核、编报企业财务年报和所得税税源季、年报表。

（五）地方税管理科

负责对土地增值税、城市维护建设税、车船税、房产税、屠宰税、土地使用税、印花税、筵席税、固定资产投资方面调节税、证券交易税、遗产税以及教育费附加的征管工作，代征社会治安税、水利建设基金和市重点建设基金，负责所属税种税收政策执行情况监督检查等项工作。

（六）计划会计科

负责对上级税收计划、会计、票证工作制度的组织贯彻、解释及实施等项工作，负责全市地税系统税收计划的编制、执行以及税源调查等工作，负责税收会计、统计报表汇总、统计上报、历年资料的积累、统计分析、税收会计核算及计算机的使用管理，负责系统内税务补助经费的领拨以及局机关，经费的收支管理工作。

（七）征收管理科

负责税收管理法规、条例的组织实施工作，按照《税收征管法》及实施细则的规定，制定具体的税收征管措施。负责所管纳税人税务登记证件发放和管理，负责普通发票的印制、发放和管理，查处和打击发票使用方面违法行为，负责税务代理机构的资格认定、报批、管理工作。

（八）装具票证管理科

负责全市地税局服装的计划、编报、制作、监督管理和领发工作，负责税收票证和印花税票的保管、发放和使用前的安全管理工作，负责业务机动车的计划分配和车辆分配工作，负责全市税务系统着装税容风纪的检查教育。

（九）税务稽查局（应为二级单位副县级）

对全市范围内的重大偷逃税案件进行稽查和处理，负责对全市范围内的重点行业、重点税源进行抽查、复查和控管，根据上级税务机关的部署进行专项税收检查，查处群众来信、来电、来访举报的较大的税务违章案件，组织贯彻执行全国统一的税务稽查法规，制定有关税务稽查制度，对全市税务工作、人员的执法情况、执法税收政策情况进行监督检查，进行全市地税系统的廉政建设。

四、现有人员和领导职数

泰安市地方税务局现有人员38人。其中，局长一名，副局长2名，科以下干部35名。

五、其他情况

泰安市地方税务局下属单位为泰安市地方税务局直属分局（副县级）。

（一）主要职责

1、负责泰安市直各企业、省属、中央属驻泰企业、市直各行政事业单位所办实体等地方税的征收工作，负责泰安市“两金一费”（城市重点建设基金、水里专项建设基金、社会治安费）的征集工作。

2、负责以上单位账务的管理、监督、检查、稽查工作。

3、负责税务干部的思想政治工作，精神文明建设以及队伍内部的监察、审计工作。

4、承办市地税局交办的其他工作。

（二）内设机构

根据上述职责，直属分局设11个职能科室。

1、秘书科

协助局长组织掌握分局税收工作情况，制定工作计划、安排局办公会议，督办会议决定事项的执行落实情况，起草综合性报告、工作总结、搞好宣传报道、组织好税法宣传、信息、报刊的征订发放工作，搞好文件、信函的收发登记、传递，做好保密工作，办理机关行政事务，负责基建、维修和固定资产、设备的管理使用工作。

2、人事监察科

负责分局干部职工的政治学习、思想教育和文化业务学习，负责办理干部职工的任免、调配、奖惩工作，做好行政监察、任命、来信来访等案件查处工作，负责组织干部职工的年终评比和精神文明建设，做好党、团、工、青、妇、计划生育工作。

3．计划会计科

编制：分配税收计划，分析、检查、考核验收计划的执行情况，定期进行经济税源调查，及时反映经济税源信息，增强组织收入的预见性，搞好税收会计核算，加强会计监督、反映税款征解、提真实情况，保证税额及时足额入库，编制税务经费使用计划，管好用好经费，建立健全会计统计征收工作的档案。

4、税务稽查科

对市直以上企业的重大偷逃税案件进行稽查和处理，对市直范围内的重点行业、重点税源进行抽查、复查和控管，根据上级的部署进行专项税收检查，查处群众来信、来电、来访举报的较大的税务违章案件。

5、征收一、二、三、四、五科

依法征税，加强征管，坚持征前辅导、征后检查，努力完成税收计划和其他征收任务，办理纳税登记表的领发、初审和上报工作，负责纳税鉴定的填制和修订工作，负责纳税单位应纳税款的催缴和办理纳税单位应纳税款的缓缴手续，建立健全纳税单位的纳税档案，做到户户有档案，档案资料齐全，搞好税法宣传工作，搞好汇算清缴和税收发票等各项管理检查，严肃法纪，查补税款，堵塞漏洞。

6、税收政策科

具体组织贯彻执行国家及地方的各项税收法律、行政法规并结合本局实际情况，研究制定具体的实施意见、办法，指导各征收科室组织各项税收收入，运用经济杠杆进行宏观调控，监督检查贯彻执行政策情况，调查了解纳税户的生产经营情况，协助各征收科指导纳税户改善经营管理，促进市直经济发展。

7、征收管理科

负责税收征管法的具体贯彻执行和根据本局实际，研究制定实施意见和办法，处理执行税收征管法中的有关事项，办理税务登记，调查了解纳税户经营生产情况，协助各征收科室指导纳税户改善经营管理，负责发票的印制、发放、检查使用情况。

（三）现有人员和领导职数

直属分局现有人员48人。其中，副局长（正科级）一名；科以下干部47名。

1994年11月30日

山东省人民政府
关于全省地方税务机构管理
体制问题的通知

山东省人民政府文件

鲁政发【1998】56号

各市人民政府、行署，各县（市）人民政府，省政府各部门、各直属机构，各大企业，各高等院校：

根据《国务院关于地方税务机构管理体制问题的通知》（国发【1997】34号）要求，省委、省政府确定，对全省地方税务系统实行上级地方税务机关和同级政府双重领导，以上级地方税务机关垂直领导为主的管理体制，即市地、县（市、区）地方税务局的机构设置、干部管理、人员编制和经费管理，由省地方税务局垂直管理。现就有关问题通知如下：

一、机构编制管理

各级地方税务机构的设置、人员编制收归省垂直管理，地方税务机构独立设置，现与财政机构合设的要求进行分设，市地、县（市、区）地方税务局及其派出机构的设置和人员编制（包括领导职数）的核定，由省地方税务局提出意见，经省机构编制委员会办公室审核报批，会同省地方税务局下达。具体办法由省编办、省地方税务局另行规定。

二、干部人事管理

省以下地方税务系统领导干部的管理，实行上级税务机关党组织和同级党委双重管理，以上级税务机关党组织管理为主的体制。具体办法由省委组织部、省地方税务局另行规定。

全省地方税务系统人事管理工作由省地方税务局负责。具体办法由省人事厅、省地方税务局另行规定。

各级地方税务局的机关党务及工会、共青团、妇联工作实行属地管理。

三、人员划转

下列人员移交省地方税务局管理：

（一）1997 年 11 月 10 日前在编在册的正式职工和离退休人员；

（二）按有关规定接收的军队转业干部和城镇退伍义务兵及转业志愿兵。

四、经费管理

（一）省以下地方税务经费采取“集中上划，收支挂钩，分级负担，统一管理”的办法。

（二）地方税务经费的划转以 1997 年财政决算数和各级地方政府确定用于地方税务部门的其他经费为基数，同时考虑其他应划转因素。划转后，地方税务系统的经费，采取上划经费与税收收入挂钩的办法。具体方案由省财政厅、省地方税务局研究确定。

（三）各级地方税务部门（含所属事业、企业单位）的所有财产全部划转。财税合一的单位，在机构分设时，财产要按照人员比例划分。

青岛市地方税务系统的经费暂由青岛市地方税务局管理。

五、加强领导，严肃纪律

改革地方税务机构管理体制，是推进依法治税，巩固财税体制改革成果，保证财政收入稳定增长的重要措施，是国务院作出的重大决策。各级政府、有关部门要提高认识，顾全大局，积极支持配合地方税务部门做好各项交接工作，确保全省地方税务机构管理体制改革顺利进行。地方税务机构管理体制调整期间，不得以任何理由或变通方式向地方税务部门调进人员和突击提拔干部，不得转移或私分地方税务部门财产。对于违反规定的，要坚决予以纠正，严肃追究有关领导和当事人的责任。实行垂直管理后，各级政府要继续关心、支持地方税务工作，积极为地方税务部门创造良好的工作、生活环境。各级地方税务部门要尊重当地党委、政府的领导，在收入计划的安排上，要接受当地政府的领导，依法组织收入，为地方经济和社会各项事业发展做出积极贡献。

全省地方税务机构管理体制调整工作务于 1998 年 10 月 30 日前完成。凡有关规定与本通知精神不一致的，一律以本通知为准。

山东省人民政府

1998 年 9 月 6 日

山东省财政厅
关于地方税务经费划转问题
的通知

山东省地方税务局文件

鲁财预字【1998】87号

各市、地、县（市、区）财政局、地方税务局：

省政府《关于全省地方税务机构管理体制问题的通知》（鲁政发【1998】56号）确定，省以下地方税务部门经费采取“集中上划，分级负担，统一管理”的原则。据此，现将经费划转的有关问题通知如下：

一、经费基数上划的范围和办法

地方税务部门经费的划转以1997年为基数，同时考虑增支因素，划转内容包括：

（一）各级财政部门拨付地方税务部门的正常性经费。以1997年财政决算中各科目用于地方税务部门的正常经费为基数进行划转。一次性经费是否划转，由各级政府视财力情况确定。

（二）各级地方政府确定的用于地方税务部门的各项提退经费。

（三）1997年新增人员费用。

（四）基建经费按人均1000元的标准定额上划。

（五）公费医疗经费、养老保险金不划转，仍由各级财政负担，按国家有关政策管理。

以上划转内容的经费基数，以各级财政部门与地方税务部门共同签字盖章的经费划转表上数字为准；对政府已经确定按人均定额划转税务经费的，按其确定标准划转。

二、地税经费增长挂钩办法

为保证今后地方税务部门增人及政策性增地需要，上划经费应有所增长。从1998年起，上划的地税经费（扣除基建经费）与1997年地税部门实际征收数挂钩，即地方税务部门负责征收的收入每增长1%，地税经费增长0.8%。据此计算增长经费，相应增加地税经费基数；若达不到上年收入，相应扣减增长经费基数。年终通过体制结算专项上解省财政。如遇大的征管范围政策调整则随之调整。

地方税务部门经费上划是一项复杂、细致的工作，望各级财政、地税部门要从大局出发，妥善做好地税经费划转工作，并务必于12月20日前，将税两家共同签字盖章的经费基数划转表上报省财政厅、地税局。

山东省财政厅

山东省地方税务局

1998年12月6日

二、战略举措

实施“三大战略”为泰安地税三年基本实现现代化而奋斗

郭凤晓

在我们即将跨入21世纪的时候；在中央加快推进改革开放，贯彻落实“三个代表”重要思想，即将部署第三步战略目标的时候；在省委省政府为加快山东发展，实施经济国际化、发展高新技术产业、发展非公有制经济、推进城市化进程四项战略措施的时候；在全省地税按照“解放思想、转变观念、树立正气、扎实工作”的要求，转入“巩固、完善、发展、提高”阶段的时候，我们召开这次全市地税工作会议，分析现阶段泰安地税工作面临的形势和任务，明确下一阶段发展方向和目标，部署今年后几个月的工作，具有十分重要的意义。“凡事预则立，不预则废”。在这世纪之交、继承与发展的关键时期，我们必须立足现实，筹划未来，动员各级地税机关和广大干部职工振奋精神、克服困难、扎实工作、奋力拼搏，努力把泰安地税工作提高到一个新水平，为我市经济建设和社会各项事业的发展做出新的贡献。

一、认清形势，提高认识，增强加快发展的紧迫感和责任感

前六年工作为泰安地税跨世纪发展奠定了坚实基础。1994年地税机构成立以来，全系统广大干部职工紧紧依靠省地税局和泰安市委、市政府的正确领导，在人手少、基础差、底子薄、经费紧、税源散、任务重、百业待兴的情况下，不畏艰难，埋头苦干，艰苦创业，一年一大步，年年上台阶，各个方面都取得了很大成绩。可以说，泰安地税这六年是极不平凡的，是广大干部职工凭着强烈的事业心，自强不息、顽强拼搏、建家立业的六年；是积极探索、大胆实践，改革传统税收征管方式，基本确立税收征管新格局的六年；是讲政治、顾大局，勇挑重担，确保各项改革顺利推进和地税收入快速增长的六年；是干部职工不断更新观念，管理水平不断提高，工作面貌和地税形象发生深刻变化的六年。这些变化主要表现在：连续六年超额完成税收任务，全市地方税收由1994年的2.99亿元增加到1999年的9.82亿元，年均增长26.84%，地税收入占全市地方财政收入的比例，由1994年不足39%上升到1999年的56%以上，为全市改革与发展做出了积极贡献；基本建设成果显著，较好地解决了基层征收单位的办公场所，普遍健全了“五小”设施，全系统办公条件和生活条件发生

了根本变化；全面推行了征管改革，健全了协税护税网络，明确了征纳双方的法律责任，初步实现了以办税服务厅为载体，集中征收，重点稽查，一个适应市场经济和地方税收特点的征管运行机制正在形成；加大执法力度，落实执法责任制和错案追究制，强化税收宣传，税收法治环境不断优化；抓班子，带队伍，广大干部职工政治素质、业务素质有了明显提高，法制、竞争、效率、服务意识增强。全系统连续四年被评为优质服务行业，共有132个单位、118名个人获得省级以上荣誉称号，队伍建设逐步加强，地税形象不断提升。六年的奋斗历程为泰安地税乘势而上、实现跨世纪发展，奠定了坚实的基础。

在充分肯定成绩的同时，我们还要清醒地看到泰安地税在发展过程中存在的困难和问题。基层的基础工作仍然比较薄弱，不少单位管理混乱，法制观念淡薄，在征收、稽查、会计核算等许多方面不规范，随意性大，有些问题甚至相当严重；收入中的“水分”和漏管漏征在不少地方还程度不同地存在；治税环境不够理想，许多单位和个人依法纳税意识不强，税收征管工作难度大；队伍素质偏低，全系统全日制正规院校大专以上毕业生仅130名，占总人数的11%，面对知识经济和经济全球化发展的要求，相当一部分同志知识老化、观念落后，复合型、高精尖型和系统亟需的人才严重匮乏；征管手段落后，微机、网络利用率极低，申报、征收方式单一，现代化征管手段的应用仅处于起步阶段；部分基层分局工作、生活条件还比较艰苦；科学的管理机制尚未建立起来，系统上下在管理上普遍存在一些薄弱环节，未形成有效的激励机制。

与此同时，我们还面临着许多新的形势和任务。一是为地方筹集建设资金的任务更加艰巨。一方面，几年来挖潜清欠、加强征管，收入增长大大超出了经济发展速度，形成了较高的收入基数，组织收入的难度越来越大。另一方面，财政需求加大，保吃饭、保稳定、保发展的任务艰巨，客观上要求收入保持稳定增长。这一矛盾，使我们的组织收入工作在今后较长一段时期面临的任务相当艰巨。必须进一步挖掘税收潜力，寻求新的税收经济增长点，并严格执法，应收尽收。二是党的十五大以来，经济结构、所有制结构日趋多元化，新兴产业门类和经济科技含量、经济开放程度明显上升，税收集法律手段和经济手段于一体，对经济宏观调控作用逐渐加大。加入WTO以后，用税收杠杆调控经济将更加明显。年初中央举办了省部级主要领导干部财税理论研讨班，领导层越来越重视税收工作，对地税工作的要求也会越来越高。三是市场经济在本质上要求法治、公平与效率。靠传统的、粗放式的征管方式，不能适应市场经济和现代经济发展的要求，必须以“法制、公平、文明、效率”为目标，向集约型发展，改进征管手段，提高征管质量。四是科学技术发展日新月异，知识更新速度加快，应用先进的科学技术改进管理手段和管理方式成为时代的潮流，网络技术不但给人们带来了工作、生活上的巨大便利，而且已经发展成为经济的重要门类，掌握先进科技手段和知识是地税部门亟需解决的问题，否则就跟不上时代发展的步伐。五是全省地税系统自省局党组成立以来，不断解放思想、开拓前进、创新发展，工作标准、要求越来越高，泰安地税工作与省局的要求相比，与先进地区相比，都有一定的差距，必须奋起直追、迎头赶上。否则，我们就会落伍。

面对现实，着眼未来，我们必须进一步解放思想、转变观念，增强加快发展的紧迫感和责任感。市局党组自五月中旬起在全系统组织开展的解放思想大讨论活动，旨在解决思想问题，动员全系统干部职工增强忧患意识、危机意识和时代感、紧迫感，树立加快发展的意识。大讨论开展以来，队伍思想开始变活了，学习热情提高了，创新意识增强了，民主作风变浓了，发展的欲望更大了。但是，大讨论过程中也暴露出一些问题，有的单位解放思想工作搞大呼隆、一阵风，流于形式，没有落实到具体措施、具体工作上来，相当一部分人在被动应付，有的甚至无动于衷，这些现象与市局党组的初衷和要求存有明显差距。省局提出了山东地税“巩固、完善、发展、提高”八字方针，泰安地税的实际不仅要求巩固、完善，更加需要发展、提高。对此，我们必须要有清醒的认识。解放思想、转变观念，关键是要做到“六破六立”，为泰安地税加快发展奠定坚实的思想基础。即：破除因循守旧、固步自封、等待观望、不思进取的保守思想，树立敢创敢试、勇于探索、勇于改革的创业精神；破除计划经济条件下协商办税、减税让利的陈旧思想，树立适应市场经济发展的依法治税、服务社会经济发展大局的观念；破除夸夸其谈、形式主义的不良风气，树立实事求是、真抓实干的优良作风；破除在干部使用上论资排辈、讲求台阶、求全责备、能上不能下的陈旧观念，树立不拘一格、尊重人才、竞争择优的用人思想；破除粗放型传统税收管理思想，树立充分运用现代技术，全面依靠体制创新，注重内部运作效率的新型地方税收管理理念；破除奖金分配上的平均主义，树立按劳取酬、奖优罚劣的分配新观念。

这次大会，既是解放思想工作的深化会，也是明确目标，加快发展的动员会。系统上下必须认清形势，摆正位置，调整心态，奋起直追，充分激发队伍的活力，使泰安地税在新世纪开端的几年里大步前进，步入全省地税的前列。

二、志存高远，明确目标，强化措施，加快发展

根据我们面临的形势和任务，按照全省地税今后一定时期“巩固、完善、

发展、提高”的方针，结合泰安地税实际，市局党组确定今后三年的工作思路和总体目标是：遵循“以人为本，依法治税”指导思想，以半军事化管理为总抓手，重点实施“人才兴税、科技兴税、管理兴税”三大战略，力争三年左右基本实现现代化。高素质的税务干部队伍、现代化的技术手段和科学高效的组织管理体系是支撑现代税收的三大支柱，是我们下一步改革发展的三个主攻方向。实施三大兴税战略，是今后泰安地税的工作重点。

（一）积极实施人才兴税战略。

实践已经充分证明，人才是一个国家、一个行业实现发展最重要的战略资源。能不能培养出优秀的领导人才和各个方面、各个层次的专门人才、创新人才，在很大程度上决定着这个行业、这个单位的兴衰存亡。因此，培养造就一支适应新形势要求的高素质地税干部队伍，是我们工作上水平，实现预期目标的关键所在。尤其是随着网络经济的发展、经济全球化进程加快和现代化手段在税收工作中的广泛应用，着力提高干部队伍素质显得更为迫切。必须加快人才培养教育、选拔使用、激励竞争等方面的改革，要不拘一格选拔人才，不遗余力培养人才，不惜重金招聘人才，重奖重用有突出贡献的人才。基本思路是：实现人才资源的整体开发与合理配置；创造尊重知识、尊重人才，有利于优秀人才脱颖而出、健康成长的环境和条件；建立优胜劣汰、有效激励、平等竞争、严格监督、充满活力的用人机制；健全完善管理制度，努力实现干部人事工作的制度化、规范化、科学化。

一是加大干部教育培训力度。搞好人才预测和培养规划，提高人才培养层次，改善知识结构，加快知识更新，进行人才储备。今后三年，应区别不同情况，基础知识培训与高、精、尖人才培训并举，重点培养具有强烈竞争意识、创新意识，有着广博现代科技知识、财税知识的复合型人才。各单位都要从自己的实际出发，根据工作需要，加大对计算机应用、财税、现代管理、法律等知识的教育培训，积极鼓励在岗自学，奖励自学成才者，对有发展前途的优秀青年，可输送到大学深造，尽快在全系统形成人人思学、人人思进、干到老学到老的局面，形成重知识、重能力、重实绩的氛围。利用三年时间，在职干部职工大学本科以上人员，要由现在的15%增加到25%；大专人员，要由现在的38.8%增加到50%；在职人员全部具有职位所要求的专业知识，50%的人员要具有2个以上职位所要求的专业知识；市县两级每年都要安排一定比例的人员接受继续教育。同时，每年选拔一部分具有本科以上学历、品学兼优且专业对口的人才充实到我市地税系统；对系统急需且从应届毕业生中难以选到的高层次人才，制定优惠政策，从外部引进；对阶段性急需人才采取兼职聘任的方式，为发展我市地税事业服务。

二是加快干部人事制度改革。本着“公开、平等、竞争、择优”和党管干部原则，改革干部选任办法，结合机构改革，实行竞争上岗，职务重新任命；实行持证上岗、轮岗换岗、双向选择、全员等级管理，健全完善激励竞争机制，对考试不合格者实行待岗，做到人尽其才，才尽其用，干部能上能下，人员能进能出；拓宽选人用人视野，促进优秀人才脱颖而出，对品德好、能力强、贡献大的优秀人才，要放宽条件，大胆重用。要进一步扩大群众在干部选任工作中的知情权、参与权、选择权和监督权，如实行民主推荐、民意测验、民主评议、任前公示等，增强干部工作的公开程度和透明度。当前，影响干部人事制度改革大步前进的障碍主要是我们的思想观念陈旧，在解决干部能上能下问题上表现尤为突出。应当看到，这项改革大势所趋、势在必行，希望存在思想压力、思想包袱的同志，以大局为重，以事业为重，勇敢地投入到改革中去。各县（市、区）在这方面要大胆地试，大胆地创，在实践中不断提高创新能力，努力开创百舸争流、人才辈出的新局面。

三是改革分配制度。按工龄、级别、责任、能力、贡献大小拉开收入档次。将干部职工现行的收入待遇划分为基本工资、津贴和奖金三块，稳定一块（基本工资），搞活两块（津贴、奖金）。根据职级高低、任务轻重、贡献大小确定劳动报酬。对承担责任大、工作能力强、为地税工作做出突出贡献的，要在奖金分配上实行重奖。对工作平庸、出工不出力、消极怠工人员要少发或不发奖金。要在全系统形成“今天工作不努力，明天努力找工作”、“工作上不去，位子落下来，票子掉下来”的共识。以此体现公正、公平、合理原则，校正干部价值取向，营造干事业的良好氛围。

四是建立健全严格的评价考核体系。正确评价干部的业绩，考核是一个关键环节。要尽快研究制定一套科学的考核指标体系和评价标准，以工作实绩为主要内容，细化不同类型、不同层次的干部考核标准，切实做到考核指标符合实际，能够准确反映干部的品行、才能和工作绩效，既科学合理，又便于操作，并规范考核工作程序，严肃考核纪律，把考核工作置于干部和群众的监督之下，努力做到公开、公平、公正。

（二）加快实施科技兴税战略。

江泽民同志在年初省部级主要领导干部财税专题研讨班上指出：“在现代科技日益发展的情况下，税收征管必须采取现代化的科技手段，以利提高税收征管的质量和水平。”从我们目前的情况看，实现税收与高科技的结合，把现代化管理手段应用到税收工作中，改变传统方式进行税收管理，提高税收管理的质量和效率，推进税收管理现代化，已经基本达成共识，但行动迟缓，许多地方甚至还没有“破题”。近几年，计算机、网络通讯等现代技术的逐步普及和应用，正在改变着我们的工作方式和思维方式，它不仅使各项工作规范化、程序化、高效率，更重要的是有利于干部队伍的观念更新，知识更新。要更加有效地落实“以人为本，依法治税”，必须尽快实施科技兴税战略，增强时不我待的紧迫感和责任感，紧跟时代步伐，加快自身现代化建设，抢占科技制高点。只有这样，才能适应形势发展的需要。总的目标是：到2003年，建成全市一体化的较为完善的市、县（市、区）、分局三级计算机网络，并实现与有关部门和部分纳税业户的联通；全面推行办公自动化，实现各类文件和税收数据全部计算机处理和无纸化传输，基本形成以现代技术手段作支撑的科学严密的地方税务管理监控体系。

一是加大投入，加快网络建设速度，建立上下贯通、纵横交错的市、县、分局三级广域网、局域网，铺设地税事业发展的“信息高速公路”。这项工作，要确保在2001年完成。县到乡镇分局的联网要按照集中式征收模式建设。在此基础上，有步骤、有计划地推进与有关部门和部分纳税业户的联通。开发、完善综合信息管理系统软件，建立起科学规范、功能完善的数据分析系统和快捷、高效的指挥与辅助决策支持系统。同时，要加快应用步伐，最大限度地利用网络资源，提高工作效率。各单位要有2人专职负责税收电子化工作，以保证这项工作的开展。

二是大力推进办公自动化进程。推行办公自动化，是形势发展的需要，是改变机关、基层工作方式的有效手段。各级要全面应用办公自动化软件，实现公文处理无纸化。在三级广域网络建成的基础上，实现公文传递无纸化。开发应用人事档案管理、财务管理、固定资产管理等软件系统，将机关事务实行计算机管理，全面提升系统内公文处理、事务管理水平。依托市局“政府网站”，建立全市统一政府上网系统，各县（市、区）网络内容挂接到市局政府网站，实行信息统一发布，提高为纳税人服务水平。建设内容丰富、功能强大的内部网站和各类专业数据库，逐步实现日常办公网络化。

三是加快征管现代化建设。力争用三年的时间建立一个与市场经济相适应、符合泰安实际的现代税收管理新体制。在现有网络基础上，开发程序，主要在税源监控、税款的申报征收方式、数据的集中实时处理三个方面下工夫。在税源监控方面，开发完善现有软件，依托税银企联网实现税源全面动态监控。在税款的申报征收方面，进一步推广、完善委托银行代收税款办法，加快包括电子申报在内的多种申报方式的试点应用，逐步形成立体式申报格局。在数据的集中处理方面，实行数据集中复制，逐步实现各类信息、数据由县（市、区）局到市局的集中处理，实现税款申报、征收、入库无纸化。

（三）大力实施管理兴税战略。

管理出效率，管理出效益，管理出形象。地税部门要实践“三个代表”，保证税收职能作用的充分发挥，完成新时期地税工作担负的繁重任务，必须全面加强管理，建立起充满生机与活力的地税工作运行机制，努力实现地税管理的制度化、规范化、科学化，最大限度地调动各级地税机关和广大税务干部的工作积极性。其关键在于权、责、利明确，激励促进明显，监督制约有效，任务完成良好。

一是全面深化半军事化管理。省局确定的半军事化管理模式，既借鉴了军队优良的管理经验，又吸收了现代人本管理理论的精髓，既有严格、规范、统一的特点，又有对干部尊重、爱护、关心的内容，充分体现了宋协秀同志一再讲的“严、爱、情、教”，是一种刚柔相济的管理模式，完全符合当前我们的队伍素质和执法现状，必须坚定不移地坚持下去。前段调查发现，许多单位的作风、纪律、秩序仍然比较差，影响了工作，影响了形象。深化半军事化管理需要从基础抓起，抓规范，抓养成，然后再在深化和发展上作文章，建立起动力机制、压力机制、约束机制等，激励大家团结一致、奋发向上、励精图治的精神，创一流工作业绩。

二是搞好机构改革。即将进行的机构改革，要按照上级的统一部署，结合泰安实际，力求建立起办事高效、运转协调、行为规范，与社会主义市场经济的发展、与现代地方税制和垂直管理相适应的体制。合理设置职能机构，科学划分职责范围，以职定岗，以岗设人。与此同时，大力推进干部人事制度改革。

三是切实加强税收管理。以法治和效率为根本目标，努力推进税收征管改革，建立新型的征管机制。夯实征管基础，使办税过程的各个环节规范化、制度化；建立起税务机关内部以及税务机关与纳税人之间的制约监督机制，对纳税人实行分级、分类管理，走集约型的路子；建立办税员制度，提高纳税人自我办税能力；实行多元化申报征收方式，以自行申报、集中征收为基础，逐步推行电子、电话申报和银行代收代缴税款等办法，完善申报征收手段，既提高效率，又方便纳税人；严格执行执法检查、税务违章处罚、执法责任、错案追究等制度，做到依法治税、依率计征，杜绝收过头税、少征税款和执法中的随意行为，增强执法刚性；建立大案要案集中查办和曝光制度，充分发挥税务稽查的作用，集中查处大案要案，震慑不法分子，治理纳税秩序。探索税收源头控管的有效方法，建立动态的、数据库化的税源监控办法。通过采取一系列措施，努力实现征管质量的“两压缩”和“两提高”，即把偷逃税率和欠税率压缩到最低限度，把税款如实申报率和及时入库率提高到历史最高水平。

四是推行目标管理。目标管理是一种现代管理方式。实行目标管理，工作导向性强，有利于责权利统一，有利于对绩效的评价，有利于调动积极性和创造性。目前我们实行的千分考核办法即是目标管理的雏形，要在此基础上总结完善，力求形成一套较为科学的目标管理指标体系，重要目标一年一定，并严格考核和奖惩兑现，做到客观公正地评价单位和个人的工作实绩。把考核结果与单位和个人的奖金分配、评先选优和职务升迁等直接挂钩，真正起到鼓励先进、鞭策后进的作用。

五是进一步加强精神文明建设。重点放在思想政治工作、职业道德建设、文化载体建设和优化税收服务等方面。尊重人，重视做人的思想工作是现代化大生产发展的必然结果，已成为科学管理和领导的一个客观原则。无论是推进改革，还是激发干部的工作热情，都离不开教育，离不开行之有效的思想政治工作，这是我们凝聚力量、实现共同目标的可靠保证，也是地税文化建设的核心内容，但要注重方式方法，尤其要与具体工作结合起来。要进一步加强税务职业道德建设，教育广大干部职工树立正确的世界观、人生观、价值观，热爱税收、廉洁奉公、文明征管；坚决刹住“吃、拿、卡、要、报”等行业不正之风，制止收“人情税”、“关系税”等违纪行为，严肃查处执法犯法、贪污受贿的违法犯罪分子；大力开展税收宣传，改善执法环境，广开为纳税人服务渠道，做到热情周到、优质高效，努力使地税机关在社会的行风评比中走在前列。积极开展地税文化载体建设和精神文明创建活动，活跃机关生活，培养广大干部职工的团结奋进和争创意识，使我们的队伍始终充满朝气和活力。

三、统一思想，振奋精神，精心组织，狠抓落实

江泽民同志曾经强调：“决策的制定和实施方案的部署，事情还只是进行了一半，还有更重要的一半就是要确保决策和部署的贯彻落实。”当前和今后一个时期，摆在我们面前的关键问题就是动员全系统广大干部职工认清形势，统一思想，振奋精神，明确任务，狠抓落实。

（一）提高认识，统一思想。实施“人才兴税、科技兴税、管理兴税”三大战略，完成三年基本实现现代化的目标，是市局党组认真分析社会经济和全省地税发展的大趋势，充分审视内部外部环境的要求，立足全市地税系统实际，根据现有条件提出的，是指导泰安地税今后三年发展的总纲领和总目标，是落实“以人为本、依法治税”指导思想，全面完成以组织收入为中心的各项工作任务的有力保障。“三大战略”是一项复杂的系统工程，是一个相互联系、相互作用的有机整体，涉及地税工作的方方面面，目标高、要求严、时间紧、难度大，必须上上下下统一思想，达成共识。要广造舆论，搞好宣传教育，大讲实施“三

大战略”的必要性、重要性和紧迫性，把全体干部职工的思想认识切实统一到战略目标上来，增强加快发展的紧迫感、履行职责的责任感、建功立业的使命感，形成干事创业的良好氛围，以实际行动、卓越工作，落实好三大战略，使目标变为现实。从前一段有些工作开展情况看，有的单位抓落实力度不够、缺乏认真的态度，有的甚至敷衍塞责、了草从事，仍沿用旧思想、老办法来处理问题和开展工作。这是市局党组不希望看到的，决不允许政令不通。

（二）强化领导，落实责任。认识是基础，领导是关键。今天在座的各级干部是落实“三大战略”的具体责任人，各级、各部门的一把手是第一责任人，大家要认清身上的担子有多重，要把“三大战略”摆上重要工作日程，纳入工作重点，认真扎实地抓落实；要当好改革创新的排头兵，勇于负责，敢于实践；要支持改革，鼓励改革，保护改革者，创造良好的改革环境；要有不达目标不罢手的精神，锲而不舍，一抓到底；要在人、财、物上实行倾斜并给以充分保证，把有限的力量用到促进发展的“刀刃”上；要坚持领导抓、抓领导，一级抓一级，明确责任，层层落实；要坚持群众抓、抓群众，系统上下同心同德、群策群力，形成人人参与、齐抓共管的格局；要审时度势，因地制宜，及时研究解决实施过程中出现的新情况、新问题，以保证和促进各项工作的开展。坚决反对形式主义、华而不实。

（三）扎实推进，务求实效。实施“三大战略”，必须在求实上下功夫，一切从实际出发，将每项工作落实到各个单位和工作的各个阶段。这次大会后，各项改革将全面展开，市局各部门要站在全市的高度，抓好“三大战略”的组织、领导工作，各局要按照市局的统一部署，制定发展思路、整体规划和实施方案，做到方向明、目标实、计划详、措施硬，分项目、按阶段逐步实施。市局对各单位实行目标考核，修订千分考核办法，突出实施“三大战略”的内容，今后三年对各单位实施情况进行跟踪问效。同时加大奖惩力度，对推动工作有力、贡献突出的单位和个人予以重奖，对落实不力、行动迟缓、贻误改革的，要追究责任，无论哪个单位出了问题，都要追究一把手的责任。要加大督查力度，细化督查事项，定期通报落实“三大战略”的进展情况；要强化政治纪律意识，凡市局明确要求必须统一行动的工作，各单位要认真执行，统一行动，保证系统上下步调一致；市局尚未明确统一行动的，各单位要充分发挥主观能动性，大胆试，大胆闯，创造性地开展工作。市局将采取分类指导的办法，鼓励有条件的地方先行一步，创出经验，通过典型引导，带动全系统各项改革整体推进。

同志们，世纪之交，万象更新。泰安地税既前程似锦，又任重道远。今后几年是泰安地税发展的关键时期，遵循

“以人为本，依法治税”指导思想，以半军事化管理为总抓手，重点实施“人才兴税、科技兴税、管理兴税”三大战略，力争三年左右基本实现现代化，是历史赋予我们的重要使命，完成这个重任，只有靠具有光荣传统、敢打硬仗的所有泰安地税人，靠所有地税人共同努力才有可能达到我们的目标，发展新的事业。我们相信，地税人团结在一起，坚定信心，艰苦创业，知难而进，一定能创造更加辉煌的未来！

（本文是郭凤晓同志2000年9月8日在全市地税局长会议上所作的主题报告。）

向学习型组织靠近

郭凤晓

大家知道，一个组织要达成自己的目标，在各项资源相对稳定的情况下，起支撑和拉动作用的是管理方式，适合的管理方式能够实现目标（或效益）的最大化。因此，我们常说“适合的就是最好的”，这反映了生产关系适应生产力发展的客观要求。农业经济时期，以“家长制”为代表的管理方式适应了当时生产力的发展。工业经济发展时期，生产要素的复杂化，追求效率、效益的涨力，竞争的加剧，使人们倍加重视组织管理，使管理走向一门科学，甚至许多专家称“管理是生产力的第四要素”。在这个时期，以刚性的管物为主的规范化管理方式成为主流。当前知识经济的出现和发展，促使管理由“物”向“人”转变，进入了注重人性化的柔性管理阶段。“学习型组织”就是人本管理方式的典型代表，并且已经和正在发挥越来越重要的作用。

税务部门作为政府的行政执法部门，有其自身的运行规律 和特殊性，选择适合自己的管理方式，以更好地实现职能目标同样十分重要。就泰安地税而言，从多角度进行了系统分析，如执行法律法规的刚性，税收收入任务的硬性，执法过程需要规范，市场主体需要公平，社会法制基础较差，队伍整体素质不高，执法手段落后，税种多、税额小、征收难度大等等，根据这些特点，我们在整体管理方式上确定了“以刚为主、以柔为辅、刚柔相济”的指导方针，随着时代的变化和地税工作自身的进步，逐步向“以柔为主、以刚为辅”的方向转变。在这个原则指导下，2000年以来，泰安地税以实现税务管理现代化为目标，广泛借鉴ISO9000质量管理体系等企业界创造的先进管理方法，结合地税工作实际加以综合应用，特别是吸收借鉴“学习型组织”的原理和方法，实现了队伍心智模式、组织学习力的一次又一次提升，使泰安地税在较低的起点和基础之上，走进了一个自我持续超越、事业快速发展的成长时期，系统上下焕发出勃勃生机，面貌发生了深刻变化，多项工作跻身全国前列。

一、开展系统思考，确立人才、科技、管理三大战略措施

2000年，泰安地税新一届党组面对全市地税工作较为复杂的局面，为寻求发展之路，我们从激活干部队伍的思想入手，启动了“系统思考”，开展了为期三个月的“认清形势，转变观念，创新求实，加快发展”的解放思想大讨论活动，引导全体干部职工开诚布公抒发见解、进行深度沟通，并通过学习考察，深入分析内外部形势，查摆自身思想观念、行为习惯上与形势发展不相适应的突出问题，正视与先进地区的较大差距，以及前六年艰苦创业打下的基础和自身发展优势。全面系统地分析思考，系统上下产生了很大的震动，激发了强烈的发展欲望，一致清醒地认为：泰安地税人必须振奋精神、自我加压、只争朝夕、加快发展。首先在思想领域来一次革命，实现思想观念上的“六破六立”，即：破除因循守旧、固步自封、等待观望、不思进取的保守思想，树立敢创敢试、勇于探索、勇于改革的创业精神；破除计划经济条件下协商办税、减税让利的陈旧思想，树立适应市场经济发展的依法治税、服务社会经济发展大局的观念；破除夸夸其谈、形式主义的不良风气，树立实事求是、真抓实干的优良作风；破除在干部使用上论资排辈、讲求台阶、求全责备、能上不能下的陈旧观念，树立不拘一格、尊重人才、竞争择优的用人思想；破除粗放型传统税收管理思想，树立充分运用现代技术，全面依靠体制创新，注重内部运作效率的新型地方税收管理理念；破除奖金分配上的平均主义，树立按劳取酬、奖优罚劣的分配新观念。干部职工切实增强了危机感、紧迫感、责任感、使命感，激发了发展欲望和创业热情，促进了干部队伍系统化、开放式、前瞻性、互动型思维方式和顺应形势、适时调整、主动变革、不断更新的思想行为习惯的初步养成，实现了观念的大更新和心智模式的大改善。

为了进一步解决如何发展的问题，我们认真分析税收工作面临的深刻变革和一系列重大课题，跳出狭隘、片面的就税收论税收思维圈子，运用系统基模方法，透过诸多纷繁复杂的矛盾和因素，探寻新时期地税事业快速持续发展的“内在律”和“杠杆点”。经过认真研究、多方论证，认为组织收入是中心任务，但不是主要矛盾，“人才、科技、管理”才是影响发展的三个根本性要素，只有抢占这三大制高点，统筹这三个方面实施战略管理，才能使税收事业走上良性发展轨道。“人才兴税”：实现人力资源的整体开发与合理配置；创造尊重知识、尊重人才，有利于优秀人才脱颖而出、健康成长的环境和条件；建立优胜劣汰、有效激励、平等竞争、严格监督、充满活力的管人用人机制；健全完善管理制度，努力实现干部人事工作的制度化、规范化、科学化；“科技兴税”：

搭建‘网上税务局’总体框架，建设市县乡三级网络及外部网络系统，实现数据市级集中处理，建成征管、办公两个平台，基本形成以计算机网络作支撑的科学严密的地方税收管理监控体系；“管理兴税”：建立起充满生机与活力的地税工作运行机制，努力实现地税管理的精细化、标准化、规范化、科学化、网络化，最大限度地调动各级地税机关和广大税务干部的工作积极性。其关键在于形成权、责、利明确，激励促进明显，监督制约有效，任务完成良好的工作运行机制。其中，人材是关键，是实现发展最重要的战略资源；科技是手段，是提质增效的必然途径；管理是保障，是寻求资源配置最优化、效益最大化的核心举措；三者作为紧密联系、相辅相成、相互作用的动态有机体，形成了地税工作的“增强环路”，明确了发展方向，统一了思想，振奋了精神。

二、建立愿景目标，加快创业步伐

在应用“系统思考”明确发展路径的同时，建立了2001－2003年的愿景目标：遵循“以人为本，依法治税”指导思想，以组织收入为中心，重点实施“人才兴税、科技兴税、管理兴税”三大战略，力争三年左右基本实现税收管理现代化。主要标志为：干部队伍素质过硬充满活力，管理方式科学先进，信息技术应用广泛，组织体系运转协调，税收征收率大幅提高。“以人为本，依法治税”是核心理念，是统领全局的指导方针，不论从社会人、纳税人、地税人的发展角度分析，还是从抓主要矛盾的角度分析，均体现了持续协调发展的基本精神；“以组织收入为中心”表明税收工作的基本职能和首要任务是组织财政收入，保障地方政府为社会提供有效的公共产品或服务；采取的主要措施则是重点实施三大兴税战略；“三年左右基本实现税收管理现代化”成为全系统共同奋斗的最高愿景目标。这个目标初步提出讨论时，系统上下反应不一，许多干部职工感到现代化目标太高，与我们的现状距离过于遥远，困难不可克服，从而顾虑重重。面对这样一个局面，我们进一步组织各级各层反复论证目标的可行性，通过深入细致的研究，大家的思想取得了基本统一，认为只要树立信心，充分利用各种资源，抓住重点，扎实推进，不走弯路，基本实现现代化的目标并非遥不可及。愿景形成以后，又制定了具体的落实计划，分年度确定了阶段性目标，每年有所侧重，统筹协调发展。

我们把全面实施目标管理作为组织愿景实现、推进工作开展的总抓手。系统上下每年利用元旦前后一段时间，采取民主加集中的操作方式，由各级、各部位和每个干部职工自主提出工作目标，上下左右对接、讨论、修正。目标制定过程中，保证干部职工的主动性、创造性体现充分，各部位、个人对目标的理解和认同充分，相关目标及目标相关方之间协调充分，个人目标与公共目标结合充分，导向和激励作用充分，并通过年度、季度与分月目标长短结合，总体目标与层级及个人目标结合，危机目标与一般目标结合，使整个系统的工作目标形成层层支持、环环相扣的严密体系。以2002年目标为例，市局与县市区局和各科室及直属单位签订工作责任目标共179个方面，585项。所有工作目标均纳入ISO9000质量管理体系，实行质量管理。目标管理体系与ISO9000质量管理体系两种管理方式的融合，形成了一整套崭新的工作运行控制机制，工作推进呈现出科学民主化和导向明确、协调有力、激励明显、岗责明晰、控制严密、持续改进的特点。

目标管理的实施，启动和推进了奔向现代化目标的具体行动，系统上下心凝力聚，协调一致，工作节奏越来越快，每一个阶段目标的实现都会给广大干部职工带来自豪感、成就感，越干越看到了希望，越干越有信心，越干越印证了“人才、科技、管理”三大兴税战略和现代化目标的正确性，越干越焕发出昂扬的斗志和高涨的热情。到2003年底，除机构方面的一些目标外，队伍建设、信息化平台、税收执法、税源监控、纳税服务、行政保障、管理方式等方面的目标均得以实现。这个愿景的达成，又使干部职工以更加自信和更高的热情迈向更加远大的目标。今年初，系统上下通过近4个月的讨论，确定至2006年的规划蓝图为“全面打造泰安地税现代化，争创全国一流工作水平”。

三、变革干部管理机制，校正思维取向，促进学习、超越

事业要发展，队伍是根本。不怕队伍素质低，就怕队伍没活力。长期以来，干部任用的论资排辈、利益分配的平均主义等，造成机关人浮于事、效率低下、官僚作风，人员能上不能下、能进不能出，工作干多干少一个样，系统上下习以为常，成为制约进步的“心障”。因此，革除这些方面的积弊、强力激活队伍势在必行。这就要求我们在干部管理机制上动大手术，建立有效的竞争激励机制，校正价值观，把干部职工的心智模式从紧盯着“领导”引导到紧盯着工作事业上来。

一是实行竞争上岗。干部提拔全部通过民主推荐、业务考试、演讲答辩、组织考察、党组投票决定、公示等六个环节，整个过程坚持客观、公正、透明，扩大了干部职工对选人用人的知情权、参与权、选择权和监督权。从2000年开始三年来，系统选拔出115名副科级以上干部，不仅使优秀年轻干部脱颖而出，更重要的是实现了竞争择优意识的全面渗透，把干部职工的思想意识从论资排辈、“跑官要官”引导到干实事、求实绩、树品行上来。二是推行领导干部聘任制。2001年起，对竞争上岗的51名副科级干部试行聘任制，试用期一年，聘期三年，期满后自行解聘，重新

参与竞争上岗。2002年结合机构改革全面推开，把过去已经委任的干部也改成了聘任，全系统现共聘任199人，先后有41人落聘。聘任制彻底搬走了“铁交椅”，改变了以往“能上不能下”造成的不思进取、安于现状、消极怠工等不良思想行为。三是推行双向选择和轮岗交流。将点兵，兵选将，实现了优化组合、优势互补，强化了团队意识，促进了整体效能的发挥。对双向选择中产生的落选者，待岗学习。下岗者看到了自己的问题和差距，重整旗鼓，争取上岗；上岗者更加努力工作，珍惜自己的工作岗位。四是建立了公平的个人绩效考核评价体系。绩效与收益、与职务晋升挂钩，彻底解决了多年来影响积极性的平均主义、“大锅饭”问题，干部的思想意识由原来的“干多干少一个样”转移到创业绩、出成效上来。五是建立创新奖励机制。制定出台了《创新项目与合理化建议奖励办法》，对在理论创新、管理创新、科技创新等方面做出突出贡献的人员实施奖励，创造尊重人才、尊重知识、尊重劳动、尊重创造的良好环境。2003年，奖励创新项目64个，187人次获奖。这些措施互为补充，形成了较为完善的激励体系，不断引导着队伍树立正确的人生观、价值观。

变革干部管理机制，深刻影响了干部职工的思想行为，队伍迸发出新的生机和活力，学习力、创造力全面提升，实现了“五个有机统一”：进一步激发了发展欲望和学习热情，加快了知识更新速度，促进了学习工作化和工作学习化的有机统一；校正了干部职工的价值取向，促进了个体成功与组织成功的有机统一；激励了创新，促进了个体创新与组织创新的有机统一；推动了个体不断进取，促进了个体自我超越与组织自我超越的有机统一；达成了个体竞争产生活力与团体互动提高合力的有机统一。带来了四个突出转变：实现了干部职工由原来的“要我学”到“我要学”、“要我干”到“我要干”的转变；实现了组织由分散的个体集成向协作的团队组织的转变；初步实现了组织成员由“工具性”的工作观到“创造性”的工作观的转变；逐步实现了个体对组织发展的反映由“压力——应变”型到“动力——求变”型的结构性转变，为事业快速持续发展提供了源源不竭的动力。

四、构建信息化平台，实现管理集约化、扁平化

加快信息化建设既是新时期税务工作的方向，也是学习型组织为高效解决知识共享、互动沟通等根本问题所推崇的技术平台。泰安地税信息化建设起步较晚、基础薄弱，我们坚持高起点规划，快节奏建设，在不到两年的时间里，建成了全市一体化的三级计算机广域网络，全系统共配置服务器76台，计算机1100余台，人均达到1台多，夯实了信息化建设的基础。2003年，确立了以“信息化建设为龙头”的总体工作思路，完

成了“一个框架、两个平台、十二项重点工程、实现四个突破”的信息化建设计划，信息化对整体工作的拉动支撑作用显著增强。经过三年多的努力，全市地税系统已经形成了一个联通市县乡三级、覆盖地税机关全部工作站点的大型网络系统；构建了一个支撑行政管理和税收管理工作的方方面面，功能齐全、运行高效的大型综合工作平台；实现了全市征管、办公数据的市级大集中，信息共享和处理应用能力达到了较高的水平。2003年底，默默无闻的泰安地税成为“全国税务系统信息化建设先进单位”。

信息化的迅猛发展，推动了各项工作的深层次变革。一是组织内在结构发生了巨大变化。网络平台的建立，促使地税机关在组织结构、岗位结构、权责结构、人员结构、利益结构上发生诸多变化。表现在权力结构上，大量工作的上网运行，使系统上下、组织内外对地税工作的知情权、参与权空前扩大，在广泛监督与流程控制的新环境下开展各项管理，使各项权力的运作大步走向规范，“一言堂”、暗箱操作等现象逐步为权力行使“集体化”、“透明化”所代替，权力结构由层级控制的“金字塔型”转向民主互动的“矩阵型”。二是层级监控能力提高、工作质效提升。网络化的运作方式跨越了传统工作环境下空间、时间的限制，使全市地税系统上下级间、部门间、地域间具备了“零距离”沟通和监控能力，为压缩机构、优化人力资源配置创造了条件；干部职工从复杂繁重的手工劳动中解放出来，形成了规范的工作流和数据链，工作的规范化、标准化程度大大提高，无论是税收管理还是行政管理，无论是税务机关还是纳税人，工作质量和效率都有了空前提升。三是信息资源实现共享。依托市局网站，县局、分局（所）以及市县两级机关科室，都有自行制作维护的网页，作为信息发布的平台。网络在信息传递、获取和沟通的速度、流量上与传统方式相比不可同日而语，网络承载的海量信息，提供了获取知识、共享知识、碰撞产生知识的良好环境，成为地税队伍加强学习，不断自我超越的平台。

网络持续不断地促进了队伍的观念更新、意识跟进、作风转变，使队伍心智模式的转变与学习力的增强实现了互相拉动和循环上升。信息化带来的结构变化，需求与应用、网络与素质的快速双向拉动，新软件系统的不断上线运行，知识更新速度的加快，工作流程的不断变化，以及从数据采集到数据加工应用带来的征收率大幅提升，无不激催着干部职工心智模式的持续快速转变，要生存、要发展，要跟上时代发展步伐、工作前进步伐，就必须补充知识、提高能力，只有学习、学习、再学习，工作与学习的融合度达到了峰值，每个软件的开发应用过程，即是干部队伍学习、进步、提高的过程。

五、改善软、硬环境，实现凝心聚力

环境改造人，环境影响是一种特殊管理机制。为使干部职工有充分的归属感，增强团队意识，进一步凝升队伍合力，我们从软、硬两个方面营造良好的环境氛围。近年来，不断加大投入，改善干部职工的办公、生活条件。与此同时，重点营造软环境。一是建设具有现代意识、适应现代工作方式的领导班子。培养领导层的现代意识、创新意识、超前思维，改变旧的行为习惯；勇于放弃权力，给基层和干部职工以更大的自主运作空间，各项权力集体、规范、透明运作，从具体事务中解放自己，腾出精力思考大事，向设计师、服务者的角色转变；作风扎实，对人对事公开、公平、公正、廉洁；率先垂范克服困难，“己所不欲勿施于人”。二是优化人员组合，倡导团队精神，实现 1+1 ＞ 2。通过领导班子换岗交流、队伍调整双向选择，努力使每一个小团队在知识、能力、年龄、性格等方面达到最优配置，形成良好的人际关系，保持共同的使命感、集体的荣誉感、相互间的认同感，做到工作中心无旁骛，减少、避免阻力和不良消耗，最大限度地发挥团体优势。三是创造学习教育的环境和条件。持续开展自我对比启示教育、廉政警示教育、职业道德教育等，加强思想引导；深入开展税收业务培训和学历教育，人均年受训时间超过了 30 天。同时，建立网上师资库、教材库、试题库、教学片库，大量举办政治、管理、法律、ISO、WTO、经济等现代知识讲座，形式灵活多样，为干部职工更新知识、提高技能、成长成才创造充分的条件。四是推进地税文化建设。弘扬泰安地税核心理念，突出营造文化氛围，使干部职工置身于积极向上、健康有益的文化氛围之中，实现心智模式潜移默化的改善。五是建立职工关怀制度。实施“暖心”工程，关心人、爱护人，营造和谐的地税大家庭。良好的软、硬环境，使干部职工增强了对从事地税职业的满足感、参与地税事业的自豪感、置身地税队伍的归属感，产生了强烈的实现自我价值、贡献地税事业的愿望，产生了良好的互动效果，个人荣誉、个体价值与集体荣誉、共同价值紧密地结合到一起，有力增强了团队精神。

六、取得的明显成果

学习型组织的理念和方法，一旦与实际工作紧密结合，便可产生巨大的威力，就泰安地税而言，目前主要的效果有：

（一）队伍的学习力、创造力大幅提升。经过三年多的锤炼，干部队伍思想解放、观念更新，作风转变，整体素质提高，创新能力增强。个人的心智模式逐步整合为组织共享的共同心智模式，学习工作化、工作学习化程度不断提升，终身学习的理念逐步养成，团队学习的氛围日益浓厚，推崇创新、共享互动、团结进取的风气不断增强，知识传递、转化速度不断加快，个人潜能得到有效激发，群体智慧得到充分发挥，队伍的整体学习力、创造力快速持续提高，工作成果层出不穷。全系统干部大专以上文化程度的比重由2000年初的40%上升到现在的81%，80%以上职工获得了计算机应用中级证书。2003年至今，全系统有64个创新项目受到奖励。以信息化应用为例，以服务器集群方式完成市级数据集中，创出了一条投资回报率高、适合中西部应用的路子；《综合治税管理系统》成为推广的样板，拉动了全省地税的应用；《纳税评估管理系统》首创了纳税评估工作的信息化、智能化，填补了国内空白；《个人所得税代扣代缴系统》荣获科技进步三等奖，在多个省份推广应用。这些管理系统都产生了较大的实实在在的经济和社会效益。总局征管司、所得税司、地方税司研究有关业务问题时，多次直接指名让泰安地税参与。干部队伍在短短三年多成长和表现出的创造力，就连我们自己也始料未及。

（二）税收管理的系统化、科学化程度大幅提升。依赖团体的智慧和共同的努力，通过一步一个提高地持续自我超越，泰安地税面对较为复杂的局面，立足工作实际，针对每一个税种的特点，依托计算机网络和ISO9000质量管理平台，全面改造优化征管流程，长足改进地税管理的方式、方法和手段，基本形成了“以征收核算为内核，以税源监控和纳税服务为两翼，以决策支持为辅助，以全面流程控制和管理为保障”的现代化税收征管架构，实现了征管工作重心由征收管理型向监控管理服务型的转移。整个体系结构合理，相互联系，互为补充，彻底摆脱了粗放式的管理方式，税收征管的质量和效率大幅提升；该体系的形成，同样是经过对税收管理方方面面的整体系统思考，队伍学习力、创造力持续增强的一个有力例证。这个管理模式得到了总局领导的高度认同，认为体现和代表了税收征管的发展方向，成为泰安地税对税收管理现代化建设的一个重要贡献。

（三）经济、社会效益大幅提升。工作进步促进了地税职能的发挥，产生了较大的经济和社会效益。以纳税评估为核心的税源监控体系年增加税收1亿多元，提高税收征收率10个百分点以上，征管效能大幅提升。全市1—9月份组织税收收入11.13亿元，同比增长29.86%，超出地方财政收入增幅17个百分点。地税收入的增长，增强了各级政府的财力，有力促进了政府公共服务能力的提升。以电子报税为主体的多元化申报征收方式，优化了人力资源配置，全市征、管、查人员比例由40：44：16变为6：60：34，直接承担税款征收业务的人员减少84%，重点税源控管得到加强；多数纳税人实行电子报税，办税服务厅退出申报征收职能，降低了征、纳成本。全方位、立体式、高效能纳税服务体系的建立，维护了纳税人的合法权益，促进了征纳双方的良性互动。海量数据的加工应用对宏观税收和地方财政、经济的决策支持能力明显增强，服务党委政府、经济发展的层次和水平不断提高。2003年以来，泰安地税共接待了全国各地前来考察的单位100多个，1000余人次，许多又来了第二次，还有的要求派员到泰安挂职学习。泰安地税的创新理念、工作经验和管理文化得到了传播，推动了税收事业的共同进步。

（四）地税机关的社会形象、地位大幅提升。“行为规范、运转协调、公正透明、廉洁高效”的行政管理目标在泰安地税得到了比较充分的体现。省政府研究室调研后形成《泰安市地税局创新行政管理提速增效的做法值得推广》，以呈阅件方式上报省委、省政府领导。作为、地位、形象相辅相成，我们为社会和经济发展做出了重要贡献，社会各界同样给予我们很多，全系统被命名为“省级文明行业示范点”、“山东省行风建设先进单位”；所属六个县（市、区）局全部被评为“省级文明单位”，市局荣获“全国精神文明建设工作先进单位”称号。

在建设学习型组织过程中，泰安地税取得了一些成绩，走上了良性发展的轨道，今后的路还很长，与先进单位相比仍有很大差距。下一步工作中，我们要牢固树立和落实科学发展观，加强学习研究和探索实践，借鉴先进经验，深化各项措施，向更高、更深的层次不断迈进。

（本文是郭凤晓同志2004年10月13日在全国税务系统教育处长培训会上的发言。）

泰安市地方税务局
“作风兴局”战略实施意见

为进一步加强作风建设，全面提高泰安地税系统税收管理的质量效益，加快税收现代化进程，促使广大地税干部围绕“作风兴局”战略部署，统一思想，凝心聚力，强力攻坚，干事创业，努力推动泰安地税实现新跨越，制定如下实施意见。

一、实施“作风兴局”战略的重要意义

作风建设关系地税事业的兴衰成败。作风硬，则地税兴；作风软，则地税散。市局党组在深入调研的基础上，就全系统的中长期发展规划和目标进行了广泛论证、周密研究，一致认为作风问题已成为制约泰安地税发展的瓶颈，集中体现在四个方面：一是队伍活力有待增强；二是税收执法有待强化；三是创新能力有待提高；四是形象品牌有待提升。针对这些问题，按照省局党组和市委、市政府的总体要求，市局党组决定在全系统全面实施“作风兴局”战略，以切实加快工作作风、思想作风、领导作风、学风的转变为主要内容，坚持讲政治、讲学习、讲创新、讲实干、讲廉洁、讲正气，全面提升地税形象和影响力。全市地税系统广大干部职工一定要从全局和战略高度，充分认识实施“作风兴局”战略的重要性和紧迫性，以强烈的责任感、使命感，凝聚共识，真抓实干，汇聚起全面深化改革、推进地税工作科学发展的强大正能量。

二、实施“作风兴局”战略的总体要求

以党的十八大、十八届三中全会和习近平总书记一系列讲话精神为指导，以提高全市地税工作现代化水平为目标，以党的群众路线教育实践活动为载体，牢固树立“跳出税务看税务，跳出税收抓税收”的理念，全面实施“作风兴局”战略，围绕中心、服务大局，改革创新、攻坚克难，全力打造活力地税、法治地税、创新地税、形象地税，力争通过三至五年的努力，建成充满活力、执法规范、创新涌现、站位提升的全新泰安地税，为泰安地税事业实现新跨越提供有力保障。

活力地税：

整体素质显著增强
实干创业导向鲜明
绩效管理科学高效
队伍活力充分激发

法治地税：

征管改革全面推进
税收执法严谨规范
收入质量稳步提高
依法治税落实到位

创新地税：

创新机制健全完善
创新重点突出明确
推广应用高效普遍
创新驱动扎实有力

形象地税：

三个满意全面实现
廉洁勤政蔚然成风
争先创优积极踊跃
形象站位不断前移

三、实施“作风兴局”战略的主要任务

（一）强化人本驱动，倡树好学实干之风，全力打造活力地税

坚持以人为本，大力推进学习型组织、学习型干部建设，强力实施“实干兴税”工程，提升素质，激发活力，更好地适应泰安地税跨越发展的要求。

提升整体素质增活力。一是集中开展“三学一考”活动。“三学”，即学理论。深入学习党的创新理论，坚持用中国特色社会主义理论体系武装头脑，不断提高运用科学理论认识问题、分析问题和指导工作、推动工作的能力。自觉加强党性修养，增强党的意识、宗旨意识、执政意识、大局意识和责任意识，切实加强执政能力建设、先进性和纯洁性建设，永葆党员本色。学政策。在抓好现行政策学习的基础上，加强对新政

策的研究和把握，确保在工作上不出现决策失误和处理问题时的偏差，切实掌握工作主动权。学业务。坚持干什么学什么，不断提高专业化水平，真正做本职工作的行家里手和内行领导。同时，加强与工作职责相关知识的学习，不断提升工作实效。“一考”，即每半年组织一次业务考试，考试成绩作为干部评价和使用的重要依据。二是健全完善教育培训体系。研究制定《泰安市地税系统人才培养三年规划》，注重加强对税务系统领军人才、复合型人才的培养选拔，在信息化管理、经济分析、风险评估、国际税收管理、税务稽查、行政管理等领域选拔培养一批拔尖人才。整合教育培训资源，探索推行学分管理制度，实施全员分层次、分岗位、分需求培训，确保每人每年脱产学习时间达到20天以上。鼓励干部职工参加注册会计师、注册税务师、注册审计师、律师等全国统一执业技术资格考试，逐步探索形成干部培训、考核、使用相结合的教育培训工作机制。三是坚持学以致用、用以促学。注重学习成果的转化，把研究解决税收工作的矛盾和问题，作为检验学习成效的重要标准，坚持在学中干，在干中学，真正把学习的成果转化为谋划工作的思路、促进工作的措施和做好工作的本领，不断提高解决复杂棘手问题的能力和水平，实现学用相长的目标。

倡导实干创业提活力。一方面，突出实干导向。坚持凭德才用干部，以实绩论升迁，把实干作为选人用人的重要标准，创造条件让想干事、会干事、干成事、不出事的干部脱颖而出。创新完善干部考评体系，做到年轻有为的打破常规用、业务过硬的创造条件用、业绩突出的不拘一格用、群众公认的坚决果断用。加大领导干部竞争性选拔力度，按照有关规定，配齐配强基层领导班子，特别是县局“一把手”和中心税务所长，实现各级领导班子年龄、经历、专长、性格的互补。另一方面，培育实干队伍。注重在一线培养锻炼干部，实施机关、基层双向挂职，探索实行机关干部到市相关指挥部挂职锻炼制度。按照人才培育适度超前的思路，对急需的、关键岗位的人才，超前预测、超前规划、超前储备。加大干部轮岗交流力度，基层单位原则上三年轮岗一次，五年完成全员轮岗；新招录人员基层实践锻炼不少于两年；市局中层以上干部中具有两年以上基层工作经历的要达到三分之二以上。在评先树优上优先考虑一线干部和条件艰苦、地域相对偏远的基层干部，以此激励广大地税干部在基层一线、在拼搏实干中建功立业。

推进绩效管理激活力。把绩效管理作为实施“作风兴局”战略的有效抓手，逐步建立科学、完备、管用的绩效考核体系。树立成本管理理念，完善考核模式和内容设计，按照定量与定性相结合、静态与动态相结合的原则设定指标，调整、优化指标体系，实现重点工作、关键项目的重点考核。强化过程控制，研发应用绩效考核系统，对指标信息的形成、获取、监控和反馈进行有效的反映、跟踪，实现平台化作业。建立贯穿绩效考核全过程的沟通反馈长效机制，适时调整，持续改进，确保制度的实效性。注重绩效考核结果的使用，将其结果与评先树优、奖惩机制、用人机制等挂钩。通过制订指标体系，使每个单位的工作、每个人的德能勤绩廉都能得到科学、客观的体现，真正变“人管人”为“制度管人”，有效解决干与不干一个样、干多干少一个样、干好干坏一个样的问题。

（二）强化法治驱动，倡树严谨规范之风，全力打造法治地税

依法行政是税收工作的生命线。当前正处在社会转型时期，老矛盾与新矛盾互相交织，老体制与新体制互为支撑，必须树立严谨规范的工作作风，不断提高依法治税的能力和水平。

严标准深化税收征管改革。打造法治地税，其核心是深化税收征管改革、推进依法行政，重点健全完善三个体系，逐步建立科学高效的税收征管体系。一是以提高征管质效为目标的征管基础体系。适应金税三期要求，进一步规范税收征管基本程序，明晰征纳双方权利、义务，科学调整机构设置、岗责配置、工作流程，实现组织机构的实体化和业务逻辑的扁平化，切实做到纳税服务优化、社会协助深入、税收执法规范、风险管控到位、税务稽查有力、纳税遵从提高。同时，不断强化信息管税，在涉税信息增值应用、纳税评估精度、税源与征管状况监控分析以及网络发票、网络税控机和POS机缴税通推广等方面狠下功夫，提升税收征管的信息化支撑能力。二是以改进管理方式为要求的分类分级分岗税源管理体系。完善税源分级管理体制，加强重点税源专业化管理，一般税源规范化、标准化管理，零散税源社会化管理。继续探索分税种、分行业、分事项的管理。适时调整重点税源风险管理职能，提升管理层级，坚持属地入库、统一监控原则，市局优先监控县域集团性企业和总分机构企业；县级局监控县域范围内的重点税源并完成上级派发的风险管理任务；中心所（科）负责辖区内重点税源的日常管理并完成上级派发的风险管理任务。切实加强反避税和非居民税收管理，为“走出去”企业和个人搞好服务。三是以提高征管效能为目的的质量评价体系。探索建立包含税法遵从度和纳税人满意度、税收流失率和征纳成本在内的、可量化的征管绩效评价指标体系；适时进行在线监控，对工作落实情况进行“面”的扫描，通过实地核查，对存在的突出问题进行“点”的剖析，客观评价税收征管的主观努力程度和征管整体状况，实现发现问题—完善措施—监督落实的良性互动和梯次推进。

严要求深化税收执法管理。税收执法事关整个地税形象，必须严谨规范，

确保不出任何问题。一要强化执法风险防范。以“维护税权、落实政策、规范行为、严格管理”为导向，税收征管、纳税服务、政策落实、组织收入与税收执法紧密结合，夯实执法管理基础；突出对规范性文件制定审核、执法证据、自由裁量权等重点环节的监管；积极应对外部执法风险，突出整治由内部原因引起的违法违规问题；成立督查内审机构，强化执法监督，严格领导问责制度；加强各业务部门及管理层级间的沟通联动，防止业务管理分散割裂，形成管理合力。二要强化税收政策管理。密切关注地方税制改革政策，认真落实相关配套措施，扎实做好“营改增”的后续管理。积极推进企业所得税分级分类相结合的专业化管理，加强个人所得税全员全额扣缴明细申报，建立高收入者纳税评估指标体系，强化个人所得税与其他税费的联动管理。积极做好税收协定执行，严格规范和加强非居民享受税收协定待遇管理。继续深化房产税和土地使用税税源管理，健全房地产税收一体化、土地增值税预征和清算等各项制度，完善车船税代扣代缴、印花税分类管理和城建税、教育费附加委托代征等征管机制，加强税收优惠政策落实的后续管理等。三要强化稽查威慑作用。将“破大案要案，增强稽查威慑力，促进税收遵从，提高征管质效”作为工作重点。重视风险分析发现、纳税评估移交、上级交办、社会举报案件的查办工作。将稽查成果效益最大化，通过稽查发现税收征管薄弱环节，分行业、分税种、分类型进行分析，总结涉税违法案件一般规律和特点。创新稽查方式方法，全面应用电子查账系统，曝光大案要案，设立纳税人“黑名单”。因地制宜调整稽查机构职能，打破行政区域限制，逐步推行一级稽查模式。

严手段提高收入质量。提高收入质量是税收工作的重要任务。一要严格依法治税。坚持“依法征税、应收尽收、坚决不收过头税、坚决防止和制止越权减免税、坚决落实各项税收优惠政策”的组织收入原则，正确处理规范执法与组织收入、促进发展的关系，严禁“掺水份”、“搞空转”，坚决制止有税不收、无税乱收等问题。二要深化收入分析预测。运用大型经济计量和统计分析模型进行预测，准确预判收入形势，科学编制收入计划，密切监控收入进度。坚持从正常申报税源、管理性税源、一次性税源等方面预测收入，对预测偏差情况进行分析，及时反映税收协调增长程度和组织收入风险。对征管状况进行科学评价，深入分析存在问题，有针对性地提出加强税收征管的意见建议。三要严肃收入监控考核。建立“全面控制、过程监控、责任追究”的收入质量监控机制，科学设定收入质量考核指标，对收入增长异常的单位及时检查，对违反组织收入纪律的单位和个人，按有关规定严肃处理。

（三）强化创新驱动，倡树开拓进取之风，全力打造创新地税

创新是一个单位不断进取的不竭动力。按照党的十八届三中全会关于“深化财税体制改革”的一系列要求，进一步更新创新理念，完善创新机制，突出创新重点，引导干部敢创新、善创新、能创新，真正实现创新引领下的自我突破、自我超越。

完善创新机制。制定《创新项目管理办法》，成立创新工作指挥部，统筹负责创新课题、项目的挖掘、提炼、指导、评估、立项、督办等工作，推动创新工作深入开展。建立创新项目“实践—提炼—申报—评审—推广”运行机制，实行项目化、指标化、责任化管理。项目化，即把每项创新工作具体成项目，按照评估立项、开题研究、组织实施、结题验收等程序运作管理；指标化，即把项目实施内容细分到每个环节，明确工作措施、完成时限，并倒排工期，制定形象进度；责任化，即把责任具体到每一个参与者，确定主要责任人，明确工作职责，做到目标要求、主要措施、承办单位、责任人和完成时限“五清楚”。对具有较好应用价值的创新项目，在全系统及时推广，列入专项督查，进行重点督办。

突出创新重点。每三年制定一轮组织发展规划，每年确定一个工作主题。按照“人无我有、人有我优、人优我特”的原则，市局各科室每年至少申报1个创新项目，各县（市、区）局每年至少申报2个创新项目，经评审团队审核通过后，建立创新项目库，根据形势发展，适时调整充实创新重点，加大重点创新项目的培育力度，采取团队攻关、借用外脑、扩大试点等方式全力抓好创新，切实提升泰安地税影响力。

狠抓创新落实。围绕促进各项工作的高效落实，坚持单月调度、双月点评制度，及时解决创新项目推进中存在的困难和问题。年底对创新项目进行验收，评选优秀创新项目，各单位创新项目实施情况作为年度工作述职内容，纳入系统目标管理考核。对创新成果在省内、国内产生较大影响、实现较好效益的给予重奖，对承办项目的个人在干部任用、评先树优上优先考虑，增强典型示范效应。加大对创新成果转化的扶持力度，全方位推广创新成果，全方位宣传创新项目、创新典型，实现以创新带动整体工作上新水平。

（四）强化品牌驱动，倡树为民清廉之风，全力打造形象地税

紧紧围绕打造“泰山魂·地税情”主题品牌，以“进取、担当、奉献、和谐”的泰山精神为灵魂，坚持“亲情、真情、炽情、浓情”相融合，集全局之智，举全局之力，通力合作，协同攻坚，形成以“泰山魂”为引领，以“地税情”为表现，以工作创新为动力，以活动设计为平台，以内外宣传为助推的品牌打造体系，实现品牌提质效、质效促业绩、业绩铸形象的持续提升。

“三个满意”树品牌。牢记“聚财为国，执法为民”宗旨，深入开展“为经济发展献良策，为纳税人办实事”活动，积极主动地为各级各层面提供优质服务，使地税工作让上级满意、让群众满意、让广大干部职工满意。一是倾力服务中心大局。按照省局和全市经济发展大局要求，主动参与招商引资和项目建设，积极为经济发展建言献策。探索实行重点项目“一对一”服务，专人跟进，全程保障，确保项目快速推进。树立重商尊企理念，培植壮大税源，努力为经济发展培育新的增长点，实现地税工作与经济社会发展的良性互动。在民生保障、社会治理等重点工作方面，主动融入、积极参与，最大限度地发挥税务部门的职能作用。二是倾力服务纳税对象。整合资源，合理布局服务网点，实现泰城范围内集中征收、同城通办。建立集税务登记、纳税申报、税款征收、税务咨询、政策查询等为一体的“网上综合服务平台”，不断提高工作效率。发挥“纳税人之家”和“纳税人培训中心”的作用，引入中介机构参与税收管理服务。建立纳税人洞察体系，构建纳税人特征数据库，通过深度数据加工分析，为纳税人提供深层次、无缝隙、零距离服务。同时，加快与政府及各部门间的联网进程，尽快实现网上互联互通、信息共享。三是倾力服务基层队伍。实行人本化管理，构建核心价值体系，提炼形成以价值理念、共同愿景、奋斗目标为核心的文化体系，关心人、尊重人、培养人、成就人。践行“下沉式服务”，领导干部带头深入基层，内部网站设立“局长信箱”，建立健全干部职工问题受理、督办、反馈、跟踪落实等相关制度，了解基层需求，倾听基层呼声，体察基层冷暖，解决基层问题。实行分级、双向、灵活的谈心谈话，积极组织丰富多彩的文化活动，提升团队凝聚力。

“三个注重”铸品牌。以深入开展党的群众路线教育实践活动为载体，深入挖掘、积极培树、广泛宣传先进典型，大力弘扬不谋私利、甘于奉献、廉洁勤政的精神。一是更加注重廉政教育。把反腐倡廉教育融入税收具体工作、班子队伍建设之中，紧扣时代特征，大力推进廉政文化建设，创新廉政教育方式。健全完善廉政风险防控机制，针对不同岗位存在的廉政风险点，探索分岗位、分职级、分层次的廉政教育模式，通过开展示范教育、警示教育等活动，引导广大地税干部努力做思想纯洁品行端正的示范者、明礼诚信遵纪守法的先行者、生活正派情趣健康的引领者，切实筑牢拒腐防变的思想防线。二是更加注重廉洁自律。严格执行中央《八项规定》、《党政机关厉行节约反对浪费条例》等制度规定，严把“三公经费”关口，深入查摆整改“四风”问题，防微杜渐，严于律己，自觉抵制各类诱惑，保持地税干部忠诚、朴实、厚道的本色。强化“两权”监督，确保“一岗双责”有效落实。

三是更加注重监督检查。加强制度约束，用制度管“人”、管“事”，健全完善各项制度，促进税收征管、执法服务等各项具体措施进一步规范化、程序化、法制化、科学化。发挥稽查、审计等的监督作用，突出对权力运行、税收执法等关键环节、重点领域的监督检查，下大气力抓不勤廉的人和事，不让任何人耽误事业，也决不让事业迁就任何人。进一步拓展外部监督渠道，最大限度地将地税工作置于全社会监督之下，自觉接受群众监督，切实增强“第三方”监督的实效，确保实现政风行风评议“保三争一”的目标。

“三项追求”亮品牌。围绕“全省有位次、全国有影响”这一目标，从工作、目标、作风等方面引导干部创佳绩、争一流。一是工作求新。提倡超前思维、创新思维，以问题倒逼创新，从研究解决工作中遇到的具体问题入手，积极寻求税收管理、执法服务、队伍建设等方面的突破口和创新点，时刻保持部署工作有新思路，开展工作有新举措，创新工作有新招数。二是目标求高。与深入推进绩效管理相结合，健全完善目标管理，在全局共同愿景的引领下，研究制定各单位、各岗位及个人的年度及长期目标，实现高目标指引下的整体工作水平持续快速提升。三是作风求硬。积极开展“文明单位”、“文明行业”、“青年文明号’、“三型”党组织创建等系列争创活动，加强干部职工的思想教育、自我解剖和素质提升。强化服务理念，端正服务态度，优化工作流程，提高工作质效，有效解决“庸懒散”、“蛮横硬”等问题，以作风的彻底转变，提升社会满意度，树立地税部门良好形象。

四、实施“作风兴局”战略的保障措施

（一）完善责任落实机制。“作风兴局”每项工作都要按照职责分工，逐条逐项量化分解任务目标，排出详细的工作配档表，强力推进工作落实。层层建立工作责任制，健全重点工作、重大项目由承办县（市、区）局、市局机关科室和分管领导分别落实的“三级责任链”，责任落实定点、定位、定人。全员推行“首问责任制”，对来访、来电等全部纳入首问负责制范围，确保责任制落实。

（二）完善快速推进机制。各级各部门要转变观念，坚持“今日事、今日毕”，推动工作“能快则快、越快越好”。要严格目标管理，按照“从紧从快”的原则，科学排定各项工作任务目标，任务目标一经确定，只能提前、不能拖后，无特殊情况不能更改。要注重协调配合，齐心协力、齐抓共管，形成干事创业的良好氛围。

（三）完善调度督导机制。健全完善督查督办机制，抽调力量组成专项督查组，采取实地查看、明察暗访、抽查调度等形式，对重点项目、重点工作进行跟进督查，发现问题，提出建议，督促整改，推进落实。特别是要在抓好日常调度督导的基础上，加大暗访力度，确保把真实情况掌握上来。

（四）完善奖励惩处机制。优化系统目标管理考核指标体系，建立科学、完备、管用的绩效考核办法。实施绩效管理，用业绩衡量，用事实说话，反映价值导向，体现工作差异。严格区分干事创业失误和违规违纪行为，调动广大干部干事业、谋发展的能动性和创造性。严格奖惩问责，对重点工作落实中涌现出的先进单位和先进个人，给予通报表彰，对埋头苦干、实绩突出的，优先提拔重用；对落实不力、贻误工作的，进行通报批评，直至组织处理，真正以严格的考核奖惩推动“作风兴局”战略的高效实施。

（此系2013年底市地税局新一届党组成立后提出并制定实施的战略规划。）

实施“五个一”工程
扎实推进党的群众路线
教育实践活动

泰安市地方税务局

党的群众路线教育实践活动开展以来，泰安市地税局按照总局和省局安排部署，特别是按照张洪军局长“五个注重”的要求，及早考虑，超前谋划，扎实做好各项工作，目前教育实践活动已全面铺开。一是迅速行动，及早发力。把教育实践活动作为首要政治任务，1月26日总局动员会召开后，立即成立党的群众路线教育实践活动领导小组和办公室，形成了一把手负总责、一级抓一级、层层抓落实的工作格局。二是全面启动，平稳开局。省局2月17日动员会召开后，在省局督导组的指导下，迅速召开动员大会，层层安排部署、层层加强督导，教育实践活动全面铺开。活动启动后，立即成立3个督导组，由3位市局领导担任组长，抽调6名思想政治素质高、政策把握能力强、作风形象好的科级干部，分组对各县（市、区）局进行全程巡回督导。同时，对市、县两级活动办公室全体成员和督导组全体成员进行培训，确保做到高站位、严把关，高标准、严要求，高效率、严自律。三是领导带头，示范推动。市、县（市、区）局班子成员带头学习习近平总书记等中央领导的重要指示，集中研读总局和省局关于第一批党的群众路线教育实践活动总结和第二批部署会议精神，带动全员学习、全员消化。市局班子成员带队深入一线，先期征集意见，力求通过“自上而下”的实际行动，切实把教育实践活动引向深入。在抓好规定动作的同时，按照总局统一安排和省局具体部署，结合泰安地税实际，在自选动作方面重点开展“五个一”工程，确保教育实践活动高起点开局、高标准推进、高质量整改、高效率落实。

一、实施一个战略：作风兴局。这次教育实践活动把主要任务聚焦到作风建设上，把作风建设聚焦到集中解决形式主义、官僚主义、享乐主义和奢靡之风这“四风”上。我们按照总局和省局统一部署，特别是按照省局“坚持盯住主题、对准焦距、狠刹‘四风’”的要求，重点聚焦“四风”问题，以实施“作风兴局”战略为主线，突出解决存在问题，进一步强化正风肃纪，切实树立良好形象。一是找准问题。找准问题是解决问题的前提。围绕深入查摆“四风”方面存在的突出问题，局班子成员利用1个多月的时间，分别带队深入8个县（市、区）局、32个中心税务所、23家企业实地调研，倾听基层干部、纳税人的呼声和诉求，特别是以服务经济发展、服务改善民生、服务地方社会发展为主题，向市直机关和有关部门寄发征求意见函，累计征集各类意见建议36条，归并、整理出4类12大项。二是边查边改。抓好问题整改是总局和省局的一贯要求，在全省地税系统教育实践活动第一批总结暨第二批部署会议上，张洪军局长强调“必须把问题整改贯穿始终，从小事做起，从具体事情做起”。为此，我们在深入查摆问题的同时，同步开展好其他相关工作，边学边改，边议边改，边查边改，即知即改，对纳税人反映比较集中的办税等候时间较长、涉税资料不齐提醒不及时等问题都及时予以整改，做到了征集意见、查找问题与整改落实同步进行，以问题整改开局亮相。其中，在形式主义方面，着重解决工作不实、学风不正的问题，教育引导党员干部改进学风文风会风，强化业务学习，争当行家里手，真正把心思用在干事创业上，把功夫下到察实情、出实招、办实事、求实效上；在官僚主义方面，着重解决服务慢作为、吃拿卡要的问题，教育引导党员干部热心为群众服务，诚心接受群众监督，切实维护纳税人权益；在享乐主义方面，着重克服及时行乐思想和特权现象，教育引导党员干部克己奉公，勤政廉政，始终保持昂扬向上、奋发有为的精神状态；在奢靡之风方面，着重解决挥霍享乐的不良风气，教育引导党员干部艰苦朴素、精打细算、勤俭办事，争当清廉的楷模、节约的表率、勤俭的标兵。三是建章立制。为防止作风建设“随着活动来，跟着活动走”，我们突出抓好解决“四风”问题、促进作风转变的长效机制建设，特别是按照习总书记在全国“两会”参加安徽代表团审议时提出的“严以修身、严以用权、严以律己，谋事要实、创业要实、做人要实”的“三严三实”要求，健全完善责任落实、快速推进、调度督导、奖励惩处等四项机制，倒逼广大党员干部从严要求自己、从实开展工作，真正通过制度建设持续整改“四风”问题，使地税作风建设始终抓紧、不断提升。

二、开展一个活动：为经济发展献良策、为纳税人办实事活动。最大限度地解决群众关心关注的热点难点问题，解决好联系服务群众“最后一公里”问题，是第二批教育实践活动的另一个重点。按照总局关于开展“便民办税春风行动”的总体部署和省局张洪军局长“服务好纳税人，让纳税人满意；服务好基层，让干部群众满意；服务好大局，让党委政府满意”的要求，今年年初，我们立足泰安经济社会发展和地税工作实际，深入实施以“为经济发展献良策、为纳税人办实事”为主要内容的“两为”活动，引导广大干部职工在服务中建功立业。活动启动以来，共梳理征集为纳税人办理的实事 172 项，1 个经济发展良策被纳入地方政府决策。一方面，主动为经济发展献良策，在服务大局上有新作为。牢固树立“跳出税务看税务、跳出税收抓税收”的理念，动员广大干部职工从税收的角度看经济、看社会、看发展，深入开展经济税源调研，及时提出有数据、有分析、有价值的意见建议，为党委、政府决策提供科学依据。一是在工作定位上有新作为。找准服务经济社会发展的切入点和加强税收征管的着力点，积极参与招商引资、项目建设、片区开发等重点工作，特别是探索实行重点项目“一对一”服务，专人跟进，全程保障，确保项目快速推进。二是在主动服务上有新作为。充分发挥税收作为经济“晴雨表”和政策“风向标”的作用，从经济的角度分析税收，从税收的角度观察经济，特别是超前研究经济社会转型升级中的苗头性、倾向性问题，认真研究政策、制定对策，不断提高经济增长的质量和效益。三是在加强地方财源建设上有新作为。落实税收优惠政策，大力支持民营经济发展、扶持中小企业和小微企业发展。完善政策跟踪问效机制，对政策执行情况定期开展效益评估，剖析政策执行中遇到的问题，增强政策惠及企业的深度和广度。另一方面，真心为纳税人办实事，在便民办税上实现新突破。围绕提高纳税人满意度和税法遵从度，高效开展“六提速、三减负、一首问”便税服务行动，努力在窗口服务、提速涉税事项办理、公平执法、政策落实、税收检查、风险防控管理、税务法律救济、“阳光办税”、税收执法监督、纳税人权益保护等十个方面实现突破。在全系统推广安装 POS 机缴税通 75 台，避免了纳税人在办税厅和银行网点之间的往返，以往半个小时甚至几个小时才能办结的业务，现在 5 分钟之内即可办结，极大地提高了纳税人满意度；现金缴税的取消，降低了税收执法风险。针对金税三期上线后存量房办税受理时间长、大厅经常出现排队拥挤现象，我们正集中力量研究开发房地产交易办税平台，将信息采集、网上预约、档案管理等集于一体，办税流程进一步减少，将有效避免纳税人大厅等待拥挤现象。

三、塑造一个品牌：泰山魂、地税情。按照省局关于持续深入开展精神文明创建活动的要求，我们把品牌打造作为教育实践活动的重要任务，坚持文化与税收工作紧密融合、同步推进，全力打造“泰山魂 · 地税情”品牌，以此充分发挥好文化建设软实力作用，引领各项工作实现新提升。一是确定品牌内涵。以“进取、担当、奉献、和谐”的泰山精神为支撑，以“真情、亲情、浓情”为载体，不断充实“泰山魂 · 地税情”品牌的内涵和外延，真正将地税精神内化为干部职工的核心价值观，外化为工作、学习和生活的行动习惯，固化为推动地税工作跨越发展的强大动力。二是明确品牌目标。认真梳理目前哪些工作独具特色，哪些是已经在做的，哪些是将要探索的，哪些是比较模糊的，哪些是需要下大力气弥补的，在此基础上，认真设计品牌创建方案，广泛开展各类推介活动，力争用2到3年时间，将“泰山魂 · 地税情”打造成全省知名、全国有一定影响的服务品牌。三是突出品牌重点。打造品牌内容复杂、涉及面广，只有突出重点，才能真正实现品牌价值。以真情接地气。对群众的真情是“地税情”的核心。在这方面，我们认真践行“下沉式服务”，督促各级领导干部眼睛向下、重心下沉，转变服务方式，带头深入一线、深入群众、深入企业了解情况、发现问题、制定措施、化解矛盾，确保各类问题尽快解决到位。以亲情聚人气。大力开展“亲情家园”建设，引导干部职工牢固树立“局兴我荣、局衰我耻”的理念，不断凝聚起“为国聚财、为民收税”的强大合力。同时，创新完善干部考评体系，建立健全科学的干部选拔任用机制，做到年轻有为的打破常规用、业务过硬的创造条件用、业绩突出的不拘一格用、群众公认的坚决果断用，最大限度地调动起各级干部干事创业的积极性和主动性。以浓情扬正气。依托内外网站、12366热线等载体，加大税法宣传力度，增强全社会税收法制意识。坚持公正、规范、文明执法，严厉打击各类涉税违法行为，大力整顿和规范税收秩序，全力塑造泰安地税的良好形象。

四、培树一个典型：张书义。培树典型是习总书记和省、市委领导在这次教育实践活动中明确提出的一个重点。按照总局提出的“加强先进典型选树工作”和省局提出的“及时发现先进典型，总结推广好经验好做法，集聚有利于活动开展的正能量”的要求，我们坚持把培树先进典型作为贯穿教育实践活动的重要内容，深入挖掘原肥城市地税局石横中心税务所所长张书义的先进事迹，引领广大机关干部对照先进、积极参与，提升教育实践活动的影响力。一是深挖事迹。组成专门工作班子，深入张书义原工作单位中、家中、服务对象中进行深度座谈了解，总结了四个方面的特点，就是学习他不达目的誓不罢休的韧劲、勇往直前的拼劲、勇于创新的钻劲等务实作风；学习他心系群众，时刻把纳税人和同志们放在心中的为民情怀；学习他秉公执法、不徇私情、为政清廉的高风亮节；学习他孝老爱亲、关爱同事、关爱家人的传统美德，真正用张书义这个典型激发各级干部的内生动力。二是深入宣传。在地税系统内部，市局、省局先后下发向张书义同志学习的通知，3 月 20 日上午，全省地税系统先进人物典型事迹报告会隆重举行，主会场设在泰安市局，全系统干部职工在分会场集中组织收看，对张书义等先进人物的事迹进行了集中宣讲，引起各级干部的强烈共鸣，目前，该典型已被推荐为全国税务系统践行党的群众路线为民务实清廉先进典型。其事迹先后在《中国税务报》、《大众日报》、《泰安日报》等媒体予以广泛报道，在泰安电视台《泰山先锋》、山东卫视《齐鲁先锋》等栏目进行专题播出，省委常委、宣传部长孙守刚同志给予充分肯定。三是深学细照。把学习弘扬张书义精神，与学习弘扬焦裕禄、孔繁森等先模人物结合起来，作为一条红线贯穿教育实践活动始终，以先进先辈为镜，向身边的典型看齐，自觉做到深学、细照、笃行，确保真正触及党性、触及灵魂。

五、建立一套制度：重点打造绩效管理制度。制度建设是践行群众路线的“固化剂”。按照总局和省局进一步提升行政效能的要求，我们根据新的形势任务完善了督查督办、会议管理、公务接待等多项内部管理制度，特别是围绕落实好省局张洪军局长提出的“认真研究建立激发干部队伍活力的管理机制，建立完善绩效考评办法，激发干部内生动力”的要求，我们着眼于有效解决干与不干一个样、干多干少一个样、干好干坏一个样的问题，积极实施绩效管理，先后制定下发了全系统和市局机关两个绩效管理办法，相应完善了系统和机关特别加扣分及一票否决规定、创新项目管理等多个配套办法，制定绩效计划指标 210 余项。目前，围绕“三个突出”，全系统绩效管理工作正在全力推进。一是绩效计划突出差异化管理。在制定绩效计划时，把履行好税收职能作为关键绩效指标，设定了特别加分，体现正确的导向；设定了特别扣分和一票否决项目，作为底线和警戒线。针对所属县市区经济发展水平差距较大，地税系统内部情况不同的实际，制定绩效计划时，在健全全系统“统一计划指标体系”的基础上，指导县市区局根据各自实际制定“自定义指标体系”，既体现了法治、任务刚性，又体现了特色亮点、管理切入点。将被考评的 10 个县级局划分 A、B 两类：全职能的 6 个县级局为 A 类，4 个直属、派出机构为 B 类，A 类评出 2 个优秀单位，B 类评出 1 个优秀单位。对绩效考评成绩排名比上年度进步 2 个位次的确定为“绩效管理进步单位”，做到求真务实，调动各单位积极性。二是过程控制突出持续改进。绩效管理涉及地税工作的方方面面，靠人工管控既不现实也不可能，更容易流于形式，为此，我们以新泰市地税局为试点，研发了《绩效管理信息系统》，使绩效计划、过程控制、绩效考核、绩效改进等实现了流程推送。该系统明确了绩效计划的时间、数量、质量三个维度，对执行情况实行月度、季度、半年等全过程、全方位管理，问题得到了及时查找，原因得到了深入分析，实现了日常改进和考评后全面改进的有机结合。《绩效管理信息系统》已于2月份研发完毕，目前正在新泰市地税局试运行，4月份正式运行，我们将适时在全系统予以推广，该系统的应用将实现信息化支撑下的由目标管理向绩效管理的全面转化。三是绩效考核突出激励约束。将年度公务员德能勤绩廉综合测评按一定比例折算计分，加入个人年度绩效考核得分，根据合计分数直接确定干部职工优秀等次，有效克服了绩效管理和公务员年度考核“两张皮”现象。年度绩效考评结果与评先评优、教育培训、干部选拔使用、工作问责等直接挂钩，对年度绩效考评未达标或连续两年排名末位的单位主要负责人进行诫勉谈话；对连续两年未达标的单位主要负责人予以调整。绩效考评为选人用人提供了重实干、重实绩的重要依据，能有效避免干部选拔使用上的唯分、唯票等弊端，实现了凭德才用干部，以实绩论升迁，为想干事、会干事、干成事、不出事的干部脱颖而出创造了有利条件。

通过开展党的群众路线教育实践活动，系统上下在总局和省局的领导下，“五个一”工程扎实推进，较好地实现了“规定动作”与“自选动作”的结合与补充，使“规定动作”做得更实，“自选动作”亮点更突出，服务质效有了新提升，队伍活力进一步激发，活动效果初步显现，特别是各县（市、区）特色亮点不断涌现，新泰绩效考核、肥城典型培树、宁阳“金质”服务活动、泰山区扁平化管理、岱岳区廉政保证金制度、东平网上法规库建设等，都非常有分量，实现了“两不误、两促进”。

（2014年4月，税务总局督导组到宁阳县督导税务部门党的群众路线教育实践活动开展情况，本文是郝玲同志向时任税务总局党组副书记、副局长解学智的专题汇报，得到税务总局、省地税局领导充分肯定。）

大力弘扬优良传统
认真践行群众路线
努力推动泰安地税事业
在新起点上实现新跨越

郝　玲

1994年10月20日，为适应分税制财政体制改革的需要，原泰安市税务局分设，成立了泰安市国家税务局和泰安市地方税务局。20年来，为我们泰安地税开创基业的老领导、老前辈们，逐步退出了工作岗位；20年来，曾经风华正茂、充满青春活力的年轻干部，伴随着泰安地税的创新发展，成了我们队伍的骨干和中坚，今天他们虽然双鬓染霜、青春不再，但依然充满激情、兢兢业业地工作在各自的岗位上；20年来，我们的事业不断发展壮大，我们的队伍不断吐故纳新，补充了一批又一批的新鲜血液，经过传帮带，经过历练和捶打，他们已逐步成为泰安地税在新形势下长足发展的骨干力量。老干部们的无私奉献让我们敬仰，中年骨干的担当撑起发展的脊梁，年轻干部的朝气给事业跨越注满希望。让我们一起重温回顾那段历史，重温回顾那段曾经共同奋斗的岁月！

一、峥嵘岁月，二十年奋斗不寻常。我记得毛主席有两句诗是这样写的：三十八年过去，弹指一挥间。同志们，时间过得真快，和毛主席说的弹指一挥的38年一样，我们泰安地税的20年发展历程，在历史长河的大坐标中，也是弹指一挥，也是短暂一瞬，但对于经历过这场税制变革，体验过这段艰辛创业，付出过无数心血汗水的泰安地税人而言，我们可以由衷地说，这20年是我们生命的大部分。1994年到2014年，这是我们认真践行党的群众路线、全心全意为纳税人服务的20年；是我们不辱使命、拓荒创业的20年；是我们艰苦奋斗、创新发展的20年；也是我们奋勇担当、铸就辉煌的20年。地税局组建之初，系统上下办公条件极其简陋，征管基础非常薄弱，工作环境特别艰苦，但我们泰安地税人没被困难吓倒，硬是凭着一腔豪情、一股拼劲和一身智慧，用20年的时间夯实了基础、促进了规范、创新了发展，实现了从无到有、从小到大、从弱到强、从默默无闻到声名远播的跨越。下面，我从以下五个方面同大家一起总结回顾。

（一）泰安市地税局20年的历程，是不辱使命、恪尽职守的历程。从地税局成立之日起，我们第一代地税人心中就有一个信念，就是始终牢记为国聚财是地税工作的第一要务，组织收入永远是税收工作的中心任务。地税局组建之初，百事待举。全市地税系统只有715人，比例只占原税务人员的29%，而在新税制18个税种中，由我们负责征收管理的就有15个。这些税种大部分税额小、零星分散、易漏难管，在征收过程中，我们必须做到西瓜芝麻同时抓，既要抱紧“西瓜”，更要捡好“芝麻”。

“收税难，收地方税更难”。由于原来的税收征管档案资料全部移交国税机关统一管理，地税部门的所有工作都是从零开始，从各种基础性工作入手，管理难度和工作繁重不言而喻。面对艰难复杂的工作条件和严峻的经济形势，我们没有退缩，没有畏惧，在20年时间里，不断总结经验，不断创新进取，不断跨越发展。在复杂形势、繁重压力下，顺利完成了各项目标任务，积累了一个又一个好经验：如紧紧依靠党委、政府的领导，让各级党政领导重视、关注地税工作，赢得他们对地税工作的最大理解、最大支持；如充分发挥广大干部职工在税收征管、执法、服务中的积极性、主动性和创造性，给他们提供充分施展才能、体现价值的舞台，使他们成为完成地税各项任务的强大力量、不竭源泉。如积极服务于社会、服务于纳税人，在服务中提升我们的管理境界、管理层次、管理水平等，在小平台上作出大文章。1994年10月地税机构组建当年，完成收入2.99亿元，2013年底全市收入达到114.29亿元，是建局当年的38倍还多，相当于建局前11年之和。20年来，地税各项收入实现了跨越式增长，一年一个新台阶，一年一步大跨越，已累计组织各项收入744.1亿元，为泰安经济和社会各项事业的发展提供了有力的财力支撑，向泰安市委、市政府和泰安人民交出了一份满意的答卷。今年全市税收任务是128.4亿元，在经济形势不景气、前几年收入连年高幅增长、“营改增”等政策性减收较大等不利因素的影响下，系统上下讲政治、顾大局，向管理要税收、向政策要税收、向挖潜要税收，一季度顺利实现开门红。截至4月底，已完成各项收入46.67元，同比增长4.58%，增收2.05亿元。

同志们，建局以来，我们一直面临着税收任务增长与税源不足这对矛盾，国家每一项财税政策出台、实施，无不左右和影响着地方税收的征管。1996年，个体业户和涉外企业地方税收划转地税部门征管后，税源点多面广、零星分散的特点更加突出，进一步分散了地税机关本来就薄弱的征管力量；进入新世纪后，随着国家宏观调控政策力度的不断加大，固投税、屠宰税先后停征，各项税收优惠政策逐步出台和实施，地方税源进一步萎缩，完成任务的难度也在不断加大；2008年以来，受国际金融危机影响，国内外经济形势复杂多变，国家税收宏观调控政策密集调整，经济发展速度放缓、企业效益下滑、税源不足等矛盾愈加突出，给组织收入带来的挑战越来越大；2011年3月1日，“耕契”两税划转地税机关征收后，受各种复杂因素影响，“两税”基数大的问题给完成收入任务带来更大压力；从去年开始，“营改增”政策逐步推行，小微企业税收优惠政策等先后出台，地方税基受到很大影响。

但无论形势如何困难，我们泰安地税人总是满怀豪情，用智慧化解矛盾，用奋斗填充缺口，充分发挥了我们的职能作用，始终对地税的未来发展充满信心。尤其是党的十八届三中全会对财税体制改革作出了一系列新的要求，如深化税收制度改革，完善地方税体系，调整消费税征收范围、环节、税率，逐步建立综合与分类相结合的个人所得税制，加快房地产税立法并适时推进改革，加快资源税改革，推动环境保护费改税，清理规范税收优惠政策，完善国税、地税征管体制等。这些政策对我们下一步发展来讲，都具有重要的里程碑意义，是推进地税事业快速跨越发展的重要机遇。

（二）泰安市地税局20年的历程，是不畏艰难、艰苦创业的历程。俗话说，“前人栽树，后人乘凉”。没有前人的创业，就没有今日的辉煌。

一是办公环境全面改善。目前，我们身处的这座16层办公大楼，以现在的眼光看，内部设施并不先进，高度也没法和周边新建筑相比，但40岁以上的机关干部对这座大楼的辉煌一定记忆犹新。当年，这座大楼曾是泰安主城区的一个标志性建筑，被称为“泰东第一楼”。这座大楼，是我们艰苦创业的一个最好见证。1995年春天，建局不久的第一届局党组在只有50万元家底的条件下，为改善我们的办公生活环境，排除各种艰难险阻，经过两年的建设，1997年4月8日，市局机关、稽查局、直属分局全体干部职工如期搬进了新落成的办公大楼。20年过去了，我们的办公大楼虽然失去了昔日的荣耀和光环，但它是一座丰碑，是见证泰安地税不畏艰难、艰苦创业的丰碑，是一座永远屹立在所有泰安地税人心目中的丰碑。

大家知道，地税机关组建之初，除新泰市局、泰山区局的办公条件较好之外，其它县市区局都面临着经费不足、人手少、任务重、工作条件差等问题。市局直属分局的干部职工每人带着1桌1凳，从宽敞明亮的办公大楼搬进了临时租用的东都宾馆沿街的、冬冷夏热的低矮楼房内办公，同志们全都无怨无悔。肥城市地税局与国税局合署办公。原郊区地税局19个基层征收单位中，有15个没有独立办公场所。东平县地税局组建时只有69人，局机关9个科室中，有6个1人科；在18个基层征收单位中，有5个1人所，10个2人所。宁阳县地税局17个基层征收单位中，有14个2人所，3个1人所。经过几年的奋斗，泰山区、岱岳区、肥城、宁阳、东平、开发区等单位和市局一样，白手起家，多方筹资，建成了宽敞明亮的办公大楼，各基层分局（所）也都有了独立的办公场所。回想当年，创业的艰辛值得我们回味，我们老一辈地税人为我们事业的无私奉献、所挥洒的汗水和泪水永远不能忘记。

二是收入任务全面完成。市地税局组建之时，离年底只有70余天的时间，而收入进度却落后时间进度12个多百分点，后两个月必须完成3个多月的工作量，才能确保完成全年地方税收任务。如何开展地税工作？地税工作应先从哪里入手？地税系统从领导干部到一般同志，大家都在思考、都在探索。以老局长徐兰云为班长的党组一班人经过深入的调查研究，确立了“内抓正常秩序、外抓工作协调”的工作思路，从稳定队伍抓思想、税收任务抓进度、队伍建设抓素质的“三抓”入手，向全系统提出了“只争朝夕、狠抓落实、责任到人、速见成效”的工作要求。通过深入细致的思想政治工作，使每一位同志充分认识到历史把我们推上了地税工作的光荣岗位，给了我们在地税工作中建功立业的极好机遇。全系统715名干部职工没有怨天尤人，在困难面前没有退缩，在极其短暂的时间内，统一了思想，坚定了信心，全身心地投入到了全新的工作之中，经过共同努力，较好地完成了地税收入任务。

三是制度建设全面规范。各局把班子建设、制度建设、队伍建设放在各项工作的突出位置，在坚持原税务局制定的一系列行之有效的规章制度的前提下，根据地税工作的特点，制定出台了一系列新的规章制度。经过艰苦努力，各项工作渐入正轨。机关党、团、工、妇组织全部组建，并迅速开展活动；修订完善了各项规章制度，为工作的高效运转提供了保障；认真落实省局“两个转移”战略部署，将工作重点转向基层、转向征管。通过开展“五小建设”，“六好基层单位”创建和新一轮基层建设，各基层单位的工作、学习、生活条件大为改善，环境得到进一步优化。

尽管自2008年推行“阳光工资”以来，我们系统内同志们的经济待遇受到一定程度的影响，尤其是今年地税经费下划地方后，对我们工作的制约和影响更大，但是，不畏艰难、艰苦创业的精神仍然是我们的传家宝，时刻不能丢；勤政务实、廉洁自律的良好作风我们要时刻保持。要把中央“八项规定”作为紧箍咒，固化为具体行动，慎独、慎微、慎言、慎行，使好的精神得以传承。

（三）泰安市地税局20年的历程，是锐意改革、创新发展的历程。创新是一个单位持续发展的灵魂。回顾20年来历程，改革创新始终贯穿于我们各项工作之中。我们深深体会到，这支队伍是一支具有持续创新、锐意改革、人才辈出的队伍，我们的许多创新工作走在了山东地税、乃至全国税务系统的前列。

一是夯实基础抓创新。地税机关组建后，税种多、任务重、一线人员少、征管手段落后等问题严重，使沿袭几十年的“专管员管户”征管模式受到挑战。面对严峻的现实，各级地税机关领导班子决心从改革中找出路，从创新中求突破。东平县地税局沙河站地税所针对工商业基础薄弱、农村零散税收占比大的实际，探索出一条“政府管税、部门协税、群众护税、专业治税”的乡村税收征管社会化的新路子。1995年3月，市地税局在东平县召开农村零散税收征管现场会，及时总结、推广了东平县这一经验做法。东平县地税局的做法得到山东省地税局的高度重视，同年4月，大众日报社、山东电视台等新闻单位联合采访了东平的经验，随后在全省得到推广，为山东地税全面推行“城镇税收征管现代化、乡村税收征管社会化”工作模式做出了积极的贡献。

二是技术引领助创新。税收信息化建设，是引领泰安地税改革创新实现一次又一次新突破的关键因素。早在1995

年起，泰安地税就积极探索和试行取消“专管员管户”制度，逐步建立起以征收大厅为载体、以计算机为主要手段、以纳税人自行申报纳税为前提、以加大稽查力度、提高申报入库率为目的的新的征管模式。到1996年，全市建立了7个征收大厅，配备了58台计算机，在各县市区局直属分局和经济比较发达的基层分局普遍实行了微机征税。

三是战略兴税促创新。世纪之初的2000年，第二届局党组集思广益，确定了“以人才兴税战略为根本、以科技兴税战略为龙头、以管理兴税战略为保障的‘三大兴税’战略，带动泰安地税加快发展，三年基本实现现代化”的思路。当年，泰安地税开始推广使用全市统一的税收征管软件系统。2001年上半年，在巩固纳税人上门申报纳税方式的同时，积极推行了多元化申报纳税方式。2002年，在全市饮食服务行业推行了税控收款机。2003年起，全部取消了手工填票。2004年，肥城市局探索实行机关“4S”财务管理新路子，得到省局充分肯定，在全省地税工作会议上作为现场进行观摩，并在全省予以推广。2005年，我局研发的纳税评估、综合治税、网络申报等3个管理信息系统，分别被评为山东省科技进步二等奖和泰安市科技进步二、三等奖。2006年，我局自主研发的税务稽查管理系统、重点企业分级监控系统、远程视频教育系统发挥了突出作用，被评为“山东省信息化建设示范工程”，我局也被国家税务总局评为“全国税务系统信息化建设先进单位”。

四是承前启后推创新。2007年，围绕省级“大集中”，我局进一步研发、推广和应用了操作性良好、功能强大的软件。2009年，我们积极推行税源管理新模式，逐步建立起以税源信息采集为基础、以纳税评估为核心、以核实处理和税务稽查为重点、以税源数据增值利用为目标的税源管理新模式，初步构建起税源管理新格局。新泰市局探索委托国税代征零散税收新模式，解决了长期困扰地税部门的征管难题。2010年，以深入开展新一轮基层建设为主线，完成了泰安地税数据平台、税收票证管理系统、税务制服管理系统、政策评价反馈系统、财税库银税收收入电子缴库横向联网等的开发建设。2011年，结合集中办公和纳税服务厅整合，创新税源专业化管理，形成了“以专业管理层为中枢，以纳税评估为重心，分类、分级、分岗管理，全方位、一体化运作”的管理框架，得到了总局和省局的充分肯定。2012年，继续深化“大集中”系统应用，不断强化联合办证系统、货运管理及代开系统、执法责任制系统、车船税管理系统、个人所得税管理系统等“大集中”子系统的应用。从2013年10月8日起，全面推行“金税”三期工程。目前，全市地税系统从税收业务到行政管理，实现了网上运行，为税收现代化建设打下了坚实的基础。

（四）泰安市地税局20年的历程，是勇于担当、奋发有为的历程。地税事业要发展，班子队伍最关键。一支作风优良、业务过硬、敢担当、求上进的干部队伍是地税工作取得一个又一个新成就的根本保障。20年的辉煌历程充分证明，钢班子才能带出铁队伍，铁队伍才能干出好工作。回顾20年，正是由于市局、县市区局一个又一个好班子手持接力棒，履好职，尽好力，迎难而上，大胆开拓，才使泰安地税跨上了一个又一个新台阶，取得了一个又一个新成绩。

一是建设了一支勇于担当、敢于负责的钢班子。在地税事业从无到有、从小到大的发展过程中，历届党组充分认识到坚强有力的领导班子是地税干部队伍的核心和“龙头”，是带领地税事业不断向前发展的中流砥柱，为此，始终把领导班子建设摆在突出位置。在思想建设方面，先后组织开展了学习“三个代表”重要思想、党员先进性教育、党章主题教育、科学发展观和群众路线教育实践等活动，提高了各级领导干部研究解决税收工作难题、实现地税科学发展的能力。在作风建设方面，积极转变工作作风，深入基层调查研究，分析干部队伍建设、税收征管工作的现状、创建工作亮点、提高税收科学化、精细化管理水平等方面的问题，开展工作督查，帮助指导基层开展工作。在组织建设方面，认真贯彻落实《党政领导干部选拔任用条例》，创新干部选拔任用机制，1997年以来，副科级以上干部全部通过竞争上岗，在全系统形成了尊重知识、重用人才的用人导向，逐步建立和完善了公平、公正的选人用人机制，为全市地税领导班子建设注入了活力。20年来，市、县两级班子成员无一人因触犯刑律被追究。

二是以人为本、从严治队，干部队伍综合素质得到显著提高。建局之初，就明确了“近期抓收入，长远抓队伍”的工作思路，相继制定出台了加强思想政治工作，强化干部教育培训，规范干部队伍管理等一系列的制度办法，打造了一支廉洁、务实、高效的地税团队。20年来，许多优秀人才脱颖而出，目前全市地税系统在职干部职工中，具有大学专科以上学历的有1029人，占在职干部职工总人数的93%，其中有研究生学历19人。全系统现有注册税务师25人，注册会计师3人，税务师109人，会计师58人。截至2013年年底，先后有105名同志进入省局骨干人才库。其中肥城市地税局探索形成了税源专业化管理团队方式，得到各级充分认同，被国家税务总局确定了基层教学基地。干部整体素质不断提高，队伍形象越来越好，工作作风不断转变，队伍活力明显增强，为地税事业的发展提供了强有力的组织和人文保障。

三是注重发挥了各种先进典型的示范带动作用。建局以来，我们始终把典型培树放到重要位置，深入挖掘先进典型身上的的闪光点，深入挖掘先进典型体现的丰富内涵，在此基础上，进一步充实完善，培育提升，确保了各个时期的先进典型鲜活生动、可学可信。20年来，全市地税系统先后涌现出了像韩锦秀、李玉晓、张书义等一大批先进典型人物，他们在引领风尚、提振士气方面发挥了极为突出的示范带动作用。去年底以来，我们重点挖掘培树了原肥城市地税局石横中心所所长张书义这一典型，他是地税系统基层优秀党员的代表，是我们众多典型中的一个缩影。目前省各大主流媒体正在陆续地报道他的先进事迹。张书义这个典型，已被确定为山东省、泰安市党的群众路线教育实践活动先进典型，被省委宣传部确定为全省重要宣传典型，省局党组也推荐他为全国税务系统为民务实清廉先进典型，其事迹材料已上报国家税务总局。今年以来，我们充分利用系统内深入开展党的群众路线教育实践活动这个有利时机，在全系统大力弘扬“爱岗敬业、争创一流、艰苦奋斗、勇于创新、淡泊名利、甘于奉献”的精神，鼓励干部职工立足地税、建功立业，系统内先后涌现出一大批先进典型。如，干一行爱一行，干一行精一行，善学善成，勇夺全省稽查能手第一名的学习标兵——肥城市地税局汶阳中心税务所副所长李冰；如，从车间维修工成长为全省税收征管能手，踏实做人、踏实干事、不断追求幸福梦想，珍惜青春、懂得感恩的励志青年——市局征管科张喜乐；如，从体育学院走出来，通过勤学苦练，多次圆满完成省、市局确定的重大稽查任务的业务骨干——市局稽查局李超；如，18年坚守在纳税服务第一线，酸甜苦辣心自知，无怨无悔献真情的直属征收局办税服务厅工作人员王爱霞等。这些同志，在平凡的岗位上都干出了不平凡的业绩，值得我们学习、推广。

四是形成了以制度、机制管人管事的工作格局。制度、机制管长远，管根本。20年来，我们在工作理念上不断创新升级，在管理模式上不断优化，在制度机制上不断完善。2001年，在全省地税系统率先引入ISO9000质量管理体系认证，对税收管理、行政管理等全部实现了无缝隙、全过程控制，同时全面推行目标管理，将过程管理与结果管理有机结合了起来。在强化刚性管理的同时，注重管理的人性化，在全系统积极开展学习型组织创建，被全国总工会等9个部门表彰为“全国学习型组织创建优秀单位”。今年以来，围绕落实好十八届三中全会关于“严格绩效管理，突出责任落实，确保权责一致”的论述和省局“认真研究建立激发干部队伍活力的管理机制，建立完善绩效考评办法，激发干部内生动力”的要求，我们积极实施绩效管理，将干部职工的年度绩效考评结果与评先评优、教育培训、干部选拔使用、工作问责等直接挂钩，将人岗相适、重视一贯表现等要求贯穿到干部选拔任用工作的全过程，真正确立起以德为先、注重基层的用人导向，从而有效避免下一步干部选拔使用上的唯分、唯票、唯年龄等弊端，较好地解决干与不干一个样、干多干少一个样、干好干坏一个样的问题。

（五）泰安市地税局20年的历程，是不断进取、成就辉煌的历程

一是始终注重加强作风建设。市地税局成立之初，就把转变机关作风、加强作风建设当成一件事关全局的大事、要事来抓，切实转变机关作风，心往基层想，劲往基层使，钱往基层花，深入基层调查研究，帮助基层解决实际困难。市地税局把转变会风作为密切联系群众、转变机关作风的重要内容，建局头两年，共取消各种会议20余个，合并会议7个，把节约的资金大部分投向基础建设和征管第一线。我局的做法，早在1995年7月份，就以《砍无用之会 保一线收税 泰安地税局抽身会海》为题，被《法制日报》在头版头条进行了报道。新泰市地税局建局伊始，向全体人员公布了“不以权谋私、不在企业就餐、不搞第二职业”的“三不”新局规，并严管重查，对1名违规人员作了辞退处理，在社会上引起强烈反响，1995年11月份，被评为全国税务系统唯一的“全国职业道德建设先进单位”。在这次开展的党的群众路线教育实践活动中，我们认真践行党的群众路线，先后修订完善了务实节俭过节、治理“庸懒散”和“衙门”作风、品牌建设、工作创新、绩效管理考核、信访制度、会议制度、督察督办制度等办法。结合教育实践活动查找问题，狠抓机关作风建设，对机关厉行节约、工作纪律、环境卫生、工作效率和服务水平等方面进行整改，进一步培树勤俭节约意识，较好地解决了迟到早退，擅离职守，随意脱岗、串岗、空岗，工作期间从事与工作无关活动等问题。我局的做法，得到国家税务总局、省委第一巡回督导组和省局领导的充分肯定。

二是始终注重加强和谐地税建设。充分发挥机关党群组织的纽带作用，通过组织开展各种健康有益的活动，使干部爱岗敬业、恪尽职守、团结互助、和睦相处、情趣高雅、追求健康。充分发挥文学、摄影、书法、户外活动、乒乓球、羽毛球、篮球等协会在文化建设中的引领作用，积极开展读书活动，努力打造“书香地税”，极大地活跃了干部职工的业余生活，凝聚力、向心力进一步增强。定期组织文化创建活动，据不完全统计，通过举办参加运动会、篮球比赛、登山比赛、羽毛球比赛、歌咏比赛、联欢会，组织书法、绘画、摄影、文学展评等活动，有效地凝聚了人心，激发了活力。

三是始终注重加强党风廉政建设。坚持重在预防的原则，通过正面教育、反面警示、算账对比等形式，常念“廉政经”、常敲“警示钟”、常打“预防

针”，使干部职工筑牢了拒腐防变的思想防线；层层签订党风廉政建设责任书，研究制定了一系列行之有效的制度办法，进一步减少和避免了不廉洁行为的发生；充分发挥网络资源优势，开辟廉政文化专栏，增加教育的互动功能，营造出了崇廉、养廉、尊廉、助廉的廉政文化氛围；积极参加“政风行风热线”节目，听取社会各界意见、建议，自觉接受社会各界监督；强化政风行风建设，积极参加省局“阳光政务热线”和市“政风行风热线”，加大巡视检查和“两权监督”力度，有力地保障了各项党纪政纪的贯彻执行。先后总结的推广廉政风险等级管理、个体税收廉政防火墙做法、廉政风险防控平台试点、专兼职纪检检察员等经验，得到省纪委、省局党组的高度评价。党的十八大以来，我们认真落实中央八项规定、纠“四风”有关要求，严格执行廉洁从税规定，积极构建“预防、建设、纠治”与“考核评价”相结合的“3+1”工作体系，增强了干部廉洁勤政的自觉性。岱岳分局推行廉政保证金制度的做法去年底在新华社《国内动态清样》刊发后，受到中央政治局常委、中纪委书记王岐山同志的高度评价，对地税部门的探索给予了充分肯定。

四是始终注重加强精神文明建设。20年来，泰安地税始终坚持“两手抓、两手硬”的方针，不断加大文明创建力度，夯实文明创建根基，丰富文明创建内涵，文明创建工作不断深化。所属6个县市区局和开发区局全部荣获“省级文明单位称号”，市局先后荣获“全国文明单位”、“全国精神文明建设工作先进单位”、“全国学习型组织创建优秀单位”、“富民兴鲁劳动奖状”等称号，市局妇委会荣获“全国三八红旗集体”、“全国妇女创先争优先进集体”光荣称号，市局党组被省局表彰为“山东地税系统党建工作先进集体”，全系统连续多年被评为全市“十大文明行业”。

二、心怀感恩，各届各级的老领导奉献我们永不能忘记

（一）不能忘记历届局党组为泰安地税打下的坚实工作基础。以徐兰云局长为班长的第一届局党组，面对建局之初百废待兴的局面，带领全体干部职工排除万难、艰苦创业，使泰安地税事业逐步发展壮大，为泰安地税事业快速发展奠定了坚实基础。进入新世纪后，以郭凤晓局长为班长的第二届局党组，解放思想，创新开拓，以“三大兴税战略”为总抓手，瞄准争创全国一流工作水平这一目标，率领全体干部职工以科技创新为突破口，实现了人才、科技、管理3个方面的全方位突破、全方位跨越，把泰安地税事业推向了一个新的高度。2006年8月以来，以葛明跃局长为班长的第三届局党组，系统总结前两届局党组的工作经验，稳中求进，进中求新，带领全体干部职工积极探索，努力改革，泰安地税事业又有了新的发展和提高。同志们，以徐兰云、郭凤晓、葛明跃为

班长的历届局党组为泰安地税事业发展所做出的突出贡献，永远铭刻在泰安地税发展史册中。这是一笔财富，值得我们倍加珍惜，今天我们要站在前人的肩膀上，更加奋发有为，更加努力工作，开创泰安地税更加辉煌的新篇章。

（二）不能忘记老领导、老同志为泰安地税作出的积极贡献。20年来，一批批老领导、老同志为泰安地税事业的发展壮大都作出过积极贡献，现在他们陆续退出了工作岗位，正在颐养天年。他们亲身参与了地税组建之初的艰苦创业，见证了泰安地税发展壮大的艰辛历程，泰安地税的每一个进步，都凝结着他们心血和汗水，都凝结着他们才华和智慧。在岗位上工作时，他们勤勤恳恳，认真负责；即使退出工作岗位，仍然心系地税，关注地税，大力支持局党组的工作，时刻关注泰安地税的每一个进步。同志们，我们什么时候也不能忘记这些老领导、老同志，他们是我们泰安地税的一笔宝贵财富。

（三）不能忘记将青春年华无怨无悔奉献给地税事业的同志们。红花还要绿叶扶。再好的蓝图、再好的决策也要落实，使各项决策得以落地生根、开花结果的，全靠系统上下一千多名干部职工，他们见证了地税发展的整个历程，称得上是支撑地税发展的中流砥柱。目前，市局在职干部职工162人，40岁以下50人，占31%；大专以上学历156人，占96%；党员157人，占97%。在知识结构明显改善的同时，年龄结构不合理的问题越来越明显。但20年前国、地税分设之初，市局机关、直属分局共85人，其中40岁以下的63人，占74%；大专以上学历37人，占44%；党员42人，占49%。当年，这些年轻人凭着一腔热血和理想追求，毅然选择了地税事业，义无反顾地投入到地税事业建设之中。20年间，这批干部经过反复的磨练、反复的捶打、反复的钻研，如今已青春不再、两鬓染霜，但他们在各自的岗位上仍然任劳任怨、兢兢业业、一如既往。同志们，作为当年这些少壮派中的一员，我可以自豪地说：他们无愧于当年的选择，他们无愧于青春年华，他们无愧于泰安地税事业。

（四）不能忘记对局党组理解支持的陆续加入地税大军的年轻同志。20年来，许多有志青年怀抱理想和追求，先后投身到地税事业之中。他们思想敏锐，思路开阔，具有旺盛的求知欲和创造力，为地税事业发展注入了蓬勃的活力，他们中的许多人已经成长为各个岗位上的骨干力量，为泰安地税事业承前启后发展发挥着不可代替的作用。许多青年同志识大体、顾大局，忠于职守，默默奉献，不计个人得失，充分理解、全力支持我们局党组的工作。这些年轻干部是我们事业发展的希望，他们身上承载着历史发展的重任。我记得毛主席有句话：“世界是我们的，也是你们的，但是归根结底是你们的。你们青年人朝气蓬勃，正在兴旺时期，好像早晨八九点钟的太阳。希望在寄托在你们身上！”这里我把这句话送给在座的年轻同志们，与大家共勉。

同志们，20年的历程令人感慨，20年的历程令人不能忘怀！在这里，我代表市局党组，向我们的老领导、老前辈们，向多年来为地税事业作出突出贡献的广大同仁们，表示衷心的感谢和最诚挚的问候！

三、继往开来，谱写更加辉煌灿烂的新篇章

同志们，经过老中青三代人20年的共同奋斗，泰安地税一步步发展壮大起来。站在新的历史起点上，我们一定要倍加珍惜建局20年的宝贵经验，倍加珍惜已经取得的荣誉，倍加珍惜面临的发展机遇，以更加良好的精神状态，更加饱满的工作热情，更加务实的工作作风，进一步解放思想，开拓创新，全力做好地税工作，开创泰安地税事业更加美好的未来。

（一）认真汲取20年历史经验，传承地税事业发展优良传统。回顾泰安地税20年发展历程，总结20年成功经验，我们必须牢记以下几点：要制定一套科学超前、系统清晰的工作思路，不断用先进的理念指引工作，确保泰安地税始终站在税收事业发展的前列；要建设一支坚强有力、公道正派的领导班子，团结协作，求实创新，勤政高效，处处、时时、事事都发挥班子的表率作用、引领作用；要打造一支敢打硬仗、善于创新、敢于担当、善学善成的干部队伍，为地税事业的发展提供源源不断的人才保障；要养成一种严谨细致、雷厉风行的工作作风，令行禁止，立说立行，确保上级决策部署不折不扣贯彻落实到位；要培育一种昂扬向上、积极进取的工作精神，倡导正确的价值取向，培育符合地税实际的核心价值观，用文化激发活力，使文化建设的软实力变成推进地税事业快速前进的硬功夫。

（二）要倍加珍惜集体荣誉，共同创造幸福家园。20年来我们共同的感受就是：当我们团结一心、“上下同欲”之时，各项工作的推进就迅速，创新成果就突出，干部进步就顺利；相反，如果出现杂音、扯皮内耗、配合不力，我们的事业就会向相反方向发展。地税就是一个大家庭，是我们共同的家园，有幸成为这个家庭的一员，是种缘分。只有大家都爱这个家，共同为这个家的兴旺发而努力奋斗，这个家才会成长得欣欣向荣。希望大家永远像爱护自己的眼睛一样，爱护这个集体、维护这个集体、奉献这个集体。这样，我们的平台就会更加广阔、更加坚实、更加值得依靠，同志们的聪明才智才能充分施展，个人价值才能得到充分展现。

（三）大力实施“作风兴局”战略，牢牢把握税收事业发展要点。实施“作风兴局”战略是新一届党组确定推进泰安长足发展的总规划，是今后三至五年发展的总纲领，也是泰安地税加快税收现代化进程的宏伟蓝图。实施“作风兴局”战略，作风的彻底转变是着力点，也是突破口，落脚点在于加快推进泰安地税的现代化，定位是“全省有位次，全国有影响”。各级各单位都要结合各自实际，充分认识实施“作风兴局”战略的重要意义，深刻领会、准确把握建设“四个地税”的工作重点，牢固树立“跳出税务看税务，跳出税收抓税收”的理念，全力打造活力地税、法治地税、创新地税、形象地税，力争通过三至五年的努力，建成充满活力、执法规范、创新涌现、站位提升的全新泰安地税，为泰安地税事业实现新跨越提供有力保障。

（四）全面加强干部队伍建设，不断开创税收工作新局面。扎实开展党的群众路线教育实践活动，以为民务实清廉为主题，按照“照镜子、正衣冠、洗洗澡、治治病”为总要求，围绕保持党的先进性和纯洁性这条主线，切实加强全体党员马克思主义群众观和党的群众路线教育，坚决整治形式主义、官僚主义、享乐主义和奢靡之风。自觉践行社会主义核心价值观，把党的十八大提出的24字社会主义核心价值观融入经常性思想教育、地税文化建设和文明创建、创先争优、志愿服务等实践活动中，内化于心，外化于行。建立健全科学的干部选拔任用机制，始终坚持以德才用干部，凭实绩论升迁，按照“年轻有为打破常规用，业务过硬创造条件用，业绩突出不拘一格用，群众公认坚决果断用”的选人用人原则，把“信念坚定、为民服务、勤政务实、敢于担当、清正廉洁”的好干部标准落到实处。大力弘扬“爱党、爱国、爱局、爱岗”的“四爱”精神，努力营造人人学典型、人人争当典型的浓厚氛围。

同志们，站在今天这样一个新的历史起点上，回望过去，心潮澎湃；展望未来，激情满怀。希望全局广大干部职工，党的十八大精神指引下，全面实施“作风兴局”战略，传承20年来为之奋斗的事业，为泰安市经济社会又好又快发展作出应有的更大贡献！

（本文是郝玲同志2014年5月29日在党的群众路线教育实践活动中所作的专题党课。）

三、典型案例

笼统记账逃税

某机械有限公司主要从事机械设备加工、制造、销售等业务，2003 年实现收入 3970 万元，会计报表、纳税申报表上的利润均为 47 万元。

2004 年，对该公司检查时，发现其采用全月一次加权平均法核算材料的出库、入库，绝大多数材料收发无问题。但在检查主要原材料—A3 钢板时，发现该材料年末余额为 12 吨，金额 14.79 万元，初步判断该项原材料可能多转了成本。稽查人员通过计算原材料多转成本 17.77 万元，在生产成本、库存商品、产品销售成本之间按比例分摊，调增应纳税所得额，补征企业所得税。经计算，应调增应纳税所得额 17.59 万元。

实施核定征收 堵塞税收漏洞

2007 年 5 月，对某建筑安装有限责任公司纳税情况进行税收日常检查。该公司为市属企业，独立核算，从业人员 12 人，主要从事建筑、安装、修缮装饰。2006 年度主营业务收入 447.9 万元，账面利润 -22.59 万元。

通过检查发现，该公司施工成本偏高，核对原始凭证，该公司在核算工程成本时，原始凭证并非全部真实有效，有的只在记账凭证后附一张盖有公司财务章的成本核算单，最终按收入额的 92% 估算成本。通过询问财务人员得知，该公司有 6 个下属施工队，公司只负责收取工程收入 8% 的费用，并负责纳税及行政管理人员的工资，其余列入成本的 92% 部分全都下放施工队，由施工队自行核算材料成本及人员工资。稽查人员进一步调取其下属施工队的账簿、凭证，各施工队均未设置账薄。稽查人员通过进一步外围调查取证，得知该公司确实收取各施工队的管理费，但收取比例不是 8%，而是 14%。据此认定，该公司故意虚列成本，偷逃企业所得税。根据税务总局《核定征收企业所得税暂行办法》第二条第二款规定，对其企业所得税采取核定征收。根据文件第十条规定及企业经营实际情况，核定其应税所得率为 12%，其应纳企业所得税为 177.37 万元 。同时，根据《中华人民共和国税收征收管理法》第六十三条规定，对其偷逃的企业所得税处以 50% 的罚款，合计 8.87 万元。建筑企业特别是私营企业，在核算成本费用时，经常采取虚列成本或是估算成本的方法，造成其成本费用不实。在稽查过程中，应多走多问，采取外围调查取证的方式，核实其成本费用。同时应做好询问调查笔录，使核定数额准确、真实。

房地产行业税收检查

在房地产行业纳税检查发现，利用往来账转移或隐匿收入、成本核算不实等手段偷逃或延迟缴纳税款等，属于共性问题。

在对某房地产公司的往来账及成本账进行检查时发现3笔异常会计业务。为查清真相，稽查人员通过审核记账凭证和原始凭证、实地检查、证据鉴定、调查询问等方式，最终查清3笔业务的来龙去脉。

一是利用往来账户隐匿预售房屋收入，延迟缴纳税款。在审核“其他应付款”账户时，发现在“其他应付款—某单位”账户中借方转出1000万元，摘要内容为转账。经核实，上述款项为该公司2005年预收某单位的购房款1000万元。因当时工程投入较大，资金紧张，为了延迟缴纳税款，将应计入“预收账款”的款项计入“其他应付款”账户，直到2006年12月向购房单位交付房屋并结算款项时，才将该售房款转入“经营收入”账户，造成2005年预收房款的当期少缴营业税金及附加55万元、土地增值税20万元、企业所得税49.5万元。二是转嫁开发成本，偷逃土地增值税。在审核成本账时，发现在“开发产品—甲项目”账户借方增加320万元，一次发生如此大额的开发支出，引起了稽查人员的怀疑。随后进行了实地检查及调查询问，终于揭开了谜团。原来该公司开发的甲项目为商业楼，乙项目为普通住宅楼，2006年2月，这两个项目开发销售已接近尾声，即将进行土地增值税清算。经初步测算，乙项目的增值额为800万元，准予扣除项目金额6000万元，增值率13.3%；甲项目的增值额为1500万元，准予扣除项目金额6000万元，增值率25%。根据《中华人民共和国土地增值税暂行条例实施细则》规定，纳税人建造普通标准住宅出售，增值额未超过扣除项目金额之和20%的，免征土地增值税。据此规定乙项目无须纳税，甲项目须缴纳土地增值税450万元。为达到少缴纳土地增值税的目的，该公司于3月份将乙项目开发成本中的320万元转移到甲项目中。经此操作后，乙项目仍然无须纳税，甲项目须缴纳土地增值税354万元，从而偷逃土地增值税96万元。三是利用往来账户虚列采购成本偷逃税款。在对“其他应收款”和“应付账款”账户进行检查时，发现双方有相互对转的情况。“其他应收款”与“应付账款”相互转平，增加的库存材料最终转到了开发成本中。为了查清事实真相，首先对乙公司进行了外调检查，结果乙公司并不存在，随即又对购货发票进行了鉴定，经过鉴定购入材料的发票为假发票。在事实面前，该公司会计人员承认以上业务是虚假业务，通过以上会计处理虚列成本80万元，且该开发项目已经完工清算。该公司利用虚列成本手段偷逃企业所得税26.40万元、土地增值税24万元。通过以上会计处理，很容易套出现金80万元，形成账外小金库。

带来的启示：一是在实施检查时，应重点查看企业有无将预收账款隐匿在其他往来账户中，以达到偷漏或延迟缴纳税款的目的。二是稽查人员在对有不同开发项目的房地产公司检查时，要严格区分免税项目与应税项目的成本核算，防止将免税项目的成本转移到应税项目上，偷漏土地增值税。三是稽查人员要重点分析长期挂账的往来项目以及借贷方不对应的往来项目，从中发现疑点。

金融保险业
税收检查

金融保险企业普遍具有规模大、业务杂、专业性强、分支机构多等特点，给税收稽查带来了一定的难度和压力。

2013年，市地税局按照市政府统一部署，对泰安市41户金融保险企业进行专项检查。检查中发现的问题主要有：

（一）营业税及附加。这属于共性问题。一是“表外”利息收入。银行通常在“表外”核算逾期90天以上的应收未收贷款利息，在实际收回时再缴纳营业税。根据《营业税暂行条例》、《实施细则》和鲁地税函[2010]91号文件的规定，逾期贷款利息收入应按书面合同确定的付款日期的当天计算缴纳营业税。这类问题在银行业已存在多年，通过本次检查进行了整改。二是取得及处置抵贷资产未按规定缴纳营业税及附加。这属于隐性问题。银行在接收抵债资产时，以资抵债企业应视同销售，应缴纳营业税及附加和土地增值税。银行处置抵债资产时，应缴纳营业税及附加和土地增值税。但是银企双方一般只做账务处理，不做纳税处理。 三是一次性纳税变为分期缴纳，造成了税收的滞后。银行卡账户管理费、代理类手续费、见证保证类手续费收入等，银行在收取款项时确认为递延收入，在提供服务的期间内分期确认收入并缴纳税款。根据《营业税暂行条例》和《国家税务总局关于印发〈金融保险业营业税申报管理办法〉的通知》第十五条规定，此类收入应按规定一次性缴纳营业税金及附加。四是收取凭证、支票等工本费收入在“营业费用”科目核算，未按规定缴纳营业税及附加。这类收入虽然数额小，但是数量很大。

（二）个人所得税。一是发放奖金、福利、补助不扣税。发放过节费、加班费、绩效奖、考勤奖各种补贴补助等，由于发放名目多、金额小、不定时、涉及人员人数不同等因素，计算过程较为繁琐。财务人员对于这些小额部分不并入当月工资、薪金计算扣缴个人所得税，导致计算个人所得税的应纳税所得额不实，无法足额代扣代缴个人所得税。二是发放大额奖金未合并计税。银行保险企业通常在季末或半年、年终发放数额较大的各类绩效奖金，未按规定并入当月工资薪金总额、也未按一次性奖金的方法计算扣缴个人所得税，而是自行套用低税率计算，造成税率适用错误，与应纳税额差距较大。三是发放礼品未代扣代缴个人所得税。银行保险企业为促进营销，经常性给客户发放礼品，金额大小不等，未代扣代缴个人所得税。

（三）房产税、土地使用税。一是因财务人员对政策把握不清，未按规定将中央空调、消防设备、供暖设备、监控设备等并入房产原值计算缴纳房产税。二是银行接收和使用抵债资产（如房屋、土地）期间未缴纳房产税、土地使用税。

（四）印花税。一是金融保险企业各类经营合同印花税的缴纳都处理较好，只是在个别支行、营业部、分公司贷款合同、财产保险合同等印花税缴纳不齐。二是银行营业网点、分理处等经常发生变化，有新购房产用于经营或对部分房产重新装修，由于财务人员对此类小税种不够重视，未申报缴纳产权转移书据和建筑工程承包合同印花税。

（五）契税。新购营业楼未按规定期限申报缴纳契税。纳税人以未办理完毕相关房产证、土地使用证为由，未申报缴纳契税，造成了税收滞后。

加强金融保险业地方税收征管的启示：一是应加强税收调研。深入企业了解其经营业务、财务核算、记账系统、管理体制等情况，不断加强对企业的日常纳税辅导，并发现潜在的纳税漏洞，及时提出整改意见，促使金融保险企业有效增强依法纳税、诚信纳税的能力。二是应实行营业税按业务分类明细申报。在填报《银行业营业税纳税申报表》的基础上，附报营业收入明细表，实现银行业税收的精细化管理。三是应加强小税种的日常监管。在一些小税种如房产税、城镇土地使用税、印花税、契税等，纳税人仍需提高纳税意识。税收管理员要及时将小税种政策变化传达给企业，以保证小税种的应收尽收。四是应加大行业检查力度。坚持每年抽取行业企业进行重点检查，及时掌握行业税收缴纳和业务发展状况。同时，由于银行保险业体制特殊、财务系统复杂，可实施国地税联合检查、查上级和查分支机构相结合、调账检查和进驻检查相结合等方法，以确保检查的质量和成效。五是应加大培训力度，提高行业税收查征能力，培养一支行业税收管理和纳税检查的精英队伍。六是应加大税法宣传力度。重点宣传税收的重要性和税法的严肃性，切实让金融保险企业树立大局意识和责献意识，提高其依法纳税的自觉性和主动性。七是应完善综合治税机制。税务部门要与人行、银监、资产管理等部门建立金融信息共享交流机制，及时准确获得其他部门的监管信息和相关支持，以适应当前税收征管的需要。

税警联动打击发票涉税违法行为

发票违法行为一直是税务管理的一项难题。社会上散发小广告制售、虚开、代开发票更是明目张胆，呈泛滥之势。

为此，在税务稽查中，推行税警联动，实施逆向追查，严厉打击虚假发票违法行为。一是及时发现线索，实行逆向追查。从受票单位入手，充分运用“金税三期”系统的发票比对功能进行信息核对，重点核对金额，发现假发票立即向开票方追查，联合公安最终查处售票方和窝点。二是开展拉网检查，实行源头管控。对受票方进行拉网检查，制作《收受发票统计表》。稽查局收回《收受发票统计表》后，通过“金税三期”系统核对发票代码、号码、收款人、付款人、发票流向、金额等信息。对存在疑点的发票，到受票单位进行复印取证，再到纳税服务大厅取证真票，约谈开（受）票单位。根据违法责任人、违法主观和客观情况、违法手段、违法程度、造成的后果等进行相应的处罚，补税、罚款并给受票人开具真发票。

成效：一是通过发票逆查追溯，摸清了假发票的来龙去脉，剖析了各种类型的案件。例如，在核对某房地产公司上报的《收受发票统计表》时发现一张票面金额为432万的疑点发票，经过信息核对发票号码和密码均正确，但是查询系统里开具的金额是790万元，检查人员及时到纳税服务大厅取得了真发票进行比对。经查实，是一家建筑公司挂靠的一个施工处私自购买了假发票，购买时制假者还专门让购买人拨打了12366，以显示其为真票并收取了1%的开票费。在事实面前，建筑公司认识到了违法的严重性，积极争取从宽处理，开发公司也积极配合，用该建筑公司的质保金作为扣税保证。二是积累了办案经验，取得了良好效果。通过查处假发票案件，追缴税款、罚款、滞纳金，协助公安机关追根溯源捣毁售假制假窝点，刑事处理违法犯罪分子，在社会上形成了对打击制售假发票违法犯罪行为的震慑，打击了不法分子的嚣张气焰。同时也提醒了用票单位时刻保持高度警惕，认真鉴别发票真伪，从而净化了“用票”市场，彻底根除假发票“买方市场”。

多提折旧偷逃税金案

2004年，根据年初稽查计划安排，稽查人员对某公司进行检查，采用逆查法详细检查该单位的总账和明细账以及报表资料等。通过审查固定资产明细账，发现2003年2月份购入一台立式车床，入账总值3万元，深入车间查看方得知该车床因缺件一直未使用。又进一步审查“折旧计算表”和“累计折旧”、“制造费用”第账户记录，核实该厂采用平均年限法计提折旧，对新购的车床每月计提折旧1970.00元，至年底共提取折旧费17811.00元，均列入“制造费用”账户开支该企业申报的适用所得税率是33%，申报的应纳税所得额无调整项目。

违法事实分析：根据《企业所得税暂行条例实施细则》第三十一条和《工业企业财务制度》第三十条规定，房屋、建筑物以外和未使用以及封存的固定资产，不得提取折旧，而该厂不遵守制度和税法规定，将未使用的机器提取折旧计入产品成本，造成减少当期利润，少缴了所得税。

案件处理：根据《企业所得税暂行条例实施细则》第三十条和《税收征管法》第六十三条的规定，该企业将未使用的机器提取折旧，属于在账簿上多列支出少缴税的偷税行为，应追缴其少缴的税款，并按法定程序处以罚款。

根据《中华人民共和国企业所得税暂行条例》第三十条之规定，该单位应补缴企业所得税5877.30元，责令该企业限期到泰山分局上高地税所缴纳。根据《中华人民共和国税收征管法》第六十三条之规定，该单位在账簿上多列支出，挤占期间费用，少缴纳企业所得税，已构成偷税。根据《中华人民共和国税收征管法》第六十三条之规定，对该单位偷税金额处以0.5倍罚款计2938.65元，两项共计8815.95元，清缴入库。

结转方法造成少缴税款案

基本案情：2005年，稽查人员在对某工业企业2004年度税收检查时发现，该企业在地税所备案的产品成本结转方法是移动加权平均法，而实际采用的是全年加权平均法，仅此一项，就造成企业产品销售成本多结转3.02万元，根据《中华人民共和国企业所得税暂行条例》的规定，少申报企业所得税8156.78元。

案件处理：该企业会计人员故意在账簿上多列支出并进行虚假的纳税申报，造成少缴企业所得税，已构成偷税，根据《中华人民共和国税收征收管理法》第63条第1款的规定，给予追缴所偷全部税款并处于所偷税款50%的罚款。

三、开具假发票偷逃税款案

基本案情：2013年10月份，稽查人员在房地产企业专项检查中，要求一开发公司提供金额50万元以上的发票明细情况，特别是列出发票提供方和发票金额的详细情况，而后进行核实。调查中，怀疑一纳税人提供给开发公司的一张发票有问题，该票为建筑业发票，金额为80万元。稽查人员与企业相关人员座谈，了解到开发公司人员对此事不知情，后通过大集中系统，对发票的号码、密码和金额进行了一一比对，三者均无法一一对应。接着稽查人员与该纳税人座谈，在确凿证据和违法事实面前，该纳税人对违法行为供认不讳，主动交代了从小广告上看到有提供发票的，就购买了一张金额80万元的建筑业发票，还交了1%的开票费。

案件处理：根据《营业税暂行条例》和《营业税暂行条例实施细则》的规定，该纳税人应缴纳建筑业营业及附加27120.00元；根据《中华人民共和国税收征收管理法》第三十二条规定，对未按规定缴纳的营业税、城建税自税款滞纳之日起按日加收万分之五滞纳金。根据《中华人民共和国税收征收管理法》第六十四条规定，对未按规定缴纳的营业税、城建税给予0.5倍罚款，罚款金额12840.00元。最后责令该纳税人补缴营业税金及附加27120.00元，补缴滞纳金7100.52元，缴纳罚款12840.00元。

四、艺文选萃

难忘地税创业的那些日子

徐兰云

作为税务战线上的一名老兵，我亲身经历了1984年的财税体制改革和1994年的国税、地税机构分设的税制改革。尤其是在1994年10月泰安市地税局成立后的5年多时间里，我与地税系统的战友们共同奋斗，一起建家立业、备尝酸甜苦辣的情景，至今历历在目。谨写下几个片断，以表达我对这段工作经历的感悟和怀念！

接受任命

1992年5月因工作需要，我从税务局被调至市经委工作，担任副主任（1993年享受正县级待遇）。步入1994年，全国税制改革全面推开的信息不断传来，截至9月份，山东省各地、市税务局除泰安外，都已分设完毕。分管经委工作的市长早已和我打了招呼："你不要有归队的想法，经委的工作需要你，我已给市里打了招呼，你就安心工作吧！"我自己也认为，我已是接近52岁的老太婆，不可能再让我接任重担。但让我没有想到的是，在10月19日上午，组织部突然通知我，说下午部长找我谈话。谈话的大意是：市委研究决定让我担任地税局的党组书记、局长职务，但不参与人财物的分配，孙立彦同志任党组成员、副局长。由孙立彦同志参加机构分设事宜。要求我20日上午正式上任；各项工作马上运转，要千方百计完成各项税收任务。按照市委决定，我只有接受任务的权利，人、财、物的分配都成了过去时，想再去争什么早没了任何余地。按照国务院的文件精神，国税、地税人员分配三七开，财产跟着人员比例走，自然无论人财物，都是国税七、地税三了。

当时，国税分有3600平方米的办公楼、大部分宿舍以及金山度假村。而地税只分有1000多平方米的老办公楼，按照市里规划，1996年底就要拆除大门、门厅和楼梯以拓宽迎春路，另外还有部分宿舍、10万元现金和债务。人员分配：86名干部职工中，除我和孙立彦同志有正式任命外，只有原税务局公布的8名正科长、5名副科长。

面对班子不健全、科室没编制、40多名征收一线的同志无办公场所的情况，我思绪万千，但工作需要就是命令，我接过任命文件，没讲任何条件，欣然上任。

别开生面的建局大会

1994年10月20日上午，原税务局召开全体人员大会，丁世祥同志做工作报告，宣布机构分设的有关事项。我没有参加大会，焦虑地在地税分到的办公楼里等候，准备迎接我的新战友。

11点，我和80多名同志见了面，只有二三十平方的两间办公室，不要说坐80多人，就是二三十人都站着，也像下饺子一样，于是很多同志就只能挤在走廊上。大家静悄悄的，空气很沉闷，完全没有新局初建的喜悦气氛。孙立彦同志宣布大会开始：这是地税局成立的第一天，也是第一次召开的全体人员大会。在这种特殊的环境下，我发表了即席讲话，既是就职演说，也算是大会动员。我至今难忘当时的场面，会场鸦雀无声，同志们低着头，被刚刚战友们分手告别的情绪笼罩着。我已了解到大部分同志不愿到地税工作，大家觉得在地税困难多、条件差、福利待遇赶不上国税。在这种情况下，只能进，不能退，气可鼓决不可泄，面对着老面孔、新战友我发表了“解放思想，不畏艰难，共创地税明天”的即席发言。在讲话中，我提出了五点要求，希望大家共同做到，一是识大体顾大局，干好本职工作；二是讲团结、讲风格，搞好与国税的配合；三是加强纪律性，自觉遵守原有的各项规章制度；四是加强学习，提高整体素质，为全局争光；五是树立艰苦创业的思想，形成一支努力拼搏、能打硬仗的队伍，努力完成市委市府交给的各项工作任务。

最后，我引用省政府领导在省国地局分设大会上的讲话精神：国税、地税都是税，手心手背都是肉。我发自肺腑地向大家承诺：大家只要坚持心往一处想、劲往一处使，上下拧成一股绳，我们的地税事业一定会蒸蒸日上，国税有的，我们一定会有，国税没有的，在不违法违纪的前提下，我们也会有。我们的筐里没有烂杏，分到地税的同志都是好样的。请大家丢掉私心杂念，一心扑到为地税大厦添砖加瓦上，地税局党组绝不会让干活的人吃亏、绝不会让老实人吃亏，希望大家团结一致，建新功、创新业。

孙局长宣布散会的时候，12点半多了，早过了吃饭时间，大家仍纹丝不动。我开玩笑说，将来我在咱们自己的食堂请大家吃饭！这时候，我才听到了同志们的欢声笑语。这次会议的情景至今抹不掉、挥不去。

建章立制 修庙安神

在建局之初，百业待兴。首先必须健全班子，经请示市委领导同意，曹凯同志放弃了享“清福”的国税工作，毅然答应到地税艰苦创业，担任党组成员、副局长职务。有孙、曹两位德高望重的同志辅佐，我如释重负，增强了工作信心和勇气。我们三位虽已步入“老”字号年纪，却又焕发了“青春”，统一思想，步调一致。孙局长负责政工、财务和后勤，曹局长负责税收业务管理、跑基建。我抓总，主要跑编制，盖庙安神搞协调。班子成员按照分工连轴转，遇到什么问题及时研究解决。在距离年底70天的时间里，党组带领大家首先解决了直属分局租房办公的问题，短时间内制定了地税的各项规章制度，很快争取到了市局、分局的科室编制和科级干部指标。党组“快”字当头，在最短时间内完成了干部考察、报批等各项工作。组织部遵照市委领导“特事特办”的指示，终于在1994年12月底市委下文公布了新增班子成员，组织部下文公布了44名科级干部，其中包括分设前13名已享受科级待遇的正副科长，新提拔正副科级干部31名。至此，地税局在班子、机构、制度等方面全部步入了正轨，以班子团结、队伍朝气蓬勃的新气象跨进了1995年。

为兑现“承诺”而奋斗

进入1995年，各项工作的开展都很顺利，但也有一些实际困难摆在党组面前，就是在办公条件、宿舍人均面积、职工就餐场所等方面，与国税差距太大。国税既有宽大的办公楼又分到了金山度假村，而我们无法比拟。市局办公楼没有自己的综合会议室，召开全体人员会或系统会，就必须到宾馆，既浪费资金又不方便。更糟的是直属分局49名干部租借东都宾馆的沿街房办公，房子矮、设施差：冬天没暖气，同志们穿着大衣上班还冻手冻脚；夏天苍蝇、蚊子多，不能开窗，又闷又热。在宿舍方面，地税分到的宿舍产权少、旧房多。

兑现“国税有的地税也要有”的承诺迫在眉睫。加上城建局多次派人催促拆迁办公楼，真是逼着哑巴开口。党组经过反复研究，下决心盖办公楼。说干就干，曹局长负责找人设计图纸、安排施工队，孙局长负责写报告，我负责跑批示、申请资金。我拿着报告多次书面、口头向市长汇报，市长明确答复：市地税的办公楼肯定要盖，这是政府行为。但当前财政吃紧、实在拿不出钱。你们从现在起开始艰苦奋斗、勤俭节约，把上级和有关部门支援你们的钱攒起来，有了钱再盖。当时，财政确实困难，市政府还有几个烂尾工程，因缺钱停工成了大水坑。指望政府拨款盖楼遥遥无期，如果我们自己不想办法，恐怕到我离岗也不会有戏。因盖办公楼不用征地，计划、图纸又都有了着落，党组决定边施工边争取资金。于是在1995年8月1日，我和班子成员孙立彦、曹凯、韩方庆等同志一起拿起铁锹，一锹锹土盖在了刻有“奠基”字样的石碑上，土埋在了石碑上，压力却放在了每个班子成员的肩头上，因为当时我局连基建账户都没有。国税毫不费力地用地税的图纸一翻，就造成了两家同时施工的工地。国税有省国税局直接拨款，我们只能靠争取，靠勒紧腰带上马。记得开工的第一笔资金就是用省局奖励给我们的奖金。

难忘的是大楼盖到2层时，正值阴历八月十五前夕，从国税工地上传出“民工不放假，发月饼，地税没钱盖，我们拉下它五层”的消息。我听到此话后，欲哭无泪。随即叫上韩局长，计会科长到省局汇报要钱。到了济南，正值省局开局长办公会，我就站在会议室外的走廊上靠在墙上等，郭凤晓同志（时任办公室主任）几次叫我到别的会议室坐下边休息边等，我都拒绝了，我深知办公楼缺钱面临停工的事不能等，也等不得。上午十二点半散会了，张昭立局长把我叫到了办公室：“老徐，有事吗？”委屈的我完全没法控制自己，泪如雨下：“俺局的办公楼停工了，没钱给人家，国税放风要拉下地税五层。我不能让我的职工矮人一等！今天你要不给钱，我就辞职不干了！”52岁的我，真的放声哭了。张局长对我们盖楼的情况早有了解，知道我们的难处，当场表态：“不开会研究了，给你带走200万。局长们都留下，陪你吃饭。”那是我第一次端起白酒杯，因为感谢省局领导的大力支持，平时我几乎不喝酒，更不能喝白酒，那天不记得自己喝了几杯，只记得我真的醉了。

为了改善职工的办公、住宿和就餐的条件，我们体谅政府的困难，除办公楼列入50万元的财政预算外，其余的资金全是我们找米下锅，省财政厅、省局各届领导没少关照我们，省局各处室也没少支援我们。市直各有关部门在不违犯国家规定的前提下，也给我们减费、让利支援。市局各科室也尽量把省局奖励的资金上交市局统一安排，把好钢用在刀刃上。齐心协力，八方支援，我们终于有了自己的办公楼，有了福利宿舍，有了培训中心和食堂。

麻雀虽小，五脏俱全，也算是兑现了当初给同志们的那份承诺。

最受鼓励的表彰大会

从建局之初，局党组就把行风建设、税企文明共建工作放到了重要位置。为了改善税企的征纳关系，让企业监督地税搞好行风建设，提高地税干部廉洁自律的自觉性，在市文明委的大力支持下，1997年地税局与市直大中型企业签订了“文明共建公约”，大力开展税企共建文明活动，增强了企业的法制观念，提高了他们自觉纳税的自觉性。1998年第一季度，泰安市“税企共建文明”活动领导小组、市地税局认真总结1997年度共建文明工作，经过评比，决定召开市直税企共建文明依法纳税先进单位表彰大会。经市文明委同意，4月20日上午，表彰大会在市委礼堂召开，市委办公室通知公安部门维持场外秩序、建委张贴大街上的宣传标语。市五大班子主要领导莫振奎、赵树丛、张知平、宋广吉、刘静海；时任市委常委、宣传部长李洪峰、省局副局长宋文军出席会议并向获奖单位颁奖。李洪峰、宋文军同志分别在大会上代表市委、市政府和省局讲了话。参加会议的除获奖单位外，市直部门和企业主要负责人也出席了会议。第二天，即4月21日，《泰安日报》在头版头条报道了这次大会，并在第三版专刊登出了被表彰的71家受奖企业。这次大会在社会上的影响很大，极大地提升了地税的公众形象，鼓舞了干部职工的积极性，也是我主持地税工作期间召开的最难忘、规格最高、最受五大班子重视的一次大会。

怀念地税大家庭

当走进地税局的荣誉室，看到琳琅满目的奖旗、奖杯、奖状时，既欣慰又感慨。有人告诉我：在建局之初的几年里，仅市级以上的各种奖励我们就获得了70多项，这且不说连年被评为省、市文明单位了，其实，每个奖项的背后，都有一个动人的故事，都有一段难忘的经历：仅就获得市直行业篮球比赛冠军、市文艺汇演一等奖就使我终生难忘。

记得有一年篮球决赛出现了市工商局和市地税局的对决。我局的队员有顾虑，因为工商局长是我爱人。为了捧到这个冠军奖杯，上战场前我请队员们吃饭，在饭桌上，我发下狠话："不要看我的脸，有本事把冠军拿回来，全局大人孩子给你们加油！"果不其然，我们的啦啦队喊哑了嗓子，场上的队员深受鼓舞，有的队员受了伤，用冷水管冲冲再返球场，终于在最后几分钟的时间里，反败为胜，夺取了冠军。地税干部家属兴奋、激动、兴高采烈的场面真是难以用语言描述。至今我和老伴谈起来，他仍佩服地税人的齐心和拼劲。

难忘每年春节前干部、家属大联欢，大人孩子出节目，有的两口，有的全家上阵。我领队的红绸秧歌舞是每次联欢会的开场保留节目，我们一出场，孩子们在旁边拍手喊："徐奶奶加油！"我高兴的舞步都扭曲了。就是这支红绸舞，我局在市直机关文艺比赛中，捧回了一等奖的奖杯。每每回忆起在地税工作的这段经历里，我都感到无比的欣慰和自豪。

我怀念我的班子，每个成员对我的工作都是无私的支持、帮助，不论大小事情，只要对全局有利，总是服从大局，放弃自我。我们相处五年多的时间里，有过争论，有过辩解，但从没有发生过因公而步调不一致的情况，尤其是在提拔干部、福利分配、人员调配方面，都能坚持识大体、顾大局，绝没有杂音。他们对我的过失和缺点总是宽容和体谅，每每想起这些，我总是庆幸自己是有福之人，我发自内心地感谢他们，怀念那段艰难而值得回味的日子。

我怀念地税这支队伍，上上下下团结一致，心往一处想，劲往一处使，拼搏进取，艰苦奋斗，为了地税事业，没有一个干部找我要官、要福利，更没有一个人向我叫过苦。在建局之初的五年多时间里，地税事业每前进一步，每取得一项成绩，都有他们出的力、流的汗，甚至流的泪。今年，我已年过古稀，每每想起，我更加感谢他们、怀念他们。祝愿地税系统的战友们团结一致，在市局党组的带领下，更加发奋图强，锐意进取，锤炼成让党委、政府放心、纳税人依赖的经济执法队伍，地税事业蒸蒸日上，为我市的经济建设做出新的更大的贡献！

（作者：市地税局原党组书记、局长）

地税初创之路

孙立彦

1994年10月8日，中共泰安市委下发三十三号文，任命徐兰云同志为泰安市地方税务局党组书记、局长，孙立彦同志为泰安市地方税务局党组成员、副局长。从此踏上地税局创业之路。

凝心聚力

1994年10月19日，市税务局召开全体人员大会，正式宣布建立市国家税务局、市地方税务局。市地税局两人班子率领86人，在老局办公楼4楼会议室召开第一次全体人员会议，正式宣布泰安市地方税务局建立。党组书记、局长徐兰云同志发表了就职演说，也可说是建局宣言。主要内容是：要求全体同志，第一，识大体顾大局，干好本职工作；第二，讲团结讲风格，搞好与国税局的配合；第三，加强纪律性，自觉遵守原有的各项规章制度；第四，加强学习，提高整体素质，为全局争光；第五，树立艰苦创业的思想，形成一支努力拼搏、能打硬仗，为泰安作贡献的队伍。号召大家团结一致，建新功、创新业。这是一个建局纲领，是地税局建局创业和快速发展的定海神针。10月22日，召开第一次科长会议，我在会上部署了22项具体工作，主要是认真学习落实19日全体人员会议上徐兰云局长的讲话精神、执行原科室的职责、作出工作打算、理清工作思路、完成税收收入任务、学习党的十四届四中全会精神、组建保密委和治安领导小组、建立党政群团组织并立即开展工作、副食品供应、考勤、廉政建设、车辆管理、经费开支、包村工作，室内外环境、订阅报刊、大事记、印制信笺信封等。指出工作重点是：稳定情绪抓秩序，税收工作抓进度，队伍建设抓素质。要只争朝夕，狠抓落实，责任到人，速见成效。实现新机构、新气象、新成果的要求。从此，这支地税新军，齐心协力踏上了新的征程。

修“庙”安“神”

全局工作正常运转以后，局党组的工作重心，放在了机构设置、领导班子充实健全上来，就是言传的修“庙”安“神”。

我们深知各级领导班子不正式任命公布，是不能从根本上稳定人心的。首先考虑局级班子，接着就是分局及各科室班子。我们的初步方案，向市委组织部汇报后，得到的答复是，干部提拔任用全部冻结，这一消息，像晴天霹雳，一瓢冷水从头浇到脚。尽管一再争辩，也无济于事。我们并没有就此罢休，徐局长横下一条心，带着我找到当时的市委主要领导，徐局长说：“完不成税收收入任务，市委领导打我们的屁股，我们是新设机构，各级干部都没有任命，我们去打谁的屁股”。市委主要领导听后，觉得是个问题，应该解决，当场表态，新设机构，应该特事特办。随即告市委组织部，对市地税局机构设置、干部任用，网开一面，抓紧调查了解、考察测评，尽早任命。从此，机构设置、干部考察工作紧锣密鼓，迅速展开。这项工程牵扯人员多，工作要求细，经过市委组织部有关部门的蹲点督办，全局上下积极参与，调查、谈话、考核、民主测评、整理材料，以最快的速度、最短的时间完成了所有程序。终于在1994年年底前，市委正式下发了公布令，至此，市地税局完成了一项具有里程碑意义的宏大工程。5名局级、44名科级，共49名领导干部，全部到岗。一个86人的新建单位，一举公布了49名科级以上干部（占全体人员的57%），这是少见的。这就给我们加强领导，搞好税务工作提供了组织保障，也为年轻干部的进步发展提供了广阔的空间。

建章立制

为保证工作的正常运转，我们宣布机构分设前的规章制度一律有效，遵照执行。为使规章制度落到实处，我们在加强保障上下大气力、多办实事。例如，为保证按时上下班这条说起来最简单的规定，我们腾出了仅有的一个会议室办起了单位幼儿园，请了一位幼师毕业的专业人员做幼儿教师，买了桌凳、购置了一辆中型轿车，专门接送孩子入托入学。同志们上班时带着自己的孩子，一起到办公楼，把孩子送到幼儿园，学前幼儿留在机关幼儿园，3周岁以上和上小学的孩子，由幼儿教师统一送到泰师附校，下午再统一接回，上小学的学生在幼儿园做作业，这样干部职工就可以在岗放心工作。我们还办了机关食堂、医务室，统一采购肉、蛋、菜，减轻大家操办生活的负担，把精力放到工作上。再如为保证调动工作的同志在谈话后3天到岗这条规定落到实处，我们搞了安居工程，各县（市、区）局千方百计在县城为全体人员建宿舍，尽力将家属孩子安排在县城，一方面使子女受到良好教育，另一方面在他们工作调动时，没有家属孩子的拖累，可以交待完工作，拿起文件包随时到达新岗位。再如各分局所都办起了小食堂，统一就餐，不能在食堂就餐的要讲明原因，这就保证了不吃纳税人的请这一规定真正得到落实。

我们体会到，规章制度的落实，除干部职工具备高度的自觉性外，还要提供相应的保障，如果不从实际出发，单凭主观硬性规定，往往很难执行，即使执行了也不可能持久。

两个转移

建局伊始，国家税务总局提出了工作重心的两个转移——向征管转移、向基层转移。

税收管理工作贯穿于税收工作的全过程，发挥着全程式的保障作用。从机关到基层我们以高度的自觉性和责任心，进行着艰苦的探索，最终总结出了东平县地税局“政府管税、部门协税、群众护税、专业治税”的乡村税收征管社会化的新路子。全省征管工作会议专程到东平县参观了现场，东平的经验在全省推广，为全省地税系统全面推行“城镇税收征管现代化、乡村税收征管社会化”的工作模式作出了重大贡献。

基层税务所、分局是税务系统生命力的基本细胞，是税收工作的前沿阵地。在工作重心向基层转移的过程中，我们以“五小建设”、“文明税务所”建设为总抓手，多次召开现场会推广肥城石横分局和新泰新汶分局等单位的“五小建设”经验作法。在“文明税务所“创建中，层层检查验收，对县（市、区）局推选的27个先进文明单位，我们邀请市文明委的领导一同实地检查验收，每到一地，所在县（市、区）文明委和各有关乡镇的领导都参与检查验收工作，创建工作引起了各级领导的重视，从而很好地宣传了地税工作，扩大了地税影响。市文明委的领导讲，像你们这样扎扎实实抓基层建设的单位不多见。这一工作的开展，为此后的全市行风评比中连年名列前茅不无关系。当我们听到基层的同志反映，孩子考不上学，无法就业的问题后，在全系统做了专门的调查摸底，发现有近40个孩子没考上学，于是我联系在市商校专门办了一个财会班，经三年学习，拿到中专文凭，绝大多数顺利就业。为基层排忧解难是领导机关不可推卸的职责，这是工作重心向基层转移的重要内容。由于我们在落实工作重心的“两个转移”中，十分重视思想政治工作，在全省政治思想工作经验交流会上，我代表市局作了题为《以人为本、以实为要》的典型发言，受到领导和与会者的好评。

风风雨雨20年，建局之初地税人那种不畏艰难、拼搏进取、见先进就学、见红旗就扛、见第一就夺的精神风貌，建局几年就获市以上各种荣誉70余项的累累硕果，至今仍历历在目。创业惟艰，贵在执着与创新，贵在人本与坚持。

（作者：市地税局原党组成员、副局长）

走近三沙

郝　玲

寒露刚过，乘坐“三沙1号”公务船，经过十几个小时由白昼到黑暗、再由黑夜到黎明的转换，感悟着南海的辽阔无垠，仰望着苍穹的高远博大，早晨八点多，朝阳已跃上海平面，来到祖国南部边陲——西沙永兴岛，海风吹送热风，阵阵椰果飘香，沁人心脾。

永兴岛是三沙市的政府驻地，面积约2.6平方千米，平均海拔5米，是西沙最大的岛屿。我们刚一下船，立即被这个只有四周岁的带着一身朝气的城市所深深吸引。对于西沙群岛我并不陌生，早知道她被誉为千里长沙、万里石塘，自然资源稀有独特，美丽风光纯净奇幻，小时候就非常喜欢哼唱《西沙，我可爱的家乡》，每每哼起，眼前就会呈现白浪淘天、礁石耸立、渔船万点、波光粼粼的万里海疆景象。后来，知道了西沙保卫战，听到了西沙儿女可歌可泣的英雄故事，对这片神秘神奇神圣的土地更是神往不已。

陆游有诗道："纸上得来终觉浅，绝知此事要躬行。"带着激动与崇敬游览过三沙市的市容市貌后，那些纸上得来的印象变得生动形象起来，变成了一条条的街道，一幢幢的建筑，一幅幅的图画，这座年轻的城市处处焕发着生机与活力。在石岛，尽情地领略着老龙头旖旎奇特的自然风光，老龙头位于石岛最前沿，如同一只气势磅礴的巨龙雄踞南海中央。老龙头右侧有块"祖国万岁"的刻石，左侧石高处，伫立着"中华人民共和国 中国西沙石岛"的界碑。在刻石和界碑前肃立，高大的刻石，屹立的界碑，凝聚着千百年来中华儿女保家卫国的赤子之心，让人感慨万端、倍觉自豪，爱国之情油然而生。

远远望去，海天一色，海水很，清映着海底的白沙，与蓝天的倒影相映，泛着莹莹的绿，海底奇形怪状的砂砾、各色各样的海鱼、薄如蝉翼须翅纷张的水母、任意飘摇随便东西的水草，历历在目。浪花由远而近，簇拥着，挤推着，一个接一个冲击着灰暗的火山炭岩，岩石任浪花不停击打，岿然不动。凝视着固守着不知亿万斯年的岩石，仿佛穿透历史的云雾，看到了那流逝的岁月。没有浪花的击打，不见岩石的坚硬；没有岩石的坚守，也见不出浪花的执着。他们就这样相辅相成，相依相存，绘就了一幅旖旎无比的风光画，让人在感叹大自然鬼斧神工之时，也深深感悟到人类在大自然面前是何等渺小！人是造化的产物，没有造化也就没有人类。当然自从这个星球上孕育了人类，大自然也就随着人类的活动而不断变化，有了渔船，有了灯塔，有了航线，有了向外海的探索，有了洲际间的往还。面对大自然，我们除了自豪，除了勇敢地迎接挑战，因时顺势地改造她以外，更多的还是要多几分敬畏、多几分尊重、多几分对大自然给人类无私馈赠与赐予的感恩之情。

站在海岸，任海风劲吹，遥望远方，水天相接，茫远无际。确像雨果所说："比陆地大的是海洋，比海洋大的是天空，但比天空大的是人的心灵"。心灵永无边际，永无止境，就如《三国演义》中刘备关于龙的感慨："能大能小，能升能隐；大则兴云吐雾，小则隐介藏形；升则飞腾于宇宙之间，隐则潜伏于波涛之内。"当我们的心灵不设羁绊之时，可思接千载，视通万里，可上九天揽月，可下五洋捉鳖，可跨越亿万光年，追逐大自然的无穷奥秘，那时我们是开放的、自由的。

悄然间，已到知天命之年，在岁月沧桑的更迭中，既体验过很多成功的喜悦，也品尝过很多失利的痛苦，正因曾走过一段段风雨，因而看到过一次次彩虹，也更多更深地体验到放飞心灵后的那份自得与洒脱，更多地体悟到进与退、舍与得。生命中永远充满挑战，有顺境必有逆境，无论何种情况，都要顺势而动，要学会等待，学会放弃，学会放松，学会放下，陶冶大性情，培育大境界，修炼大智慧。

三毛曾说过："不要问我从哪里来，我的故乡在远方，为什么流浪，流浪远方，流浪……"大海波涛汹涌，潮起潮落，在自我净化的过程中也在冲刷着探海人的心灵，在清澈海水沿沙滩或疾或缓地退去时无疑也是疗治流浪者忧伤的别样方式。

漫步海边，静坐礁石之上，内心澄澈，仿佛细品一味心灵鸡汤，正背上行囊，在轻装前行！

（作者：市地税局党组书记、局长）

在　意

张继颖

E545一位驴友曾发出一个帖子：爬山在行进前、行进中、行进后，你"在意"什么？不由得浮想联翩，我们经常走出家门，走进大山，走入自然，走在崎岖不平的山间羊肠小道之上，走在人性的思索与拷问之间，我们最在意的到底是什么呢？

"在意"说到底就是一种最本真的追求。她是深深烙印在心底的一种悸动，是欣赏万物、感悟人生后的点滴收获，是身心融入自然、忘却俗世繁杂后的升华。一定程度上，她更是一种在习见习闻的岁月长河中，细细摸触生命纹络，蓦然惊悟的发现与创造。

爬山人置身于名山大川、辽阔草原、无垠沙漠、浩瀚海洋之中；走过春雨绵绵、夏日炎炎、秋风潇潇、冬雪皑皑的四季变幻。这里没有功利，没有奢望，摆脱了世事的纷扰，知觉难以名状的愉悦像朱自清说的"春天是刚落地的娃娃，从头到脚都是新的"意境一般，令人陶醉。那种平和的心情、舒展的身躯、逸然的性情、丰富的兴致，只有在登上或高或低的山丘时，偶尔停下来擦拭一下额头的汗时，望望头顶高高的太阳时、听听身畔哗哗作响的松风时、亲近一下时光磨蚀的岩石时，才会更强烈地产生一种物我俱忘轻松与超脱、一种贴近活生生自然后全副身心的回归。就连世界卫生组织也把"善良的品质、心境坦荡和与人友好相处、凡事想着别人"等内容作为爬山人道德健康的条款写进了健康的大范围。这大可以认定为爬山人的

"在意"之处了。

诚然，在意有其丰富的个性，因人而异。比如同样的秋天，有人爱读它的成熟，享受它的收获；有人恐惧它的萧瑟，躲避他的寒凉。正是由于在意的丰富性，生活才呈现出缤纷的五彩，人生才展示出辉煌的画卷。在意如同有人解释道德一样，"道德是一种修养不是一种权力，道德最适合拿来约束自己。道德如果成为运动，也是自己做的运动。"

"在意"是一种积极投入的品格，是一种全身心的关注，是一种抵达，更是一种切入，人类正是由于在意万物依赖万物而生存，这其中也包括在意自己。就个人而言，在意自己而成长，在意别人而共存，在意过程而追求，在意结果而精细，在意快乐而幸福，在意失落而进取。正因为有了在意，人与大自然才得以有机融合，才催生了共同生存的相辅相依的高尚境界，也因此生活才充满了阳光，在阳光中走进自然，会晤四季的变幻，沟通着心灵的真诚。

（作者：市地税局原党组成员、副局长）

忆岳父

李　达

拜读完习近平同志撰写的《忆大山》，内心久久不能平静，催生了写篇短文回忆岳父的想法。特别是最近一段时期，经常梦见岳父，是不是十二年一个轮回，岳父也在天堂更加想念我们？

第一次想见岳父，通过网络却未能成功。那是我刚开始与妻子谈恋爱的时候。在互联网上输入岳父单位和姓名，有一些文字新闻，图片却都打不开，现在想来可能是当时信息技术还不发达的缘故。有心想找几本地方志，通过工作照片看看岳父的风采，却因种种原因未能如愿。这在一定程度上也加快了与岳父见面的时间。

第一次见到岳父，自然是在时任女友的引见之下。怀着忐忑不安的心情，坐在客厅蓝色的沙发上，等待着岳父对我的资格审查。岳父慢步走入客厅，坐在对面与我交谈后，我的心开始慢慢平静，并悄悄观察起岳父来。岳父长得高大魁梧、慈眉善目，言谈举止庄重，始终面带微笑，也许是第一次见面的缘故，给我一种敬畏而又不乏亲情之感。

对岳父工作、学习的了解，得益于"三讲"教育活动。那时候，岳父让我帮助起草各个阶段的文字材料，我倍感压力，也倍感幸福。岳父1978年考入山东师范大学数学系，毕业后从事过桥梁建设、公路设计、政工人事等，41岁步入领导岗位直到54岁离开人世。岳父为人率真耿直，不谙中庸之道。记得有一次我老家来人在外面吃饭，有一位亲戚吃螃蟹时想吃腮，岳父竟当面指出，尔后又认真地予以示范。岳父做事有板有眼，不会灵活处事。记得有一次我和妻子陪岳父岳母到外地休息，当地安排好了食宿，但岳父竟不顾情面，自行结账到其他酒店食宿。岳父做官讲求原则，不懂阿谀奉承。担任二把手十四个年头，经常和更高层次的领导交流感情，但自始至终未向组织提过任何要求，更不用说民间的那些俗套。说实在话，岳父工作中得罪过一些人，也试图去改善彼此之间的关系，但性格使然，大都未能如愿，这对岳父来说是一种遗憾。但“金无足赤、人无完人”，岳父何必如此要求自己、难为自己呢?

岳父的生活情趣是相当广泛的，喜欢石头，酷爱读书，尤喜体育。与岳父共同观看1999年山东鲁能绝杀大连实德夺取双冠王比赛的场景至今历历在目，岳父兴奋得像小孩子一样手舞足蹈，当然我也不例外。我认识岳父以来，这是岳父比较高兴的一个瞬间，现在想来，如果能够永恒定格在那一瞬间将是多么美好啊！令人称道的还有岳父的孝顺，关系刚刚确定，岳父就带我去拜见爷爷、奶奶，并隔三差五地前去看望，虽然岳父先于爷爷、奶奶离开人间，但我还是延续了岳父的孝道，给爷爷、奶奶送终，也算是替岳父完成一个心愿吧！不得不说的，还有岳父那一手地道的厨艺，胶东大包、鲅鱼水饺、焖鸦片鱼、拔丝地瓜……幸运的是，曾经吃过多次；遗憾的是，再也吃不到了！

令我终生不忘的是岳父住院前在门口告别的情景。那是2002年一个周末的清晨，岳父拿着一个老得不能再老的皮革包，虽然黑中泛黄的脸上满是疲惫，但仍笑盈盈地侧身对我们说：“我去医院调理一个星期，没事不用送饭，有事就打电话。”没想到，岳父从此再也没有踏入家门，医院的误诊加上手术的失败，让岳父在鬼节那一天永远地离开了我们。虽然心中没有对岳父照顾不周的愧疚，但也给我们留下了终生的遗憾!

现在，每逢一些重大节日，我们都去看望在英雄山烈士陵园的岳父，捎去我们无声的问候和无尽的思念。

岳父，您在天堂还好吗?

（作者：市地税局党组成员、副局长）

“爱较真”的张会计

李西坤

上世纪八十年代初，我刚参加工作时所在税务所的会计姓张，他五十出头，个头不高，稍有驼背，头发花白，大家都亲切地叫他“张老头”。张会计在单位里从来都是一本正经，做什么事都按规矩来，有时甚至钻牛角尖，算得上斤斤计较。

张会计主要负责企业税收征管、票款结报、办公用品领发、差旅费报销等工作，由他把关的事儿挺多。

那时税收专管员外出征管常要带上

税票（完税证），以便随时收税、随时开票。记得刚领到自行车、手提包时，张会计很认真地叮嘱我：外出时一定要记得随手锁车、随手提包，不论走到哪必须做到包不离手，要时刻放在身边，以防税票丢失。我想，不就是随手锁车、提包吗，这么简单的事儿用得着这样郑重其事？不久，我第一次跟张会计去外地赶集，赶到存车点的时候，我因为内急，实在等不及锁车就提包去了卫生间。方便回来，发现空气不对，老张的脸上就像下了厚厚的一层霜，严肃得有些怕人。我突然意识到了什么，还没等我解释，张会计劈头盖脸的批评就上来了：早就给你说过，提包、锁车两不误，第一次，你就……，万一……。一阵暴风骤雨之后，老张要求我回单位后必须写出深刻的检查。当时的我很不理解，不就是没有及时锁车这么点小事吗？至于如此兴师动众、大动干戈？事后得知因为这事受到他严厉批评的不止我一个，他对谁都一样要求严格，目的就是让我长点记性。正是张会计这顿急风暴雨般的批评，使我养成了一手锁车一手提包的习惯。

在那个年代，赶集补助算是税务机关最大、也是唯一的福利津贴了，每次补助四毛钱，但在当时还是有些诱人的。有一次，我和所里的协税员小赵一起跟张会计去外地赶集，刚到集市，家住附近的小赵的家人急慌慌来找他，说家里老人有病，情况比较严重，要他马上回家一趟。张会计一听，立即从上衣口袋里掏出仅有的十五元钱，很慷慨地对小赵说：“家人看病需要钱，先拿着去看病，不够再说”。小赵当时手头很紧，正愁医疗费的事儿，看到老张递过来的几张票子，眼泪都快流出来了。站在一旁的我不由得暗暗佩服老张的仗义。可接下来的发生的事儿，不由得让我大跌眼镜。到了月底报销时，小赵发现自己没有领到那份赶集补助，就去找老张询问。原来张会计认为小赵虽然到了集市，但并没有做实际的征管工作，所以不能给他发放补助。这让本来对老张心怀感激的小赵很不满意，当时就跟老张狠狠地吵了起来。我们都觉得毕竟小赵是协税员，那天的情况又很特殊，连所长在内，所里的很多同志都为小赵说情，但老张就是不松口。最终，小赵也没有领到那份四毛钱的补助。

有时张会计较真得让人觉得难以理解。作为所里的会计，他常去集市买东西，他有个习惯，每次都要先问清价格，尤其是买那些需要称斤掂两的东西时，他更细致得像个家庭妇女，一本正经地戴上老花镜凑到商户的秤上细细打量。起初遇到这种情况，连站在一旁的我都觉得不好意思，至于这么斤斤计较吗？你经常到集上收税，抬头不见低头见的，难道他们还敢给你缺斤短两？有一次我实在忍不住了，就问：“张会计，业户又不是不认识你，你还担心他们会少给你？”。没想到，张会计狡黠地微微一笑：

“越是熟悉越要看好斤两，这样付款时才有数。”我越发觉得张会计小气得简直既可气又可笑。后来，我经过细细的观察，才明白张会计这样“抠门”别有用意，他之所以与业户斤斤计较，的确是为了付款时更有数，但他哪是怕业户少给他，恰恰相反，他是担心业户想和他套近乎，借机多给他。他的这种担心在不久后发生的买猪肉“事件”中得到了印证。那次为了二斤猪肉，老张和商家吵了起来，钱在两人手里推来推去。老张明明要的是两斤，可商家秤头一歪，足足多出一斤。那人大方地说：正好两斤！这哪里逃得过老张的“火眼金睛”，最后还是付上了多余的一斤猪肉钱！看着老张急赤白脸的样子，突然感觉“死板”的老张竟像孩子般天真可爱！

八十年代，税票全部都是用B2铅笔和复写纸手工填开，每份税票后面垫一个小塑料板，笔尖粗细、复写纸新旧、书写用力大小都会影响复写质量，每当结报税票、税款时，张会计都认真审核比对，凡复写字迹稍有不清的，他都要求将开具好的税票收回作废，重新开具字迹清晰的。有时他还到纳税人单位去核对，有的同志为此和他发生过很激烈的争吵，矛盾闹得挺大，不少人觉得他太较真，这种较真明摆着是不信任人。后来发生的两件事让我真正体会到张会计的较真的确不是小题大做，而是有着他的道理。一次是，张会计在一张张地核对税票时，及时发现了所里一个协税员通过大头小尾填开税票贪污税款的问题，因为发现得及时，加上是初犯，数额也不大，协税员被清退，避免了大的问题发生。另一件事发生在另外一个税务所，由于他们日常票证审核不严，有名军转干部多次利用大头小尾填开税票的方式贪污税款，被发现的时候，数额已经很大，那人最终被判刑入狱。

如今像张会计这样较真的人在个别地方或单位不讨人喜欢，有些人认为，为人处事不要太较真，也不要太认死理，要难得糊涂，这样才潇洒。但从张会计身上看到，较真是一件好事情，敢于较真，是一种人生态度，更是一份责任。在工作生活细节上较真，能够促成良好习惯的养成；在处理大是大非问题上较真，能够在坚持原则上丝毫不马虎。因此，不论是个人成长还是事业发展、社会进步，还是需要有更多像张会计这样肯较真、敢较真、会较真、善较真的人。

（作者：市地税局党组成员、副局长）

我已经离不开微信了

吴振会

QQ、微博对我并不新鲜，飞信也用了很长一段时间，一直以为这些通讯工具就非常便捷了。没想到，还有比他们更便捷的，那就是微信，用上了，喜欢上了，现在居然离不开他了。

我与微信结缘，离不开征管，离不开“金三”系统上线。

2013年6月上旬，在全省地税系统金税三期试点上线动员部署会议上，省局张洪军局长提出了“加强协调沟通，实现多方联动”的工作要求，省局征科处为把张局长的要求落到实处，要求各市迅速建立起以腾讯通、微信等为主要通讯手段的信息沟通平台。这时，我才知道当今世界竟然有个既能在流量消耗极少的情况下，支持你我彼此之间发送语音短信、视频、图片和文字，又可以通过建立一定人数的通信群进行信息沟通交流的智能手机软件。但是，由于我的手机不是智能手机，市局其他金税三期办公室成员的手机也不是智能手机，也就没有开通微信，实现省、市信息传递交流。

随着金税三期试点上线时间的越来越近，税务总局信息办通过微信下达的整改通知、补充通知、发布说明等大量增加，而省局金税三期办公室又来不及将其转换成其他文档格式，通过腾讯通、NOTES等进行转发，致使部分市局因信息滞后影响了工作进度。有鉴于此，6月15日省局征科处、信息中心在潍坊联合召开的金税三期试点上线对接工作会议上，再次要求各市金税三期办公室成员尽快开通微信。

不是智能手机，上不了Internet网就不能开通微信，更不能加入省局金税三期业务运维群进行业务沟通、信息交流。为此，我着急、大家更着急。市局领导得知这一情况后，非常重视，要求在力所能及的情况下，让市局金税三期办公室成员更换手机，并在2013年6月23日第五次局长办公会通过的《金税三期系统上线试运行工作方案》中明确要求更新配置沟通联络微信设备，以强化金税三期业务运维，及时处理金税三期试点上线出现的各种问题。

在同志们的帮助下，我下载并安装了微信软件，建立了微信群，学会了通过微信查看、制作、复制、转发、回复消息等操作事宜。智能手机的使用，微信的开通，业务运维群的建立，使我得以迅速加入到省局金税三期业务运维群，各县（市区）局金税三期办公室成员也加入到市局金税三期业务运维群。开通微信的当天就将接收到的省局金税三期业务运维群发来的金税三期整改通知等转发到县（市区）局金税三期办公室，信息沟通实现了无缝连接与联动，税务总局、省局通过微信发送的消息，我不仅能够在第一时间看到，而且能够在最短的时间内对省局发来的信息进行比对分析，排除泰安市局层面能够解决以及不属于泰安地税或者泰安地税已经解决的工作事项，提出处理意见后，再通过微信群及时转发到各县（市区）局金税三期办公室，督查指导各单位试点上线工作。试点上线最紧张的9月份，通过微信，我先后转发税务总局、省局信息62条次，而且绝大部分都是在下班后办理的。上线试运行后的第一个月即10月份，虽然我人在加拿大参加省局组织的现代税收征管培训班，但仍时常通过微信了解、研讨上线试运行情况，关注并适时转发税务总局、省局的通知要求，提出个人意见，指导工作开展。

尽管目前我对微信的使用还仅仅局限于皮毛，对微信的功能也没有完全掌握，但是微信的开通、使用，不仅节省了个人的手机通信费用，而且无论我身在市内外、省内外，还是国外都能将金税三期微信内容和其他诸如新闻、美食、养生、摄影等精彩消息分享给群内同行。

近几年来，随着年龄的增长，我几乎没有了主动获取新知识、掌握新技能的渴求和欲望。然而，微信的使用，尤其是加入了中国税网、税务总局公众微信，看到了最新政策解读和专家学者对税收现代化的一系列论述后，重新激起了我茶余饭后学习的兴趣。

现在，晚饭后的第一件事情，就是打开微信，查看金税三期消息、了解最新改革动态，之后，再看看关于悌、孝、忠、信、礼、义、廉、耻和文学著作等方面的内容，不仅对做人的道理有了新的见解，而且启迪了智慧、增强了悟性、提高了生活品味。微信正在改变我的生活方式。微信改变了我的生活方式。

我已经离不开微信了。

（作者：市地税局总经济师）

宁静的心灵，获得清澈透明的快乐

董　荻

宁静的心灵，获得清澈透明的快乐。这是我最喜欢的一句话。

泰安地税庆祝建局20周年，征集《峥嵘税月》稿，一时感慨，脑海里又涌出了这句我最喜欢的话，它是快乐工作的感悟。

人们说：儿童时快乐来的简单，成人时简单了就快乐。我想心无旁骛地做着自己的工作，心里存份感恩，什么都是简单的，快乐自然就来了。

算来从税已有32个年头，地税成立也整整20年，经历的各类税制改革、征管改革、会计改革历历在目；数着日子计算税收收入的经历倍感自豪；想起处过的领导和同事，时时叮嘱我为人处事的道理，手把手教我做事，心里充满了感恩。看看身边的同事，支持我的工作，宽容我的拙政，心里常常的感激。

自参加工作，就在征管岗位，2002年10月轮岗到计划统计科至今。16年的征管岗位，简简单单，忙忙碌碌，充实而快乐，觉得永远有没做完的事情，每天筹划着明天的工作，周而复始，年而复始。同事们心无隔阂地处着，坦然、互助、快乐。我从没有想过要离开这个科室，到有一天真要离开的时候，心里充满了不舍和遗憾。做了16年的征管，经历了《税收征管法》的出台和修订，一直想着用十多年征管中遇到的案件来诠释《税收征管法》各条款的应用，还没来得及做就离开了这个岗位，成了自己深深的遗憾。

初来计统科，又一个遗憾来袭，做征管时从登记开始到填写申报表为止，再下一个环节的开票征收工作感觉就是计统部门的职责，所以，对最早征收系统的应用，征管部门不介入，计统部门也不介入，办税服务厅和征收系统成了个两不管的状况。那时会计核算还是手工状态，只有应用起征收系统，才能解决税收会计电算化问题，当时好遗憾好后悔干征管时没有把征收系统推行起来。之后用了半年的时间，强行在全系统推行征收系统的应用，才在全市实现了税收会计电算化，也成为在全省率先实现税收会计电算化的市地。

从来没有想过要到计统岗位，2002年国庆长假前局里做了岗位调整。计统工作对我来说是个完全陌生的岗位，不了解它的职责，不了解它的工作内容。国庆长假7天，自己看了6天的税收会计统计文件，全面了解熟知这个岗位的职责，工作内容。计统工作一干又是12年，时间是伴随着数数过来的。每周数着税收完成数，到了半年、年底的关键时期，甚至一天在系统内无数次监控税收的实现情况。随着经济政治形势的不同，每年对税收任务的要求不同，有控有超。压力大，调度难时，一个人下班后留在办公室，盯着电话，琢磨着如何和县市区沟通，眼泪会不争气地流下来。但无论多难，年底各县、市、区局都很圆满地完成了任务，从心里感激我们县、市、区的计统科长和分管局长、局长们。很多分管局长和局长们会在电话里说：你放心，再难我们不能让你作难。听到这句话，喉咙往往哽咽，因为感动，因为他们更不容易。收入无论是控还是超，市局的一个调度下去，他们会再重新调整自己的收入盘子和结构，协调当地财政，协调各分局所，甚至协调管辖的纳税人。任务艰难时，脑子里常呈现出一句话：巧妇难为无米之炊。12年的计统工作，更深地体会到了我们基层干部的不易，也体会到了他们的伟大，因为有他们不懈的努力才有了每年收入任务的圆满完成。

最近在编纂泰安地税20年税志，把1994年到2013年的地税收入都仔细梳理一遍，也想起了每年的易和难，但无论经历过什么，现在都成为了我的自豪和骄傲，我想也是整个地税人的自豪和骄傲。我们组织的收入从1994年的2.99亿元到2013年的114.25亿元，年均增长21.14%，这不仅是每年数字的增加，更是地税人努力付出的标杆，是我们成长足迹。

事来应之，过而不住。不是什么事情都是一帆风顺的，但心无旁骛地做自己的工作，即使有时不顺，也不会烦恼，而是快乐地想方设法解决存在的问题。开心快乐的12年计统工作，又一次喜欢上了她，就像当初喜欢征管一样，简单而快乐。

回到开头的那句话：宁静的心灵，获得清澈透明的快乐。回过头去看看，20年的地税心是快乐的，因为简单的心，因为心静。心静是一种平常心，不追求名利；是一种心无旁骛，无丝毫杂念地投入到喜欢做的事情中；是一种淡然、坦然，不喧哗，不落寞；是一种心不迷失；是一种宽厚和博大；是一份悠远、深情与安恬，是心不再飘零。接受生命中的遗憾，珍惜生命中的感动，心才会溢满宁静与感恩，人才会快乐。

（作者：市地税局总会计师）

难忘税月

赵　雷

流淌的税月，值得永远留恋和回忆！

20几年弹指一挥间，思绪就像小溪中跳跃的浪花，融进难忘的税月。一张张和蔼可亲的面孔，一句句感人至深的话语，一幕幕工作生活的场景，就像一串串滑动着的电影胶片浮现在眼前，想着、念着、回味着，嘴角不觉泛起幸福的微笑。

踏上税务路

1989年年初，按照省委组织部、省人事局招录干部工作部署，法院、财政、工商、税务、教育等部门向社会公开招收干部。税务系统除1982年大规模招干以来，1984、1985年两年各有一次小规模公开招录，之后几年未有这样的机会，我有幸参加了那次难得的招考。报名、资格审查、考试，经过一关关的筛选，我被录取。从此，我便与税务结下了不解之缘。

四月，春色依然上演着一场绚烂的花事，我骑着自行车向夏张税务所出发了。风儿拨弄着刚刚抽出的麦穗儿，摇曳着，散落的村庄淹没在一片绿色中，不算宽阔的乡间公路洒满阳光，随地势起伏着延伸到远方，从此踏上了我的税务路！

税务所院落东西狭长，一道月亮门将办公和生活区隔开，精致、干净、温馨。所长苏礼俊中等身材，朴实敦厚，略带血丝的方形脸庞微微透着一点红色，“我们已接到区局通知，给我们充实年轻力量，欢迎啊！”所长笑呵呵地说，“以后咱们就在一个锅里摸勺子了，一家人不说两家话，你就先从管理个体税收干起吧！”之前的各种忐忑瞬间消失得无影无踪……

夏张多丘陵，经济欠发达，是一个以个体税收为主的乡镇。我这个“先进门，再学习”的门外汉缺乏的是税收知识和工作技巧，但工作热情和干劲却异常高涨。那时专业培训机会不多，主要是“传、帮、带”和自学，白天随老同志骑着自行车走村串巷赶市集，熟悉了解税源情况，与不服从管理的刁钻纳税户周旋，晚上学习相关业务，写读书工作笔记。一切都是新的，时间过得飞快，我穿上了蓝色的税装，领取了税票。“税票是无价凭证，就像战士的枪，要像保护生命一样保护它！”所长严肃的话语每天在耳边萦绕！南部丘陵地带的泥土是红褐色的，当时，村与村之间不通柏油路，下了雨，路面又滑又黏，车轮碾过留下的车辙风干以后又窄又硬还弯弯曲曲，沿着干硬的车辙骑自行车，一不小心被别倒在地是常有的事，“晴天一身土，雨天一身泥”还自我解嘲：这就是“苦其心志，劳其筋骨呀”！

工作之余，酒似乎是不能缺少的项目，但在所长的带领下喝酒是有原则的，除了上级来检查指导工作是所里公费招待，其他多是从所里的小菜地采摘些时令菜蔬，自己动手秀一下手艺，凑几个菜就是一个酒局。但凡所里有喜事，譬如获得上级表彰、个人取得好成绩、同志们家里有喜事是要喝酒的；完成了急难、硬性任务也要喝酒；同志们思想上有解不开的疙瘩更要喝酒。随着阅历的不断增长，对所长一片苦心的理解也在逐渐加深。酒看上去有水的外形，却有火一样的内心，它是解开思想矛盾的催化剂，是增强队伍凝聚力的粘合剂，是增进同志们关系的润滑剂，所长艺术性的把喝酒运用到了极致。

时间如白驹过隙，不久迎来了年终工作考评。考评闲暇，老税务袁泗平科长一改严肃的面孔，乐呵呵的，眼睛眯成一条线，“小赵，干税务有啥感受啊？”我不假思索地回答：“干税务威风，大部分纳税户还是挺支持咱们的。”老科长仍面带微笑，他深深吸一口烟，一字一句地说：“干税务，你要记住，纳税户尊重的不是你这个人，而是你的职业和你手中的权力！你要努力做让纳税户真正尊重的人！”我的脸热辣辣的，背上似乎撒满麦芒，这句话让我真正理解了干事、做人、干税务的辩证关系和人生哲理，话不多，却让我永远铭记在心！

感恩在路上

很多事情就是这样有意思，当你拥有时似乎觉得理所当然，是生活一步一步往前走的必然，但我却深深地体会到：我所走过的每一步都充满着感恩和收获！

两年以后，我离开了夏张税务所。尽管在夏张的时间不长，但正是这艰苦却充满欢乐，紧张却不失和谐，包容加友情的环境磨练了我吃苦、执着、积极向上的意志，奠定了我的人生观和价值观，以致在二十多年的税收工作中，不管遇到什么艰难困苦，都无怨无悔。二十多年过去了，老税务所亦不复存在了，但在我的人生记忆里却留下了永远难忘和珍惜的片段，因为我从那里起航！那里有我税务人生的航标！

光阴荏苒，斗转星移，在这之后的二十几年时间里，我先后16次转换工作岗位。在体味着传授与帮助、忙碌与快乐、关爱与友情之中经历了税管、会计、稽查、征管等岗位的锻炼；在真诚与协作、指挥与管理、率先与垂范、责任与担当中经历基层分局和区县局领导岗位的磨练；伴随着宏观与微观、责任与使命、严谨与缜密、统筹与协调，在市局计划统计、组织人事科境界得到提升；在国际税收领域，以新的角度、新的姿态、新的视野迎接跨境税收的新挑战。这些年从事税务工作的经历让我感受颇多，税收工作是综合而富有挑战的，是税收与财会、经济与管理、社会与心理、信息与科学等各学科知识的结合体，我们处在一个变革的时代，特别是机构分设的这20年，税制改革、征管改革、文化建设、队伍管理、目标考核、绩效管理似乎一直都在引领着我们快速向前。每年都有更高的任务指标和工作要求，年初到岁尾，总是在紧张和辛苦中度过。工作和学习不断伴我成长，在感恩中收获着成功，收获着知识，收获着喜悦！

二十几年，我与许多老领导、老大哥、老大姐共事，他们的人格魅力一直激励着我。“我的筐里没有一个烂杏！”；“不熟不开锅，开锅就上桌！”；“我们的队伍就像一列奔驰的动车，每一名同志都是动车上独立的发动机！”；“做事情要有毅力，要潜下心来去研究，做到定、静、虑、得！”；“干工作要雷厉风行，要有韧劲、黏劲，有红旗就扛，有荣誉就上！”；“生活，没有大不了的无所谓！”；“快乐生活，快乐工作！”一句睿智话语，一段真情故事，那是永远抹不掉的二十几年沉淀的印记，她教会我的不只是工作，更多的是一种态度！

每一步都收获着良师益友的关爱！每一步都承载着税务大家庭的希望！每一步都流淌着美好的记忆！每一步都充满着对税收事业的美好愿景！感谢我的同事，感谢我的师长！感谢所有应该感谢的人！

因为您，我的税务人生更精彩！
因为您，感恩依然在路上！

（作者单位：市地税局收入规划核算科）

难忘的青葱税月

赵建刚

回首过去的岁月，有一种缘分，纯朴简单；有一种感受，苦中有乐；有一种经历，如影随行。

1982年，高考失利后的我，心情非常沮丧，感觉前途渺茫。偶然的机会看到了全国招考税务干部的通知，还不知道“税”为何物的我参加了考试，一个月后，接到了录取通知，懵懂茫然地成了一名税务人。

经过短暂简单的培训后，我们3个十七八岁的年轻人，驮着行李铺盖，带着父母的嘱托，心情忐忑地来到了道朗税务所。敲开税务所的大门后，老所长和同志们热情地把我们接进去，看着大家久别亲人般的笑脸，感觉像回到家一样，心里一块石头落地了。

20世纪80年代初期的中国，还十分落后，尤其是偏僻的农村乡镇，群众生活水平更低，几乎没有像样的工商业，税源非常匮乏，税收主要来源于农村集市，完成税收任务特别紧张。那时候条件比较艰苦，税务干部骑辆自行车去收税，每天需都要往返几十里路，经常风里来、雨里去。由于刚参加工作，对什么都充满向往与激情，并不觉得累。早上起来第一件事就是忙着去打扫卫生，饭后分头出去收税。中午，无论出发多远，都要回到所里吃饭，大家乐呵呵地围着一张大桌，就像一家人。这工作看起来很平凡，但我从这份平凡中得到了很多的乐趣，探索了许多未知的世界，磨练了意志、积累了经验，也更加使我坚定了干好税收工作的信心。

经过一段时间的学习实践，终于可以独自出去收税了，老所长亲手把税票交到我们手里并反复叮嘱：税款是国家的，咱是为国收税，要像战士保护手中的钢枪一样保护好税票，丢什么也不能丢税票！实习时跟着老同志去集市的时候，心里很踏实！

当第一次独自收税时，没了老同志的带领和“撑腰”，心里有些没底，感觉不“柱壮”。便把老同志的经验和教导在脑海里一遍遍地过，从神情到说话，甚至细微的表情，潜意识里都在揣摸，经过第一次的面红心跳、紧张出汗，慢慢从心态到行动都适应了，说话底气也足了，讲起税法有条有理，尤其是面对个别蛮横不讲理的纳税人时也能做到镇定自若了。于是经常像那些老税干一样，独自一人，带着税票，走街串巷，进村赶集，自己慢慢成熟，工作也游刃有余。

工作中有苦也有乐，得到纳税人理解和支持、顺利征收税款后，心中生出为国聚财的自豪；自然有时也遇到一些不理解、不支持，心里生出委屈，但委屈只是暂时的，很快就被顺利克服困难后的那种成就感给淹没了。那时，人们对税务工作的认识还不像现在这样到位，有的对税法也不太了解，每征收一笔税款都要做大量耐心细致的解释工作，工作难度大，而且每天都要跟形形色色的纳税人打交道，什么不好的脸色都要看，什么难听的话都要听。有件事至今记忆犹新，那年中秋前夕，所里放了一天假，安排我值班，所长嘱咐说：“不要再赶集收税了，在所里值好班就行！”我跟所长说：“今天鱼池村有集，我还是去吧，不然税款就漏了。”所长同意后，我就独自一人骑着自行车出发了。那天的集市上，人格外多，我就从集市头上开始一户户收了起来。前面几十户还算顺利，当收到尾市时，遇到一位本村的，在卖自家养殖自己屠宰的猪肉。我问他：“开信了么？”他拿出了村委的介绍信。看信后，我按规定给他开具了两元钱的屠宰税票，当把税票递给他时，他不乐意了，说："我们家自己养的猪，凭什么给你缴税？"我给他耐心地解释税收政策后，说："卖肉就要缴屠宰税，这是国家法律规定的，其他户都已经缴了，不是只收你一户的，现在就差你没缴了。"他根本不听，反而和我猛烈地争执起来，这时周围不知道发生了什么事的老百姓，慢慢围了上来，人越聚越多，开始七嘴八舌地数量我。那位摊主也拿着卖肉的刀子在我眼前比划来、比划去。突然，他一把从我手里把刚开好的税票抢了过去，随手撕碎后扔到了我脚下，嘴里嚷嚷道："这个税，今天俺就是不缴了！"只有带着年月日的税票右下角还在我手中紧紧攥着。看着眼前蛮横的屠户和周围看热闹的人，心中是又委屈又害怕。这时候过来一个村干部模样的人，看我年龄小，怕我吃亏，悄悄对我说"小同志，今天先回去吧，他是这条街上的，冷静冷静后再处理吧！"我想，这位大叔说得也对，集市上人那么多，如果僵持下去造成秩序混乱，也不好收场。想到这，就骑着自行车回到了所里。一到所里，所长就惊讶地问我怎么了，原来由于委屈和后怕，自己早已泪流满面。我向所长一五一十地讲清了事情的来龙去脉，他听后非常生气，马上带我到公社向有关负责同志汇报了情况。公社领导非常重视，派人与我们一道赶到集市驻地，对此予以严肃处理。所长和我向该户重申了税法的严肃性，对他进行了严厉的批评教育，直到那个屠宰户承认了错误，补缴了税款。

转眼间，32 年过去了。经历了税制改革，国地税分设，看着一批批年轻的税务人成长起来，高速发展的税收信息化建设和功能齐全的办税服务厅为纳税人提供了更加方便快捷的服务。那种带着税票，骑着自行车，走街串巷，赶集收税的日子已成为历史。

回首往昔，那段令人难以忘怀的青葱税月始终铭刻在记忆深处！

（作者：市地税局高新区分局）

税务 32 年感怀

万　强

不知不觉间，步入知天命之年，从事税务工作已 32 年了。32 年，只是历史长河里的短暂一瞬，但在我的生命历程中却留下了永不磨灭的印记。回首前尘，历历在目，感慨万千，催我奋进。

终身难忘房老师

1982 年 9 月，我有幸从一名高中毕业生成为一名税务干部，美好未来在向我招手。从此我暗下决心，一定要认真努力工作，不辜负领导和同志们对我的期望。

然而，用现在的流行语来说，就是"理想太丰满，现实太骨感"。没想到，我被分配到离家四十多公里的宁阳县税务局磁窑税务所，同去的还有两位女同事。进局伊始，我们每人发了一辆崭新的“金鹿”牌自行车，一件黄大衣，一个黑色人造革手提包（用来放税票）。没有宿舍，只能到镇上的小旅馆包了一个床位，生活自理，一切都得自己从头做起。然而工作一点也不比生活轻松多少，一个人要负责一个管区（比乡小比村大）的税收，这其中包括村办企业和集市管理等工作，头一年的个人税收任务是2万元。当时，我国的改革开放刚刚起步，社队企业少，人们的纳税意识非常淡薄，征税工作之艰难是可想而知的。我任税务专管员，因刚参加工作，根本不熟悉业务，被安排到了市场管理组。该如何展开工作呢？这真应验了那句俗话“狗咬刺猬——无从下口”了。正在我一筹莫展的时候，引领我走向税务之路的房老师来了。我内心充满了期盼，也添加了几分忐忑。

房老师40多岁年纪，中等偏高的个头，人长得白净精瘦，无情的岁月在他额头上刻下了几道深深的皱纹。后来我才知道，外表坚毅刚强、处事稳重干练的房老师，内心却是柔情似水。他参加工作很早，是新中国五十年代第一批税务干部，文革中被错划为右派，发配到黑龙江鸡西煤矿挖煤，不久前刚刚落实政策回来。他是一位有专业知识，有实践经验且对工作严肃认真的老同志。很幸运，我成了他的学生。

房老师教我的第一课就是打算盘。那时还没有计算机，加减乘除全靠算盘来完成。一个合格的税务干部必须像战士熟悉自己手中的钢枪一样熟悉算盘，否则寸步难行，如果开错税票便会酿成大错。我仗着年轻，从不怕苦怕累，加上房老师手把手地教，一有空闲，便噼噼叭叭地练，白天练，晚上练，功夫不负有心人，不久我就能非常自如地操纵算盘了，而且从来没出过差错。

对于一个好的专管员，必须会进企业查账，而能够进农机厂和供销社查账的却少之又少，那需要相当高的业务水平才行。记得房老师第一次带我去磁窑镇上一家社办饭店查账（当时还是公社体制），先盘点，米、面一斤斤称，所有存货一点点清，琐碎而精细，共花了7天时间，补税374元。我那时看不懂财务会计账目，只能查白条，查到一笔就补10%的税，但有时也会有差错，把往来账中的白条也计算进去。后来我才在房老师的指导下，知道错在了哪里。

那时最让人头疼的是去市场收税，除了要有一种不怕苦、不怕难的精神，还要有对自身面临的危险有充分的认识。磁窑镇大集是农历的四和九。有一次我和房老师去集市收税，不多时就看见他和商贩吵了起来。他脸拉得很长，非常严肃，甚至很凶，我正替他暗暗担心，没想到过了一会儿，商贩乖乖把税缴了上来。事后，房老师对我说：“向商贩收税要严肃认真，讲明道理，不能嘻嘻哈哈，否则商贩是不买你账的。”就这样，在房老师的悉心教导下，我每天天不亮就起床，给卖猪肉的过秤，收屠宰税、产品税；帮卖木器的搬家具、收家具，收临商税。从早到晚，忙忙碌碌，但心里踏实而快乐。有一次，我被一位蛮横的商贩打了一拳，房老师及时赶到，制止了商贩的粗暴行为，并对其进行了处罚，还表扬我打不还手，骂不还口。事后房老师严肃地说：“干我们税务工作的，不光要流汗，有时还要流血，但为了国家的税收，值！”我把这句话永远地记在了心中，在以后的税收工作中，有时受了委屈，每每想到房老师这句话，心里便释然了。

房老师工作中严肃认真，在生活中却幽默风趣，讲起笑话来，两眼会弯成下弦的月牙，夹着一口东北腔的宁阳话，总引来我们阵阵笑声。他总是语重心长地说：“你们年纪轻轻的，远离父母来到这里工作，真是不容易，一定要在生活中学会自己照顾好自己。”房老师既是我的良师又是我的益友，他对我无微不至的关心照顾，我终生难忘。然而不幸的是，20世纪90年代，房老师因病去世。在以后漫长的税务工作中，我时时用房老师的话鞭策激励自己，认认真真做事，踏踏实实做人，房老师如九泉有知，他一定倍感欣慰。房老师，我永远怀念你！

刻骨铭心岱顶行

1997年12月，我任泰安市地税局直属分局一科科长。根据局里的安排，我科分管泰山景区及岱宗大街以北企事业单位的税收管理工作。泰山景区特别是岱顶景区的税收工作一直是工作难点，由于多方面原因，多年来未纳入正常的税收管理。针对这一情况，我带着科里的4名同志，徒步登上海拔1545米的岱顶，对岱顶所有从业单位及个体经商户进行了一次详细的摸底排查。正值隆冬，山顶寒风凛冽，呵气成冰。在岱顶有关部门的配合下，我们冒着严寒走访一个个驻岱顶单位，深入到每一户在岱顶的个体经商户，掌握了第一手详实的资料。然后在南天门内设桌现场办公，个个登记，户户开完税证。全科同志的手都冻肿了，其中有3位同志感冒了，发烧达39度。就是在这种情况下，我们全科同志相互鼓励，没有一个叫苦叫累的，经过两天的辛勤工作，圆满完成了任务。这次岱顶之行，在记忆里刻骨铭心，有了这样一次不同寻常的锻炼和考验，在以后的工作中，不管遇到多大的困难，我都做到了无所畏惧。

32年过去，弹指一挥间。无论从偏远的乡镇还是繁华的闹市，面对不同的纳税人，我有过快乐，也有过无奈甚至痛苦，却从未后悔过。我始终坚信，为国聚财是我生命的全部，身为共和国的收税人，我骄傲，我自豪！

（作者单位：市地税局稽查局检查二科）

倾情地税

高 峻

时光流逝，岁月如歌，一转身便是一个光阴的故事，在那20年的风雨“税月”中有你，有我。就像那20年来一张张渐黄的老照片，泛着岁月的光，记载着往昔和今日的峥嵘。

转眼20年的时光，我已不再是懵懂少年，而对于地税事业来说却风华正茂，时节正好。我1988年财校毕业后，走上税收岗位，边干边学，边学边干，不久就成为业务能手。我积极参加自学考试，用极短的时间通过了11门课程，顺利拿到了自学考试大专学历；1994年国地税分设后，又参加了山东经济干部函授大学的学习，顺利获得相当于本科的学历证书。分设后，我自愿来到地税，我荣幸我是第一代地税人。当时分局租住在东都宾馆南二层楼上，条件虽简陋，但也不觉得苦，每个人的劲头还是那么足，日子就那么熬下来了。1997年初，我们搬入了宽敞明亮的16层办公大楼，大楼的矗立凝聚着徐兰云局长一班人的心血，他们大任在肩，负重前行，给地税打了基础，给大家安了窝，感恩于老一辈地税人。我认真工作，从专管员、税政员到副科长再到科长，一干就是27年，甘苦与共，风雨同行。

记得1995年6月中旬的一个星期二，我骑摩托车带着王雯到财政局下属的投资公司去查账，工作人员说他们的财务老总和财务科长到财政局开会了，估计一会儿就能开完，让我们稍等。我们左等右等，从早上9点等到11点多，一直没有等到人，无奈之下，我对王雯说咱们下午再来吧。走到楼下，正赶上投资公司的刘总和汤科长开会回来，我和王雯又返回去向他们了解情况。下午，徐书院、我和王雯就投资公司的缴税情况进行检查，共查出营业税及附征税款100多万元。第二天刘总带着财务科长等三人来到直属分局“讲情”，时任分局副局长的栾克林接待他们。刘总参加工作时跟着栾局长实习，栾局长说：“税法面前一律平等，谁也没有特权，你们作为财政局下属单位更应该带头缴税，维护税法的权威。”刘总听后当即表示全力支持地税局工作，下周就筹款把税缴上，对我们秉公执法、锲而不舍的精神表示赞赏。一周后刘总信守诺言，把100多万的税款如数上缴国库。只是我们谁也没有想到和刘总的“缘分”才刚刚开始，刘总和地税的缘分也刚刚开始。根据市委组织部的安排，“刘总”调到泰安市地税局工作，任市地税局党组副书记、副局长，就是我们的刘文和局长。通过这件事刘局长对税务工作也有了重新的认识，对我们的工作态度、业务技能表示了肯定。现在回想起来，曲折的情节依旧清晰，感到奇妙无比。

话说分局有“三老”，官老、徐老和高老。官老于1987年参加税务工作，在地税局工作了一辈子，为地税工作呕心沥血，今年已经驾鹤西去。徐老侠肝义胆、乐于助人，在地税局兢兢业业工作一辈子，已经退休多年。我比官老、徐老小十几岁，“官老、徐老”名副其实，只有我这个“高老”有点牵强，这其中还有一有趣的“典故”。一天下午，徐老家里来了济南的亲戚，让我陪客人一起吃饭。敬酒时，王军说“徐老我敬你一杯”，其中一个客人看了看徐老，又看了看我，脱口就说“高老，我敬你一杯！”。话音刚落，大家哄堂大笑，当时我才二十八岁，可能岁月在我脸上画的“痕迹”有点多，客人误以为我比徐老年龄还大，闹出了笑话。现在回想起来，心里充满了暖意，这里边满满的都是同事情，是地税大家庭中团结和谐的一个缩影，我也不禁向为地税倾情付出、辛勤操劳的老税干们致敬。

目前，我有种深深地忧虑：以科室（所）为单位，大家的积极性怎么调动？人心有点散，队伍不好带，追逐利益，信仰缺失，这是当今社会的共性。物质奖励不能发，精神激励作用有限，激励缺乏内在驱动力。黄建明博士在山东地税大讲堂做报告时指出，领导干部只须做三件事：一是多肯定，别埋汰，就是多表扬，别抱怨；二是多激励，会忽悠，就是能调动大家的积极性；三是搭建一个平台，让有才能的人得瑟，也就是说是骡子是马拉出来遛遛。资源（物资和精神两方面）相对缺乏，领导有时候也面临英雄无用武之地，怎么用有限的资源最大限度地调动人们的积极性，这是一个大课题。“作风兴局”怎么去落实，这是摆在我们每个同志面前的问题，海阔凭鱼跃，天高任鸟飞，让我们共同努力吧。我爱她，才关心她，为她喜，也为她忧，愿意为她倾情付出。

岁月悠悠，弦歌激扬，春发其华，秋收其实。20年是一个里程碑，更是一个新起点。我热爱地税，我用脚踏实地的工作换来内心的宁静，我荣耀着地税事业过去的辉煌，也憧憬着她美好的未来，我期待泰安地税的明天会更广阔、更辽远、更迷人！

（作者单位：市地税局直属征收局税源管理科）

回眸地税20年

刘秋云

又是一年春光艳，地税走过20年。税月匆匆，冲不断依依地税情。凝眸处，定格成一幅幅难忘的画面。

时间过得真快，转眼间我从事税务工作已30年了。想当初，怀着对美好生活的憧憬走出财政学校的大门，成为一名光荣的税务会统工作者，和数字结下了不解之缘。那时候对一个刚走出校门的学生来说，税收会统新鲜又好奇，一摞摞的税票，清脆悦耳的算盘珠碰触声，电月报、电旬报等一行行整齐的数字，都成了心底永远抹不去的美好回忆；领导的教诲，同志们的帮助，每次小小的进步，都使自己在工作中找寻到成就、幸福与快乐。如今在感受当前就业形势严峻的同时，莫不记住时代的功德，更来不得丝毫的懈怠。

光阴弹指间，到了1994年。工作10年后我面临人生的又一次选择——国地税机构分设。经过本人申请、组织筛选等一系列程序，我有幸分到了地税，见证了地税的成长与发展。那时全市地税系统，只有715人，仅占原税务人员的29%，而在新税制18个税种中，由我们负责征收管理的就有15个。我们既无办公场所，也无办公经费，真称得上一穷二白。我所在的直属分局租住在东都宾馆低矮的南楼，我所在的科室——征收大厅，就在浴室改造的房间里工作，冬天阴冷潮湿，夏天恶臭无比。我们坚强不息的地税人，就是在这样的环境中创造了一个又一个奇迹，实现了从无到有，从小到大，从弱到强，从默默无闻到声名远播的跨越。三年的时间我们搬进了宽敞明亮的16层大楼；我们终于有了属于自己的办公室、办公桌；计算机由当初的全局仅有几台到每个科室一台，再到目前的人手一台；我们完成了纳税人从手工填票到电子申报，再到网上申报的飞跃。地税收入由组建当年2.99亿元，到2013年底114.29亿元，是建局当年的38倍还多。伴随着地税事业的发展，我也在不断成长。1997年参加科级干部竞聘，我有幸成为获胜者；2001年我又光荣地成为一名正科级领导干部。20年来，是地税培养了我，是领导和同志们鼓励着我，现在我正以饱满的热情，昂扬的斗志带领科室一班人在依法征税的道路上，在偷税与反偷税这一没有硝烟的战场上，为纳税人服务，为国聚财，为地税事业的发展贡献一切。

时间都去哪里了？20年的征收工作风里来，雨里去。面对纳税人，不断鞭策自己要做为人民服务的好税官；20年面对纳税人的不理解甚至冷嘲热讽，不断提醒自己要保持温和、细致的态度；20年面对有困难的纳税人，不断勉励自己做到腿勤嘴勤，政策宣传到位，关注好他们的实际需求。20年来，面对着一次次的诱惑，我不断告诫自己，不义之财莫取，非分之念莫思。20年，历练了自己的意志，磨练了自己的性情，也养成了自己永不服输的性格。

人生有多少20年。地税20年，无怨无悔地把青春热血洒在税收征管第一线，也真的不容易。20年，由当年的黄毛丫头到如今的两鬓染霜。回眸往事，感触点点滴滴。税务人员虽然清贫，但却拥有一般人不曾有的为国聚财的知识财富；生活平淡，淡中方知真味；职业平凡，常里亦可识英才；平平淡淡过日子，从从容容做事情。守住一份清贫，留住心灵的宁静。只有平凡的生活，才能保留人的纯真本性，才能真正体现人情世态，才能焕发人性的光辉。

20 年，地税给我以启迪，予我以力量，赠我以欢乐，带我以成长。地税的记忆和向往，凝成了我心中一道永恒的风景，吸引着我继续奋力前行！

（作者单位：市地税局直属征收局征收科）

一把算盘

姜林林

1983 年 1 月 1 日，我从原新汶市财税局孙村财税所调入新汶市财税局计划会计科工作，上班报到第一天，我的师傅老科长李振柏就将一把 15 档的算盘交给我说："小姜啊，这是我用了 20 多年的算盘，现在交给你了，这是我们的武器，你要好好用它啊，想用好它就要背好珠算口诀，给你一个星期的时间，我要检查的。"我当即表示一定按时完成师傅安排的任务。回到办公室，我仔细地端详着这把算盘，紫红的木框，黝黑的算珠泛着光亮，不知道这把算盘陪伴了师傅多少个日夜。师傅把他这个宝贝传给我，对我寄予了多大的期望啊？我在心里默念着，一定用好它，一定不能辜负师傅对我的期望。在随后的一个星期里，我把珠算加减乘除口诀背的滚瓜烂熟，"一一上一、一下五去四、一去九进一……"，上下班路上背，一个星期后师傅抽查后说，不错，该练指法了，从一加到一百，从五千减到一，每天练，直到一分钟能加减完。于是，我不分白天黑夜的练，一个星期后，手不捻珠了，师傅的要求也达到了，我终于可以做报表了。

"吧嗒吧嗒"的珠算声伴随我度过了 9 个月的时光，在这 9 个月里，我体会到一个会计人员的辛苦，但有算盘清脆的珠声相伴随，也有别一种轻松与惬意蕴含其中。在工作中有时也会出现一些失误，记得 1983 年春节结束后月底结账时发现现金与账差 1.5 元，打了无数遍算盘就是对不起来，当时认为是自己在给一位同志报销时多付给他了，并与之理论。这位同志不承认多收了钱，于是我与他大吵了一顿，师傅没说什么，拿过算盘和账本在我办公桌上复核起来。

看着师傅如飞的手指，听着辟啦啪啦的算珠声，我别有一番滋味在心头，不一会师傅站起来说："小姜，你再打一遍！"我战战兢兢地又打了一遍，结果账实相符，我疑惑地望着师傅，师傅说："算盘能用，但多打无疑会形成手指记忆，所以你打三遍仍然是一个数，要么换个人打，要么自己清清脑子再打，知道自己该怎么做了吧？""是，师傅！我马上向这位同志道歉。"我奔出办公室，诚恳地向这位同志道歉，请求原谅。通过这件事，我也认识到自己的珠算水平还很烂，需要更加努力。

1983 年 9 月，我如愿考取了山东省广播电视大学经济类税收专业，需要到泰安脱产学习 3 年。临行前，我把算盘像宝贝似的擦了又擦，用一个布袋包好后放入行李箱中。在这 3 年中，每当我遇到困难时总是拿出算盘轻轻地拨动算珠，“吧嗒吧嗒”声就像清凉的水珠，荡涤去烦恼与忧愁，眼前仿佛看到了师傅殷切的目光，就这样这把算盘伴我度过了 3 年的学习生涯。

1986 年 9 月毕业后，我被分配到市局流转税科工作。这时，我也脱离了计统工作，脱离了数字工作，虽然用上了小型计算器，但我仍然习惯性地用算盘复核一次，后来计算机的应用使我彻底地离开了算盘。

时光飞逝，白驹过隙，转眼间已过知天命之年，从事税务工作已经 32 个年头了。师傅早在前些年就因病过世了，只有这把算盘依旧陪伴着我，像当年一样泛着紫红的油光，仿佛就要出征。

（作者单位：市地税局直属征收局综合科）

20 年前的 2 分钱

李 斌

窗外夜空被闪电划破，远处雷声沉闷，大风过后，大雨骤至，时紧时疏，打在窗上形成一层层水帘。我独坐窗边，思绪坐上时空穿梭机，回到了 20 年前的那个傍晚。

那时国、地税刚分家不久，人们常常拿国、地税进行比较，来验证自己的选择是否明智。刚成立的地税局白手起家，一月仅 5 万元经费，却分得了一身债务，办公楼年久漏雨，一切百废待兴。

明天是发工资的日子，当时能否按时发放工资系关军心稳定。一个人简单吃过晚饭后，来到办公室。天气闷热，乌云积聚，风雨欲来。作为单身汉的我，没什么可担心的，关上窗，打开机房空调，先将药费凭证、煤气费回单、代扣水电费、临时工加班费等录入计算机，打印出工资表、药费报销明细表、工资条，然后将从办公室领来的旧信封整理，剪齐边，把每个职工工资单姓名、实发金额、药费金额抄到信封上，再用算盘加出合计登在上面。伴随着夜幕拉起，远处天空开始打闪，雨要来了，工作还在有条不紊地顺利进行，最后只要信封上所有人的金额合计等于工资表加药费表合计就大功告成，不出意外下雨之前会搞定一切。可偏偏每个人信封合计加起来比工资表和药费报销明细表合计多 2 分钱，也就意味着第二天发放现金将比账面实际支出 2 分钱。忙了半天还赔 2 分，心有不甘，再加一遍，还是差 2 分。起风了，带着土腥味，雨要来了，是走还是继续找那 2 分钱？走了心不甘，继续为 2 分钱找错又觉不值，真纠结啊！还是再找找吧，自己说服了自己。是不是信封上工资和药费加错了？再加一遍，还是没错。大雨哗哗下起来，伴随着电闪雷鸣，反正也回不去了，非找出错在哪儿不可。会不会是工资表抄错了？核对一遍，没错！是不是药费单抄错了，核一遍也没错！天啊，怎么就不对呢？真折磨人。从头到尾再核对一遍，还是没错，再来一遍，又没错，这2分钱算是和我杠上了。反反复复中夜已深，雨转小，人快要崩溃了，真想吼两嗓子发泄发泄。冷静！一定要冷静！我告诫自己，再想想是不是忽视了什么环节。会不会是计算机出错啊？对，有可能是计算机计算药费时没有舍位平衡，导致合计不等于每个人的分项，产生误差。查一下，这果真是问题“元凶”，一看表已是深夜两点。雨停了，街上没有其他行人，路灯独自为我照亮归路，我哼着小曲儿，为自己今夜取得2分钱的成就兴奋不已，雨后空气带着淡淡的草香味瞬间变得如此清新、沁人心脾。

20年很长，足以让一个不谙世故、风华正茂的年轻人风华不再、两鬓飞霜，让快乐的单身汉蜕变成长成高中生的老爸。

20年又真的很短，20年前的那个雨夜犹如昨夜。

（作者单位：市地税局收入规划核算科）

向着太阳的方向进发

蔡　玉

回首往事，日子里竟全是斑斓的光影，酒般的记忆，一饮就醉，却又醉得那么清醒，清醒得拿出全部热情去品读平凡却殷实的人生。

岁月不居，时节如流！从1994年建局之初参加工作至今，与地税一起成长，经历了二十度春花烂漫、秋实满枝，经历了二十度夏雨恣肆、冬雪飘逸，地税大家庭的温馨始终包围着自己、滋润着自己。建局之初，我负责全局文印工作，看起来很简单，但在全局发挥着重要的枢纽作用，容不得丝毫松懈。那时全局只有一台微机放在文印室，公文起草全是手写后再送到这里，在电脑上输入、输出、修改、再输入和输出，反反复复，不知多少回合，每天输入10几万字很正常，加班加点更是家常便饭，很多时打字到最后，十指全都麻木了。

一天，主任把一份几十页的材料送来，说明天急用。眼看下班时间到了，家中有嗷嗷待哺的孩子和腿脚不便的老母，老公又出差在外，怎么办？初为人母的我，不免心急如焚，草草输入印出，送交领导，以为完美下班，心中还对自己的高效暗暗自得。美滋滋回到家，烧菜、做饭、进餐。正吃饭时，电话铃响了，主任打来的，心不由得“突”一下紧张起来。话筒里传来主任温和的话语：“小蔡，吃饭没有？孩子吃饭了吗？”还没反应过来的我，机械地实话实说："正在吃饭，正在喂孩子。"还没有来得及问有什么吩咐，主任忙说："你先照顾好孩子，过会再说吧！"放下电话，心中不免嘀咕，什么事儿呢，是不是文件出了问题，领导会不会发火。一顿饭在忐忑中提前结束，赶快给主任回了电话。主任告诉我，文件有几个小地方需要修改，希望我回办公室帮个忙。听到主任和蔼可亲的话，心里很惭愧，火速赶回办公室。那时，天色已晚，整幢大楼都笼罩在夜幕之中，主任办公室灯光依旧，他正伏案修改文件。此情此景，让我无地自容，也让我由衷敬佩，心中暗暗下定决心，以后要更加努力工作，身为一名地税工作者，为泰安地税事业的发展奉献我微薄的力量。

转眼间一切都变了，2002年初，我局率先实行办公自动化，人手一台计算机，除了涉秘信息，几乎所有的工作实现了网络运行，地税工作插上了腾飞的翅膀，不久我也根据工作需要转到了文秘岗工作，先后负责网络信息发布、网页管理，公文处理、档案管理等工作。从局里的一个流通枢纽转移到了另一个工作运转的核心，上传下达，内外联系，都靠着文件的运转来实现。我知道这份工作看似"微如粒米"，但就是这一粒粒的米，才能为"局"这个大家庭创作出色味俱全的飨宴。我本胆小怯懦，所以，当刚刚通知我换岗时，首先想到的是退缩；但是，不接受又怕辜负了领导的信任与期望。那几天，我一度很沉闷，焦虑。感谢领导，让我在一个充满温情的单位工作，感谢身边的兄弟姐妹耐心的开导以及鼓励的眼神给了我自信，当我下定决心的瞬间，我知道，我就如破茧的蝶，有了翅膀，可以飞翔，虽无雄鹰矫健，但也是风姿无限。

我深知自己肩负的责任，多年来在工作中，边干边学，从收发文的签收办理到文件的转办督办，再到办结；从档案收集、整理，再到归档、查询利用，看似简单，却枯燥中蕴含丰富，平静中映现多变，琐碎复杂，一处疏漏就将贻误全局，必须急事急办，大事细办，轻事重办，熟事生办。有天夜半，手机铃声突然响起，我立马坐起来——因为无数次的加急事件练就了条件反射——让我立马到市里取一份机要文件。看看已是午夜时分，本来车水马龙的街上已是空空荡荡。"要快！"刚刚传达任务的声音还在耳边回绕，怎么办？向局里要车？要等一阵子。打的？不行，机要件要保证绝对的安全。目光转到了老公身上，看到老公工作一天疲惫的脸，听着老公起劲的鼾声，实在不忍……怎么办？最后还是用力推了推老公，没等他醒透，就下达了温柔的命令："老公，求你帮帮忙，我要到市里取份加急文件，刻不容缓……"边说边给老公套上衣服，脚不点地得奔了出去……就这样，日复一日、年复一年，重复循环，在重复中磨练。多年来，把"文件不在我手里积压，事情不在我手里延误，工作不在我手里中断”作为工作中的重要原则，始终坚决遵循。靠着细心、耐心、责任心，各项工作总算做得高效、圆满。有时整理文件橱，一沓一沓厚厚的荣誉证书静静地躺在那儿，默默无言，我深知她们正是用无言来鼓励我、鞭策我努力向前。

20年，我们坚定不移，一步步，一程程，奉献青春，挥洒热情。

长风破浪会有时，直挂云帆济沧海。如今，在“作风兴局”战略引领下，泰安地税正如一艘扬帆远航的轮船，船长正用最精湛的技术，引领着我们齐心协力向着太阳的方向进发！

（作者单位：市地税局办公室）

阳光下的税票

姜秀荣

它，与我相伴的时光比我的家人还长；

它，与我手牵手、心贴心，迎了朝霞，送了夕阳；

它，可以翻动出喜悦与紧张，可以粘贴出成就与过往……

它是信义的凭证，它是付出的希望；

它是忠诚的树叶，怀着对大树的眷恋；

它是温情的音乐，演奏着使命的交响。

它是一张小小的税票，
或者
只是一滴水，
可以累积成河，
可以沐浴阳光。
它是阳光的宠儿，春去秋来，
伴我生活，伴我成长……

春去秋来，花开花谢，作为从税十七年的一名普通地税干部，我亲眼目睹了十七年来地税事业的发展变化，亲身经历了十七年税票的种种变迁和“华丽转身”，用心感受着十七年的喜悦与自豪，用心思索着十七年的追求与发展，用心体会着十七年的奋斗与拼搏，用心咀嚼着十七年的艰辛与辉煌……即使用了上面诗一样的文字，也难以表达得称心如意。

那是一个属于憧憬和梦想的秋天，1998年9月，我步入了地税系统这个大家庭，从此便与税票、税收结下了不解之缘。起初的5年，我在分局办税服务厅从事申报征收工作。从上班的第一天起，长者们就语重心长地告诉我说：“要做到人在税票在。”简练的话语，却含着千钧的重量，从他们坚韧的目光里，从同事们严谨的工作作风和对税票保管一丝不苟的工作态度中深深体会到了与“税票”二字有关的责任。每到申报期，是办税服务厅里最忙碌的时候。大厅里边，排着长长的等待的队伍；大厅这边，不断准确地重复着紧张的工作：审核纳税申报资料、开具缴款书或完税证，而那时候，有部分税票还需要手工填写税种、税率，计算税额。一天忙下来，常常连喝水的功夫都没有。每天，我们都在纳税人焦急的眼神转变成了满意的笑容之后，才得以卸下身心的疲惫，喝上一口凉白开。那时候，夕阳也总是惬意地掠过窗外。

阳光下，有小树初长。日历翻到2002年10月，我进入了分局会统科负责税收会计工作。每天，都要从国库拿回少则几百份、多则上千份的税票，一份份、一张张输入税票号码做上解入库销号。每天无数次敲打键盘，以至于键盘上的数字键都已模糊不清。那时科里人手少，加班加点是非常正常的事情。老科长经常鼓励我说："会统工作就是苦点、累点，需要有强烈责任心的人才能胜任，你趁着年轻，多吃点苦正好可以磨练自己"。每当回忆起那些日子，我为自己这段宝贵的人生经历而感慨，特别是当通过我的努力每月把所有税票销号完毕、税款全部入库并于国库对账核对完全一致时，那份喜悦，那份自豪无以用言语来表达，我为税收事业有我的一份努力倍感欣慰。每当这时，我还能强烈地感到与胜任工作相伴而生的幸福感，每当这时，这一片片树叶般的小小税票啊，总让我想起"一枝一叶总关情"的诗句。

"不积跬步，无以至千里；不积小流，无以成江海。" 2009年7月，我进入了市局计划统计科负责全市的税收票证管理和领发工作，我感到了肩上更大更重的责任。6年的时间里，经历了两次税收票证的改版换版和三次新票证系统的上线转换工作，在我和县市区负责票证管理的同事们的认真努力下，所有旧票证收回销毁、新票证发放启用等大量工作，都没出现任何差错，6年时间里，全市一份票证也没有丢失损毁过。想到这里自豪之情油然而生，正是共同肩负着这一份沉甸甸的责任，我和身边的同事们才能凝心聚力，共克艰难，汇聚着税收事业发展的正能量。这是一种态度、一种担当、一种付出使然，是量的坚守与累积使然，最终成就的，是工作上的质的飞跃，是精神的升华，是泰山日出一样的来之不易的亮丽风景。

如今，在实行网上申报、网上办税的今天，特别是金税三期上线运行后，申报期内办税服务厅再也见不到那长长的队伍了，纳税人在家轻点鼠标，就可以完成申报、缴款等工作；2010年财税库银横向联网后，会统工作人员也不用手工上解入库销号了，都是系统自动完成；税票不再是纳税人缴纳税款的唯一合法凭证了，电子付款凭证就可以当完税凭证使用了，手工税票也退出了历史舞台……

抚今追昔，心潮澎湃！这里面，有对事业发展的称颂与自豪，更有对17年来的、浓得化不开的小小税票情的眷恋与追忆。

小小的税票，如一滴水，折射着夺

目的阳光：它代表一段历史，也印证着一种责任。

这小小的税票情缘啊，如一片片树叶坚守着对大树的承诺：它是履行一种使命的使者，也是高悬在枝头的一种美德！

十七载的时光造化，这小小的税票，未来可能会被电子税票所代替，或许会慢慢退出“历史舞台”，但是啊，“此情可待成追忆”——我仿佛与这小小的税票化为了一体，它中有我，我中有它：

我们共同前行，送了晚霞，再迎另一轮朝霞！

（作者单位：市地税局税源管理科）

我行“山阴道上”

李玉祥

在泰山脚下这座城市学习、生活、工作了近30年，登山次数不计其数。随着年龄增长，尤其是两年前迁入环山路旁边的新居后，登山次数虽未减少，身影却逐渐从喧嚣的红门盘道淡出，更多地游走在了泰山南麓、少有游人的观光路，这段路崎岖蜿蜒10余里，于我而言，无疑是心中的“山阴道上”。

这段路，从红门下的关帝庙顺着山脚迤逦东去，连接红门村、红门东村、箭杆峪、韩家岭、刘家庄、蝎子山、三合、白马石、上峪、水牛埠、黄山头等十几个村落，原是一段供山民日常出行的乡间小道，后来，管委为便于泰山干季防火，便在原有道路基础上予以拓宽、硬化和美化，慢慢就成了现在的观光路。说是观光路，其实几乎并无闻名遐迩的自然景观，与泰山其它几条游览观光线路线根本没法比，即使当地人，也未必人人知晓其存在。它，时而平坦，时而陡峭，时而峰回路转，时而穿山越岭，时而野趣横生，时而温馨可人。读书时，常神往于南朝宋刘义庆所描摹的“山阴道上行”美不胜收的佳景，一直向往能够置身斯景，也去感悟“山川自相映发，使人应接不暇”的意境。如今，年已不惑，在观光路上自由自在、无拘无束、信马由缰地漫步，或回顾生命历程，或体验生活乐趣，不知不觉间居然走入了心目中的“山阴道”？

从泰城仰头北望，观光路时隐时现、迤逦穿行于泰山南麓连绵不断的群山之中。两年多来，或是山花怒放的仲春，或是满眼碧绿的盛夏，或是秋高气爽的深秋，或是寒风凛冽的严冬；或是莫道君行早、更有早行人的清晨，或是骤雨初歇、溪流淙淙的傍晚，或是凉意初起、月明星疏、秋虫低吟的秋夜，或是一夜风雪紧、天地白茫茫的午后……记不清在这段路上走过多少次了，每走过一次，都是对人生的一次体验：恬淡、悠闲、知足。

新居位于环山路南的青山家园，步行一刻多钟，从白马石村的罗圈崖斜穿过环山路，向西北一拐就上了观光路。春天漫步在观光路上，悠然自得地四处望望，各种野花悄悄开放，二月蜡黄的迎春花，三月粉红的杏花、紫叶梅、红白相间的梧桐花，四月重重叠叠的樱花和桃花、散发着淡香的白色丁香花和樱桃花，以及整个枝条覆满鲜花紫荆花，随着时节次第开放。山坳间，斜坡上，道路旁，村居后，深涧里，溪流边，背阴处，或簇拥为一片，或是相偎成一丛，即使孤零零的一株，无不与周边环境和谐相处，静情悄地，看来怡然自得，毫不张扬。当你信步走着，刚刚感觉到有一点单调、有一点乏味、有一丝疲累时，眼前山坡上、脚下山窝处突然现出一丛野花，令你眼前一亮，精神一震。与山下城市绿化带里、公园中备受园丁们呵护的同类相比，它们只是随意长在山花，身处贫瘠的山间，缺肥少水，从没被人刻意修饰，全靠大自然雨露滋润，顽强生长，但那种旺盛的生命力，却始终给人一种勃勃向上的力量。

我时常到观光路上散步，有时散心，有时健身，有时则单纯只是想去走一走，重新体会一下往日漫步的感觉。从白马石村到三合村这一段路是在一条山脊上，一排挺拔的白杨身披绿装耸立路旁，紧挨着白杨树的悬崖下，是农民精心侍弄的高低错落的果树林和掩映在绿树成荫中的三三两两的民房；再往下，就是因形就势、蜿蜒东去的环山路，环山路上，车水马龙疾驰而过；环山路下的泰城，一览无余。坐在路旁一块石头上沉思有顷，融融的太阳温暖着我的身、我的心，蓝天白云间一只布谷鸟“咕咕、咕咕”着从高空飞过，环山路上偶尔传来几声急促的汽笛声，山脚下的建筑工地上，机器轰鸣中一座座现代 化建设拔地而起、高与天接。身在其中，城市在我们浑然不觉中不断地换装、不断地长高、不断地扩大、也在不断地美丽，坐于道旁，静静地欣赏着眼前徐徐展开的这幅美丽画卷。

清明前后，泰山旅游渐入高峰，游客每天成群结队，从泰山火车站、高铁泰安站涌出，汇成滚滚人流向天外村、红门、桃花峪、天烛峰进发，他们或是步行盘道，或是车行环山路，向着南天门、向着极顶登去。

我却和往日一样，稍有空闲，即走出家门，漫步“山阴道上”，寻觅、感悟那份别样的风景。

（作者单位：市地税局人事科）

故乡的大清河

王 筱

人到中年，常想起“城南旧事”，回故乡是觅旧的好去处。远望高高堤坝内的大清河的中央高地，曾经聚居生息几辈十几辈人的村落早被大片郁郁葱葱的白杨所取代。夏季的河水汪洋恣肆，拥推着白浪滚滚西流。幼时很以为稀罕的“倒流河”，竟无一丝熟悉的影子。是啊，没了历史或文化坐标作参照，特色和印迹又何从留下？

大清河发端于泰莱山区，自东流向西。上游名叫大汶河，至东平县戴村坝以下为下游，下游流至州城古镇东近十公里处，大清河突然象条猛吞硕鼠后的长蛇，中央突现一狭长“岛屿”，鼓鼓的隆起处差与两岸大堤持平，将清河一分为二，北为主南为辅。这隆起处的村落正在大堤内的两河之中，故名夹河，就是我的故乡了。

村东部极象乌龟高昂的头，轻易不会被洪水漫过，为防止小股洪水泛滥，村庄的南北两面便筑起高高的挡沙堰（就是儿时人们口中的“大沙堰”，长大后才知道那是谐音）。每逢洪水爆涨，村干部便在大喇叭上声嘶力竭骂骂咧咧地喊全村人去堵挡沙堰上枯水季打开的为方便人畜车物通行的几个道口。有时水实在太大，很短时间主就会漫过已堵住道口的南北两堰，村里便只能丢卒保车，再退一步，集中全力回护村里的大坑。那坑很深，据说是当初建房取土时挖下，后来便成了雨季的蓄水坑，好像每个旧式村落都作如此布局，似乎隐含着八卦相生相克的道理。它四周都是房屋，房屋下是如削壁样的台基。肆虐的洪水如无遮无挡地横冲直撞，极可能冲垮台基，十几家的土坯房屋将很逃脱倒塌的命运。那时刻全村没有了勾心斗角，没有了家族分歧，没有了曾经的邻里矛盾，全都齐心协力，尤其那些壮老力一个个冲在洪水的前头，又是挖又是堵。祖母在世时说，上世纪五十年代有次洪水漫坡进了村，非常厉害，村里多数泥坯的房屋都给泡塌了，县政府专门组织救护船在老村的小巷里来回穿行，用高音喇叭反复地动员全体村民到堤外亲朋好友家避一避，很多人都急慌慌地离开了，但也有一些人尤其是上了岁数的老头老太太们固执地坚守阵地，我奶奶就是其中之一。每次提起清河水带来的灾难时，她老人家总忘不了自豪地补充一句，咱们村从没有因为发水淹死过一个人。也因此很多人认为这村庄很神奇，称之龟驮庄。

从记事起就一直长在河里，邻家年纪相仿的孩子时常相互吆喝着去玩，或者捉小鱼，或者摸蚌壳，或者把手伸到岸边淤泥镶嵌的石缝里寻河蟹，或者在岸边从水里捧出水淋淋的沙子透过指缝流下、随意雕塑着城堡、沙人以及各种看得到的想得出的东西，或者在浅水里追逐，整日浑身上下油黑发亮。夏季涨水时节，清清的河水一变而成泥和的黄汤，伴着灰白的水沫以及树枝草叶和各种庄稼汹涌而下。父母便千叮咛万嘱咐：不要去河里玩了，说不定什么时候又要放水，到时躲都来不及。只要水还没漫坡（鲁西南称下地为下坡，这漫坡很有点水漫金山的古意），大人照样要到田间劳作，孩子们自然更是照旧呼朋引伴向河里闯。其实在水里浸得时间长了，哪深哪浅早一清二楚，轻易也不敢涉入深水区，何况更有那些上过学、“有见识”的大哥哥们带队，记忆中从没有谁出过意外。大家在平浅的沙地里嬉戏，有时深深地扎几个猛子，有时相互泼水。偶尔也有意外收获，从上游冲下甜瓜、花生之类，如果还没有被水泡得发臭，便成了美味佳肴。好几次居然拣到了沙瓤的西瓜，用拳头狠劲捶碎，小家伙们看着红红的瓜瓤，没有一个不流口水的，自然少不了一阵饕餮。

一到太阳落山，母亲就在暮色里伴着炊烟高一声低一声地呼唤起来，一遍又一遍，淘气的孩子赖在河里不肯上来，上岸后屁股上少不得又会落下母亲又气又急的巴掌印。随后握着小手象牵小动物一样给提溜回家。

东平乡下的饮食规律，一般一日两顿正餐，午饭大约两三点左右，晚饭就是随便点心一下了。所以不多久，孩子又随着一身汗湿、随便“点心”过几口的父亲来到河里，父亲便把儿子带在身边，慢慢向深水区试探，边走边教调：自己可千万不能往深水里去啊。只记得年龄很小，一对一对的全身溜光的老少爷们，就在孩子感觉很深的水里，谈让人热得受不了的老天，谈玉米长势，谈大豆收成。孩子们嗅着壮实男人汗土味夹杂着青玉米叶子一样的丝丝甜味，感觉很安全，只是听不懂父亲们的对话，常在父亲胸前上蹿或踢腾地反抗着，偶尔想挣脱，早被有力的胳膊紧紧箍住了。一双小脚丫照旧乱扑腾着父亲的胸，至今想起来还感觉得出泥鳅一样的滑。和儿子亲近半天，亲热劲稍稍减了，便抱孩子走向浅水区，边走边吓：就在边上乱，不能到深水去，不然看我不揍你屁股。河边近岸的地方确实很浅，早有几个孩子在那儿打闹了。

等燠热的暑气被夏风流水缠磨得渐渐没了脾气时，父亲便牵儿子上岸。父子俩浑身滴着水，沙子纯净得象用细眼的筛子筛过，或白或黄很整齐，本该凉透的沙滩因为空气燥热还带着烈日的余温，踏在上面就是最佳的按摩。那时沙滩上很少有杂物，那些掺杂较多泥土的沙地就象绿洲一样长着一丛丛叫不上名字的野草，开着或大或小的各色草花。这样光着脚丫走过几十米最多不过百米，到得有土的岸边，身上和脚丫也早干透了，用手拍拍脚板，沙子哗啦啦全落下来，很象今天的沙浴。便穿上母亲们纳就的布鞋，那鞋底都是以各式旧布用自制浆糊层层糊成后，贴在大大的厚厚木板上，在太阳下或晾或晒，直至干透，然后揭下来，用作纳鞋底的原料。比着脚的大小剪成象袜垫一样的形象，有时五六层，有时七八层地摞在一起，用麻线一针一线纳起来，在水中泡得松软的脚踏到或新或旧的布鞋里时，甚至麻线微微的凸起都感觉得非常晰，带着母亲的抚爱。

母亲们也从另一处女人专用的天然

浴场三三两两地过来了，手里带着油布或塑料纸，在堰的里面找块平整的地方。那时还没分田到户，堰内白杨耸天、绿柳成林，地上除了落叶外没有什么杂乱的植物，沙和土混和着，偶尔有些野菜什么的，也算准沙滩吧。一家三口四口或者五口有坐有躺地开始免费消夏。父母们整天田里忙活，累得够呛，在月光下拟或夜色里总算得点轻闲，随意家长里短天上地下的白话着。偶尔也有爱说笑的男女猛不丁地哈哈大笑，近处便循声问道：说什么好玩儿的了？大声点，让咱们也听听。结果反倒没了声音。就这样夜色渐浓，柳树下的夏蝉偶尔竟从树上掉下来，肯定是哪位亮起了手电，那蝉便以为清晨已至，向光亮扑来。

在夏风在虫鸣在父母亲的夜话中不知不觉进入梦乡。很小时常睡梦中躺在父亲的臂弯里被抱回家；稍大后就被大人叫醒，进家门时早已夜深。

大清河是季节性河流，夏季一过往往枯水断流。暮秋时节，村北河道里低洼处落下一片一片大小不等的水坑，大的方圆几十米，足够几十个人在里面洗澡了，四周都是沙岸。每逢正午，出工的男人便带着一身的劳累和汗泥来泡澡。那汪不大的河水早被焦阳晒得烫人，孩子们轻易不想跟着下去，往往猛力牵着才肯。这时父亲常引导：水热乎乎的，泡完出来后更凉快。其实这水即便到了晚上也还有些烫的感觉，现在想来简直就是天然温泉了，可惜当时不以为贵，甚至还有点憎恶。

村前村后都是土地，洪水一过积下厚厚的黑淤泥，田地因此也就很肥沃。村东是大片大片的沙土地，最宜种瓜蔬果木，那成片的桃林杏林瓜地就成了孩子们觊觎的对象了。放学回家的中午，几个差不多大小的就结伙去偷杏，脱下小衣服包几十枚，等到放哨的叫声“有人，快跑”时，整个活动也就基本完工，于是一窝蜂乱跑开。起初朝一个方向跑，结果因为“兵力”过分集中给抓住不少。后来总结经验，要跑就向几个方向跑，分散看守们的“兵力”，这样顶多抓住一个两个，放回去还能和大家一起分食。新招果然奏效，好几次都偷到了很多肥桃水杏还有甜瓜脆瓜之类的好东西。看果树的大多年轻，一旦抓住有可能要给打一顿，甚至送到家里或是通知家长领人，为此，对偷吃果子部署都比较周密，也比较慎重。偷几个瓜吃，就轻而易举了，因为看守瓜田的是个老头，又老又聋，反应迟钝，我们就装作专心打猪草的样子慢慢逼近瓜田，看他没有反应时立即动手。等老头发现有人偷瓜急慌慌赶来时，我们早用筐装几个大瓜远远地躺在清河深处的沙滩上享用起来。老头也不敢离开根据地来追，怕我们兵分几路，掏了他的老窝，就很难听地在那儿骂起来，风一吹，我们其实什么都没听到。

后来在汉东平王陵附近的一所中学读书，每周都要在大清河堤上往返，时常忆起童年或少年时的清河之趣。每见河水在午后阳光的照耀下闪着金波，放眼前望，波光涟滟，水天一色，无尽无穷，无数次充满好奇地把自行车蹬得飞快，不停地追逐着极佳的景致，到得目的地总会发现，那美丽的景致总那样遥远，那样艳丽诱人。很象人到中年后对童年的回忆，似乎遥远却又触手可及，似乎苦难却又乐在其中。

（作者单位：市地税局绩效办）

老槐树

曹丙珂

老家门口有一棵老槐树，这棵槐树，可以算是我人生的坐标，它遒劲，古老，苍茫而且深远。很小的时候，我在她的怀抱里，在它的绿阴下，从早上玩到黄昏，倚靠着粗壮的树干，我也从幼稚长到成熟。

有一天回家闲谈，妻子问我，在外面最想念的是哪个？我静心想了想，不得不实话实说：我想念最多的，居然是老家的那棵老槐树和在老槐树下走过的那些老人。照妻子的说法，自己居然比不上那些老妈子。我听了后，只能苦笑，真的，这是无法比拟的，那是一段记忆，一个坐标，一份无法割舍的最深的相思，就像一枚朱砂痣长在心底，我的视线只有穿透这痣才能看到别的风景。

印象中坐在槐树下的第一个人，是对门的老奶奶，当时已有八十多岁了，拄一根竹节的拐棍，每天一早起来，就见她已坐在了槐树下的石头上。那时好像附近的家家户户都不需要锁门，出门的时候，就和老人说一下，大婶，奶奶的喊一句，嘱咐一句说：我不锁门了，你老人家给照望一下。老人嗯啊地应一声，然后整个白天就可以安安心心的下地干活或者忙别的去了。

那位老奶奶就是坐标。从小学到高中，放学回家了，只要母亲不在，在门口问一下老人家，准能知道去向。很多时候，老奶奶知道母亲不在，总能给我备一些稀缺的吃食，让年幼的我即使在寒风凛冽的冬日也常感受到丝丝缕缕春天般的温暖。

许多年后，老人早已辞世，我也经常坐在槐树下的石头上，点一支烟似乎很闲淡地的坐在那里琢磨一些问题，有时一些莫名的思念就会在脑海里涌现。

长大后，严格地说，应该是成家立业后，老人已经过世，槐树下也已经换了一茬新的老人，那里面有我的母亲，还有邻居的两个奶奶，每逢炎热的夏日，槐树下常坐着三个老人，她们诉说着庄稼的收成或者儿孙辈的顽皮，日子就能那么平平静静的过了下去。

尤其到了夏天的夜晚，附近的几位老人就会围坐到槐树的周围，打着蒲扇，听场院的学宪大爷讲古论今。大爷今年也已经快九十的人了，但是身体相当结实，一个人仍然可以骑了大轮的自行车，去市场或者走亲串友不耽误。老人一辈子生活不易，年轻的时候老伴就去世了，留下了三男二女，生活的艰辛可想而知，但大爷始终乐观坚强，一个人学会了做饭、摊煎饼、拆洗衣服，并经营家庭，居然日子也是过得不差。现在老了，大爷无事做，经在夏天的夜晚给小孩老人讲一些传奇或者故事。大爷小时候读过几年私塾，而且记性很好，可以过目不忘，但最终因为家庭的原因，上了几年也就作罢，但是老人却没有从此忘却，而是看了很多的古书，没事的时候摆一摆龙门阵，说一说什么三国、说唐、西游，岳家将等等，也是一个不错的消遣。我曾几次听过大爷讲故事，说得有板有眼，跌宕起伏，绝对不比说书先生差。

那时候槐树下总是热热闹闹的。母亲坐在中间，脸上总带着淡淡的笑，那笑是一个历经了生活磨难而始终不屈的老人的笑，即使到了身体快不行的时候，每到了夜晚，母亲也总是让我搀扶着，到门口听上一段，然后长长地舒一口气，这才回家安然歇息。

现在母亲已经走了，我也已经在外地工作，但是每次回家，总看到槐树下那些和母亲常年在一起的老人们坐在那里，并和我亲热的问候，眼前油然出现母亲的样子，忍不住潸然泪下……

我不知道这棵槐树已经长了多久，但我知道，从幼时起她就长在了我的心里，成为生命中永远挥之不去的烙痕，并将始终伴我在生命里的每一个阶段，直到终老！

（作者单位：市地税局办公室）

故乡的山水

万　波

我的故乡在汶水之源的莱芜，在我很小时，就随父母工作调动，辗转生活在不同的城市。儿时的印象中，故乡老屋前一条大河蜿蜒流过，清澈的河水上，一座石桥联接着出村的道路。天暖时，小伙伴们三五结伴，卷起裤腿下到河里摸鱼捉虾，常常是一身湿透回到家里，免不了一顿责罚。屋后便是上山的小路，绕过大小不一的池塘水坝，穿过绿意盎然的树林灌木，很快就能攀上山头。站在山顶，极目远眺，舒缓的小山和丘陵在薄薄的雾气中延伸到天边，被乡间小道串起的村落散落四周，袅袅炊烟从玩具般的房子里升起，这样的景致时常让我魂牵梦绕，伴着年轮渐渐化为梦的模样。

父亲退休后，每年回家的次数渐渐多了起来。回到故乡，那里的变化翻天覆地。就像那个时代的其他城市一样，莱芜钢城快速发展，形成一座新兴的工业城，厂房烟囱林立，重型卡车在道路上穿行，天空中弥漫着浓厚的烟尘。唯一不变的是故乡的老屋，多了几分沧桑，石桥依旧横跨在河上，桥下却没了水的踪迹，露出各色的岩石。屋后山林被乡民伐掉，种上了板栗、核桃，不少村民进了工厂，穿上工装，成为家族里让人羡慕的城里人。

也许是怀念儿时故乡的温润，对梦里的故乡有些许的期望，期望她依旧碧水潺潺，绿荫满山。每次回家，总是沿着老屋后的小路爬上山顶，采撷几束野花，看山下甲壳虫般的拖拉机在农田里绘画，心中愈发生出对故乡的眷恋。

时光荏苒，故乡也在悄然发生变化。近几年回乡，感觉一种情愫在酝酿，梦中的故乡愈发清晰，如同新生的婴儿，散发着清新的气息。回乡与文友交流，切磋中也生出同感。走过钢城，不禁重新审视这片故乡的山水。

故乡的山，是有故事的。“山不在高，有仙则名。水不在深，有龙则灵。”双凤山与双龙山不高，但有“仙”也有“龙”，美丽的传说更是赋予大山以灵气，站在双凤山上，极目北眺，可见汶水汤汤，行人彭彭。棋山也不高，但处处散发出文化气息，山顶的巨型棋子石、棋盘石，向人们展示了大自然的鬼斧神工。棋山脚下雪蓑子的“玄之又玄”碑刻得到复原，“之”字一点状若龙头，一捺向下延伸两米多，如神龙摆尾，布局豪放，让我们领略了道家提倡道法自然，无所不容，自然无为，与自然和谐相处的处世理念。

如今故乡的山如同小姑娘，花枝招展的，透着郁郁葱葱，让人心底里喜欢。每年四月，冠世桃园花香四溢，赏花踏青的乡民络绎不绝，从山上望下去，一片片殷红泛开来，大地仿佛擦上了胭脂，浓一点则稍过，淡一点则不足，漫步其中，心里一片清亮，就像浸了蜂蜜般。

故乡的水，是养育大地的乳汁。悠悠汶河，发源于源山，她滔滔东来，滚滚西去，纵贯莱芜，流向泰安，再与东平湖、微山湖合为一股，绵延数百里，最后入黄，滋养着沿河两岸的人们。“汶水西流”这一独特的自然景观也引得历代无数文人墨客留下精彩诗篇。有诗赞曰“二十余泉入汶流，清波西去日悠悠。平沙两岸参差出，黄叶青苔次第浮。客路断桥前夜雨，人家返照旧时秋。只今风景看无异，江北江南迥自愁。”汶河水缓缓流过山涧，轻轻抚摸大地，绕过桃园，穿过乡村，细心呵护着大地涌动的生灵。

如今行走于钢城，河道支流纵横交错，水景公园星罗棋布，树林绿化随处可见，“一河两廊、龙凤呈祥、上善若水、大爱无疆”是钢城城区生态画卷的真实写照，昔日鼎沸的钢城，已成为充满爱意的山水之城。春暖花开时，桃花倒映在水中，微风吹起阵阵涟漪，水草荡漾的河里已然有人在游泳，一群初生牛犊的少年，在水中嬉戏，水花四溅，勾起我儿时的记忆，置身其中，梦境竟然如此真实的触手可及。

故乡的人，依旧厚道勤劳。在大汶

河源头支流霞峰水库边上，坐落着素有“长寿村”之称的长胜村。走进长胜村，霞峰水库碧波荡漾，一排排别墅坐落在半山腰，村民用自己勤劳的双手，筑起幸福的家园。

村口的水库边上，是一家农家乐，树荫下摆开一张张小矮桌，主人热情招呼着过往客人，端上上好的“老干烘”。“老干烘”是一种红茶，老乡用山泉水烧开一大壶为我们沏茶。当滚开的水冲入茶壶，长长的叶梗上下翻滚，沁出红色的茶汤，稍闷片刻，倒出一杯后再复入壶中，此时茶香四溢，汤色愈加浓重，趁热连啜几杯，喝在嘴里，口齿留香，咽下之后，淡淡的甜味在口腔里弥漫开来。这种味道，是多么熟悉的故乡味道。

故乡在我眼中变了，山变绿了，装点地花团锦簇，水变清了，清冽中透着甘甜。故乡在我心中却没有变，不变的是沧桑的老屋，是村口的石桥，是甘醇的老干烘，是淳朴的老乡。儿时的梦境不再虚幻，触手可及处，依然是故乡清秀的山水。

（作者单位：市地税局办公室）

谁是谁的风景

杜　敏

雨夜，我站在楼上看风景，看不到星星的天幕下，不知道我又将是谁的风景。漫漫而又短暂的一生，谁又是谁的风景？自认当之无愧做主角时，或许只是跑龙套的路人甲。

一

十几岁的时候，心心念念最渴望去的地方是敦煌，梦想着行走在丝绸之路上，穿过接天的黄沙，夕阳下到达一个满是飞天的神话所在。那是少年的叛逆吧，渴望着不羁的远行，还有什么比西出玉门放逐天涯更适合寄托梦想呢？梦想了十几年，一直难能成行，渐渐地也就淡忘了。

二十几岁的时候终于可以走在远游的路上，却没了游走的渴望，只凭一腔外出的执念让自己跟着旅游报道的风向，去往似乎举国皆欲“到此一游”的地方。没到目的地时，似乎也是快乐的，因为心在路上，不曾停息。真的到了地方，有时竟连景点的大门也懒得进去，留个影应应景，心底藏着无边的落寞，不知所为何来。灵魂已被禁锢，走到哪都是羁绊，都不过是鱼缸里游弋的鱼，好像走了很多路，永也找不到出口。

如今三十几岁了，嚷嚷了几年去西藏，只是不知究竟是真心向往还是跟风，也许跟风成分更多吧。其实，此心安处即故乡，心不宁，在哪都是一片懵懂怅惘，无可救赎；心安，他乡故乡一样的让人平安喜乐，皆是心乡。

你可曾远行？可曾在远行中心觉圆满？

二

“年年岁岁花相似，岁岁年年人不同。”口头禅似的诗句从来挂在嘴边耳畔，却从未入脑入心。今天看到大家桌上都放着新照的执法证照片，忍不住仔细看了几张，跟五年前的执法证比起来大家无一不是华发隐生、皱纹新添。谁说岁月无痕？岁月分明在我们心底留下了一声轻叹，在我们脸上涂鸦了画痕一片。朝夕相处中未曾发觉的点点不同，在画片上全然呈现。时间太瘦、指缝太宽，岁月就这样像一捧流沙慢慢流淌，连虎山路上的法桐都有了让人双手合围之势。逝去的岁月在时光斑斓的遮掩下一点点变了样子，像是挂满枝桠的果子，即便原本满树的青涩，在心里存放那么久，也成了硕果累累的甜美。回忆恰如老照片，泛起淡淡的暗黄，让人有点酸又有点暖。

岁月不舍昼夜悄然而去，果然是无情，“生生世世，岁岁朝朝，天未老，红尘已散消”。

三

又是秋雨沥沥。辗转无眠间一任思绪飘飞，披衣走到窗前，远远的建筑工地上仍灯火通明，而近处的住宅楼上只有三三两两灯光从垂着纱帘的窗口透出，隐约可见电视画面变换或偶尔移动的身影。秋心是愁，倘或以往，大约又会愁肠百结，赋诗一首甚或潸然泪下。如今，纵是秋心却亦波澜不起，静静地听着雨声、望着隐约的光影。只不知，对面窗里可也有像我一样的不眠人，也在观望着窗外的风景？

前几天登山训练，行至半途不再想跑，便脱离大部队，停下来压压腿、甩甩手后，向回折返。天气难得的晴朗，时近傍晚，太阳被大山遮挡一边，既无同伴闲聊的用心，又无时间、距离的压力，惬意地走在林荫道上，随意四顾貌似熟悉的风景，好像不如记忆中那般幽深，树干、树叶的颜色也清浅明快起来，许是旅人渐多，带得景色也热闹起来。于是转而看行人，三五成群者有之，两两相望者有之，拖家带口者亦不在少数，蓦然发现这正是旅游旺季，看着看着不觉饶有兴味起来。看那一对明明已过中年的人还要偷偷拉拉小手，看相互扶持的年老夫妻，还有貌似父女可行为又颇耐人寻味的两位，当然看着兴奋得不觉疲累的孩童还有骑在爸爸肩上的宝宝依然让人觉得人生是清爽愉悦的。

目不暇接、漫步而行，不知不觉地走进一个又一个游人的镜头，有时会下意识闪开，有时又无意间成为别人照片的背景。有些茫然，不知我拿别人做风景来赏的时候，别人是否也在拿我做风景看，或许在他们眼里我一脸傻笑一派游手好闲的样子更好笑一些也说不定。

还是卞之琳说得好：你站在桥上看风景，看风景的人在楼上看你……

四

浩渺长空，刹那芳华。许是人间至美之物都不得久长，一飞冲天后绽放的俗艳繁华初初映入世人眼中即隐匿而去，让人在惊艳之时来不及诟病其大俗之繁丽。烟花之美是热闹的、炫丽的、炸响声中也是摄人心魄的，至美至亮后归于沉寂的天空，让人不自觉地扼腕落寞。惜流芳，易成伤。烟花之美当列虚空之首。不知何时我也爱上了这转瞬即逝的绚烂烟花。在烟花初绽时靠近，在人群之中穿梭，抬头望天，繁花若烟，身边攒动的人头再不足为患。慢慢走到最靠近烟花施放的地方，极力仰头，远望时浓丽的画卷此刻已全然变了样子，团团姹紫嫣红在天幕中展开，似辉及夜空、又似只为将我包裹其中，悠然垂落的点点晶亮似乎触手可及却遥不可及。一团一团的烟花消逝又绽放，或高远或低垂，繁华热闹里生生现出不可言说的孤寂。垂眸转身，在身后的星光流转中默然离开，烟花还不曾散去，依然次第升空，是以一路寂静无人。偶然回望，尘世如烟花正炽，不舍散场。烟花不堪剪，清泪已潸然……

花自飘零水自流，无心再去想、去赏风景。帘外雨正潺潺，邀来隐身的清风明月点缀我的梦，又勾勒出别样的风景！

（作者单位：市地税局直属征收局综合科）

心底有个桃花源

刘艳凤

早上进门，门卫大叔说：“看着你每天都乐呵呵地，真开心啊！”我打趣：“人生苦短，来一趟不容易，为什么要不开心呢？”相视而笑，新的一天就开始了……

生是无明苦，老是无奈苦，病是锥心苦，死是游离苦，”生老病死那一项不苦？况还有爱别离、怨憎会、求不得岂不可悲？这悲苦被碾成文字和上泪研成墨，被文学家书成诗词歌赋传唱，被哲学家铺成沉思晾晒，被画家描成丹青高玄……可，佛曰：“苦海无边，回头是岸。”回头？就是任你冤比窦娥，任你一腔愤慨，痛哭流涕罢，擦干泪，生活依然要继续！既然嬉笑怒骂都要走一程，那么，便在心底种个桃花源吧。

春天的时候我来了，“桃之夭夭，灼灼其华”，漫山遍野开桃花。我的家就在山脚下，低矮的篱笆院，门前水流哗哗。我哼歌儿打水来浇地，院子里韭菜长高啦！葡萄架上发新芽，架下石桌煮着茶，篱笆上蔷薇要开花。我割了韭菜头一茬，坐在石桌前择下泥巴。我看着猫儿狗儿在打架，我听着公鸡叫“喔喔”，母鸡叫“咯咯哒”。鸡窝里鸡蛋还热乎，一场春雨细细洒。春雨绵绵贵如油，心里随即乐开花，哪句诗词正应景？自己问了自己答：“夜雨剪春韭，新炊间黄粱！”于是，厨房里奏出锅碗交响乐，餐桌上聚拢韭菜鸡蛋香。“雨打松果落，灯下虫草鸣”，夜深人不静，想着白天《春山》景，赋诗一首寄闲情：?花开花飞花漫天，白萍浮云飘碧山。雪棉暗香滑指落，醉卧美景不羡仙。

夏天的时候我来了，“夏山嘉木繁荫，人坦坦”，晨起我满头大汗去登山。山风阵阵凉，蝉鸣鸟鸣一片，山径多树荫，泉水清澈鱼儿畅游。趟水纳凉能消暑，摸鱼逮虾湿衣裤。树林里拴好吊床，水边石头上席地而坐，“食罢一觉睡，起来两瓯茶。举头看日影，已复西南斜。?乐人惜日促，忧人厌年赊。无忧无乐者，长短任生涯。”我在山顶喊两声，回音四面响不停。我看白云多变动，夕阳日暮尽染红。下山时夜色渐朦胧，想着晚上可以在葡萄架旁边摆好躺椅看星星。月明星稀，和月亮约好“不要来”，可天边明月大如弓。闲敲棋子听蛙鸣，一声又一声……

秋天的时候我来了，“停车坐爱枫林晚，霜叶红于二月花”，我踩得落叶沙沙响，树林间漫步欲语迟。小院里葡萄挂满架，茄子豆角都摘下，蔷薇花圈成的院墙内，我洗了一根脆黄瓜。漫山果农庆丰收，颗颗桃儿红又大，我一边帮忙一边拉呱。笑声随白云飘起来，云朵一会儿如棉一会儿如纱。秋高气爽风景美如画，身临其境心情更佳。找到陶公弘景当年诗意，随口吟出他的话：“山中何所有，岭上多白云。只可自怡悦，不堪持赠君。”抬眼望鸿雁南飞，秋风起野菊花正黄，红叶黄叶漫山遍野，与山对望，相看两不厌。

冬天的时候我来了，“云无心以出岫，鸟倦飞而知还”，我踏雪而来，红梅簇簇，白梅朵朵，只贪看不忍采摘！大地一片白茫茫，我把屋里烧热炕，“绿蚁新醅酒，红泥小火炉。晚来天欲雪，能饮一杯无”？自然是“天子呼来不上船，自言臣是酒中仙”。一醉方休又如何？被窝里暖融融，心底乐呵呵。管它房檐上冰溜又厚，任它窗户上冰花多几朵，由着北风任性吹门响，我只管和周公约会，梦里寻欢乐！梦醒时分，醉酒作诗《思春》我还记得：

雁回惊落梅上雪，苗返破开藕下冰。
暖阳透林鹂莺啼，俏蝶舞花溪泉叮。
吹梨月下花弄影，疑是玉人低语声。

你看，你看，我心底是不是有个桃花源？我把美景种心间，任你怎么笑话我妄想痴颠！“真亦假时假亦真，无为有时有还无”，况或色或空，或喜或悲，原本都在心中！才发现，这世界果真是一面镜子，我照见自己乐在其中……

（作者单位：新泰市地税局）

一抹幽蓝

王化录

说云南是扎染王国，似乎不夸张。走进云南，象走进蓝色的海洋，那一抹幽蓝吸引着我，令脚步拖沓而迷醉。周旋在扎染物品小店中，简直分不清东南西北。当地人说，那独具一格的蓝色，来自一种植物的色彩，那叫板蓝根。而扎染，就是将布料折叠捆扎，或缝绞包绑，然后浸入板蓝根等天然植物制作的色彩中，染成后的图案朴素奇妙，纹样百变，拿起来，就不忍释手。

最爱那抹幽蓝。也许是大自然的馈赠，带有天地灵气，跟平常蓝色不同。远看一片幽幽的深蓝色，平静舒缓，近看却分明蓝中泛艳，隐约可见柔柔的淡蓝和粉紫，阳光下甚至变幻五色，幽雅清秀。于是，不管在昆明，还是大理，不管是游人如织的石林，还是中外人士聚集的四方街，也不管白天还是黑夜，那蓝色，始终牵引着我的目光。

大理古城的洋人街，一条窄窄的石板街，两旁是密密嘟嘟挤着挨着的小店，门面虽小，里头却大有乾坤。什么千年前的古玩，百年前的家织大褂，少数民族手绣的坎肩，异域风味的壁挂饰物，琳琅满目。在这里溜达来回的，大多是蓝眼黄发白皮肤的洋人。我一踏进洋人街，眼睛就不由自主地，只盯住了那些扎染制品。土味十足的宽袖外套，优雅简朴的小肚兜，花纹对称繁复缭乱的台布，小手绢，小挂包，小钱包，手挽袋，一样的蓝色衬底，各种各样的花开在上面。喜欢极了，摸摸这件，看看那块。将衣服拿到胸前比照着，设想着肚兜穿上身的质朴，拿着小挎包款款走上两步。只觉得眼睛不够用，手不够多，心太贪。这里盘桓一会儿，那里磨蹭一刻，直想把喜欢的东西全搬回家。

扎染的布料多为土制棉布，质感很强，摸上去涩涩的，很有真实感亲切感，象极了小时侯祖母那床粗布大被的体贴。布料表面还有深浅不一的皱褶，和深浅虚实的蓝色晕相映成趣，休闲慵懒的味道很浓。我想，那件宽袍大袖的外套，可以在春雨萧萧时披在夜读的身上，给雪白的墙壁平添一个优美的侧影。那小肚兜，外衬白色亚麻短衣，站在城市的阳光下，真有几分潇洒闲情。那团团荷叶莲花的台布，是否可以当床单呢？一量尺寸，只有大床的二分之一。遗憾中，后来每每见到扎染小店，总问人家有没有床单，可惜几乎兜了一圈，还是没有我想象中的东西。

感觉扎染衣服雅致、古典、内敛，那婉约秀丽一点一点地往外渗出，只有穿在同样小巧玲珑的身上，才能体现那种别致的情韵。在“家家流水、户户垂扬”的丽江古城里，看见一个高头大马的外国女人，身上穿着一件长长的扎染大褂，下面却是牛仔裤，就那么不伦不类地昂首阔步走过，我脸上直笑。

其实扎染布料中也有其他颜色的，比如淡紫，粉红，浅黄，但我只喜欢靛蓝，那幽幽的颜色沉淀了一切喧嚣和华彩，留着十分的随意自然，和大海一样的寥廓，让我在眼底过尽繁华绮丽后，仍能找到一块从容喘息的地方。

（作者单位：肥城市地税局）

江南好，十月

和　燕

十月的江南，依旧多雨，湿了山林，润了田野，恰到好处，让这个季节没有丝毫多余的繁杂。

初识江南，缘于白居易那首《忆江南》：“江南好，风景旧曾谙。日出江花红胜火，春来江水绿如蓝，能不忆江南？”年幼不能理解，却也能从花红胜火，水绿如蓝中体会江南好风光。一直遗憾未曾踏足过春夏的江南季，却在这个十月发现了它秋季温婉的别样。

古桥上，小巷里，鹅卵石铺就的小道上，或许能邂逅一些简单的温暖，就像那个结着幽怨的姑娘，散发着浅淡的丁香般的气息，此时，人的心事也会变得细腻柔软，像那曲江南。仿佛听到廊边的小楼里有谁在轻唱那曲《梦里水乡》，似乎在这样轻柔的歌声里，能够隐约听到小桥，流水，吴哝软语，透着水意，缓慢优雅。而心事便随着流淌的水韵浅浅淡去，犹如水墨……

夜晚寒山寺的钟声，悠远得仿佛从枫桥夜泊的那晚徐徐而来，夜半，钟声。江南多寺院，或许那句，南朝四百八十寺，确有据可查。今天的这里依旧清晰可见，走在山间，漫步雨里，寺塔就隐在薄薄的雨雾里。留在这里，涤荡心灵，周而复始。留在这里，清及岁月，只待周身清华。留在这里，仿佛回归时以一种新生的姿态。

躯体和灵魂必须有一个在路上，一路寻去，几多欢喜几多愁，几多繁华几多硝烟。只言片语如散在时间长河里的珍珠，粒粒摸起，沥干清透的水，串成故事。

撑一片兰舟，顺着潺潺的小溪，一路蜿蜒。寂静如浑噩初开，四周一片墨染得群山，山外有山，层层浸染，直至天际，从此便不是无处停靠的心神。

佛陀在从中，拈起一朵花，万古不变的微笑。他指尖拈起的，是一个美丽芬芳的世界。花映入眼里，便是灿烂。落入心中，却是虚空。有一种情愫随风入泥，瞬间生发开来。繁华缀满枝头，时而繁华，时而冷寂。

人人心中都有一份执念，古朴厚实。此情从未被污浊，此念亘古不变。一起放在思想的圣坛里，几百年，上千年，才知道够不够甘醇醉人。

独行水乡，人也会变得多愁善感，很多瞬间就像早晨的阳光，温暖，细碎，漫上心头。阳光淡然，微风细细，空气带着一些雅致。夜晚倚在窗前，看桥下的流水，细致缓慢。突然想念母亲在清晨煮粥做饭的动静，记忆依稀间似乎回到了少年时光，那时喜欢躺上床上睡个懒觉，然后被催着起床吃饭，抬眼望望窗户，浅浅的光芒透过窗前的帘子照射进来，暖暖的。于是起床后就可以吃上可口的小米粥，配上自家腌制的咸菜，做孩子的时光如此温暖，如此美好，就像十月温婉的江南时光。

十月江南，确无一丝繁杂。

（作者单位：新泰市地税局）

月 色

孟庆剑

今晚，月色很好。

很庆幸局里大院中镶嵌着这么一片颇有情趣的小花园，为我这种喜欢在月下散步的人提供了一处绝佳的场地。月色如水，漫步其中，感受着这片难得的惬意和宁静，喜欢瞎想的我不禁又放开了思绪的翅膀。

进入地税系统近半年了。刚入职时的新鲜和光鲜已在时间的冲刷中渐渐消逝，地税工作中的另一面也浮现在了眼前：工作岗位在基层，工资待遇也不高，工作任务比较复杂，工作中所面临的风险较大。被外界视为“金饭碗”的工作，其实便是如此。不知不觉间，心头慢慢滋生了些许沉重。举头望月，此时的月色被一片云彩遮挡，已不比方才。

继续慢慢地在花园中走着，我紧紧地盯着那云彩包裹着的朦胧的月亮，期盼着它尽快从云彩中挣扎出来，让如水的月光再次泻满花园。恍惚间，眼前出现了一个少年的身影，痴痴地望着圆圆的月亮，憧憬着自己长大后的样子。想起老师刚刚讲过的人民的好书记—焦裕禄的故事，少年喃喃道：长大了我要成为像焦裕禄那样的人，做一个让老百姓记住的好官。在一次又一次地月圆月缺中，少年渐渐长成了“书生意气、挥斥方遒”的青年，在如饥似渴地阅读了一本又一本史书之后，青年心中涌起了一层高过一层的豪气，挥笔写下了“待到白头，病榻前头，我为苍生笑”的豪言壮语。

一阵微风袭来，云彩似乎被冲淡了一些，朦胧中的月色显得明亮了一些，恣意飞扬在过去的思绪也被拽回了现实。曾经儿时的梦想，多么高尚与美好！曾经少时的志向，多么激情与豪迈！如今的我，已经站在了一个能够实现自己梦想和志向的平台上，为何心中少了往昔的高尚与豪迈，却平添了诸多关于工作条件、工资待遇以及工作风险的烦恼？在越来越亮的月色中，我觉得内心慢慢地黯淡了下来。我默默地低下了头，不愿再直视渐渐明亮的月色，花园中的花草也不屑地摇了摇头。我想躲闪，却不知躲往何处，我想回避，也无处回避。

风似乎大了一点，遮挡月亮的云彩已被全部吹散，如水的月色再次让花园中的一草一木沉浸其中。我缓缓地抬起了头，闭上眼睛，沐浴在月色中。既然已无处躲避，便任由内心也装满这月色，让月色将内心的每一寸角落彻底照亮。想起高中时作为自己座右铭的校训：完善自我，报效国家！想起大学入党时在党旗下的誓言：为共产主义事业奋斗终生！想起研究生毕业时在谢师宴上对导师的承诺：将自己所学全部奉献给自己的岗位，绝不给老师丢脸！那一个个庄严的时刻，梦想和理想迸出的火花在心头留下了深深的烙印。一幕幕深藏心底的场景，一句句铭记心头的誓言，我从来没有忘记，也从来不敢忘记。

清风稍息，月亮的周围又聚成了几片云彩。世间的物质诱惑不正是遮挡月亮的云彩吗？这云彩遮挡了眼睛，也遮挡了心灵，让自己看不到也感受不到曾经的梦想和志向，只是去关注那自以为特别重要的物质追求。自知不是深山枯坐的老僧，也不是仙风道骨的世外之人，不可能将物质追求看作过眼云烟，任其云聚云散。那该如何让自己保持一片清明，透过物质诱惑的云彩看到并感受到那心里的梦想和志向呢？唯有清风。

清风过处，云淡雾轻，如水的月光会再度倾泻；清风过处，云淡雾轻，心底的深藏会再度显现。当前，从中央到地方，自上而下的清风已是吹起，世间物质诱惑的云彩已被渐渐冲淡。然而，真正要冲淡心头的云彩保持心灵清明，仅靠这清风却还不够，还要心底深藏的梦想和志向不再沉默，从心里吹起一阵清风，如同明亮的月光透过被冲淡的云彩倾泻而下一般。

睁开眼睛，发现今晚的月色很特别，泻满花园的月色将其中的一草一木都清晰展现，我的心底也被月色照亮，显得格外清明。我感觉找到了自己成为一名地税公务员最根本也最强大的动机：梦想和志向使然。今后，心底定会吹起清风，和外面的清风一起，使自己的心头保持一片清明，在工作岗位上无悔地奉献下去。

很晚了，该回去了。又一阵微风袭来，沉浸在如水月色中的一草一木似乎在向我挥手道别。其实不用道别的，下次月色再好的时候，我就又回来了。

感谢月色！

（作者原供职于宁阳县地税局，后考入中央某部门工作。）

春天感想

高　鹏

在春天里走过，满心轻盈，追寻着春风的讯息，我漫步于郊外小路上，很难相信，我是在这样一个狭小的空间体味我的春天！纵然心有多大，天地有多大！ 独自享受着这份难得的静谧，心从未有过的平和。严冬虽刻骨铭心，但那份孤傲，比之春天的轻灵俊逸要逊色得多，那份温柔多情，几人能不迷醉！它将一冬的寒冷与萧瑟轻易抹去，雨后春笋般满地皆是姹紫嫣红。“一元复始，万象更新”。春天的阳光透过悠悠的清风撒满大地，照耀着草木初长的嫩芽，这样的时日总会有一些感悟在心里滋生。

春天是一个播种希望的季节。说起“希望”，很自然地让人联想到春天的细雨，“春雨贵如油”，经过了一个寒冷干燥的冬季之后，它有多少力量要散发？路边的小草和两旁的柳枝都冒出了嫩芽，春雨把它们身上的黄衣换成绿装，冬藏已久的万物都让春雨唤醒了，也唤醒了沉寂了一冬的人们，尤其是那些对土地有着深厚感情的农民，对于细雨如丝的春天，怎不令他们欣喜若狂呢？“一年之计在于春，一生之计在于勤”，农民播下种子等待秋天的丰收，而我们播种下希望等待未来的厚积薄发。回想刚过去的一年，我们付出了多少努力，得到多少回报？每个人的境遇不同，工作性质、工作对象不同，答案也不相同。关键的是我们是否真正付出了努力，做到了尽职尽责、问心无愧，是否依然在心灵深处保存着一种对生活的感动。在过去的一年里，我们有多少目标还没有实现？在这个春天里，我们新的目标是什么？是把家庭维持得更加和睦友爱，还是把工作做得更好，让领导放心，让同事刮目相看。春去春来它不受任何制约，总会如期而至。然而，我们能有多少人能悟出其中的奥妙？春夏秋冬四季交替，我们每个人都逃不脱四季的轮回，你我只是万物中的沧海一粟，闲云怡然于悠悠天际之中，浅浅的阳光温暖着每个角落。现实中的困难挫折算得了什么呢？因为希望总是出现在苦寒的尽头，正如雪莱的《西风颂》中“冬天到了，春天还会远吗？”

春天是一个充满生机的季节。我们已经走过一个又一个的人生驿站，很多往事已经在记忆中永远消失，但是往事中的困难和挫折是忘不掉的，它伴随着我们一同成长。在又经历了一个严寒的冬天之后，在这个春暖花开的春天里，我们应该锁定目标和道路，不是享乐，也不是受苦，而是行动，在每个明天都超越今天，跨出新步。年轻的我们拒绝死气沉沉，老气横秋！年轻的我们风华正茂，神采飞扬！

（作者单位：东平县地税局）

在飘雪的季节等待春天

殷　璇

当岁月流过时，它在感叹自己的年华，当夜色隐去时，它也在渴望黎明的诞生。

如果爱太漫长，那一定用误解使它慌张，似乎某一次分离要走向天涯海角，或许某一滴眼泪要流到海枯石烂。窗外的守望，望到的只是背影，无言的相顾，只能传达无言的对白。为什么不打开窗呢？相信爱只是迷失在空气里，只要呼吸，就能感受到它的气息。

如果青春太张扬，那一定用挫折使

它沮丧，让每一个黑夜都突如其来，让每一次失意都痛失星光，角落里的哭泣，哭不出酣畅淋漓的失落，借酒消愁的醉意，醉不了只可意会的神伤，为什么不走出角落呢？相信转角的不远处是任你奔驰的绿野，抬起头，有一片望不尽的晴天。

如果生命太脆弱，那一定用苦难使它坚强，最寒冷的冬天有最厚的积雪，最发抖的时刻有最肆无忌惮的风，躲进屋子里靠暖气取暖，喝滚烫的茶温暖冰冷的心窝，为什么走不出房间呢？相信美丽的冬景会使双眼更加明亮，寒风中的松柏，会让那颗冰冷的心学会如何变得坚强。

如果梦想要飞翔，那一定用风吹起它的翅膀，或许每一次雷鸣都比歌声响亮，或许每一夜的风雨都比舞蹈激昂，屋檐下的躲避，躲得过一时的惊慌，躲不过内心的退让，为什么不飞出屋檐呢？让雷声成为高扬的伴奏，让风雨洗去久积的尘灰，勇敢地飞向月亮，与星辉一起，等待晨光。

人生行路，最失落的是陷入幽深的谷底，最幸运的是抬起头又看到满天星光，最无奈的是眼前尽是沙漠，最难得的是心中布满绿洲。

生活有时就像陷入难解的迷宫，聪明人善于寻找退路，更聪明的人善于寻找出路，而退路一定会返回原地，出路往往通向前方。

阳光不会忽略那些渴望它的人，也许等待不只是某分某秒，也许尝试不仅是某种某次，但是黑暗不会是太久太久，苦难会让人掉入深渊，而星光又带来了无限希望。在最高的山峰上，有最美的风景，所以我们坚守寂寞的攀援，在飘雪的季节里，有最圣洁的梦想，所以我们等待绚烂的花开。

（作者单位：宁阳县地税局）

草原度假

孔凡玲

很多年来，我一直喜欢老舍先生的《草原》，常常被那片可爱的天空感动，心中向往着那片绿色。今年暑假，我有幸带着儿子和侄女来到草原，共同勾画了那一碧千里的画面。

七月盛夏，我们乘旅游车投入天堂草原的怀抱。汽车像一叶轻舟，在绿海中徜徉，绿色的波浪，像海水一样一排排的向后倒去，天底下，真的是一碧千里，而并不茫茫，一切都是绿的，绿的天，绿的山脉，绿的河流，绿的小丘。坐在车上的我们激动的探起身，头伸向窗外，尽力呼吸着带着泥土味的新鲜空气。孩子们叽叽喳喳，兴奋地把手拢在嘴巴上，高喊着：“草原，我来了”几个孩子不知谁开了头，一起诵起了一首诗：

黄毯悄然换绿坪，古原无语释秋声。
马蹄踏得夕阳碎，卧唱敖包待月明。

汽车在欢声笑语中奔驰着，只听见耳边呼呼的风声。偶尔看见远处洁白的羊群，镶嵌在绿坪的边缘。牧羊犬警觉地竖着耳朵，忠实地守护在周围，牧人吹着口哨，悠闲地唱着蒙古长调，那嘹亮的歌声传出很远很远。

再往里走，一条玉带横贯草原，流淌着生命之水的河流，弯弯曲曲，清澈见底。河流的后面是连绵起伏的山，山不高，孩子们一下子就跑上了山顶。山的背面，散落着十几座蒙古包，有袅袅炊烟冉冉升起。下了车，导游提议，我们到山上采蘑菇，孩子们比赛，看谁采的多，一车人很快散落在周围。

山下的草太深，蘑菇不容易找，于是我们来到了山上。山的背面有一小片树林，树林里有一层厚厚的落叶和枯枝，枯枝上面长满了蘑菇，不一会儿，我和孩子们都装满了篮子。听导游说，这种蘑菇晒干了，拿到市场上去卖，能卖个好价钱，蒙古的孩子节假日都来采蘑菇，换来的钱用来买学习用品。一席话说得孩子们露出羡慕的神色。儿子拉着我的手，理直气壮地说：“妈妈，我要每年都来采蘑菇”，说得我们大人都哈哈大笑起来。

草原的白天短，下午6点多钟，就有点儿黄昏。我们来到马场，孩子们都想骑马。我选了一匹个头小的，孩子们用不屑的目光看了看我的马，一人找了一匹个头大的，并且毫不犹豫地跨了上去，还象模象样的拿条花头巾扎上，手里紧握缰绳，前面有一个蒙古人牵着，得得地在草原上跑了起来。我开始有点儿害怕，不敢骑上去，马儿惊了怎么办？看到两个孩子若无其事的样子，也只好忐忑不安地跟在后面，走着走着，心情就平静了。手里握着缰绳，骏马奔驰在辽阔的草原，心中油然升起一股豪情壮志，弯弓射大雕，成吉思汗不过如此，英雄本色，历史成就了一代伟人。

晚上的篝火晚会尤其热闹。在蒙古包外面的空地上点起篝火，大人和孩子手拉手围成圈，一起跳起蒙古舞蹈。席地座在干净的绿毯上，看蒙古小伙子表演摔跤，听姑娘们唱高亢的民歌。客人们也跟着舞的舞，唱得唱。特别是孩子们，女孩穿上节日的礼服，戴上华丽的帽子，随着节奏边舞边唱。儿子拿着相机，跟在姐姐后面，忙着拍照，嘴里说着，我要把这里的一切全部带回去。

夜深了，篝火熄灭了。我们回到住处，心情还是不能平静，坐在宾馆的床上，一遍遍地谈论着白天的经历。孩子们时而微笑，时而沉思，好像突然间长大了。不知谁放起了一首歌，房间里响起了德码老师低沉的歌声：

美丽的草原我的家，风吹绿草遍地花

彩蝶纷飞百鸟儿唱，骏马好似彩云朵，

牛羊好似珍珠撒……

（作者单位：东平县地税局）

追着太阳跑

李振安

她叫玫瑰。我第一次见到她的时候，感动的差点掉下眼泪。

那是在“双十佳”座谈会上。她是爱岗敬业标兵，是第一个被指定发言的。她准备了发言稿子，但没看，像讲故事一样娓娓道来——我丈夫在公安战线工作，我忙，他更忙。一天，他打电话告诉我，说要出门执行任务，提醒我别忘了下班接孩子。正好那天前来办理涉税业务的人特别多，等我忙完，一看表，早已过了下班时间。我猛然想起了丈夫的提醒，便匆匆忙忙往学校“小饭桌”赶。等赶到那儿的时候，夜色早已降临。我推开“小饭桌”的门一看，见女儿孤零零的一个人正趴在桌子上写作业。我强忍着眼泪，一把将女儿抱在怀里，带着哭腔说道：好孩子，妈妈让你受委曲了。女儿却懂事地说：妈，没关系，我已经习惯了……

听到这里，与会者个个眼里闪动着泪花。

局领导让我去整理一下她的事迹材料。于是，便有了与她第二次见面的机会。她所在的地税所位于一个离城区较远的大山深处的乡镇，等我来到她们所的时候，她正在办税服务厅忙活着，所长要去喊她，我知道大厅离不开她，便说道，别打扰她了，还是先让她忙吧。等她忙活完，已是中午开饭时间。所长把我让到餐厅，四菜一汤加烧饼，我与她边吃边聊。我们聊了很多，最打动我的还是她对父亲的崇敬。她说，父亲是她心中的太阳——边境反击作战时，父亲是某部侦察连副连长。一天，在受领了捕俘任务后，父亲带领侦察小分队秘密潜伏到敌前沿阵地。经过一周的缜密侦察，他们选定了目标——每天清晨6点钟左右准时来山下池塘打水的一个越南兵。上级一批准捕俘方案，父亲马上带领侦察小分队于深夜秘密潜伏至捕俘地域。第二天清晨6点多，目标出现，待其从池塘里打上水一走进伏击圈，父亲立即下达了抓捕的命令。目标刚被两名侦察兵捕倒，突然，四周半山腰上响起了密集的枪声。父亲立即意识到遭到了对方的反伏击。他一面指挥全体人员卧倒，一面向上级呼唤炮火。敌人的枪声稍一停顿，父亲立即指挥小分队回撤。没撤多远，零星的枪声响起，一战士应声倒地。父亲匍匐过去，将战士侧身拦在怀中，待枪声一停，弯腰背起战士，迅速消失在茂密的森林里……

这次行动，父亲不仅指挥小分队成功抓获了一名俘虏，而且将那名受伤的战士顺利营救了回来，小分队荣立一等功，父亲也成了战友们纷纷传颂的大英雄。

如果说玫瑰在部队只能听到父亲一个又一个惊心动魄的故事，那么在地方她则亲眼目睹了父亲的“壮举”——那是父亲转业到地税局不久的一天，我跟着妈妈到姥姥家去走亲戚，骑车经过爸爸工作的乡镇。走着走着，突然我俩看到一群人围拢在一起似乎在看热闹。我俩想一看究竟，也凑了过去。我踮起脚尖往里看，顿时头皮发麻，吓出一身冷汗：只见一个光头，左手拿着磨刀石，右手拿着一把闪闪发亮的刀，刀还时不时地在磨刀石上比划几下，空气似乎都要凝固了。突然，有人发话了：同志们，准备马扎，坐下！咦，听着这声音怎么这么熟呀！我忙拉着母亲往人少的地方挪，惊奇地发现那几个穿税服的人中坐着爸爸！我举起小手和爸爸打招呼，他好像没看到似的。爸爸和他的同事们一声不吭地坐在肉摊对过，一动不动！时间长了，看热闹的人群慢慢散去，光头撑不住了，不得不开始卖肉，最后乖乖地缴了税……

事后，父亲告诉玫瑰说，那时他们到肉摊上去收税，绝大部分业户比较配合，但也有个别业户有意刁难他们，有的说些不三不四难听的话，有的干脆拒不缴税，光头就是其中的一个。每次光头见他们收税的来了，就有意识地拿着刀在磨刀石上磨来磨去，嘴里还念念有词：谁要是跟我过不去，我就让他白刀子进去红刀子出来！在父亲的提议下，便有了玫瑰娘俩在乡镇看到的那一幕！

我第三次见到玫瑰的时候，是她拿到国家税务总局颁发的纳税服务明星荣誉证书的那一天。那天我去给她拍照片，她便把这些年来自己的酸甜苦辣一股脑儿全向我倒了出来——这个荣誉确实来之不易。你也知道，要想在纳税服务过程中不被纳税人所问倒，工作人员自身素质必须全面过硬。为了全面系统地掌握税收知识、税收政策、税收法规，我参加了一个高校业余培训班，几乎把全部的业余时间都用了学习上，孩子全靠两家老人给照顾。有时晚上学习困了，就用湿毛巾擦把脸，振作一下精神继续学习。为了提升纳税服务形象，我多次参加分局组织的礼仪培训班，还在业余时间让丈夫帮助我贴墙跟练站姿，有时一练就是个把小时，常累得腰酸背疼腿抽筋；我还经常对着镜子练微笑服务，跟着广播练普通话，向心理学家请教忍耐训练的方法。功夫不负有心人，我先后进入了分局、市局和省局人才库并被国家税务总局评为纳税服务明星。当我把自己荣获国家税务总局纳税服务明星的消息告诉父亲的时候，他动情地说，这才像我的女儿！

我第四次见到她的时候，她正躺在医院的病床上看书。听见有人进来，她抬头一看是我，赶忙要下床，我立即阻止道：快躺着，养病要紧！我坐下后，见她虽然头发有些稀疏，但依然精神焕发。她毫不避讳地告诉我，自己得的病是卵巢癌，已经十多年了。我禁不住吃了一惊！虽然我转业到地税局时间不长，但对她的身体状况也偶有所闻，却万万没想到她得的是癌症！我俩正说话间，大夫进来了，告诉她复查结果已经出来，病灶基本消失！她高兴地跳了起来！我也高兴地合不拢嘴。大夫说，这真是奇迹！她却告诉我，是阎王爷不要她，亲人不让她走！她流着泪说："女儿离不开我，父母离不开我，我爱丈夫，也爱单位里的弟兄姊妹们。我要坚强地活下去，争取创造更多的奇迹……"

看着她那稀稀疏疏的头发，听着她那忽高忽低的声调，我的眼睛模糊了，仿佛看到一个小女孩正朝着父亲远去的方向不停地追赶……

（作者单位：市地税局岱岳分局）

感恩母亲

韩　健

对母亲，始终怀有一颗感恩的心。因为母亲曾给予过的一句句叮咛和无数次关爱，足以让我在生活安然时深深地回味而动情。

读初中时一个周三的下午，天阴沉沉的。正值期中考试刚过，考得很不理想，心情糟糕透了，眼直直地望着窗外发呆。突然，一个同学说我母亲来了，当时一个惊喜，因为每逢周三家长都要来给我们送吃的，很多时候都是一份虽然凉了但很精致诱人的炒菜，看到的第一眼，馋虫立即就会给勾起来，美美地吃过，能回味好几天。看到母亲，虽然只几天不见，在校园里看到她，还是有种异样的感觉，忙跑上去叫了一声"娘"。娘的眼睛从头到脚地看着我，问这问那，吃的怎么样，睡的还好吧，甚至问到晚上没有蹬被子吧，唯独没问我这次考得怎么样，其实心里最怕的就是娘问起这次的考试成绩，由于粗心，数学只得了七十多分，在班里排到中等，对于一直以我为荣的娘，如果知道儿子下降这么厉害，心里肯定不会好受。我正惴惴地回着母亲的问长问短。天阴得更很了，空中开始飘起了雨丝，母亲放下菜，说声："儿啊，要用心读书，别贪玩，注意别冻着，我回去了！"。

短短的几分钟后，母亲就又步行着离开了校园。从学校到家的十几里路又要一步一步地丈量回去。当时母亲不过四十多岁，可在岁月无情的折磨下，在生活重担的压榨下，她看上去很苍老，像五十多岁的样子。

目送母亲走远，我才回到教室，坐在那儿看着窗外的雨开始丝丝地飘洒，一会儿就越下越大。母亲只披着一块塑料布，要走那么远，风吹起来，肯定顾这顾不了那，头发衣服一定很快就被打湿了，想到这些，心不由得乱了起来，书端在手里，字却一个个模糊起来。为了这个家，母亲付出了太多太多，眼前不时浮现出母亲在庄稼地里汗流浃背的情形，浮现出母亲在昏暗的油灯下一针一线缝缝补补的情形，眼睛不由得湿润了。母亲再苦再难都要支撑着这个家，我有什么理由不好好学习来报答她呢?

母亲的身材并不高大，相反在生活的重压下，显得有些纤弱，但于我而言，她始终是一盏心灵的明灯，一直照亮我走到现在，从小学到大学，从乡镇到机关；母亲是我生命的靠山，无论是顺境还是逆境，她使我变得越来越成熟。每一次跨越，我都坚信是托她的福，我要用百倍的努力回报她。母亲为了我，可以舍得一切；我为了母亲，可以付出所有。

参加工作后，应酬多了，回家吃饭的时间少了，母亲依然每顿为我准备最爱吃的饭菜，虽然她明白那是白等。闲暇时她总是唠叨同样的几句话，“在单位里听领导的话，同事之间不要太计较，吃点亏无所谓”，当时我听得很不耐烦。工作时间长了，我才明白母亲这几句看似平常的话里蕴含着深刻的道理。母亲文化程度不高，小学都没毕业，但种庄稼是行家里手，妯娌之间和睦相处，从未和别人红过脸，帮衬别人的事儿数都数不清。有时和同事因为工作发生摩擦，心浮气躁时想想母亲的话，心里亮堂了；受到领导批评时，心情不好，想想母亲的话，心里顺溜了；工作上遇到挫折，想想母亲的话，心里明快了。

母亲看似简单的嘱咐，母亲做人做事的风格，始终烙在我的心底，每天陪伴我，让我少走弯路。因为母亲，我学会感恩，学会舍得，懂得奉献，懂得做人。

（作者单位：肥城市地税局）

父　亲

李正伟

父亲是地地道道的农民，现已年近八旬。父亲勤劳、纯朴、善良、刚强，从不向困难低头。他上学不多，但通情达理，在我的眼里，他颇有些远见卓识，就是认准一个理：再苦不能苦孩子，再穷不能穷教育。因此，不管自己多苦多累，都是一人扛着，在家庭经济环境很不景气的情况下，还是坚持让我和哥哥上学。

我哥 1982 年肥城二中毕业，被西安市第二炮兵技术学院录取，成为我村第一个大学生。我哥读高中时，家里没有劳动力，没钱供哥上学。我记得很清楚，夏天中午饭后，我哥提出不想上学了，回家挣钱，当时天正下着瓢泼大雨，父亲把筷子一摔，起身就想踹我哥，吓得我哥赶紧向外跑，父亲一见他跑出去，随手抓起身边的小凳子朝他扔去，凳子未砸到我哥，但深深地砸在了雨水中，溅起了一片水花。父亲这一砸，砸去了我哥的私心杂念，砸出望子成龙的心愿，砸出了儿子立志成才的坚定信念。高中不像小学、初中，花销比较大，需要购买饭票、学习资料、生活用品等。为了贴补我哥上学，父亲就把家里的三棵榆树卖了，那不是普通的榆树，它见证着家族的成长史，其中一棵有上百年的历史，树身要两个成人合抱才能搂得过来，但为了供孩子上学，父亲毫不含糊地卖了。

我在家排行老二，除了哥外，听外人说我还有一个姐姐，但未见过面，姐姐是3岁那年因病去世的，我是在姐姐去世后第二年出生的，对父母来说，算是中年得子。由于经济条件差，在我印象中，从未感受到家庭特殊的照顾，看到的、经历的就是家境的贫苦和生活的艰辛。父亲上到高小，由于家庭困难，辍学回到大队当了一名小队长，这一干就是四十年。在生产队，父亲总是队里第一个起床的，号召全队的劳动力下地干活，父亲是庄稼地的行家里手，像锄地、割草、播种、扬场，什么活都拿得起放得下，样样在行，队里有谁不会干，父亲就去给他们做示范，或手把手地教他们。到了冬季，农闲季节，人们也不会闲下来，由公社组织，父亲带头去出夫，像修水渠、整大寨田、修路、挖水库等，都是些最苦最累的活。过去家里没有钟表，就知道父亲每天天刚刚亮就出门，直到晚上漆黑才回家，我和母亲坐在柴油灯下　棒子。记忆中的冬天特别得冷，记得那是一个夜晚，凛冽的北风夹杂着枯叶猛烈地吹，不时传来阵阵嚎叫，父亲出夫还没回来，我和母亲在土炉旁　着棒子等父亲，不知过了多长时间，门口的木门吱吱呀呀地推开了，我抬头一看是父亲回来了，嘴角冻得发紫，几乎冻僵的手里还拎着一包用包装纸裹着的五、六根油条，父亲把油条递给我，说了声快吃吧，我接过油条，早已是垂涎三尺，不管多凉，一阵狼吞虎咽，油条没了。在上世纪七十年代中期，一年也吃不上一两次油条，除非走亲戚压回来，大人才让吃一根，当时小不懂事，也没多想油条怎么来的就吃光了，后来才听说，那是父亲修水渠竣工，公社奖励大家的晚饭，父亲舍不得吃，省下给孩子吃的，每每想起这事，总是一阵酸痛涌向心头。

随着时间的流逝，我渐渐长大，父亲的可贵之处也一次次触动我的心灵。我上初三，在边院二中初中班复习。以前，小学、初中天天回家，无忧无虑，不知学习的重要性，初三毕业没考上高中这才傻了眼，多亏本家一位大叔帮忙，让我去二中复习，离开家的我，整天以学习为伴，发奋努力，成绩直线上升，期间还参加了全国数学竞赛，获得三等奖。那时，上学要在家用小麦换粮票，一般我是用编织袋带，母亲帮着装，满满一大缸粮食，我一次就带走将近120斤，占一缸的三分之一，嘴上不说，我的心隐隐在作痛，这是全家的口粮，父母平时舍不得吃，大部分都让我带走了，我骑着自行车驮着小麦，缓慢地行在去二中的公路上，愧疚的眼泪不听使唤地流遍了脸颊。父亲田间地头忙碌的身影不时在眼前晃动，父亲都是五十多岁的人了，为了供我上学，皱纹早已爬满额头，劳累早已把脊梁压弯。以前读朱自清的《背影》，对文章的内涵理解得还不是太深刻，此时想到父亲的驼背，《背影》的深层次内涵在心中突然清晰深刻起来。回到学校，我独自一人坐在教室里，沉思良久，心情久久不能平静，翻开笔记本，在书本的背面郑重地写了一行黑字——什么时候不要忘记父母。二十四年过去了，斯情斯景历历在目，当时我是这么想的，参加工作以后我也是这么做的。

1995年我参加工作，父亲身体不好，患了高血压、糖尿病，有两次甚至在家晕倒。慢慢地工资也有了积蓄，就带着父亲四处求医，父亲不能坐车，晕得厉害，我就借了摩托车，去市医院给父亲治疗，后来，我听说矿务局中医院有个副主任医师叫高亭孝，治疗老年人心血管很好，此人后来去了聊城一家私人医院，就带着父亲前去就医，治疗效果很好，父亲慢慢好转起来。从那时起，父亲一天也离不开药。刚参加工作的那几年，每到休息日我都骑车回家，父亲爱吃鱼，我就在大市场上买一些，每次看到父亲慈祥的脸庞，听着他和蔼的话语，我心里都甜甜的、暖暖的，幸福得无以言表。

2008年底，市局分给我一套60平米两居室住房，一年后，经妻子同意，我把父母从老家接到了城里，一是避免了我来回跑，二是考虑到在城里老人就医比较方便。春夏秋冬，寒去暑来，至今已六年。房子虽小，但很温馨，回家有依靠。60平米的住房，两代人住开始还可以，后来有了孩子，尤其孩子渐渐长大，越来越拥挤了，满屋都是鞋，衣服甚至都要塞到床底下，到卧室去甚至要斜着身子走。冬天还凑和，夏天就难熬了。没办法，就给老人租了一套平房，我三天两头、隔三差五，过去看看老人，很方便。父亲一生种地，没有一点积蓄，也没有生活来源，单位发点福利，我都先拿到父母那儿，柴米油盐，提前备下，唯恐父母生活作难，不长时间给父亲点儿零花钱，从来不记，觉得时间长了就给点，父亲每次都推托不要，我都是硬放在桌子上就走。老人不是不缺钱，但他们宁可自己吃糠咽菜，受苦受累，也绝不愿给儿女添麻烦。

前两年春节刚过，一天下午，父亲来到我家，闲聊了几句，父亲把手放进他的衣兜里似乎在掏什么。让我惊奇的，他从衣兜里掏出的竟是一摞百元人民币，厚厚的一沓，我忙问父亲钱是哪来的，想干什么。父亲支支吾吾地说，这是你平时给我，没有花完攒下的。听了父亲的话，我的心像一把尖刀刺中一样难受，眼泪再一次忍不住从眼眶里冲出来，这是我给老人的零花钱，他除了买点必要的药，大部分都舍不得花，攒下来了，这可是他老人家从牙缝里挤出来的。这钱让我怎么花，我坚决地再推给父亲，看我这样坚持，父亲总算暂时把钱留下了，但我想不出他到底是不是舍得花，他又会怎么花，我真怕过一段时间他还会原封不动地再给我。

这两年，父亲真的老了。他经常一个人坐在凳子上发呆，走路再不像以前那样硬朗，耳朵也聋得厉害，还添了白内障，药是一天三顿，三天两头去医院，和父亲交流起来也困难了。看到眼前的父亲，我心里很难过，但又很无奈，人终究会老。为了防止父亲患老年痴呆，我有空就往父亲那儿跑，哪怕一站就走，父亲也很高兴。父亲很少看电视，我就给他买了收音机，让他出来散步时听听，可父亲怕浪费电池，只定点听听天气预报，听完就关。

这就是我的父亲，虽然说不上多整洁，谈吐也说不上多高雅，但他的品质，他对子女的爱，永在我心中存留，值得我细细品味。

衷心祝愿全天下所有的老年人健康、幸福、平安！

（作者单位：肥城市地税局）

暮　归

张　华

晚霞在天边燃烧着。

你——一个年青飒爽的税务女兵骑着自行车，车把上挂着一直鼓鼓囊囊的工作包，划破橘红色的薄暮，掠过田间阡陌，来到小溪边。小溪惊叹你的美，用明镜似的单纯，给你一脸彩霞般的神秘。头戴国徽，肩配肩章，一身深蓝色的税服衬托出你洒脱的气质和满心的喜悦。细细的浪花在绿色的缝隙里舞蹈，秋的歌，随水波流动，流出一幅清新的山水画。你洗去一天的疲劳，载着一车秋绿，辗着画上的小径，又急急地往回赶。

一阵风儿夹杂着甘醇浓烈的庄稼味儿扑鼻而来，将你的思绪拉回去年的秋季，一年的税务生涯的片片断断仿佛历历在目……

在收获的季节里，你高中毕业后，在十比一的竞争中有幸考进了税务行列。当你带着对广阔农村的憧憬，怀着对税收工作的新奇感，背着铺盖卷来到这座小镇的税务所安营扎寨时，同志们热情地接待了你。老所长喜于言表，语重心长地说："税收工作是一项非常艰辛的工作，要风雨无阻，为国聚财。"你郑重地点点头。第二天清晨你随老同志下乡赶集实地观摩学习，查看《营业执照》、《税务登记证》、营业情况、税票……你一一记在心里，晚上灯下的你细细地做工作笔记，认真学习《国家税收》、《工业会计》、《商业会计》，熟记每个经营行业的税目、税率、纳税依据。此后，在风雪交加的隆冬里，在烈日炎炎的酷暑中，常常出现你和同志们的身影。于是，小镇的大街小巷、沟沟坎坎上布满了你的足迹，全镇大小企业的坐落地点、生产的产品、经营状况、纳税情况，乃至厂长、会计的名字都密密麻麻地记在工作笔记上，印在脑海中。寒来暑往，你又迎来了一个金灿灿的季节，一个朝阳初升的早晨，老所长对你说："练兵千日，用兵一时。老张这几天到市里去开劳模会，今天你把卜东岭上的两户砖瓦窑的税款去清理清理。"你欣然答应，匆匆带上几个馒头，骑上自行车向离小镇十余里的卜东岭进发……想着想着，不知不觉中你已来到税务所门前。

税务所门扉洞开，同志们迎上前来，将你团团围住。老所长眯起眼睛指着那只鼓涨着的工作包，故意说："这里面莫不是中午吃剩的馒头？"

你莞尔一笑，调皮地伸出五个手指："这是一天的收获。"

"噢？五块。"老所长故作惊讶地问。

你神秘地摇摇头。

"五十？"

"整整五百。"你微笑中带着自豪。

"嗬，我们的小李初战告捷，看来一年的磨炼又练出了一名年青的女兵。"老所长的一番话把周围的小伙子们说得不好意思，低下头暗下决心，有朝一日一定要赶上和超过眼前这位"丫头"。

在人群中，忽然一个扎着两支小辫的姑娘挤上前来："李姐，你第一次单独行动就收了这么多税，莫不是吃了什么灵丹妙药吧。"话音刚落便溅起一片笑声，你忍俊不禁："傻妹子，哪有什么灵丹妙药，就是平常多跟着老同学学呗！"

院内是一群欢乐、激奋、跃跃欲试的人们，墙外是金色沉甸甸的秋野，是富饶肥沃的税源……

（作者单位：市地税局泰山分局）

飘落在记忆深处的眼泪

陈　军

以前，我自认是个比较坚强的男人，总感觉到泪水可能与我无缘，可当我经历过生命中那一个个终生难以忘却的时刻后，心不再坚强，泪水常常无尽地流淌，这些泪水将永在记忆深处珍藏！

第一次落泪记忆最真切，是 1991 年 3 月和战友们经历了 3 个月新兵连生活之后的分别时刻。在那一瞬间，大家紧紧抱在一起，每个人都哭红了眼睛，很多战友都已泣不成声。这应该是种怎样的感情呢？想想在这短短的 3 个月里，我们从四面八方聚集到泰山脚下这个直线加方块的空间，在严冬里，我们一起在坚硬冰冷的训练场上磨爬滚打，一起在寒风肆虐的哨位上站岗执勤，一起在枯燥乏味的世界里的自娱自乐。尽管我们啃着窝头、就着咸菜，破开冰茬洗着裂了口子的脸颊和冻得如新出笼馒头一样的双手。即使如此，我们始终不曾流泪，因为深知此时我们的名字是"军人"。而分别的时刻，面对曾经朝夕相处、同甘共苦的战友，再也无法控制自己的情感，这是一种朴素的、真切的、不掺杂任何其它成分的情感。我们珍惜、我们留恋。正如一句歌词所写："送战友，踏征程，默默无语两眼泪，耳边响想驼铃声"，不正是这种情感的真实写照吗！

我的第二次流泪，是23岁的堂妹永远离开我们的时刻。当时我还在军校上学，听到噩耗后，顶着飞扬的大雪回到家中，见到的只是妹妹已经冰冷的身体。我这位仅比我小一百天的妹妹，自小就是懂事、听话、善良的孩子，高中毕业后，又当了兵。三年的军旅生活锻炼了她坚韧的性格和优秀的品质。退伍后她在某个单位做总机话务员。她的胃一直不好，尽管有时剧烈的疼痛使她吃不下饭、睡不着觉，可从未因此耽误一天工作。1993年10月，终于无法忍受的疼痛迫使她住进了医院，胃癌晚期的检查结果出乎我们的意识，亲友们异常震惊、极度痛苦。即使这样，她仍然坚强地同病魔做斗争。终于在住院后的第43天，11月13日，她永远地离开了我们。看着妹妹的遗物，看到痛苦欲绝的老人，脑海中浮现出她曾经的音容笑貌，我们一起成长生活、相互学习鼓励的瞬间不停在交替呈现，泪水哗哗流下，不由得大声痛哭。此时，我感觉自己是如此脆弱，心中充满的只是无言的痛苦。此后，我努力让自己坚强，我要替妹妹照顾好两位老人，让天堂的她没有任何牵挂！后来，随着女儿的长大，我更真切地体会到了亲情的伟大，以致每一次看到那些感人的瞬间、听到那些动人的故事，心中总是涌起阵阵酸楚，随即便是泪眼模糊。现在流泪对我来说已不再稀奇，并且这每一次的泪水都被我在心中珍藏着。

上帝同样恩赐给男人和女人拥有眼睛，所以，泪水不只是女人的专利，同样也是男人的权利，因为男人也需要流泪。男儿有泪不轻弹，只是未到伤心处，因为男人的泪是血、是尊严、是神圣。男人的眼泪，有时是无奈、有时是悲哀，但每一滴眼泪里面都有一个真诚的故事，都是一份真挚的情愫，都是一种真实的表达。

男人的泪很少为自己流淌。男人就是男人，不会轻易落泪，但每一次的流淌都有它绝对的理由，有时是忧国忧民的赤诚之心，有时是患难与共的殷殷之情，有时是难以割舍的相思之痛，有时是生死离别的追忆之苦。

你会看到男人战场上视死如归的坚定目光，也会看到他们儿女情长时的泪眼婆娑，此时男人的泪，凝聚的是忠诚、是真情；你会看到绿荫场上男人拼搏时坚韧顽强的自信眼神，也会看到他们失败后的相拥而泣，此时男人的泪，流淌的是壮美、是激情；你会看到男人危难时顶天立地的坚毅眼光，也会看到他们落魄后的委曲之泪，此时男人的泪，体现的责任、是辛酸。

是男人，不会轻易落泪。如果你看

到正在落泪的男人，那肯定是他最无奈、最伤痛的时刻。此时，请给他理解、给他关怀、给他动力，让这个落泪的男人变得更加自信、更加自尊、更加坚强。

写着这些文字的时候，《男人的眼泪》这支曲子一直在耳畔回荡：

男人的眼泪不流才有罪
淹没了夜幕的黑
是谁又在乎谁是谁非
勇敢地面对
男人的眼泪不懂才可悲
留下痛自己来背
我决定为你流下这
这最后一滴泪……

男人流泪没有错，男人如果有泪就尽情地飘落吧！

（作者单位：市地税局泰山分局）

编后记

1994年10月，泰安地税成立至今，已逾20年。

2014年2月，《泰安市地方税务志1994—2014》（以下简称《税志》）编纂启动至今，已近3年。

用近3年时间刻写20年辉煌历程，纯用事实、数据或图表，力求“不著一字，尽得风流”，无疑有些紧凑甚或仓促。

幸运的是，我们适逢一个改革创新、扎实进取的良好发展机遇期，适逢一个尊重历史、继承历史的求实机遇期。2013年底，新一届市局党组提出全面实施“作风兴局”战略，系统总结20年地税发展提上议事日程，纳入市地税局党组继往开来、跨越发展的总体构想，并迅即付诸实施。

2014年2月底，冬天的脚步渐远，春天的足音渐近。我们召开《税志》编纂工作动员会议，正式拉开税志编纂序幕。正如窗外山巅遥想可及的片片绿意，又如岱麓环山路旁临风摇曳的迎春花，勃勃生机喷薄而出，令系统上下充满着憧憬与希望。动员会后，确定了凡例、篇目、结构，明确了编纂标准、要求。市地税局机关各单位、各县（市、区）地税局均确定专人参与此事。他们是秀才，又是骨干，很多并未经历那段风雨历程，并未亲身参与创业，有的甚至投身地税不过三五年时间。但他们可以缺经历，唯独不缺创新与激情。许多同志以往并未接触过志书编纂，更谈不上经验，对这些习惯了总结、汇报、讲话等材料的撰稿人而言，要实现文体、语体的有机转换，很像拿惯了长矛大刀，突然用起绣花细针，需要克服思想上、写作范式上等种种不适应，可喜的是大家在不长的时间里就完成了这种转换。

大家深知，经验不是天上掉下来的，而是在具体实践中积累来的。于是认真研读省内外相关志书，省内有庄建华主编的《泰安地区税务志》，有山东省国税局、地税局编修的《山东省税务志》，省内兄弟单位编纂的《东营市地税志》《德州市地税志》等，省外有《南京市税务志》《徐州市税务志》《保定市税务志》等。研读篇目设置、横排竖写、谋篇布局、结构安排、文字表述等，汲取精华，为我所用。在此基础上，按照纵不断线、横不漏项的原则，敲定篇目、研究体例、撰写长编，税志编纂渐入正轨。阅读各单位志书初稿时，常常被感动、被激励、被震撼，20年地税发展，线索越来越明晰，特点越来越突出。遇有不一致处，反复沟通，用心切磋，力求稳妥，既增进了认识，又加深了友谊。

20年，历史长河中的白驹过隙，对个体而言或许已是半生；对一个单位而言，也大多包蕴着产生、壮大与发展等诸多历程。人事有代谢，场景多变幻。期间，人事调整、职能变化、科室整合、单位搬迁等在所难免，资料查询难，完整性差，甚或偶有断线。为破解难题，我们动员机关广大干部职工撰写文稿、提供照片，挖掘潜藏干部心中、留存大家手底的珍贵资料，短短2个多月，征集文稿143篇，照片360余幅。文稿呈现的是记忆、是回顾，更是深深的眷恋与珍视；照片呈现的是过去、是瞬间，更是定格于时空坐标的历史永恒。于是我们轻宕一笔，用心整理编辑起了看似零散却又极其重要的系列资料。至年底，已编成一部容量50余万字、图文并茂的综合性文集《峥嵘税月》，由山东大学出版社出版。《峥嵘税月》的编辑出版，既是税志的有益补充，也是税志成果的初步展示，更是全局上下凝心聚力的体现，赢得系统内外一致好评。

《峥嵘税月》增添了我们的信心与力量，大家随之投入更紧张的爬梳剔抉之中。逐年研究总结、报告，逐期翻阅党组会议、局长办公会议、局务会议、专题会议等各类会议纪要，逐篇阅读信息调研材料，梳理线索，查找重点，体现重大变化，展示税事变迁。有时到县（市、区）地税局实地走访，有时到外地市查找搜寻，有时到档案馆翻查案卷，每遇到一条有关泰安地税建设的新材料、新记载，总欣喜若狂，辨别吸纳。同时，广泛搜集图片资料，2002年底后数码相机逐步普及，照片查寻相对容易，但之前胶片照的搜集则相对困难，再次广泛发动干部职工，征集不同时期制服、徽章、活动等各类照片300余幅，印证了文字，充实了内容。

俗话说，草鞋没样，越打越像。正是在无数次修改、完善、删削、补充的队列行进中，《税志》渐渐成形，先后印成征求意见稿和《税志（评审稿）》。2016年1年15日，举办了《税志》专家评审会议，山东大学历史文化学院副教授王云庆、泰山学院副研究员周郢、山东省税务学校学员部主任李秋芝、泰安市地方史志编纂委员会副主任、史志办主任王天宇、市史志办纪检组长高兴学、市史志办副主任曹成义、市史志办编审科科长赵兵等7位专家、领导出席评审会，对税志进行全面会诊；文化学者、省地税局办公室主任张期鹏也应邀就志书评审写出中肯细致的书面意见。各位专家在给予充分肯定的同时，也就篇章结构、具体表述、资料应用等提出了具体修改意见，为我们打造税志精品增强了信心。对专家的意见和建议，我们慎重对待，认真研究，系统整理，择善而从。4月中下旬，利用半个月时间，对志稿进行又一次集中审校、精雕细琢，做好志书出版的打磨、收尾工作。

修志至今，时近3年，说长不知，说短不短。个中甘苦，如鱼饮水，冷暖自知。而今捧在读者面前，仍心怀惴惴。成书之际，照例要致谢一番，此例绝非例行公事，实则发自肺腑，因这本厚重的《税志》凝聚着他们大量的心血与汗水。

要感谢各位撰稿人，他们本着对历史负责、对未来负责的态度，全力搜集资料，用心撰写志稿，反复修改完善，不惮其烦，不叫其苦，为提升志稿质量提供了坚实有力的保障。本书卷前虽已列出他们的大名，在此还是要对他们致以诚挚的谢意。他们有机处理繁忙工作与志书编纂关系，相互促进，相得益彰，令人钦敬。

要感谢各位编辑，2015 年 10 月下旬、2016 年 4 月，他们先后参加了《税志（评审稿）》校改和评审后的集中校审，逐篇逐章、逐节逐目、逐字逐句再审再校，反复多次，澄清模糊问题，补充相关资料，精炼文字，全面审核，调整个别结构。校审小组的王筱、曹丙珂、张岱奎、王磊、万波、郭东林、李大发、徐俊嵘、王慧、姜秀荣、王化录、傅家秋、张华、宿鹏英、陈军、高鹏等十几名同志，任劳任怨，加班加点，为《税志》顺利出版作出了应有贡献。

要感谢肥城市地税局，他们承担了编纂办公室的很多事务，尤其肥城市地税局党组书记、局长李京丰，党组成员、副局长韩健，在申请书号、协调印制、提供便利、抽人校审、精选图片等多个方面，多方沟通，不辞劳苦，作了大量工作。

要感谢的还有很多，限于篇幅，不再一一列举，从放在您案头眼前的这部书香四溢的志书中，正脉脉地散发着我们发自内心的无尽谢忱。

十月怀胎，一朝分娩。志稿编竣付梓前，一位 90 后撰稿人欣喜而激动：“税志编完了，我要回家生宝宝了！”那个小宝宝早已用嘹亮的哭声向世界宣告他的问世，我们的《税志》也像 1300 多名地税人精心培育的小宝宝一样呱呱坠地，欣喜、激动而又有点儿自得地向我们走来，也许还有点儿幼稚、有点儿羞涩，但随着岁月流逝，这份执着、这种追求将愈发真挚、愈发厚重、愈发耐人寻味。

由于水平所限，加之时间紧迫，肯定还存在这样那样的问题，敬请方家教正。

2016 年 10 月 20 日